DESENVOLVIMENTO MOTOR AO LONGO DA VIDA

```
W427d   Haywood, Kathleen M.
            Desenvolvimento motor ao longo da vida / Kathleen M.
        Haywood, Nancy Getchell ; tradução: Luís Fernando
        Marques Dorvillé ; revisão técnica: Ricardo Petersen. – 6.
        ed. – Porto Alegre : Artmed, 2016.
            xv, 416 p. il. ; 28 cm.

            ISBN 978-85-8271-301-3

            1. Desenvolvimento motor. 2. Capacidade motora.
        I. Getchell, Nancy. II. Título.

                                                    CDU 796.012.1
```

Catalogação na publicação: Poliana Sanchez de Araujo CRB-10/2094

KATHLEEN M. HAYWOOD, PhD
University of Missouri–St. Louis

NANCY GETCHELL, PhD
University of Delaware

DESENVOLVIMENTO MOTOR AO LONGO DA VIDA

6ª EDIÇÃO

Tradução
Luís Fernando Marques Dorvillé

Revisão técnica
Ricardo Petersen
Professor titular da Escola de Educação Física, Fisioterapia e Dança (ESEFID) da Universidade Federal do Rio Grande do Sul (UFRGS).

2016

Obra originalmente publicada sob o título *Life span motor development*, 6th Edition
ISBN 978145045456999

All rights reserved. Except for use in a review, the reproduction or utilization of this work in any form or by any electronic, mechanical, or other means, now known or hereafter invented, including xerography, photocopying, and recording, and in any information storage and retrieval system, is forbidden without the written permission of the publisher.
Copyright © 2014, Kathleen M. Haywood and Nancy Getchell.
Published by Human Kinetics, Inc., Champaign, IL 61825.

Gerente editorial: *Letícia Bispo de Lima*

Colaboraram nesta edição:

Editora: *Dieimi Lopes Deitos*

Capa: *Márcio Monticelli*

Leitura final: *Yasmin Lima dos Santos, Antonio Augusto da Roza*

Editoração: *Techbooks*

Reservados todos os direitos de publicação, em língua portuguesa, à
ARTMED EDITORA LTDA., uma empresa do GRUPO A EDUCAÇÃO S.A.
Av. Jerônimo de Ornelas, 670 – Santana
90040-340 – Porto Alegre – RS
Fone: (51) 3027-7000   Fax: (51) 3027-7070

Unidade São Paulo
Av. Embaixador Macedo Soares, 10.735 – Pavilhão 5 – Cond. Espace Center
Vila Anastácio – 05095-035 – São Paulo – SP
Fone: (11) 3665-1100   Fax: (11) 3667-1333

SAC 0800 703-3444 – www.grupoa.com.br

É proibida a duplicação ou reprodução deste volume, no todo ou em parte, sob quaisquer formas ou por quaisquer meios (eletrônico, mecânico, gravação, fotocópia, distribuição na Web e outros), sem permissão expressa da Editora.

IMPRESSO NO BRASIL
PRINTED IN BRAZIL

Sobre as autoras

Kathleen M. Haywood é professora e pró-reitora de pós-graduação na University of Missouri, em St. Louis, onde desenvolve pesquisas sobre desenvolvimento motor ao longo da vida e ministra disciplinas sobre comportamento e desenvolvimento motor, psicologia do esporte e biomecânica. Obteve seu grau de doutora (PhD) em comportamento motor na University of Illinois, em Urbana-Champaign, em 1976.

Haywood é membro da National Academy of Kinesiology e do Research Consortium of the Society for Health and Physical Education (SHAPE), da qual recebeu a distinção Mabel Lee, e foi presidente da North American Society for Psychology of Sport and Physical Activity, bem como da Motor Development Academy, ligada à SHAPE. É coautora das duas primeiras edições de *Archery: steps to success* e *Teaching archery: steps to success*, publicadas pela Human Kinetics. Ela reside em Saint Charles, Missouri, e nas horas vagas procura manter a forma, jogar tênis e treinar cães.

Nancy Getchell é professora associada da University of Delaware, em Newark. Por quase 30 anos, tem investigado o controle motor e a coordenação no desenvolvimento de crianças com e sem deficiências. Ela atua nas áreas de desenvolvimento, controle motor e aprendizagem motores, métodos de pesquisa e mulheres no esporte.

Getchell é membro da North American Society for Psychology of Sport and Physical Activity, da International Society of Motor Control e da International Society for Behavioral Nutrition and Physical Activity. É pesquisadora associada do Research Consortium of the American Alliance for Health, Physical Education, Recreation and Dance (AAHPERD). De 2005 a 2009, foi editora da seção de Crescimento e Desenvolvimento Motor da *Research Quarterly for Exercise and Sport*. Também foi presidente da Motor Development and Learning Academy, ligada à AAHPERD.

Getchell concluiu seu doutorado na University of Wisconsin, em Madison, em 1996, em Cinesiologia, com especialização em desenvolvimento motor. Em 2001, recebeu o prêmio Lolas E. Halverson Young Investigators Award em desenvolvimento motor.

A autora reside em Wilmington, Delaware, onde se dedica a caminhadas e ao ciclismo, bem como à coleção de rochas.

*Aos pesquisadores em desenvolvimento motor
(antigos, atuais e futuros)
que continuam a impulsionar a nossa área.
Seus trabalhos nos inspiram.*

Agradecimentos

O projeto deste livro começou em 1983, e cada nova edição reflete as contribuições de muitas pessoas, para que seu conteúdo seja atualizado e ampliado. Toda empreitada ambiciosa só pode ser realizada com o auxílio e o apoio de diversos talentos, por isso gostaríamos de mencionar todos os que fizeram deste livro o que ele é hoje.

Primeiro, gostaríamos de agradecer àqueles que apareceram nas fotografias ao longo dos anos: Jennifer, Douglas e Michael Imergoot; Laura, Christina e Matthew Haywood; Anna Tramelli; Cathy Lewis; Jules Mommaerts; Connor Miller; Franklin McFarland; Rachel Harmond; Jessica Galli; Charmin Olion; Chad Hoffman; Stephanie Kozlowski; Julia e Madeleine Blakely; Valeria Rohde; Ian Stahl; Amelia Issacs; Reese e Nicholas Rapson; Janiyah Bell; Parker Lehn; Logan Allenn; Jane Laskowski; Rachel e Jessica Wiley; Diane Waltermire; Jase Elliot; Susan Allen; Susan e Lisa Miller; Emily e Jeremy Falkenham; Sarah Poe; Alex Mitsdarfer; Lina Buzzard; Blair Mathis; Parker, Addison, Zander e Willow Burk; Robert, James e Lillian Hall; Susan Outlaw; Julie e Johnathan Lyons; Grace e Dylan Taylor; Emily e Abram George; Reid e Madi Henness; Kaleb Curry; Kelly Taylor; Luci e Lynette Morris; Tony e Mary Graham; William Gingold; Anna Clark; Sarah, Mary e Grace White; Neil Hollwedel; Daniel Fishel; Cole e Logan Hasty; Marcia Siebert e Joshua, Shagna e Holden Stone; entre outros.

Gostaríamos também de mencionar aqueles amigos que fizeram ou doaram algumas das fotografias nesta e em edições anteriores: Brian Speicher, Dr. William Long, Rosa Angulo-Barroso, Susan Miller, Dale Ulrich, Mary Ann Roberton, Ann VanSant, John Haubenstriker, B. D. Ulrich e Jill Whitall contribuíram com cópias dos filmes a partir dos quais algumas das artes foram desenhadas. Agradecemos a Mary Ann Roberton por fornecer a grande foto de Hal em ação.

O conteúdo desta nova edição atende muitas disciplinas e áreas especiais de estudo. Agrdecemos também a John Strupel, Elizabeth Sweeney, Bruce Clark, Jane Clark, Maureen Weiss, Kathleen Williams, Ann VanSant e Mary Ann Roberton, que foram generosos o suficiente para ler seções do texto ou para contribuir com novos dados. Obrigada a Paul M. Spezia, do St. Peters Bone e Joint Surgery, que forneceu os raios X de punho para o exercício de laboratório sobre idade esquelética.

Ann Wagner e Cynthia Haywood Kerkemeyer auxiliaram digitando e conferindo partes das edições anteriores, e Lynn Imergoot, Linda Gagen, Patricia Hanna e Cathy Lewis foram muito ágeis na preparação do novo índice remissivo.

Gostaríamos de agradecer especialmente aos nossos colegas da área de desenvolvimento motor que colaboraram com sugestões muito úteis. Seu empenho para que estudantes de desenvolvimento motor apreciem essa área de estudo é sempre uma inspiração. Por último, mas não menos importante, agradecemos a paciência e dedicação da nossa equipe da Human Kinetics, por nos manter na linha ao longo das muitas fases desta edição, em razão do cronograma apertado, e a Judy Wright, que colaborou na produção da obra desde a 1ª edição.

Por fim, agradecemos as nossas famílias e amigos, que nos apoiaram durante as muitas revisões deste livro. Seu apoio contínuo ao longo dos anos tornou nosso trabalho possível.

Kathleen M. Haywood
Nancy Getchell

Prefácio

Todo dia você se movimenta. Contudo, isso não acontece no vazio. Cada movimento ocorre em um ambiente, seja em casa, na academia ou em um campo de futebol. Você também se move com um propósito – as atividades ou tarefas que realiza apresentam exigências específicas ou regras. A forma como se movimenta mudou bastante desde quando era bebê e seguirá se modificando ao longo de sua vida. Essa é a essência do estudo do desenvolvimento motor: observar as mudanças no movimento ao longo da vida, determinando por que esses movimentos se alteram.

Nesta edição, adotamos o modelo das restrições de Newell para auxiliar o leitor a entender as mudanças dos movimentos. Esse modelo abrange vários fatores: o indivíduo, o ambiente no qual ele se movimenta e as tarefas que ele executa, bem como a interação entre essas restrições. Também explica por que o movimento se modifica à medida que as características individuais e corporais mudam ao longo da vida. Ele nos permite, ainda, antecipar como poderemos modificar os movimentos, alterando o ambiente, a tarefa ou ambos (algo que futuros profissionais de educação física, fisioterapeutas, terapeutas ocupacionais e outros considerarão bastante útil). Utilizar o modelo das restrições auxiliará você a obter uma visão mais completa do desenvolvimento motor ao longo da vida, tornando-o capaz de resolver problemas sobre o assunto após concluir o seu curso. Na verdade, entender o desenvolvimento motor ao longo da vida auxiliará seu progresso em todos os campos relacionados ao movimento. Você aprenderá o que é desenvolvimento motor, bem como seus fundamentos teóricos e históricos. Também observará diversos fatores relacionados ao desenvolvimento das habilidades de movimento, tais como crescimento, envelhecimento e percepção. Além disso, descobrirá como as restrições e outros fatores podem encorajar ou desencorajar vários movimentos – talvez de maneiras que ainda não tinha pensado.

Quem pode se beneficiar da leitura deste livro? Pessoas interessadas em movimento. Os educadores atuantes em todos os níveis – desde os da primeira infância até os gerontologistas – podem melhorar sua capacidade de ensinar, tornando-se conscientes dos diferentes sistemas corporais e de como se modificam ao longo do tempo. Profissionais da área da saúde, tais como terapeutas ocupacionais e fisioterapeutas, descobrirão ferramentas úteis para a observação de padrões de movimento. Leitores de ciência do exercício adquirirão conhecimento sobre como descrever e explicar o desenvolvimento das aptidões físicas, além de processos subjacentes à mudança. Todavia, não é necessário muito conhecimento anterior sobre o assunto para utilizar este livro. Aliás tendo em vista que todas as pessoas passam por mudanças de desenvolvimento durante suas vidas, todas podem se beneficiar de um melhor entendimento sobre o desenvolvimento motor (por exemplo, pais e futuros pais obterão conhecimento sobre o desenvolvimento motor de seus filhos e sobre como promovê-lo de forma saudável). Ou seja, muitos leitores serão capazes de utilizar as informações contidas aqui para fins pessoais, não importando quão extensamente as utilizem em sua profissão.

O que há de novo nesta edição?

A 6ª edição de *Desenvolvimento motor ao longo da vida* e suas edições anteriores têm ampliado a ênfase no uso da informação sobre desenvolvimento motor no mundo real. Cada capítulo inicia com o exemplo de uma experiência comum associada ao desenvolvimento motor, e essa experiência é revisitada ao final, fornecendo ao leitor a oportunidade de considerá-la à luz do conteúdo apresentado. As situações "Para pensar", ao longo dos capítulos, permitem aos leitores considerar de que modo pais ou profissionais em vários papéis poderiam utilizar o que é discutido.

O conteúdo desta edição foi atualizado para refletir novas pesquisas na área. O material adicionado ao Capítulo 18 ajuda o leitor a fazer a ligação entre os modelos de restrição e os ambientes de estruturação de aprendizado, auxiliando o progresso de seus alunos e pacientes. É apresentado ao leitor como expandir os modelos de restrições, a fim de que se concentrem nas restrições-chave para uma determinada habilidade ou tarefa e como adaptá-las para tornar o ambiente de aprendizado mais ou menos desafiador para as aptidões individuais. O leitor também descobrirá como associar os modelos de restrições às análises ecológicas das tarefas e como essas análises podem ser utilizadas na avaliação de alunos e pacientes.

Características do livro

A 6ª edição de *Desenvolvimento motor ao longo da vida* mantém várias características importantes das edições anteriores, com algumas pequenas mudanças.

- **Desenvolvimento motor no mundo real.** A fim de lembrá-lo de que o desenvolvimento motor faz parte da experiência humana, começamos cada capítulo com uma vivência real – algo que é comum para muitos de nós ou que vemos frequentemente na mídia.
- **Objetivos do capítulo.** Os objetivos do capítulo listam os conceitos mais importantes a serem aprendidos e compreendidos.
- **Glossário.** Exceto quando já tiverem sido suficientemente definidos, os termos destacados no texto são explicados na margem da página, facilitanto o entendimento.

> Este é um exemplo de **palavras do glossário paralelo**; ele é destacado no texto e definido na margem.

- **Para pensar.** Distribuímos situações para reflexão nos capítulos, identificadas pelo ícone ❷. Essas questões fazem pensar sobre como pais ou profissionais poderão utilizar o conteúdo discutido em situações reais.

 Quem pode se beneficiar do aprendizado sobre desenvolvimento motor?

> **PONTOS-CHAVE**
> os pontos-chave apresentam esta aparência e podem ser encontrados na margem do texto.

- **Pontos-chave.** Pontos-chave aparecem ao longo do capítulo para indicar aspectos importantes sobre o tema em discussão ou uma ampla conclusão em meio aos detalhes apresentados.
- **Elementos de avaliação.** A maioria dos capítulos contém um elemento de avaliação que o auxiliará na observação e na avaliação de alguns aspectos do desenvolvimento motor. Esses elementos também o auxiliarão a entender como pesquisadores e outros profissionais medem certos aspectos do desenvolvimento motor.
- **Resumo.** Esta seção aparece ao final do capítulo e é uma síntese do conteúdo apresentado.
- **Reforço do conteúdo do capítulo.** Para auxiliá-lo a integrar os conceitos aprendidos ao longo do texto na perspectiva das restrições, cada capítulo termina com uma seção intitulada "Reforçando o que você aprendeu sobre restrições". Nela, você encontrará subseções que o encorajarão a:
  - ler novamente a experiência de vida real no início do capítulo;
  - testar seu conhecimento respondendo questões sobre o que foi abordado;
  - completar os exercícios de aprendizagem, os quais são um modo de aplicar o conteúdo aprendido.

Organização

A Parte I contém três capítulos sobre conceitos fundamentais. O conceito-chave para essa parte é a introdução do modelo das restrições de Newell, em torno do qual todo o livro é organizado. O Capítulo 1 define termos e métodos de estudo em desenvolvimento motor. O Capítulo 2 oferece uma visão geral da história e da teoria da área. O Capítulo 3 introduz os princípios de movimento e estabilidade que embasam todos os movimentos e orientam o desenvolvimento motor.

A Parte II examina duas importantes restrições – o crescimento físico e o envelhecimento – tanto do corpo como um todo quanto de sistemas corporais específicos, examinando também como eles mudam ao longo da vida.

A Parte III descreve os padrões motores que mudam ao longo da vida. O Capítulo 6 explora o desenvolvimento motor durante a infância. O Capítulo 7 examina o desenvolvimento das habilidades locomotoras; o Capítulo 8 lida com o desenvolvimento das habilidades balísticas; e o Capítulo 9 trata do desenvolvimento das habilidades manipulativas. Esses capítulos contribuem como uma visão detalhada da sequência específica das mudanças observadas durante o desenvolvimento.

As demais partes do livro se dedicam às restrições adicionais que influenciam o movimento e que resultam das interações dessas restrições, enfatizando aquelas que mudam ao longo da vida. A Parte IV enfoca a interação entre sensação, percepção e ação, e a Parte V aborda as influências sociais, culturais e psicológicas, bem como o impacto do conhecimento sobre o movimento. A Parte VI se volta para quatro importantes componentes da aptidão física e para o modo como restringem o movimento à medida que as pessoas mudam ao longo da vida. Muitos profissionais aplicam princípios de treinamento de adultos em crianças, jovens e idosos, sem observar suas restrições específicas. Os capítulos dessa seção apresentam orientações adequadas ao desenvolvimento. Além disso, traz informações úteis sobre a epidemia de obesidade entre crianças e jovens.

O capítulo final encoraja o leitor a aplicar o que aprendeu sobre restrições e suas interações a pessoas e situações reais. Ampliamos esse capítulo a fim de oferecer aos leitores mais oportunidades de refletir sobre tudo o que aprenderam a respeito do desenvolvimento motor ao longo da vida e utilizar esse conhecimento em situações específicas.

Sumário

PARTE I   Introdução ao desenvolvimento motor

1 Conceitos fundamentais   3

Definindo desenvolvimento motor   4
Restrições: um modelo para estudar o desenvolvimento motor   6
Como sabemos que isso é mudança?   10
Um paradoxo do desenvolvimento: universalidade *versus* variabilidade   13
Resumo e síntese   15

2 Perspectivas teóricas em desenvolvimento motor   17

Perspectiva do amadurecimento   18
Perspectiva do processamento de informação   21
Perspectiva ecológica   22
Resumo e síntese   27

3 Princípios do movimento e da estabilidade   31

Compreendendo os princípios básicos de movimento e de estabilidade   33
Utilizando os princípios de movimento e de estabilidade para detectar e corrigir erros 42
Resumo e síntese   43

PARTE II   Crescimento físico e envelhecimento

4 Crescimento físico, amadurecimento e envelhecimento   49

Desenvolvimento pré-natal   51
Desenvolvimento pós-natal   56
Resumo e síntese   72

5 Desenvolvimento e envelhecimento dos sistemas corporais   75

Desenvolvimento do sistema esquelético   76
Desenvolvimento do sistema muscular   80
Desenvolvimento do sistema adiposo   84
Desenvolvimento do sistema endócrino   86
Desenvolvimento do sistema nervoso   88
Resumo e síntese   93

PARTE III   Desenvolvimento de habilidades motoras
ao longo da vida

6 Desenvolvimento motor inicial   99

Como os bebês se movem?   101
Por que os bebês se movem? Teorias sobre o papel dos reflexos   108
Marcos referenciais motores: o caminho para movimentos voluntários   109
Desenvolvimento do controle postural e do equilíbrio no bebê   116
Resumo e síntese   117

xiv Sumário

7 Desenvolvimento da locomoção humana **121**

Primeiros esforços voluntários de locomoção: rastejando e engatinhando 123
O caminhar ao longo da vida 124
O correr ao longo da vida 130
Outras habilidades locomotoras 134
Resumo e síntese 152

8 Desenvolvimento de habilidades balísticas **155**

Arremesso por sobre o ombro 156
Chutar 167
Voleio 170
Rebater lateralmente 172
Rebater por sobre o ombro 176
Resumo e síntese 180

9 Desenvolvimento de habilidades manipulativas **183**

Pegar e alcançar 184
Recepção (apanhar um objeto em movimento) 192
Antecipação 196
Resumo e síntese 201

PARTE IV Desenvolvimento perceptivo-motor

10 Desenvolvimento sensitivo-perceptivo **207**

Desenvolvimento visual 209
Desenvolvimento cinestésico 216
Desenvolvimento auditivo 222
Percepção intermodal 227
Resumo e síntese 230

11 Percepção e ação no desenvolvimento **233**

O papel da ação na percepção 234
Controle postural e do equilíbrio 244
Resumo e síntese 247

PARTE V Restrições funcionais no desenvolvimento motor

12 Restrições sociais e culturais no desenvolvimento motor **251**

Influências sociais e culturais como restrições ambientais 253
Outras restrições socioculturais: raça, etnia e *status* socioeconômico 266
Resumo e síntese 267

13 Restrições psicossociais no desenvolvimento motor **269**

Autoestima 271
Motivação 276
Resumo e síntese 281

14 Conhecimento como restrição funcional no desenvolvimento motor **283**

Bases de conhecimento 284
Memória 289
Velocidade das funções cognitivas 291
Resumo e síntese 295

PARTE VI   Interação entre exercícios e restrições estruturais

15 O desenvolvimento da resistência cardiorrespiratória — 299

Respostas fisiológicas aos exercícios de curta duração — 301
Respostas fisiológicas a exercícios prolongados — 303
Resumo e síntese — 317

16 Desenvolvimento da força e da flexibilidade — 319

Desenvolvimento da força — 320
Desenvolvimento da flexibilidade — 332
Resumo e síntese — 337

17 Desenvolvimento da composição corporal — 339

Composição corporal e exercício em crianças e jovens — 341
Composição corporal e exercícios em adultos — 347
Obesidade — 349
Resumo e síntese — 352

18 Conclusão: interações entre restrições — 355

Utilizando restrições para melhorar
o aprendizado em situações de atividade física — 357
Interação de restrições: estudos de caso — 367
Resumo e síntese — 370

Apêndice — 371
Referências — 377
Índice — 407

Introdução ao Desenvolvimento Motor

Quando você começa a aprender sobre qualquer nova área de estudo, deve começar decifrando a linguagem usada pelos profissionais da área por exemplo, – no desenvolvimento motor, existe uma grande variedade de profissionais, incluindo professores de Educação Física, preparadores físicos, técnicos, fisioterapeutas e terapeutas ocupacionais. Por isso, não se surpreenda ao perceber que a primeira parte deste livro é dedicada a proporcionar uma base sólida de informação – termos, teorias, conceitos e notas históricas importantes – sobre a qual você pode construir seu conhecimento sobre desenvolvimento motor. Você deve aprender termos básicos de maneira que possa ler sobre o assunto e conversar com outros sobre esta área de estudo. Deve aprender o escopo da área e como se desenvolve a pesquisa sobre os aspectos do desenvolvimento do comportamento motor. Isso lhe ajudará a perceber como a informação é apresentada na área. Todos esses tópicos são apresentados no Capítulo 1.

Você também precisa conhecer as várias perspectivas que os profissionais dessa área têm adotado para observar o comportamento motor e interpretar os estudos desse comportamento. Frequentemente, o que é conhecido em determinada disciplina é o resultado da perspectiva adotada pelos estudiosos da área. O Capítulo 2 introduz essas perspectivas.

No Capítulo 3, você aprenderá os princípios de movimento e estabilidade que influenciam continuamente todos os nossos movimentos. A compreensão desses princípios lhe ajudará a perceber os padrões de mudança das habilidades motoras ao longo do tempo (apresentados nos capítulos seguintes). O objetivo do Capítulo 3 é auxiliá-lo a entender, de forma geral, como esses princípios funcionam.

Mais importante, a Parte I o introduz a um modelo que será utilizado para orientar seu estudo de desenvolvimento motor. Esse modelo, apresentado na página 6, é o modelo de restrições de Newell (Newell, 1986). O Capítulo 1 descreve suas partes e o que elas representam. Esse modelo lhe propõe um modo de organizar novas unidades de informação. Neste momento, a noção mais importante que você pode obter desse modelo é que o desenvolvimento motor não foca somente no indivíduo, mas também leva em conta a importância do ambiente no qual o indivíduo se movimenta e as tarefas que este procura realizar. Mais ainda, o modelo lhe oferece uma forma de analisar e pensar sobre questões e problemas do desenvolvimento motor. Assim, ele será útil não somente a curto prazo em seu estudo do desenvolvimento motor, mas também longo prazo, ao assumir uma posição profissional ou interagir com a família e amigos em relação às suas habilidades motoras.

Leituras sugeridas

Adolph, K., & Robinson, S. (2008). In defense of change processes. *Child Development, 79*, 1648–1653.

Clark, J.E. (2005). From the beginning: A developmental perspective on movement and mobility. *Quest, 57*, 37–45.

Gagen, L., & Getchell, N. (2004). Combining theory and practice in the gymnasium: "Constraints" within an ecological perspective. *Journal of Physical Education, Recreation and Dance, 75*, 25–30.

Gagen, L., & Getchell, N. (2008). Applying Newton's apple to elementary physical education: An interdisciplinary approach. *Journal of Physical Education, Recreation and Dance, 79*, 43–51.

Getchell, N., & Gagen, L. (2006). Interpreting disabilities from a 'constraints' theoretical perspective: Encouraging movement for all children. *Palaestra, 22*, 20–53.

Jensen, J. (2005). The puzzles of motor development: How the study of developmental biomechanics contributes to the puzzle solutions. *Infant and Child Development, 14*(5), 501–511.

Thelen, E. (2005). Dynamic systems theory and the complexity of change. *Psychoanalytic Dialogues, 15*(2), 255–283.

Conceitos Fundamentais

 OBJETIVOS DO CAPÍTULO

- Definir desenvolvimento motor.
- Descrever algumas das ferramentas básicas utilizadas por pesquisadores em desenvolvimento motor.
- Distinguir questões de desenvolvimento de outros questionamentos.
- Explicar por que o desenvolvimento acontece ao longo da vida.
- Introduzir um modelo para orientar nossa discussão sobre desenvolvimento motor.

Desenvolvimento motor no mundo real

As séries *Up*

Em 1964, o diretor Paul Almond filmou um grupo de 14 crianças inglesas, todas com 7 anos de idade, de diversas classes socioeconômicas, e fez um documentário sobre suas vidas, intitulado *7 Up!* Em 1971, Michael Apted seguiu com *7 Plus Seven* e publicou uma nova edição da série a cada 7 anos desde então, acompanhando esses mesmos indivíduos ao longo da infância, adolescência, vida adulta e, agora, até a meia-idade. Apted esperava explorar a influência do sistema de aulas britânico ao longo do tempo e verificar se era verdadeira a máxima jesuíta "Dê-me uma criança em seus primeiros sete anos de idade e eu lhe devolverei um homem". A última versão, *56 Up*, foi lançado na televisão britânica em 14 de maio de 2012 e relançado nos Estados Unidos em janeiro de 2013. No total, portanto, as séries *Up* mostrarão as vidas dos participantes ao longo de 49 anos, da infância até a meia-idade, oferecendo uma visão para o desenvolvimento do grupo e individual.

Se realizássemos uma série de documentários sobre o desenvolvimento motor, quem poderia assisti-los? Muitos profissionais poderiam se interessar, especialmente os professores de educação física e os da primeira infância, em quais práticas funcionam melhor e se estas são adequadas ao desenvolvimento. Fisioterapeutas poderiam se interessar em conhecer os fatores que afetam as capacidades de movimento; engenheiros e *designers* se interessariam nas mudanças até a vida adulta, a fim de planejar espaços, painéis de controle, equipamentos de trabalho, equipamentos de esporte e veículos organizados e dimensionados adequadamente. Profissionais da saúde poderiam querer determinar como o movimento e o exercício no início da vida afetam o estado de saúde ao longo do tempo. Claramente, o desenvolvimento motor interessa a muitas pessoas por várias razões. Na verdade, você pode aprender muito examinando as mudanças nos padrões de movimento – e por que elas ocorrem – do nascimento até a velhice. O movimento é parte integral de nossas vidas, e sua mudança é inevitável.

Definindo desenvolvimento motor

Nossa série de documentários imaginários talvez possa ter dado uma ideia aproximada do que é o desenvolvimento motor. Agora, vamos ser mais exatos e dar alguns limites para a área, da mesma forma que um produtor faria para decidir quais segmentos são apropriados para o filme de desenvolvimento motor e quais não são.

O *desenvolvimento* é definido por várias características. Primeiro, é um processo contínuo de mudanças na capacidade funcional. Pense na capacidade funcional como a capacidade de existir – viver, mover-se e trabalhar – no mundo real. Esse é um processo cumulativo, em que os organismos vivos estão sempre em desenvolvimento, mas a quantidade de mudanças pode ser mais ou menos observável ao longo da vida.

Segundo, o desenvolvimento está relacionado à idade (apesar de não depender dela). À medida que a idade avança, o desenvolvimento ocorre. Todavia, ele pode ser mais rápido ou mais lento em diferentes períodos, e suas taxas podem diferir entre pessoas da mesma idade. Cada indivíduo não necessariamente avança em idade e desenvolvimento na mesma proporção. Além disso, o desenvolvimento *não para* em uma idade em particular, mas continua ao longo da vida.

Terceiro, o desenvolvimento envolve mudanças sequenciais. Um passo leva ao passo seguinte, de maneira irreversível e ordenada. Essa mudança é o resultado de interações internas do indivíduo e de interações entre o sujeito e o ambiente. Todos os componentes de uma espécie passam por padrões previsíveis de desenvolvimento, mas o resultado é sempre um grupo de indivíduos únicos.

Os indivíduos atuam em uma variedade de cenários, incluindo o físico, social, cognitivo e psicológico. Portanto, utilizamos termos como *desenvolvimento cognitivo* ou *desenvolvimento social* para abordar o processo de mudança em cenários particulares. Os cientistas sociais frequentemente se especializam no estudo de um aspecto do desenvolvimento.

Utilizamos o termo **desenvolvimento motor** para nos referir ao desenvolvimento das capacidades motoras. Aqueles que estudam o desenvolvimento motor exploram as alterações de desenvolvimento nos movimentos, bem como os fatores subjacentes a essas mudanças; esses estudos abordam o processo de mudança e o desfecho resultante do movimento. Nem toda alteração no movimento constitui um desenvolvimento. Por exemplo, se um professor de tênis estimula uma mudança no *forehand* de um estudante, mudando seu modo de empunhar a raquete, não consideramos essa mudança de desenvolvimento motor. Em vez disso, utilizamos o termo **aprendizagem motora**, que se refere a alterações no movimento relativamente permanentes, mas relacionadas à experiência ou à prática, e não à idade. Empregamos o termo *comportamento motor* quando preferimos não fazer a distinção entre aprendizagem motora e desenvolvimento motor, ou quando queremos incluir ambos.

Controle motor se refere ao controle do sistema nervoso e dos músculos que permite movimentos habilidosos e coordenados. Recentemente, pesquisadores em desenvolvimento e em controle motor descobriram muitas coisas em comum. A compreensão sobre como o sistema nervoso e a capacidade de movimento se alteram com a idade aumenta nosso conhecimento sobre o controle motor e, desse modo, percebemos agora uma sobreposição da pesquisa em desenvolvimento e controle motor.

 Procure em novos endereços eletrônicos, como MSNBC.com ou CNN.com histórias relacionadas ao desenvolvimento motor. Que palavras-chave você selecionou para procurar nas histórias sobre esse tópico, além de *motor* e *desenvolvimento* para se concentrar neste assunto?

Sem dúvida você já ouviu o termo *desenvolvimento* associado a *crescimento*, como em "crescimento e desenvolvimento". **Crescimento físico** é um aumento quantitativo em tamanho ou magnitude. Organismos vivos têm um período de crescimento em tamanho físico. Para os seres humanos, esse período começa na concepção e termina no final da adolescência ou início da segunda década de vida. Mudanças no tamanho dos tecidos após o período de crescimento físico (p. ex., um aumento na massa muscular, com treinamento de resistência) são descritas com outros termos. Assim, a fase de *crescimento e desenvolvimento* inclui mudanças no tamanho e na capacidade funcional.

O termo *maturação* é também associado ao termo *crescimento*, mas isso não é o mesmo que desenvolvimento. **Maturação** denota o progresso em direção à maturidade física, ao estado de integração funcional ideal dos sistemas corporais de um indivíduo e à capacidade de reprodução. Já o desenvolvimento continua o mesmo depois que se atinge a maturidade física.

As mudanças fisiológicas não param ao final do período de crescimento físico: elas ocorrem durante toda a vida. A mudança fisiológica tende a ser mais lenta após o período de crescimento, no entanto, permanece proeminente. O termo **envelhecimento** pode ser utilizado em um sentido amplo para se referir ao processo de tornar-se mais velho, independentemente da idade cronológica; pode também se referir de modo específico a mudanças que levam à perda de adaptabilidade ou da função e, por fim, à morte (Spirduso, Francis e MacRae, 2005).

Desenvolvimento motor se refere ao processo de mudanças no movimento contínuo relacionado à idade, bem como às interações das restrições (ou fatores) no indivíduo, no ambiente e nas tarefas que induzem tais mudanças.

Aprendizado motor se refere aos ganhos relativamente permanentes, em habilidades motoras, associados à prática ou à experiência (Schmidt e Lee, 2005).

Controle motor é o estudo dos aspectos neurais, físicos e comportamentais do movimento (Schmidt e Lee, 2005).

Crescimento físico é um aumento no tamanho ou na massa corporal, resultante do aumento em partes corporais já formadas e completas (Timiras, 1972).

Maturação fisiológica é um avanço qualitativo na constituição biológica e pode referir-se à célula, ao órgão ou ao avanço do sistema em composição bioquímica, em vez de somente ao tamanho (Teeple, 1978).

Envelhecimento é o processo que ocorre com a passagem do tempo, levando a perda de adaptabilidade ou de função total e, por fim, morte (Spirduso, Francis e MacRae, 2005).

Os processos fisiológicos de crescimento e envelhecimento ocorrem continuamente durante toda a vida. Por muitos anos, os pesquisadores examinaram o desenvolvimento motor da primeira infância até a puberdade quase exclusivamente. Entretanto, a população do mundo tem envelhecido. Por volta de 2030, muitos países – incluindo Estados Unidos, China, Rússia, Austrália, Canadá e a maior parte das nações da União Europeia – terão pelo menos 13% da população com idade de 65 anos ou mais (Kinsella e Velkoff, 2001). Essa mudança torna mais urgente a necessidade de uma melhor compreensão do desenvolvimento motor na velhice. Embora alguns dos estudantes de desenvolvimento motor possam estar mais interessados em uma parte específica desse desenvolvimento, o campo do desenvolvimento motor ainda diz respeito a alterações do movimento ao longo da vida. Entender o que induz mudanças em determinada fase normalmente nos auxilia a compreender as alterações em outra. Esse processo de examinar mudanças é parte da adoção de uma perspectiva de desenvolvimento.

Restrições: um modelo para estudar o desenvolvimento motor

É útil ter um modelo ou plano para estudar a mudança no movimento que ocorre ao longo da vida. Um modelo nos auxilia a incluir todos os fatores relevantes em nossa observação do comportamento motor. Isso é particularmente verdadeiro quando pensamos na complexidade das habilidades motoras e em como nossas habilidades se modificam no decorrer da vida. Para este livro, adotamos um modelo associado a uma abordagem teórica contemporânea, conhecida como perspectiva ecológica (ver Cap. 2). Achamos que esse modelo nos auxilia a entender as mudanças no desenvolvimento, oferecendo uma estrutura para a observação das alterações. Acreditamos que o modelo das restrições de Newell vai auxiliá-lo a entender melhor o desenvolvimento motor ao longo da vida.

O modelo de Newell

Karl Newell (1986) sugeriu que os movimentos surgem das interações do organismo, do ambiente no qual os movimentos ocorrem e da tarefa a ser executada. Se qualquer um desses três fatores muda, o movimento resultante se altera. Podemos representar os três fatores como as pontas de um triângulo, com um círculo de flechas representando suas interações (Fig. 1.1). Como estamos preocupados somente com os movimentos dos seres humanos, preferimos o termo *indivíduo* em vez de *organismo*. Em resumo, para entender o movimento, devemos entender as relações entre as características do indivíduo que se movimenta e do meio que o cerca, bem como o objetivo ou propósito de seu movimento. Da interação de todas essas características emerge o movimento específico. Esse modelo nos lembra que devemos considerar todos os três cantos do triângulo a fim de entender o desenvolvimento motor.

Imagine os diferentes modos como um indivíduo pode caminhar: um bebê dando seus primeiros passos, uma criança caminhando na areia macia, um adulto se movendo em um piso congelado ou um idoso tentando pegar um ônibus. Em cada exemplo, o indivíduo deve modificar o seu padrão de caminhada de alguma forma. Esses exemplos ilustram que, alterando-se um dos fatores, frequentemente o resultado é uma mudança na interação com um ou dois dos demais, e uma forma diferente de caminhar surge da interação. Por exemplo, estar de pés descalços ou com um sapato de sola de borracha pode não fazer diferença em seu caminhar sobre um piso seco de cerâmica, mas seu caminhar poderia mudar consideravelmente se o chão estivesse molhado e escorregadio. A *interação* entre indivíduo, tarefa e ambiente modifica o movimento, e, ao longo do tempo, os padrões de interação levam a mudanças no desenvolvimento motor.

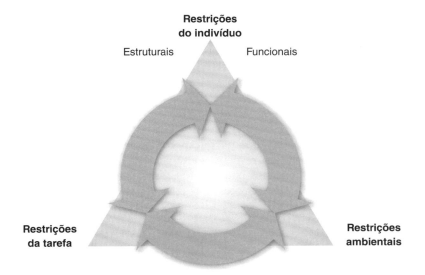

FIGURA 1.1 O modelo das restrições de Newell.

Por que o modelo de Newell é tão útil para estudar o desenvolvimento motor? Ele reflete as interações dinâmicas e em constante modificação no desenvolvimento motor. Além disso nos permite olhar para o indivíduo e para os diferentes sistemas corporais que constantemente passam por mudanças relacionadas à idade. Ao mesmo tempo, o modelo enfatiza as influências sobre o local em que o indivíduo se move (ambiente) e o que o sujeito faz (tarefa) em movimentos individuais. Mudanças no indivíduo levam a mudanças na sua interação com o ambiente e com a tarefa e, subsequentemente, mudam a forma como a pessoa se movimenta. Por exemplo, uma criança pode se divertir fazendo cambalhotas sobre os colchões em sua pré-escola. Seus pais podem colocá-la em uma escolinha de ginástica (mudança no ambiente); nessa aula, o instrutor pode focar no equipamento em vez de nas cambalhotas (mudança na tarefa). Com o tempo, e por meio da sua experiência na aula de ginástica centrada em um equipamento específico, a criança pode tornar-se proficiente no cavalo com alças. Outro exemplo seria um adulto mais velho que, em função de sua artrite, resolve caminhar apenas quando absolutamente necessário e deixa de acompanhar seu grupo de caminhada. Mudanças em seu ambiente social o levam a abandonar o exercício, o que, por sua vez, leva a perda de força, flexibilidade e mobilidade e, em última instância, mais dor nos quadris. Em ambos os exemplos, o indivíduo, o ambiente e a tarefa influenciaram e foram influenciados uns pelos outros.

Newell chama os três fatores que colocamos nas pontas do nosso triângulo de **restrições**. Uma restrição é algo como uma limitação – ela pode *limitar* ou *desencorajar,* no caso, o movimento –, mas ao mesmo tempo, *permitir* ou *encorajar* outros movimentos. É importante não considerar as restrições como negativas ou ruins; elas simplesmente proporcionam canais nos quais os movimentos emergem mais facilmente. O leito de um rio age como uma restrição, impedindo a água do rio de sair do seu curso, mas também o canaliza para seguir um caminho específico. As restrições de movimento dão forma ao movimento. Elas o restringem e canalizam por um determinado período e em um dado local no espaço; isto é, conferem ao movimento uma forma específica.

Restrições individuais, o ponto superior do nosso triângulo, são as características físicas e mentais específicas de uma pessoa. Por exemplo, a altura, o comprimento de um membro, a força e a motivação podem influenciar a maneira como o indivíduo se movimenta. Considere o nadador com uma incapacidade na Figura 1.2. A deficiência restringe, mas não impede a capacidade de nadar desse indivíduo; ela simplesmente modifica a forma como ele executa sua braçada. As restrições individuais são estruturais ou funcionais.

Uma **restrição** é uma característica do indivíduo, do ambiente ou da tarefa que encoraja alguns movimentos enquanto desencoraja outros.

Restrições individuais são as características físicas e mentais específicas de uma pessoa ou organismo.

8 Conceitos Fundamentais

FIGURA 1.2 O membro deficiente do nadador é uma restrição estrutural que desencadeia, na forma de nadar, um movimento diferente daquele de um nadador que não apresenta um membro deficiente.

Restrições estruturais são restrições do indivíduo relacionadas à estrutura corporal.

Restrições funcionais são restrições do indivíduo relacionadas à função comportamental.

- **Restrições estruturais** dizem respeito à estrutura corporal do indivíduo. Mudam com o crescimento e envelhecimento; todavia, tendem a se modificar lentamente com o tempo. Exemplos incluem altura, peso, massa muscular e comprimento das pernas. À medida que discutirmos essas mudanças, veremos como fatores estruturais restringem o movimento.

- **Restrições funcionais** dizem respeito não à estrutura, mas à função comportamental. Os exemplos incluem motivação, medo, experiências e foco de atenção, e essas restrições podem mudar em um período de tempo muito mais curto. Por exemplo, você poderá estar motivado para correr vários quilômetros em um dia frio, mas não em um dia quente e úmido. Essa restrição funcional dá forma ao seu movimento para correr, caminhar ou até mesmo sentar.

Para muitos profissionais, é importante saber se o movimento do estudante ou do paciente está sendo moldado por restrições estruturais ou funcionais. Essa informação pode auxiliar a pessoa a entender quanto um movimento pode mudar em um curto período de tempo e se uma alteração na restrição ambiental ou na tarefa modificaria os movimentos resultantes. Por exemplo, sabendo que jogadores de vôlei jovens não podem bloquear uma bola na rede porque ainda não apresentam a mesma altura dos adultos, um coordenador de esportes pode mudar a tarefa utilizando uma rede mais baixa.

Restrições ambientais são restrições relacionadas ao mundo que nos cerca.

Restrições ambientais existem fora do corpo, como uma propriedade do mundo que nos envolve. Elas são globais em vez de ligadas a tarefas específicas, podendo ser físicas ou socioculturais. As restrições ambientais físicas são características do ambiente, como: temperatura, quantidade de luz, umidade, gravidade e o tipo de superfície de pisos e paredes. O exemplo de um corredor que não se sente motivado a correr em um ambiente úmido representa a restrição funcional de motivação que interage com duas restrições ambientais – temperatura e umidade – para restringir o movimento.

Nosso ambiente sociocultural pode ser uma grande força para encorajar ou desencorajar comportamentos, incluindo os comportamentos motores. Um exemplo mais óbvio é como a mudança do ambiente sociocultural na sociedade ocidental mudou o envolvimento de meninas e mulheres com o esporte nas três últimas décadas. Na década de 1950, a sociedade não esperava que as meninas participassem de esportes. Como resultado, elas eram afastadas dessa atividade.

Restrições de tarefa também são externas ao corpo. Elas incluem as metas de um movimento ou atividade. Essas restrições diferem da motivação ou dos objetivos do indivíduo, pois são específicas da tarefa. Por exemplo, no basquetebol, a meta é colocar a bola na cesta – isso é verdade para cada jogador durante o jogo. Em segundo lugar, as restrições de tarefa incluem as regras que envolvem um movimento ou atividade. Novamente, se pensarmos no basquetebol, os jogadores poderiam se deslocar com mais velocidade na quadra se pudessem correr sem quicar a bola, mas as regras ditam que eles *devem* quicá-la enquanto se deslocam, isto é, o movimento resultante será restringido para incluir o movimento de quicar a bola. Finalmente, o equipamento que usamos é uma restrição da tarefa. Por exemplo, usar uma raquete encordoada em vez de uma raquete de pádel modifica o jogo praticado em uma quadra fechada (de raquetebol). Lembre-se também do coordenador de esportes de jovens, que, ao baixar a altura da rede, utilizou a interação de uma restrição estrutural do indivíduo (estatura) com uma restrição de tarefa para permitir que um determinado movimento (bloqueio) possa ser realizado em uma partida de voleibol com jovens. Você provavelmente pode imaginar muitas das restrições de tarefa nesta situação – por exemplo, o jogador de basquetebol que deve passar a bola para um colega de time enquanto a protege contra um defensor.

> **Restrições de tarefa** incluem os objetivos e a estrutura de regras de um movimento ou atividade específicos.

Nessa discussão sobre desenvolvimento motor, demonstramos como a mudança das restrições do indivíduo, do ambiente e da tarefa modifica o movimento que resulta de suas interações. O modelo de Newell nos orienta na identificação dos fatores do desenvolvimento que afetam os movimentos e nos auxilia na criação de ambientes e tarefas adequados ao desenvolvimento, ajudando-nos a entender o movimento dos indivíduos como algo diferente de normas de grupos ou médias.

Mudanças de visões sobre o papel das restrições

É importante reconhecer que, na história da pesquisa sobre desenvolvimento motor, alguns pesquisadores e professores a princípio se concentraram nos fatores relacionados ao indivíduo, em detrimento de outros. Por exemplo, na década de 1940, acreditava-se que uma restrição do indivíduo, especificamente a restrição estrutural do sistema nervoso, por si modelava o movimento em lactentes e crianças (ver Cap. 2 para discussão desse conceito). Mais tarde, na década de 1960, os desenvolvimentistas acreditavam que o ambiente e a atividade, mais do que as restrições do indivíduo, davam forma ao movimento. Apenas mais recentemente foram enfatizadas, de forma simultânea, todas as três restrições, bem como examinou-se de modo cuidadoso a maneira como as restrições interagem e influenciam umas às outras ao longo do tempo.

Obviamente, quando uma ou duas restrições não são enfatizadas, também não se considera o rico efeito das três restrições que interagem para dar forma ao movimento. Essa abordagem limita a visão resultante do movimento emergente. Em nosso exame do desenvolvimento motor, identificamos os efeitos desses vários pontos de vista sobre a importância das três restrições. Algumas vezes, o que sabemos sobre um aspecto do desenvolvimento motor é influenciado pelas perspectivas do pesquisador que estudou aquele comportamento. É como observar a cor de uma flor, usando óculos de sol com diferentes lentes coloridas.

Podemos "colorir" nossas conclusões sobre desenvolvimento motor à medida que enfatizamos um tipo de restrição em detrimento de outros.

 Imagine que você é um professor de educação física ou um treinador. Sabendo como a estatura e o tipo corporal mudam com o crescimento, como você adaptaria o jogo de basquetebol (especialmente a tarefa, por meio do equipamento utilizado) de forma que os movimentos (arremessar, driblar, passar) permaneçam aproximadamente os mesmos durante os anos de crescimento?

O modelo de Newell é mais global do que a maioria dos modelos previamente utilizados no estudo do desenvolvimento motor. Podemos explicar melhor a complexidade das mudanças no movimento relacionadas à idade, com esse modelo, por meio das interações que ocorrem entre o indivíduo, o ambiente e a tarefa. Tenha esse padrão em mente durante nossa análise do desenvolvimento motor.

Restrições e desenvolvimento atípico

Para entender os fundamentos básicos das restrições, explicamos os conceitos por meio da utilização do desenvolvimento motor típico. Isto é, utilizamos exemplos que descrevem o que devemos esperar em indivíduos com restrições individuais médias (força, altura, motivação), que se movimentam em ambientes típicos (ginásios, *playgrounds*, supermercados) e que realizam tarefas normais (esportes, atividades cotidianas). Essencialmente, esse é o desenvolvimento motor "na média". Os indivíduos podem se desenvolver de diferentes modos e ainda permanecer dentro da variação média. Entretanto, eles podem desviar do desenvolvimento médio de várias formas. Em alguns exemplos, o desenvolvimento avança (habilidades motoras surgem mais cedo do que o esperado) ou atrasa (habilidades motoras surgem mais tarde do que o esperado), e, em outros, o desenvolvimento é verdadeiramente diferente (o indivíduo se movimenta de modo específico). Quando discutimos restrições de desenvolvimento atípico, nos concentramos no desenvolvimento atrasado e diferente, especialmente em indivíduos com incapacidades. A interação com as restrições leva a alterações de movimento nas vidas dos indivíduos. Portanto, sabemos que diferenças nas restrições estruturais e funcionais do indivíduo podem levar a trajetórias atípicas do desenvolvimento. Por exemplo, uma criança com paralisia cerebral pode atrasar a aquisição de habilidades motoras fundamentais em função da espasticidade muscular ou um adulto com esclerose múltipla apresentará uma atividade motora reduzida em função da deterioração das camadas de mielina no cérebro e medula espinal. Em algumas condições, os indivíduos podem exibir um atraso na coordenação motora que pode ser superado por meio de práticas ou experiências enriquecidas. Na terminologia de restrições, práticas enriquecidas representam uma mudança nas restrições de tarefa. Os fisioterapeutas devem ter em mente como o movimento pode ser alterado conforme resultado de mudanças de restrições e, portanto, ajustar as restrições de ambiente e tarefa para acomodar as diferenças individuais. Ao longo do texto, fornecemos exemplos de pesquisas associadas ao desenvolvimento atípico.

Como sabemos que isso é mudança?

Estabelecemos que a mudança relacionada à idade é fundamental no estudo do desenvolvimento motor e na perspectiva do desenvolvimento. Os desenvolvimentistas dão ênfase à mudança. Como, então, sabemos que a mudança está relacionada à idade, e não a alguma flutuação do comportamento (p. ex., um bom ou um mau dia) ou a um produto do nosso instrumento de medida (um aparelho de radar *vs.* um analisador de movimento por vídeo)?

Uma forma de discernir alterações de desenvolvimento é observar cuidadosamente o movimento do indivíduo, e então descrever diferenças entre pessoas de diferentes grupos de idade ou instâncias de observação.

Além disso, os cientistas comportamentais usam técnicas estatísticas que podem identificar mudanças significativas. Discutiremos essas técnicas algumas vezes no contexto do estudo de uma pesquisa. Por ora, enfocaremos uma técnica direta que mostra a mudança por meio da representação gráfica de um aspecto do desenvolvimento ao longo do tempo. Poderemos ver, assim, se uma tendência está emergindo.

Representando mudanças

Quando representamos medidas relacionadas à idade por meio de um gráfico, tradicionalmente colocamos tempo ou idade no eixo horizontal. O tempo pode ser medido em dias, semanas, meses, anos ou décadas, dependendo de nosso quadro de referência. Uma medida de interesse referente à infância poderia ser plotada em dias ou semanas; já uma medida de interesse ao longo da vida, em anos ou décadas.

A medida é plotada no eixo vertical. Geralmente, as medidas são organizadas de forma que "melhor" ou "mais" ou "mais avançado" estejam mais alto na escala. A Figura 1.3 mostra um gráfico típico de uma medida de crescimento na infância. É comum registrar uma medida periodicamente e plotar seu valor correspondente em determinadas idades cronológicas. Presumindo que as mudanças ocorreram de modo consistente no intervalo de tempo entre as nossas medidas, podemos conectar nossas coordenadas para formar uma linha. Quando colocamos no gráfico a mudança, utilizando uma perspectiva de desenvolvimento, não deveríamos assumir que mais é sempre melhor. Os indivíduos se movem de maneiras variadas, as quais são qualitativamente diferentes. Algumas formas de movimentação resultam em arremessos mais longos ou corridas mais rápidas, mas isso não significa que crianças que não se movimentam dessa forma estejam erradas, apenas que elas se movem em um nível mais baixo ou diferente de desenvolvimento.

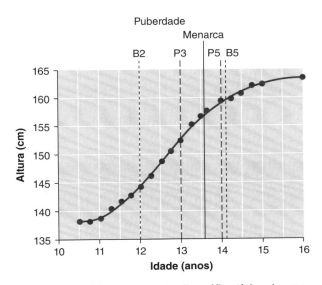

FIGURA 1.3 Uma representação gráfica típica do crescimento na infância.
Reimpressa, com a permissão, de Maclaren, 1967.

Pesquisando as mudanças no desenvolvimento

No estudo do desenvolvimento, observamos de modo ideal a mudança de um indivíduo ou de um grupo durante o período no qual estamos interessados. Isso é chamado de **estudo longitudinal**. A dificuldade aparece quando nosso quadro de referência está em anos ou décadas. Por exemplo, um professor pode estar interessado nas mudanças que ocorrem em habilidades locomotoras no decorrer da infância. Podemos notar que um pesquisador individual poderá ser capaz de fazer somente alguns estudos durante sua vida. Isso não nos daria em curto prazo muitas informações sobre desenvolvimento motor.

Um **estudo longitudinal** é uma pesquisa na qual o mesmo indivíduo ou grupo é observado executando as mesmas tarefas ou apresentando os mesmos comportamentos repetidamente durante um longo tempo.

12 Conceitos Fundamentais

Um **estudo transversal** é uma pesquisa na qual a mudança no desenvolvimento é inferida observando-se indivíduos ou grupos de faixas etárias variadas em um determinado momento no tempo.

Os pesquisadores têm várias maneiras de aprender mais em um breve período de tempo. Uma das técnicas é chamada de **estudo transversal**. Nesse estudo, os pesquisadores selecionam indivíduos ou grupos com idades específicas dentro do período de vida pelo qual estão interessados. Por exemplo, pesquisadores interessados em mudanças durante a adolescência mediriam um grupo de 13 anos de idade, um de 15, outro de 17, e assim por diante. Quando a medida de cada grupo é plotada, assumimos que qualquer mudança observada reflete a mesma mudança que observaríamos em um único grupo se o tivéssemos acompanhado durante todo o período de tempo. A vantagem desse método, é que os pesquisadores podem estudar o desenvolvimento em um breve período de tempo e a desvantagem é que nunca observamos de fato uma mudança, apenas a inferimos a partir das diferenças de grupos de idade. Se algo mais é responsável pelas diferenças nos grupos etários, poderíamos ser enganados ao pensar que pudessem ter sido causadas por mudanças no desenvolvimento.

Considere o exemplo dos triciclos. Há alguns anos, todos os triciclos eram de metal e modelados de forma que o assento ficasse relativamente alto em relação ao solo. As crianças com menos de 3 anos tinham dificuldade de subir e sentar no triciclo. Então, alguém inventou o triciclo com a roda dianteira grande e com o assento a somente alguns centímetros do chão. Agora, até crianças que estavam apenas começando a caminhar podiam sentar neles.

Suponhamos que um pesquisador realizou um estudo transversal sobre a coordenação do movimento de pedalar em crianças de 1 ano e meio, de 2 anos, de 2 anos e meio e de 3 anos. O estudo foi feito exatamente um ano depois desse triciclo com a roda grande estar disponível no mercado (como peça de equipamento, esse triciclo é uma restrição de tarefa). O pesquisador observou que crianças de 2 anos e meio e de 3 anos conseguiam coordenar esse movimento e concluiu que, aproximadamente, 2 anos e meio era a idade com que essas crianças poderiam coordenar os movimentos de pedalar. Contudo, o que teria acontecido se o pesquisador tivesse feito o estudo no ano anterior, antes de qualquer criança ter tido experiência nesse tipo de triciclo? Ele teria observado que nenhuma delas conseguia coordenar os movimentos de pedalar, uma vez que, até então, nenhuma tinha sido capaz de

---

Você pode dizer se isto é uma questão de desenvolvimento? Um Teste de Litmus

A partir das definições de desenvolvimento motor e de aprendizado motor, você ainda pode continuar achando difícil distinguir se um comportamento particular é um problema de aprendizagem ou de desenvolvimento. Mary Ann Roberton (1988, p. 130) sugere que as respostas a três perguntas nos auxiliam a distinguir questões e tópicos de desenvolvimento:

1. Estamos interessados em como é o comportamento agora e por que o comportamento é do modo como se apresenta?
2. Estamos interessados em como o comportamento era antes da nossa recente observação, e por quê?
3. Estamos interessados em como o comportamento atual mudará no futuro, e por quê?

Os estudantes de aprendizagem motora e de desenvolvimento motor respondem "sim" à primeira questão, mas somente desenvolvimentistas respondem "sim" à segunda e à terceira. Os especialistas em aprendizagem motora estão preocupados em realizar mudanças relativamente permanentes no comportamento dentro de um curto período de tempo. Os desenvolvimentistas motores preferem um tempo mais longo, durante o qual uma sequência de mudanças ocorre, e poderão introduzir uma mudança nas restrições de tarefa ou de ambiente para adequá-los à faixa etária; mas eles percebem que a tarefa ou o ambiente devem ser modificados várias vezes à medida que os indivíduos envelhecem e mudam.

Desenvolvimento Motor ao Longo da Vida **13**

andar em um triciclo com o assento alto. O pesquisador teria, portanto, concluído que essa coordenação se desenvolve somente após os 3 anos de idade.

A invenção do triciclo com a roda grande proporcionou a uma **coorte**, ou minigeração de crianças, uma prática antecipada da coordenação dos movimentos de pedalar. As coortes mais velhas não puderam praticar o movimento até que fossem grandes o suficiente para subir nos triciclos de banco alto. Portanto, um grupo teve uma experiência que o outro não teve. Essa diferença poderia enganar os pesquisadores em um estudo transversal, levando-os a associar as diferenças de *performance* entre grupos etários apenas à idade e não a outros fatores, como exposição a novas invenções. Os pesquisadores devem estar particularmente atentos às diferenças de coortes quando examinam o avanço na idade de populações, devido às mudanças rápidas de tecnologia. Por exemplo, muitos adultos mais velhos podem não possuir ou usar computador frequentemente. Digamos que um pesquisador quer examinar diferenças em técnicas de dirigir entre motoristas de diferentes grupos etários e utiliza uma simulação por computador na qual o carro é controlado por um *joystick*. Os adultos mais velhos podem demonstrar diferenças em *performance* porque não estão familiarizados com *joysticks* de computadores, em vez de verdadeiras diferenças em técnicas de dirigir (na verdade, crianças que ainda não são habilitadas a dirigir poderão ter um desempenho melhor por causa de suas experiências com *videogames*). Os investigadores devem ter cuidado no controle das diferenças de coortes.

Todavia, os pesquisadores inventaram uma forma inteligente de identificar a influência de coortes, ao mesmo tempo em que realizam uma pesquisa de desenvolvimento em menos tempo do que o exigido por um estudo longitudinal. Eles fazem isso combinando estudos longitudinais e transversais. Na verdade, realizam vários pequenos estudos longitudinais com sujeitos em diferentes idades do período de interesse. Por exemplo, no primeiro ano avaliam três grupos de crianças: um de 4 anos, um de 6 anos e um de 8 anos de idade. Observe que, se os pesquisadores parassem por aqui, teriam um estudo transversal. Em vez disso, medem de novo todas as crianças um ano depois; nesse momento, elas têm 5, 7 e 9 anos.

Um ano depois, quando elas estão com 6, 8 e 10 anos, os pesquisadores repetem a medição. Ao final, eles realizaram três pequenos estudos longitudinais: uma coorte que era originalmente de 4 anos de idade, aos 4, 5 e 6 anos; uma coorte que era originalmente de 6 anos, aos 6, 7 e 8 anos; e uma coorte que era originalmente de 8 anos, aos 8, 9 e 10 anos.

A informação é disponibilizada sobre as idades de 4 a 10 anos, mas somente 2 anos foram necessários para obter a informação. E quanto à possibilidade de diferenças de coortes? Observe que os estudos minilongitudinais cobrem idades sobrepostas. Dois grupos foram testados na idade de 6 anos, e dois grupos nas de 7 e 8 anos. Se a *performance* de diferentes coortes é a mesma em certa idade, então diferenças de coorte provavelmente não estão presentes. Se as coortes apresentam desempenhos diferentes na mesma idade, influências de coorte podem muito bem estar presentes. Esse tipo de delineamento de pesquisa é chamado de **longitudinal-misto ou sequencial**.

Novos estudantes de desenvolvimento motor podem, considerando o delineamento da pesquisa, dizer se a pesquisa é ou não é de desenvolvimento. Ela é de desenvolvimento se o delineamento é longitudinal, transversal ou sequencial (Fig. 1.4). Já aquelas que dão ênfase a certa faixa etária em determinado ponto no tempo não são de desenvolvimento.

> Uma **coorte** é um grupo cujos membros compartilham uma característica em comum, como idade ou experiência.

> Em um estudo **longitudinal-misto ou sequencial,** vários grupos etários são observados de uma vez ou por um curto período de tempo, permitindo a observação de um intervalo de idade que é mais longo do que o período de observação.

Um paradoxo do desenvolvimento: universalidade *versus* variabilidade

Imagine um ginásio repleto de estudantes da pré-escola. Muitas crianças se movimentam de forma semelhante: elas começam a exibir recepção e arremesso rudimentares; caminham e correm com proficiência, mas têm dificuldade de pular corda. Na média, as crian-

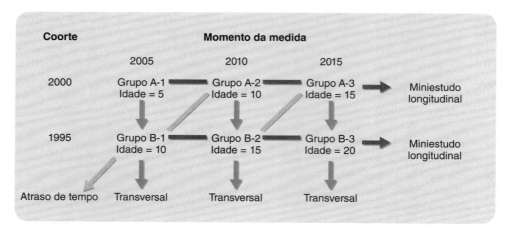

FIGURA 1.4 Modelo de delineamento de pesquisa sequencial. Observe que cada linha é um breve estudo longitudinal e que cada coluna é um pequeno estudo transversal. O componente de atraso de tempo de pesquisas de delineamento sequencial, mostrado pelas linhas diagonais, permite comparações de grupos de diferentes coortes, mas na mesma idade cronológica; identifica, portanto, quaisquer diferenças de coorte. Idades de 5 a 20 anos podem ser estudadas em 10 anos – 1990 a 2000.

ças realizam muitas das mesmas habilidades motoras. Mesmo assim, se você olhar para uma delas em específico, ela pode se movimentar de modos mais ou menos avançados do que outra que esteja bem perto dela. Essa diferença ilustra o paradoxo da universalidade do desenvolvimento em oposição a diferenças individuais (Thelen e Ulrich, 1991). Indivíduos de uma espécie mostram grande semelhança em seu desenvolvimento, à medida que passam por muitas das mesmas (estereotipadas) mudanças. Você já ouviu referências aos "estágios de desenvolvimento". Estágios certamente descrevem a emergência de comportamentos universais. Aqueles que trabalharão com indivíduos de determinada faixa etária normalmente estão interessados em seus comportamentos típicos.

Entretanto, existem diferenças individuais no desenvolvimento. É mais provável que qualquer indivíduo que observamos esteja acima ou abaixo da média, ou atinja um marco referencial mais cedo ou mais tarde do que a média, do que exatamente na média. Além disso, crianças podem chegar ao mesmo ponto de desenvolvimento por caminhos muito diferentes (Siegler e Jenkins, 1989). Todos os indivíduos, mesmo os gêmeos idênticos, têm diferentes experiências, e pessoas que trabalham com qualquer grupo de indivíduos supostamente no mesmo estágio de desenvolvimento ficam, em geral, espantadas pela variabilidade dentro do grupo.

Portanto, os desenvolvimentistas, os educadores, os pais e os profissionais da saúde devem considerar o comportamento de um indivíduo no contexto de comportamentos universais e de diferenças individuais. É importante reconhecer quando os outros estão utilizando uma perspectiva que enfatiza a universalidade do comportamento ou a variabilidade. A observação sistemática e controlada – em outras palavras, a *pesquisa* – nos auxilia a distinguir entre aqueles comportamentos que tendem a ser universais e aqueles que refletem a variabilidade humana. A pesquisa também nos auxilia a identificar o papel das restrições, como o ambiente e a experiência dos indivíduos, na criação da variabilidade de comportamento.

As ideias apresentadas neste livro são, na medida do possível, baseadas em pesquisas; a informação é proveniente de fontes objetivas. Tenha em mente que isso não é o mesmo que dizer que qualquer pesquisa nos forneça todas as respostas de que precisamos. Pesquisas individuais nem sempre descartam todas as outras explicações possíveis para os resultados; para fazer isso, pode ser necessário realizar mais pesquisas.

Derivar os princípios e as teorias da pesquisa para orientar as práticas educacionais de cuidado de saúde é um *processo*. Ainda que, algumas vezes, os profissionais de ensino fiquem frustrados quando veem que os pesquisadores estão somente no meio do processo, é melhor reconhecer isso do que tomar todos os resultados de pesquisa como palavra final. Nosso objetivo aqui não é apenas utilizar a informação de pesquisa disponível para estabelecer conclusões e decisões perspicazes sobre o desenvolvimento motor de indivíduos, mas também aprender como obter e analisar mais informações de pesquisa à medida que se tornem disponíveis.

 Pense nas generalizações que tendemos a fazer, como "pessoas altas são magras"; então, pense em pelo menos uma pessoa que conheça que seja uma exceção a essa "regra". Qual é a consequência de esperar que um estudante ou um paciente siga uma generalização?

Resumo e síntese

Agora que entendemos a perspectiva do desenvolvimento, é fácil ver por que uma série de documentários sobre desenvolvimento motor abrangendo várias décadas seria de interesse de muitos espectadores. No presente momento, cada um de nós é um produto "daquilo que éramos antes", e cada um de nós mudará para se tornar alguém diferente no futuro. Estamos todos nos desenvolvendo, e nossas restrições individuais estão constantemente mudando! Adicione a isso mudanças no ambiente e restrições da tarefa, e você tem uma mistura muito interessante relacionada ao desenvolvimento motor.

Muitas profissões envolvem relações com pessoas que se encontram em momentos críticos da vida, nos quais a mudança em curso influencia a vida posteriormente. Isso é especialmente verdadeiro em relação às habilidades e à existência física. Assim, seu conhecimento sobre desenvolvimento motor e as restrições relacionadas a ele auxiliarão você e aqueles que o acompanham por toda a vida. Se você escolher uma profissão como a de professor, técnico ou terapeuta, esse conhecimento o auxiliará a ajudar aos outros, oferecendo atividades de desenvolvimento adequadas.

Seu estudo de desenvolvimento motor será mais fácil caso você possua algumas ferramentas básicas. O mais importante é um quadro referencial ou um modelo com o qual possa relacionar novas informações, e nós utilizamos o modelo das restrições de Newell neste livro. Outra ferramenta importante é o conhecimento de como a pesquisa em desenvolvimento motor é delineada, o que o auxilia a entender como os pesquisadores propõem questões sobre desenvolvimento.

Outro fator fundamental, que ainda não discutimos, é o conhecimento das várias perspectivas que os desenvolvimentistas adotam à medida que abordam suas pesquisas. Já que o mesmo problema pode ser abordado de muitas perspectivas, é útil saber qual abordagem empregar. O próximo capítulo explora várias abordagens e discute os fundamentos teóricos do desenvolvimento motor.

Reforçando o que você aprendeu sobre restrições

Dê uma segunda olhada

No início deste capítulo, você aprendeu sobre as séries *Up*, que têm tido muito sucesso na Grã-Bretanha e nos Estados Unidos. Os observadores estão interessados em como os partici-

16 Conceitos Fundamentais

pantes mudam com o tempo, bem como de que modo permanecem os mesmos, e quais fatores (ou restrições, como chamamos agora) influenciam suas trajetórias. Em outras palavras, eles querem ver como as vidas dessas crianças (e mais tarde adultos) se desenvolvem. Exatamente como expectadores desses filmes, os leitores deste livro examinarão o desenvolvimento motor interativamente, considerando a influência que as restrições do indivíduo, do ambiente e da tarefa têm sobre as habilidades de movimento do indivíduo ao longo de toda a sua vida. É importante que os documentários não terminem (nem se tornem menos interessantes) ao final da infância; ao contrário, que continuem, porque os indivíduos seguem se desenvolvendo e mudando ao longo de toda a vida. Por essa razão, nós adotamos a perspectiva de toda a vida para o desenvolvimento motor.

Teste seus conhecimentos

1. Como a área do desenvolvimento motor se diferencia do aprendizado motor? Que perspectiva-chave separa as duas?
2. Qual é a diferença entre crescimento físico e maturação fisiológica?
3. Pense em sua atividade física, seu exercício ou seu esporte favorito. Descreva algumas das restrições do indivíduo (estruturais e funcionais), do ambiente e da tarefa nessa atividade.
4. Por que uma pessoa que planeja ter uma carreira dedicada ao ensino de crianças poderia também estudar idosos?
5. Quais são as diferenças entre as pesquisas longitudinais e transversais? Que características de cada uma são utilizadas na pesquisa sequencial ou longitudinal-misto?
6. O que significa um professor de educação física usar práticas de ensino "adequadas ao desenvolvimento"? Forneça alguns exemplos utilizando restrições.

Exercício de aprendizagem 1.1

Buscando informações sobre desenvolvimento motor na internet

A internet pode ser uma fonte valiosa para qualquer profissional. Muitas organizações e anunciantes fornecem informações que qualquer indivíduo com um computador pode acessar. É importante, entretanto, ter em mente que há poucos controles na rede; qualquer indivíduo pode fazer qualquer alegação (quer seja baseada em pesquisas, opiniões ou outras fontes). Você, enquanto um consumidor informado, deve examinar os endereços eletrônicos cuidadosamente e determinar a utilidade e precisão das informações assim como faria em uma pesquisa na biblioteca. Nessa atividade de aprendizado, você irá estabelecer hipóteses teóricas e os fundamentos dos vários endereços eletrônicos.

1. Coloque o termo *desenvolvimento motor* na ferramenta de busca de sua escolha (p. ex., Google, Bing). Quantas referências você encontrou com essas duas palavras? Algum dos endereços eletrônicos o surpreendeu? De que modo?
2. Encontre um endereço eletrônico que venda produtos para desenvolvimento motor. Escolha um produto. Qual foi o produto escolhido e qual o seu propósito? Como ele se destina ao desenvolvimento segundo o anunciante? Baseado no que você aprendeu, ele é *realmente* destinado ao desenvolvimento?
3. Repita sua pesquisa na internet, adicionando o termo *infância* ao *desenvolvimento motor*. A partir dos resultados obtidos, examine pelo menos três tipos de endereços eletrônicos (p. ex., acadêmicos, vendas, médicos). Identifique alguns endereços incomuns ou de particular interesse. Se você fosse um pai em busca de informação, o que poderia aprender a partir desses endereços eletrônicos?

Perspectivas Teóricas em Desenvolvimento Motor

Mudando interpretações de restrições

 OBJETIVOS DO CAPÍTULO
- Descrever a história do campo do desenvolvimento motor.
- Descrever as teorias utilizadas atualmente no estudo do desenvolvimento motor.
- Ilustrar como diferentes teorias explicam mudanças do comportamento motor.

Desenvolvimento motor no mundo real

O nascimento do seu primeiro sobrinho

Imagine-se visitando sua irmã mais velha em um Estado vizinho após ela ter tido seu primeiro filho. Você vê a criança recém-nascida, somente com uma semana de idade. O bebê não lhe responde, a não ser que você coloque o bico da mamadeira na sua boca ou o dedo na sua mão. Seus movimentos incluem batidas aparentemente aleatórias das pernas e dos braços – a menos que esteja com fome, pois nesse caso movimenta seus membros e chora. Quando você vai embora, pensa "Ele parece descoordenado e fraco". Após nove meses, você visita sua irmã e o sobrinho novamente. Que mudança! Ele se senta sozinho, pega seus brinquedos e já começou a engatinhar, pode até ficar em pé quando você o auxilia. Ele começou a coordenar suas ações de maneira que pode se movimentar propositalmente. Digamos agora que você o visite novamente nove meses depois. Seu sobrinho não é mais um bebê, e sim uma criança, com o caminhar independente em pleno desenvolvimento. Agora pode caminhar – bem rápido quando quer – e não tem problemas para alcançar e pegar. Está começando a responder verbalmente, particularmente com a palavra não. Ele parece tão diferente do recém-nascido que você conheceu há meros 18 meses.

Nesse cenário, seria natural perguntar a si mesmo: "O que aconteceu durante este ano e meio que resultou nessas mudanças?". Em outras palavras, como você (ou alguém) pode explicar as mudanças observadas no desenvolvimento? Uma vez que parece haver semelhanças no desenvolvimento de diferentes indivíduos (universalidade, descrita no Cap. 1), como organizamos e entendemos essas mudanças de maneira que possamos explicá-las e predizer o desenvolvimento futuro? Alguns fatos existem. Como podemos interpretá-los? Devemos olhar para as diferentes perspectivas teóricas em desenvolvimento motor; teorias oferecem uma maneira sistemática de observar e explicar as mudanças no desenvolvimento.

As teorias de desenvolvimento motor têm suas raízes em outras disciplinas, como a psicologia experimental e do desenvolvimento, a embriologia e a biologia. A pesquisa contemporânea em desenvolvimento motor frequentemente utiliza o que é chamado de perspectiva ecológica para descrever, explicar e prever mudanças. Para interpretar "fatos" do desenvolvimento, é importante entender as diferentes perspectivas teóricas das quais os supostos fatos emergem. Conhecer essas perspectivas teóricas nos auxiliará a entender as explicações e a fazer interpretações quando várias explicações conflitarem.

Perspectiva do amadurecimento

PONTOS-CHAVE
Maturacionistas acreditam que a genética e a hereditariedade são os principais responsáveis pelo desenvolvimento motor e que o ambiente tem pouco efeito.

Grosso modo, a perspectiva do amadurecimento explica a mudança do desenvolvimento como uma função desse processo de amadurecimento (em particular, por meio do sistema nervoso central, ou SNC), que controla ou determina o desenvolvimento motor. De acordo com as suposições dessa teoria, o desenvolvimento motor é um processo interno ou inato dirigido por um relógio biológico ou genético. O ambiente pode acelerar ou tornar mais lento o processo de mudança, mas não pode mudar o curso do indivíduo, que é determinado biologicamente.

A perspectiva de amadurecimento tornou-se conhecida durante a década de 1930, liderada por Arnold Gesell (Gesell, 1928 e 1954; Salkind, 1981). Gesell acreditava que a história biológica e evolutiva dos seres humanos determinava sua sequência ordenada e invariável de desenvolvimento (i.e., cada estágio de desenvolvimento corresponde a um estágio da evolução). A velocidade com a qual a pessoa passa pela sequência de desenvolvimento, todavia, pode ser diferente de um indivíduo para outro. O autor explicou o amadurecimento como um processo controlado por fatores internos (genéticos), e não externos (ambientais). Gesell acreditava que os fatores ambientais afetavam apenas temporariamente o desenvolvimento motor, uma vez que fatores de hereditariedade estariam, em última análise, no controle do desenvolvimento.

Utilizando gêmeos idênticos como objeto de estudo, Gesell e colaboradores introduziram a estratégia de controle cogêmeo na pesquisa do desenvolvimento (Fig. 2.1). Existe melhor forma para testar os diferentes efeitos do ambiente e da hereditariedade do que observar gêmeos? Nessa estratégia, um gêmeo recebe treinamento específico (o tratamento experimental), enquanto o outro não recebe nenhum treinamento especial (o tratamento-controle). Assim, o controle se desenvolve naturalmente, como qualquer criança sem treinamento especial. Dessa maneira, Gesell examinou os efeitos do ambiente sobre o desenvolvimento.

Após certo período de tempo, os gêmeos foram medidos e comparados segundo critérios de desenvolvimento previamente determinados, a fim de observar se a experiência estimuladora afetou de algum modo a criança "experimental". A pesquisa cogêmeos ofereceu contribuições significativas para o estudo do desenvolvimento motor. Em particular, essas pesquisas permitiram aos desenvolvimentistas começar a identificar a sequência de desenvolvimento de habilidades, observando variações na velocidade de aparecimento de uma habilidade. Gesell concluiu, a partir dessa pesquisa, que crianças se desenvolvem de uma maneira ordenada (i.e., a mudança do desenvolvimento ocorre em uma ordem previsível e predeterminada ao longo da infância).

Outra pesquisadora proeminente, Myrtle McGraw, também utilizou gêmeos para examinar a influência da experiência estimuladora sobre o desenvolvimento motor (Bergenn, Dalton e Lipsett, 1992; McGraw, 1935). Seu estudo clássico, *Growth, A Study of Johnny and Jimmy*, McGraw começou a observar por vários meses os gêmeos após seu nascimento. A pesquisa envolveu oferecer a um gêmeo (Johnny), por volta dos 12 meses de idade (ela começou a observar os gêmeos vários meses após o nascimento), ambientes desafiado-

FIGURA 2.1 O uso de gêmeos em estudos permitiu a pesquisadores como Gesell e McGraw "controlar" a genética enquanto manipulavam o ambiente.

Cortesia dos autores.

20 Perspectivas Teóricas em Desenvolvimento Motor

res e tarefas únicas, como subir uma rampa com inclinações progressivamente maiores e andar de patins sobre rodas.

As tarefas frequentemente exigiam habilidades motoras e de resolução de problemas. Johnny foi excelente em certas habilidades motoras, mas não em outras, o que ajudou pouco para resolver o debate natureza *versus* criação, que ocupava posição de destaque na psicologia naquela época. Os resultados de McGraw estavam equivocados, o que deve ser devido (pelo menos em parte) ao fato de que os gêmeos eram fraternos, e não idênticos.

Além de descrever a evolução do desenvolvimento motor, muitos maturacionistas estavam também interessados nos processos que embasam esse processo. McGraw (1943), por exemplo, associou as mudanças no comportamento motor ao desenvolvimento do sistema nervoso. Ela considerou a maturação do SNC como o desencadeador para o aparecimento de novas habilidades. McGraw também estava interessada no aprendizado (e, portanto, não era estritamente uma maturacionista), mas aqueles que seguiram no estudo do desenvolvimento, em geral, não observaram esse aspecto do seu trabalho (Clark e Whitall, 1989a).

> **PONTO-CHAVE**
> A perspectiva maturacionista tem sido interpretada como sinônimo de que as habilidades motoras emergirão de modo automático, independentemente dos diferentes ambientes.
> Essa suposição influenciou muitos conceitos de ensino, criação de filhos e pesquisas durante os séculos XX e XXI.

O uso da perspectiva do amadurecimento como ferramenta de pesquisa no desenvolvimento motor começou a diminuir na década de 1950, mas a influência da teoria continua a ser sentida ainda hoje. Por exemplo, o foco sobre o amadurecimento como processo primário levou pesquisadores e leigos a assumir da mesma forma que as habilidades motoras básicas se materializarão automaticamente. Todavia, ainda hoje muitos pesquisadores, professores e fisioterapeutas sentem que é desnecessário facilitar o desenvolvimento de habilidades básicas. Além disso, a ênfase dada pelos maturacionistas ao sistema nervoso como o *único* capaz de disparar o avanço comportamental evoluiu para uma ênfase quase unânime sobre esse sistema – de tal modo que nenhum outro era considerado tão significativo. Os sistemas cardiovascular, esquelético, endócrino ou mesmo muscular não foram considerados importantes para o desenvolvimento motor. Por volta da metade da década de 1940, os psicólogos desenvolvimentistas começaram a mudar o foco de suas pesquisas, e seus interesses em desenvolvimento motor desapareceram. Nesse ponto, os professores de educação física assumiram o estudo motor, influenciados pela perspectiva maturacionista. Desde então, até aproximadamente a década de 1970, o estudo motor se centrou na descrição do movimento e na identificação de normas em faixas etárias (Clark e Whitall, 1989a). Durante esse período, os estudiosos do desenvolvimento motor pertencentes às disciplinas de educação física focaram sua atenção em crianças em idade escolar. Os pesquisadores continuaram utilizando a perspectiva maturacional e sua tarefa era, portanto, identificar a sequência de mudanças que ocorria naturalmente.

Período normativo-descritivo

Anna Espenschade, Ruth Glassow e G. Lawrence Rarick lideraram um movimento de descrição normativa durante essa época. Na década de 1950, testes e normas padronizadas se tornaram uma preocupação na educação. Consistentes com essa preocupação, os estudiosos começaram a descrever o desempenho médio das crianças em termos de escores quantitativos nos testes de desempenho motor. Por exemplo, descreveram a velocidade de corrida, a distância de salto e de arremesso médios de crianças em idades específicas. Apesar de os estudiosos do desenvolvimento motor serem influenciados por uma perspectiva de amadurecimento, eles enfatizaram os produtos (escores, resultados) do desenvolvimento, em vez dos processos que levavam a esses escores quantitativos.

Período descritivo-biomecânico

Ruth Glassow liderou outro movimento descritivo durante essa época. Ela fez descrições biomecânicas cuidadosas dos padrões de movimento que as crianças utilizavam no desempenho de habilidades fundamentais, como saltar. Lolas Halverson (Fig. 2.2) e outros con-

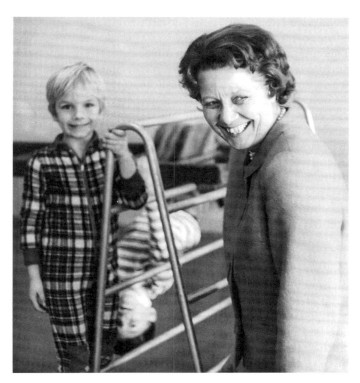

FIGURA 2.2 Lolas Halverson abriu caminho nas décadas de 1960 e 1970 para a pesquisa contemporânea em desenvolvimento motor.

Cortesia dos autores.

tinuaram essas descrições biomecânicas com observações longitudinais em infantes. Como resultado, os desenvolvimentistas foram capazes de identificar a trajetória de melhoria sequencial pela qual as crianças se moviam para atingir padrões de movimento biomecanicamente eficientes. O conhecimento obtido dos períodos normativo e descritivo foi valioso no sentido de ter proporcionado aos educadores informações sobre mudanças relacionadas à idade no desenvolvimento motor. Uma vez que a descrição prevaleceu como a principal ferramenta desses pesquisadores durante esse tempo, o desenvolvimento motor passou a ser rotulado como descritivo. O interesse nos processos subjacentes às mudanças relacionadas à idade, que haviam sido meticulosamente registradas nesse período da história, pareceu desaparecer.

Perspectiva do processamento de informação

Outra abordagem teórica enfoca as causas comportamentais ou ambientais do desenvolvimento (p. ex., a aprendizagem social de Bandura [Bandura, 1986] e o behaviorismo de Skinner [Skinner, 1938], entre outros). A perspectiva mais frequentemente associada às décadas de 1960 a 1980 ao comportamento e desenvolvimento é chamada de *processamento de informação*. De acordo com essa perspectiva, o cérebro age como um computador, recebendo informação, processando e respondendo com movimento. Assim, o processo da aprendizagem e do desenvolvimento motor é descrito em termos de operações análogas às do computador, que ocorrem como resultado de algum *input* externo ou ambiental.

Essa perspectiva teórica apareceu em torno da década de 1970 e se tornou dominante entre psicólogos experimentais e do desenvolvimento, bem como cientistas da aprendizagem motora especializados em educação física durante as décadas de 1970 e 1980 (Schmidt e

22 Perspectivas Teóricas em Desenvolvimento Motor

Wrisberg, 2008; Schmidt e Lee, 2005). Essa perspectiva enfatizava conceitos como a formação de ligações estímulo-resposta, o *feedback* e o conhecimento dos resultados (para informação mais detalhada, ver Schmidt e Wrisberg, 2008; Pick, 1989). Apesar de alguns estudiosos do desenvolvimento motor continuarem com o trabalho orientado para produtos da era descritiva normativa e biológica, muitos outros adotaram a perspectiva do processamento de informação. Os pesquisadores estudaram muitos aspectos do desempenho, como atenção, memória e os efeitos do *feedback* nas diferentes faixas etárias (Thomas, 1984; French e Thomas, 1987). Os pesquisadores da aprendizagem motora e os psicólogos experimentais tenderam a estudar primeiro o mecanismo perceptocognitivo em jovens adultos. Em seguida, os desenvolvimentistas observavam crianças e idosos, comparando-os a adultos jovens. Dessa forma, podiam identificar os processos que controlam o movimento e a mudança com desenvolvimento (Clark e Whitall, 1989a). Hoje, a perspectiva do processamento de informação é ainda uma abordagem viável no estudo do desenvolvimento motor.

Dentro do quadro de trabalho do processamento de informação, alguns desenvolvimentistas também continuaram a analisar o desenvolvimento perceptomotor em crianças. Esse trabalho começou na década de 1960, com propostas que associaram problemas de aprendizagem a crianças com desenvolvimento perceptomotor atrasado. A pesquisa inicial enfatizou essa ligação; no início da década de 1970, os pesquisadores mudaram seu foco para o desenvolvimento de capacidades sensoriais e perceptivas, adotando estratégias de pesquisa do processamento de informação (Clark e Whitall, 1989a). Portanto, muito do que sabemos sobre desenvolvimento perceptivo e motor resultou do trabalho de pesquisadores que trabalhavam com um quadro teórico mecanicista e do processamento de informação.

Perspectiva ecológica

PONTO-CHAVE
A perspectiva ecológica considera muitas restrições ou sistemas que existem tanto dentro do corpo (p. ex., cardiovascular, muscular) como fora do corpo (p. ex., relacionado ao ecossistema, social, cultural) quando observa o desenvolvimento de habilidades motoras ao longo da vida.

Uma nova perspectiva do desenvolvimento emergiu durante a década de 1980 e se tornou cada vez mais dominante como uma perspectiva teórica utilizada por pesquisadores do desenvolvimento motor hoje. Essa abordagem é genericamente chamada de *perspectiva ecológica* porque enfatiza a inter-relação entre indivíduo, ambiente e tarefa. Isso soa familiar? Deveria – é a perspectiva adotada por este livro! Adotamos essa abordagem porque achamos que descreve, explica e prediz melhor o desenvolvimento motor. De acordo com a perspectiva ecológica, você deve considerar a interação de todas as restrições – por exemplo, tipo corporal, motivação, temperatura, tamanho da bola – para entender o surgimento de uma habilidade motora, nesse caso o chute (Roberton, 1989). Ainda que uma restrição ou sistema possa ser mais importante ou ter uma grande influência em dado momento, todos os sistemas desempenham um papel no movimento resultante. Esse ponto torna a perspectiva ecológica muito atraente – em um momento qualquer, a forma como você se movimenta não está relacionada tão somente a seu corpo ou a seu ambiente, mas à complexa interação de muitos fatores internos e externos ao ambiente.

A perspectiva ecológica tem duas ramificações: uma preocupada com o controle e a coordenação motores (sistemas dinâmicos) e outra com a percepção (percepção-ação). Esses dois ramos estão ligados por muitas suposições fundamentais que diferem notavelmente das perspectivas de amadurecimento e do processamento de informação. Contrastando com a perspectiva de amadurecimento, a perspectiva ecológica considera o desenvolvimento motor como o desenvolvimento de múltiplos sistemas, em vez de apenas um (o SNC). Em outras palavras, muitas restrições mudam ao longo do tempo e influenciam o desenvolvimento motor. Como elas são alteradas durante a vida da pessoa, o desenvolvimento motor é considerado um processo que ocorre por toda a existência do indivíduo. Isso contrasta fortemente com a proposta dos maturacionistas, que pensavam que o desenvolvimento acabava ao final da puberdade (ou no início da vida adulta). Outra diferença se relaciona à causa da mudança. Na teoria do processamento de informação, uma função executiva decide toda a ação, com base em cálculos de informação perceptiva, resultando em centenas de comandos para controlar músculos individuais. Isto é, o executivo direciona todo o movimento e toda a mudança. A perspectiva ecológica sustenta que uma central executiva seria sobrecarregada pela tarefa de dirigir todo o movimento e toda a mudança. Além disso, essa é uma forma muito ineficiente de se movimentar. Em vez disso, a percepção do ambiente é direta, e os músculos estão auto-organizados em grupos, reduzindo o número de decisões necessárias dos centros superiores do cérebro (Konczak, 1990). Vejamos mais detalhadamente cada ramo da perspectiva ecológica.

Abordagem dos sistemas dinâmicos

Um dos ramos da perspectiva dos sistemas ecológicos é chamado de *abordagem dos sistemas dinâmicos*. No início da década de 1980, um grupo de cientistas – que trabalhou no Laboratório Haskins, em New Haven, Connecticut, cuja missão era e ainda é pesquisar a linguagem falada e escrita, e no Departamento de Psicologia da Universidade de Connecticut – começou a questionar a eficiência de entender o controle motor por meio da então dominante perspectiva do processamento de informação. Peter Kugler, Scott Kelso e Michael Turvey (1980 e 1982), junto com outros do UConn e do Laboratório Haskins, introduziram uma nova abordagem, chamada sistemas dinâmicos, como uma alternativa às teorias existentes sobre controle e coordenação motores. Seguindo os trabalhos do fisiologista soviético Nicolai Bernstein, sugeriram que a própria organização de sistemas físicos e químicos restringe o comportamento. Pense sobre isto: seu corpo pode mover-se de muitas maneiras. Contudo, por causa da estrutura da articulação do quadril e das pernas (partes do seu sistema esquelético), você, um adulto, tende a caminhar como o principal modo de deslocamento. A organização estrutural do seu corpo o encoraja – restringe – a caminhar. Em outras palavras, a estrutura do seu corpo retira algumas das escolhas de movimento que seu SNC teria que fazer (p. ex., entre engatinhar, arrastar os pés, contorcer-se ou caminhar). Não que você não possa desempenhar esses movimentos; mas, devido à estrutura do seu corpo, você está mais atraído (ou restringido) a utilizar a caminhada.

 Imagine um bebê nascido em uma estação espacial na lua. Prediga os tipos de movimentos que você observaria durante os primeiros 2 anos de vida; em particular, como esperaria que ele se movimentasse?

Ao contrário das perspectivas de amadurecimento e do processamento de informação, a abordagem dos sistemas dinâmicos sugere que o comportamento coordenado é construído de modo flexível, em vez de rígido, significando que as restrições que interagem dentro do seu corpo agem em conjunto, como uma unidade funcional que lhe permite caminhar quando você precisa. *Não* havendo um plano rigidamente construído, você tem maior flexibilidade ao caminhar, o que lhe permite adaptar-se às diferentes situações. Esse processo é chamado "auto-organização espontânea" dos sistemas corporais. Como dissemos no Capítulo 1, o movimento emerge da interação entre restrições (do indivíduo, ambiente e tarefa). O comportamento resultante se manifesta ou se auto-organiza dessas inter-relações. Se você muda qualquer um deles, o movimento emergente pode mudar (Clark, 1995). Esse é o conceito de restrição na abordagem dos sistemas dinâmicos.

Um conceito importante de desenvolvimento motor produzido pela abordagem dos sistemas dinâmicos é a noção de **limitadores de velocidade** ou **controladores**. Os sistemas corporais não se desenvolvem na mesma velocidade; pelo contrário, alguns podem amadurecer com mais rapidez e outros de modo mais lento, e cada sistema deveria ser considerado como uma restrição. Considere o exemplo hipotético colocado em gráfico na Figura 2.3. O desenvolvimento de quatro sistemas hipotéticos é mostrado em cada um dos pequenos gráficos e numerado de 1 a 4. Conforme o tempo passa, o desenvolvimento do Sistema 1

Um **limitador de velocidade** ou **controlador** é uma restrição individual ou sistema que retarda ou diminui a velocidade do surgimento de uma habilidade motora.

permanece com um valor constante. O Sistema 2 forma um platô, avança um grande passo e forma outra vez um platô. O Sistema 3 avança de maneira mais gradual e contínua, enquanto o Sistema 4 avança e forma um platô alternadamente, em forma de escada. O comportamento representado no gráfico maior é afetado por todos os sistemas individuais à medida que interagem entre si, com a tarefa e com o ambiente.

Um indivíduo pode começar a executar alguma nova habilidade, como caminhar, somente quando o mais lento dos sistemas necessários para a habilidade atingir determinado ponto. Qualquer sistema ou conjunto de sistemas como esse é conhecido como um limitador de velocidade ou controlador para aquela habilidade, porque o desenvolvimento do sistema controla a taxa individual de desenvolvimento naquele período. Em outras palavras, o sistema age como uma restrição que desencoraja a habilidade motora até que o sistema atinja um nível específico, crítico. Suponha que o Sistema 4 na Figura 2.3 seja o muscular. Talvez a força muscular de uma criança deva atingir certo nível antes de as pernas serem fortes o suficiente para suportar o peso do corpo para caminhar. Portanto, a força muscular seria um limitador de velocidade ou um controlador para o caminhar. Até que a criança atinja um nível crítico de força na perna (suficiente para suportar o corpo), a força desencoraja o caminhar (e encoraja outras formas de transporte, como arrastar-se, engatinhar ou rolar). A noção de limitadores de velocidade se encaixa bem no modelo de restrições.

Esses princípios de abordagem dos sistemas dinâmicos diferem significativamente daqueles da perspectiva maturacional. Os maturacionistas tendem a enfatizar o sistema nervoso central como o único sistema relevante para o desenvolvimento e como o único controlador de velocidade. A abordagem dos sistemas dinâmicos destaca muitos sistemas e conhecimentos e sugere que diferentes sistemas possam ser os controladores de velocidade para diferentes habilidades (Thelen, 1998).

 Na sua experiência, quais limitadores de velocidade afetaram seu comportamento motor? Como isso tem mudado em diferentes momentos de sua vida?

Outra característica da abordagem dos sistemas dinâmicos é permitir o estudo do desenvolvimento ao longo de toda a vida. A ideia de um sistema atuando como um limitador de velocidade ou controlador para um comportamento de movimento se aplica também a idosos. A perspectiva maturacional não visa o envelhecimento, uma vez que o ponto final predeterminado do desenvolvimento motor é o "maturacional", que ocorre dentro das primeiras décadas de vida. Por sua vez, a abordagem dos sistemas dinâmicos explica as

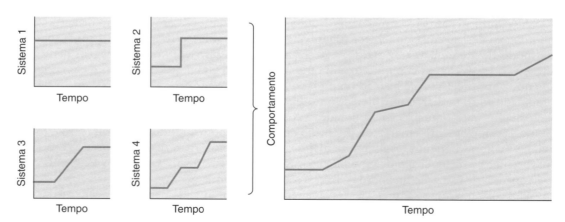

FIGURA 2.3 Quatro sistemas de desenvolvimento foram retratados como auxiliares para o comportamento em um contexto ambiental e para algumas tarefas particulares. O eixo horizontal corresponde ao tempo, e o vertical representa diversos sistemas paralelos (no qual ocorrem restrições), desenvolvidos de diferentes formas.

Adaptada, com permissão, por Thelen, Ulrich e Jensen, 1989.

mudanças em adultos mais velhos, bem como os avanços em jovens. Quando um ou mais sistemas de um indivíduo decai a um ponto crítico, uma mudança no comportamento pode ocorrer. Esse sistema é um controlador de velocidade; uma vez que é o primeiro a decair a algum ponto crítico, ele dispara a reorganização do movimento para um padrão menos eficiente. Por exemplo, se a articulação do ombro de um indivíduo se deteriora como resultado de artrite e perde flexibilidade, em algum ponto, esse sujeito pode ter que utilizar um movimento de arremesso de cima para baixo ou até mesmo de baixo para cima. A abordagem dos sistemas dinâmicos é adequada para explicar as mudanças de desenvolvimento porque estas não ocorrem necessariamente em todos os sistemas durante todo o período de envelhecimento do adulto. Uma doença ou lesão poderia atacar um sistema, ou os sistemas poderiam ser diferentemente afetados pelo estilo de vida. Um adulto mais velho e ativo que mantém um programa de exercícios regulares e balanceados pode experimentar decréscimos menores em muitos sistemas se comparado a um adulto sedentário.

A abordagem percepção-ação

O segundo ramo da perspectiva ecológica é o da *abordagem percepção-ação*. J. J. Gibson propôs esse modelo em seus trabalhos durante as décadas de 1960 e 1970 (1966 e 1979), mas aqueles que estudam o movimento apenas recentemente o adotaram. Gibson propôs que existe uma estreita inter-relação entre os sistemas perceptivo e motor, enfatizando que ambos evoluíram simultaneamente nos animais e nos seres humanos. Nessa abordagem, não podemos estudar a percepção independentemente do movimento se desejarmos que nossas descobertas sejam *ecologicamente válidas* – isto é, aplicáveis ao comportamento de movimentos do mundo real. Da mesma forma, o *desenvolvimento* da percepção e o do movimento devem ser estudados em conjunto. Além disso, não podemos estudar o indivíduo se ignoramos o ambiente que o envolve. Gibson utilizou o termo **affordance** para descrever a função que um objeto no ambiente oferece ao indivíduo; esse conceito está relacionado ao tamanho e à forma do objeto e ao indivíduo dentro de um cenário particular. Por exemplo, uma superfície horizontal propicia ao ser humano um local para sentar; já uma superfície vertical, não. Um esquilo pode descansar em um tronco, portanto, uma superfície vertical oferece a ele um bom lugar para descansar. O taco de beisebol do tamanho oficial permite que um adulto, mas não uma criança, realize os movimentos de balanço. Portanto, a relação entre o sujeito e o ambiente é tão intrincada que as características do indivíduo definem os significados dos objetos. Isso implica que as pessoas avaliam as propriedades ambientais em relação a si mesmas, e não de acordo com um objetivo padrão (Konczak, 1990). Por exemplo, um indivíduo, percebendo que pode subir um lance de escadas com passos alternados, não considera somente a altura de cada degrau, mas a altura de cada degrau em relação ao seu tamanho corporal. Obviamente, a altura confortável do degrau para um adulto não é a mesma para uma criança que mal está começando a caminhar. O uso de dimensões intrínsecas (relativas ao tamanho do corpo) ao invés de extrínsecas é denominado **escala corporal**.

Quando uma pessoa olha para um objeto, percebe diretamente a função que o objeto lhe permitirá exercer, com base em seu corpo e no tamanho, forma e textura do objeto, e assim por diante. Essa função é chamada **affordance**.

As implicações dessas ideias para o desenvolvimento motor são que as *affordances* podem mudar conforme os indivíduos mudam, resultando em novos padrões de movimento. O crescimento no tamanho, por exemplo, ou o estímulo da capacidade de movimento podem permitir ações previamente não possíveis. Quando uma criança se depara pela primeira vez com os degraus de uma escada, a percepção de suas funções provavelmente não é, devido à sua baixa estatura e à sua falta de força, a de "subir a escada". Quando está começando a caminhar, seu tamanho já lhe permite subir escadas com passos alternados mais com mais facilidade. Escalonar objetos ambientais para o tamanho corporal permite ações que, de outra forma, seriam impossíveis. A escala corporal também se aplica a outras faixas etárias. Por exemplo, degraus que são de altura apropriada para a maioria dos adultos podem ser muito altos para que um idoso com artrite suba confortavelmente com passos alternados. Um interruptor de parede pode estar em uma altura confortável para a maioria

A **escala corporal** é um processo de mudança de dimensões ambientais ou de um objeto do ambiente em relação às restrições estruturais de indivíduo que executa uma tarefa.

PONTO-CHAVE

O conceito de escala corporal significa que um objeto, mesmo possuindo tamanho e forma absolutos, permite uma função relativa ao tamanho e à forma da pessoa que o utiliza. Uma atividade pode se tornar mais fácil ou mais difícil se o tamanho do equipamento é alterado em relação às dimensões corporais da pessoa.

dos adultos, mas pode causar frustração se estiver uns poucos centímetros fora do alcance de alguém que use cadeira de rodas. Em qualquer idade, o alcance do objetivo de um movimento está relacionado ao indivíduo, que tem certo tamanho e forma, e a objetos no ambiente, que lhe permitem certos movimentos.

Vista de outra maneira, a escala corporal representa um excelente exemplo de interação ou interface entre as restrições do indivíduo e a tarefa. Quando estão subindo uma escada, os indivíduos devem relacionar o comprimento de suas pernas, sua força e sua amplitude dinâmica de movimento (restrições do indivíduo). Mudanças em restrições, como uma torção de tornozelo, sapatos de salto alto ou uma escada com gelo, resultarão em mudanças na forma como uma pessoa sobe essa escada. Em ambientes de educação física, os instrutores frequentemente auxiliam as crianças com suas escalas corporais, oferecendo-lhes equipamentos menores adequados para seus corpos menores. Assim procedendo, eles manipulam a interação entre as restrições do indivíduo e a tarefa para encorajar um padrão de movimento mais avançado (Gagen e Getchell, 2004).

 Que atividades uma bicicleta de 10 marchas possibilita a um bebê, a um adulto típico, a um adulto paraplégico ou a um chimpanzé? Que restrições do indivíduo afetam as atividades permitidas a cada um?

Gibson também rejeitou a noção de um SNC executivo que realiza cálculos quase ilimitados sobre a informação do estímulo para determinar a velocidade e a direção da pessoa e dos objetos em movimento. A perspectiva do processamento de informação supõe que esses cálculos sejam utilizados para antecipar posições futuras, de forma que, por exemplo, possamos pegar uma bola arremessada. Porém, de acordo com Gibson, o indivíduo percebe seus ambientes diretamente por meio do movimento constante de seus olhos, cabeça e corpo. Essa atividade cria um campo de fluxo óptico que informa sobre espaço e tempo. Por exemplo, a imagem de uma bola de beisebol se aproximando de um batedor não somente indica a localização da bola, como também se expande na retina do olho, e o batedor utiliza essa proporção da expansão da imagem para o seu tempo de balanço – isto é, a proporção de expansão dá ao SNC do batedor a informação direta sobre quando a bola estará no espaço certo para a batida. Da mesma forma, a proporção de expansão da imagem de um carro se aproximando produz na retina do olho do motorista o "tempo para colisão". Segundo a perspectiva de Gibson, um indivíduo pode perceber diretamente esse momento, sem que necessite realizar cálculos complicados de velocidades e distâncias para predizer onde e quando ocorrerão as colisões e as interceptações.

A perspectiva ecológica foi considerada em pesquisas sobre desenvolvimento motor nas duas décadas passadas. Os desenvolvimentistas estão fazendo diferentes tipos de questões: como o contexto imediato de uma criança afeta o seu comportamento motor? Quais restrições agem como limitadores de velocidade no arremesso realizado por crianças? Como mudanças em restrições específicas em um ambiente de reabilitação alteram padrões motores? Atualmente, eles têm desenvolvido novas pesquisas, como examinar a relação entre os reflexos da criança e os movimentos de um adulto (Thelen e Ulrich, 1991). A perspectiva ecológica encoraja profissionais a ver os indivíduos em desenvolvimento de uma forma bem diferente da anterior. Como resultado, esses aspectos estimularam e desafiaram estudantes da área. Em muitas seções deste texto, examinaremos as abordagens do amadurecimento e dos sistemas dinâmicos sobre uma questão particular e destacaremos as diferenças entre essas perspectivas.

Resumo e síntese

Este capítulo revisa a história e diferentes pontos de vista teóricos do desenvolvimento motor – a perspectiva maturacional, a do processamento de informações e a ecológica. A maturacional enfatiza o desenvolvimento biológico, especificamente a maturação do SNC. A do processamento de informação vê o ambiente como a principal força que impulsiona o desenvolvimento motor. Diferentemente dos seguidores das perspectivas anteriores, os teóricos ecológicos enfatizam as interações entre todos os sistemas corporais (ou, como Newell os chamou, restrições), bem como os inseparáveis fatores do indivíduo, ambiente e atividade. Na ecológica existem duas abordagens relacionadas à pesquisa: dos sistemas dinâmicos e da percepção-ação. Este livro adota uma perspectiva ecológica e enfoca como as restrições do indivíduo, do ambiente e da tarefa interagem para encorajar ou desencorajar os movimentos. O conceito de limitadores de velocidade, ou controladores, e de escala corporal exemplifica como os desenvolvimentistas devem considerar o desempenho de um indivíduo em uma tarefa particular em determinado ambiente, a fim de entender totalmente o desenvolvimento motor das pessoas ao longo de toda a vida.

Abordagens diametralmente opostas não podem ser conjugadas, mas os estudantes do desenvolvimento motor estão livres para olhar o comportamento motor sob diferentes perspectivas. É importante lembrar que esses pontos de vista teóricos frequentemente enfocam apenas aspectos específicos do desenvolvimento; os desenvolvimentistas com uma perspectiva particular tendem a estudar certos comportamentos ou faixas etárias. Os maturacionistas enfocam a infância, enquanto os desenvolvimentistas descritivos enfocam a segunda infância e a adolescência. Os teóricos do processamento de informação buscam diferenças de idade, enquanto aqueles que estudam a partir da ecológica observam transições de uma habilidade para outra (p. ex., do engatinhar para o caminhar).

Reforçando o que você aprendeu sobre restrições

Dê uma segunda olhada

Vamos recordar os primeiros 18 meses do seu sobrinho hipotético a partir de uma perspectiva ecológica. Quando estiver pensando sobre seu primeiro ano de vida, quais restrições mais influenciam seu comportamento motor? Isto é, quais limitadores de velocidade o mantêm se movimentando da forma como o faz? Como sugerimos no Capítulo 1, a fim de entender a mudança do desenvolvimento, deveríamos pensar sobre onde ele estava, onde está e onde estará. A primeira grande mudança, portanto, seria mudar de um ambiente aquoso (o útero de sua mãe) para um onde a força total da gravidade pode ser sentida. Tendo isso em mente, parte da razão pela qual o seu sobrinho movimenta seus braços de uma forma aparentemente descoordenada pode se relacionar à sua força (ou à sua falta de força). À medida que seu ambiente muda, é criada uma necessidade de maior força para mover seus braços (interação da restrição indivíduo-ambiente). Ao longo do tempo, ele adquire força, que interage com outros sistemas em desenvolvimento. Quando você o vê aos 9 meses, todos os sistemas convergiram para permitir-lhe utilizar seus braços de maneira mais eficiente. Em termos de limitadores de taxa de força, ele atingiu um nível crítico que lhe permite se movimentar mais funcionalmente; tem força suficiente para sentar, movimentar seus braços em direção ao brinquedo, pegá-lo e levá-lo à boca. Ele até mesmo tem força suficiente para ficar em pé apoiado nas duas pernas e suportar seu peso (com uma pequena ajuda sua).

28 Perspectivas Teóricas em Desenvolvimento Motor

Considere seu próximo objetivo: se movimentar independentemente em seu ambiente. Ele pode olhar uma cadeira (que permite a você sentar), ajustar a altura do assento para o comprimento de seu tronco, e se colocar em uma posição sentada. Ele já pode caminhar? Provavelmente não, à medida que outro limitador de velocidade – equilíbrio – não permite que fique em pé sem auxílio. Poderíamos seguir em frente, examinando as diferentes formas pelas quais seu sobrinho usa *affordances* e escala corporal, e você pode pensar em exemplos por si próprio. Esperamos que as interações entre as várias restrições estejam se tornando cada vez mais claras e que ao final do livro, você naturalmente avalie a influência das diferentes restrições sobre o desenvolvimento motor.

Teste seus conhecimentos

1. Liste os pesquisadores-chave na área do desenvolvimento motor das perspectivas maturacional, do processamento de informação e ecológicas.
2. Como um professor de educação física ou um fisioterapeuta pode utilizar o conceito de escala corporal para auxiliar indivíduos a desenvolver diferentes habilidades motoras?
3. Por que os profissionais de educação física deveriam estar interessados em *affordances*?
4. Explique, com base em diferentes perspectivas, como os bebês "aprendem" a caminhar. Quais são as influências mais importantes sobre eles de acordo com cada perspectiva?

Exercícios de aprendizado 2.1

Escala corporal para desenvolver equipamentos esportivos

Você foi contratado pela Haywood's Tennis Supplies para desenvolver uma linha de raquetes de tênis de acordo com uma escala corporal. Como a companhia gostaria de distinguir sua linha de produtos de outras no mercado, você deve preparar um relatório inicial abordando os aspectos importantes das novas raquetes, as linhas de produtos disponíveis de outras companhias e como essas raquetes serão diferentes. Desenvolva esse relatório; você pode utilizar as seguintes questões como uma orientação.

1. Quais são as restrições individuais importantes na confecção de raquetes de tênis baseadas em escala corporal?
2. Como as outras companhias elaboraram raquetes com base em escalas corporais? Com base em restrições individuais ou naquelas que as empresas determinaram?
3. Quais são as novas maneiras de criar escalas nas novas raquetes da Haywood? O que as outras companhias não perceberam?

Exercício de aprendizagem 2.2

Procurando limitadores de velocidade em situações diárias

Professores de educação física, fisioterapeutas, pais e muitas outras pessoas desejam encorajar as habilidades motoras naqueles com quem interagem. Uma importante consideração no trabalho para o aperfeiçoamento dessas habilidades é que: o que está contendo a pessoa ou limitando a velocidade com que ele ou ela adquire a habilidade? Nesse exercício, você irá determinar o limitador de velocidade fundamental para uma habilidade específica, dadas as limitações descritas.

1. Um lactente de 11 meses de idade utiliza um sofá para se colocar de pé; pode cruzar toda a extensão desse móvel se permanecer com uma das mãos em contato com ele e pode empurrar um carro de brinquedo pelo corredor. Entretanto, quando colocado de pé no centro da sala, ele não consegue andar, mas se agacha e engatinha. Qual é o seu principal limitador para andar?

2. Uma paciente com acidente vascular cerebral possui controle sobre seus membros e apresenta uma pequena dificuldade para andar. Ela pode levantar um lápis e escrever listas e cartas. Consegue pentear seus cabelos e escovar seus dentes. Entretanto, apresenta problemas quando tenta colocar latas e jarras em prateleiras acima de sua cabeça. Qual é o seu principal limitador para essa atividade?

3. Uma criança de 5 anos pode andar, correr, pular e saltar facilmente; pode brincar com outras crianças no *playground* e é muito atenta na aula de educação física. Entretanto, tem problemas em correr e esquivar; ela não parece conseguir coordenar os ritmos assimétricos dessas habilidades. Qual é o seu principal limitador para essas atividades?

Princípios do Movimento e da Estabilidade

Leis mecânicas que orientam as interações das restrições

OBJETIVOS DO CAPÍTULO

- Descrever em linhas gerais os princípios do movimento e da estabilidade que levam ao desempenho motor proficiente.
- Discutir as relações entre esses princípios e comportamentos motores de indivíduos com diferentes níveis de habilidade.
- Explicar como praticantes habilidosos tiram proveito de princípios específicos.

Desenvolvimento motor no mundo real

Correndo da melhor maneira possível

Em 1976, Aimee Mullins nasceu com uma hemimelia fibular, uma condição congênita que resulta em uma fíbula malformada ou ausente. Em consequência, ela teve suas pernas amputadas abaixo do joelho por volta do primeiro ano de vida, e os médicos acreditavam que ela jamais seria capaz de andar. Para algumas pessoas, perseguir uma carreira de atletismo nessa condição poderia parecer temerário ou mesmo impossível, mas não para Aimee. Desde o início da sua infância, ela começou a andar com próteses nas pernas. Em idade escolar, ela praticou vários esportes, incluindo *softball*, esqui e caminhada. De fato, Aimee era tão rápida que competia contra atletas normais enquanto frequentava a primeira divisão NCCAA da Universidade de Georgetown, tornando-se a primeira atleta amputada a realizar tal feito. Aimee também competiu, em 1996, nas Paraolimpíadas de Atlanta, estabelecendo três recordes mundiais no atletismo. Para ela, correr da melhor maneira possível significa correr muito, muito rápido.

Aimee Mullins, uma atleta de categoria internacional, modelo e atriz, nunca deixou suas diferenças físicas se tornarem obstáculos para o seu sucesso. Ao contrário, ela desafiou visões tradicionais, encontrando um modo de se diferenciar no atletismo contra dificuldades extremas. Bonita e eloquente, Aimee discutiu os diferentes desenhos de suas próteses na palestra intitulada "Meus 12 Pares de Pernas" no evento Tecnologia, Entretenimento e Design de 2009. Sua utilização de um projeto mecanicamente eficiente nas paraolimpíadas de 1996 ajudou a revolucionar o uso de pernas de corrida de fibras de policarbonato "*cheetah*", que são mais eficientes do ponto de vista biomecânico do que outras pernas e se tornaram o padrão-ouro para atletas atualmente. Esse projeto se utiliza de alguns princípios de movimento e estabilidade para melhorar a eficiência energética da corrida.

Como observamos no primeiro capítulo, muitos elementos do desenvolvimento motor tendem a ocorrer de modo semelhante em pessoas diferentes. Isto é, os humanos alteram padrões de comportamento motor de forma um tanto previsível. Isso não é surpreendente quando se considera que a maioria dos humanos compartilha restrições individuais semelhantes (dois braços, duas pernas e postura ereta). As semelhanças também ocorrem porque operamos sob um sistema de regras ou princípios que determinam de que forma as restrições interagem no contexto da vida neste planeta. Os seres humanos vivem em um contexto que apresenta certas características previsíveis, como a gravidade. Parte do processo de desenvolvimento de habilidades motoras envolve o aprendizado de como o corpo trabalha dentro dos limites dessas leis da física. No início da vida, essa não é uma tarefa simples: os indivíduos devem aprender a refinar seus movimentos enquanto experimentam mudanças em parâmetros físicos. Além disso, devem aprender a calibrar seus movimentos para o ambiente enquanto desempenham tarefas específicas baseadas nesses princípios. (Pense, por exemplo, em você pegando uma caixa de papelão que pensou que estava cheia. Você deve rapidamente recalibrar seus movimentos a fim de manter sua postura, ou cairá.) O processo de calibração do movimento para a tarefa e o ambiente de acordo com os princípios mecânicos pode também ser difícil para os indivíduos que se desenvolvem atipicamente ou que devem reaprender habilidades após uma lesão. Este capítulo considera os princípios físicos e mecânicos sob os quais os humanos se movem. No contexto do desenvolvimento motor, são conhecidos como os princípios de movimento e de estabilidade.

Como você descreveria os movimentos de indivíduos novos e inexperientes? Muitas vezes, suas tentativas iniciais de desempenho de habilidades parecem ser ineficientes e desajeitadas. Eles podem mover o corpo com passos discretos e separados, em vez de fazer um movimento completo, e, frequentemente, tentam otimizar um aspecto do movimento (como o equilíbrio) à custa de outro (como a velocidade) para aumentar a probabilidade de sucesso. Conforme os indivíduos se tornam mais proficientes nas suas habilidades, seus movimentos se tornam mais suaves e mais eficientes; na verdade, com frequência seus padrões de movimentos mudam completamente. As melhoras observadas nas habilidades de crianças se devem aos aumentos de tamanho e de força e, portanto, à sua capacidade de produzir força. Mesmo assim, tamanho e força isolados não explicam como as crianças progridem a partir de desempenho inábil para movimentos habilidosos. Outra parte do processo de mudança envolve o domínio e a exploração de princípios de movimento e de estabilidade. Na realidade, todos os indivíduos podem se beneficiar desses princípios – não apenas em desempenhos atléticos, mas também em atividades da vida diária.

Compreendendo os princípios básicos de movimento e de estabilidade

Os movimentos ocorrem em um contexto que é governado por certos princípios de movimento e de estabilidade; isto é, certas leis físicas de movimento restringem ou limitam sua movimentação. Considere a gravidade como exemplo de uma regra que dita como as restrições interagem e os objetos se movem. A forma mais simples de pensar sobre a gravidade é considerar que todos os objetos são atraídos uns pelos outros e que a quantidade de atração depende de suas massas. Como a massa da Terra é muito grande, os objetos em sua superfície são puxados para seu centro. Se você pula, não continua a subir. Em vez disso, você volta em direção à Terra por causa da gravidade: o que sobe, tem de descer (Fig 3.1). A força da gravidade existe ao nosso redor, ditando que cada um de nós deve retornar à Terra após saltar. Agora, vamos olhar essa regra à medida que ela se aplica às restrições. Dado que todos os objetos, por fim, retornam à Terra, as pessoas devem calibrar seus movimentos com base em suas restrições individuais (p. ex., massa corporal total e força), agindo em um ambiente governado por regras de tarefas específicas. As interações das restrições dentro do contexto encorajam certos padrões motores enquanto eliminam outros. Quais são alguns dos movimentos encorajados pela gravidade? Um indivíduo deve ativar certos músculos posturais para assumir e manter uma posição, mesmo enquanto executa um movimento habilidoso. Além disso, ele deve trabalhar contra a gravidade para se projetar no ar. Se um indivíduo projetar a si próprio ou um objeto em certo ângulo (em contraste com um ângulo "reto para cima" e "reto para baixo"), então a força da gravidade irá assegurar que a trajetória de voo

PONTO-CHAVE
Princípios de movimento e de estabilidade atuam sobre todos os movimentos e pessoas. Conforme as pessoas se tornam mais proficientes em habilidades, frequentemente usam esses princípios para seu proveito.

FIGURA 3.1 Como a gravidade atua sobre o salto em distância igualmente em todos os momentos, sua trajetória de voo lembra uma parábola ou um semicírculo.

PONTO-CHAVE

As crianças podem executar o padrão de movimento mais eficiente para si mesmas, dados seu tamanho corporal, força, postura e experiência, mas esses padrões de movimento podem mudar caso qualquer uma dessas restrições se altere.

seja parabólica. Como você pode ver, os princípios de movimento influenciam as interações das restrições.

Ao mesmo tempo, as restrições ou características individuais do praticante influenciam o padrão de movimento adotado. Os lançadores, por exemplo, utilizam um padrão de movimento que é ditado pela forma e pela estrutura dos membros e do corpo humano. Considere a forma e a estrutura dos ossos do ombro (Fig. 3.2). Os músculos também têm formas e tamanhos funcionais particulares que conectam os ossos uns aos outros. Além disso, o sistema nervoso coordena as contrações musculares. Os indivíduos utilizam seus corpos para se mover com o objetivo de realizar uma tarefa particular em mente, que também atua para restringir movimentos. Aqui reside a interconexão de restrições: o indivíduo, com o objetivo em mente, atua dentro do ambiente para realizá-lo. Indivíduo, ambiente e tarefa interagem para formar ou restringir um padrão de movimento.

Claramente, alguns padrões de movimento otimizam o produto do desempenho da habilidade; outros, não. Dada a tarefa de arremessar uma pedra o mais longe possível, um indivíduo pode produzir uma variedade de padrões motores que moverão a pedra, mas só um a projetará o mais longe possível. Para desenvolver essas tarefas, crianças e adultos devem aprender a utilizar padrões de movimento que otimizam o desempenho. As mudanças que estão ocorrendo nos corpos das crianças complicam esse processo, uma vez que o crescimento altera o tamanho e as proporções gerais de um indivíduo.

Conforme as crianças crescem e amadurecem, seus sistemas esquelético, muscular e nervoso lhes permitem produzir mais força. Mudanças corporais significam mudanças nas restrições do indivíduo, que deve recalibrar interações entre restrições do indivíduo e do ambiente. Ao tirar proveito dos princípios de movimento e de estabilidade, as crianças descobrem padrões de movimento qualitativamente diferentes que melhoram o resultado de seu desempenho da habilidade. Assim, as mais novas, devido ao seu tamanho, à sua forma e à sua força corporal, poderiam executar aquilo que, para elas, é o padrão de movimento de maior sucesso ou eficiência possível. Todavia, à medida que crescem, amadurecem fisiologicamente e ganham experiência, outros padrões de movimento se tornam possíveis, permitindo que executem habilidades com maior proficiência (Gagen & Getchell, 2008).

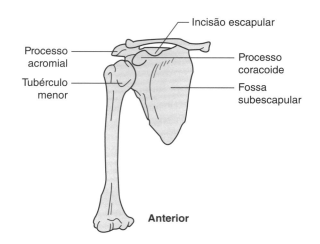

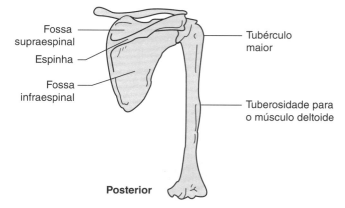

FIGURA 3.2 A estrutura dos ossos articulados na articulação do ombro encoraja o movimento em algumas direções e o impede em outras. Por exemplo, o acrômio impede que o movimento ultrapasse os 90°.
Reimpressa de Donnelly, 1990.

Lesões ou deficiências podem alterar as restrições de um indivíduo por períodos curtos ou longos. Os sujeitos afetados devem reaprender a utilizar a mecânica dos movimentos, levando em conta sua função e estrutura corporal únicas. Os adultos também podem tirar proveito desses princípios de movimento e de estabilidade. Assim como ocorre com as crianças, uma pessoa adulta poderia executar o padrão de movimento que lhe permite a maior possibilidade de sucesso, mas, com tempo e experiência (e, em alguns casos, com equipamento de tecnologia avançada), novos padrões que forneçam um desempenho mais refinado podem surgir (Gagen & Getchell, 2006).

Compreender os princípios de movimento e estabilidade é crucial na observação do desempenho motor. Esses princípios nos ajudam a determinar quais padrões de movimento provavelmente produzirão resultados ideais. O conhecimento dos princípios também nos ajuda a enfocar os aspectos essenciais do movimento que, muitas vezes, distinguem os padrões de movimento habilidosos dos inábeis. Tirar proveito desses princípios pode ajudar-nos a obter muito mais de nossos movimentos. Por essas razões, este capítulo revisará e avaliará os princípios básicos do movimento e da estabilidade – a física do movimento – à medida que são aplicados ao desempenho de habilidades básicas. Apenas alguns dos princípios mais importantes serão discutidos aqui; uma análise mais completa da física do movimento se situa no domínio da biomecânica – mecânica da atividade muscular –, a qual é uma área de estudo independente e que está além do propósito deste livro. Uma explicação mais detalhada desses princípios pode ser encontrada em qualquer texto sobre o assunto (Hall, 2006; Knudson, 2007; McGinnis, 2005).

> **PONTO-CHAVE**
> As observações de alteração de desenvolvimento no desempenho de habilidades básicas se beneficiam da aplicação dos princípios do movimento e da estabilidade.

Movendo-se contra a gravidade: a aplicação da força

Para mover tanto seus corpos quanto objetos, os indivíduos devem produzir força. Na realidade, um indivíduo ou um objeto parado não se moverão até que alguma força lhes seja aplicada. Você pode reconhecer isso como a **primeira lei do movimento de Newton**: um objeto em repouso permanece em repouso, assim como um objeto em movimento permanece em movimento, até que sofra a ação de uma força (McGinnis, 2005). Você provavelmente compreende a primeira lei de Newton sem nunca ter pensado sobre ela. Ou, talvez, se você foi um adolescente desorganizado, seus pais lhe disseram: "Se você deixar suas meias no chão, elas estarão aqui quando você voltar!". Esse é um excelente exemplo da primeira lei de Newton. Simplificando, para mover alguma coisa, você deve aplicar-lhe força.

 Deite-se de costas sobre o chão, então levante-se e fique em pé. Quais são alguns dos diferentes modos como você pode atingir esse objetivo? Alguns movimentos parecem mais confortáveis ou eficientes do que outros? Por quê?

De acordo com a **primeira lei do movimento de Newton,** você deve aplicar força a um objeto parado para movê-lo e a um objeto em movimento para alterar sua direção. A primeira lei de Newton é relativamente simples e direta: é necessário força para mover algo parado e para mudar a direção de algo em movimento. A **segunda lei do movimento de Newton** está relacionada à produção de força, aceleração e massa. Basicamente, a aceleração adquirida por um objeto quando você aplica força sobre ele é proporcional à força e inversamente proporcional à sua massa. Essa relação é mais fácil de entender quando descrita com exemplos: é preciso mais força para arremessar um peso (que possui maior massa) na mesma velocidade que uma bola de beisebol (que possui menor massa). Além disso, se você chutar uma bola de futebol mais forte (com maior força), ela acelerará com maior rapidez e, assim, irá mais longe. Compreender a segunda lei de Newton é, portanto, importante quando tentamos nos mover com proficiência.

A **segunda lei do movimento de Newton** afirma que a aceleração de uma pessoa ou de um objeto é proporcional à força que lhe é aplicada e inversamente proporcional à sua massa.

Você pode utilizar essas leis com outros princípios relacionados à força para compreender como maximizar seu desempenho (Gagen & Getchell, 2008). Primeiro, há uma relação entre a força aplicada e a distância a partir da qual você a aplica. Você pode melhorar sua *performance* aplicando força a partir de uma distância maior. Por exemplo, uma criança mais nova arremessando uma bola pode arremessá-la sem mover suas pernas. Ao manter seus pés no lugar, pode reduzir o comprometimento do seu equilíbrio; porém, a bola não irá tão longe. Uma arremessadora experiente dará um passo à frente, aumentando, assim, a distância linear (linha reta) a partir da qual a força é aplicada. Tente arremessar a bola com e sem um passo: você descobrirá o quanto aumentar a distância linear com um passo melhora o seu desempenho.

Além da distância linear, podemos considerar também a angular e de rotação. Quando você arremessa uma bola, seu braço gira ao redor de uma articulação; por conseguinte, ele se move alguns graus ou uma certa distância angular. Ao aumentar a amplitude do movimento corporal, os indivíduos podem aumentar a distância angular a partir da qual a força é aplicada e, então, maximizar seu desempenho. O uso de um movimento preparatório coloca o praticante em uma posição que maximiza as distâncias linear e rotacional de aplicação da força. O posicionamento preparatório também alonga os músculos que o praticante utilizará, preparando-os, assim, para a contração máxima. Essas ações permitem que a pessoa projete o objeto a uma velocidade superior à que seria alcançada sem uma preparação e uma amplitude completa de movimentos.

 Imagine que você seja um professor de educação física. Arremesse uma bola com e sem o uso de um passo contralateral. Quais são as diferenças que você encontra em diferentes medidas quantitativas (p. ex., distância e precisão)? Quais são as diferenças que você encontra na forma do movimento? Qual poderia ser a razão dessas alterações?

PONTO-CHAVE
Para melhorar o desempenho de um movimento, os indivíduos devem encontrar a relação ótima entre força e distância. Duas fases importantes nesse processo são a preparação (movimento preparatório) e a aplicação de força por meio de uma amplitude completa de movimentos.

É importante observar que, na maioria das habilidades de movimento, existe uma relação ideal entre força e distância. Isto é, simplesmente aumentar a distância linear ou angular para determinada força não produz, de forma automática, uma melhora de desempenho. O praticante deve primeiro reconhecer o que é um movimento completo ou uma amplitude completa de movimento para dada habilidade. Ao observar crianças durante o movimento, você verá que elas começam a explorar relações entre força e distância (Gagen & Getchell, 2008). As mudanças nos padrões de movimento relacionadas à aplicação de força frequentemente permitem maior velocidade e podem comprometer a estabilidade. Você pode imaginar que, embora a jogadora de futebol gere uma grande quantidade de força em sua perna e, portanto, no chute, não será necessário muito esforço por parte de outra pessoa para movê-la de seu lugar no campo (Fig. 3.3).

 Imagine que você é um técnico de um time de basquetebol em cadeira de rodas. Como poderia um jogador desse time tirar vantagem da primeira e da segunda leis do movimento de Newton e dos princípios relacionados ao movimento?

Movendo-se contra a gravidade: ação e reação

A **terceira lei do movimento de Newton**, a lei da ação e reação, afirma que para cada força que você exerce sobre um objeto, este exerce sobre você outra, equivalente e na direção oposta.

Ao observarmos mudanças no comportamento motor, também observamos que os praticantes tiram proveito da **terceira lei do movimento de Newton**: para cada ação, existe uma reação igual e com direção oposta. Ou seja, se você exerce uma força sobre um objeto, ele exerce de volta sobre você uma força (de mesma intensidade e com direção oposta). Esse fato pode parecer confuso à primeira vista, mas um exemplo pode torná-lo mais claro. Conforme caminha, você empurra para baixo o chão ou a superfície sobre a qual anda. O que aconteceria se o chão não o "empurrasse" de volta? Se você achou que seu pé atravessaria o chão, acertou. Talvez você tenha vivenciado essa situação ao caminhar sobre o gelo fino ou sobre pisos instáveis.

Como a lei de ação e reação afeta os padrões de movimento? A fim de avançar caminhando, um indivíduo deve exercer força para baixo e para trás, de forma que a su-

FIGURA 3.3 Ao tentar otimizar o desempenho de uma habilidade, os atletas devem aprender a relação adequada entre força e distância. Essa jogadora de futebol dá um passo para aumentar a distância – qualquer passo mais longo levaria à instabilidade.

perfície possa empurrá-lo para cima e para a frente. Observe o padrão de movimento de bebês que começaram a caminhar recentemente. Muito de sua força é direcionada para baixo, não para trás. Isso lhes permite que se movimentem sem comprometer seu equilíbrio; contudo, a progressão para a frente é lenta. Com mais experiência no caminhar, os indivíduos começam a exercer mais força para trás e, com isso, movem-se para a frente com maior rapidez.

Considere as implicações da terceira lei de Newton. Se cada ação que o praticante realiza resulta em uma reação de mesma intensidade e com direção oposta, então quaisquer forças que forem aplicadas fora do plano de movimento levarão a forças de reação indesejadas. Essas forças, por sua vez, serão subtraídas do desempenho (Gagen & Getchell, 2008). Por exemplo, se você quiser mover-se para a frente, qualquer força exercida em outras direções tornará seu caminhar menos eficiente. Atletas buscando desempenho máximo, como chutar com o máximo de força, querem exercer tanta força quanto possível em um plano de movimento. Em uma habilidade como a de chutar, o esforço máximo é caracterizado pela extensão completa (estabilizada) do membro que chuta.

Podemos ver também a lei da ação e reação aplicada entre partes do corpo. Por exemplo, em habilidades locomotoras, como a corrida, os membros inferiores giram para um lado, e os superiores, para o lado oposto. Uma das pernas se desloca para a frente, e o braço naquele lado do corpo se impulsiona para trás em reação. A perna em um dos lados do corpo e o braço no lado oposto se impulsionam para a frente e para trás em uníssono. Esse padrão familiar é chamado de *movimento de oposição de braço e perna* e é uma característica dos movimentos locomotores habilidosos.

 Tente imaginar o resultado de vários movimentos do dia a dia se a lei de ação e reação não existisse. Você já experimentou uma situação na qual esperava uma força de reação e esta não ocorreu? O que houve?

A relação entre membros que giram e objetos projetados

Conforme discutimos anteriormente, os indivíduos se movem quando seus membros giram em uma ou várias articulações. Isso é chamado de movimento de rotação. Em essência, ao projetar um objeto (p. ex., ao arremessar ou chutar), um membro do indivíduo traça parte de um círculo – o braço descreve um arco no arremesso; a perna, um arco no chute. Largar ou golpear um objeto o fará voar para fora dessa trajetória curva em uma linha reta a partir do ponto de lançamento ou de impacto. Claramente, há uma relação entre a velocidade de rotação do braço e a velocidade do objeto projetado. Usaremos um exemplo para descrever essa relação. Se um jogador de beisebol arremessa uma bola do *outfield*,* a velocidade da bola ao deixar a mão do atleta depende de quão rápido seu braço se move e do comprimento do membro no ponto de lançamento. Em termos mais científicos, a velocidade linear de um objeto é o produto de sua velocidade rotacional e de seu raio de rotação.

O que isso significa em termos de desempenho otimizado? Em primeiro lugar, conforme as crianças crescem, aumenta o tamanho de seus membros, o que deveria levar a mudanças na velocidade do projétil (e, consequentemente, na distância), que podem aparecer mesmo sem alterações na forma do movimento (Gagen & Getchell, 2008). Aumentos na velocidade de rotação também resultam nessas alterações. Entretanto, em um momento qualquer, as pessoas não podem aumentar o tamanho absoluto de seu membro nem a velocidade rotacional. E se um atleta já gira seu braço o mais rápido possível? Há outra forma de aumentar a velocidade de um objeto lançado. O atleta deve estender seu membro – e, assim, aumentar o raio de rotação – deixando-o reto um instante antes do ponto de lançamento ou de contato. Considere um jogador de tênis tentando ganhar a maior velocidade possível no seu primeiro serviço (Fig. 3.4). No ponto de contato, o braço do jogador está estendido ao máximo, o que aumenta a velocidade de arremesso da bola.

Nesse ponto, você pode imaginar por que atletas habilidosos não mantêm seus membros em extensão máxima durante todo o movimento. Se um membro estendido leva a uma maior velocidade, por que os atletas frequentemente começam seus movimentos com o membro em uma posição flexionada e não o deixam estendido durante todo o movimento? A resposta se encontra, é claro, na outra lei do movimento, a

PONTO-CHAVE
Os indivíduos podem aumentar a velocidade do objeto que projetam (arremesso, chute, rebatida) estendendo seu membro em rotação tanto quanto possível no ponto de largada.

FIGURA 3.4 Para aumentar a velocidade de uma bola de tênis, o tenista deve estender seu braço (aumentando, portanto, seu raio de rotação) ao máximo no momento de contato.

---

* N. de T.: O campo de beisebol é dividido em *infield* e *outfield*. Dentro do *infield* existe uma área quadrada, chamada de diamante, que possui quatro bases brancas, uma em cada canto. O jogador que joga fora desse quadrado é um *outfielder*.

da inércia. É provável que você já tenha ouvido falar do termo *inércia* antes; inércia significa a resistência de um objeto ao movimento, e está relacionada à massa dele. Ao lidar com objetos em rotação em esportes e atividades físicas (p. ex., braços ou pernas), a resistência ao movimento depende não apenas da massa, mas também do comprimento do membro. Conforme esse comprimento aumenta para determinada massa, também aumenta a resistência ao movimento. Conforme a resistência ao movimento aumenta, aumenta também a quantidade de energia necessária para mover o objeto. Resumindo, flexionar o membro diminui a energia necessária para movê-lo.

Vamos considerar várias habilidades nas quais vemos atletas tirando proveito desses dois princípios para maximizar o desempenho. Primeiro, considere velocistas competindo nos 100 metros (Fig. 3.5). Imediatamente antes do contato com o chão, os velocistas estendem por completo suas pernas para maximizar sua velocidade projetada. Contudo, os velocistas flexionam esses membros enquanto se recuperam e se inclinam para a frente. Isso conserva energia e esforço no membro. Outro exemplo é o de batedores balançando o taco para receber as bolas arremessadas. Eles conservam o esforço no início do balanço, mantendo seus cotovelos flexionados. Pouco antes do ponto de contato, estendem seus braços tanto quanto possível.

 Imagine que você seja um professor de educação física. Em quais esportes e atividades físicas, além do tênis, os atletas estendem seus membros para aumentar a velocidade de um objeto lançado? Tente pensar em três exemplos óbvios, bem como em três não tão óbvios.

Cadeia cinética aberta

Uma pessoa pode lançar ou chutar um objeto a uma curta distância mediante uma pequena flexão do punho ou um toque com o dedo do pé. No entanto, um esforço balístico máximo

FIGURA 3.5 Velocistas alteram o comprimento relativo da perna durante uma corrida. A perna é flexionada para diminuir o *momentum* e a quantidade de energia necessária; então, é estendida para aumentar a produção de força.

> A **cadeia cinética aberta** se refere à sequência bem sincronizada de movimentos que o indivíduo utiliza para realizar uma habilidade com sucesso.

deve envolver não apenas mais partes do corpo, mas também o movimento sequencial dessas partes. A sequência deve ser sincronizada de modo que o praticante aplique a força de cada movimento sucessivo exatamente depois do movimento anterior para acelerar o objeto. Por exemplo, lembre-se de que, no arremesso, o lançador eficiente dá um passo à frente, gira a pelve e, então, gira a parte superior do tronco à medida que o braço do arremesso se desloca para a frente, estende-se e gira para dentro. Nomeamos uma sequência como essa de **cadeia cinética aberta** de movimentos.

 Imagine que você seja um fisioterapeuta. Qual a importância de sequenciar e sincronizar as atividades cotidianas? Qual o resultado de uma mudança na sequência ou na sincronia de um determinado movimento?

> **PONTO-CHAVE**
> Uma das mudanças mais significativas que vemos no desenvolvimento de habilidades em crianças e em iniciantes é o modo como eles fazem a transição entre o uso de uma ação simples e a execução de habilidades por meio de um padrão de movimentos sequenciais eficientes e adequadamente sincronizados.

Dois elementos são essenciais para a cadeia cinética aberta de movimentos. Primeiro, existe uma sequência de movimentos ideal. Igualmente importante é a sincronia dos eventos dentro dessa sequência. Por exemplo, discutimos o quanto um passo à frente antes de um arremesso aumenta a quantidade de trabalho realizado; todavia, o passo deve ocorrer logo antes do arremesso para que se obtenham os benefícios da distância aumentada do passo. Você pode ter observado indivíduos – particularmente crianças – que, aprendendo a arremessar, dão um passo à frente, mas não sincronizam o passo e o arremesso. Na realidade, os iniciantes utilizam com frequência ações ou movimentos separados ao executar habilidades motoras. Conforme eles continuam a executar essas habilidades, começam a unir e a sincronizar esses movimentos desconexos; como resultado, passam a mover-se com mais proficiência.

Absorção de força

Você já aterrissou de um salto sem flexionar os joelhos? Então entenderá o conceito de ação e reação em primeira mão: a terra lhe devolveu de imediato a força de seu corpo. Obviamente, você não desejará aterrissar dessa maneira toda vez que pular, pois assim sofrerá contusões. Para diminuir o impacto da aterrissagem, você simplesmente flexiona seus joelhos. Flexioná-los durante a aterrissagem aumenta o tempo e a distância desta. Isso nos traz ao próximo princípio do movimento, relacionado à absorção de força. Simplificando, para diminuir o impacto de uma força de reação, deve-se aumentar a quantidade de tempo ou a área em que o impacto ocorre (Carr, 1997).

> **PONTO-CHAVE**
> Para absorver forças transmitidas a seus corpos, os indivíduos devem aumentar a quantidade de tempo do impacto (deixando seus membros flexionarem) ou aumentar a área sobre a qual a força é absorvida.

Você pode observar indivíduos utilizando esse princípio para diminuir a força de impacto em uma ampla variedade de atividades motoras. Ao pegar uma bola, os jogadores de *softball* estendem seus braços diante do corpo e, então, trazem sua luva, mãos e braços em direção ao corpo; isso ajuda a absorver a força de uma bola arremessada com velocidade. Os ginastas são especialistas em aterrissagens, flexionando seus quadris, joelhos e tornozelos o máximo possível. Os judocas caem rolando dos braços às costas para aumentar o tempo e a área de sua queda (Gagen & Getchell, 2008). Claramente, utilizar esse princípio do movimento é fundamental para prevenir lesões ao tentar um desempenho máximo.

Estabilidade e equilíbrio

Discutimos princípios de movimento, mas princípios de estabilidade são igualmente importantes. A maioria das pessoas teria dificuldade em otimizar seus movimentos a partir de uma posição instável. Isto é, estabilidade e equilíbrio são elementos essenciais em muitos esportes e atividades físicas. Algumas atividades, como levantamento de peso e golfe, necessitam de estabilidade máxima. Em outras, como judô e luta livre, os atletas tentam manter sua estabilidade enquanto atrapalham a de seus oponentes. Outras atividades ainda, como ginástica e patinação no gelo, requerem que os atletas mantenham equilíbrio em posições relativamente instáveis.

Com base nos exemplos anteriores, você pode ver que *estabilidade* e **equilíbrio** não se referem exatamente ao mesmo conceito. Um objeto ou uma pessoa estável é algo ou alguém que resiste ao movimento. Você teria dificuldade de inclinar uma caixa grande, ampla e pesada – por ela ser muito estável. O equilíbrio, no entanto, relaciona-se à capacidade de um objeto ou de uma pessoa de manter-se equilibrada. Se você consegue ficar sobre um único pé enquanto mantém seus olhos fechados, exibe um grande equilíbrio em uma condição instável.

Na maioria dos casos, aumentar a estabilidade assegura o equilíbrio; porém, mantê-lo não garante estabilidade. Na realidade, uma pessoa pode não querer estabilidade, já que isso inibirá a sua mobilidade. Por exemplo, as pessoas podem tornar-se prontamente mais estáveis aumentando o tamanho de sua base de apoio. Os indivíduos podem conseguir isso afastando bem suas pernas enquanto estiverem em pé ou aumentando a distância entre suas mãos ao fazer uma parada de mão. Além disso, aumentam a estabilidade mantendo o **centro de gravidade** baixo e dentro da base de apoio. No exemplo da parada de mão, os indivíduos devem manter as suas pernas diretamente acima de seu tronco para conservar a estabilidade ideal; caso contrário, podem se desequilibrar ou cair.

Em muitas atividades, o desempenho máximo da habilidade requer que os praticantes minimizem a estabilidade para aumentar a mobilidade. Em habilidades locomotoras, uma pessoa sacrifica momentaneamente a estabilidade (base de apoio sobre dois pés) para mover-se pela alternância de perda e ganho de equilíbrio (base de apoio sobre um pé). O peso do corpo é empurrado para adiante, à frente da base de apoio, e a pessoa move a perna para a frente a fim de recuperar o equilíbrio.

A Figura 3.6 mostra indivíduos em graus variáveis de estabilidade e equilíbrio. Na Figura 3.6a, o indivíduo está bastante estável, com ampla base de apoio e baixo centro de gravidade. Seria difícil movê-lo. O atleta da Figura 3.6b, contudo, é menos estável, porém mais móvel. A Figura 3.6c mostra um atleta com grande equilíbrio em uma posição altamente instável.

Crianças mais novas, idosos, pessoas com certas deficiências ou que estão aprendendo novas habilidades tentam frequentemente melhorar o seu equilíbrio aumentando a sua estabilidade. Em tarefas locomotoras, esses indivíduos aumentarão sua base de apoio colocando os pés de forma afastada ou fazendo os dedos dos pés apontarem para fora (como pés de pato). Eles mantêm seu centro de gravidade bem dentro de sua base de apoio, evitando a rotação excessiva do tronco ou o movimento do membro. Em habilidades de recepção, como agarrar, também aumentam a base de apoio e abaixam seus centros de gravidade.

O **equilíbrio** está relacionado à capacidade de um objeto ou de uma pessoa em manter uma determinada posição ou postura sobre uma base.

O **centro de gravidade** é o ponto onde se concentra a atração gravitacional da Terra sobre um indivíduo (McGinnis, 2005).

PONTO-CHAVE
A estabilidade de um indivíduo está relacionada à capacidade de resistir ao movimento ou à perturbação. Você pode aumentar sua estabilidade aumentando a base de apoio, baixando o centro de gravidade e mantendo-o dentro da base de apoio.

PONTO-CHAVE
Embora leve à melhora do equilíbrio, o aumento da estabilidade também leva à diminuição da mobilidade. Logo, os praticantes habilidosos utilizam a base de apoio aberta apenas o bastante para fornecer estabilidade suficiente às suas atividades.

FIGURA 3.6 Diferentes graus de estabilidade: *(a)* altamente estável, *(b)* moderadamente estável e *(c)* não muito estável.

Em muitos casos, se essas pessoas ganham maior controle muscular, mais experiência, treinamento adequado ou confiança, elas diminuem suas bases de apoio, aumentando assim sua mobilidade e sua capacidade de movimentar-se com rapidez.

 Imagine que você seja um fisioterapeuta. Tente imaginar quatro atividades diárias diferentes que abranjam desde a exigência máxima de estabilidade até a máxima de mobilidade. Quais são as consequências da perda de equilíbrio para cada uma delas?

Utilizando os princípios de movimento e de estabilidade para detectar e corrigir erros

Após a compreensão dos princípios básicos que constituem o movimento humano, você pode utilizá-los para reconhecer e corrigir erros mecânicos na técnica de uma pessoa. Inicialmente, a quantidade de informação pode parecer devastadora. Entretanto, Carr (1997) forneceu um processo simples de cinco passos para observar e analisar, de forma sistemática, o desempenho da habilidade. Esse processo de cinco etapas fornece a você um método direto para observar e ajudar a mecânica de uma pessoa.

- **Etapa 1: observar a habilidade completa.** Embora isso pareça óbvio, é surpreendente o quão frequentemente professores e treinadores novatos colocam a si próprios em uma posição na qual não podem ver o movimento completo de uma pessoa. O planejamento antes do desempenho da habilidade é fundamental, e existem várias coisas que você deveria ter em mente. Se puder assistir ao desempenho apenas uma ou duas vezes, enfatize poucos elementos. Grave o desempenho para análise futura. Certifique-se que o indivíduo se aqueça antes do movimento e que o realize em um ambiente natural. Sempre garanta também a segurança da pessoa e de outras que possam estar por perto.
- **Etapa 2: analisar cada fase e seus elementos-chave.** Aqui, você está concentrado nas fases específicas da habilidade e nos seus elementos-chave. Por exemplo, um arremesso por sobre o ombro poderia ter fases de balanço preparatório para trás, produção de força e desaceleração do segmento. Em seguida, observe a *performance* de uma pessoa em cada fase. Carr sugere duas formas para se fazer isso. Uma delas é começar com o resultado e trabalhar daí para trás. Se uma pessoa está tentando sacar uma bola de tênis por cima da rede, mas não está conseguindo, você se concentra no contato da raquete com a bola. Trabalhe desse ponto para trás a fim de identificar qual parte do desempenho pode levar ao resultado desejado. Outra opção é começar assistindo o movimento do início ao fim. Observe a postura preparatória da pessoa, o equilíbrio e a transferência de peso que ocorre antes do movimento; siga, então, cada fase da habilidade.
- **Etapa 3: utilizar seu conhecimento de mecânica na análise.** Você adquiriu muitas informações sobre mecânica; agora é o momento de utilizá-las. Os observadores devem enfocar o modo como a pessoa aplica a força muscular para gerar movimentos. Carr sugere uma série de questões para guiar a análise.
  - A pessoa tem estabilidade ideal ao aplicar ou ao receber força?
  - Está utilizando todos os músculos que podem contribuir para a habilidade?
  - Está aplicando força com os músculos em uma sequência correta?
  - Está aplicando a quantidade correta de força durante o espaço de tempo apropriado?
  - Está aplicando a força na direção correta?
  - Está aplicando torque e transferência de *momentum* corretamente?
  - Está manipulando a inércia linear e/ou angular de forma adequada?

Use essas questões para avaliar o desempenho da habilidade. Lembre-se de que você não está determinando uma forma certa ou errada para a execução; em vez disso, está procurando por elementos do movimento que possam ser modificados para tornar o desempenho da habilidade mais proficiente.

- **Etapa 4: selecionar os erros a serem corrigidos.** Muitos praticantes novatos não se movimentam de maneira mecanicamente eficiente. Isso não é necessariamente bom ou ruim – é apenas a forma como essa pessoa desempenha uma habilidade. Você, como professor ou treinador, pode escolher certos aspectos do movimento que o indivíduo possa melhorar para se tornar mais proficiente em uma habilidade. Tenha em mente que há muitas formas diferentes pelas quais as pessoas podem executar uma habilidade com sucesso. Entretanto, melhorar a mecânica em várias fases de uma habilidade permite um melhor desempenho. Concentre-se nos erros principais – uma *performance* e que falha nas áreas listadas na etapa 3 – e ignore problemas menores. Trabalhe em um aspecto do desempenho de cada vez; em muitos casos, a melhora em uma área leva à melhora em várias outras.

- **Etapa 5: decidir-se sobre os métodos apropriados para a correção de erros.** Educadores possuem diferentes ideias sobre como ensinar ou treinar habilidades motoras. Seria proveitoso assistir a uma aula ou comparecer a uma clínica de treinamento para aprender uma variedade de métodos de ensino – específicos da atividade. A despeito dos métodos que você porventura utilize, aqui estão algumas ideias para ter em mente. A primeira e mais importante: ao tentar corrigir erros, pense sempre na segurança. Habilidades muito complexas ou que envolvam voo podem se tornar perigosas, se a pessoa desvia parte da atenção, a fim de tentar corrigir erros. A seguir, comunique-se com seus estudantes em uma linguagem compreensível, em vez de utilizar termos mecânicos. Considere quanto tempo você dispõe com eles para corrigir seus erros; isso determina o número de correções que você vai fazer. Por fim, use fontes externas, como livros didáticos ou a internet, para ajudá-lo a encontrar formas novas e inovadoras de ensinar habilidades motoras. Uma página da internet recomendável é a do serviço de informação da International Society of Biomechanics in Sports Coaches (http://www.csuchico.edu/isbs), que é repleta de informações sobre biomecânica úteis para treinadores.

Resumo e síntese

Os princípios mecânicos governam todos os nossos movimentos. Os próprios princípios agem como restrições à medida que ditam como um indivíduo interage com o ambiente quando executa uma tarefa motora. Por exemplo, a força da gravidade é uma restrição ambiental que influencia o modo como nos movimentamos na Terra. Esses princípios incluem as leis newtonianas da inércia, da aceleração e da ação e reação, bem como relações que, baseadas nessas leis, lidam com produção e absorção de força, cadeia cinética aberta, estabilidade e equilíbrio. Esses princípios definem relações que ditam como nos movemos.

Com o passar do tempo, os indivíduos compreendem esses princípios (implícita ou explicitamente) e aprendem a controlar certos fatores que lhes permitem executar habilidades com mais proficiência. As mudanças qualitativas no desempenho motor que ocorrem durante a infância refletem mudanças na interação da criança em desenvolvimento e do ambiente. O progresso das crianças, dos iniciantes ou daqueles que estão reaprendendo é caracterizado por sua seleção de padrões que otimizam cada vez mais o produto do movimento, de modo coerente com os princípios de movimento e estabilidade. Os princípios mecânicos mais relevantes envolvidos em movimentos eficientes e habilidosos incluem aplicação e absorção de força, ação e reação, velocidade linear e angular, movimentos sequencialmente sincronizados, estabilidade e equilíbrio. O conhecimento desses princípios nos permite generalizar várias habilidades básicas. Não precisamos abordar as mudanças de desenvolvimento em cada uma das habilidades básicas com um estudo completamente novo porque alguns aspectos de mudanças em outras habilidades se sobrepõem, sobretudo dentro de categorias de locomoção, balística, recepção e em habilidades que requerem equilíbrio.

Reforçando o que você aprendeu sobre restrições

Dê uma segunda olhada

Aimee Mullins desafiou noções preconcebidas de capacidade e incapacidade em toda sua vida. Ainda na escola, ela competiu com sucesso contra atletas normais em provas de atletismo. Recentemente, algumas pessoas argumentaram que as pernas "*cheetah*" forneciam uma vantagem desleal para a pessoa que as utilizasse (mais notavelmente, Oscar Pistorius foi impedido de participar de competição internacional, em 2007). Durante e após sua carreira atlética, Mullins argumentou que os atletas de atletismo, com e sem próteses, deveriam competir entre si, em etapas nacionais e internacionais. Ao nos concentrarmos apenas na ideia de que as pernas "*cheetah*" são mecanicamente eficientes, negligenciamos o fato de que o movimento resultante é o resultado da interação de muitas restrições. Em outras palavras, cada atleta deve dominar os diferentes princípios de movimento e estabilidade em relação às suas próprias restrições individuais.

Teste seu conhecimento

1. Descreva algumas características de duas habilidades motoras diferentes que indiquem que o indivíduo está otimizando a estabilidade em vez da mobilidade.
2. Liste as três leis de Newton e explique sua relação com os movimentos.
3. Quais são algumas das formas que um jogador de beisebol pode utilizar para aumentar a força de arremesso?
4. Como o crescimento de uma criança pode contribuir para melhorar a proficiência em certas habilidades motoras?

Exercício de aprendizado 3.1

Compreendendo a relação entre forças e equilíbrio

Quais são as influências no equilíbrio ao ficarmos em pé sobre uma única perna? Comece ficando de pé e se equilibrando em uma perna. Agora, mova seu pé de apoio. Como isto afeta o equilíbrio e qual é a posição ideal? A seguir, mova sua perna livre para diferentes posições. Como isso afeta o equilíbrio e qual é a posição ideal? Repita esse processo com seus braços e cabeça até encontrar sua posição de equilíbrio ideal. Após terminar, compare sua posição ideal àquela de um companheiro (ou grupo).

Exercício de aprendizado 3.2

Examinando os princípios de movimento e estabilidade em habilidades esportivas específicas

Neste exercício você irá examinar a inter-relação entre força e equilíbrio em algumas habilidades esportivas. Comece com um arremesso por sobre o ombro. Arremesse uma bola com a maior força possível.

1. De onde vem o seu equilíbrio? Examine os movimentos específicos que levam a um equilíbrio maior.

2. De onde vem sua força? Examine os movimentos específicos que levam à maior produção de força.
3. Agora, considere a relação entre força e equilíbrio. Descreva como você poderia alterar seus movimentos para criar mais força. O que deveria mudar para manter o equilíbrio enquanto realiza o movimento com mais força?
4. Tente fazer essas alterações em seus movimentos. O que acontece?

Faça esse experimento para diferentes habilidades esportivas, como um saque de voleibol, um passe e um chute no futebol.

Crescimento Físico e Envelhecimento

Uma razão pela qual o modelo de restrições é tão útil para aqueles que estudam o desenvolvimento motor é que ele mostra como o crescimento físico e o envelhecimento, restrições estruturais do indivíduo em mudança, alteram as interações dos indivíduos com o ambiente e com a tarefa – e, portanto, mudam o movimento. A mudança nas restrições estruturais do indivíduo ao longo do crescimento é particularmente acentuada, como é evidente em todo o corpo e também nos sistemas. Isto é, não somente todo o corpo muda em tamanho e em proporção, mas também os sistemas corporais (p. ex., o esquelético, o muscular e o endócrino). As mudanças são mais sutis com o envelhecimento, mas elas estão presentes.

O Capítulo 4 considera o padrão típico de crescimento e de envelhecimento global do corpo. Enfatiza o tamanho do corpo e as proporções, bem como a maturidade. O Capítulo 5 examina cinco diferentes sistemas corporais e a forma como se modificam durante a vida. Eles são os cinco sistemas mais relacionados ao desempenho de habilidades motoras. Juntas, essas mudanças de todo o corpo e de sistemas específicos apresentam um papel tão importante no desenvolvimento de habilidades relacionadas à idade, que a pessoa deve ter conhecimento completo do crescimento físico e do envelhecimento para estudar de maneira eficiente o curso do desenvolvimento motor. Como veremos mais adiante, o movimento é influenciado por tamanho, massa e alavanca.

Leituras sugeridas

Lohman, T.G., Roche, A.F., & Martorell, R. (Eds.). (1988). *Anthropometric standardization reference manual*. Champaign, IL: Human Kinetics.

Malina, R.M., Bouchard, C., & Bar-Or, O. (2004). *Growth, maturation, and physical activity* (2nd ed.). Champaign, IL: Human Kinetics.

Nilsson, L. (1990). *A child is born*. New York: Delacorte Press.

Ratey, J.J. (2001). *A user's guide to the brain*. New York: Vintage Books.

Spirduso, W.W., Francis, K.L., & MacRae, P.G. (2005). *Physical dimensions of aging* (2nd ed.). Champaign, IL: Human Kinetics.

Crescimento Físico, Amadurecimento e Envelhecimento

Restrições do indivíduo que mudam durante a vida

 OBJETIVOS DO CAPÍTULO

- Descrever a evolução do crescimento e do envelhecimento do corpo ao longo da vida
- Identificar padrões típicos de crescimento
- Reconhecer diferenças individuais no ritmo de crescimento e distinguir crescimento e amadurecimento.
- Revisar a influência de fatores extrínsecos no crescimento e desenvolvimento e o seu crescente papel ao longo da vida dos indivíduos
- Revisar o papel dos genes no início do crescimento físico e do desenvolvimento

Desenvolvimento motor no mundo real

Podemos ser enganados pelo tamanho

Na minha mesa tenho uma foto do meu time de voleibol do quinto ano. Obviamente, as meninas mais altas estão na última fileira. São também as jogadoras mais novas – por meio ano! Você provavelmente tem uma história semelhante, talvez sobre um time, colegas de aula ou parentes. Essas histórias servem para lembrar de que não existe um único plano para o crescimento e o amadurecimento de todos os indivíduos. Portanto, é importante para professores, terapeutas, técnicos, médicos e enfermeiros entender quais fatores levam a variações em padrões de crescimento e quando essas variações são normais ou anormais.

O crescimento físico e o envelhecimento são fascinantes. Os seres humanos, como membros de uma mesma espécie, vivenciam muitas etapas e processos comuns no crescimento e envelhecimento. O estirão de crescimento do adolescente é um exemplo. Fatores genéticos conduzem a um padrão muito ordenado e sequenciado de crescimento e envelhecimento; assim, em muitos aspectos, sabemos o que esperar. Entretanto, os indivíduos têm seus potenciais únicos e tempos próprios. Quando observamos um grupo de pré-adolescentes da mesma idade cronológica, descobrimos uma imensa amplitude de estaturas. Crescimento e envelhecimento também são afetados por uma variedade de fatores extrínsecos, como nutrição e doenças.

Fatores genéticos e fatores extrínsecos se combinam para influenciar o crescimento físico e o envelhecimento. Podemos identificar padrões e relações no crescimento e no envelhecimento (universalidade), mas somos lembrados várias vezes das diferenças individuais (variabilidade). É importante conhecermos o padrão esperado e a amplitude de variação.

Você pode estar querendo saber por que os desenvolvimentistas têm interesse em crescimento físico e envelhecimento. Lembre-se do nosso modelo triangular, que mostra a interação das restrições do indivíduo, do ambiente e da tarefa, e pense em uma das razões que demos para a utilidade desse modelo no trabalho dos desenvolvimentistas. À medida que os indivíduos crescem e envelhecem (i.e., à medida que as restrições do indivíduo relacionadas à estrutura corporal mudam), a interação entre os três tipos de restrições deve mudar, dando origem a diferentes movimentos. Se a nossa meta é tornar possíveis os mesmos movimentos durante um grande período da vida, precisaremos alterar continuamente o ambiente ou a tarefa para acomodar as restrições físicas às mudanças. Por exemplo, se quisermos que jogadores de diferentes faixas etárias sejam capazes de enterrar a bola na cesta de basquetebol, teremos de ajustar a atividade, mudando a altura da cesta, à medida que a altura dos jogadores ou suas habilidades de saltar se modifiquem. Precisamos estar sempre alertas para que, ao alterar o ambiente e as atividades, auxiliemos cada indivíduo a alcançar o movimento desejado.

 Imagine por um momento que você seja técnico de esporte para jovens de um time de basquetebol da sexta série. O quanto você esperaria da altura e do peso de seus jogadores? Você designaria cada jogador para uma posição (frente, centro ou guarda) como base em seus tamanhos? À medida que seus jogadores retornam para futuras temporadas, essas escalações mudariam? Por quê?

Entender os padrões e variações de crescimento e de envelhecimento é fundamental para auxiliar os indivíduos a desenvolver suas habilidades motoras. Uma das metas dos educadores e dos profissionais da saúde é tornar as tarefas motoras adequadas ao desenvol-

Desenvolvimento Motor ao Longo da Vida **51**

vimento – isto é, alcançáveis por indivíduos em qualquer faixa etária e com qualquer conjunto de habilidades ou incapacidades. Isso seria impossível sem conhecer o crescimento físico e o envelhecimento.

Mesmo para os estudantes que pensam em trabalhar com pré-adolescentes, um bom entendimento do crescimento e do envelhecimento começa com o estudo do crescimento e do desenvolvimento pré-natal. Os talentos e as limitações que cada indivíduo traz para a atividade são, com frequência, influenciados pelo curso do crescimento e do desenvolvimento pré-natal. Assim, começaremos a revisar os processos de crescimento e de envelhecimento a partir daí. Essa breve discussão destacará como indivíduos muito sensíveis reagem a influências extrínsecas, inclusive quando relativamente protegidos no útero.

Desenvolvimento pré-natal

O processo de crescimento começa no instante em que o óvulo e o espermatozoide se fundem na fertilização. O desenvolvimento inicial realizado sob o controle dos genes é extraordinariamente preciso. Os genes, portanto, determinam os aspectos normais do desenvolvimento e do desenvolvimento anormal herdado. Ao mesmo tempo, o embrião em crescimento (e depois o feto) é muito sensível a fatores externos, o que inclui o ambiente no qual o feto está crescendo – a bolsa amniótica no útero – e os nutrientes levados para ele através da circulação sanguínea da mãe e da placenta. Assim, mesmo no útero, fatores genéticos individuais e fatores extrínsecos interagem no desenvolvimento do feto. Alguns fatores, como a pressão externa anormal aplicada ao abdome da mãe ou a presença de certos vírus e drogas na sua corrente sanguínea, são danosos para o bebê em formação. Outros, como o fornecimento de todos os nutrientes adequados, melhoram o crescimento do feto.

O crescimento pré-natal é dividido em duas fases: crescimento embrionário, da concepção à oitava semana, e crescimento fetal, da oitava semana ao nascimento. Vamos considerar as características-chave de cada fase.

PONTO-CHAVE
Fatores genéticos e extrínsecos influenciam o crescimento normal e anormal do embrião e do feto.

Desenvolvimento embrionário

O desenvolvimento começa com a fusão de duas células sexuais: um óvulo e um espermatozoide (ver Fig. 4.1). Os genes direcionam o desenvolvimento contínuo do embrião em um padrão preciso e previsível.

O número de células aumenta, e elas fazem **diferenciação** para formar tecidos e órgãos específicos. Esse processo ocorre em uma linha de tempo previsível, resumida na Tabela 4.1. Na quarta semana, os membros ainda não estão bem formados, e o batimento cardíaco começa. Por volta da oitava semana, os olhos, os ouvidos, o nariz, a boca e os dedos das mãos e dos pés tomam a forma humana.

Diferenciação é o processo pelo qual as células se tornam especializadas, formando tecidos e órgãos específicos.

Hiperplasia é o aumento no número absoluto de células.

Hipertrofia é o aumento no tamanho relativo de uma célula individual.

Desenvolvimento fetal

O estágio fetal, da oitava semana até o nascimento, é caracterizado pelo crescimento adicional e pela diferenciação celular do feto, levando à capacidade funcional. Esse crescimento contínuo dos órgãos e dos tecidos ocorre de duas formas: por **hiperplasia** e por **hipertrofia**. Se examinar com cuidado os pontos de referência do crescimento, você também constatará que ele tende a avançar em duas direções. Uma é a **cefalocaudal,** ou seja, a cabeça e as estruturas faciais crescem mais rápido, seguidas pela parte superior do corpo, e então pelas partes inferiores do corpo, de crescimento relativamente lento. Ao mesmo tempo, o crescimento se dá na direção **próximo-distal,** ou seja, o tronco tende a avançar, seguido pelas partes mais próximas dos membros e, por fim, pelas partes distais dos membros

Cefalocaudal é a direção do crescimento que começa na cabeça e se estende à parte inferior do corpo.

Próximo-distal é a direção do crescimento que avança do corpo às extremidades.

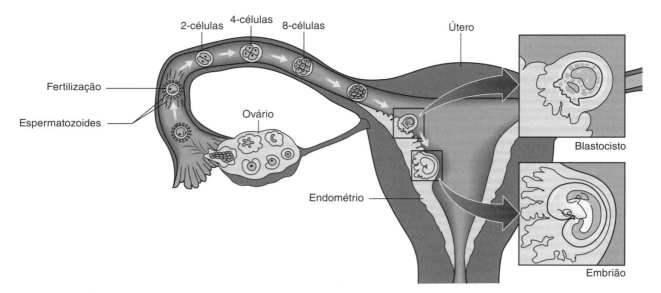

FIGURA 4.1 À medida que o embrião se move pela tuba uterina (de Falópio), suas células se dividem e se multiplicam. Quando ele se implanta no fundo do útero, tem o tamanho de várias centenas de células e está embebido em células nutrientes. Sua implantação no útero é facilitada pelas protuberâncias das moléculas de glicídios na superfície do blastocisto.

TABELA 4.1 Marcos referenciais no crescimento embrionário e fetal

Idade (semanas)	Comprimento	Peso	Aparência	Desenvolvimento interno
3	3 mm		Cabeça e dobras da cauda formados	Vesículas ópticas e cabeça reconhecíveis
4	4 mm	0,4 g	Rudimentos dos membros formados	Começam os batimentos cardíacos; órgãos reconhecíveis
8	3,5 cm	2 g	Olhos, ouvidos, nariz e dedos formados	Órgãos sensoriais se desenvolvendo; início de alguma ossificação
12	11,5 cm	19 g	Sexo externamente reconhecível; cabeça muito grande em proporção ao corpo	Configuração do cérebro quase completa; formação de sangue na medula óssea
16	19 cm	100 g	Atividade motora; couro cabeludo presente; tamanho do tronco superando o tamanho da cabeça	Músculo cardíaco desenvolvido; órgãos dos sentidos formados
20	22 cm	300 g	Pernas cresceram visivelmente	Começa a mielinização da medula espinal
24	32 cm	600 g	Início dos movimentos respiratórios	Camadas do córtex cerebral formadas
28	36 cm	1,1 kg	Desenvolvimento crescente de tecidos gordurosos	Retina organizada e receptiva à luz
32	41 cm	1,8 kg	Peso aumentando mais do que o comprimento	Paladar presente
36	46 cm	2,2 kg	Corpo mais arredondado	Começa a ossificação no fêmur distal
40	52 cm	3,2 kg	Pele lisa e cor-de-rosa; pelo menos alguns cabelos na cabeça	Começa a ossificação da tíbia proximal; bifurcação pulmonar dois terços completa

Adaptada, com permissão, de Timiras, 1972.

(Fig. 4.2). O peso aumenta, e os tecidos corporais crescem de forma regular, com a taxa de crescimento aumentando por volta do quinto mês e continuando nesse ritmo rápido até o nascimento.

Apesar das células se diferenciarem durante o crescimento para realizar uma função especializada, algumas têm uma surpreendente qualidade, denominada **plasticidade**: a capacidade de assumir uma nova função. Por exemplo, se algumas células em um sistema são lesionadas, as restantes podem ser estimuladas a desempenhar o papel daquelas danificadas. As células do sistema nervoso central têm alto grau de plasticidade, e sua estrutura, sua química e sua função podem ser modificadas antes e depois do nascimento (Ratey, 2001).

> **Plasticidade** significa modificabilidade ou maleabilidade; em relação ao crescimento, é a capacidade dos tecidos de assumir funções realizadas por outros.

Nutrição fetal

Muitas características do ambiente fetal podem afetar o crescimento positiva ou negativamente, e o sistema de nutrição é o fator intrínseco que tem o maior impacto sobre o desenvolvimento fetal. O feto é nutrido pela difusão de oxigênio e de nutrientes entre o sangue fetal e o sangue materno na placenta (Fig. 4.3). O dióxido de carbono e os subprodutos excretórios são também trocados e levados pelo sangue da mãe.

O feto em crescimento precisa de energia, nutrientes e oxigênio. Se não forem fornecidos em quantidade suficiente, feto e mãe competem por reservas limitadas, comprometendo talvez as necessidades do primeiro. Obviamente, o estado de saúde da gestante desempenha um importante papel no desenvolvimento pré-natal.

Uma mulher que vive em melhores condições (com provisões seguras e adequadas e em ambiente protegido e limpo) e recebe cuidados de saúde pré-natal iniciais tem mais chances de suprir as necessidades do feto em comparação a uma que vive em condições mais pobres. É mais provável também que ela esteja em uma condição de risco mais baixa para doenças e infecções que poderiam comprometer as necessidades do feto e resultar

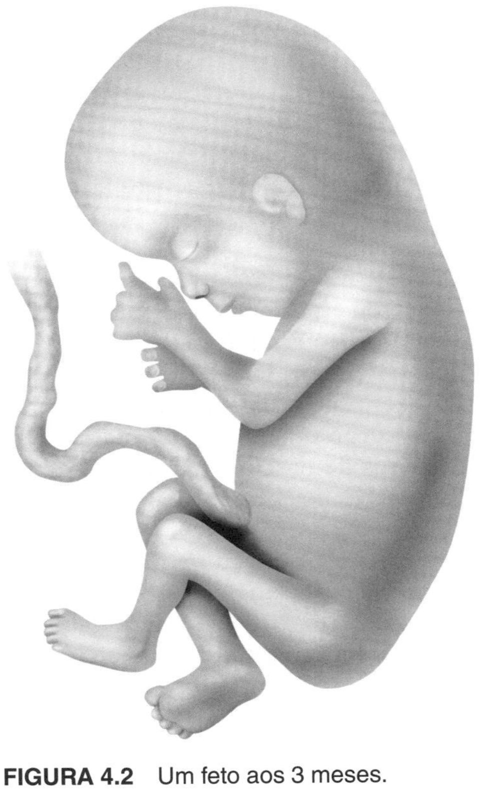

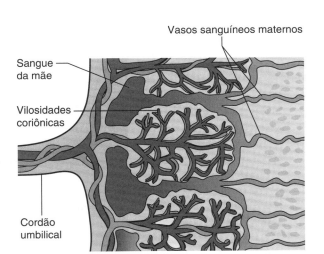

FIGURA 4.2 Um feto aos 3 meses.

FIGURA 4.3 Um diagrama da placenta mostrando as duas circulações sanguíneas, a da mãe e a do feto, as quais, embora nunca se misturem, chegam tão perto uma da outra que se difundem. Reimpressa, com permissão, de Rhodes, 1969.

Reimpressa, com a permissão, de Rhodes, 1969.

em crianças com pouco peso no nascimento. Como consequência, mulheres de níveis socioeconômicos mais baixos geralmente dão à luz crianças com menos peso se comparadas àquelas de níveis socioeconômicos mais altos. Isso é significativo porque crianças com pouco peso ao nascer sofrem maiores riscos de infecção ou de uma doença qualquer e até mesmo de morrer nas semanas após o nascimento. Algumas das diferenças de peso no nascimento entre grupos étnicos podem ser atribuídas à altura dos pais e, portanto, são muito influenciadas por fatores genéticos (Troe et al., 2007). São necessárias pesquisas adicionais para distinguir aquelas influências que são principalmente genéticas daquelas ambientais, que poderiam, portanto, ser modificadas para promover a saúde no período pós-natal inicial.

 Se você fosse um médico, gostaria de viajar para um país pobre com condições de vida primitivas para tratar de mulheres com um estado de saúde ruim ou preferiria ver algumas mulheres pobres em um país rico? Quais grupos de mulheres grávidas em um país rico poderiam estar em risco de más condições de saúde?

Desenvolvimento pré-natal anormal

O crescimento anormal pode ser derivado de fatores genéticos ou externos. As anomalias genéticas são herdadas e podem ser imediatamente aparentes ou podem permanecer não detectadas até bem depois do crescimento pós-natal. Uma grande variedade de fatores também pode afetar o feto de uma forma negativa. Alguns exemplos incluem medicamentos, drogas e vírus na corrente sanguínea da mãe, além de pressão excessiva aplicada ao seu abdome. Consideremos com mais detalhes alguns exemplos de **defeitos congênitos**.

Defeitos congênitos são anomalias presentes no nascimento, independentemente de suas causas serem genéticas ou extrínsecas.

Causas genéticas de desenvolvimento pré-natal anormal

Um indivíduo pode herdar anomalias genéticas como distúrbios dominantes ou recessivos (incluindo os ligados ao sexo). Os distúrbios dominantes ocorrem quando um dos pais passa adiante um gene defeituoso. Os distúrbios recessivos, por sua vez, se manifestam em crianças que herdam um gene defeituoso de cada um dos pais.

As anomalias genéticas também podem resultar de uma nova mutação – isto é, a alteração ou supressão de um gene durante a formação da célula do óvulo ou do esperma. Os pesquisadores suspeitam que a irradiação e certos produtos químicos ambientais perigosos causam mutações genéticas, sendo que o potencial para danos genéticos às células sexuais aumenta com o avanço da idade da mãe (Nyhan, 1990). As mutações também podem ocorrer de forma espontânea, sem causa conhecida.

Um exemplo de uma anomalia genética familiar é a trissomia 21, ou síndrome de Down. Quando uma célula que dará origem a um óvulo ou espermatozoide sofre divisão, seus 46 cromossomos se dividem pela metade. Quando o espermatozoide com 23 cromossomos fertiliza um óvulo com 23 cromossomos, o embrião formado apresenta um conjunto completo de 46 cromossomos. Algumas vezes, um óvulo ou espermatozoide mantêm ambos os cromossomos 21, e cada célula no corpo do embrião resultante terá um cromossomo 21 extra. Uma combinação de defeitos de nascimento pode resultar, incluindo retardo mental, características faciais distintas, deficiências visual e auditiva e defeitos no coração.

Novas mutações e distúrbios herdados podem resultar em uma ou múltiplas malformações de um órgão, de um membro ou de uma região do corpo; em deformações de uma parte do corpo; ou em interrupção no desenvolvimento como resultado de malformação do tecido normal. Elas podem afetar um ou mais sistemas corporais. Muitas dessas anomalias são óbvias no nascimento, mas algumas só aparecem mais tarde. As anomalias genéticas variam consideravelmente em aparência e gravidade.

Causas extrínsecas do desenvolvimento pré-natal anormal

Nossa discussão anterior da nutrição fetal revelou o quanto o feto é dependente do oxigênio e dos nutrientes vindos da mãe. Infelizmente, o sistema de nutrição fetal pode levar substâncias danosas, e vários fatores podem também afetar o ambiente físico do feto e, por conseguinte, seu crescimento e desenvolvimento.

Teratógenos Além do oxigênio e dos nutrientes necessários para a vida e o crescimento fetais, outras substâncias – incluindo vírus, medicamentos e drogas – podem se difundir através da placenta e e prejudicar o feto em desenvolvimento. Algumas vezes, até mesmo vitaminas necessárias, nutrientes e hormônios podem ser danosos se seus níveis são muito altos ou muito baixos. Nesses casos, as substâncias podem agir como agentes produtores de malformação ou **teratógenos**. O efeito específico que um teratógeno tem sobre o feto depende de quando este foi exposto à substância, bem como da quantidade dela.

Existem períodos críticos de particular vulnerabilidade para a mudança no crescimento e no desenvolvimento dos tecidos e órgãos. A exposição a um teratógeno durante um período crítico tem um efeito mais significativo do que a exposição em outro momento. Por exemplo, o vírus da rubéola é danoso se o embrião for exposto a ele durante as primeiras quatro semanas de gravidez. Quanto mais cedo ocorrer a infecção, mais sérias serão as anomalias resultantes. Uma exposição precoce pode resultar em aborto.

Alguns defeitos congênitos resultam da mera presença de uma substância danosa no sangue materno. A exposição ou não do feto depende do tamanho da substância. Por exemplo, pequenas partículas de vírus presentes no sangue materno podem cruzar a placenta e causar dano ao feto. Medicamentos com um peso molecular abaixo de 1.000 cruzam facilmente a placenta, ao contrário daqueles com pesos moleculares acima desse valor.

Os pais podem maximizar o crescimento e o desenvolvimento fetais evitando substâncias que podem ser teratogênicas. As mães podem manter uma dieta que forneça nutrientes adequados, mas não excessivos. De outro modo, o feto pode desenvolver uma malformação específica ou sofrer retardo no crescimento e ser pequeno para a idade ao nascer. É importante reconhecer que essas condições, inclusive baixo peso ao nascer, podem afetar o crescimento e o desenvolvimento pós-natal. Por exemplo, o consumo de álcool durante a gravidez pode resultar em uma condição chamada síndrome alcoólica fetal, que envolve um conjunto de defeitos de nascimento, os quais geralmente incluem retardo mental, cardiopatias, deformidades faciais, articulares e dos membros, retardo de crescimento e microcefalia, transtorno de déficit de atenção e hiperatividade (TDAH). Apesar de não ser claro o ponto que uma pequena quantidade de álcool torna-se prejudicial ao feto, esse defeito de nascimento é perfeitamente evitável pela abstinência da mãe.

Outros fatores extrínsecos pré-natais Malformação, retardo de crescimento ou risco de vida também podem resultar de fatores externos que afetam o ambiente do feto. Exemplos incluem:

- pressão externa ou interna sobre a criança, incluindo a de outro feto no útero;
- temperatura ambiental interna extrema, comum quando a mãe sofre de febre alta ou hipotermia;
- exposição a raios X ou gama;
- mudanças na pressão atmosférica, em especial aquelas que levam à hipoxia (deficiência de oxigênio) no feto;
- poluentes ambientais.

Os efeitos precisos desses fatores também dependem do estágio de desenvolvimento fetal. Assim como os teratógenos, os fatores externos apresentam potencial para afetar o crescimento e o desenvolvimento atual ou futuro.

PONTO-CHAVE
Os distúrbios congênitos que surgem de fatores extrínsecos podem prejudicar o potencial de crescimento e desenvolvimento pós-natal. Quando os médicos e os pais estão conscientes das influências negativas, podem manejá-las de modo a minimizar o risco para o feto.

Um **teratógeno** é qualquer medicamento ou droga que causa desenvolvimento anormal em um feto.

Resumo do desenvolvimento pré-natal

O desenvolvimento pré-natal é influenciado por fatores genéticos e extrínsecos. Os genes orientam um curso ordenado e preciso de desenvolvimento; mas fatores extrínsecos podem influenciar o processo positiva ou negativamente. Muitos desses fatores externos exercem suas influências por meio do sistema de nutrição fetal. O feto que recebe níveis adequados de oxigênio e de nutrientes tem melhor chance de alcançar seu potencial genético total, incluindo seu potencial para o desempenho de habilidades.

Anomalias pré-natais podem surgir a partir de influências genéticas ou extrínsecas. Algumas condições anormais são produto tanto de herança genética quanto do ambiente; isto é, a tendência para uma doença pode ser herdada e aparecerá apenas sob certas condições ambientais (Timiras, 1972). Portanto, deveríamos ver o crescimento e o desenvolvimento físico como um processo contínuo que começa na concepção. As pessoas são, em parte, produto dos fatores que afetam seu crescimento e desenvolvimento pré-natal. Assim, as restrições estruturais que os educadores e terapeutas levam em consideração no planejamento de atividades refletem o curso do desenvolvimento pré-natal. O processo de desenvolvimento pós-natal é a continuação do desenvolvimento pré-natal.

Desenvolvimento pós-natal

Uma criança de 11 anos é capaz de correr longas distâncias? E uma pessoa de 60 anos? Sabemos que não há uma única resposta que se aplique a todas as crianças de 11 anos ou a todos os adultos de 60 anos, porque reconhecemos a coexistência da universalidade e da especificidade no desenvolvimento. Os educadores e os terapeutas se beneficiam do conhecimento do padrão universal de crescimento pós-natal e do amadurecimento fisiológico, além do conhecimento do padrão típico de envelhecimento de adultos. No entanto, trabalhamos com indivíduos que têm seus próprios ritmos e potenciais de crescimento. Assim, devemos ser capazes de avaliar o potencial e o estado do sujeito para auxiliá-lo a estabelecer metas pessoais razoáveis. Devemos ser capazes de comparar um indivíduo à média de forma adequada e ajustar as expectativas para o desempenho.

> **PONTO-CHAVE**
> O crescimento pós-natal apresenta um padrão preciso e ordenado; mas a variabilidade individual, sobretudo na época dos eventos-chave, é cada vez mais evidente à medida que os indivíduos passam pela infância, primeira infância, segunda infância, pré-adolescência e adolescência.

Crescimento global

O crescimento corporal global após o nascimento é uma continuação do crescimento pré-natal. O padrão é previsível e consistente, mas não linear, independentemente de qualquer medida de crescimento global que venha a ser estudada. Por exemplo, observe as curvas para altura (Fig. 4.4*a* e *b*) e e peso (Fig. 4.5*a* e *b*). Elas se caracterizam por um crescimento rápido após o nascimento, seguido por um gradual e consistente durante a infância, um rápido no início da adolescência e, por fim, por um nivelamento. Assim, as curvas assumem a forma de um S. Podemos chamar esse padrão de crescimento corporal global de *curva sigmoide,* por causa da letra grega para *S*.

Apesar de uma curva de crescimento normal ser sempre sigmoide, o ritmo ou o momento do estirão e os períodos de crescimento estáveis de um indivíduo específico têm probabilidade de desviar da média. Por exemplo, uma menina pode começar seu estirão de crescimento adolescente aos 8 anos, enquanto outra, aos 10. A inclinação da curva pode também variar em relação à média. Uma menina poderá crescer mais rapidamente do que a outra (ter uma curva mais inclinada). Observe que, nos gráficos de crescimento a amplitude de variação, o espaço entre o 3º e o 97º percentil se amplia com a idade, especialmente para o peso (Malina e Bouchard, 1991). Esse é outro exemplo de universalidade e de especificidade no desenvolvimento. O padrão sigmoide de um gráfico de crescimento

Desenvolvimento Motor ao Longo da Vida 57

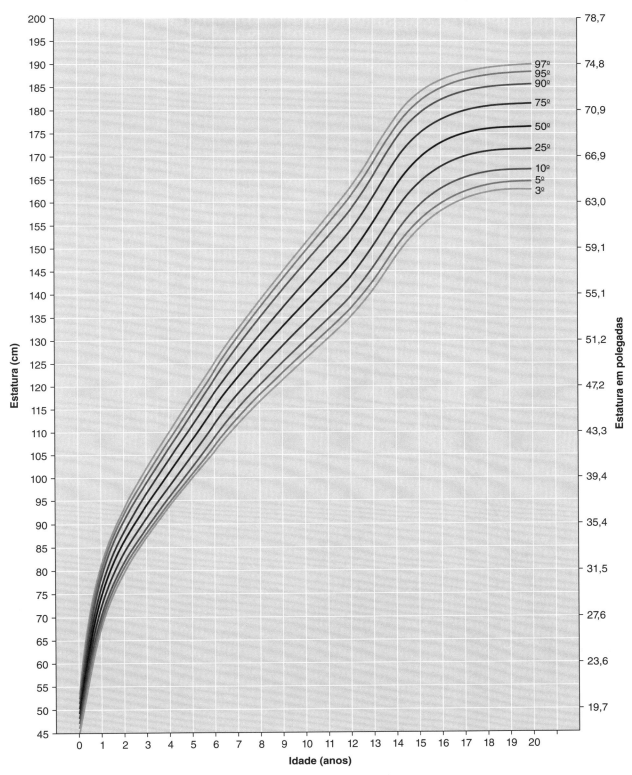

FIGURA 4.4a Percentis de estatura (altura em pé) por idade para meninos. Observe a forma sigmoide ou em forma de S das curvas.

Dados do National Center for Health Statistics, em colaboração com o National Center for Chronic Disease Prevention and Health Promotion, 2000.

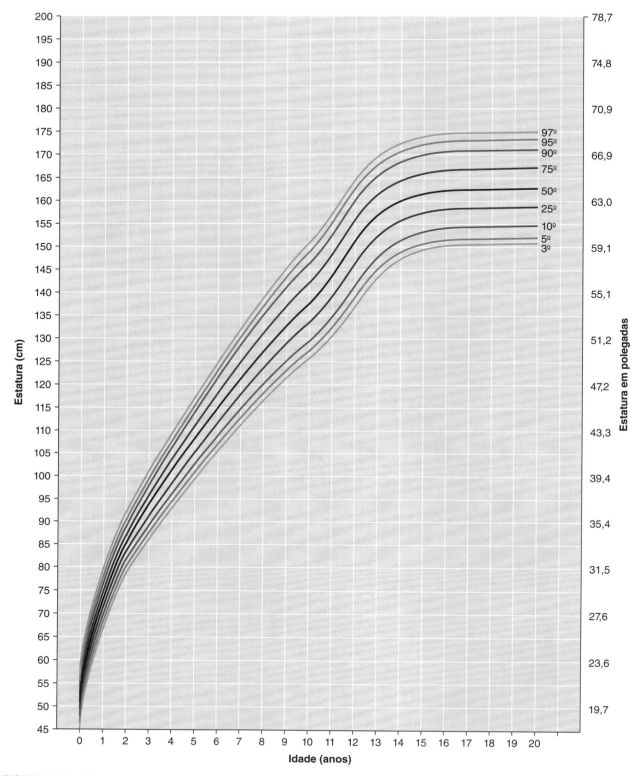

FIGURA 4.4b Percentis de estatura por idade para meninas.

Dados do National Center for Health Statistics, em colaboração com o National Center for Chronic Disease Prevention and Health Promotion, 2000.

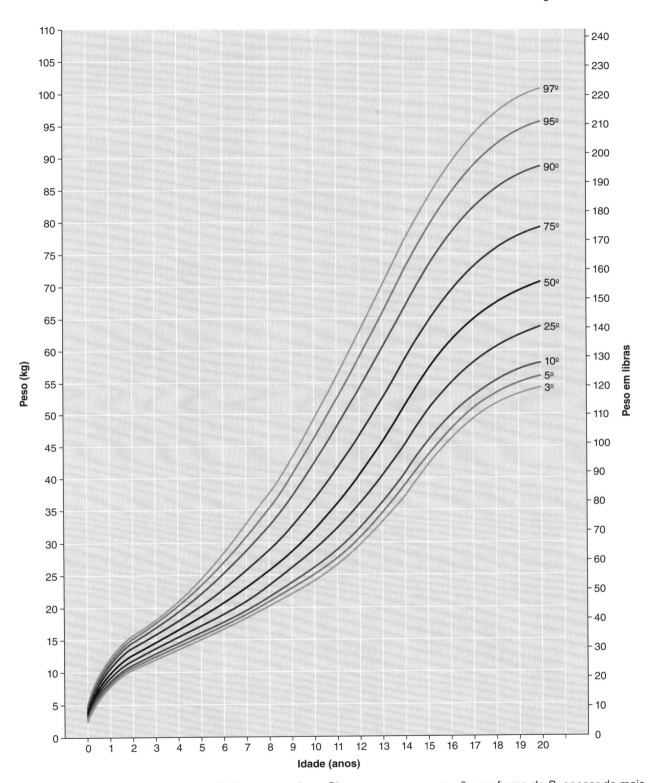

FIGURA 4.5a Percentis de peso por idade para meninos. Observe que as curvas são em forma de S, apesar de mais planas do que as curvas de altura.

Dados do National Center for Health Statistics, em colaboração com o National Center for Chronic Disease Prevention and Health Promotion, 2000.

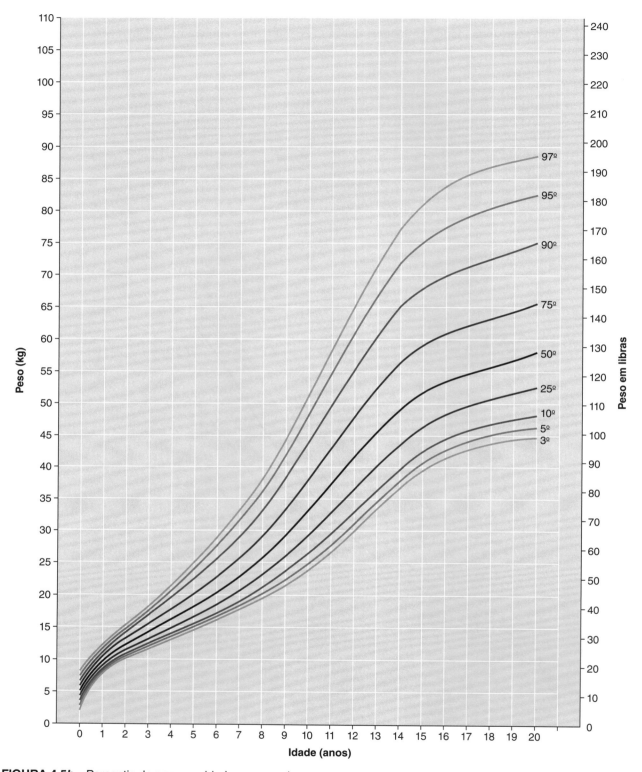

FIGURA 4.5b Percentis de peso por idade para meninas.

Dados do National Center for Health Statistics, em colaboração com o National Center for Chronic Disease Prevention and Health Promotion, 2000.

Desenvolvimento Motor ao Longo da Vida **61**

global é universal, mas o ritmo e a inclinação dos segmentos das curvas são específicos ao indivíduo, e com o avanço da idade a influência dos fatores ambientais aumenta a variação entre indivíduos.

Sexo

O sexo é um dos principais fatores no ritmo, bem como no grau de crescimento. As diferenças de sexo são mínimas na primeira infância, com os meninos sendo apenas um pouco mais altos e mais pesados. Durante a segunda infância, as meninas tendem a amadurecer mais rápido do que os meninos; assim, em qualquer idade, elas são um grupo biologicamente mais maduro do que eles. Diferenças importantes de sexo no crescimento e desenvolvimento são especialmente acentuadas na adolescência. Elas começam seu estirão da adolescência quando estão com cerca de 9 anos de idade (denominada **idade de estirão**, porque a taxa de crescimento começa a aumentar), enquanto os meninos começam o seu com mais ou menos 11 anos. Observe que essas idades são médias de grupo. Quase dois terços de todos os adolescentes iniciarão seu estirão durante o ano anterior ou posterior a essas médias, significando que aproximadamente um terço o inicia ainda mais cedo ou mais tarde.

> **Idade de estirão** é aquela na qual a taxa de crescimento começa a aumentar.

Altura

A altura segue um padrão sigmoide: um rápido aumento na primeira infância, diminuindo aos poucos para um crescimento constante na segunda infância, com outro aumento rápido durante o estirão da adolescência, seguido por uma diminuição gradativa até o final do período de crescimento. A altura de um indivíduo pode ser comparada a normas de grupo. Muitas vezes, essa comparação é realizada utilizando-se uma família de curvas de altura plotadas contra a idade. As curvas individuais representam vários percentis, normalmente o 3º, 5º, 10º, 25º, 50º, 75º, 90º, 95º e 97º (Figs. 4.4a e 4.4b). Essa abordagem nos permite aproximar o percentil de um sujeito para altura em uma idade específica, ou no decorrer do tempo, bem como se ele mantém uma posição no grupo ou se a modifica. Por exemplo, podemos encontrar um indivíduo que permanece no 40º percentil na maior parte do período de crescimento ou outro que começa o estirão da adolescência mais cedo e vai do 60º percentil aos 8 anos de idade para o 90º aos 10 anos.

As crianças tendem a manter suas posições de percentil relativas em comparação às normas de grupos após 2 ou 3 anos de idade; isto é, uma criança de 3 anos no 75º percentil para altura provavelmente continuará em torno desse percentil durante o resto da infância. Uma grande flutuação na posição relativa pode indicar que algum fator extrínseco está influenciando o crescimento (Martorel, Malina, Castillo, Mendonza, & Pawson, 1988), e isso justifica o exame médico.

Além da extensão do crescimento, é interessante examinar a taxa ou velocidade de crescimento (i.e., quando os indivíduos estão crescendo rápida ou lentamente). Plotando a taxa de crescimento, podemos descobrir a idade em que alguém está crescendo mais rápido (*velocidade de pico*) ou a idade na qual a pessoa muda do crescimento lento para o rápido (idade do estirão), ou vice-versa (ver o quadro de destaque intitulado "Avaliando a extensão e a taxa de crescimento").

Em média, as meninas atingem o pico de velocidade de altura durante o estirão da adolescência dos 11 anos e meio aos 12 (Fig. 4.6). O crescimento em altura, então, diminui aos poucos, até mais ou menos os 14 anos, com aumento notável em altura terminando em torno dos 16 anos. Os meninos alcançam seus picos de velocidade de altura dos 13 anos e meio aos 14; essa velocidade é mais rápida do que a das meninas – cerca de 9 cm por ano para eles, comparados aos 8 cm anuais para elas (Beunen e Malina, 1988). O crescimento dos meninos diminui pouco a pouco aos 17 anos, com aumento notável terminando pelos

62 Crescimento Físico, Amadurecimento e Envelhecimento

18 anos. Observem que os homens têm uns dois anos a mais de crescimento do que as mulheres, significando 10 a 13 cm de altura. Esse período mais longo é o grande responsável pela diferença de altura absoluta média entre homens e mulheres adultos.

Peso

O aumento do peso também segue um padrão sigmoide: rápido aumento na primeira infância, moderado na segunda infância, estirão no início da adolescência e, então, aumento constante que diminui aos poucos no final do período de crescimento. O peso, contudo, é bastante suscetível a fatores externos e pode refletir variações na quantidade de músculos mediante exercício, bem como na quantidade de tecido adiposo mediante dieta e exercício. Doenças também podem influenciar o peso corporal.

O pico de velocidade de peso durante o estirão da adolescência segue o pico de velocidade de altura em adolescentes por 2,5 a 5 meses, em meninos, e 3,5 a 10,5 meses, em meninas. O crescimento do comprimento e da largura dos vários segmentos pode atingir o pico de velocidade de peso antes ou depois que o indivíduo atinja o pico de velocidade de altura, mas todos atingem seus picos antes do pico de velocidade de peso ou junto com ele (Beunen, Malina, Renson, & Van Gerven, 1988). Essas são as evidências para o padrão comumente observado de indivíduos que primeiro crescem, e depois "adquirem volume".

Avaliando a extensão e a taxa de crescimento

No Capítulo 1, admitimos que frequentemente representamos o crescimento e o desenvolvimento por meio de gráficos. Essa prática é comum para descrever crescimento físico. É comum vermos medidas de altura, peso ou comprimento total plotadas em relação ao avanço em idade. Essas plotagens são chamadas *curvas de distância,* porque transmitem a extensão do crescimento. As Figuras 4.4 e 4.5 servem como exemplos. Se quisermos saber a distância que o crescimento avançou até determinada idade, devemos ler apenas o valor oposto àquela idade. Por exemplo, a partir de uma curva de altura, podemos determinar a altura de um indivíduo em qualquer idade (se utilizarmos um gráfico individual) ou qual era a altura média para um grupo em qualquer idade (se utilizarmos um gráfico com as médias de grupo).

Se a linha plotada estiver subindo com a idade, sabemos que o crescimento está ocorrendo, considerando que os eixos do gráfico estejam dispostos de baixo (na origem) para cima. Esperamos que as medidas aumentem com a idade durante o período de crescimento. Na fase adulta, as medidas podem subir ou descer conforme fatores extrínsecos influenciem a medida. Um bom exemplo disso é o peso corporal. Se a inclinação de uma curva de distância for gradual, a mudança será moderada para aquela faixa etária. Se a inclinação for forte, a mudança será rápida para aquela faixa de idade. Portanto, a inclinação de uma curva de distância pode indicar mudanças na *taxa* de crescimento.

A taxa de crescimento pode ser ilustrada de forma mais clara em gráficos de taxa ou de velocidade de crescimento que são chamados de *curvas de velocidade.* Essas curvas são plotadas primeiramente selecionando-se pequenos intervalos etários, como o tempo entre o 8º e o 9º, o 9º e o 10º e o 11º e o 12º aniversários. Então, para cada um desses pequenos intervalos etários, descobrimos a alteração no crescimento como indicado pela curva de distância. Por exemplo, podemos checar a curva de distância para altura e ver que o aumento em altura entre o 8º e o 9º aniversário é de 5 cm. Assim, plotaríamos um ponto nos 5 cm por ano e nos 8 anos

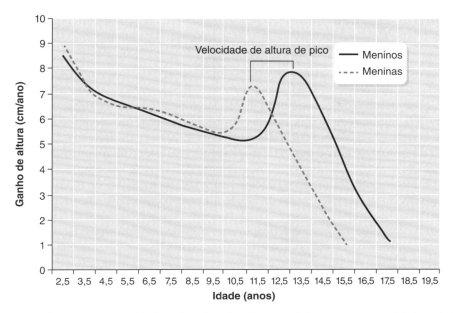

FIGURA 4.6 Curvas de velocidades plotadas das Figuras 4.4a e b, entre as idades de 8 e 18 anos. Após os 2 anos, a velocidade de crescimento diminui até o estirão da adolescência. Observe as velocidades de pico de crescimento para meninos e meninas.

e meio (representando o ponto médio do período de idade durante o qual o crescimento foi de 5 cm). Fazendo isso para uma quantidade de intervalos etários e conectando nossos pontos com uma curva suave, produzimos uma curva de velocidade.

Estas curvas parecem muito diferentes das curvas de distância. Muitas vezes, apresentam seções em que a linha do gráfico está decrescendo, indicando que a taxa de crescimento está desacelerando. Também apresentam picos, isto é, pontos nos quais a taxa de crescimento muda de mais rápida para mais lenta. Os seres humanos têm uma velocidade de pico em suas medidas de crescimento global durante o início da adolescência (chamado de velocidade de altura de pico, velocidade de peso de pico, etc.). Essa é a idade na qual o crescimento é mais rápido para esse intervalo etário. Durante a descida da curva de pico, o crescimento desacelera, apesar de continuar sendo bastante rápido. Por exemplo, a velocidade de altura de pico típica para meninas é de 8 cm por ano, conforme mostrado na Figura 4.6, e, em geral, isso acontece em torno dos 12 anos. Imediatamente antes dessa idade, a velocidade de crescimento em altura acelera e aumenta de 5 para 6, 7 e 8 cm por ano. Após essa idade, desacelera, de 8 para 7 e 6 cm ao ano, e assim por diante. Ainda assim, durante todo o período dos 10,5 aos 13 anos existe um momento em que a altura aumenta rapidamente (6 a 8 cm anuais).

Quando lemos uma curva de velocidade, devemos ter em mente que estamos lendo uma taxa de crescimento por um curto intervalo etário, e não a extensão do crescimento. Podemos dizer o quão alta uma menina é individualmente a partir de sua curva, mas não de sua curva de velocidade. No entanto, a partir dessa curva podemos facilmente determinar a idade na qual ela estava crescendo mais rápido.

Os leitores que estudaram cálculo reconhecerão que a curva de velocidade é a primeira derivada de uma curva de distância. A segunda derivada proporcionaria uma curva de aceleração, indicando as idades nas quais o crescimento está acelerando ou desacelerando.

64 Crescimento Físico, Amadurecimento e Envelhecimento

Crescimento relativo

Apesar do corpo, como um todo, seguir consistentemente o padrão sigmoide, partes específicas dele, dos tecidos e dos órgãos apresentam taxas de crescimento diferenciadas. Em outras palavras, cada parte do indivíduo em crescimento tem sua própria taxa precisa e ordenada. Essas taxas de crescimento diferenciadas podem resultar em mudanças observáveis na aparência do corpo como um todo. Observe como as proporções ilustradas na Figura 4.7 mudam de forma radical ao longo da vida. As proporções corporais no nascimento refletem as direções céfalo-caudal (da cabeça para os dedos dos pés) e proximodistal (do centro do corpo para as extremidades) de crescimento pré-natal. Portanto, o recém-nascido tem uma forma bastante diferente daquela de um adulto. A cabeça representa um quarto da altura total ao nascimento, mas somente um oitavo da altura adulta. As pernas têm cerca de três oitavos da altura ao nascimento, mas quase metade na adultez.

Para um recém-nascido atingir proporções adultas, algumas partes corporais devem crescer mais rápido do que outras durante o crescimento pós-natal. Por exemplo, as pernas crescem mais rápido do que o tronco e a cabeça na primeira e na segunda infância, passando por um estirão de crescimento no início da adolescência. O crescimento da altura resulta principalmente de um aumento do comprimento do tronco durante o final da adolescência e o início da fase adulta. Meninos e meninas têm proporções semelhantes na infância; mas, na fase adulta, o crescimento relativo de algumas áreas do corpo apresenta diferenças observáveis entre os sexos. Em meninas, a largura do ombro e do quadril aumenta aproximadamente na mesma taxa, de modo que a proporção ombro/quadril é bastante estável durante o crescimento. Os meninos passam por um aumento substancial na largura dos ombros durante seu estirão de crescimento; assim, suas proporções mudam à medida que eles avançam na adolescência e atingem o típico formato "ombros mais largos" do homem adulto.

PONTO-CHAVE
Crianças com maturação tardia têm períodos de crescimento maiores do que aquelas que amadurecem mais cedo; portanto, tendem a ser mais altas.

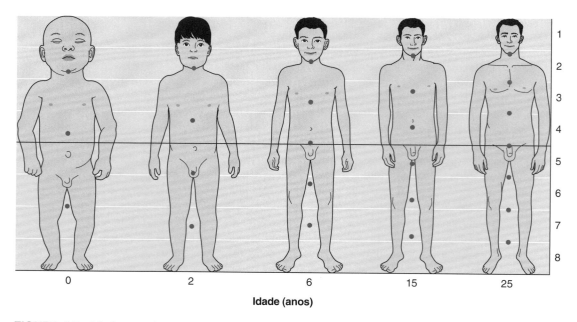

FIGURA 4.7 Mudanças de proporção corporal pós-natal apresentadas colocando os indivíduos ao longo de períodos de crescimento, em uma mesma escala.
Adaptada, com permissão, de Timiras, 1972.

Professores, *personal trainers*, fisioterapeutas, médicos, pesquisadores e muitos outros profissionais fazem medidas antropométricas. Essas medidas devem ser tomadas com grande precisão se forem utilizadas para comparações com norma ou medidas tomadas mais tarde.

A forma corporal pode ter implicações para o desempenho de habilidades na primeira infância. Por exemplo, até mesmo crianças de cinco meses de idade estariam neurologicamente prontas para coordenar e controlar o padrão de caminhada; entretanto, é improvável que possam equilibrar seus corpos com a parte superior pesada sobre as pernas finas e curtas e os pés pequenos. Comprimentos de membros e pesos variados podem afetar o equilíbrio, o *momentum* e a velocidade potencial em vários movimentos. Lembre-se do modelo de Newell. Mudando-se aquelas restrições estruturais do indivíduo relacionadas à forma e à proporção corporais, pode-se certamente interagir com a atividade e o ambiente a fim de produzir diferentes movimentos.

Tecidos e órgãos específicos também crescem de modo diferenciado. Apesar de o crescimento pré-natal tender a acompanhar o aumento do peso corporal, o crescimento pós-natal de alguns tecidos e sistemas segue padrões únicos. O cérebro, por exemplo, ultrapassa 80% de seu peso adulto quando o indivíduo atinge 4 anos. Como vários tecidos do corpo crescem de maneira diferenciada após o nascimento, nosso conhecimento das restrições estruturais do indivíduo se torna mais completo pelo estudo de seus sistemas corporais. O crescimento, o desenvolvimento e o envelhecimento de cada um dos sistemas corporais relevantes serão discutidos no Capítulo 5.

Maturidade fisiológica

Tecidos corporais em crescimento podem avançar sem necessariamente aumentar de tamanho. A composição bioquímica das células, dos órgãos e dos sistemas pode avançar qualitativamente no que é chamado de amadurecimento fisiológico. A idade cronológica, o crescimento do tamanho corporal e a **maturidade fisiológica** estão relacionados entre si de modo que a criança e o jovem tendem a crescer em tamanho e a amadurecer à medida que envelhecem. Entretanto, essas dimensões podem seguir seus próprios ritmos. Por exemplo, duas crianças da mesma idade podem diferir bastante quanto ao estado de amadurecimento, uma amadurecendo mais cedo do que a outra; ou duas crianças do mesmo tamanho podem ter diferentes idades e estar em níveis semelhantes ou muito diferentes de amadurecimento. Portanto, é difícil inferir maturidade apenas pela idade, pelo tamanho ou mesmo por ambos. Uma criança pode parecer pequena e franzina em sua constituição, mas até certo ponto ser madura para sua idade cronológica.

> **Maturidade fisiológica** é o processo de desenvolvimento que leva a um estado de funcionamento pleno.

Uma indicação do estado de amadurecimento é o aparecimento de **características sexuais secundárias** durante o estirão de crescimento da adolescência. Essas características aparecem mais cedo em jovens de amadurecimento precoce e mais tarde naqueles que amadurecem tardiamente. Conforme observado, as meninas, como grupo, amadurecem em uma velocidade mais rápida que a dos meninos. Elas entram no estirão da adolescência mais cedo, e suas características sexuais secundárias aparecem mais precocemente. Os seios aumentam, os pelos pubianos aparecem e a *menarca*, primeiro ciclo menstrual, ocorre. Independentemente da idade cronológica exata em que as meninas começam seu estirão, a menarca em geral segue o pico de velocidade de altura entre o $11^{\underline{o}}$ e o $12^{\underline{o}}$ mês (Fig. 4.8, *a-c*). A idade média da menarca é, portanto, de 12 anos e meio a 13 anos. Em meninos, os testículos e o saco escrotal aumentam, e os pelos pubianos aparecem. Os meninos não têm nenhum marco referencial que se compare à menarca das meninas para a puberdade; a produção de esperma viável é um processo gradual.

> As **características sexuais secundárias** são aspectos da forma ou estrutura adequados a homens ou mulheres, sendo muitas vezes utilizados para avaliar a maturidade fisiológica em adolescentes.

Imagine que você seja um professor de Educação Física de uma escola de ensino fundamental. O que estaria errado em supor que todas as crianças mais altas da classe seriam as mais habilidosas porque seriam as mais amadurecidas? Seria correto presumir que as crianças com maior nível de coordenação na sua turma de quinto ano provavelmente seriam aquelas que você encontraria jogando no time da escola em seis anos?

PONTO-CHAVE
Os padrões de crescimento pós-natal diferem entre as partes e os sistemas corporais.

O estado de amadurecimento é relevante como uma restrição estrutural que influencia o movimento. Os indivíduos mais maduros são provavelmente mais fortes e com maior nível de coordenação do que os menos amadurecidos, mesmo que apresentem a mesma idade cronológica. Pais, educadores e terapeutas devem considerar o estado de amadurecimento no planejamento de atividades e terapias para jovens e no estabelecimento das metas de desempenho. É tentador inferir o potencial de desempenho de movimento considerando-se apenas tamanho ou idade; mas, na realidade, o estado de amadurecimento é um indicador poderoso do potencial de desempenho.

Medindo altura, comprimentos e amplitudes

Medidas frequentes de crescimento de crianças e comparações dos valores com médias em uma determinada idade podem auxiliar a detectar o crescimento anormal. Os fatores médicos e ambientais que influenciam o crescimento anormal podem, então, ser identificados e controlados ou corrigidos. Claramente, essas medidas refletem o potencial genético do indivíduo para altura e compleição corporal (o que, muitas vezes, corresponde à altura e à compleição dos pais), bem como o ritmo de crescimento pessoal. Portanto, em medidas de crescimento, as crianças e os adolescentes que medem acima do 90º percentil ou abaixo do 10º para suas idades, sobretudo aqueles cujos pais não são muito altos ou baixos, devem ser levados ao médico para exame (Lowrey, 1986).

Para que as avaliações de crescimento sejam significativas, as medidas devem ser precisas, é necessário que sejam utilizadas as mesmas técnicas para obtê-las, a fim de estabelecer normas ou médias de grupo. Descrições de técnicas-padrão estão amplamente disponíveis (Lohman, Roche e Martorell [1988] é um exemplo de um manual de padronização). Você deve se basear nesses padrões se decidir conduzir um programa de avaliação. Uma descrição detalhada de técnicas-padrão está além do escopo deste livro, mas deixe-nos mencionar brevemente as várias medidas utilizadas para avaliar o crescimento físico e o tamanho corporal.

Antropometria é a ciência que mede o formato físico humano.

Essas medidas são conhecidas como medidas **antropométricas** e incluem altura, peso, comprimento de segmento, amplitudes corporais e circunferência. As mensurações são, algumas vezes, utilizadas em proporções para ilustrar um aspecto particular do tamanho. A altura em pé é a medida de crescimento mais comum; mas a altura sentada é interessante de se observar durante o período de crescimento. A altura em pé menos a altura sentada produz uma medida funcional de comprimento de perna. As crianças têm troncos relativamente longos e pernas curtas, de forma que a proporção da altura em pé para o comprimento de perna muda nos períodos de crescimento até atingir a proporção típica do adulto.

Vários comprimentos de segmentos, como o do braço, da coxa, etc, podem ser mensurados, bem como a amplitude do corpo em locais específicos. Via de regra, medidas de comprimento e de amplitude são tomadas em pontos nos quais marcos referenciais ósseos podem ser localizados, de modo que a medida reflita a estrutura esquelética, e não de tecidos moles, como gordura e músculos, que podem mudar com dieta e exercício. As medidas mais comuns são tomadas nos ombros e quadris; muitas vezes, a largura do ombro é dividida pela largura

Influências extrínsecas sobre o crescimento pós-natal

Conforme observado anteriormente, fatores extrínsecos podem ter grande influência sobre o crescimento pré-natal, mesmo dentro do ambiente relativamente protegido do útero. Não é surpresa, portanto, que, após o nascimento, fatores extrínsecos tenham crescente influência sobre o crescimento e o desenvolvimento. A genética controla o ritmo e a taxa de amadurecimento e de crescimento do indivíduo; porém, fatores extrínsecos também podem ter grande impacto, sobretudo aqueles que influenciam o metabolismo corporal. Durante os períodos de crescimento rápido – logo após o nascimento e no início da adolescência –, o crescimento é particularmente sensível a alterações por fatores ambientais.

A dieta inicial é uma influência externa de particular importância. Duijts, Jaddoe, Hofman e Moll (2010) observaram que as crianças da geração R, que foram amamentadas exclusivamente até os 6 meses de idade, apresentaram um risco menor de infecção se comparadas àquelas que foram amamentadas de modo exclusivo até os 4 meses de idade e apenas parcialmente após esse período.

> **PONTO-CHAVE**
> Os fatores extrínsecos têm um importante papel à medida que a pessoa entra na vida adulta, levando a uma grande variabilidade entre os indivíduos na velhice.

do quadril para formar uma proporção. Essa proporção ombro/quadril é também interessante de ser observada no período de crescimento, porque sofre mudanças acentuadas em meninos durante o estirão de crescimento da adolescência, quando eles alcançam a típica constituição corporal do homem – ombros largos e quadris estreitos.

As medidas de circunferência podem ser tomadas em vários pontos. Em geral, essas mensurações representam tecidos moles – gordura e músculo –, bem como a estrutura óssea. Esperamos que as medidas de circunferência aumentem com o crescimento do tamanho; mas uma medida de circunferência, por si só, não oferece informação sobre a quantidade de tecido de gordura *versus* tecido de massa magra. Os pediatras monitoram de perto a circunferência da cabeça em bebês e em crianças na primeira infância. Uma medida excessivamente grande é associada a hidrocefalia, um excesso de líquido cerebrospinal que pode causar dano cerebral.

O peso corporal é outra medida comum de crescimento do tamanho corporal. O crescimento do peso reflete o aumento dos tecidos corporais magros, que é geneticamente orientado, e o aumento dos tecidos adiposos, ou gordura, que pode ser rapidamente influenciado por fatores extrínsecos, como exercício e nutrição. O peso corporal pode ser subdividido em massa corporal magra e massa de tecido gordo por um dos vários meios descritos mais adiante neste capítulo. Em geral, a medida resultante é expressa em "porcentagem de gordura".

Outra proporção interessante é aquela que divide o peso corporal (em quilogramas) pelo quadrado da altura em pé (em metros). Essa proporção é chamada de índice de massa corporal (IMC). O IMC é uma proporção útil para medir obesidade, sobretudo em adultos. A amplitude normal para o IMC é de 18,5 a 24,9, com obesidade sendo definida como um IMC acima de 30.

Existem muitos métodos para medir crescimento físico e tamanho corporal, e cada medida produz um tipo específico de informação. Essas medidas podem fornecer uma grande quantidade de informação sobre o curso do crescimento em tamanho, especialmente se estiverem combinadas. Essa informação pode ser utilizada por profissionais da área médica para selecionar e possivelmente corrigir condições problemáticas e, portanto, capacitar os indivíduos a atingir seus potenciais de crescimento ou a manter boa saúde após esse período. Tal informação pode também ser utilizada para auxiliar crianças e jovens a entender as mudanças pelas quais seus corpos passam, em especial durante o estirão da adolescência.

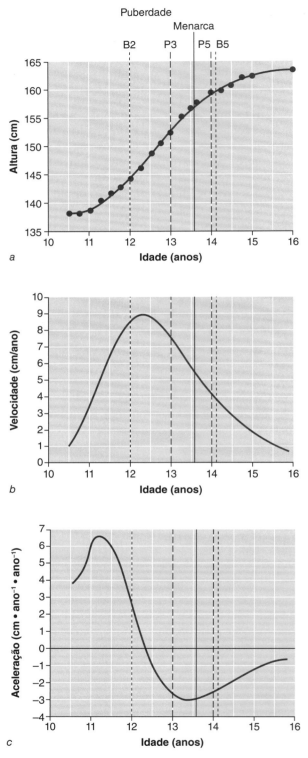

FIGURA 4.8 Curvas de *(a)* altura atingida (distância), *(b)* velocidade de altura e *(c)* aceleração de altura para uma adolescente. Observe que a menarca ocorre após o pico de velocidade de altura. B2 marca o começo do desenvolvimento mamário; B5, a forma adulta. P3 marca o estágio intermediário do desenvolvimento dos pelos pubianos; P5, a forma adulta.

Reimpressa, com permissão, de Maclaren, 1967.

O fenômeno de **crescimento compensatório** ilustra a suscetibilidade do crescimento corporal total a influências extrínsecas. Uma criança poderá experimentar o crescimento compensatório após sofrer um período de desnutrição severa ou uma doença grave, por exemplo, uma insuficiência renal crônica (Fig. 4.9); durante esse período, o crescimento corporal é retardado. Após o aumento da dieta ou a recuperação da criança da doença (i.e., após um ambiente positivo para o crescimento ser restabelecido), a velocidade de crescimento aumenta até que a criança se aproxime do que teria sido o grau de crescimento normal no período (Prader, Tanner e von Harnack, 1963). A recuperação parcial ou total do crescimento depende do momento, da duração e da gravidade da condição ambiental negativa.

Um dos estudos com a geração R (Ay et al., 2008) observou que as crianças com ganho de peso pré-natal mais lento, especialmente no terceiro trimestre, apresentaram crescimento compensatório nos primeiros meses após o nascimento. As crianças que passaram por esse período compensatório apresentaram uma porcentagem mais elevada de peso gordo aos 6 meses de idade do que aquelas que não passaram por essa compensação. O projeto com a geração R irá acompanhar esses jovens para determinar se esse período inicial de crescimento compensatório irá predispor os indivíduos a proporções mais elevadas de peso gordo em sua vida.

> **Crescimento compensatório** é o crescimento físico relativamente rápido do corpo para recuperar algum ou todo o crescimento potencial perdido durante um período de influência extrínseca negativa; isso ocorre toda vez que uma influência negativa for removida.

Imagine que você seja um pai (ou, se for realmente um, ponha seu "boné de pai"). As crianças com amadurecimento precoce apresentam uma maior probabilidade de melhor desempenho atlético do que seus pares que amadurecem mais tarde. Se você desprezar isso e esperar que seu filho ou filha, que amadureceu precocemente, manterá seu limite de desempenho acima dos demais na vida adulta, qual será a repercussão quando as crianças de amadurecimento tardio tiverem esse atraso compensado? Se o seu filho apresenta amadurecimento tardio, qual seria a repercussão de supor precocemente que essa criança não tem futuro como atleta?

Idade adulta e envelhecimento

O crescimento termina para os seres humanos no final da segunda década de vida ou no início da terceira, mas o estado e tamanho do corpo alcançados durante os anos de crescimento não são necessariamente mantidos na fase adulta. Essas mudanças refletem o envelhecimento dos tecidos, mas é provável que sejam o resultado, em maior grau, da influência de fatores extrínsecos. Por exemplo, a falta de exercícios e de cálcio na dieta podem contribuir para a osteoporose e para a diminuição da altura. Ao longo da vida, a variedade de fatores externos que podem ou não influenciar os indivíduos, bem como a duração de sua influência, variam bastante. Naturalmente, então, esperamos ver mais e mais variabilidade individual nas mudanças de tamanho corporal à medida que avançamos na vida.

Homens e mulheres crescem levemente em altura durante a terceira década de vida. O comprimento do tronco talvez aumente até a metade dos 40 anos, porém muito pouco. Com exceção desses pequenos aumentos, a altura é estável na vida adulta. É comum que a estatura de um indivíduo diminua levemente na velhice (Fig. 4.10). Alguns desses decréscimos resultam da compressão e do achatamento dos tecidos conectivos, em especial dos discos intervertebrais. O resultado é uma compressão da coluna e uma diminuição no comprimento do tronco. Os ossos podem também perder densidade como resultado de modificações progressivas na matriz proteica do esqueleto (Timiras, 1972). Essa degradação é mais grave em pessoas com osteoporose e pode resultar no colapso de uma ou mais vértebras. Se isso ocorrer, a perda de estatura será acentuada (Fig. 4.11). Recentemente, uma maior consciência sobre os efeitos devastadores da osteoporose sobre o bem-estar

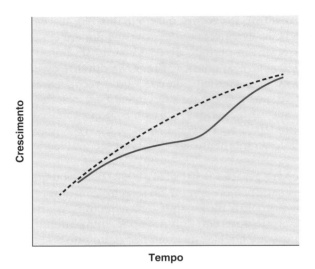

FIGURA 4.9 Ilustração hipotética de crescimento compensatório. A linha pontilhada representa o curso de crescimento normal como poderia ter ocorrido; já a linha contínua representa o crescimento real influenciado por um fator extrínseco negativo. À medida que o fator exerce sua influência, o crescimento desacelera; mas, com a remoção do fator negativo, o crescimento acelera para atingir o nível que, de outra forma, teria sido alcançado. O quão próximo o crescimento real acaba chegando da linha que representa o crescimento normal depende do momento no qual o fator ocorre, da sua gravidade e da duração de sua influência.

Avaliação da maturidade fisiológica

A maturidade pode ser avaliada direta ou indiretamente. Uma medida direta seria o ideal, mas as medidas diretas de amadurecimento não são sempre fáceis de obter nem aplicáveis a todo o período de crescimento. Por exemplo, a erupção dentária (o surgimento de um novo dente) indica estado de amadurecimento, mas é restrita a dois períodos de idade: entre aproximadamente 6 meses e 3 anos, quando ocorre a primeira dentição, e entre aproximadamente 6 e 13 anos, quando surgem os dentes permanentes. O aparecimento dos dentes temporários e dos permanentes segue uma ordem típica: ocorre primeiro nas crianças que amadurecem mais cedo.

O aparecimento de características sexuais secundárias pode ser utilizado para avaliar o amadurecimento. Tanner (Marshall e Tanner, 1969 e 1970; Tanner, 1975) desenvolveu um sistema de avaliação que separa meninos e meninas em um de cinco estágios baseados no desenvolvimento dos seios, dos pelos pubianos e da genitália. O estágio 1 é o estado imaturo, pré-puberal, e o estágio 5 é o de maturação sexual completa. O indivíduo médio passa por esses estágios em mais ou menos 4 anos. Desse modo, mesmo com alguns anos de variação no tempo de amadurecimento, essa avaliação pode ser utilizada por, aproximadamente, 6 anos do período de crescimento. Além disso, existem muitas exceções individuais para o curso de progressão. Classificações para pelos axilares, mudança de voz e pelos faciais não são precisas o suficiente para avaliar o amadurecimento, embora sejam características óbvias de amadurecimento em curso.

gerou grande interesse em sua prevenção e tratamento. No futuro, isso poderá levar a uma perda menos acentuada de altura em adultos e idosos.

 Imagine que você seja um médico. À medida que seus pacientes fazem 50 anos, o que você poderia fazer para diminuir a possibilidade de que um dia sofram uma fratura de quadril devido a perda de densidade óssea?

Em geral, os adultos começam a ganhar peso no início da terceira década de vida (Fig. 4.12). Isso está relacionado a mudanças no estilo de vida. Os jovens adultos que começam carreiras e famílias normalmente utilizam menos tempo para se exercitar e preparar refeições saudáveis. Em contraste, os adultos que se exercitam regularmente e comem de maneira saudável tendem a manter seu peso ou até mesmo a ganhar músculos e perder gordura. Os idosos, algumas vezes, perdem peso; isso pode ser resultado da inatividade e da consequente perda de tecido muscular. A perda de apetite acompanhando mudanças no estilo de vida também pode ser um fator. Enfim, é menos provável que idosos ativos percam peso muscular.

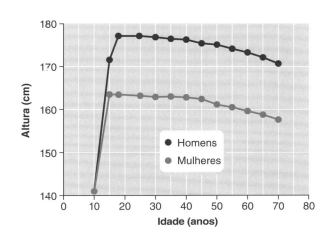

FIGURA 4.10 Altura corporal do adulto.
Reimpressa, com a permissão, de Spirduso, 1995.

Uma avaliação relativamente precisa do amadurecimento pode ser obtida por meio da maturidade esquelética. Comparando um raio X da maturidade esquelética a um conjunto de padrões, os desenvolvimentistas podem atribuir uma idade esquelética aos indivíduos. As crianças com maturidade esquelética mais precoce têm uma idade esquelética mais velha do que a cronológica, enquanto aquelas com essa maturidade mais tardia têm idade esquelética mais jovem do que a cronológica. A avaliação da maturidade será descrita com mais detalhes no Capítulo 5.

Dadas as desvantagens e dificuldades de se obter a avaliação direta do amadurecimento, muitos educadores e terapeutas inferem o estado de amadurecimento comparando um conjunto de medidas de crescimento a normas de grupo. Isto é, se uma menina está no 75º percentil para altura, no 70º percentil para peso, no 80º percentil para largura de ombro etc., podemos inferir que seja uma criança de amadurecimento precoce. Certamente, poderíamos estar enganados caso seu potencial genético a determinasse como um indivíduo grande. Ela pode ser média no estado de amadurecimento, mas grande para sua idade (maior do que a média) se tiver herdado o potencial genético para ser grande em tamanho. Devemos sempre ter em mente as limitações para inferir maturidade a partir de medidas de crescimento, mesmo que as consideremos úteis quando consideramos individualmente o potencial de desempenho de movimento de uma criança ou de um jovem.

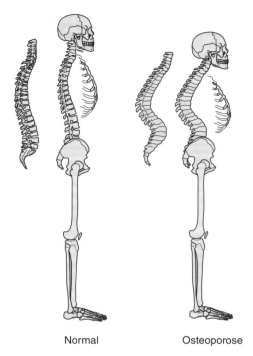

FIGURA 4.11 A perda de altura em pessoas com osteoporose pode ser acentuada. As fraturas de compressão das vértebras levam à cifose e à pressão sobre as vísceras, causando, por sua vez, distensão abdominal.

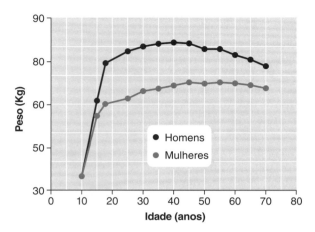

FIGURA 4.12 Peso corporal do adulto.
Reimpressa, com permissão, de Spirduso, 1995; adaptada, com permissão, de Frisancho, 1990.

Resumo e síntese

O conhecimento do processo de crescimento pós-natal global oferece a pais, educadores e terapeutas as informações necessárias para observar como as mudanças de restrições estruturais afetam o movimento que surge das restrições do indivíduo, da tarefa e do ambiente. O crescimento total do corpo segue um padrão característico, conhecido como padrão sigmoide; mas a taxa de amadurecimento varia entre os sexos e entre os indivíduos. Conhecer o processo e a variabilidade normais entre os indivíduos auxilia os profissionais a detectar o crescimento anormal ou retardado.

Conforme os indivíduos avançam em seus anos de crescimento e em seus anos de vida adulta, os fatores extrínsecos contribuem cada vez mais para a variabilidade que observamos entre eles. Como os fatores extrínsecos normalmente podem ser manipulados, isto é, acentuados, amenizados ou removidos, todos apresentam algum interesse em conhecer que fatores têm efeito e como agem sobre o indivíduo.

As restrições estruturais do indivíduo que afetam o movimento costuma fazer isso, no nível de um sistema, não em um nível corporal global. Por exemplo, o crescimento muscular influencia a força disponível para executar habilidades. Nosso entendimento do papel das restrições estruturais que se modificam requer uma atenção ao desenvolvimento daqueles sistemas corporais envolvidos no movimento. Essa será nossa tarefa no próximo capítulo.

Reforçando o que você aprendeu sobre restrições

Dê uma segunda olhada

Pense sobre o time de voleibol da quinta série que mencionamos no início do capítulo. As duas jogadoras mais altas podem ser crianças de amadurecimento precoce. Podem ser as estrelas do time nessa idade, mas algumas das jogadoras mais baixas podem ultrapassá-las em altura em poucos anos ou melhorar seus níveis de habilidade. É inteligente que professores, técnicos e pais pacientemente encorajem todas as crianças a praticar suas habilidades e a se divertir com as atividades. É muito difícil predizer quem poderá, mais tarde, seguir sua participação em um nível de elite ou quais atividades os indivíduos acharão divertidas e recompensadoras, especialmente tomando-se por base tamanho e maturidade em uma idade mais jovem.

Teste seus conhecimentos

1. Discuta a diferença entre medidas de crescimento e medidas diretas de maturidade. O que cada uma mede? Quais são os exemplos de cada uma?
2. Qual é a diferença entre uma curva de distância e uma curva de velocidade? O que cada tipo de curva lhe informa sobre crescimento? Por que os picos nas curvas de velocidade devem ser estudados?
3. Quais regiões corporais do feto avançam primeiro? Em quais direções o crescimento ocorre?
4. Como os teratógenos atingem o feto? Quais são alguns dos fatores que determinam o efeito que um teratógeno tem sobre o feto?
5. Descreva as diferenças de gênero ao longo do crescimento global da infância à vida adulta. Inclua as idades médias de entrada no estirão de crescimento da adolescência, no pico de velocidade de altura, na puberdade e na redução gradual de crescimento de altura.
6. Quais medidas corporais podem mudar na velhice? Como elas mudam?
7. Quais fatores ambientais podem afetar adultos de meia-idade e idosos e reduzir o bem-estar e a saúde? É possível alterar esses fatores? Quais?

Exercícios de aprendizado 4.1

Tendências seculares

Uma tendência secular é uma alteração em um marco de referência do desenvolvimento em gerações sucessivas, geralmente influenciada por fatores extrínsecos. Alguns pesquisadores levantaram a hipótese de que as tendências seculares atuais caminham em direção ao amadurecimento precoce, maior altura em pé e maior peso corporal. Faça uma pesquisa na internet sobre essas possíveis tendências. Classifique sua informação como (a) pesquisa objetiva conduzida com grande número de participantes, (b) dados informais sobre um caso específico, (c) hipótese de um autor ou (d) uma opinião. Considerando todas as informações, você encontrou evidências confiáveis sobre a existência de uma tendência secular para cada um dos três marcos de referência de desenvolvimento? Baseie suas conclusões em exemplos.

Desenvolvimento e Envelhecimento dos Sistemas Corporais

Os sistemas como restrições do indivíduo

 OBJETIVOS DO CAPÍTULO

- Comentar a interação dos sistemas durante o desenvolvimento e o envelhecimento.
- Discutir os períodos em que mudanças rápidas nos sistemas os tornam particularmente sensíveis a influências externas.
- Identificar a tendência da crescente influência de fatores externos e da decrescente influência de fatores genéticos à medida que o indivíduo avança em idade.
- Identificar alterações de desenvolvimento nos sistemas esquelético, muscular, adiposo, endócrino e neural ao longo da vida.

Desenvolvimento motor no mundo real

Atenção inicial ao desenvolvimento dos sistemas corporais

Recentemente, falaram-me sobre uma mulher jovem que estava grávida de cinco meses, mas que não havia se consultado com o obstetra. Essa jovem era de classe média e poderia arcar com as despesas de cuidados médicos, tendo isso em mente todos que ouviram essa história acharam difícil de acreditar. A ênfase que colocamos hoje em um bom cuidado pré-natal reflete nosso conhecimento do que está em jogo – não somente o crescimento total do corpo descrito no capítulo anterior, mas também o crescimento e desenvolvimento saudável de cada um dos sistemas corporais. Sabemos que esses sistemas, assim como o corpo por inteiro, não estão protegidos no útero de fatores extrínsecos. Um dos sistemas mais vulneráveis a esses fatores, como, por exemplo, a nutrição da mãe – é o sistema nervoso, e, como os sistemas corporais interagem, qualquer ameaça a esse importante sistema tem um efeito em todos os outros.

Nossa discussão no Capítulo 4 sobre crescimento físico, maturidade e envelhecimento do corpo demonstrou que o tamanho corporal e o amadurecimento podem ser restrições estruturais. Pensando sobre o modelo de restrições e altura, por exemplo, podemos ver que o movimento de enterrar a bola na cesta no basquetebol é, na verdade, uma interação da tarefa (enterrada), do ambiente (a altura da cesta, bem como o tamanho e peso da bola) e das restrições de altura estruturais do indivíduo. Para indivíduos de diferentes alturas, o sucesso da enterrada pode variar. Mesmo assim, conforme pensamos nessa tarefa, imediatamente torna-se claro que devemos pensar além do corpo como um todo. Também devemos considerar alguns dos sistemas específicos do corpo, por exemplo, o quão alto alguém pode saltar, sendo a altura corporal um fator e um produto do sistema esquelético corporal. Temos o sistema muscular, uma vez que alguém com músculos fortes provavelmente saltará mais alto do que um indivíduo com músculos fracos. A quantidade de tecido adiposo influencia o peso corporal e, portanto, a facilidade com que alguém pode saltar. Finalmente, o sistema nervoso deve coordenar os músculos para produzir o movimento de saltar. Assim, com frequência devemos cogitar o uso de um ou mais sistemas corporais, ou suas interações, como restrições estruturais do indivíduo para o movimento.

Para entender o papel dos sistemas corporais como restrições estruturais para o movimento, precisamos saber como eles se desenvolvem normalmente, o que pode influenciá-los, quando eles podem ser influenciados e qual o efeito de tudo isso no movimento. Nossa discussão a respeito dos efeitos desses sistemas sobre o movimento continuará ao longo deste livro à medida que consideramos como eles agem como restrições aos vários aspectos do movimento.

Desenvolvimento do sistema esquelético

O sistema esquelético define a estrutura do indivíduo. O esqueleto não é uma estrutura dura e estática; é um tecido vivo. Ele passa por mudanças consideráveis ao longo da vida e reflete a influência de fatores genéticos e externos.

Desenvolvimento inicial do sistema esquelético

No início da vida embrionária, o sistema esquelético existe como um "modelo de cartilagem" dos ossos. Sítios aparecem gradualmente no modelo de cartilagem onde o osso é depositado; são os chamados centros de ossificação. Próximo ao nascimento, surgem cerca de 400 centros de ossificação, e outros 400 irão surgir após o parto. Existem dois tipos de centros de ossificação: os **Centros de ossificação primários**, que aparecem nos terços médios dos ossos longos, como o úmero (antebraço) e fêmur (coxa), e começam a formar células ósseas com 2 meses de idade fetal (Fig. 5.1). A diáfise do osso ossifica para fora em ambas as direções a partir desses centros primários, até que, no nascimento, toda a diáfise esteja ossificada.

O crescimento pós-natal no comprimento do osso ocorre em **centros de ossificação secundários** no final da diáfise. Um centro secundário pode também ser chamado de **placa epifisial**, placa de crescimento ou **epífise de pressão** (Fig. 5.2). A placa epifisial tem muitas camadas de células (Fig. 5.3), nas quais as células de cartilagem são formadas, crescem, se alinham e, por fim, sofrem erosão para deixar um tecido ósseo em seu lugar. O tecido ósseo é, então, depositado nas placas epifisiais para aumentar o comprimento do osso. O processo de depositar novo tecido ósseo depende do suprimento adequado de sangue. Qualquer lesão que perturbe esse suprimento de sangue ameaça o crescimento normal do osso em seu comprimento. Em contraste com os ossos longos, os ossos arredondados e pequenos, como os do punho e do tornozelo, simplesmente ossificam do centro para fora.

O crescimento nos centros de ossificação é interrompido em diferentes momentos em vários ossos. Nas placas epifisiais, a zona de cartilagem, por fim, desaparece, e a diáfise do osso se funde com a epífise. A partir da fusão das placas epifisiais de um osso longo determina-se seu comprimento. Quase todas essas placas estão fechadas aos 18 ou 19 anos.

Lembre-se de que as meninas, como um grupo, amadurecem mais rápido do que os meninos. Não é surpreendente, portanto, que os vários centros de ossificação apareçam em idades cronológicas mais precoces nelas do que neles. Da mesma forma, as placas epifisiais se fecham em idades cronológicas mais precoces em meninas do que em meninos. Por exemplo, em média, nas garotas, a epífise na cabeça do úmero se fecha aos 15 anos e meio;

Centros de ossificação primários são áreas no terço médio das diáfises de ossos longos em que as células ósseas são formadas de modo que o modelo de cartilagem dos ossos do esqueleto fetal começa a se ossificar do centro para fora, formando as diáfises dos ossos.

Centros de ossificação secundários ou **placas epifisiais** são áreas próximas às extremidades dos ossos longos nas quais novas células ósseas são formadas e depositadas de modo que os ossos cresçam em comprimento. Centros de ossificação secundários ativos são indicados em raios X por uma linha (uma área não opaca), que é uma camada de células de cartilagem. Essa área é chamada também de **epífise de pressão**, especialmente na extremidade de um osso que suporta peso.

FIGURA 5.1 Um esqueleto fetal humano com cerca de 18 semanas. As áreas escuras são as porções ossificadas do esqueleto em desenvolvimento. Os espaços entre as áreas escuras são ocupados por modelos de cartilagem.
Impressa nos EUA. © Carolina Biological Supply Company. É proibida a reprodução de toda ou qualquer parte desse material sem permissão escrita do detentor dos direitos autorais.

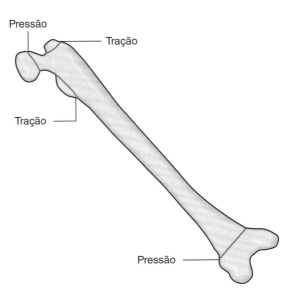

FIGURA 5.2 As epífises de pressão estão localizadas nas extremidades dos ossos longos, como o fêmur (osso da coxa) mostrado aqui. As epífises também ocorrem na inserção do tendão do músculo, onde são chamadas epífises de tração.

78 Desenvolvimento e Envelhecimento dos Sistemas Corporais

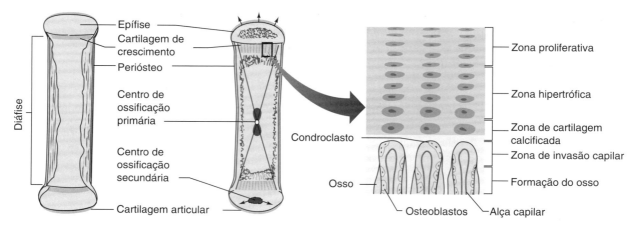

FIGURA 5.3 Desenvolvimento de um osso longo na infância. A placa de crescimento epifisial, entre a epífise e a diáfise, está aumentada na direita para mostrar as zonas de ossificação de novas células.

Impressa nos EUA. © Carolina Biological Supply Company. É proibida a reprodução de toda ou qualquer parte desse material sem permissão escrita do detentor dos direitos autorais.

porém, em garotos, aos 18 anos em média (Hansman, 1962). Os indivíduos certamente têm seus tempos próprios únicos; assim, a idade esquelética de um grupo de crianças da mesma idade cronológica pode facilmente variar em três ou mais anos, demonstrando o quão variável é o amadurecimento em comparação à idade cronológica durante o período de crescimento.

Enquanto os ossos longos estão crescendo em comprimento, eles também aumentam em circunferência, em um processo denominado **crescimento ósseo aposicional**. Esse processo ocorre pela adição de novas camadas de tecido sob o periósteo, uma cobertura externa muito fina de osso, tal como uma árvore adiciona circunferência sob sua casca.

As epífises também existem em locais onde os músculos se inserem nos ossos. Elas são chamadas de epífises de tração. Você deve ter ouvido falar de uma condição hereditária que ocorre em alguns jovens durante o período de crescimento – a doença de Osgood-Schlatter, que é uma irritação da epífise de tração onde o tendão patelar se insere na tíbia, abaixo do joelho. Em geral, os pediatras orientam os jovens a evitar atividades vigorosas, especialmente saltar, e outras com impacto, a fim de não irritar ainda mais o local. Lesões por uso excessivo da epífise de tração durante o período de crescimento podem ameaçar o movimento indolor da articulação mais tarde na vida. Por exemplo, uma epífise de tração próxima ao cotovelo pode ser lesionada pela repetição da pronação forçada do antebraço, como no arremesso.

Ay e colaboradores (2011) descobriram no estudo da geração R que crianças com baixo peso ao nascimento, bem como aquelas de grupos com os menores pesos na idade de 6 meses, tendem a apresentar uma baixa medida de densidade mineral óssea com seis meses de idade. Há uma relação positiva entre o aumento de peso pós-natal e a densidade mineral óssea, bem como com o conteúdo mineral ósseo. Mesmo os lactentes que apresentam crescimento compensatório no peso durante as seis primeiras semanas após o nascimento terão menor probabilidade de apresentar baixa densidade mineral óssea. À medida que o estudo da geração R avançar será interessante observar a relação entre os níveis iniciais de densidade e conteúdo mineral ósseo e os níveis tardios, de modo que possamos saber se os adultos estarão em risco de fraturas ósseas com base em seus padrões de crescimento iniciais.

Crescimento ósseo aposicional envolve a adição de novas camadas sobre aquelas previamente formadas, de modo que o osso cresça em circunferência.

PONTO-CHAVE
Como o crescimento linear do corpo resulta quase totalmente do crescimento esquelético, as medidas de estatura refletem o crescimento linear do osso.

Imagine que você seja o pai de um menino que é arremessador em um time de beisebol. Ele já treina uma vez por semana e joga toda semana, e o técnico quer que ele faça parte de um segundo time de beisebol para adquirir mais experiência de arremesso. Você concordaria? Por quê?

O sistema esquelético na idade adulta e em idosos

A estrutura óssea muda muito pouco no início da vida adulta, mas o osso passa por remodelação ao longo da vida. Ossos velhos são substituídos por ossos novos. Nos jovens, a formação de osso novo é mais rápida do que a reabsorção de osso velho, o que permite o crescimento. Na vida adulta, contudo, a formação do osso começa de modo muito lento e, às vezes, não pode acompanhar o ritmo da absorção. O resultado é uma perda de tecido ósseo, começando na metade da terceira década de vida, com uma média de aproximadamente 1% de massa óssea por ano (Smith; Sempos; Purvis, 1981).

A composição do osso também muda ao longo da vida. As crianças têm quantidades essencialmente iguais de componentes inorgânicos e orgânicos em seu tecido ósseo, mas os idosos têm sete vezes mais material inorgânico, o que torna o osso mais fraco e sujeito a microfraturas (Åstrand e Rodahl, 1986; Exton-Smith, 1985).

A perda óssea com o envelhecimento ocorre tanto em homens quanto em mulheres e está relacionada a mudanças em certos níveis hormonais, deficiências alimentares e redução de exercícios. Na pós-menopausa, níveis reduzidos de estrogênio estão implicados em perdas mais significativas de massa óssea, porque esse hormônio estimula a atividade osteoblástica (formadora de ossos). A deficiência prolongada de cálcio na dieta é o principal fator responsável pela perda óssea, assim como a redução do consumo de vitaminas e minerais. Cumming (1990) demonstrou a importância do cálcio na dieta, descobrindo que as mulheres no início da menopausa que receberam suplementação com esse nutriente perderam menos da metade da massa óssea que aquelas que não receberam suplementação. O exercício provavelmente apresenta um efeito sobre a manutenção do osso, aumentando sua formação, enquanto a suplementação de cálcio e de estrogênio diminui a reabsorção do osso (Franck, Beuker e Gurk, 1991; Heaney, 1986). Quando uma pessoa se engaja em alguma atividade física, as forças mecânicas aplicadas aos ossos ajudam a manter suas espessura e densidade. Na realidade, aumentos significativos na massa óssea são observados quando os idosos iniciam programas de exercício (Dalsky, 1989; Smith, 1982).

Muitos adultos sofrem de um distúrbio mineral ósseo mais grave, a osteoporose, que é caracterizada por uma densidade mineral óssea significativamente menor que a média para adultos jovens e, portanto, perda da resistência óssea. O osso se torna anormalmente poroso por meio do aumento de canais ou pela formação de espaços ósseos. Essa condição aumenta muito o risco de fraturas, em especial no quadril, além de dificultar a reparação das mesmas (Timiras, 1972). A osteoporose também pode levar a microfraturas das vértebras, e, por fim, a coluna pode sofrer um colapso, resultando em uma mudança acentuada na estrutura esquelética (Fig. 4.11), na qual a caixa torácica se inclina para a frente, com a extremidade inferior apoiando-se sobre a pelve, de maneira que a postura fica encurvada, e a altura em pé fica acentuadamente reduzida. Existe uma maior incidência de osteoporose em mulheres idosas do que em homens idosos.

É provável que esses fatores extrínsecos, incluindo níveis hormonais, dieta e exercícios, trabalhem em conjunto para influenciar a extensão da perda óssea, mas ainda não entendemos por completo como eles interagem. Todavia, está claro que podemos implantar certas estratégias para minimizar a perda de tecido ósseo na idade adulta. As mulheres, por exemplo, podem manter a ingestão adequada de cálcio durante a adultez de modo que entrem na menopausa com a densidade mineral óssea o mais alta possível. Uma atenção ampla para os fatores que podem ser controlados, detecção precoce e tratamento da osteoporose mudam a perspectiva para muitos no que concerne à manutenção do tecido ósseo ao longo de suas vidas.

Avaliação da idade esquelética

O estado de crescimento dos ossos pode ser utilizado como um sistema de avaliação, comparando-se o estado de desenvolvimento do indivíduo com aqueles mostrados em um atlas ou em um padrão, ou seja, uma publicação que mostre o desenvolvimento esquelético em muitos níveis, sendo que a cada um deles é atribuída uma idade esquelética. Os ossos mais comuns utilizados para esse propósito são aqueles da mão e do punho (Fig. 5.4). Assim, a partir de uma radiografia de mão e punho, pode-se determinar a idade esquelética, comparando-se a radiografia com a figura do atlas mais semelhante. Por exemplo, um menino pode ter uma idade esquelética de 8 anos e meio porque a radiografia de sua mão e punho mostra semelhanças com o padrão de 8 anos e meio de idade. Se sua idade cronológica estiver abaixo disso, saberemos que ele apresenta amadurecimento precoce; se estiver acima, um amadurecimento tardio. A idade esquelética pode facilmente estar à frente ou atrás da idade cronológica, enfatizando a quantidade variação possível no estado de amadurecimento, mesmo entre aqueles nascidos no mesmo dia.

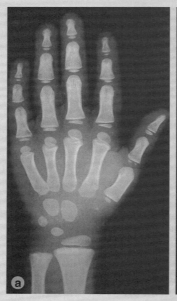 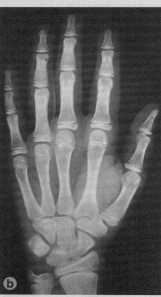

FIGURA 5.4 Radiografias da mão e do punho são frequentemente utilizadas para avaliar a idade esquelética. Os numerosos ossos desses sítios oferecem múltiplos locais para a comparação da radiografia da criança com as numerosas radiografias padronizadas de um atlas de avaliação. Estão representadas aqui duas radiografias de um atlas: *(a)* o padrão para meninos de 48 meses e meninas de 37 meses; *(b)* o padrão para meninos de 156 meses e meninas de 128 meses. Observe nesta última imagem, o quanto de ossificação (endurecimento) ocorreu nos pequenos ossos do punho, a área ossificada mais ampla nas placas epifisiais dos ossos da mão e do antebraço.
Reimpressa, com permissão, de Pyle, 1971.

Desenvolvimento do sistema muscular

Enquanto o sistema esquelético fornece a estrutura do corpo, o muscular permite o movimento. Mais de 200 músculos permitem um vasto número de movimentos e posições para o corpo humano. Assim como o sistema esquelético, o muscular se modifica ao longo da vida sob a influência de fatores genéticos e externos.

Desenvolvimento inicial do sistema muscular

As fibras musculares (células) crescem durante a vida pré-natal por hiperplasia (um aumento no número de células musculares) e por hipertrofia (um aumento do tamanho das células musculares). No nascimento, a massa muscular contribui com 23 a 25% do peso corporal. A hiperplasia continua por um período curto após o parto, mas, daí em diante, o crescimento do músculo ocorre predominantemente por hipertrofia (Malina, Bouchard e Bar-Or, 2004). O padrão sigmoide de crescimento do peso reflete o crescimento do tecido muscular.

As células musculares crescem em diâmetro e comprimento. A quantidade de aumento no diâmetro da fibra muscular está relacionada à intensidade de atividades musculares durante o crescimento. Naturalmente, os músculos devem aumentar em comprimento à medida que o esqueleto cresce, e isso ocorre pela adição de sarcômeros (unidades contráteis das células musculares; Fig. 5.5) na junção do músculo com o tendão, bem como pelo alongamento dos sarcômeros (Malina et al., 2004).

As diferenças de massa muscular quanto ao sexo são mínimas durante a infância, com tal massa constituindo uma proporção levemente maior do peso corporal em meninos. Durante e após a adolescência, contudo, as diferenças de sexo são marcantes. A massa muscular aumenta de forma rápida em meninos até os 17 anos e, basicamente, contribui para 54% do peso corporal dos homens. Em forte contraste, as meninas ganham massa muscular apenas até os 13 anos em média, e esta constitui apenas 45% do peso corporal das mulheres (Malina, 1978). As maiores diferenças de massa muscular, no que se refere ao sexo, envolvem a musculatura da parte superior do corpo, mais do que a das pernas. Por exemplo, a taxa de crescimento na musculatura dos braços é quase duas vezes mais alta para os homens do que para as mulheres, mas a diferença no crescimento do músculo da panturrilha é relativamente pequena. Essas diferenças de sexo na adição de massa muscular estão relacionadas a influências hormonais.

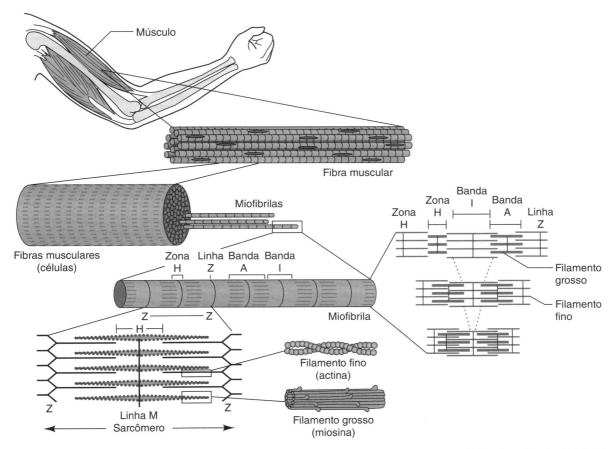

FIGURA 5.5 Estrutura muscular. Os sarcômeros, ou unidades contráteis, compõem as células do músculo (miofibrilas), que, por sua vez, compõem a fibra muscular. Os feixes de fibras compõem o músculo.

> A **contração** é um breve período de encurtamento de uma fibra muscular (célula) seguido de relaxamento. Os músculos podem ser classificados como de **contração lenta** ou de **contração rápida**, com os músculos de contração lenta tendo um ciclo de contração-relaxamento mais lento e uma maior resistência do que aqueles de contração rápida.

O músculo adulto consiste em dois tipos principais de fibras musculares: fibras de **contração lenta** (tipo I), que são adequadas para atividades de resistência; e fibras de **contração rápida** (tipos IIa, IIx e IIb), que são adequadas para atividade intensa e de curta duração (Fig. 5.6). No nascimento, aproximadamente 15% das fibras musculares ainda não se diferenciaram em fibras de contração lenta ou rápida (Baldwin, 1984; Colling-Saltin, 1980), e 15% daquelas do tipo II não são claramente classificadas. Essas observações levaram a especulações de que as atividades iniciais dos bebês podem influenciar a proporção final dos três tipos de fibras; no entanto, essa questão permanece sem solução.

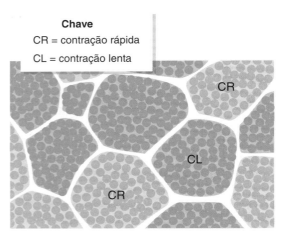

FIGURA 5.6 Um corte transversal do músculo, mostrando que as fibras de contração rápida (CR) e de contração lenta (CL) são intercaladas.

Durante o primeiro ano pós-natal, o número de fibras indiferenciadas diminui, e com um ano de idade a distribuição de tipos de fibras musculares é semelhante à dos adultos (Malina et al., 2004). A proporção exata dos tipos de fibra para qualquer músculo varia entre os indivíduos (Simoneau e Bouchard, 1989).

O coração também é um tecido muscular. Assim como o músculo esquelético, ele cresce por hiperplasia e hipertrofia. O ventrículo direito (câmara inferior) é maior do que o esquerdo no nascimento; mas, crescendo mais rápido, este acaba alcançando o mesmo tamanho daquele, de modo que o coração cedo adquire proporções adultas (Fig. 5.7). Em geral, esse órgão segue o padrão sigmoide de crescimento total do corpo, incluindo o estirão de crescimento na adolescência, só que a razão do volume do coração para o peso corporal permanece aproximadamente a mesma durante o crescimento. Um dos estudos com a geração R (de Jonge et al., 2011) observou que a massa ventricular esquerda era ainda maior em crianças obesas e com sobrepeso do que naquelas com peso normal para a idade de 2 anos. Pesquisas futuras devem investigar se esse aumento de massa está relacionado a um maior risco de doenças cardiovasculares em período posterior da vida.

No início do século XX, alguns pesquisadores pensavam que os grandes vasos sanguíneos em torno do coração se desenvolviam mais devagar do que o próprio órgão. Isso implicava que as crianças que realizavam atividades vigorosas poderiam estar em risco. Mais tarde, foi demonstrado que esse mito resultou de uma interpretação equivocada das mensurações realizadas no fim do século XIX. Na realidade, o crescimento dos vasos sanguíneos é proporcional ao do coração (Karpovich, 1937).

O sistema muscular na idade adulta e em idosos

A composição corporal começa a mudar no início da vida adulta, com a proporção de peso corporal magro diminuindo, geralmente como resultado do aumento de peso de gordura. A mudança em massa muscular durante a vida adulta é pequena. Apenas 10% da massa muscular esquelética são perdidos, em média, entre os 20 e os 50 anos. As mudanças na dieta e no nível de atividade física são provavelmente responsáveis por essa alteração da composição corporal, com uma dieta pobre promovendo aumento de peso de gordura e falta de atividade física levando a uma redução do peso muscular.

A partir dos 50 anos, contudo, os indivíduos começam a perder massa muscular em uma velocidade maior. A extensão da perda varia muito naqueles indivíduos que mantêm

Desenvolvimento Motor ao Longo da Vida **83**

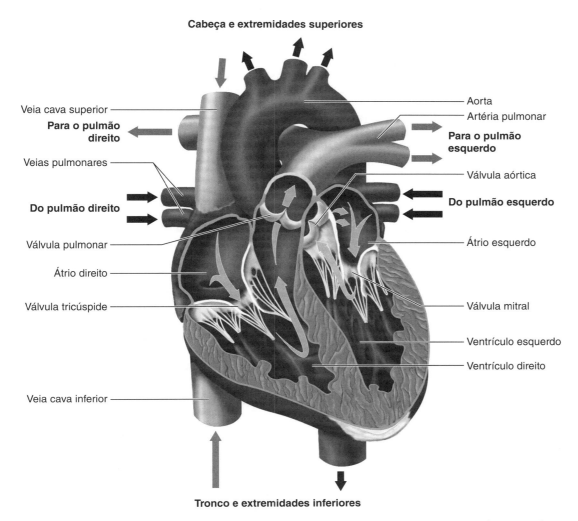

FIGURA 5.7 O coração humano. O ventrículo esquerdo é relativamente menor no nascimento e deve recuperar o crescimento nas primeiras semanas após o nascimento.

uma boa dieta e fazem exercício de resistência, perdendo muito menos músculo do que os outros. Porém, em média, mais de 30% de massa muscular são perdidos aos 80 anos. Em idade muito avançada, os indivíduos sedentários com má nutrição chegam a perder até 50% da massa muscular que tinham no começo da idade adulta.

O número e o diâmetro (tamanho) das fibras musculares parecem diminuir (Green, 1986; Lexell, Henriksson-Larsen, Wimblad, & Sjostrom, 1983). A perda do número de fibras é pequena antes dos 50 anos – em torno de apenas 5% do adulto (Arabad-jis, Heffner e Pendergast, 1990) –, porém mais rápida a partir de então, somando cerca de 35% (Lexell, Taylor e Sjostrom, 1988). As fibras parecem não diminuir de tamanho até os 70 anos (McComas, 1996). Ainda existe uma discussão sobre a perda de massa muscular ocorrer ou não em todos os três tipos de fibras musculares, ou se as fibras tipo II passam por uma perda maior do que as do tipo I (Green, 1986; Lexell, 1995).

Em relação ao músculo cardíaco, em idosos, a capacidade do coração de se adaptar a uma sobrecarga de trabalho diminui. Esse fato pode estar relacionado, em parte, à degeneração do músculo cardíaco, à diminuição da elasticidade e a alterações nas fibras das válvulas cardíacas (Klausner; Schwartz, 1985; Shephard, 1981). Os principais vasos sanguíneos também perdem elasticidade (Fleg, 1986). A maioria das alterações nos músculos cardíacos

PONTO-CHAVE
É difícil para os pesquisadores distinguir as mudanças que são resultados inevitáveis da idade daquelas que refletem falta de aptidão física ou uma dieta pobre no idoso.

dos indivíduos, entretanto, está relacionada a mudanças no estilo de vida e a patologias resultantes, e não ao envelhecimento das fibras do músculo cardíaco.

As massas ósseas e musculares são inter-relacionadas ao longo da vida. O uso dos músculos provavelmente estimula os ossos a responder com aumento da formação óssea, mas com certeza existem muitos outros fatores que contribuem para essa relação. A redução de massa muscular e óssea é uma restrição ao movimento de idosos, e qualquer perda de força muscular que acompanhe diminuição em massa muscular com o envelhecimento pode levar à redução de atividades físicas, que são importantes para a saúde cardiovascular, sem mencionar que são agradáveis para o indivíduo. Essa perda também leva ao aumento do risco de quedas em idosos, com consequente aumento do risco de fraturas ósseas. Discutiremos força muscular mais extensamente no Capítulo 16.

Se você fosse um *personal trainer*, o sexo de seus clientes seria a única questão sobre seu potencial para manter ou aumentar suas massas musculares? Os fatores psicológicos, sociais ou culturais influenciariam sua abordagem ao treiná-los?

Desenvolvimento do sistema adiposo

Uma interpretação equivocada sobre o tecido adiposo (gordura) é a de que sua presença em qualquer quantidade é indesejável. Na realidade, o tecido adiposo desempenha um papel vital no armazenamento de energia, isolamento e proteção.

Desenvolvimento inicial do sistema adiposo

A quantidade de tecido adiposo aumenta no início da vida. A princípio, aparece no feto aos 3 meses e meio, aumentando rapidamente durante os dois últimos meses antes do nascimento. Apesar desse aumento ao final do período pré-natal, o tecido adiposo é responsável por somente 0,5 kg do peso corporal no nascimento. Um rápido aumento de gordura ocorre nos primeiros 6 meses da fase pós-natal, sendo que a velocidade de pico de peso mais elevada ocorre no primeiro mês. Velocidades de pico acima da média foram associadas a um risco maior de sobrepeso e obesidade aos 4 anos de idade no grupo de estudo da geração R (Mook-Kanamori et al., 2011). Após esse rápido aumento nos primeiros 6 meses, a massa de gordura aumenta de modo gradual até os 8 anos em meninos e meninas. As meninas apresentam um aumento ligeiramente maior de massa de gordura que os meninos aos 2 anos de idade (Ay et al., 2008). No grupo de estudo da geração R, as crianças apresentaram tendência individual a manter sua posição relativa no grupo em relação à massa de gordura subcutânea, especialmente no tronco, ao longo dos dois primeiros anos de vida. Em meninos, o tecido adiposo continua a aumentar gradualmente durante a adolescência; as meninas, entretanto, experimentam um aumento mais acentuado. Como resultado, as mulheres adultas têm mais peso de gordura do que os homens adultos, com médias de 14 e 10 kg, respectivamente. O peso de gordura durante o crescimento aumenta por hiperplasia e hipertrofia; mas o tamanho da célula não aumenta de forma significativa até a puberdade.

A gordura do indivíduo varia muito durante a primeira e a segunda infância. Um bebê gordo não se torna necessariamente uma criança gorda. Após os 7 ou 8 anos, contudo, é mais provável que os indivíduos mantenham a gordura relativa. Uma criança de 8 anos com sobrepeso tem alto risco de se tornar um adulto com sobrepeso.

A distribuição da gordura no corpo muda durante o crescimento. Na infância, a gordura interna (gordura em torno das vísceras) aumenta mais rápido do que a subcutânea, que, na realidade, diminui até os 6 ou 7 anos. Meninos e meninas apresentam, então, um aumento de gordura subcutânea até os 12 ou 13 anos. Esse aumento continua nas garotas, mas os garotos, em geral, perdem essa gordura na metade da adolescência. Os meninos adolescentes também tendem a adicionar mais gordura subcutânea em seus troncos do que em seus membros, enquanto as meninas têm aumentada a gordura subcutânea em ambos os locais. Observe, na Figura 5.8, que as medidas de dobra cutânea para as extremidades dos meninos (linha cinza superior), na realidade, diminuem, exceto durante o estirão de crescimento. As medidas de dobra cutânea de tronco tendem a se manter constantes, mas também aumentam durante o estirão de crescimento. As medidas de dobra cutânea de meninas (linhas pretas) aumentam de forma constante para tronco e membros, sobretudo após os 7 anos. Em geral, as meninas adicionam mais gordura subcutânea nas pernas do que nos braços.

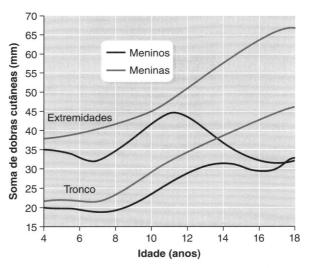

FIGURA 5.8 As alterações na distribuição de gordura durante o crescimento são ilustradas pela plotagem da soma de cinco medidas de dobra cutânea de tronco e cinco medidas de dobra cutânea de extremidades. Observe o aumento de ambas em meninas adolescentes, contrastando com a diminuição de gordura subcutânea das extremidades em meninos.

Reimpressa, com permissão, de Malina e Bouchard 1988.

 Quais são as implicações para a vida dos indivíduos que adicionam gordura em excesso durante os períodos de aumento no tecido adiposo?

Há muita coisa que não sabemos sobre o desenvolvimento do tecido adiposo e a obesidade. Os pesquisadores têm examinado agora muitos tópicos, incluindo o ganho de peso materno na gravidez, a alimentação inicial do bebê e os fatores genéticos. De particular interesse são dois períodos em que o número de células adiposas aumenta: durante os primeiros seis meses após o nascimento e em torno da puberdade. Os aumentos no número de células são significativos, pois, uma vez formadas, as células adiposas persistem mesmo com má nutrição; isto é, as células podem estar "vazias" de gordura, mas elas ainda existem. Portanto, esses dois períodos podem ser críticos no controle da obesidade.

Tecido adiposo em adultos e idosos

Ambos os sexos tendem a ganhar peso de gordura durante a idade adulta, refletindo alterações na nutrição e no nível de atividade. Entre os 20 e os 50 anos, a mulher norte-americana ganha em média 11,8 kg, e o homem norte-americano, em média 8,2 kg (Hellmich, 1999). O peso total do corpo começa a declinar após os 50 anos, mas isso reflete perda de osso e músculo, visto que a gordura corporal continua a aumentar.

A gordura corporal se redistribui com o envelhecimento. A gordura subcutânea dos membros tende a diminuir, enquanto aumenta a gordura interna do abdome (Organização Mundial da Saúde, 1998; Subcomitê de Especialistas da Organização Mundial da Saúde, 1998). Esse padrão é significativo porque a obesidade abdominal tem sido associada a um risco maior de doença cardiovascular.

É difícil identificar o padrão típico de perda ou ganho de tecido adiposo em idosos. Como os indivíduos obesos têm alta taxa de mortalidade, é possível que os mais magros sobrevivam

86 Desenvolvimento e Envelhecimento dos Sistemas Corporais

para serem incluídos em estudos de idosos, ao contrário dos indivíduos obesos, ou talvez os adultos mais magros sejam mais solícitos para participar de pesquisas. Parece que a quantidade de gordura não aumenta inevitavelmente com o envelhecer, pois ganhos não são encontrados em lenhadores na Noruega, que têm um estilo de vida muito ativo como resultado de sua profissão, nem em pessoas oriundas de lugares que enfrentam problemas de subnutrição ou em atletas da categoria *master* (Shephard, 1978b; Skrobak-Kaczynski e Andersen, 1975). Geralmente, contudo, muitos idosos acumulam alguma quantidade de gordura à medida que envelhecem, sendo que os ativos acumulam menos do que os sedentários. Sobrepeso e obesidade podem ser uma restrição ao movimento em qualquer idade. Com maior peso, o movimento exige mais força, o movimento da articulação pode ser restrito e a pressão social relacionada à imagem corporal e à autoestima pode desencorajar a participação em atividades físicas.

Desenvolvimento do sistema endócrino

As células de um ser vivo devem ser controladas com precisão em relação a seu conteúdo e sua temperatura. Os sistemas de controle que regulam as células do corpo são os sistemas nervoso e o endócrino. Portanto, não é de surpreender que apresentem um papel importante no crescimento e no amadurecimento. O sistema endócrino controla as funções celulares específicas por meio de substâncias químicas denominadas **hormônios**. Aqueles secretados pelo hipotálamo no cérebro regulam a glândula pituitária, que, por sua vez, regula a glândula suprarrenal, a glândula tireoide e a liberação de hormônios sexuais.

> **Hormônios** são substâncias químicas secretadas em líquidos corporais por uma glândula. Essas substâncias têm um efeito específico sobre as atividades de células-alvo nos tecidos e nos órgãos.

Desenvolvimento inicial do sistema endócrino

A regulação do crescimento por meio do sistema endócrino é uma interação complexa e delicada de fatores hormonais, genéticos, nutricionais e ambientais. Na verdade, os níveis hormonais devem estar delicadamente equilibrados. Tanto o excesso quanto a deficiência desses hormônios podem perturbar o processo normal de crescimento e desenvolvimento. A discussão detalhada sobre como os hormônios influenciam o crescimento e o amadurecimento está além do escopo deste livro, e, portanto, somente mencionaremos três tipos de hormônios. Todos os três promovem o crescimento da mesma forma: estimulam o anabolismo de proteínas (metabolismo construtivo), resultando na retenção de substâncias necessárias para construir os tecidos. Existem momentos específicos no período de crescimento no qual um desses hormônios poderá desempenhar um papel crítico no crescimento.

Hormônio de crescimento

O hormônio de crescimento (GH) influencia o crescimento durante a infância e a adolescência, estimulando o anabolismo proteico, que leva à construção de novos tecidos. Sob o controle do sistema nervoso central, o GH é secretado pela glândula pituitária anterior (Fig. 5.9). O corpo necessita desse hormônio para o crescimento normal após o nascimento. Uma deficiência ou ausência de GH resulta em anormalidades de crescimento e, em alguns casos, na interrupção do crescimento linear.

Hormônios da tireoide

Os hormônios da tireoide são secretados pela glândula tireoide, localizada na região anterior do pescoço. Dois tipos desses hormônios influenciam o crescimento total do corpo após o nascimento, e um terceiro no crescimento esquelético.

A glândula pituitária secreta um hormônio estimulador da tireoide que regula a secreção dos hormônios produzidos pela glândula tireoide. A excreção do hormônio estimulador da tireoide é, por sua vez, aumentada por um fator de liberação encontrado no hipotálamo. Portanto, os dois sistemas agem em harmonia: um sistema pituitário-tireoide e um sistema tireóideo nervoso. Esse é um exemplo de como o sistema nervoso e endócrino trabalham juntos.

Hormônios gonadais

Os hormônios gonadais afetam o crescimento e a maturidade sexual, particularmente na adolescência, estimulando o desenvolvimento das características sexuais secundárias e dos órgãos sexuais. Os andrógenios, especificamente a testosterona dos testículos e os andrógenios do córtex das glândulas suprarrenais, aceleram a fusão das placas de crescimento epifisial nos ossos. Portanto, esses hormônios promovem o amadurecimento esquelético (fusão) em prejuízo do crescimento linear;

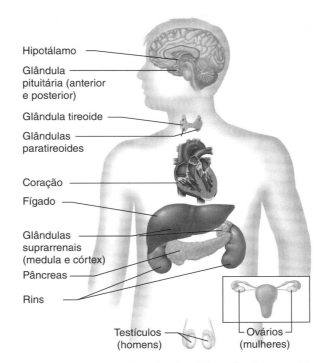

FIGURA 5.9 Localização de várias glândulas endócrinas.

isso explica por que quem amadurece precocemente tende a ser mais baixo em estatura do que quem amadurece mais tarde.

Os andrógenios também desempenham um papel no estirão de crescimento da massa muscular de adolescentes, aumentando a retenção de nitrogênio e a síntese de proteína. Esse estirão é mais significativo em homens jovens do que em mulheres jovens, porque os homens secretam testosterona e andrógenios suprarrenais, enquanto as mulheres produzem somente os andrógenios suprarrenais. Nelas, os ovários e o córtex suprarrenal não secretam estrogênios. A secreção aumentada de estrogênios durante a adolescência, assim como a de andrógenios, acelera o fechamento epifisial, mas os estrogênios também promovem o acúmulo de gorduras, principalmente nas mamas e quadris. Homens e mulheres possuem estrogênios e testosterona, mas em proporções muito diferentes.

 Os meninos adolescentes algumas vezes são tentados a tomar suplementos de esteroides para ganhar massa muscular e parecer mais velhos. A secreção aumentada de androgênio (um esteroide) na puberdade, contudo, acelera a fusão das placas epifisiais. Quais efeitos não desejados esses suplementos podem ter sobre os meninos em fase de crescimento?

Insulina

Os hormônios sobre os quais discutimos até agora desempenham um papel principal e direto no crescimento e no desenvolvimento. Outro hormônio conhecido, a insulina, tem um papel indireto no crescimento. Produzida no pâncreas, é vital para o metabolismo de carboidratos, estimulando o transporte de glicose e aminoácidos através das membranas. Sua presença também é necessária para o funcionamento completo do GH. Uma deficiência de insulina pode diminuir também a síntese de proteínas, o que é prejudicial em qualquer momento da vida, sobretudo durante o crescimento.

O sistema endócrino na idade adulta e em idosos

Anteriormente, reconhecemos que o sistema nervoso e o sistema endócrino trabalham em sintonia para regular funções celulares e de sistemas de órgãos. Não é surpresa, portanto, que o funcionamento continuado desses sistemas integrados seja importante para a boa saúde ao longo da vida. Na verdade, um grupo de teorias sobre a causa do envelhecimento, chamado de teorias de desequilíbrio gradual, sugere que os sistemas nervoso, endócrino e imune gradualmente falham (Spirduso, Francis e MacRae, 2005). Essa falha gradual poderá ocorrer em diferentes taxas nos três sistemas, levando a desequilíbrios entre eles; desequilíbrio e eficiência reduzida entre os sistemas coloca os idosos em maior risco de doença.

A função da tireoide é um exemplo: também declina com a idade, e distúrbios dessa glândula são mais prevalentes entre idosos. Um aumento de longo prazo nos níveis de hormônio da tireoide pode ser relacionado a insuficiência cardíaca congestiva. É, portanto, importante que os idosos sejam avaliados para hipertireoidismo. Por sua vez, a insuficiência no hormônio da tireoide, ou hipotireoidismo, está associada a aceleração dos sistemas de envelhecimento.

Os níveis de hormônios gonadais diminuem com a idade. A terapia de reposição hormonal parece agir contra muitos dos efeitos do envelhecimento. Por exemplo, prescrever suplementos de androgênio tem tido sucesso para evitar o enfraquecimento muscular e a osteoporose. Precisamos de mais informações sobre os efeitos colaterais das terapias de reposição hormonal, conforme evidenciado pela descoberta de que mulheres que recebem essa terapia na menopausa infelizmente tiveram maior risco de desenvolver neoplasias.

Os idosos mantêm os mesmos níveis de secreção de insulina que os adultos jovens, mas a incidência de diabetes tipo II (diabetes melito não dependente de insulina, que é causada pela deficiência desse hormônio) aumenta consideravelmente com a idade. É possível que os idosos não utilizem insulina de modo tão eficaz quanto os adultos jovens para promover o depósito de glicogênio; assim, retardam a mobilização de combustível para o exercício. Todos esses exemplos mostram que declínio ou desequilíbrio graduais dos sistemas nervoso, endócrino e imune podem levar a maior risco de deficiências ou doenças, que, por sua vez, podem ameaçar a boa saúde e atuar como restrições à atividade física.

Desenvolvimento do sistema nervoso

Nenhum dos sistemas é tão importante para o indivíduo quanto o sistema nervoso. Basta observarmos uma pessoa com lesão cerebral grave para que reconheçamos esse fato. O sistema nervoso controla os movimentos e a fala. É o local do pensamento, da análise e da memória, e seu desenvolvimento é importante para os desenvolvimentos social, cognitivo e motor.

Desenvolvimento inicial do sistema nervoso

A maior parte do desenvolvimento neurológico ocorre muito cedo, e esse desenvolvimento é o exemplo principal da inter-relação de fatores genéticos e extrínsecos. Os genes direcionam o desenvolvimento das estruturas do sistema nervoso e de seus principais circuitos. As trilhões de refinadas conexões entre as células nervosas, no entanto, são bastante influenciadas pelos fatores extrínsecos. Vamos considerar o desenvolvimento neurológico em mais detalhes, incluindo o papel dos fatores extrínsecos.

Crescimento pré-natal do sistema nervoso

Neurônios são as células do sistema nervoso que recebem e transmitem informação.

Normalmente, a formação de **neurônios** imaturos, sua diferenciação em um tipo geral e sua migração para uma posição final no sistema nervoso ocorre na vida pré-natal. Os neurônios proliferam no período pré-natal em uma taxa impressionante: 250 mil por minuto. Aproximadamente 200 bilhões são formados. Durante os terceiro e quarto meses pré-natais, quase todos os neurônios que o cérebro humano terá já estão formados, embora pareça que os genes orientem uma superprodução de células de modo que, mais tarde, o sistema possa ser podado (Ratey, 2001). Os neurônios contêm um corpo celular, que transmite funções para manter a célula viva; até 100 mil dendritos, que recebem impulsos de outros neurônios; e um axônio, que recebe impulsos de outros neurônios, glândulas, órgãos ou músculos (Fig. 5.10).

Os novos neurônios também se deslocam para um destino final durante o período pré-natal. Alguns formam o tronco cerebral, que controla a frequência cardíaca e a respiração; outros, o cerebelo, que controla a postura; e há, ainda, aqueles que controlam o córtex cerebral, onde a percepção e o pensamento ocorrem. Em geral, os neurônios se encontram em sua localização final em torno do sexto mês pré-natal. Eles se especializam. Por exemplo, os neurônios visuais são especializados em função tanto de seus genes quanto da

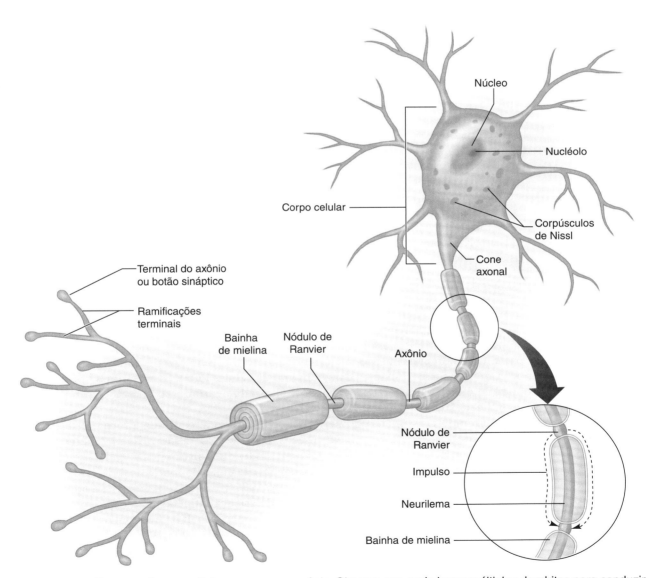

FIGURA 5.10 Estrutura de uma célula nervosa, o neurônio. Observe que pode haver múltiplos dendritos para conduzir impulsos nervosos ao corpo da célula; mas somente um axônio emerge para conduzir os impulsos a outros neurônios, glândulas ou músculos. Contudo, o axônio pode se ramificar amplamente.

> Uma **sinapse** é uma conexão entre dois neurônios; é realizada pela liberação de componentes químicos chamados neurotransmissores de um axônio. Esses neurotransmissores cruzam um pequeno espaço entre os neurônios, então atravessam a membrana celular no dendrito, ou corpo celular de um neurônio, que os recebe para disparar um impulso elétrico.

localização para onde migram – nesse caso, uma parte do cérebro em que chega a informação visual. O processo de migração é vital para o desenvolvimento normal do cérebro (Ratey, 2001).

Uma vez que os neurônios estejam em seus lugares, eles desenvolvem um axônio ao longo de uma trilha química para um destino geral, a fim de se conectar com outros neurônios, formando o circuito cerebral de aproximadamente 100 trilhões de conexões ou **sinapses**. Em função da superprodução de neurônios, os axônios competem por trilhas químicas. Alguns neurônios e seus axônios morrem. Os neurônios disparam impulsos elétricos que fortalecem algumas das conexões entre eles. O disparo é, de certo modo, aleatório na vida pré-natal, mas mais organizado à medida que o feto, e, mais tarde, a criança, recebe estímulo do ambiente (Ratey, 2001). Portanto, existe um processo natural de poda de neurônios (reduzindo o número para aproximadamente 100 bilhões no nascimento) e de suas ramificações e conexões. Conexões fracas ou incorretas são sacrificadas para tornar a rede neural mais eficiente.

 Vamos supor que você tenha acabado de descobrir que será mãe pela primeira vez. Que substâncias você evitaria consumir até seu bebê nascer? Por quê?

A migração dos neurônios e a ramificação de seus processos são suscetíveis aos efeitos dos fatores ambientais transportados através do sistema de nutrição fetal, descrito no Capítulo 4. Existe crescente evidência de que algumas disfunções, como epilepsia, autismo e dislexia, são causadas, pelo menos em parte, pela migração errada de neurônios (Ratey, 2001). A nicotina, que é transmitida ao feto pelo cigarro que a mãe fuma, poderá afetar a migração, a ramificação e a poda dos neurônios, e sabemos que filhos de mães que fumaram enquanto estavam grávidas estão em maior risco de retardo mental. O álcool introduzido pelo consumo materno pode causar migração inadequada, e sabe-se que bebês com a síndrome alcoólica fetal apresentam mais tarde quocientes de inteligência (QI) menores e disfunções para leitura e matemática mais prevalentes do que outras crianças. Existem muitos exemplos de exposição fetal a drogas ilícitas e toxinas e de desnutrição que influenciam o desenvolvimento do sistema nervoso. Está claro que esse sistema é um dos mais suscetíveis à exposição aos teratógenos durante o período pré-natal.

Crescimento pós-natal do sistema nervoso

No nascimento, o cérebro tem cerca de 25% do seu peso adulto. O crescimento cerebral aumenta rapidamente após o nascimento e atinge 80% do peso adulto por volta dos 4 anos. Então, ele entra em um período de crescimento constante no decorrer da adolescência. O rápido crescimento inicial se reflete no tamanho dos neurônios, na ramificação posterior para formar sinapses e no aumento de células **glia** e da **mielina**. O primeiro ano pós-natal é de prolífica formação sináptica, e cada neurônio pode estabelecer de 1 mil a 100 mil conexões.

> **Glia** são as células do sistema nervoso que suportam e alimentam os neurônios. **Mielina** é a bainha isolante em torno dos axônios.
>
> O **córtex cerebral** é uma superfície enrugada do cérebro que contém milhões de neurônios e regula muitas funções e comportamentos humanos.
>
> **PONTO-CHAVE**
> O cérebro apresenta uma enorme plasticidade durante todas as fases da vida, e seus trilhões de conexões mudam constantemente.

Esse rápido crescimento do período inicial pós-natal continua a tornar o desenvolvimento muito suscetível a fatores extrínsecos. Por exemplo, desnutrição pode interromper o crescimento do cérebro, um déficit do qual o indivíduo talvez nunca venha a se recuperar. Uma lesão no lado esquerdo do **córtex cerebral** (Fig. 5.11), no início da vida, leva a déficits na capacidade de linguagem (Witelson, 1987). Existe também uma evidência crescente de que as experiências iniciais na vida da criança influenciam o desenvolvimento do sistema nervoso. Greenough e colaboradores (Comery, Shah e Greenough, 1995; Comery, Stamoudis, Irwin, & Greenough, 1996; Greenough et al., 1993; Wallace, Kilman, Withers, & Greenough, 1992) descobriram que ratos criados com muitos estímulos desenvolveram significativamente mais sinapses do que aqueles criados sem estímulos. O mesmo padrão é válido para humanos. O aprendizado é um dos fatores extrínsecos mais significativos que influenciam o desenvolvimento pós-natal do sistema nervoso. Sabemos que o cérebro se reestrutura com o aprendizado. Imagens de ressonância magnética documentam que as

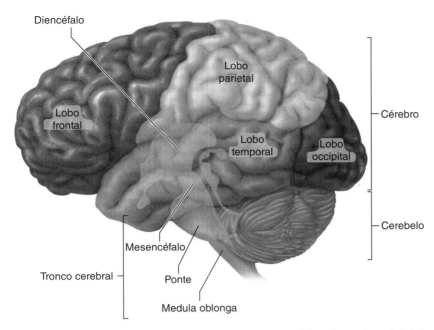

FIGURA 5.11 O cérebro. O córtex cerebral é composto pelos lobos frontal, parietal, temporal e occipital.

áreas do cérebro correspondentes a partes do corpo bastante utilizadas expandem-se junto com as conexões sinápticas naquela área. Desde as primeiras semanas e ao longo de toda a vida, as conexões e vias neurais que são estimuladas são reforçadas, enquanto aquelas que não são utilizadas se enfraquecem.

O Projeto Genoma determinou que 30 mil a 50 mil dos 100 mil genes no genoma humano são designados para o cérebro. Mesmo esse número provavelmente não controla por completo nossos 100 trilhões de sinapses; existe espaço para variação resultante da experiência, e a maioria dos nossos traços reflete a interação dos genes com o ambiente.

Estruturas do cérebro

A medula espinal e as estruturas inferiores do cérebro são mais avançadas, no nascimento, do que as estruturas superiores. Os centros cerebrais inferiores envolvidos em tarefas vitais, como respiração e ingestão de alimentos, estão relativamente maduros. Os centros inferiores também mediam muitos reflexos e reações, e essas respostas de movimento automático dominam os movimentos do feto e do recém-nascido. Assim, faz sentido que os centros inferiores do cérebro estejam relativamente mais avançados do que os superiores.

Por muitos anos, os pesquisadores têm interpretado o aparecimento de movimentos orientados a objetivos em bebês como evidência de que os centros superiores do cérebro estão amadurecendo. O córtex está envolvido em movimentos propositais e direcionados a um objetivo. A primeira evidência clara de movimento intencional bem-sucedido (alcançar) ocorre aos 4 ou 5 meses após o nascimento (Busnell, 1982; McDonnell, 1979). Entretanto, antigos pesquisadores presumiram que esse comportamento assinala o funcionamento do córtex com cerca de 4 meses de idade, apesar de os hemisférios cerebrais estarem formados no nascimento. Mais recentemente, os pesquisadores têm utilizado tomografia de emissão de pósitrons (PET) para estudar o cérebro de bebês. As tomografias mostram pequena atividade do córtex frontal aos 5 dias de idade, atividade aumentada na 11ª semana e níveis adultos aos 7 ou 8 meses (Chugani & Phelps, 1986). Obviamente, o processo pelo qual o córtex frontal se torna funcional é gradativo. Na realidade, a especialização de áreas do córtex continua por toda a vida adulta.

Mielinização é o processo pelo qual os axônios das células neurais são isolados quando as células de Schwann (gliais) se formam e se enrolam ao seu redor.

O desenvolvimento da mielina no sistema nervoso contribui para acelerar a condução dos impulsos nervosos. As células de mielina, compostas principalmente por gordura, enrolam-se em torno do processo celular do neurônio, o axônio (Fig. 5.10). Os axônios mielinizados, em comparação aos não mielinizados, podem disparar impulsos nervosos em frequências mais altas e por períodos maiores (Kuffler, Nicholls e Martin, 1984).

Os axônios que ainda não estão mielinizados nos recém-nascidos provavelmente são funcionais; mas a **mielinização** aumenta a velocidade e a frequência do disparo. A função do sistema nervoso em movimentos que requerem ou que se beneficiam da condução mais veloz dos impulsos nervosos, como uma série de movimentos rápidos ou respostas posturais, pode ser relacionada ao processo de mielinização durante o desenvolvimento. A importância da mielina se evidencia na esclerose múltipla, uma doença que ataca adultos jovens e quebra as bainhas de mielina, ocasionando tremor, perda de coordenação e possível paralisia.

A medula espinal é relativamente pequena e curta no nascimento. Um corte transversal da medula espinal, como na Figura 5.12, mostra uma área em formato de "chifre" de substância cinza e uma área em torno de substância branca. A área central contém corpos celulares de neurônios estreitamente compactados. Observe que as raízes se localizam fora da medula e contêm os axônios dos neurônios da medula e, no caso das raízes sensoriais, também corpos das células sensoriais. Fibras das raízes dorsal e ventral se incorporam para formar os nervos periféricos (espinais) fora da medula. Um aumento significativo na mielinização desses nervos periféricos ocorre duas a três semanas após o nascimento; tal processo continua pelo segundo ou terceiro ano de vida.

Tratos neurais são as vias neurológicas principais. Existem dois tratos motores principais: o **extrapiramidal** e o **piramidal**.

Duas vias principais de nervos motores, ou **tratos neurais**, levam impulsos do cérebro pela medula espinal para várias partes do corpo. O **trato extrapiramidal**, uma dessas vias está provavelmente envolvido no envio de comandos para os movimentos aleatórios e posturais feitos pelo bebê nos primeiros dias após o nascimento. A outra, o **trato piramidal**, mieliniza-se após o nascimento; começa a funcionar pelo 4° ou 5° mês e controla os músculos para movimentação dos dedos.

O padrão de mielinização pelo qual a medula espinal e as vias neurais passam pode ter implicações para o desenvolvimento motor. A mielinização ocorre em duas direções na medula: primeiro, na porção cervical, sendo seguida pelas porções progressivamente mais inferiores; depois, nos cornos motores (ventrais), seguida pelos cornos sensoriais (dorsais). A direção da mielinização ocorre do cérebro para fora nos tratos motores. Em contraste,

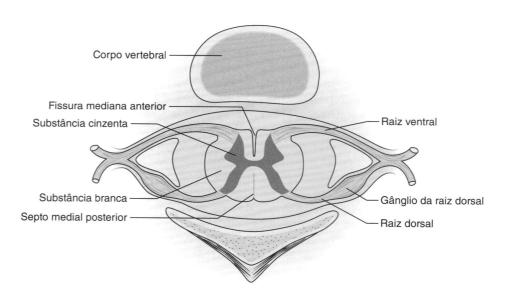

FIGURA 5.12 Corte transversal da medula espinal.

a mielinização se dá em direção ao cérebro nos tratos sensoriais, ocorrendo primeiro nos caminhos táteis e olfativos, depois nos caminhos visuais e, finalmente, nos caminhos auditivos. Os caminhos sensoriais amadurecem um pouco mais rápido do que os motores, exceto nas raízes motoras e nos hemisférios cerebrais. O funcionamento de nível superior é possível somente quando os neurônios envolvidos no comportamento estão mielinizados, permitindo a condução mais rápida e frequente de sinais nervosos.

O sistema nervoso na idade adulta e em idosos

A visão tradicional do sistema nervoso era a de que, após a adolescência, as únicas mudanças no sistema seriam déficits, incluindo perda de neurônios, afilamento das ramificações dendríticas, diminuição do número de sinapses, alterações nos neurotransmissores e redução da mielina. Essa visão foi muito baseada na observação do comportamento, especialmente pela desaceleração das respostas motoras aos estímulos à medida que a idade avança. Hoje, contudo, com o uso de novas técnicas de imagem permitindo aos pesquisadores uma melhor visão que realmente está acontecendo no tecido cerebral, sabemos que existem significativas exceções para a tendência de perdas. Nosso novo quadro é de enorme plasticidade. A **neurogênese** tem sido observada em algumas áreas do cérebro (Verret, Trouche, Zerwas & Rampon, 2007), e as 100 trilhões de conexões estão constantemente mudando ao longo da vida.

> **Neurogênese**
> é a divisão e a propagação de neurônios.

As repercussões das perdas associadas à idade no sistema nervoso são muito variadas. A desaceleração das respostas pode afetar os movimentos em atividades recreativas e também em atividades da vida diária, bem como o desempenho em tarefas cognitivas. Várias teorias têm sido propostas para explicar como as mudanças fisiológicas resultam em respostas mais lentas. Uma dessas teorias é o modelo de rede neural, segundo o qual o sistema nervoso seria uma rede neural de ligações e de nós. Em resposta a um estímulo, o sinal começa na extremidade de entrada de estímulos do sistema nervoso e viaja através da rede neural até a extremidade de resposta. Com o envelhecimento, acredita-se que as ligações na rede são interrompidas aleatoriamente, de forma que o sinal neural deve desviar, aumentando o tempo anterior para a resposta ser dada. Com o avanço da idade, mais ligações se rompem, e o tempo de processamento para um sinal se torna cada vez maior (Cerella, 1990). Obviamente, a perda de neurônios, dendritos e sinapses e a diminuição de neurotransmissores são alterações fisiológicas que resultam em interrupção de ligações na rede neural.

> **PONTOS-CHAVE**
> O exercício regular vigoroso pode desempenhar um papel-chave na minimização da perda de neurônios e de sinapses com o envelhecimento.

Assim como em pessoas jovens, os fatores extrínsecos desempenham um papel fundamental nas mudanças do sistema nervoso, sendo o exercício um dos mais importantes. O mesmo exercício que beneficia o sistema cardiovascular tem um efeito positivo sobre o sistema nervoso, incluindo o risco reduzido de acidente vascular cerebral, crescente ramificação de dendritos e manutenção do metabolismo dos neurônios. O exercício vigoroso regular mantém o nível do fluxo sanguíneo cerebral, reduz a perda de dendritos, estimula a neurogênese e promove novas conexões sinápticas. Esses efeitos podem resultar em aumento da função cognitiva em idosos (Weuve et al., 2004)

Resumo e síntese

Um dos principais temas nesta discussão sobre sistemas corporais é que eles não se desenvolvem nem envelhecem independentemente um do outro. Em vez disso, desenvolvem-se em harmonia, com frequência estimulando mudanças entre si. Por exemplo, o crescimento dos ossos longos pode estimular os músculos a crescer em comprimento. Além disso, o sistema neurológico direciona a secreção dos hormônios da pituitária, que têm seus próprios efeitos (p. ex., diminuindo os níveis de estrogênio que afetam a resistência dos ossos em mulheres idosas). Assim, um sistema pode ter seu próprio tempo ou padrão de desenvolvimento, mas continua a interagir com outros sistemas no desenvolvimento geral do indivíduo. Mesmo quando queremos focalizar o desenvolvimento ou o envelhecimento de um sistema corporal, deveríamos fazê-lo no contexto de outros sistemas que também estejam em mudança.

Além disso, há períodos em que a mudança em um sistema é mais rápida. Muitas vezes, eles são chamados de períodos sensitivos, porque esperamos que os fatores extrínsecos sejam mais influentes do que naqueles períodos de mudança gradual. Certamente, a influência extrínseca pode ser positiva, acelerando o crescimento ou retardando o envelhecimento, e negativa, retardando o crescimento ou acelerando o envelhecimento.

Por último, os fatores extrínsecos podem influenciar o desenvolvimento em qualquer fase da vida, mas têm mais influência no desenvolvimento à medida que a idade do indivíduo avança. Os genes são influentes durante toda a vida, apresentando sua maior influência na transformação de um minúsculo embrião de poucas células em um indivíduo complexo, e tudo em menos de 20 anos. Os fatores extrínsecos podem afetar o feto, mas ele está protegido no útero contra muitos deles. Após o nascimento, contudo, numerosos fatores externos podem influenciar muitos aspectos do desenvolvimento nos níveis celular, de sistema e do organismo. Esses fatores podem ter efeitos transitórios ou duradouros. Por exemplo, exercícios de resistência promovem um aumento de força muscular; porém, quando um indivíduo para de se exercitar, os músculos começam a perder força. Já um estilo de vida ativo na pré-adolescência pode promover uma densidade óssea que traz benefícios para toda a vida. Esse efeito cumulativo de fatores extrínsecos explica a grande variação no estado de saúde que é observado nos indivíduos com idade avançada.

As restrições estruturais que influenciam o movimento podem operar no nível do sistema. Assim, quando consideramos como o indivíduo em mudança interage com a atividade e o ambiente para dar origem ao movimento, isso ocorrerá mais frequentemente no contexto de mudança em um sistema. Hoje, sabemos mais sobre alterações nos sistemas que compõem a estrutura do ser humano. Certamente, outras características do indivíduo também mudam com o crescimento e o envelhecimento – visão, audição e autoconfiança são apenas alguns exemplos. Nosso conhecimento de mudança em restrições estruturais, todavia, permitirá considerarmos o curso do desenvolvimento motor.

O modelo das restrições oferece um entendimento mais profundo do desenvolvimento motor, e não simplesmente uma descrição da interação dos fatores do indivíduo, da tarefa e do ambiente em mudança. Também pode explicar por que certos movimentos podem aparecer. Isso é assim porque geralmente uma restrição estrutural molda o movimento em um ponto particular ao longo da vida. Por exemplo, considere um bebê de 4 meses que consegue manter a cabeça em posição ereta, mas não consegue se sentar ou levantar sozinho. Por que isso acontece? Poderíamos sugerir que o bebê precisa passar por uma melhoria no equilíbrio, um aumento nos músculos do tronco, um aumento de força nos músculos das pernas, um aumento na densidade óssea, um aumento no comprimento dos membros inferiores para compensar o grande tamanho da parte superior do corpo, ou outras mudanças. Qual sistema é o limitador? O sistema de equilíbrio? O muscular? O esquelético? Isto é, qual sistema é o limitador de velocidade, ou seja o sistema limitador de velocidade do desenvolvimento?

Percorremos um longo caminho para saber mais sobre algumas das mudanças estruturais que acompanham o crescimento e o envelhecimento. Podemos predizer melhor como mudanças específicas podem influenciar o movimento e, como sabemos mais sobre o curso do desenvolvimento físico, somos capazes de prever melhor quando as mudanças estruturais podem modificar o movimento. Também sabemos mais sobre quando um indivíduo está sujeito a maior ou menor influência dos fatores extrínsecos. Esse conhecimento pode nos informar sobre mudanças em fatores externos que podem acarretar mudanças no movimento. A Parte III aborda o curso do desenvolvimento motor à medida que o indivíduo, que altera sua estrutura ao longo da vida, interage com a tarefa a ser realizada e o ambiente que o cerca.

Reforçando o que você aprendeu sobre restrições

Dê uma segunda olhada

A preocupação sobre a jovem mulher descrita no início deste capítulo é real. A nutrição insuficiente nos meses que cercam o nascimento pode ter um efeito limitante e duradouro no desenvolvimento do sistema nervoso. É importante que o crescimento do sistema corporal tenha um bom começo e que a saúde de cada sistema seja favorecida ao longo da vida. Por exemplo, adultos com uma dieta rica em cálcio podem prevenir a perda de densidade óssea. O conhecimento do curso do crescimento e do envelhecimento nos sistemas individuais nos beneficia, pois podemos identificar os momentos ao longo da vida em que o sujeito está mais suscetível à influência extrínseca, para o melhor ou para o pior.

Teste seu conhecimento

1. O que é a placa de crescimento epifisial? Qual é a diferença entre uma epífise de pressão e uma epífise de tração? Por que uma lesão na placa de crescimento em uma criança deve gerar preocupação?
2. O que é osteoporose? Quem é afetado por essa condição e quais são suas repercussões na saúde e na participação em atividades?
3. Discuta as diferenças entre os sexos no crescimento do tecido muscular. Como o crescimento do músculo cardíaco se compara ao do músculo esquelético?
4. Necessariamente os adultos ganham tecido adiposo à medida que envelhecem? Qual é a evidência de sua resposta?
5. Como a distribuição de gordura muda ao longo do período de crescimento? Como a quantidade e a distribuição de gordura se alteram na vida adulta? Qual padrão de distribuição na vida adulta está associado a um risco maior de doença cardiovascular?
6. Quais são os principais tipos de hormônio envolvidos no crescimento? Como afetam o crescimento?
7. O que contribui para os ganhos rápidos de peso do cérebro durante o primeiro ano pós-natal? Qual parte do cérebro é mais avançada no nascimento?
8. Como a visão do que acontece no sistema nervoso com o envelhecimento mudou com o uso de técnicas de imagem? Quais fatores relacionados ao estilo de vida podem incitar mudanças no sistema nervoso e quando?
9. Escolha um fator extrínseco ou ambiental e descreva como poderia influenciar o crescimento de vários sistemas.

Exercício de aprendizagem 5.1

Mudanças sistêmicas em idosos

Ao longo da nossa discussão, descrevemos o curso médio ou típico do envelhecimento de cada sistema. Frequentemente é importante levar em conta as variações individuais em torno dessa forma típica. Escolha um adulto com 60 anos ou mais e discuta com ele suas recordações a respeito das alterações em sua estrutura esquelética, seu tecido muscular e seu tecido adiposo. Você deve perguntar, por exemplo, sobre exames para osteoporose, mudanças no peso corporal durante a meia-idade e maturidade e alterações na massa gorda *versus* massa magra à medida que a forma do corpo se alterava. Escreva um pequeno resumo da sua entrevista, indicando o que correspondeu ou variou em relação ao que foi descrito nesse capítulo.

Exercício de aprendizagem 5.2

Hormônio do crescimento humano

O hormônio do crescimento humano ou GH (ou um fator de liberação estimulador de secreção de GH) está disponível para venda na internet. Ainda que sua utilização seja proibida por muitos comitês esportivos, alguns deles testam seus atletas para o consumo de hormônio como suplemento. Pesquise a utilização do GH e responda às questões seguintes.

1. Por que os atletas desejam utilizar o GH? Quais são seus efeitos sobre indivíduos na maturidade? Como ele produz esses efeitos?
2. Há riscos conhecidos na utilização de suplementos com GH? Em caso afirmativo, explique suas descobertas.
3. Mesmo que poucas pesquisas tenham sido realizadas sobre os efeitos de longo prazo na utilização de GH como suplemento, quais riscos podemos pressupor em uma suplementação desse hormônio em longo prazo?
4. Com base em suas descobertas, o que você recomendaria a um atleta adolescente que deseja utilizar o GH? Por quê?

Desenvolvimento de Habilidades Motoras ao Longo da Vida

Na Parte III, as peças do quebra-cabeça começam a se juntar à medida que examinamos o desenvolvimento motor ao longo da vida, considerando as restrições associadas que influenciam a evolução do desenvolvimento. Isto é, esta parte do livro discute as mudanças no desempenho de habilidades observadas do nascimento até a terceira idade. Além disso, identifica as restrições do indivíduo, do ambiente ou da atividade que podem provocar a mudança.

O Capítulo 6 discute o desenvolvimento motor inicial. Durante o primeiro ano de vida, as crianças na primeira infância adquirem rapidamente novas habilidades motoras, progredindo em direção à capacidade de se mover de modo adaptativo em relação ao ambiente. Em função do âmbito e da velocidade das mudanças nas crianças pequenas, o capítulo é dedicado ao período de tempo entre o nascimento e o início do caminhar (aproximadamente dos 11 aos 15 meses de idade). Esse é um momento crítico de desenvolvimento atípico, também porque pequenas diferenças nas restrições individuais iniciais podem evoluir para grandes diferenças no decorrer da vida.

O Capítulo 7 discute as mudanças nas habilidades locomotoras ao longo da vida mais ou menos a partir do 1 ano de idade. Essas habilidades incluem os padrões locomotores utilizados mais comumente – caminhar e correr –, bem como aquelas utilizadas no contexto de jogos e esportes, tais como saltar, saltar em um só pé e galopar. Você deve começar a ver semelhanças nas trajetórias de desenvolvimento, conhecidas como sequências de desenvolvimento, dada a semelhança nas restrições do indivíduo e os princípios orientadores de movimento e estabilidade. Também verá como o desenvolvimento de restrições específicas do indivíduo influenciam as sequências de desenvolvimento.

O Capítulo 8 aborda habilidades balísticas, tais como arremessar, rebater e chutar. Novamente, você verá muitas semelhanças nas sequências de desenvolvimento para várias tarefas dessa natureza. Por fim, o Capítulo 9 cobre as habilidades manipulativas – as habilidades motoras finas, tais como alcançar e pegar, e as amplas, como a recepção.

Leituras sugeridas

Adolph, K.E., & Robinson, S.R. (2013). The road to walking: What learning to walk tells us about development. In P. Zelazo (Ed.), *Oxford handbook of developmental psychology* (Vol. 1, pp. 403–443). New York: Oxford University Press.

Galloway, J.C. (2004). The emergence of purposeful limb movement in early infancy: The interaction of experience, learning and biomechanics. *Journal of Human Kinetics, 12*, 51–68.

Gagen, L.M., Haywood, K.M., & Spaner, S.D. (2005). Predicting the scale of tennis rackets for optimal striking from body dimensions. *Pediatric Exercise Science*, 17, 190–200.

Mally, K.K., Battista, R.A., & Roberton, M.A. (2011). Distance as a control parameter for place kicking. *Journal of Human Sport and Exercise*, 6(1), 122–134.

Stodden, D.F., Fleisig, G.S., Langendorfer, S.J., & Andrews, J.R. (2006). Kinematic constraints associated with the acquisition of overarm throwing. Part I: Step and trunk actions. *Research Quarterly for Exercise and Sport, 77*, 417–427.

Whitall, J. (2003). Development of locomotor co-ordination and control in children. In G.J.P. Savelsbergh, K. Davids, J. Van der Kamp, & S. Bennett (Eds.), *Development of movement coordination in children: Applications in the fields of ergonomics, health sciences and sport* (pp. 251–270). London: Routledge.

Desenvolvimento Motor Inicial

Restrições fundamentais do indivíduo

6

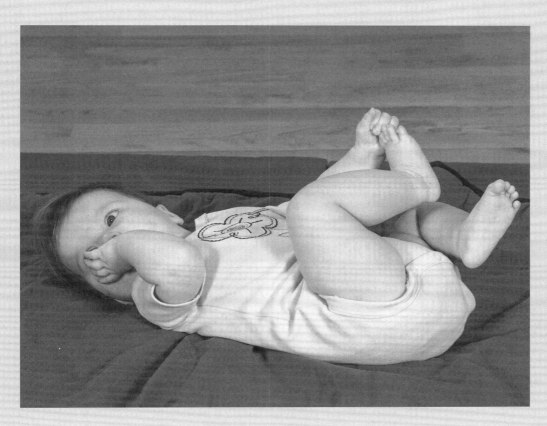

 OBJETIVOS DO CAPÍTULO

- Descrever os diferentes tipos de movimento que ocorrem na infância.
- Descrever os marcos referenciais motores.
- Examinar o desenvolvimento postural e o equilíbrio em bebês.
- Explicar a relação entre os movimentos iniciais e posteriores do bebê.
- Explicar como os movimentos iniciais são moldados por uma variedade de restrições.
- Identificar a tendência da crescente influência de fatores externos e da decrescente influência de fatores genéticos à medida que o indivíduo avança em idade.
- Listar os reflexos do bebê e suas reações posturais.

Desenvolvimento motor no mundo real

Intervenções inovadoras na primeira infância: bebês dirigindo robôs

As crianças que nascem com graves incapacidades motoras, como aquelas associadas à paralisia cerebral, apresentam maior risco de retardos de desenvolvimento associados à mobilidade na cognição, linguagem e socialização. Nas idades de 1 a 5 anos, é fundamental fornecer mobilidade diária, uma vez que o aprendizado significativo, o desenvolvimento do cérebro e do comportamento dependem da mobilidade nesse período. Um projeto da Fundação Nacional de Ciência, carinhosamente chamado de "Bebês Dirigindo Robôs e Carros de Corrida", começou na Universidade de Delaware, quando Sunil Agrawal, um professor do Departamento de Engenharia Mecânica, abordou o professor Cole Galloway do Departamento de Fisioterapia. Galloway explica, "Dr. Agrawal me disse: 'nós temos pequenos robôs e você tem crianças pequenas. Você acha que podemos fazer alguma coisa juntos?'". Logo após, os pesquisadores criaram o primeiro protótipo, UD1. Esse carro robô apresentava um *joystick* e sensores sonares infravermelho, com um *software* para evitar obstáculos. Os pesquisadores testaram o protótipo no centro de aprendizado inicial da universidade, uma instalação de pesquisa que acomoda 250 crianças, com capacidades variadas.

No grupo de estudo inicial, crianças normais de 6 meses de idade sentaram no UD1, puxaram o *joystick* e moveram o protótipo adiante. Elas começaram a compreender a relação de causa e efeito entre o movimento do controle e o do carro. Assim que fizeram essa importante descoberta, os pesquisadores começaram a treiná-las no controle da orientação da sua direção. Galloway e sua equipe começaram a quantificar os resultados da mobilidade das crianças as quais apresentaram escores cognitivos e de linguagem elevados, bem como melhores habilidades motoras. Relatos de casos de acompanhamento com crianças na primeira infância com espinha bífida e paralisia cerebral observaram melhoras nas habilidades de direção e escores de desenvolvimento.

Reimpresso, com permissão, de livescience. Disponível em: www.livescience.com/23572-assistive-robotics-aide-young-children-nsf-bts.html.

Nos últimos anos, os pesquisadores observaram cuidadosamente a relação entre os movimentos que os bebês realizam e suas mentes em desenvolvimento. Parece que essa ligação é muito mais forte do que originalmente se acreditava. Em outras palavras, está ficando claro que, para entender o desenvolvimento cognitivo em bebês, precisamos entender o desenvolvimento motor e, então, determinar as interações e mediações entre eles. Essa abordagem se encaixa na perspectiva ecológica, bem como no modelo das restrições. Este capítulo oferece informações sobre o comportamento motor apresentando por bebês, que é o primeiro passo em direção ao entendimento de como os desenvolvimentos motores, cognitivo e perceptivo se relacionam durante a primeira infância. Existem também razões práticas importantes para conhecer o desenvolvimento motor. Em bebês com desenvolvimento típico, muitos movimentos ocorrem em ordem e tempo bastante previsíveis. Na verdade, é essencial aprender e entender sobre o desenvolvimento típico para ser capaz de reconhecer desvios do padrão típico, em progressão ou regressão.

Em termos de desenvolvimento motor, a maioria dos recém-nascidos apresenta movimentos espontâneos e reflexos. Conforme os bebês se aproximam da idade de caminhar, começam a atingir marcos referenciais motores. Esses movimentos amplos se tornam, aos poucos, mais sofisticados no decurso da primeira infância. Além disso, os bebês adquirem a capacidade de levantar suas cabeças, sentar e, por fim, ficar de pé com mínimo apoio.

No passado, pais e educadores viam esse processo como "maturação". Em outras palavras, o amadurecimento do sistema nervoso central era a única restrição do indivíduo a orientar o desenvolvimento do comportamento motor inicial. Essa noção, discutida no Capítulo 2, advém da perspectiva do amadurecimento. Contudo, pesquisas atuais com uma perspectiva ecológica sugerem que a interação de muitos sistemas (cognitivo, perceptivo, motor) leva às adaptações do movimento observadas na primeira infância. Portanto, este capítulo apresenta o conceito de que muitas restrições, além do amadurecimento, encorajam ou desencorajam o comportamento motor inicial.

Como os bebês se movem?

Se você observar recém-nascidos, irá notar que alguns dos seus movimentos parecem ser unidirecionais e sem propósito. Por exemplo, muitas vezes os bebês executam movimentos de chutar enquanto estão deitados de costas. Esses movimentos espontâneos aparecem sem qualquer estímulo aparente. Em outros momentos, as crianças se movem de uma forma específica toda vez que são tocados em certo ponto do corpo. Quem resiste à pegada de seu dedo por um bebê que teve a palma da mão tocada? O bebê nasce com vários reflexos que desaparecem lentamente com a idade, e ele se move com ações discretas e sem propósito que têm pouco a ver com os futuros movimentos voluntários. Todavia, existem mais coisas em seu comportamento motor do que os olhos podem perceber. Aqueles movimentos aparentemente aleatórios têm uma importante relação com os movimentos intencionais que acontecem mais tarde. Após os primeiros meses de vida, os bebês começam a atingir os marcos referenciais motores, que são habilidades de movimentos particulares que, por fim, levam à locomoção, ao alcançar para pegar e à postura ereta.

Os movimentos dos recém-nascidos têm sido classificados em duas categorias gerais: os aleatórios, ou espontâneos, e os reflexos (Clark, 1995). Esses dois tipos são muito diferentes entre si.

Movimentos espontâneos

As pessoas dão muita atenção ao estudo dos reflexos do bebê. Entretanto, estes representam somente uma pequena parte do comportamento motor inicial. O que mais faz os recém-nascidos se moverem? Se não estão comendo ou dormindo, eles provavelmente se contorcem, empurram suas pernas ou braços, alongam os dedos das mãos e dos pés ou fazem quaisquer outros **movimentos espontâneos** (também chamados de estereotipados). Esses movimentos espontâneos parecem muito diferentes do caminhar ou do alcançar para pegar, e pediatras, pais e outras pessoas acreditavam que fossem desprovidos de qualquer propósito particular ou que não tinham nenhuma relação com os movimentos futuros que a criança um dia escolheria realizar. Contudo, esse pode não ser o caso.

Movimentos espontâneos são aqueles que ocorrem sem qualquer estímulo aparente.

Chutar em supinação e caminhar

Se uma criança for deitada de costas (na posição supina), é provável que ela estenda espontaneamente suas pernas. Isso é chamado de chute em supinação. Thelen e colaboradores decidiram estudar a natureza desse chute (Thelen, 1985, 1995; Thelen e Fisher, 1983; Thelen, Ridley-Johnson, & Fisher, 1983) e, analisando a posição e a organização temporal dos segmentos da perna nesses chutes, bem como a atividade muscular nas pernas, descobriram resultados surpreendentes. O chute em supinação não era aleatório: era rítmico e tinha um padrão coordenado. As articulações do tornozelo, do joelho e dos quadris se moviam de modo cooperativo e não independente. Parece surpreendente que esses chutes em supinação tenham um padrão coordenado. O que é mais notável é que a coordenação desses chutes lembra o posicionamento e a organização temporal dos passos do adulto (Figura 6.1). O padrão dos músculos utilizados no chutar em supinação do bebê é também coordenado. Algumas vezes, o bebê chuta somente com uma perna; mas, em outros momentos, chuta com ambas, alternadamente, assim como um adulto alterna as pernas ao caminhar. Até mesmo bebês prematuros executam chutes em supinação coordenados (Geerdink, Hopkins, Beek, & Heriza,1996; Heriza, 1986; Piek & Gasson, 1999).

 O que pode contribuir para algumas das diferenças entre o chutar de bebês e o caminhar de adultos? Pense em termos das restrições do indivíduo, do ambiente e da tarefa.

Apesar de os chutes em supinação de um bebê serem semelhantes aos passos do caminhar de um adulto, eles não são idênticos. A organização temporal dos bebês é mais

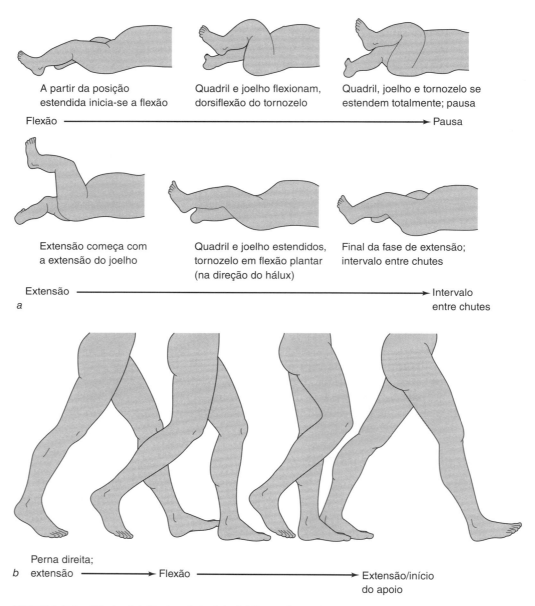

FIGURA 6.1 Chute. *(a)* Chutar do bebê. *(b)* Passada adulta.

variável de chute para chute; eles tendem a mover as articulações em sincronia, em vez de em sequência. Também tendem a ativar tanto os músculos para flexionar o membro (flexores) quanto aqueles para estendê-lo (extensores). Isso é chamado de co-contração. Em contraste, os adultos se movem alternando os músculos flexores e extensores. Contudo, por volta do final do primeiro ano, os bebês começam a mover o quadril, o joelho e o tornozelo sequencialmente, em vez de em sincronia. Ambos os chutes alternados e sincrônicos (i.e., com ambas as pernas em sincronia) são evidentes após os 6 meses, indicando que os bebês estão desenvolvendo mais formas para coordenar os dois segmentos (Thelen, 1995; Thelen, 1985; Thelen; Fisher, 1983; Thelen et al., 1983).

Os movimentos espontâneos dos braços

Os bebês também movem seus braços, e os movimentos espontâneos dos braços dos recém-nascidos também mostram uma extensão bem coordenada das articulações do cotovelo, do punho e dos dedos. Em outras palavras, os dedos não se estendem de forma independente, ou um de cada vez, mas em sincronia com a mão, o punho e o cotovelo (exatamente como no chute). Os movimentos de braço não são, contudo, tão rítmicos e repetitivos quanto os chutes (Thelen, 1981; Thelen, Kelso, & Fogel, 1987). Como no chute, os empurrões iniciais de braço não são idênticos aos do movimento de pegar dos adultos. Os bebês levam vários meses até começar a abrir seus dedos independentemente das outras articulações, em antecipação aos movimentos de pegar objetos, como fazem os adultos (Trevarthan, 1984; von Hofsten, 1982, 1984). Além disso, esses movimentos espontâneos parecem ser influenciados por restrições ambientais, segundo descobriram Kawai, Salvesbergh e Wimmers (1999) quando colocaram bebês recém-nascidos em quatro diferentes condições ambientais e encontraram diferenças em frequência e atividade de movimentos espontâneos dos braços.

> **PONTO-CHAVE**
> Os movimentos dos bebês, apesar de nem sempre serem direcionados ao objetivo, podem ser coordenados, e os padrões de coordenação podem lembrar aqueles observados em adultos.

Como mencionado anteriormente, os movimentos agitados de braços e pernas têm sido denominados de "estereotipados" em função da estrutura temporal subjacente dos movimentos (Thelen, 1979, 1981). Há outros movimentos estereotipados identificados por Thelen de acordo com as regiões específicas do corpo, tais como pernas e pés (p. ex., alternância dos movimentos das pernas), cabeça e face (p. ex., batidas da cabeça) e dedos (p. ex., flexão dos dedos). O que sugere a existência de movimentos estereotipados? Primeiro, os recém-nascidos podem ser fracos e incapazes de produzir movimentos intencionais, precisos e orientados a um objetivo, mas mesmo em uma idade inicial eles exibem coordenação rítmica subjacente no segmento ou entre pares de segmentos (Piek, Gasson, Barrett & Case, 2002). Segundo, esses padrões de coordenação se assemelham àqueles que veremos mais tarde nos movimentos voluntários, sugerindo algumas relações entre movimentos aleatórios e voluntários. Talvez os movimentos espontâneos sejam parte fundamental das bases de construção dos movimentos voluntários e funcionais (Jensen, Thelen, Ulrich, Schneider, & Zernicke, 1995).

Reflexos do bebê

Os movimentos reflexos são, em geral, visíveis em bebês mais novos. Diferentemente dos movimentos aleatórios, os reflexos são movimentos involuntários que o indivíduo faz em resposta a estímulos específicos. Algumas vezes, essas respostas só ocorrem quando o corpo está em uma posição específica. Um bebê não tem que pensar sobre como fazer movimentos reflexos; eles ocorrem automaticamente. Alguns reflexos, como o piscar dos olhos, ocorrem a vida inteira; mas outros estão presentes apenas durante a primeira infância (**reflexos do bebê**). Podemos classificar os reflexos observados durante a infância em três tipos de movimentos: reflexos primitivos, reações posturais e reflexos locomotores (Tabela 6.1). Definiremos cada uma dessas categorias e, então, discutiremos os seus propósitos.

> **Reflexo do bebê**
> é um movimento involuntário e estereotipado que responde a um estímulo específico; o termo se refere especificamente às respostas observadas durante a primeira infância. Existem três tipos de reflexos do bebê: os primitivos, os locomotores e as reações posturais.

104 Desenvolvimento Motor Inicial

TABELA 6.1 Reflexos do bebê

Reflexo ou reação	Posição inicial (se for importante)	Estímulo	Resposta	Período	Sinais de alerta
Reflexos primitivos					
Reflexo tônico assimétrico do pescoço	Supino	Vira a cabeça para um lado	Braço e perna estendidos do mesmo lado	Do pré-natal aos 4 meses	Persistência após 6 meses
Reflexo tônico simétrico do pescoço	Sentado com apoio	Pescoço e cabeça estendidos; pescoço e cabeça flexionados	Braços estendidos, pernas flexionadas; braços flexionados, pernas estendidas	Dos 6 aos 7 meses	
Olhos de boneca		Flexão da cabeça	Olhos voltados para cima	Do pré-natal a 2 semanas	Persistência após os primeiros dias de vida
Palmar		Tocar a palma da mão com o dedo ou com um objeto	Mão se fecha com força em torno do objeto	Do pré-natal aos 4 meses	Persistência após 1 ano; reflexo assimétrico
Moro	Supina	Sacudir a cabeça, como se estivesse batendo no travesseiro	Braços e pernas estendidos, dedos se afastam; então braços e pernas se flexionam	Do pré-natal aos 3 meses	Presença após 6 meses; reflexo assimétrico
Sucção		Tocar a face acima ou abaixo dos lábios	Inicia movimento de sucção	Do nascimento aos 3 meses	
Babinski		Bater na planta dos pés do calcanhar aos dedos	Os dedos dos pés se estendem	Do nascimento aos 4 meses	Persistência após 6 meses
Procura girar a cabeça para um lado		Tocar a bochecha com objeto macio	Cabeça gira para o lado estimulado	Do nascimento a 1 ano	Ausência de reflexo; persistência após 1 ano
Palmar-mandibular (Babkin)		Aplicar pressão em ambas as palmas das mãos	Boca se abre; olhos se fecham; cabeça se flexiona	De 1 a 3 meses	
Plantar		Bater na planta do pé (parte anterior)	Dedos dos pés se contraem em torno do objeto	Do nascimento aos 12 meses	
Susto	Supina	Bater de leve no abdome ou assustar o bebê	Braços e pernas se flexionam	Dos 7 aos 12 meses	
Reações posturais					
Retificação da rotação	Supina	Girar pernas e pelve para o outro lado	Tronco e cabeça seguem a rotação	A partir dos 4 meses	

(continua)

TABELA 6.1   Reflexos do bebê

Reflexo ou reação	Posição inicial (se for importante)	Estímulo	Resposta	Período	Sinais de alerta
	Supina	Girar a cabeça para o lado	Corpo segue a cabeça na rotação	A partir dos 4 meses	
Reflexo labiríntico	Em pé com apoio	Inclinar o bebê	Cabeça se move para ficar na vertical	Dos 2 aos 12 meses	
Flexão dos braços	Sentado, seguro por uma ou duas mãos	Inclinar o bebê para trás ou para a frente	Braços se flexionam	Dos 3 aos 12 meses	
Paraquedas ou extensão	Seguro em pé	Baixar o bebê em direção ao chão rapidamente	Pernas estendidas	A partir dos 4 meses	
	Segurar em pé	Inclinar para a frente	Braços estendidos	A partir dos 7 meses	
	Segurar em pé	Inclinar o bebê para os lados	Braços estendidos	A partir dos 6 meses	
	Segurar em pé	Inclinar o bebê para trás	Braços estendidos	A partir dos 9 meses	
Reflexos locomotores					
Engatinhar	Em pronação	Aplicar pressão à planta de um ou de ambos os pés alternadamente	Padrão do engatinhar nos braços e pernas	Do nascimento aos 4 meses	
Marcha	Em pé com apoio	Colocar o bebê sobre uma superfície plana	Padrão do caminhar	Do nascimento aos 5 meses	
Nadar	Em pronação	Mergulhar o bebê ou colocá-lo sobre a água	Movimentos de nadar dos braços e das pernas	Dos 11 dias aos 5 meses	

Reflexos primitivos: presentes desde o início

Quando um bebê recém-nascido pega um objeto colocado em sua mão, faz isso automaticamente e sem pensamento consciente. Esse é um exemplo de reflexo primitivo, uma resposta involuntária a um estímulo específico, a qual costuma ser mediada por centros inferiores do cérebro (Peiper, 1963). Em geral, os recém-nascidos apresentam reflexos fortes ao nascer – que tendem a perder sua força, até que desaparecem em torno do quarto mês de vida. Como podemos diferenciar reflexos primitivos de movimentos espontâneos?

- Reflexos são respostas a estímulos externos específicos, enquanto movimentos espontâneos não resultam de qualquer estímulo externo aparente.
- Movimentos reflexos são específicos e geralmente localizados, enquanto os movimentos espontâneos tendem a ser inespecíficos e generalizados.
- O mesmo estímulo sempre evocará um reflexo específico (McGraw, 1943).

O reflexo palmar de pegada e o reflexo tônico assimétrico do pescoço são mostrados na Figura 6.2. O reflexo labiríntico de retificação e o reflexo da marcha são mostrados na Figura 6.3.

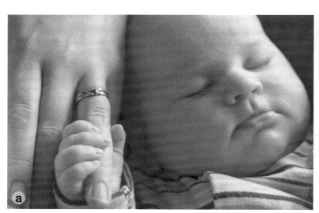
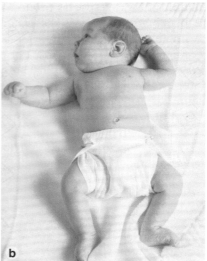

FIGURA 6.2 *(a)* Reflexo palmar de pegada. O reflexo é estimulado por meio do toque ou da batida na palma da mão. *(b)* Reflexo tônico assimétrico do pescoço. Observe a posição de "esgrimista", que é uma forma de identificar e descrever esse reflexo.

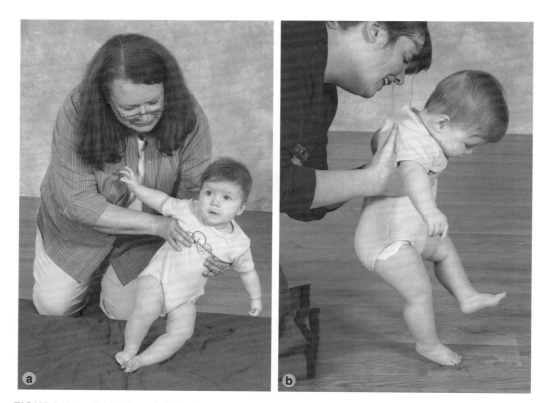

FIGURA 6.3 *(a)* Reflexo labiríntico de retificação: o bebê endireita a cabeça quando o corpo é rapidamente deslocado para trás. *(b)* Reflexo da marcha.

Reações posturais: movendo-se em uma posição ereta

Conforme o nome indica, reações posturais, ou reflexos de gravidade, auxiliam o bebê a automaticamente manter a postura em um ambiente que se altera (Peiper, 1963).

Algumas dessas respostas fazem a cabeça se manter na posição vertical, mantendo, dessa forma, abertas as vias respiratórias. Outras respostas auxiliam o bebê a rolar sobre si mesmo e, mais tarde, a adotar uma posição vertical. As reações posturais geralmente aparecem após 2 meses de idade. Por exemplo, um bebê pode rolar sobre si mesmo somente após o surgimento da retificação da rotação, a partir dos 4 meses. Ao final do primeiro ano ou no início do segundo ano de vida, essas reações isoladas que exigem posturas e estímulos específicos desaparecem do repertório de movimentos do bebê. No entanto, esses reflexos não desaparecem por completo. Quando tirados do equilíbrio, crianças e adultos reagem com respostas musculares específicas, com o objetivo de trazer o corpo de volta ao equilíbrio. Se, recentemente, você tentou andar de patins de gelo ou de *snowboard* pela primeira vez, talvez saiba disso muito bem. À medida que você começa a cair, automaticamente estende seus braços, e essa resposta automática resulta em muitos punhos quebrados – e crânios intactos.

Reflexos locomotores: movendo-se no lugar

Durante algum tempo na década de 1980, as aulas de natação para bebês estavam em voga. Nelas, os pais colocavam seus recém-nascidos na água, e as crianças podiam mesmo nadar! Os bebês eram precoces? Talvez, mas, mais provavelmente, estavam manifestando o reflexo de nadar, que, como outros reflexos locomotores, tem esse nome porque se assemelha e se relaciona ao movimento voluntário (neste caso, nadar). Os reflexos locomotores aparecem muito mais cedo do que os comportamentos voluntários correspondentes e, normalmente, desaparecem antes que o bebê tente as habilidades locomotoras voluntárias. Existem três reflexos locomotores: caminhar, nadar e engatinhar.

Aparecimento e desaparecimento dos reflexos

Em bebês com desenvolvimento típico, os reflexos mostram aos poucos uma resposta menos específica; mais tarde, você não pode mais estimular os reflexos. Na realidade, os reflexos primitivos podem começar a enfraquecer ou a se modificar após cerca de duas semanas (Clark, 1995). Os bebês aprendem a adaptar seus reflexos após duas semanas, a fim de modificar o resultado de seus movimentos (p. ex., sucção mais rápida leva a um maior fornecimento de leite). Aqueles que trabalham com bebês utilizam, algumas vezes, o padrão de aparecimento e desaparecimento dos reflexos para avaliar o desenvolvimento individual. Se os reflexos aparecem e desaparecem em uma idade próxima da média, consideram o desenvolvimento típico, enquanto desvios do padrão e da execução típicos da resposta podem sinalizar um problema. Existem duas formas que determinam se o indivíduo desvia do desenvolvimento típico:

- exibir um reflexo quando não deveria;
- não exibir um reflexo quando deveria.

Um reflexo que persiste muito após a média de idade de desaparecimento pode indicar uma condição cerebral patológica (Peiper, 1963). Uma resposta inexistente ou muito fraca em apenas um lado do corpo também pode refletir uma condição patológica.

No programa de televisão *Plantão Médico*, os médicos frequentemente checam os pacientes pressionando a planta do pé. Essa é uma técnica real, denominada teste de Babinski (ver Tab. 6.1 para uma descrição do reflexo de Babinski). Esse teste é utilizado para verificar problemas neurológicos em pacientes com traumatismo craniano. Um sinal de Babinski positivo indica que o reflexo de Babinski, como observado na infância, retornou – e que o paciente, muito provavelmente, tem alguma lesão no sistema nervoso central.

Tenha cuidado ao avaliar o estado neurológico de um bebê (Bartlett, 1997). Lembre-se de que cada pessoa se desenvolve como resultado da interação das restrições do indivíduo, do ambiente e da tarefa. Isso significa que um bebê pode continuar apresentando reflexos mesmo depois que outro da mesma idade já tenha deixado de apresentá-los, sem que isso

PONTO-CHAVE
Pais, professores e outras pessoas que não sejam médicos devem levar os bebês para que pessoas treinadas os avaliem.

signifique qualquer patologia. A maioria dos bebês está à frente ou atrás das idades médias apresentadas em dados ou escalas normativas. Além disso, é difícil estabelecer o momento exato em que o reflexo desaparece. Somente quando persiste por vários meses acima da média, isso pode representar um sinal de alerta de uma patologia. Você deve estar ciente de que as respostas reflexas são muito sensíveis às condições ambientais. Se mudar a posição corporal do bebê e oferecer um estímulo diferente daqueles listados na Tabela 6.1, poderá não obter uma resposta. É fácil para uma pessoa não treinada ignorar algum aspecto do ambiente e, assim, não conseguir produzir uma resposta. Como resultado, pode-se concluir incorretamente que existe uma condição patológica. Portanto, profissionais treinados devem ser consultados para tais avaliações.

Por que os bebês se movem? Teorias sobre o papel dos reflexos

Pergunte a qualquer mãe, e ela lhe dirá que os movimentos do seu bebê começaram bem antes do nascimento! Na verdade, vários reflexos aparecem aos 2 ou 3 meses ainda no útero. Mas por que os bebês nascem com reflexos? Alguns, como o reflexo de busca, parecem ter uma função óbvia: auxiliar a sobreviver. Outros, como o reflexo tônico assimétrico do pescoço ou o reflexo de nadar, parecem não ter relevância clara para os bebês no nascimento. Talvez alguns reflexos sejam importantes antes do nascimento.

Os pesquisadores explicam o papel dos reflexos de três maneiras gerais: estrutural, funcional e aplicada. A explicação estrutural vê os reflexos como subproduto do sistema neurológico humano. Isto é, alguns teóricos acreditam que os reflexos são apenas o resultado da estrutura do sistema nervoso – em outras palavras, as ligações nervosas dos seres humanos. A explicação funcional sugere que os reflexos existem para auxiliar o bebê a sobreviver – comer, respirar e pegar (Clark, 1995). Milani-Comparetti (1981; Milani-Comparetti & Gidoni, 1967) sugere que o feto utiliza os reflexos para se posicionar para o nascimento a fim de facilitar o processo do parto. As explicações estruturais e funcionais consideram os reflexos no nascimento, mas não sugerem nada sobre seus propósitos após o parto. As teorias aplicadas, em contraste, examinam o papel dos reflexos nos movimentos volitivos futuros (mais uma vez, vemos algumas ideias muito diferentes baseadas nos pontos de vista teóricos dos pesquisadores). Outros adotam a visão de que os reflexos levam a movimentos coordenados dos membros (Peiper, 1963), dando ao bebê a oportunidade de praticar movimentos coordenados antes que os centros superiores do cérebro estejam prontos para mediar tais ações.

 Veja mais uma vez a Tabela 6.1. Como você entende cada reflexo se encaixando em uma função de futuros movimentos?

Relação dos reflexos com o movimento voluntário

As ideias sobre a relação entre reflexos e movimentos voluntários posteriores têm mudado bastante nos últimos 50 anos como resultado de alguns experimentos únicos. Os primeiros pesquisadores, como McGraw (1943), acreditavam que os bebês não poderiam se mover voluntariamente até que os reflexos fossem inibidos pelo sistema nervoso central – uma teoria denominada interferência motora. Com o passar do tempo, os estudiosos começaram a questionar essa ideia. Um experimento relativamente simples, realizado por Zelazo, Zelazo e Kolb (1972a,b), desafiou a noção de que movimentos reflexos e voluntários não estavam inter-relacionados. Esses pesquisadores estimularam o reflexo da marcha diariamente em um pequeno número de bebês durante as primeiras 8 semanas de vida, e essa prática diária não apenas aumentou o reflexo da marcha nessas crianças, mas também resultou no aparecimento precoce do caminhar voluntário nos bebês treinados em comparação àqueles que não praticaram o reflexo. Os investigadores concluíram que o reflexo do caminhar involuntário pode ser transformado em caminhar voluntário (ver também Zelazo, 1983). Esses pesquisadores propuseram que o desaparecimento do reflexo se deveu ao desuso, que o período de inibição do reflexo antes da data do aparecimento da habilidade voluntária era desnecessário e que a estimulação sistemática de um reflexo locomotor pode melhorar a aquisição da locomoção voluntária pelo bebê.

Esther Thelen (1983, 1995; Thelen & Ulrich, 1991) também questionava se os reflexos deveriam ser inibidos antes que o movimento voluntário pudesse acontecer. Ela propôs, com seus colaboradores, que outras restrições, em vez de estritamente o amadurecimento, poderiam estar relacionadas ao desaparecimento do reflexo da marcha. Thelen examinou restrições em mudanças do indivíduo durante o início da infância e observou que os bebês apresentam um aumento acentuado no peso da perna, sobretudo por acúmulo de gordura, durante os primeiros 2 meses de vida. A pesquisadora ponderou que esse grande aumento no peso das pernas, junto com a ausência do aumento de uma força muscular correspondente, pode causar o desaparecimento do reflexo da marcha, uma vez que o bebê não tem força suficiente para levantar as pernas, agora mais pesadas. Em outras palavras, a força pode ser um limitador de velocidade para o caminhar após aproximadamente 2 meses de vida.

Para testar essa ideia, Thelen e colaboradores escolheram um grupo de bebês, com idade entre 4 e 6 semanas, que continuavam apresentando o reflexo de chute e adicionaram pequenos pesos nos tornozelos dos bebês, em quantidade igual ao ganho de peso proporcionado pelo desenvolvimento. A quantidade de passos reflexos diminuiu, sugerindo que o ganho de peso pode ser uma explicação viável para o desaparecimento do reflexo. Todavia, os estudos desses bebês muito jovens mostraram somente metade do quadro. Thelen precisou demonstrar que o passo reflexo continuaria existindo em mais velhos se ela levasse em consideração a restrição de força. Para fazer isso, utilizou bebês mais velhas (que não apresentavam mais o reflexo da marcha) e os submergiu até o peito em um tanque d'água. A água fez as pernas flutuarem (simulando um aumento na força). Thelen descobriu que essas crianças começaram a caminhar com maior frequência. Esse resultado é semelhante ao encontrado por Zelazo, cujo treinamento pode ter tornado as pernas dos bebês fortes o bastante para caminhar, apesar do ganho de peso. Por fim, Thelen (1985; Thelen & Ulrich, 1991; Vereijken & Thelen, 1997) descobriu que os bebês que não deram passos reflexos aos 7 meses caminharam quando seguros sobre uma esteira rolante motorizada. O conjunto desses estudos sugere que as diversas restrições do indivíduo (em vez de simplesmente o amadurecimento) desempenham um forte papel como limitadoras de velocidade nos padrões de movimento durante a infância. Esses estudos inspiraram várias outras pesquisas em bebês que utilizaram esteiras rolantes. A Figura 6.4 ilustra a pesquisa em andamento que utiliza esteira rolante para estimular o caminhar em bebês com Síndrome de Down.

PONTO-CHAVE
Os aumentos e diminuições da passada com mudanças em restrições ambientais e da tarefa (p. ex., adição de uma esteira rolante em movimento, manipulação do peso da perna) indicam que outros sistemas que não o sistema nervoso devem estar envolvidos nesse aspecto do desenvolvimento motor.

Marcos referenciais motores:
o caminho para movimentos voluntários

Compare os movimentos de uma mesma criança quando recém-nascida e aos 12 meses de idade. De alguma forma, esses movimentos espontâneos e reflexos dão lugar a atividades complexas, coordenadas e voluntárias, como caminhar, alcançar e pegar. O que acontece com o bebê nesses meses intermediários? De forma clara, vê-se que a criança não adquire uma habilidade complexa de uma hora para outra. Pelo contrário, ela deve aprender como coordenar e controlar as muitas partes em interação no seu corpo. Deve adquirir

Um **marco referencial motor** é uma habilidade motora fundamental cujo alcance está associado à aquisição de movimentos voluntários posteriores. A ordem na qual um bebê atinge esses marcos referenciais é relativamente consistente, ainda que o tempo seja diferente entre os indivíduos.

certas habilidades fundamentais que levam a um desempenho habilidoso. Chamamos essas habilidades fundamentais de **marcos referenciais motores** (Figura 6.5), e cada uma é um marco ou um ponto crítico no desenvolvimento motor do indivíduo. Pense nelas desta forma: para caminhar, você deve ser capaz de ficar em pé; para ficar em pé, deve ser capaz de manter seu tronco na posição vertical; para manter seu tronco na posição vertical, deve ser capaz de manter sua cabeça ereta. Cada habilidade está associada a um marco referencial precedente. Individualmente, os bebês variam no tempo em que atingem um marco referencial motor; porém, adquirem essas diferentes habilidades rudimentares em uma sequência até certo ponto consistente. A Tabela 6.2 mostra o período e a sequência de marcos referenciais motores selecionados.

Bayley (1936; 1969), Shirley (1931; 1963) e outros pesquisadores observaram bebês e determinaram uma sequência de marcos referenciais motores, bem como as médias de idade nas quais as crianças os atingiram. Esse padrão progressivo de aquisição de habilidades pode estar relacionado a mudanças previsíveis nas restrições dos indivíduos que ocorrem em bebês com desenvolvimento típico. Elas incluem:

FIGURA 6.4 Para acelerar o aparecimento e aumentar a qualidade do caminhar independente, um bebê com síndrome de Down é treinado sobre uma esteira motorizada.

Foto disponibilizada, com permissão, de Dale Ulrich.

- maturação do sistema nervoso central;
- desenvolvimento da força muscular e da resistência aeróbia;
- desenvolvimento da postura e do equilíbrio;
- melhoria do processamento sensorial.

Após ler este capítulo, os estudantes poderão perguntar se a pesquisa sobre marcos referenciais motores de Bayley e Shirley continua relevante. As melhorias em nutrição e nos modos de criação das crianças – bem como as inovações em brinquedos e equipamentos para o bebê – não levaram ao alcance mais rápido dos marcos referenciais motores? Ou talvez as melhorias em métodos experimentais e observações tenham resultado em intervalos de idade mais precisos? A Organização Mundial da Saúde (OMS) preparou-se para responder a essas questões com seu Estudo Multicêntrico de Referência do Crescimento (MGRS – Multicenter Growth Reference Study – de Onis et al., 2004, 2007; Wijinhoven et al., 2006; WHO Multicentre Growth Reference Study Group, 2006). Todo o estudo envolveu seis países e milhares de crianças. Para a avaliação do desenvolvimento motor amplo, o grupo observou um total de 816 crianças de cinco países (Gana, Índia, Noruega, Omã e Estados Unidos). O grupo focou em seis marcos referenciais motores: sentar sem apoio, engatinhar, ficar em pé com auxílio, caminhar com auxílio, ficar em pé sem auxílio e caminhar sem auxílio. As crianças foram observadas longitudinalmente dos 4 meses de idade até o caminhar independente. Os observadores de campo desse estudo eram muito treinados, e

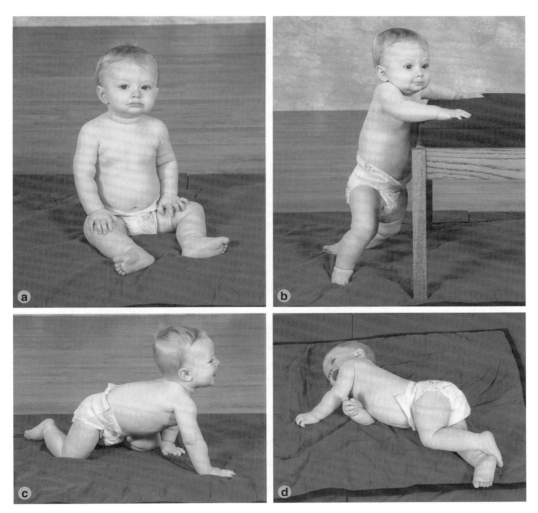

FIGURA 6.5 Alguns marcos referenciais das habilidades motoras: *(a)* sentar-se sozinho bem firme, *(b)* ficar em pé apoiado em um móvel, *(c)* se arrastar e *(d)* rolar das costas para a frente.

altos níveis de confiança entre os observadores foram estabelecidos a fim de assegurar que todos identificassem os marcos referenciais corretos e de modo semelhante.

O que o Estudo Multicêntrico de Referência do Crescimento da OMS descobriu em termos de idade de alcance das habilidades motoras? Os resultados para 50º percentil do MGRS foram muito semelhantes aos encontrados por Bayley, em 1936, e dentro dos intervalos descobertos por Shirley, em 1963. As maiores discrepâncias ocorreram nos marcos referenciais iniciais. Entretanto, as idades médias de Bayley nunca diferiram das idades encontradas pelo MGRS em mais de três semanas. Por exemplo, o MGRS relatou que 50% dos bebês sentaram sem apoio aos 5,9 meses, enquanto Bayley relatou uma média de 6,6 meses, e Shirley, 7 meses. Do mesmo modo, o MGRS relatou que 50% dos bebês atingiram a habilidade de "sentar sem auxílio" aos 7,4 meses, enquanto Shirley relatou 8 meses, e Bayley, 8,1 meses. A partir desse ponto, no entanto, os dados do MGRS e de Bayley foram muito semelhantes. As médias de idade de Shirley variaram mais e eram sempre mais tardias que aquelas do MGRS. Contudo, os intervalos de idade dela continuaram dentro dos mesmos intervalos descobertos pelo MGRS.

O que podemos concluir de tudo isso? Primeiro, com base no MGRS, parece não haver uma tendência secular nos marcos referenciais. Isto é, atualmente os bebês estão atingindo os marcos referenciais motores mais ou menos na mesma idade que os recém-nascidos de

112 Desenvolvimento Motor Inicial

TABELA 6.2   Marcos referenciais motores selecionados

Média de idade (em meses)	Faixa de idade (em meses)	Marco (escala de Bayley para o desenvolvimento do bebê)	Marco (sequência de Shirley)
0,1		Ergue a cabeça quando suspenso pelos ombros	
0,1		Movimentos laterais da cabeça	
0,8	0,3-2,0	Braços empurram ao brincar	
0,8	0,3-2,0	Pernas empurram ao brincar	Queixo para cima (levanta a cabeça em posição de pronação)
0,8	0,3-3,0	Segura uma argola vermelha (i. e., agarra)	
1,6	0,7-4,0	Cabeça firme e ereta	
1,8	0,7-5,0	Gira de decúbito lateral para decúbito dorsal	
2,0			Tórax para cima (levantando a cabeça e o tórax em posição de pronação)
2,3	1,0-5,0	Senta com pouco apoio	
4,0			Senta-se com apoio
4,4	2,0-7,0	Gira de decúbito dorsal para decúbito lateral	
4,9	4,0-8,0	Oposição parcial dos polegares	
5,0			Senta-se no colo, segura objeto
5,3	4,0-8,0	Senta-se sozinho momentaneamente	
5,4	4,0-8,0	Alcança unilateralmente	
5,7	4,0-8,0	Gira o punho	
6,0			Senta na cadeira, segura objeto pendurado
6,4	4,0-10,0	Rola de trás para a frente	
6,6	5,0-9,0	Senta sozinho com firmeza	
6,9	5,0-9,0	Oposição completa dos polegares	
7,0			Senta sozinho
7,1	5,0-11,0	Progressão pré-caminhada	
7,4	6,0-10,0	Preensão parcial com o dedo	
8,0			Fica em pé com ajuda
8,1	5,0-12,0	Apoia-se para ficar em pé	
8,6	6,0-12,0	Fica em pé com apoio na mobília	
8,8	6,0-12,0	Realiza os movimentos do caminhar	
9,0			Fica em pé com apoio na mobília
9,6	7,0-12,0	Caminha com auxílio	
10,0			Engatinha
11,0	9,0-16,0	Fica em pé sozinho	Caminha quando conduzido
11,7	9,0-17,0	Caminha sozinho	
12,0			Apoia-se para levantar
14,0			Fica em pé sozinho
14,6	11,0-20,0	Anda para trás	
15,0			Caminha sozinho
16,1	12,0-23,0	Sobe escadas com auxílio	
16,4	13,0-23,0	Desce escadas com auxílio	
23,4	17,0-30,0+	Pula com ambos os pés saindo do chão	
24,8	19,0-30,0+	Pula do degrau mais baixo (ou primeiro)	

80 anos atrás. Segundo, as técnicas de observação que Bayley e Shirley usaram eram válidas e fidedignas. Finalmente, ainda podemos usar as escalas de Bayley e Shirley com confiança de que os intervalos de idade representados indicam em que ponto deveriam estar, na média, os bebês com desenvolvimento típico.

Restrições e alcance dos marcos referenciais motores

Lembre-se de que as restrições do indivíduo podem agir como limitadores de velocidade ou controladores. Isto é, para um bebê demonstrar certa habilidade, terá de desenvolver um determinado sistema até atingir um nível específico. Por exemplo, para elevar sua cabeça enquanto está deitado em decúbito ventral, ele deve ter força suficiente em seu pescoço e em seus ombros (Fig. 6.6). A taxa de aparecimento desses marcos referenciais motores varia, porque diferentes sistemas avançam mais cedo em alguns bebês do que em outros. Restrições de experiências e de ambientes também desempenham um papel na variabilidade individual (Adolph, Vereijken & Denny, 1998). Modos de criação dos filhos definidos culturalmente podem alterar a velocidade com que as crianças atingem os marcos referenciais motores (Clark, 1995). Por exemplo, o primeiro bebê de uma mãe pode experimentar a "síndrome do primeiro filho", que não é uma doença, mas um fenômeno cultural nos Estados Unidos, no qual as mães estreantes muitas vezes seguram seus bebês no colo e evitam colocá-los sobre seus abdomes por longos períodos. Esses períodos de colo prolongado resultam em atraso no aparecimento de certos marcos referenciais motores, como o engatinhar; o bebê não tem a oportunidade de reforçar seus músculos do pescoço por estar em posição pronada. Mais uma vez, vemos o desenvolvimento surgir da interação do indivíduo, do ambiente e da tarefa.

Pesquisas recentes sugerem que o alcance de certos marcos referenciais pode agir como limitador de velocidade para outras habilidades. Corbetta e Bojczyk (2002) estudaram os movimentos de alcançar para pegar e de não alcançar, além da preferência manual de nove bebês, das 3 semanas de idade até o momento do caminhar independente. A descoberta mais surpreendente foi a de que, quando os bebês atingiam certos marcos referenciais – como sentar, engatinhar ou caminhar –, eles mudavam suas preferências manuais e até mesmo as revertiam para uma forma inicial de alcançar para pegar (com as duas mãos). No desenvolvimento do caminhar, a mudança de retrocesso para o alcançar para pegar é, provavelmente, o resultado do equilíbrio do bebê atuar como limitador de velocidade. É menos provável que esse tipo de movimento comprometa a recém-descoberta capacidade do bebê de caminhar. A variação em preferência de mão oferece mais evidências que sugerem a influência de muitas restrições interativas sobre o desenvolvimento das habilidades motoras.

FIGURA 6.6 Para engatinhar, um bebê precisa, primeiro, ser capaz de levantar a cabeça e os ombros em pronação, o que requer força no pescoço e nos ombros.

Escalas de referência por norma e por critério

É obviamente necessária e benéfica a avaliação de crianças ou grupos de crianças. A avaliação pode auxiliar os profissionais a identificar crianças que necessitam de atenção especial, a registrar o progresso individual e do grupo e a escolher tarefas educacionais adequadas. Os profissionais devem reconhecer, contudo, que os instrumentos de teste têm propósitos específicos e são mais bem utilizados quando o objetivo se enquadra em uma necessidade particular. Por exemplo, podemos classificar, de forma geral, os instrumentos de teste como referências por norma ou por critério.

O objetivo das escalas referenciadas à norma é o de comparar um indivíduo ou grupo a normas estabelecidas previamente. Essa comparação indica onde a pessoa se situa dentro de um grupo de indivíduos semelhantes combinados por fatores relevantes, como idade, gênero e raça. O valor das escalas referenciadas à norma para identificar crianças com desenvolvimento lento é óbvio. Ao mesmo tempo, tais escalas não oferecem informação aos profissionais sobre a natureza ou a causa de um atraso, ou sobre que experiências educacionais devem ser prescritas para facilitar o desenvolvimento futuro.

Escalas de referência por critério são delineadas para indicar onde a criança se situa em um contínuo de habilidades que sabemos ser adquiridas em sequência. Os desenvolvimentistas aplicam a escala referenciada ao critério periodicamente, comparando indivíduos aos seus próprios desempenhos anteriores, e não a uma norma da população. Normalmente, as escalas de referência por critério indicam quais habilidades o indivíduo dominou e quais estão apenas emergindo. Os educadores podem prescrever atividades e práticas de educação baseadas nessas habilidades emergentes, garantindo que a tarefa educacional seja adequada ao desenvolvimento individual.

Marcos referenciais motores como indicadores de desenvolvimento neurológico atípico

Em função de sua sequência natural, os marcos referenciais motores podem oferecer informações a respeito da saúde neurológica do bebê para profissionais treinados, como médicos e fisioterapeutas. Em um estudo realizado com 173 bebês prematuros de alto risco, Allen e Alexander (1994) avaliaram seis marcos referenciais motores durante consultas sequenciais de triagem para a presença de paralisia cerebral. Eles descobriram que podiam diagnosticar a patologia com precisão ao verificar atraso de 37,5% em todos os seis marcos referenciais motores nas avaliações subsequentes. Essa descoberta enfatiza dois pontos importantes: primeiro, a sequência do marco referencial é bastante previsível em bebês com desenvolvimento típico; segundo, apesar de existir variabilidade na aquisição desses marcos, atraso em vários deles pode indicar algum problema de desenvolvimento. Evidentemente, é sempre melhor confirmar com um profissional antes de supor que a criança apresenta esse tipo de problema.

Outras condições podem levar a diferenças no início do marco referencial motor. Por exemplo, cedo no desenvolvimento, crianças com síndrome de Down têm frequentemente alguma experiência de hipotonia, que é descrita de melhor forma como uma carência de tônus muscular. De fato, essas crianças são caracterizadas como "moles". Muitas vezes, a hipotonia melhora ao logo do desenvolvimento. Contudo, essa ausência de tônus muscular normalmente resulta em um atraso na aquisição do marco referencial motor, como agarrar, sentar, girar e puxar para levantar (Jobling and Virji-Babul, 2004). Uma vez que esses marcos referenciais motores requerem certo grau de força, a hipotonia pode ser considerada como um fator limitante na sua aquisição. Além disso, as crianças adquirem muitos desses marcos em uma sequência que leva à capacidade de manter-se uma postura ereta. Portanto, atrasos nos marcos referenciais levam a um retardo na obtenção de habilidades motoras

A maioria das escalas desenvolvidas para os bebês é do tipo referência por norma (geralmente, é necessário maior experiência para aplicar uma escala de referência por critério do que por norma). As escalas de Bayley de desenvolvimento do bebê (*Bayley Scales of Infant Devolepment*), discutidas neste capítulo, são referenciadas à norma (Bayley, 1969). As escalas de Bayley completas consistem em uma escala mental (163 itens), uma escala motora (81 itens) e um registro de comportamentos social e de atenção. Aqueles que utilizam essas escalas podem comparar bebês mais novos e bebês que estão começando a caminhar dos 2 meses aos 2 anos e meio segundo as normas mental e motora.

Outra escala bem conhecida de referência por norma é o Teste de Triagem de Desenvolvimento de Denver (Frankenburg e Dodds, 1967). Esse teste pode ser utilizado do nascimento aos 6 anos e avalia quatro áreas:

1. Desempenho motor amplo (31 itens).
2. Desempenho motor fino (30 itens).
3. Desenvolvimento da linguagem (21 itens).
4. Habilidades pessoais-sociais (representando habilidades sociais adequadas à idade) (22 itens).

Uma terceira escala bem conhecida de referência por norma são as Tabelas de Desenvolvimento de Gesell (Gesell e Amatruda, 1949). Todos esses instrumentos são padronizados, mas suas escalas motoras são menos confiáveis e válidas do que o desejado. Nesse sentido, elas são úteis, mas limitadas na informação que oferecem sobre o desenvolvimento motor.

fundamentais, como caminhar, e atividades diárias, como se alimentar (Reid e Block, 1996; Ulrich, Ulrich e Collier, 1992).

Visto que a mobilidade infantil parece ser importante para o desenvolvimento precoce, qualquer condição que a atrase ou impeça pode afetar negativamente o desenvolvimento cognitivo. O desenvolvimento motor e o movimento precoce influenciam tanto o desenvolvimento cognitivo quanto o social. Por exemplo, uma criança começa a explorar o seu ambiente por meio de alcançar e agarrar objetos; isso permite uma conexão humano-objeto que envolve múltiplos sistemas sensoriais (p. ex., visão, toque e, se o objeto entrar em contato com a boca da criança, gosto). Esse movimento ajuda a criar atalhos neurais no cérebro, que são cruciais nos três primeiros anos de vida (Kail e Cavanaugh, 2010; Ulrich et al., 1992). Se as crianças estão significativamente atrasadas nessas experiências, elas perderão algumas ou todas essas oportunidades de aprender a integrar informações sensoriais (Ulrich, Lloyd, Tiernan, Looper, e Angulo-Barroso, 2008). Parte dessa aprendizagem é descobrir os relacionamentos entre causa-efeito em seus ambientes. Além disso, uma locomoção independente proporciona a crianças e lactantes uma forma de controlar e explorar seus ambientes, bem como como uma oportunidade de interagir socialmente (Lynch, Ryu, Agrawal, e Galloway, 2009). Portanto, aquisições de habilidades motoras atrasadas podem ter um efeito mais profundo do que simplesmente a incapacidade de se mover; podem influenciar um processo de desenvolvimento inteiro, levando a uma grande falta de incapacidades cognitivas que poderiam existir se a mesma criança tivesse tido oportunidades de movimento (Ulrich et al., 2008).

 Se você fosse um fisioterapeuta, quais tipos de atraso você esperaria encontrar se estivesse trabalhando com bebês que apresentassem baixo tônus ou espasticidade muscular? Leve em conta como um atraso em um marco referencial afetaria marcos referenciais posteriores.

Desenvolvimento do controle postural e do equilíbrio no bebê

Muitos dos marcos referenciais motores do primeiro ano de vida envolvem o alcance de certas posturas, das quais sentar e levantar são os exemplos mais óbvios, uma vez que, mantendo a postura, os bebês alcançam o equilíbrio. Como resultado, os desenvolvimentistas têm se interessado em saber se o controle postural e o equilíbrio fazem parte do sistema de limitadores de velocidade no surgimento de certas habilidades como marcos referenciais. Eles também estão interessados em saber se os bebês se baseiam nas mesmas informações para o equilíbrio que os adultos.

Existem evidências de que os bebês fazem ajustes posturais da cabeça em resposta a uma exposição de fluxo óptico ou a mudanças em padrões ópticos enquanto se movem (Jouen, 1990; Jouen, Lepecq, Gapenne, & Bertenthal, 2000). Essa descoberta pode indicar que o fator limitador de velocidade não é a percepção do fluxo óptico, mas a execução da resposta postural adequada. Os pesquisadores têm estudado essa questão por meio da técnica da "sala móvel" (Fig. 6.7). Pope (1984) manteve os bebês em uma posição sentada em uma plataforma estacionária e observou suas respostas musculares por meio de traçados eletromiográficos quando as paredes e o teto da pequena sala que os envolvia foram movimentados. O efeito visava proporcionar uma informação visual que fizesse parecer que o corpo, e não a sala, estava se movendo, enquanto a informação cinestésica dos receptores vestibulares e somatossensoriais indicava que o corpo não estava se movimentando. Assim, a informação visual e a informação cinestésica estavam em conflito. Os bebês de 2 meses de idade reagiam à informação visual em vez da cinestésica, isto é, respondiam como se os seus corpos estivessem oscilando, e ativavam músculos para readquirir suas posturas iniciais.

Bertenthal, Rose e Bai (1997) observaram bebês de 5, 7, 9 e 13 meses sentados em uma sala móvel enquanto esta se movimentava em duas diferentes velocidades. Essa faixa etária inclui alguns bebês que já conseguem sentar sozinhos. Os investigadores observaram que todos, mesmo aqueles ainda incapazes de sentar sozinhos, respondiam ao movimento da sala (eles acreditavam mais na informação visual do que na cinestésica), e suas ações estavam ligadas à velocidade do movimento. Os investigadores também observaram que

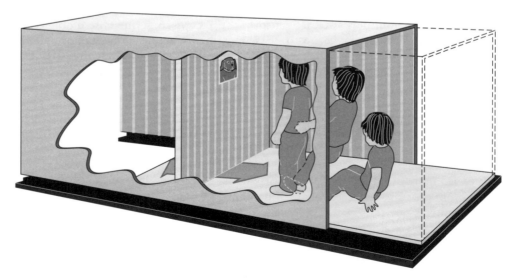

FIGURA 6.7 Uma sala móvel. Neste desenho, a pequena "sala" (feita de quatro paredes e um teto) é movimentada em direção à criança, a qual cai para trás. Essa resposta ocorreria se a criança percebesse o fluxo óptico produzido pelo movimento da sala como balanço para a frente em vez de um movimento da sala. Reimpressa, com permissão, de Bertenthal, Rose e Bai, 1997.

os bebês aumentavam suas respostas com a experiência de sentar, realizando as respostas posturais mais cedo e de modo mais preciso e consistente.

Quando os bebês que mal tinham começado a ficar em pé eram colocados na sala móvel, frequentemente balançavam, cambaleavam ou caíam – ao contrário dos adultos, que conseguem manter o equilíbrio (Bertenthal e Bai, 1989; Batterworth e Ricks, 1977; Lee e Aronson, 1974; Woollacott e Sveistrup, 1994). Crianças que ficaram de pé recentemente levam mais tempo do que os adultos para utilizar seus músculos posturais quando desequilibrados e oscilam mais antes de atingir a estabilidade (Forssberg e Nashner, 1982). O efeito da sala móvel diminui em crianças após o primeiro ano em que ficam em pé.

Parece, portanto, que a percepção visual de automovimento não é o fator controlador da velocidade na postura e no equilíbrio do bebê. Pelo contrário, o fator controlador de velocidade pode ser um acoplamento da informação sensorial com a resposta motora adequada. O refinamento desse acoplamento ocorre para cada tarefa, como sentar e ficar de pé. Essa interpretação é consistente com pesquisas sobre o sistema neurológico, sugerindo que a visão deve estar ligada a loci de respostas motoras específicas (Goodale,1988; Milner e Goodale, 1995). Uma vez refinados, esses acoplamentos percepção--ação oferecem ajustes muito sensíveis e rápidos com o ambiente. À medida que o bebê se movimenta, seu ambiente muda. À medida que o ambiente muda, a criança deve regular e refinar seus movimentos com base em informações sensoriais contínuas. Em outras palavras, o bebê deve continuamente calibrar seu acoplamento sensório-motor (Chen et al., 2007; Metcalfe et al., 2005). À medida que o sistema se desenvolve e muda, o acoplamento sensório-motor deve também mudar, exigindo uma recalibração com o ambiente.

Barela, Jeka e Clark (1999) observaram o controle de toque em bebês ao atingirem quatro importantes estágios: impulsionar para ficar de pé, ficar de pé sozinho, começar a caminhar e atingir 1 mês e meio de experiência no caminhar. À medida que os bebês adquirem a experiência de ficar em pé, o balanço de seus corpos e a força aplicada a uma superfície de contato próxima diminuem. Nos três primeiros estágios (impulsionar para ficar de pé, ficar de pé sozinho e começar a caminhar), os bebês respondiam ao balanço do corpo aplicando forças a uma superfície. Após ganhar experiência caminhando, eles utilizavam a informação de toque para controlar a postura, em vez de simplesmente reagir à oscilação. A informação somatossensorial certamente desempenha um papel importante na postura e no equilíbrio. As pesquisas com bebês estabeleceram o importante papel da informação perceptiva dos vários sistemas em ações que mantêm nossa postura e nosso equilíbrio, mas são necessárias mais pesquisas para entendermos como essas várias fontes de informação são integradas na manutenção do equilíbrio e da postura.

Resumo e síntese

Um bebê recém-nascido se move de várias maneiras. Ele pode chutar com suas pernas e oscilar seus braços de uma forma aparentemente aleatória; chamamos esses movimentos de movimentos espontâneos ou estereotipados. Ele pode responder a um toque com um padrão de movimento específico, e essas respostas são chamadas de reflexos do bebê. Durante o primeiro ano, ele começa a levantar sua cabeça e a sentar-se sozinho. Tais habilidades, que aparecem em uma sequência bem definida, são chamadas de marcos referenciais motores. Em um bebê de desenvolvimento típico, esses comportamentos motores emergem em uma sequência e em um quadro de tempo relativamente previsível, devido às restrições do indivíduo que mudam rapidamente (tanto estruturais quanto funcionais). Diferenças entre os bebês na sequência e no tempo existem, porém não devem ser vistas como indicação de dificuldades neurológicas sem que se consulte um profissional. A diferença simplesmente indica que, para uma criança em particular, as interações entre as restrições individuais, do ambiente e da tarefa encorajam os comportamentos motores de maneira única. Em contrapartida, alguns bebês podem apresentar uma patologia subjacente, como paralisia cerebral ou síndrome de Down, que pode levar a um retardo na aquisição dos marcos referenciais motores.

O que os movimentos que vemos durante a infância nos dizem sobre o bebê? Os desenvolvimentistas continuam a debater o propósito dos reflexos e dos movimentos espontâneos. Entretanto, vários aspectos estão se tornando claros: primeiro, esses padrões de movimento não são aleatórios, mas coordenados (se não propositais); segundo, os padrões de movimentos iniciais desempenham um papel no movimento futuro, provavelmente criando suas bases. De qualquer forma, não podemos separar os movimentos iniciais das habilidades posteriores. As experiências do bebê – vinculadas às suas características físicas, ao ambiente, ao cuidado dos pais e a outras restrições agindo dentro do contexto de sua infância – interagem no desenvolvimento das habilidades de movimento.

Reforçando o que você aprendeu sobre restrições

Dê uma segunda olhada

Referindo-se ao caso dos bebês e dos robôs do início do capítulo, algumas pessoas podem perguntar: "Por que deixar um bebê dirigir um robô?" Outros podem se perguntar por que razão, se estiverem interessados em dar aulas em escolas ou em reabilitar adultos, devem estudar bebês. Duas importantes razões existem: o comportamento motor do bebê parece formar a base para o comportamento voluntário, conforme demonstrado por Thelen e seus colaboradores, e parece haver uma relação positiva entre comportamento motor e cognitivo. Como explicou Galloway, o pesquisador de robôs e bebês, "assim que você está tentando alcançar algo, assim que está caminhando, sua cognição explode". Para bebês e crianças que se desenvolvem atipicamente, a constatação precoce de atrasos de desenvolvimento pode permitir uma intervenção mais rápida e uma redução de déficits posteriores. Portanto, é importante compreender o desenvolvimento de bebês porque se trata de uma importante peça no quebra-cabeça do desenvolvimento motor.

Teste seus conhecimentos

1. Para quatro dos reflexos do bebê listados na Tabela 6.1, descreva uma função para a sobrevivência ou para um objetivo mais tarde na vida.
2. Considere as restrições do indivíduo, da tarefa e ambiente interagindo durante a infância; então, cite várias razões pelas quais um bebê poderia estar atrasado no alcance dos marcos referenciais motores.
3. Descreva como as restrições da tarefa e do ambiente podem ter um profundo efeito no aparecimento de habilidades motoras.
4. Em que sistema perceptivo os bebês mais jovens parecem se basear para obter informação sobre o equilíbrio?

Exercícios de aprendizado 6.1

Identificando restrições em bebês e em crianças que estão começando a caminhar

O alcance de um marco referencial indica uma interação especial de várias restrições que permite o aparecimento de um comportamento específico. A velocidade com que um bebê alcança um marco referencial motor (e, em certo grau, o tipo de marco referencial) pode ser diferente daquela exibida por outros. Isso sugere que restrições específicas podem atuar como limitadores ou controladores de velocidade para um determinado bebê e que, quando um valor crítico desse limitador de velocidade é finalmente atingido, a criança irá alcançar um marco referencial ou a habilidade motora.

Um dos melhores modos para se observar restrições em ação é acompanhar um grupo de bebês com idades variadas. Visite um centro infantil local e observe cuidadosamente os bebês e seus cuidadores interagindo. Dado o conhecimento sobre o desenvolvimento de bebês obtido a partir desse capítulo, faça uma lista de restrições que afetam o comportamento motor deles. Encontre restrições individuais de tarefa e do ambiente no contexto do centro infantil. Para as restrições individuais, explique o que poderia agir como um limitador de velocidade para os marcos referencias motores. Para as restrições de ambiente e de tarefa, explique como podem estimular ou desencorajar diferentes comportamentos motores.

Desenvolvimento da Locomoção Humana

 OBJETIVOS DO CAPÍTULO

- Definir o conceito de locomoção humana.
- Descrever os diferentes tipos de locomoção.
- Discutir o desenvolvimento de padrões específicos de locomoção.
- Explicar as diferentes restrições do indivíduo que afetam o desenvolvimento dos padrões de locomoção.

Desenvolvimento motor no mundo real

Quem disse que envelhecer significa desacelerar?

Enquanto a população mundial continua a embranquecer os cabelos, mais e mais adultos desafiam estereótipos conhecidos de fragilidade e fraqueza participando de atividades físicas em um nível de elite. Uma dessas atletas é Philippa "Phil" Raschker, que foi eleita Atleta do Ano pela Associação Mundial de Atletas Master (WMA). Raschker, competindo no grupo de 60 a 64 anos, conquistou um número impressionante de 71 medalhas de ouro, 19 de prata e 7 de bronze (a maioria em competições de corrida, tais como os 100 m rasos e 300 m com barreira), desde 1983. Nessa contagem estão incluídos os três campeonatos que ela conquistou em 2011. Ela foi finalista do Prêmio Sullivan da União de Atletas Amadores (AAU), concedido anualmente aos melhores atletas amadores de *qualquer* grupo de idade. Outros finalistas incluem atletas famosos, como LeBron James, Apolo Ohno, Michael Phelps e Diana Taurasi. O documentário *Racing Against the Clock*, de 2004, retratou Raschker e quatro outras mulheres veteranas que continuam competindo com sucesso no atletismo. Phil Raschker exemplifica o fato de que envelhecer não necessariamente impede a pessoa de manter, ou mesmo desenvolver, um número considerável de habilidades locomotoras.

As pessoas interessadas em desenvolvimento motor frequentemente enfatizam a aquisição inicial de habilidades locomotoras. Nossa introdução demonstra, no entanto, que a locomoção é uma atividade de movimento para a vida toda. As mudanças ocorrem no caminhar, correr, galopar e outras habilidades motoras conforme as restrições do indivíduo, do ambiente e da tarefa mudam. Este capítulo examina diferentes habilidades locomotoras ao longo da vida – como essas habilidades mudam sistematicamente e como as restrições do indivíduo agem como controladores de velocidade.

Locomoção é o ato de se deslocar, ou a capacidade de se mover de um lugar para outro. Mover-se, indo de lá para cá: a locomoção é algo que fazemos a cada dia sem pensar muito a respeito. Contudo, essa definição aparentemente simplista pode esconder o fato de que se mover de um lugar para outro é uma atividade complexa, envolvendo muitos sistemas e restrições que interagem entre si. O estudo da locomoção se encontra em muitos campos, da medicina à psicologia, e inclui muitos movimentos, de contorcer-se a nadar. Ao longo da vida, os indivíduos usam vários métodos de locomoção. É claro que o tipo de locomoção utilizado depende das restrições em jogo. Durante a infância, a altura, o peso e o comprimento mudam de forma considerável e podem agir como controladores de velocidade. Em grande parte da vida, outros tipos de restrições, como a motivação ou mesmo a associação de gênero atribuída a uma habilidade (p. ex., "saltitar é para meninas"), podem incentivar ou desestimular comportamentos. À medida que uma pessoa se aproxima da velhice, restrições estruturais, como as características físicas, podem retornar como importantes controladores de velocidade. Entretanto, as restrições funcionais, como medo de cair ou perda da capacidade de equilíbrio, podem também agir fortemente, desestimulando a locomoção, da mesma forma que as restrições ambientais, como mudanças no clima (neve e gelo). Portanto, devemos examinar as mudanças das restrições para entender a locomoção ao longo da vida.

> **Locomoção** é o ato de se mover de um lugar para outro.

Primeiros esforços voluntários de locomoção: rastejando e engatinhando

O que é necessário para uma criança se mover de um local para outro pela primeira vez? Certos marcos motores devem ser alcançados, como erguer a cabeça quando de bruços. A criança deve também ter força suficiente para suportar e mover a si própria, e deve tornar seus membros independentes, os quais primeiramente se moviam de modo simultâneo e na mesma direção. Além dessas restrições individuais, o ambiente deve permitir que a criança se locomova, e ela deve avaliar o cenário e ver o quão bem ele se encaixa em suas restrições individuais. Adolph (1997) sugere que o ambiente deve permitir muitas coisas à criança:

> A superfície deve oferecer um caminho contínuo para apoiar o corpo, deve ser larga o bastante para permitir a passagem conforme o corpo se move para a frente, robusta o bastante para suportar seu peso, bem como firme e plana e com fricção suficiente para manter o equilíbrio à medida que o peso é transferido de um membro a outro (p. 6).

Certos sistemas agem como limitadores, ou controladores de velocidade, que retardam a iniciação de uma criança na locomoção. Uma vez alcançados os níveis críticos desses sistemas, uma criança pode começar a se movimentar. Os primeiros tipos de locomoção exibidos são, normalmente, o **engatinhar** (mover-se sobre mãos e joelhos) (Fig. 7.1) e o **rastejar** (mover-se sobre as mãos e o abdome – "rastejo de combate"). A seguinte progressão das habilidades leva ao engatinhar e ao rastejar:

1. Rastejar com o tórax e o abdome no chão.
2. Engatinhar baixo com o abdome acima do chão, mas com as pernas trabalhando juntas (simetricamente).
3. Balançar para a frente e para trás na posição de engatinhar alto.
4. Engatinhar com as pernas e os braços trabalhando alternadamente.

O **rastejar** e o **engatinhar** ocorrem quando todos os quatro membros estão em contato com a superfície de apoio. No rastejar, o tórax e o abdome da criança tocam a superfície. No engatinhar, apenas as mãos e os joelhos a tocam.

Embora não seja normalmente observada, existe outra forma quadrúpede de andar dos bebês: o caminhar sobre mãos e pés. Burton (1999) revisou o trabalho de Hrdlicka, que publicou um livro, em 1931, sob o título de *Children Who Run on All Fours**, e o interpretou utilizando a abordagem dos sistemas dinâmicos. Ele concluiu que o surgimento desse padrão de marcha resultou de uma ocorrência incomum de interação entre diferentes restrições. Primeiro, as restrições ambientais relacionadas à superfície onde se engatinha podem ocasionar desconforto ao apoio dos joelhos (p. ex., cascalho ou asfalto); assim, a criança muda para o apoio dos pés. Depois, o reforço ou a resposta dos pais ou cuidadores pode incentivar um maior uso

FIGURA 7.1 Um bebê engatinhando. Equilíbrio e força devem ser suficientes para que os bebês suportem a si mesmos, primeiro em três membros e, por fim, em um braço e na perna oposta.

---

* * N. de T.: "Crianças que correm de quatro apoios" (tradução livre)

desse modo de andar. Por fim, a força média ou superior e a saúde da criança devem interagir com esses fatores ambientais para permitir que o padrão de modo de andar com as mãos e com os pés se desenvolva. Como esses fatores (e talvez outros que não tenham sido explorados) em geral não existem e interagem para incentivar o padrão do modo de andar com as mãos e com os pés, dificilmente veremos "corrida sobre quatro membros" em crianças.

O caminhar ao longo da vida

Em geral, um ser humano em desenvolvimento pode esperar uma longa carreira como caminhante. É fácil supor que, uma vez que as pessoas podem caminhar, elas não mudarão muito sua técnica de marcha durante suas vidas. Como outros comportamentos motores, entretanto, os indivíduos mudam continuamente a maneira de caminhar conforme as restrições mudam. O que permanece igual na vida de uma pessoa é a sincronia fundamental do **caminhar**, que é uma fase de 50% entre uma perna e outra (Clark, Whitall e Phillips, 1988). Em outras palavras, os indivíduos alternam suas pernas de forma que a esquerda esteja a meio caminho de seu movimento quando a direita der início ao seu. Também existe um período de apoio duplo, quando ambos os pés estão em contato com o solo, seguido de apoio único. Essas são as relações de organização temporal relativas (coordenação) que surgem cedo na vida e parecem não mudar muito (Clark, 1995). No entanto, conforme o corpo de um indivíduo ou o ambiente mudam, o tempo absoluto (i.e., mais lento ou mais rápido) e a colocação (i.e., altura ou comprimento do passo) podem mudar substancialmente.

> A **caminhada** é definida por uma relação de fase de 50% entre uma perna e outra, bem como um período de apoio duplo (quando ambos os pés estão no chão) seguido por um apoio único.
>
> **PONTO-CHAVE**
> Após a primeira infância, a maioria dos seres humanos se movimenta para diversos lugares utilizando locomoção bípede ereta. Um padrão particular de locomoção é chamado de "marcha". Padrões bipedais de marcha incluem caminhar, correr, galopar, pular e saltitar em uma única perna.
>
> **PONTO-CHAVE**
> Os limitadores de velocidade na caminhada inicial são a força muscular e o equilíbrio.

 Imagine que você seja pai ou mãe. Que tipos de controladores de velocidade podem evitar que seu bebê engatinhe?

Os primeiros passos: características da caminhada inicial

A maioria das pessoas – sobretudo os pais – sabe como se parecem os primeiros passos independentes do bebê. Na verdade, pesquisadores têm estudado e descrito esses primeiros passos (Adolph, Vereijken e Shrout, 2003; Burnett e Johnson, 1971; Clark, Whitall e Phillips, 1988; Sutherland, Olshen, Cooper & Uwoo, 1980). No início, cada passo tende a ser independente do seguinte. A criança dá pequenos passos, com pouca extensão de perna e de quadril. Ela pisa com os pés planos e aponta para fora os seus dedos dos pés. A criança coloca seus pés bem afastados um do outro quando em pé para melhorar o equilíbrio lateral. Ela não utiliza nenhuma rotação de tronco. Mantém seus braços levantados em guarda alta, isto é, suas mãos e braços são mantidos altos em uma posição flexionada. Todas as características na caminhada inicial levam a um maior equilíbrio para o novo caminhante (Fig. 7.2a e b). À medida que a criança continua a se desenvolver, seus braços caem ao nível da cintura (guarda média) e depois para uma posição estendida nas laterais (guarda baixa; Fig. 7.2c), mas ela ainda não os balança. Quando começa a utilizar o balanço dos braços, este muitas vezes é desigual e irregular; ambas as mãos podem balançar juntas para a frente (Roberton, 1978b, 1984).

Limitadores de velocidade na caminhada inicial

Os bebês têm a capacidade de mover suas pernas em um padrão alternado a partir do nascimento, mas, mesmo assim, não conseguem caminhar antes dos 7 meses de vida. Evidentemente, várias restrições do indivíduo devem se desenvolver a certos níveis críticos antes que o bebê possa suportar e mover seu próprio peso. Suas pernas devem ser capazes de se mover alternadamente, e ele deve ter força suficiente para apoiar-se em uma única perna. Deve também equilibrar-se em uma perna enquanto transfere o seu peso para o outro pé. Essas exigências sugerem fatores controladores de velocidade específicos. Thelen, Ulrich e

FIGURA 7.2 *(a)* Um caminhante iniciante. Observe a passada curta e a posição de guarda alta. *(b)* Para manter o equilíbrio, o caminhante iniciante geralmente se posiciona com os pés bem separados e com os dedos apontando para os lados. *(c)* Em vez de balançar os braços em sincronia com as pernas, os caminhantes iniciantes geralmente mantêm seus braços em uma posição de guarda alta, média ou baixa.

As partes a e c © Mary Ann Roberton; a parte b © Mary Ann Roberton e Kate R. Barrett

Jensen (1989) sugerem que as crianças devem ter força muscular nos músculos do tronco e nos extensores que lhes permitam manter uma postura em pé sobre uma pequena base de apoio. Elas devem desenvolver equilíbrio, uma postura ou posição corporal ereta, de maneira que possam compensar a mudança de peso de uma perna para a outra (Adolph et al., 2003; Clark et al; 1988; Clark e Phillips, 1993); Clark et al., 1988).

Abordando o desenvolvimento do caminhar atípico na síndrome de Down

Como mencionado no Capítulo 6, as crianças com síndrome de Down frequentemente apresentam atraso nos marcos referenciais motores. Os efeitos em cascata dos marcos referenciais iniciais levam a um retardo no início do caminhar, algumas vezes significativo. Como parte de uma série de estudos investigando a utilização de uma esteira de corrida para promover a antecipação do início do caminhar, Ulrich, Ulrich, Ângulo-Kinzler e Yun (2001) examinaram um grupo de bebês com síndrome de Down. Em média, os bebês iniciaram o estudo com 10 meses de idade (± 1,5 meses) e começaram a participar quando já podiam sentar de modo independente por 30 segundos. Todos os participantes foram submetidos à mesma fisioterapia recebida pelas crianças com síndrome de Down. Além disso, os bebês se submeteram a uma prática de caminhada em casa em uma pequena esteira motorizada. Durante o estudo, os pais seguravam as crianças sobre a esteira, que se movia em uma velocidade de 0,784 km/h. Os pais reposicionavam os bebês se eles não conseguissem andar. Esse processo era realizado por oito minutos por dia (iniciando com 1 minuto de intervenção, seguido por 1 minuto de repouso), cinco dias por semana, até que o bebê conseguisse andar de modo independente. Além disso, a equipe de pesquisadores visitava os participantes duas vezes por semana e examinava cuidadosamente seu crescimento e desenvolvimento motor.

Os resultados indicaram que o protocolo experimental foi bem-sucedido. Antes do andar independente, o grupo de estudo conseguiu ficar de pé e andar com auxílio mais cedo do que o grupo-controle (o primeiro não significativo em $p = 0,09$ e com diferença significativa no segundo, com $p = 0,03$). Além disso, o grupo treinado na esteira aprendeu a caminhar com auxílio mais cedo e a caminhar de modo independente, significativamente mais cedo (com 19,9 meses vs. com 23,9 meses) do que o grupo-controle. Os pesquisadores concluíram que a intervenção com a esteira foi bem-sucedida no estímulo do aparecimento do andar independente nesse grupo de crianças com síndrome de Down.

 Imagine que você seja um pai ou mãe. Quais restrições ambientais ou da tarefa poderiam limitar a velocidade em que se desenvolve o caminhar do seu filho?

Observando o desempenho de habilidades motoras

Um instrutor de habilidades motoras deve ser capaz de observar, de maneira crítica, os padrões de habilidades das crianças. O instrutor precisa dar *feedback* aos alunos, oferecer mais experiências práticas e avaliar formalmente suas habilidades. O processo de observação requer um foco sistemático e disciplinado sobre as características críticas de um padrão de habilidade, e não sobre o resultado ou o produto da habilidade. O observador deve aprender técnicas de observação e praticá-las, como qualquer outra habilidade, antes que se tornem automáticas.

Barrett (1979) forneceu um guia para melhorar as habilidades de observação em instrutores e técnicos a partir de três princípios:

1. Análise
2. Planejamento
3. Posicionamento

Para analisar o desenvolvimento do movimento, o observador deve conhecer primeiro as sequências de desenvolvimento da habilidade, inclusive os principais aspectos que caracterizam uma determinada etapa de desenvolvimento e os princípios mecânicos envolvidos no desempenho proficiente.

Os observadores devem organizar e planejar suas observações para evitar que sua atenção se desvie quando a atividade começar. Eles podem achar útil ter diretrizes de observação escritas, muitas das quais podem se basear nas sequências de desenvolvimento sugeridas pelos pesquisadores. Todavia, uma pessoa pode estabelecer diretrizes de observação adequadas, listando simplesmente as características críticas da habilidade a ser observada. Poderia ser também uma boa ideia para os observadores analisar diversas vezes uma determinada característica de uma habilidade (duas ou três tentativas, ou mais).

O terceiro princípio é o posicionamento. Muitos novos observadores se fixam em um local e tentam observar tudo dessa mesma posição. Algumas características críticas de habilidades motoras podem ser vistas apenas de lado; outras são mais bem analisadas de frente ou por

Padrões da caminhada proficiente

Parte de tornar-se um caminhante proficiente envolve tirar proveito dos princípios de movimento e estabilidade discutidos no Capítulo 3. Por exemplo, os novos caminhantes aumentam o equilíbrio ampliando sua passada, o que melhora sua base de apoio. Contudo, às vezes a estabilidade não é desejável, sobretudo porque ocorre à custa da mobilidade. Assim que o equilíbrio da criança melhora, ela precisa diminuir a base de apoio para se tornar mais móvel. Muitas características do caminhar proficiente se relacionam à utilização de princípios biomecânicos conforme as dimensões corporais mudam – em outras palavras, a recalibração do corpo em relação ao ambiente. Considere essas alterações do desenvolvimento da caminhada que levam a um nível proficiente:

- O comprimento absoluto da passada aumenta, refletindo maior aplicação de força e maior extensão da perna ao impulsar. À medida que as crianças crescem, o comprimento maior das pernas também contribui para uma passada mais longa.
- A colocação do pé plano no chão muda para um padrão calcanhar-ponta do pé, o que resulta em uma amplitude maior de movimento.
- O indivíduo reduz a orientação dos dedos para fora e estreita a base de apoio lateralmente, a fim de manter as forças exercidas no plano anteroposterior.
- O caminhante habilidoso adota o padrão de *bloqueio duplo do joelho* para ajudar no alcance total do movimento da perna. Nesse padrão, o joelho se estende ao contato do calcanhar com o chão e flexiona-se levemente à medida que o peso do corpo se move

trás. É importante, então, que o observador se mova e seja capaz de observar o praticante de vários ângulos.

O processo de observação da habilidade motora precisa de atenção focada. Os novos observadores devem planejar-se previamente, conhecer as características críticas da habilidade a ser observada, posicionar-se de modo adequado e exercitar a observação.

Você pode ver as características-chave que distinguem níveis de desenvolvimento simplesmente observando o desempenho da habilidade, mas com frequência há necessidade de conduzir uma avaliação mais formal. Professores, terapeutas e pesquisadores geralmente precisam gravar os níveis de desenvolvimento do indivíduo para que o progresso possa ser acompanhado, atividades possam ser delineadas ou comparações possam ser feitas. A condução de uma avaliação mais formal requer várias ferramentas:

- uma descrição dos movimentos e posições que são característicos de cada etapa na sequência de desenvolvimento;
- um plano para observar movimento de modo que um indivíduo possa ser rápida e precisamente colocado em uma etapa ou nível de desenvolvimento;
- uma planilha de modo que as observações possam ser rapidamente gravadas para uso futuro.

Essas ferramentas são oferecidas por muitas das habilidades motoras fundamentais discutidas nos capítulos seguintes. Uma tabela de sequência de desenvolvimento lista as etapas de desenvolvimento acompanhadas por uma descrição de movimentos ou posições características de cada etapa, organizados por um componente corporal, como as pernas ou os braços, ou por uma fase da habilidade, como o balanço para trás do taco. Em seguida, é apresentado um plano de observação. Para cada componente, o plano de observação o direciona, por meio de uma questão, a avaliar um movimento ou uma posição específica em um dado momento. Indicando o que observa, você avança no plano até chegar ao nível de desenvolvimento do executante. Essa informação pode ser colocada em uma planilha, do mesmo modo que a utilizada nas atividades de laboratório dos Capítulos 7-9.

para a frente sobre a perna de apoio, estendendo-se mais uma vez no impulso da ponta do pé. Chamamos esse padrão de bloqueio duplo do joelho, porque o joelho se estende duas vezes em um ciclo de passada.

- A pelve gira para permitir a amplitude total do movimento da perna e o dos movimentos opostos dos segmentos corporais inferior e superior.
- O equilíbrio melhora, e a inclinação do tronco para a frente é reduzida.
- O caminhante habilidoso coordena o balanço oposto dos braços (os braços se estendendo ao lado do corpo) com o movimento das pernas. Esse padrão é consistente com o princípio de ação e reação; isto é, o braço oposto e a perna se movem para a frente e para trás em uníssono. O balanço do braço deve tornar-se relaxado e mover-se a partir dos ombros, acompanhado por um ligeiro movimento no cotovelo.

Mudanças no desenvolvimento da caminhada durante a primeira infância

As crianças comumente atingem cedo as mudanças de desenvolvimento no caminhar; aos 4 anos, a maioria delas já possui os elementos essenciais de um caminhar avançado (Sutherland, 1997). Adolph e colaboradores proporcionaram uma excelente visão geral do desenvolvimento da caminhada da criança em um artigo de 2003, intitulado *O que muda no caminhar da criança e por quê*. As crianças apresentam rotação pélvica com uma idade média de 13,8 meses, flexão de joelho a meio apoio com 16,3 meses, contato do pé no interior de uma base de apoio da largura do tronco com 17 meses, balanço sincrônico do braço com 18 meses e pisada calcanhar-ponta do pé com 18,5 meses (Burnett e Johnson, 1971). A duração de tempo para que um pé apoie o peso corporal enquanto o outro balança para a frente aumenta, especialmente de 1 a 2 anos e meio de idade (Sutherland et al., 1980).

O comprimento da passada aumenta durante a metade da adolescência, em parte por causa da amplitude de movimento mais completa nos quadris, joelhos e tornozelos e em parte em função do aumento no comprimento das pernas resultante do crescimento. A velocidade da caminhada também aumenta, especialmente entre 1 e 3 anos e meio de idade (Sutherland et al., 1980). O ritmo e a coordenação da caminhada de uma criança melhoram de forma visível até mais ou menos 5 anos de idade; mas, além dessa idade, as melhoras no padrão são sutis e provavelmente imperceptíveis para o observador novato.

Mudanças de desenvolvimento na caminhada durante a terceira idade

Não desejamos dar a entender que nenhum desenvolvimento ocorra entre os primeiros anos da infância e a terceira idade. Entretanto, as mudanças que acontecem representam diferenças individuais (ao invés de universais), como discutido no Capítulo 1. Os indivíduos podem mudar os seus padrões de caminhada ao longo do tempo devido a ganho ou perda de peso, mudanças na força ou no equilíbrio, lesões ou treinamento de caminhada. Qualquer uma dessas alterações afetará as interações de restrições durante a caminhada. Portanto, não podemos fazer generalizações sobre quaisquer tendências de desenvolvimento específicas da caminhada nos últimos anos da adolescência ou aos vinte e poucos anos. Como para a idade adulta, não podemos predizer mudanças de desenvolvimento para esses anos como fazemos para o início da infância, uma vez que as mudanças são individuais e baseadas em suas restrições. À medida que os indivíduos envelhecem, eles tendem novamente a sofrer mudanças de uma forma mais previsível, bem como algumas restrições individuais tendem a sofrer mais alterações (Fig. 7.3). Novamente, as mudanças nos padrões

FIGURA 7.3 Os padrões de caminhada na idade adulta tendem a mudar em função de restrições individuais.

Desenvolvimento Motor ao Longo da Vida **129**

de caminhada observadas em idosos representam uma recalibração ao ambiente e à tarefa com base em alterações nas restrições do indivíduo.

Diversas pesquisas têm se concentrado nos padrões de caminhada em adultos com mais de 60 anos. Murray e colaboradores (Murray, Drought e Kory, 1964; Murray, Kory, Clarkson & Sepic, 1966; Murray, Kory & Sepic, 1970) conduziram uma série de estudos sobre padrões de caminhada em homens e mulheres idosos. Eles mediram os deslocamentos linear e angular e a velocidade dos membros durante a caminhada. Descobriram que os homens mais velhos caminharam em um padrão semelhante ao dos homens mais jovens, mas com as seguintes diferenças:

- a passada dos homens idosos foi cerca de 3 cm mais curta;
- os idosos posicionaram os pés para fora aproximadamente 3 graus a mais do que mais jovens;
- os idosos tiveram um grau reduzido de extensão do tornozelo;
- a rotação pélvica foi reduzida nos homens idosos.

De modo semelhante, as mulheres idosas apresentaram maior abertura dos pés para fora, menor comprimento da passada e menor rotação pélvica do que as mais jovens.

Outra descoberta em comum é a de que os idosos caminham mais devagar do que os adultos mais jovens (Drillis, 1961; Gabel, Johnston e Crowinshield, 1979; Molen, 1973). Schwanda (1978) confirmou o achado de um menor comprimento da passada em homens idosos e demonstrou também que a maioria dos outros aspectos do padrão de caminhada (tamanho da passada, tempo para balanço da perna em recuperação, tempo de apoio e deslocamento vertical do centro de gravidade) permanece semelhante àqueles dos homens de meia-idade.

Você pode lembrar-se de que novos caminhantes também tiveram maior abertura dos pés para fora e menor comprimento de passada para auxiliar no equilíbrio; poderia essa ser a razão pela qual os idosos apresentam características semelhantes de movimento? A possibilidade existe, já que o equilíbrio pode ser afetado pelo processo de envelhecimento. No entanto, os pesquisadores têm associado algumas dessas mudanças a diferenças na velocidade de caminhada. Quando adultos mais jovens caminham lentamente, também encurtam sua passada e diminuem a rotação da articulação (Craik, 1989; Winter, 1983). Gabell e Nayak (1984) observaram a caminhada em um grupo de 32 adultos com idades de 66 a 84 anos, selecionados a partir de um grupo de 1.187 pessoas (os pesquisadores repetidamente selecionaram membros do grande grupo para vários tipos de patologias, de modo a escolher um pequeno grupo saudável). Eles não encontraram diferenças significativas entre os padrões de caminhar dos 32 idosos e dos adultos jovens. Assim, algumas das mudanças nos padrões de movimento dos idosos poderiam estar relacionadas a doenças e lesões em vários tecidos do corpo, sobretudo aquelas que resultam em perda de força muscular. Mesmo assim, esses e outros estudos (Adrian, 1982) indicam que as mudanças nos padrões de caminhada de idosos são mínimas.

> **PONTO-CHAVE**
> Controladores de velocidade na caminhada durante a terceira idade podem ser causados por fatores como desuso e medo de cair, podendo, então, ser alterados e melhorados.

Controladores de velocidade na caminhada de idosos

Qualquer uma das mudanças associadas ao processo de envelhecimento pode agir como controladora de velocidade na tarefa de caminhar. Restrições estruturais pode ser o resultado de osteoartrite nas articulações ou de uma diminuição na massa muscular. No entanto, conforme já observamos, os idosos não mudam necessariamente de forma drástica sua caminhada. Um estado de doença deve progredir para um nível crítico antes que possa desestimular toda a caminhada. Com maior frequência, os idosos modificam seu modo de andar para acomodar a dor ou mudanças no equilíbrio. Restrições funcionais, tais como equilíbrio e medo, também podem afetar padrões da caminhada. Muitas vezes, dois tipos de restrição do indivíduo interagem, com o seu somatório agindo como um controlador de velocidade. Se idosos caem, podem desenvolver um medo de cair. Esse medo resulta em um modo de andar projetado para auxiliar o equilíbrio (ampla base de apoio, comprimento de

130 Desenvolvimento da Locomoção Humana

passada curto). Se esses fatores forem combinados à dor da osteoartrite, os idosos podem ser menos propensos a caminhar longas distâncias. Infelizmente, a diminuição da caminhada (e de outras atividades físicas) leva à diminuição da massa muscular e da flexibilidade, condições que, por sua vez, afetam os padrões de caminhada. Disso resulta uma sequência de fatos que acabam desestimulando a caminhada – uma sequência que pode ser alterada se uma ou mais restrições do indivíduo forem ativamente manipuladas.

O correr ao longo da vida

Imagine este cenário: você sai de casa atrasado pela manhã e deve se apressar para pegar o ônibus para ir para a aula. Conforme se aproxima da parada, observa que o ônibus começa a se afastar do meio-fio. O que você faz? Essa não é uma pergunta difícil; é claro que corre para pegar o ônibus. Os humanos frequentemente correm quando necessitam ir de um lugar para outro com rapidez. **Correr** é uma habilidade motora mais avançada do que caminhar, mas os dois padrões motores têm muitas características em comum. Por exemplo, em ambos os padrões, as pernas do indivíduo se movem simetricamente, mas em um padrão alternado entre si. Caminhar e correr também apresentam diferenças. A caminhada tem um período de duplo apoio, quando ambos os pés estão em contato com o solo. Isso nunca ocorre na corrida; na verdade, a corrida tem uma fase aérea, quando nenhum dos pés está em contato com o solo.

> A **corrida**, assim como a caminhada, tem uma relação de fase de 50% entre uma perna e outra. Diferentemente da caminhada, existe um período aéreo, quando nenhum dos pés está em contato com o solo.

Em geral, as crianças começam a correr por volta de 6 ou 7 meses após ter começado a caminhar (Clark e Whitall, 1989b; Whitall e Getchell, 1995). Lembre-se de que, para um modo de andar ser considerado como corrida, ele deve incluir uma fase aérea. Isso significa que as tentativas de corrida iniciais de uma criança são, na realidade, caminhadas rápidas. Uma criança correndo pela primeira vez pode exibir algumas das características de uma caminhada inicial, mesmo que ela não use mais essas características no seu caminhar (Burnett e Johnson, 1971). Ao começar a aprender a correr, a criança pode adotar ampla base de apoio, pé plano no solo, extensão da perna a meio apoio e posição do braço em guarda alta. Essa regressão provavelmente reflete uma tentativa, por parte do indivíduo, de simplificar a tarefa (p. ex., a eliminação do balanço do braço), até que adquira mais experiência. À medida que a criança pratica a passada de corrida e se acostuma às suas demandas de equilíbrio, ela o coloca de volta no padrão de movimento.

Características da corrida inicial

Imagine bebês tentando correr pela primeira vez. Todas as tentativas anteriores de locomoção ereta envolveram pelo menos um membro no solo todas as vezes. Agora eles devem se impulsionar no ar com uma perna e, então, receber a si próprios com a outra. Para uma criança começando a andar, esse feito requer força e equilíbrio tremendos.

As características iniciais da corrida refletem as mudanças na velocidade (restrição da tarefa) entre caminhar e correr (ver Tab. 7.1 para a sequência de desenvolvimento). Algumas dessas características estão ilustradas na Figura 7.4a. Observe a ação das pernas. Você vê um breve período de voo, mas as pernas ainda têm um alcance limitado de movimento. A perna traseira não se estende por completo à medida que a criança empurra o solo. À medida que a perna impulsionada vai à frente, a coxa que se recupera move-se com aceleração suficiente para que os joelhos se flexionem, mas não com aceleração suficiente para levar a coxa a um nível paralelo ao solo no fim do balaço da perna. Enfim, a amplitude de movimento é limitada, e o comprimento da passada é curto.

Em seguida, examine o balanço dos braços, e observe sua oposição em relação às pernas. Os braços balançam para acompanhar a rotação do tronco em vez de serem levados para a frente e para trás, como ocorreria em um velocista habilidoso. Os cotovelos se estendem quando balançam para trás, o que é um movimento desnecessário; os braços balançam

TABELA 7.1 Sequência hipotética de desenvolvimento para a corrida

	Ação
	Ação da perna
Etapa 1	Voo mínimo. O passo da corrida é curto e com o pé plano. No balanço de recuperação para a frente, a perna está contraída.
Etapa 2	Balanço cruzado. A passada é longa, e o joelho da perna de recuperação flexiona até, pelo menos, o ângulo reto. A ação de perna, contudo, tem movimentos laterais, nos quais as pernas balançam para fora e para dentro durante a recuperação.
Etapa 3	Projeção direta. A passada é longa, e a perna de recuperação flexiona para balançar para a frente. As pernas se projetam diretamente para trás ao sair do solo e balançam diretamente para a frente a fim de tocar o solo.
	Ação dos braços
Etapa 1	Guarda alta ou média. Os braços são ambos mantidos entre o nível do tórax e do ombro e se movem muito pouco à medida que as pernas se movimentam para a frente e para trás.
Etapa 2	Balanço bilateral de braços. Os braços balançam, mas estão acoplados, se movendo juntos para a frente e para trás.
Etapa 3	Oposição, oblíquo. Os braços se movem para a frente em um padrão de oposição, cada um se deslocando para a frente e para trás com a perna oposta, de forma que um braço está se movendo para a frente enquanto o outro se move para trás. Os braços, contudo, balançam cruzando o tórax ou para fora, para os lados, em um plano oblíquo ao plano de movimento.
Etapa 4	Oposição, sagital. Os braços balançam para a frente e para trás no padrão de oposição e ficam próximos no plano sagital de movimento (ou para a frente e para trás).

ligeiramente para o lado, desperdiçando energia. Os corredores iniciantes, às vezes, balançam seus braços horizontal e transversalmente ao corpo, em vez de para a frente e para trás; é provável que isso ocorra para auxiliar seu equilíbrio instável.

A Figura 7.4b retrata algumas características do corredor iniciante que podem ser observadas por trás. À medida que a criança move para a frente a coxa que se recupera, esta gira de modo ineficiente para o lado, em vez de se mover direto para a frente. O braço balança para o lado, para longe do corpo, provavelmente a fim de ajudar no equilíbrio, mas, de novo, esse padrão de movimento desperdiça a energia que poderia ser direcionada para a corrida.

Controladores de velocidade na corrida inicial

Para compreendermos os controladores de velocidade na corrida inicial, devemos rever as semelhanças e diferenças entre caminhar e correr. Antes de tudo, os padrões de coorde-

FIGURA 7.4 Um corredor iniciante. *(a)* As pernas têm uma amplitude de movimento limitada. Os braços se estendem e balançam ligeiramente para o lado, em vez de se moverem para a frente e para trás. *(b)* As coxas e os braços balançam para fora, em vez de para a frente e para trás.
A parte a © Mary Ann Roberton. A parte b © Mary Ann Roberton e Kate R. Barrett.

nação são bastante semelhantes; ambos têm uma relação de fase de 50% entre uma perna e outra. Portanto, a coordenação não é passível de ser um limitador de velocidade para a corrida. No entanto, a corrida requer uma fase aérea. Para impulsionar a si próprios no ar, as crianças devem ter *força* suficiente em cada perna para se elevarem do solo. Claramente, força é um limitador de velocidade muito importante na corrida (Clark e Whitall, 1989b). Além disso, uma vez no ar, as crianças devem receber a si próprias com a outra perna e, então, se equilibrar sobre essa perna enquanto transferem o seu peso para a frente. Portanto, equilíbrio é outro limitador de velocidade importante para a corrida.

A corrida proficiente

Assim como a caminhada, a corrida proficiente requer um uso efetivo dos princípios biomecânicos discutidos no Capítulo 3. Ao correr, você deve otimizar formas de movimento que lhe permitam deslocar-se rapidamente, mesmo que isso comprometa o equilíbrio. Tendo isso em mente, podemos identificar as mudanças de desenvolvimento que os corredores iniciantes fazem para otimizar seu desempenho, conforme ilustrado na Figura 7.5:

- O comprimento da passada aumenta, indicando que o corredor está aplicando maior força. Quando uma força maior é utilizada, muitas outras características da corrida proficiente aparecem: a perna traseira está completamente estendida no momento do impulso de saída do solo; o calcanhar está colocado próximo às nádegas; a coxa é impulsionada para a frente com maior aceleração e, antes do impacto do pé, fica paralela ao solo. Quando a perna em recuperação é balançada à frente em uma posição flexionada, o esforço do corredor se conserva.
- O corredor elimina os movimentos laterais da perna de forma que as forças são mantidas no plano anteroposterior.
- Para a corrida prolongada, cada pé atinge o solo primeiro com o calcanhar; em seguida, com a planta do pé, ou atinge o solo em um padrão aproximadamente plano.
- O corredor elimina o posicionamento dos pés para fora e estreita a base de apoio.
- A perna de apoio do corredor se flexiona no joelho à medida que o peso do corpo aumenta sobre a perna.
- A rotação do tronco aumenta para permitir uma passada mais longa e melhor oposição braço-perna. O tronco se inclina ligeiramente para a frente.
- Os braços balançam para a frente e para trás, com os cotovelos em ângulos de aproximadamente 90°, e se movem em oposição às pernas.

 Imagine que você seja um espectador de atletismo nas Olimpíadas. A maioria dos atletas velocistas de elite se parece muito – suas formas de corrida são quase idênticas. Todavia, a forma dos corredores de maratona difere muito entre eles. O que você

FIGURA 7.5 Um corredor avançado. Observe a amplitude completa do movimento da perna.
© Mary Ann Roberton e Kate R. Barrett.

pode especular sobre o motivo de os velocistas terem formas semelhantes de correr, mas os corredores de distância terem formas diferentes?

Mudanças de desenvolvimento na corrida inicial

À medida que as crianças crescem, essas mudanças qualitativas no padrão de corrida, em conjunto com o aumento do tamanho do corpo e da força e com uma maior coordenação, resultam quase sempre em melhores medidas quantitativas da velocidade de corrida e do tempo no ar. Tais mudanças foram documentadas em muitos estudos da Universidade de Wisconsin sobre crianças com idades entre 1,5 e 10 anos (Beck, 1966; Clouse, 1959; Dittmer, 1962), bem como em outros estudos (Branta, Haubenstricker e Seefeldt, 1984; Roberton, 1984). Assim, podemos esperar melhorias no processo e no produto dos desempenhos de corrida à medida que as crianças crescem, e melhorias no produto (p. ex., aumento da velocidade) certamente podem continuar na adolescência. Entretanto, nem todo indivíduo alcança todas as melhorias no padrão de corrida durante a infância. A maioria dos adolescentes continua a refinar sua forma de correr, e não é incomum que se observem características ineficientes na corrida de adultos, sobretudo o posicionamento dos pés para fora, movimentos laterais de perna e passada limitada. Talvez essas tendências reflitam desequilíbrio esquelético e muscular em corredores individuais. Assim, a idade, por si só, não garante uma forma de correr perfeita; adolescentes e adultos podem ter padrões de corrida ineficientes.

Mudanças de desenvolvimento da corrida em idosos

Existem algumas pesquisas sobre mudanças de desenvolvimento que ocorrem à medida que as pessoas envelhecem. Nelson (1981) estudou os padrões de caminhada e de corrida em mulheres idosas (de 58 a 80 anos). Ela solicitou que, em seu estudo, os participantes caminhassem normalmente, o mais rápido possível, corressem em ritmo de *jogging* e corressem o mais rápido possível. A velocidade média, o comprimento de passada e a frequência de passada tenderam a aumentar durante essa sequência, mas os indivíduos variaram muito na forma como mudaram do caminhar para o *jogging*. Em geral, as mulheres idosas aumentam sua velocidade de caminhada alongando sua passada, mas aumentam sua velocidade de corrida aumentando a frequência de passadas, como fazem as mulheres jovens. Entretanto, diferenças importantes foram encontradas entre mulheres mais jovens e mais velhas no padrão utilizado para corrida rápida:

- as idosas não flexionaram por completo sua perna em recuperação;
- as idosas tiveram uma passada mais curta;
- as idosas utilizaram menos passadas do que as mulheres mais jovens.

As velocidades absolutas de *jogging* e de corrida também diferem entre os grupos etários. As mulheres idosas fizeram o *jogging* e correram em velocidades menores (1,85 vs. 3,93 m/s e 2,6 vs. 6,69 m/s) do que um grupo de mulheres com 20 anos (Nelson, 1981).

Controladores de velocidade na corrida de idosos

Muitos dos controladores de velocidade mencionados para a caminhada de idosos também afetam a corrida. Porém, como a corrida requer maior geração de força e maior capacidade de equilíbrio, mudanças bem menores nessas restrições podem levar ao desaparecimento dessas habilidades. Além disso, uma pessoa pode ter a capacidade de correr, mas não o desejo ou a oportunidade para tanto. Em outras palavras, um idoso pode correr em uma situação de emergência, como para escapar de uma casa em chamas. Entretanto, quanto mais os idosos descobrem que a manutenção de níveis de aptidão física pode adiar as mudanças indesejáveis associadas ao envelhecimento, mais oportunidades de corrida existem. Os Jogos Sênior (antigamente conhecidos como as Olimpíadas Sênior) se expandiram bastante na última década; muitos estados norte-americanos têm jogos espalhados por todo o seu território, sendo que os *Huntsman World Senior Games* são realizados em Utah a cada ano. Os eventos de corrida abrangem desde os 100 metros rasos até a meia maratona e, inclusive, o triatlo. As faixas etárias dos corredores variam de 50 a 85-90 anos ou mais para homens e mulheres. Porém, os participantes das Olimpíadas Sênior representam uma pequena parcela da população acima dos 50 anos. Na verdade, continua sendo um fato notório quando um adulto mais velho participa de competições esportivas.

 Nem todas as restrições que desestimulam a corrida em adultos mais velhos são estruturais. Imagine que você seja um fisioterapeuta e tente pensar em pelo menos dois outros tipos de restrições para cada uma das diferentes categorias de restrição.

Avaliação da corrida: plano de observação

Avaliar as habilidades motoras utilizando as sequências de desenvolvimento pode parecer uma tarefa assustadora para o observador novato. Felizmente, utilizar um plano de observação pode tornar a tarefa muito mais simples (ver a Fig. 7.6). De uma forma resumida, um plano de observação permite fazer julgamentos rápidos sobre o nível de desenvolvimento de um corredor específico, completando-se um diagrama de fluxo com rápidos pontos de verificação do tipo sim ou não. Observando o corredor e tomando decisões sobre os movimentos, você pode estabelecer níveis de desenvolvimento de modo eficiente e eficaz.

Outras habilidades locomotoras

O **salto** ocorre quando os indivíduos impulsionam a si próprios do solo com um ou ambos os pés e, então, aterrissam sobre ambos os pés.

O **saltitar sobre um único pé** ocorre quando os indivíduos impulsionam a si próprios com um pé e, então, aterrissam sobre o mesmo pé.

O **pulo** ocorre quando os indivíduos se impulsionam com um pé e aterrissam sobre o outro.

A maioria das outras habilidades locomotoras não vem recebendo a mesma atenção empírica que a caminhada e a corrida. Todavia, diversos pesquisadores, professores e terapeutas as têm observado, e podemos obter muitas visões aprofundadas a partir de suas análises. Em muitos casos, os observadores têm enfatizado mudanças que ocorrem na infância. As habilidades que discutiremos são o saltar, o saltitar, o galopar, o escorregar e *skipping*; além disso, focalizaremos principalmente os anos da infância.

Saltar

Em geral, as crianças executam tarefas de saltar bem cedo, frequentemente alcançando as formas mais simples antes dos 2 anos. No **salto**, os indivíduos impulsionam seus corpos de uma superfície com um ou ambos os pés e aterrissam com ambos. As crianças também adquirem formas especializadas de saltar, tais como saltitar em um pé só e pular. **Saltitar em um único pé** requer sair do chão e voltar ao solo com a mesma perna, muitas vezes de forma repetida. **Pular** envolve uma corrida com uma projeção para a frente a partir de um pé e a volta ao solo sobre o outro (fase aérea aumentada). A Tabela 7.2 destaca vários exemplos de saltar, saltitar sobre um único pé e pular. Vamos abordar inicialmente o salto.

Características do salto inicial

Podemos avaliar as mudanças no desenvolvimento dos saltos de várias maneiras:

- a idade na qual uma criança pode realizar certos tipos de saltos (normas de idade);
- a distância ou a altura de um salto;
- a forma ou o padrão do salto.

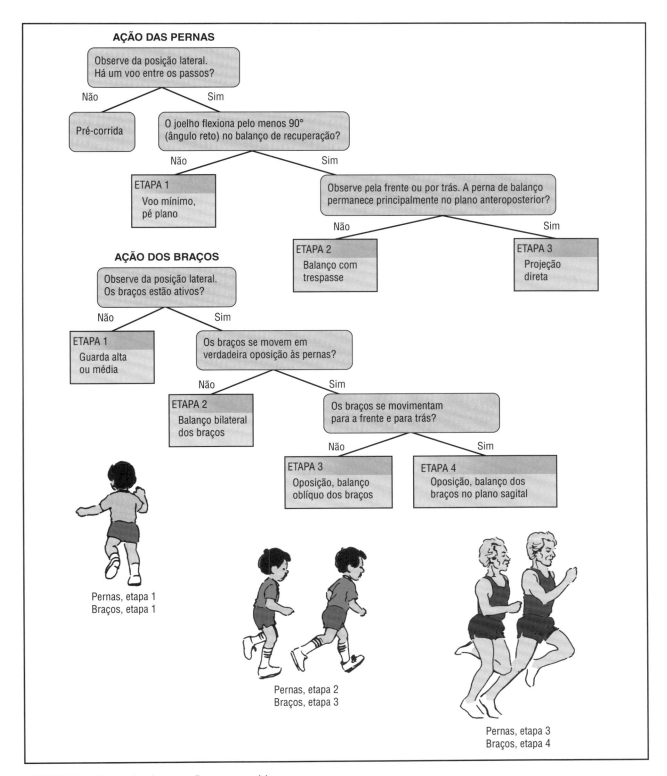

FIGURA 7.6 Plano de observação para corrida.

136 Desenvolvimento da Locomoção Humana

TABELA 7.2   Tipos de saltos organizados por dificuldade progressiva

Saltar de cima para baixo pulando de um pé para o outro.
Saltar de baixo para cima de ambos os pés para ambos os pés.
Saltar de cima para baixo pulando de um pé para ambos os pés.
Saltar de baixo para cima pulando de ambos os pés para ambos os pés.
Correr e saltar para a frente de um pé para o outro.
Saltar para a frente com ambos os pés e aterrissar com ambos os pés.
Correr e saltar para a frente de um pé para ambos os pés.
Saltar sobre objetos com ambos os pés e aterrissar com ambos.
Saltar sobre um único pé de modo ritmado.

© Mary Ann Roberton e Kate R. Barrett.

TABELA 7.3   Idade em que as crianças atingem novos tipos de salto

Tipos de salto	Idade motora (meses)	Fonte
Saltar de uma altura de 30 cm; um pé	24	M & W
Saltar do chão; ambos os pés	28	B
Saltar de uma altura de 45 cm; um pé	31	M & W
Saltar de uma cadeira de 26 cm de altura; ambos os pés	32	B
Saltar de uma altura de 20 cm; ambos os pés	33	M & W
Saltar de uma altura de 30 cm; ambos os pés	34	M & W
Saltar de uma altura de 45 cm; ambos os pés	37	M & W
Saltar de uma altura de 30 cm; ambos os pés	37,1	B
Saltar de 10 a 35 cm para a frente a partir de 30 cm de altura; ambos os pés	37,3	B
Saltitar sobre dois pés de 1 a 3 vezes	38	M & W
Saltar sobre uma corda a 20 cm de altura; ambos os pés	41,5	B
Saltitar sobre um pé de 1 a 3 vezes	43	B

Observação: adaptadA de informações de pesquisas de Bayley (1935) (B) e McCaskill & Wellman (1938) (M & W).

© Mary Ann Roberton e Kate R. Barrett.

Os primeiros desenvolvimentistas estabeleceram faixas etárias para os desempenhos no salto de crianças na pré-escola (Wickstrom, 1983). Essas normas aparecem na Tabela 7.3, que indica que os jovens aprendem a descer de uma superfície mais alta de um pé para o outro antes de saltar com os dois pés. As crianças aprendem, então, a descer pulando de alturas cada vez mais altas sobre ambos os pés. Mais tarde, elas dominam os saltos para a frente, os saltos sobre objetos e o saltitar, algumas vezes com apenas um pé. No início da idade escolar, as crianças geralmente podem executar todos esses saltos.

Em função de uma tendência secular, as idades exatas nas quais as crianças podem atualmente realizar os vários saltos poderiam ser bem menores do que aquelas especificadas na Tabela 7.3, mas a ordem na qual adquirem essas habilidades ainda se aplica. Os desenvolvimentistas frequentemente usam avaliações do produto – isto é, medem a distância horizontal ou vertical saltada – para avaliar a habilidade de saltar após as crianças terem refinado o processo de movimento. Enfatizamos aqui o padrão de movimento, porque a medição da distância saltada é, sobretudo, autoexplicativa e direta.

O desenvolvimento de habilidades básicas em crianças é um processo gradual de refinamento de habilidades. Muitas vezes, esse processo inclui uma mudança qualitativa na habilidade, como ao levar um pé à frente ao arremessar. Os autores descreveram o desenvolvimento de uma habilidade em particular por meio de etapas sucessivas ou de sequên-

TABELA 7.4 Sequência de desenvolvimento do salto horizontal para o corpo todo

	Ação
Etapa 1	O componente vertical de força pode ser maior do que o horizontal; o salto resultante é, assim, mais para cima do que para a frente. Os braços se movem para trás, agindo como freios para parar o *momentum* do tronco à medida que as pernas se estendem adiante do centro de massa.
Etapa 2	Os braços se movem em uma direção anteroposterior durante a fase preparatória, mas para o lado (ação de "abrir asas") durante a fase de "voo". Os joelhos e quadris se flexionam e se estendem mais completamente do que na Etapa 1. O ângulo de decolagem está ainda acentuadamente acima dos 45°. A aterrissagem é feita com o centro de gravidade acima da base de apoio, com as coxas perpendiculares à superfície, em vez de paralelas, como na posição de chegada da Etapa 4.
Etapa 3	Os braços balançam para trás e, depois, para a frente durante a fase preparatória. Os joelhos e os quadris flexionam completamente logo antes da decolagem. Na decolagem, os braços se estendem e se movem para a frente, mas não excedem a altura da cabeça. A extensão do joelho pode ser completa, mas o ângulo de decolagem é ainda maior do que 45°. Na aterrissagem, a coxa ainda não está paralela à superfície, e o centro de gravidade está próximo à base de apoio quando visto de um plano frontal.
Etapa 4	Os braços se estendem de forma vigorosa para a frente e para cima na decolagem, atingindo a extensão completa acima da cabeça na "propulsão". Os quadris e os joelhos são completamente estendidos com ângulo de decolagem de 45° ou menos. Na preparação para aterrissar, os braços são trazidos para baixo, e as pernas são impulsionadas para a frente até a coxa estar paralela à superfície. O centro de gravidade está bem atrás da base de apoio sob o pé de contato; mas, no momento do contato os joelhos são flexionados, enquanto os braços são impulsionados adiante, a fim de manter o *momentum* e deslocar o centro de gravidade para além dos pés.

Nota: Os graus são medidos a partir da horizontal.

Adaptada, com permissão, de V. Seefeldt, S. Reuschlein e P. Vogel, 1972.

cias de desenvolvimento baseadas em mudanças qualitativas nas características críticas da habilidade. Há dois tipos de sequências de desenvolvimento: a abordagem do corpo todo descreve todas as posições características de vários componentes corporais dentro de uma etapa (Tab. 7.4); a abordagem do componente segue cada componente corporal em separado, sendo que qualquer número de etapas contribui para as mudanças qualitativas observadas com o passar do tempo (Tab. 7.5).

Muitas sequências do desenvolvimento publicadas nos ajudam a examinar as mudanças desenvolvimentais que ocorrem nos padrões de movimento do salto. Essas sequências identificam as etapas que as crianças alcançam ao fazer a transição dos padrões de movimento ineficientes para proficientes. Os avanços refletem a adoção, pela criança, dos movimentos que tiram vantagem dos princípios da movimentação. Podemos observar melhorias nos saltos vertical e horizontal (em distância), mas as sequências de desenvolvimento que os pesquisadores sugeriram até aqui estão baseadas no salto horizontal (Clark e Phillips, 1985; Roberton, 1978b e 1984; Tabs. 7.4 e 7.5).

Identificaremos primeiro algumas das características dos saltadores iniciantes nos saltos vertical e horizontal. A maioria dos saltadores jovens começa executando um salto vertical, mesmo que pretenda saltar horizontalmente. Dê uma olhada nas Figuras 7.7, 7.8 e 7.9. Um salto vertical é mostrado na Figura 7.7, e um horizontal, nas Figuras 7.8 e 7.9. Observe que, em todos os três, o agachamento preparatório é sutil, e as pernas não são estendidas por completo no impulso. Na verdade, a saltadora vertical na Figura 7.7 flexiona as pernas ao deixar o solo, ao invés de estendê-las na decolagem a fim de, com isso, projetar o corpo para cima. Nesse exemplo, a cabeça não está mais alta, no auge do salto, do que na decolagem.

Outra característica dos saltadores iniciantes é que não usam uma decolagem ou aterrissagem com ambos os pés (simétrica), como mostrado na Figura 7.7, mesmo quando pretendem fazê-lo. Uma decolagem com apenas um dos pés ou uma passada é o mais baixo nível de ação da perna na sequência de desenvolvimento da decolagem do salto horizontal. As pernas podem também estar assimétricas durante a fase aérea. Para melhorar essa ação da perna, o saltador necessita (1) fazer uma decolagem simétrica, com ambos os pés, permanecer no ar e aterrissar; e (2) estender completamente os tornozelos, os joelhos e os qua-

TABELA 7.5 Sequência de desenvolvimento da decolagem do salto horizontal para os componentes corporais

	Ação
	Ação das pernas
Etapa 1	Decolagem com um pé. A partir da posição inicial, o saltador dá um passo com um pé. Normalmente, existe pouca flexão preparatória da perna.
Etapa 2	Extensão inicial do joelho. O saltador começa a estender as articulações do joelho antes de os calcanhares saírem do solo, resultando em um salto que é muito vertical para alcançar a máxima distância horizontal.
Etapa 3	Extensão simultânea. O saltador estende os joelhos ao mesmo tempo em que os calcanhares saem do solo.
Etapa 4	Calcanhares levantados primeiro. O salto começa com os calcanhares saindo do solo, e, depois, os joelhos se estendem; o saltador parece começar a aterrissagem se inclinando para a frente.
	Ação dos braços
Etapa 1	Sem ação. Os braços estão parados. Após decolar, eles podem "abrir asas" (retração da cintura escapular).
Etapa 2	Os braços balançam para a frente. Os braços balançam para a frente na altura dos ombros a partir de uma posição inicial lateral. Os braços também podem balançar para o lado (abdução na altura do ombro).
Etapa 3	Os braços se estendem e, depois, se flexionam parcialmente. Os braços se estendem para trás juntos durante a flexão da perna; depois, balançam juntos para a frente na decolagem. O balanço do braço nunca alcança uma posição acima da cabeça.
Etapa 4	Os braços se estendem e, em seguida, se flexionam completamente. Mais uma vez, os braços se estendem juntos durante a flexão da perna; em seguida, balançam adiante para uma posição acima da cabeça.

Adaptada, com a permissão, de Clark e Phillips, 1985.

FIGURA 7.7 Visões sequenciais de um salto vertical. A forma aqui é ineficiente. As pernas estão flexionadas sob o corpo, em vez de se estenderem completamente para projetar o corpo para cima. Observe que um dos pés toca o solo primeiro. Os braços não auxiliam o salto. A saltadora os mantém posicionados como asas.

© Mary Ann Roberton e Kate R. Barrett.

FIGURA 7.8 Uma iniciante no salto em distância. À medida que o peso da saltadora se desloca para a frente, os dedos dos pés são estendidos durante o salto para "receber" o corpo na aterrissagem. A inclinação do tronco na decolagem é menor do que 30° em relação à vertical. Os braços são usados na decolagem, mas estão em uma posição abduzida, girados lateralmente durante o salto e mantidos na posição de guarda para a aterrissagem.

© Mary Ann Roberton

dris na decolagem, após um agachamento preparatório profundo. Os joelhos e os quadris se flexionam juntos na fase aérea do salto horizontal após uma extensão completa e potente das pernas na decolagem.

Para saltar uma longa distância, o praticante habilidoso inclina o tronco para a frente pelo menos 30° em relação à vertical. Por volta dos 3 anos, as crianças podem mudar seu ângulo do tronco durante a decolagem para fazer tanto um salto vertical quanto um horizontal (Clark, Phillips e Petersen, 1989). Todavia, os saltadores iniciantes muitas vezes mantêm o tronco excessivamente ereto durante um salto horizontal. Quando um saltador habilidoso inclina o tronco para a frente para facilitar o salto em distância, os calcanhares em geral saem do chão antes de os joelhos começarem a se estender (Clark e Phillips, 1985). Os iniciantes parecem inclinar-se para a frente no início da decolagem. A ação da perna, no momento em que a "subida dos calcanhares" dá início à decolagem, é o passo mais avançado na sequência de desenvolvimento para a ação de perna do salto horizontal.

A ausência de ação coordenada do braço também caracteriza os saltadores iniciantes. Em vez de utilizar seus braços para auxiliar a ação de saltar, podem utilizá-los assimetricamente, mantê-los estacionários ao lado do corpo ou em posição de guarda alta como precaução contra possíveis quedas. Os braços podem ser posicionados de forma ineficiente como se fossem *asas* (estendem-se para trás) durante a fase aérea (Fig. 7.7) ou em posição de guarda (estendem-se para baixo e para as laterais)

FIGURA 7.9 Um saltador iniciante. A ação da perna está na Etapa 3 (Tab. 7.5) da decolagem, à medida que os joelhos se estendem, simultaneamente os calcanhares deixam o solo. Os joelhos e os quadris se flexionam juntos durante a fase aérea, e os joelhos se estendem antes da aterrissagem. O tronco está um tanto ereto na decolagem; hiperestende-se na fase aérea e, então, se flexiona para a aterrissagem. Os braços se posicionam como "asas" na decolagem (Etapa 1), antes de assumir a posição de guarda para a aterrissagem.

durante a aterrissagem (Fig. 7.8). Para conseguir um salto proficiente, um saltador deve utilizar os braços simetricamente para conduzir a acrobacia de uma posição estendida preparatória para um balanço por sobre a cabeça. A sequência de desenvolvimento para a ação do braço no salto horizontal progride da imobilidade para um balanço limitado; para a extensão, depois, flexão parcial; finalmente, para extensão e, em seguida, para o balanço completo do braço por sobre a cabeça.

O salto proficiente

Por meio dessas mudanças de desenvolvimento, os praticantes podem desenvolver um padrão de salto proficiente, como mostrado nas Figuras 7.10 e 7.11. Para realizar saltos proficientes, eles devem:

- iniciar um agachamento preparatório que alongará os músculos e permitirá que as pernas apliquem força máxima ao se estenderem completamente no momento da decolagem;
- decolar para um salto horizontal com os calcanhares e os pés saindo do chão ao mesmo tempo;
- estender os braços para trás e iniciar a decolagem com um vigoroso balanço de braço para a frente, a fim de atingir uma posição sobre a cabeça.

No salto em altura, os saltadores proficientes devem:

- direcionar força para baixo e estender o corpo durante toda a fase aérea; se eles pretendem atingir um objeto ou tocar algo sobre suas cabeças, o braço dominante sobe, e o oposto, desce; a pessoa que está saltando ganha altura por meio de uma inclinação lateral dos ombros;
- manter o tronco relativamente ereto durante todo o salto;
- flexionar os tornozelos, os joelhos e os quadris ao aterrissar para permitir que a força de aterrissagem seja absorvida.

No salto em distância, os saltadores proficientes devem:

- direcionar força para baixo e para trás, iniciando a decolagem com os calcanhares e deixando o solo antes dos joelhos se estenderem; o tronco parece inclinar-se para a frente;
- flexionar os joelhos durante a fase aérea, trazendo a coxa para a frente em uma posição paralela ao solo;
- balançar as pernas adiante para uma aterrissagem com ambas as pernas;
- deixar o tronco ir para a frente em reação à flexão da coxa, colocando o corpo em uma posição de canivete;
- flexionar os tornozelos e os joelhos quando os tornozelos tocarem o solo, para absorverem o *momentum* do corpo por toda a distância, conforme o corpo continua a mover-se para a frente.

Mudanças no desenvolvimento do salto

Com a prática, as crianças conseguem, por fim, aperfeiçoar o padrão de salto como foi descrito. O aumento contínuo do tamanho e da força do corpo também contribui para melhoras quantitativas na distância que elas conseguem saltar. Durante os anos de ensino fundamental, as crianças obtêm, em média, aumentos de aproximadamente 8 a 13 cm ao ano na distância horizontal que conseguem saltar e cerca de 5 cm por ano na altura saltada (DeOreo e Keogh, 1980). Os aumentos qualitativos no saltar variam entre os indivíduos. Por exemplo, Clark e Phillips (1985) observaram que menos de 30% das crianças entre 3 e 7 anos por eles filmadas tinham o mesmo nível de ação de braços e pernas. A maioria apresentou ação mais avançada de pernas do que de braços, mas algumas apresentaram ação mais avançada de braços do que de pernas. Se um componente foi mais avançado do que o outro, essa diferença se restringiu a apenas um nível (etapa); mas algumas crianças foram dois níveis (etapas) mais avançadas em um componente do que em outro. Assim, vemos muitos padrões de movimento diferentes entre crianças em desenvolvimento.

A diferença entre os saltos vertical e horizontal envolve posição e velocidade de movimento. Por exemplo: no horizontal, os quadris são mais flexionados do que no vertical, à medida que o saltador faz a transição do agachamento preparatório para a decolagem. Os quadris se estendem mais rápido no salto horizontal, enquanto os joelhos e os tornozelos se estendem mais rápido no vertical. Outras características do salto permanecem estáveis

FIGURA 7.10 Um salto vertical avançado com o objetivo de alcançar a maior altura possível. A partir de um agachamento preparatório, este jogador de basquete balança seus braços para a frente e para cima para realizar o salto. Os quadris, os joelhos e os tornozelos se estendem completamente na decolagem. Próximo ao ápice do salto, uma das mãos continua para cima enquanto a outra desce, inclinando a cintura escapular para ajudar no alcance mais alto. Observe que o tronco tende a permanecer ereto por todo o movimento.

© Mary Ann Roberton e Kate R. Barrett.

FIGURA 7.11 Um salto em distância avançado. Os pés deixam o chão juntos e aterrissam juntos. As pernas se estendem completamente na decolagem, começando com a elevação dos calcanhares. Os joelhos, então, se flexionam na fase aérea, seguidos pela flexão do quadril e, por fim, pela extensão do joelho para adiante na aterrissagem. O tronco está inclinado a mais de 30° na decolagem, e o saltador mantém essa inclinação na fase aérea até que o tronco se flexione para a aterrissagem. Os braços conduzem o salto e passam acima da cabeça na decolagem. Depois disso, abaixam-se para ir adiante na aterrissagem.

nas etapas de desenvolvimento e nos tipos de salto. Clark e colaboradores (1989) descobriram que tanto crianças de 3, 5, 7 e 9 anos quanto adultos utilizaram o mesmo padrão de coordenação de pernas. Além disso, todos utilizaram o mesmo padrão para os saltos horizontal e vertical. Especificamente, a sincronia da extensão do quadril, do joelho e do tornozelo na decolagem foi semelhante em todos os grupos. Talvez isso reflita a mecânica envolvida ao se impulsionar o peso do corpo em um salto. O sistema neuromuscular deve utilizar um padrão de coordenação de pernas que impulsione e tire o corpo do solo, mas as posições dos membros e as velocidades de movimento mudam à medida que um saltador é mais capaz de otimizar o salto em distância ou de adaptá-lo a uma tarefa específica, como fazer um *jump* no basquete.

Está claro que as pessoas em geral não dominam o salto na infância e nem sequer na adolescência. Zimmerman (1956) descobriu muitas características de salto ineficiente em universitários, incluindo balanço de braços limitado e extensão de pernas incompleta na decolagem. Para que crianças e adolescentes recebam ajuda de seus instrutores no aperfeiçoamento de um padrão avançado de salto, estes devem ser capazes de observar e analisar criticamente o desempenho no salto. Utilize a Figura 7.12 para avaliar o nível de desenvolvimento da decolagem do salto horizontal.

Controladores de velocidade no salto

Para que as crianças executem um salto com ambos os pés, elas devem ser capazes de desenvolver força suficiente para lançar seus corpos no ar a partir de uma posição estática. Diferentemente da caminhada e da corrida, elas não conseguem tirar proveito do movimento de "cair e apoiar", mas precisam projetar seus corpos no ar.

Saltitar

Os adultos raramente saltitam para se movimentar; mesmo assim, para obter proficiência nesta habilidade, um indivíduo deveria desenvolvê-la durante a infância. Para saltitar, sobretudo de forma repetida, a pessoa precisa projetar e absorver o peso corporal com apenas

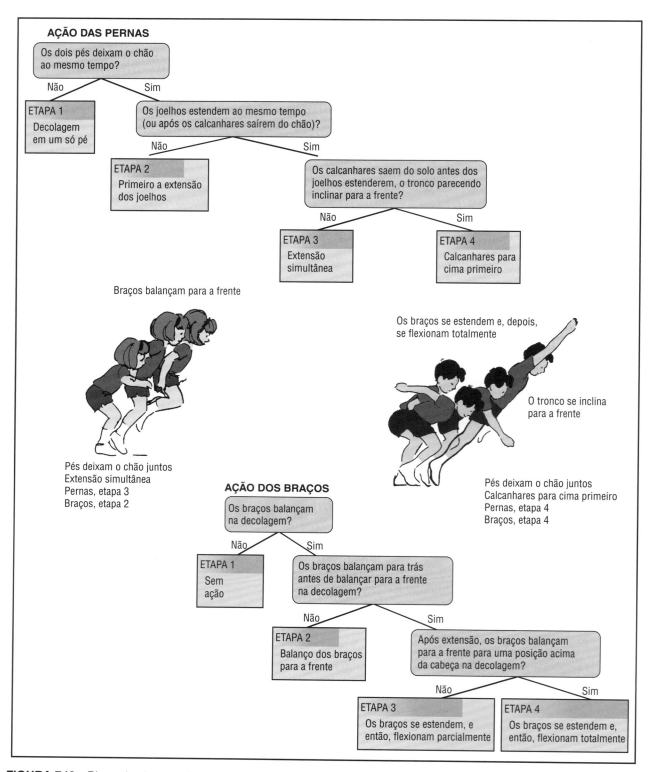

FIGURA 7.12 Plano de observação para o salto horizontal.

um membro e manter o equilíbrio sobre a pequena base de apoio que um único pé oferece. Habilidades complexas de esporte e dança frequentemente incorporam essas capacidades de movimento.

Características do saltitar inicial

As crianças podem mover-se por níveis de ação dos braços e das pernas em diferentes velocidades. Observe os dois saltadores iniciantes mostrados nas Figuras 7.13 e 7.14. A ação das pernas do indivíduo na Figura 7.13 é ineficiente como produtora de força. A criança ergue momentaneamente do chão a perna de apoio, flexionando-a, em vez de projetar o corpo para cima pela extensão do membro; e a perna de balanço fica inativa. Os braços também permanecem inativos; a perna da criança e as ações dos braços se encontram no primeiro passo de desenvolvimento (ver Tab. 7.6 para a sequência de desenvolvimento). O saltador na Figura 7.14 realizou certa extensão da perna; essa criança está na etapa 2 da ação das pernas, mas ainda na etapa 1 da ação dos braços.

O saltitar proficiente

Para saltitar com proficiência, as crianças precisam realizar os seguintes aperfeiçoamentos:

- a perna de balanço deve liderar o quadril;
- a perna de apoio deve estender-se completamente;
- os braços devem mover-se em oposição às pernas;
- a perna de apoio deve flexionar na aterrissagem para absorver a força de impacto e preparar-se para a extensão na próxima decolagem.

O indivíduo na Figura 7.15 realiza um desses aperfeiçoamentos movendo o braço oposto à perna de balanço em oposição, mas o outro braço não se move de forma consistente. O indivíduo na Figura 7.16, mais avançado, ajuda o saltitar com ambos os braços se movendo em oposição às pernas. Em termos de movimento das pernas, o indivíduo na Figura 7.15 estende a perna de apoio na decolagem, refletindo boa aplicação de força, e utiliza a perna de balanço, mas não de forma vigorosa. Já o indivíduo na Figura 7.16 realiza esse aperfeiçoamento – a perna de balanço lidera a decolagem, permitindo que os *momenta* de muitas partes do corpo sejam encadeados, e então balança para trás a perna de apoio para liderar a próxima decolagem.

FIGURA 7.13 Uma tentativa inicial de saltitar exibindo a etapa 1 da ação das pernas e a etapa 1 da ação dos braços. A perna de apoio é puxada do solo para produzir uma fase aérea apenas momentânea. Os braços estão elevados e não trabalham em oposição.
© Mary Ann Roberton.

FIGURA 7.14 Esta garota se utiliza de certa extensão da perna para sair do chão, mas sua perna de balanço está ainda inativa. Ela está na etapa 2 dos níveis de desenvolvimento de ação das pernas.
© Mary Ann Roberton.

144　Desenvolvimento da Locomoção Humana

TABELA 7.6　Sequência de desenvolvimento para o saltitar

Ação
Ação das pernas

Etapa 1	Fase aérea momentânea. O joelho de apoio e o quadril se flexionam rapidamente, puxando (em vez de projetando) o pé do chão. A fase aérea é momentânea. Apenas um ou dois saltos podem ser realizados. A perna de balanço está bastante erguida e é mantida em uma posição inativa para o lado ou para a frente do corpo.
Etapa 2	Cair e apoiar; perna de balanço inativa. A inclinação corporal para a frente permite extensão mínima de joelho e tornozelo, a fim de ajudar o corpo a "cair" para a frente do pé de apoio e, então, rapidamente apoiar-se outra vez. A perna de balanço está inativa. Agora é possível repetir saltos.
Etapa 3	Decolagem projetada; a perna de balanço auxilia. Ocorre extensão de pré-decolagem perceptível no quadril, no joelho e no tornozelo da perna de apoio. Existe pouco ou nenhum atraso na mudança de flexão de joelho e tornozelo na aterrissagem para a extensão anterior à decolagem. Agora, a perna de balanço impulsiona para cima e para baixo, a fim de auxiliar na projeção. A amplitude do balanço é insuficiente para carregá-la para trás da perna de apoio quando observada lateralmente.
Etapa 4	Atraso de projeção; a perna de balanço lidera. O peso da criança na aterrissagem é agora suavemente transferido para a ponta do pé até a sua planta antes que joelho e tornozelo se estendam para a decolagem. A perna de apoio quase atinge a extensão completa na decolagem. A perna de balanço agora lidera o movimento para cima e para diante da fase de decolagem, enquanto a de apoio continua girando sobre a planta do pé. A amplitude da ação de impulso da perna de balanço aumenta, de modo que esta passa por trás da perna de apoio quando observada lateralmente.

Ação dos braços

Etapa 1	Inativos bilaterais. Os braços são bilateralmente fixados, em geral altos e abertos, embora outras posições atrás ou diante do corpo possam ocorrer. Em geral, qualquer ação dos braços é modesta e inconsistente.
Etapa 2	Reativa bilateral. Os braços balançam de modo breve para cima, e então, são girados medialmente no ombro, em um movimento de "asa" antes da decolagem. Esse movimento aparenta ser uma reação à perda de equilíbrio.
Etapa 3	Auxílio bilateral. Os braços impulsionam para cima e para baixo juntos, em geral na frente da linha do tronco. Qualquer movimento para baixo e para cima dos braços ocorre após a decolagem. Os braços podem mover-se de forma paralela ou se fixar em diferentes níveis à medida que se movimentam para cima e para baixo.
Etapa 4	Semioposição. O braço no lado oposto à perna de balanço oscila para a frente com essa perna e para trás à medida que a perna se move para baixo. A posição do outro braço é variável, ficando muitas vezes à frente ou ao lado do corpo.
Etapa 5	Auxílio por oposição. O braço oposto à perna de balanço se move para a frente e para cima em sincronia com o movimento para a frente e para cima dessa perna. O outro braço se move na direção oposta à ação da perna de balanço. A amplitude do movimento na ação do braço pode ser mínima, a menos que a tarefa exija velocidade ou distância.

Nota: essa sequência foi parcialmente validada por Halverson e Williams (1985).

Reimpressa a partir de Roberton e Halverson, 1984.

Mudanças de desenvolvimento no saltitar

Poucas crianças com menos de 3 anos conseguem saltitar em um só pé repetidamente (Bayley, 1969; McCaskill e Wellman, 1938). Os desenvolvimentistas citam com frequência os anos da pré-escola como a época em que as crianças se tornam saltitadoras proficientes (Gutteridge, 1939; Sinclair, 1973; Williams, 1983). Mesmo assim, Halverson e Williams (1985) descobriram que mais da metade de um grupo de 63 crianças (com 3, 4 e 5 anos de idade) estava na etapa 2 nas ações de perna e braço. Eles observaram algumas tentativas que poderiam ser classificadas nos níveis avançados, e o saltitar com a perna não dominante estava com um desenvolvimento aquém do saltitar com a perna dominante. A Figura 7.17 mostra que um número muito maior de crianças estava na mais baixa etapa de desenvolvimento quando saltitavam com sua perna não dominante

FIGURA 7.15 Um saltitar mais avançado: etapa 3 na sequência de desenvolvimento da ação das pernas, etapa 4 na ação dos braços. A perna de balanço coordena o saltito. Embora a amplitude da perna de balanço seja maior, poderia aumentar ainda mais.
© Mary Ann Roberton.

do que com sua perna dominante. Poucas foram além da etapa 2 ao saltitar com qualquer uma das pernas. Se as crianças nesse estudo forem representativas da faixa etária, o saltitar continua a se desenvolver após a idade de 5 anos.

Por que as crianças avançam de um nível de desenvolvimento de saltitar para outro? Muitos pesquisadores tentaram responder essa questão examinando a força e a rigidez na aterrissagem (Getchell & Roberton, 1989; Roberton & Halverson, 1988). Observe que, na etapa 2, o indivíduo aterrissa com o pé plano e mantém fixa a perna de balanço. Na etapa 3, o indivíduo utiliza uma aterrissagem mais suave (mais flexão da perna para amortecer a aterrissagem, seguida pela extensão para a próxima decolagem) e balança a perna que não está saltitando.

FIGURA 7.16 Este menino demonstra a ação das pernas da etapa 4 porque a amplitude do balanço é suficiente para levar a perna de balanço completamente para trás da perna de apoio. Ambos os braços se movem em oposição às pernas.
© Mary Ann Roberton.

Os pesquisadores confirmaram que a força de aterrissagem em um salto de etapa 2 aumenta subitamente na aterrissagem, enquanto, em um salto de etapa 3, essa força aumenta de forma gradual. Para conseguir uma aterrissagem suave, o sistema neuromuscular provavelmente se prepara antes (da aterrissagem), a fim de moderar a força de aterrissagem, permitindo que a perna "ceda" (flexione). Talvez, então, uma vez que as crianças atinjam um salto de etapa 2, sua capacidade de projetar o corpo mais alto e de movimentar-se mais rápido – e talvez aumentando seu peso corporal – aumente sua força de aterrissagem. Quando a força atinge um valor crítico que poderia causar uma aterrissagem prejudicial e dura, o sistema neuromuscular modifica os movimentos de saltitar das crianças para permitir uma aterrissagem mais suave e amortecida. Então, elas avançam para o próximo nível de desenvolvimento.

Parte do processo de reabilitação de algumas lesões dos membros inferiores inclui pular sobre a perna lesionada (em geral, ao término do processo de reabilitação). Imagine que você seja um fisioterapeuta, e o paciente pergunte o seguinte: se os adultos não saltitam com frequência, por que saltitar é tão importante na reabilitação? Considere sua resposta em termos de restrições.

Uma abordagem integrada para compreender o saltitar

Se aprofundarmos a compreensão da mudança de níveis de desenvolvimento no saltitar, revelamos a notável interação entre as restrições do indivíduo inerentes ao corpo e a estrutura dos princípios do movimento. Consideremos uma criança que saltita com ação de etapa 2. A perna de balanço é mantida à frente; portanto, ela simplesmente reage em vez de contribuir para saltitar. Para uma criança leve, que necessita produzir pouca força para se mover, uma perna de balanço estacionária não a impede de saltitar. Em primeiro lugar, a criança produz força para baixo a partir da perna de apoio. À medida que cresce, aumentam seus peso corporal e tamanho, o que aumenta sua inércia (aumentando, por sua vez, as exigências de força para sobrepor a inércia). Projetar força para baixo a partir de sua perna de apoio não é mais suficiente para saltitar; ela acrescenta movimento da perna de balanço para adicionar força, pois isso fornece força que ajuda a empurrar o corpo para baixo e para trás. O chão responde empurrando o corpo para cima e para a frente (terceira lei de Newton), e a criança projeta seu corpo no ar. Contudo, o que sobe tem de descer – e a criança retorna ao solo com maior quantidade de força (em função do seu peso aumentado e da altura do pulo) do que em um pulo da etapa 2. Para amortecer a queda, a criança deve "ceder", a fim de aterrissar de maneira mais suave. Isso ilustra uma forma na qual o corpo recalibra e altera os padrões de movimento para dar conta das restrições que mudam no indivíduo. Então, as mudanças na perna de balanço na etapa 3 são complementadas pelas alterações na perna de apoio, ambas as quais levam a um saltitar mais alto e seguro.

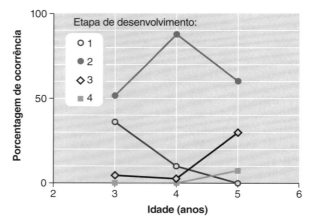

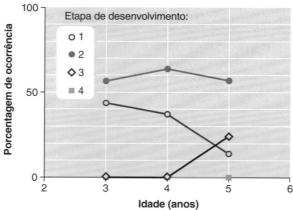

FIGURA 7.17 O nível de desenvolvimento de ação das pernas em saltitadores de 3, 4 e 5 anos de idade em sua perna dominante (acima) e não dominante (abaixo). Observe que um número maior de crianças estava na etapa 1 ao saltar sobre a perna não dominante do que quando saltitaram sobre a dominante. Uma quantidade significativa de crianças de 5 anos se encontra na etapa 3.

Reimpressa, com permissão, de Halverson & Williams, 1985.

Observando padrões do saltitar

Assim como acontece com as outras habilidades locomotoras, um observador novato deve praticar a avaliação do saltitar. Halverson (1983; ver também Roberton e Halverson, 1984) sugere um padrão sistemático de observação que se concentra em uma única parte do corpo de cada vez. Como um observador novato, você deveria observar a ação das pernas a partir de uma visão lateral. Inicialmente, preste atenção na perna de balanço. Ela está ativa? Em caso afirmativo, ela se movimenta para cima e para baixo ou balança para trás da perna de apoio? A seguir, observe a perna de apoio. Ela se estende na decolagem? Ela se flexiona na aterrissagem e se estende durante o próximo salto? Observe lateral e frontalmente a ação do braço. Observe primeiro para ver se o movimento dos braços é bilateral ou oposto. Se for bilateral, você pode classificar o movimento dos braços em relação à direção como inativo, reativo ou retrógrado. Se for oposto, observe se um ou ambos os braços se movimentam em sincronia com as pernas. Utilize a Figura 7.18 para avaliar os níveis de desenvolvimento dos saltitadores.

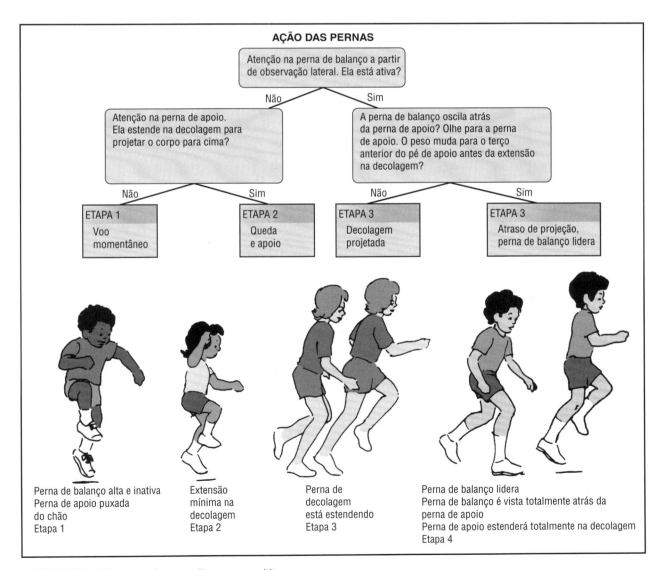

FIGURA 7.18 Plano de observação para o saltitar.

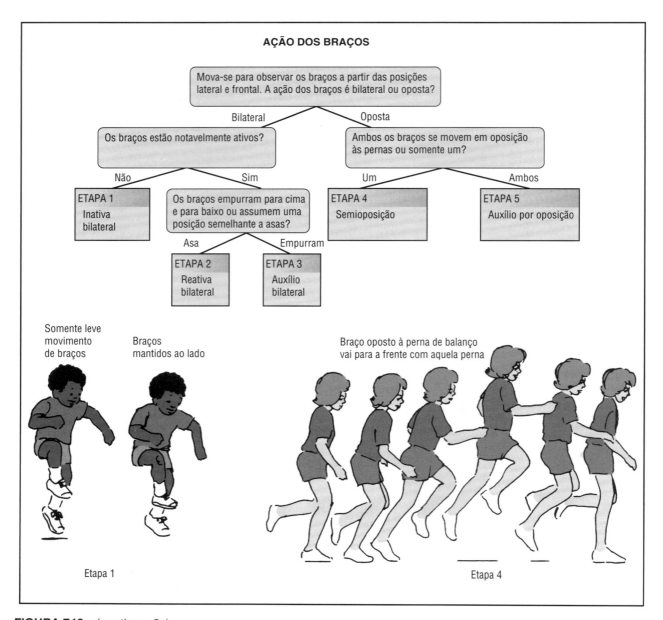

FIGURA 7.18 *(continuação)*

Controladores de velocidade no saltitar

É provável que saltitar dependa da capacidade do sistema postural de equilibrar o corpo sobre um membro para uma sucessão de saltos. Além disso, para saltitar repetidamente, o indivíduo deve ser capaz de gerar força suficiente para erguer o corpo com um dos membros, recuperar-se e rapidamente gerar força suficiente para saltitar outra vez. Correr também requer projeção e aceitação do peso sobre um único membro; entretanto, no ato de correr, as pernas se alternam e são capazes de ganhar energia outra vez conforme balançam em uma posição flexionada. No saltitar, a perna permanece estendida – assim, o salto requer mais esforço do que a corrida. Então, a capacidade para gerar força pode agir como controlador de velocidade.

Galopar, deslizar e *skipping*

Galopar, deslizar e *skipping* envolvem os movimentos fundamentais do caminhar, do saltitar ou do pular. O galope e o deslizar, ambos modos de andar assimétricos, consistem em um passo sobre um pé, e de um passo com pulo sobre o outro pé (Roberton e Halverson, 1984; Whitall, 1988). A mesma perna sempre lidera o passo. A diferença entre galopar e deslizar está na direção dos movimentos. No galope, o indivíduo se movimenta para a frente; ao deslizar, o movimento é lateral. No *skipping*, dá-se um passo e um saltito sobre o mesmo pé, com alternância de pés: passo e saltito sobre o pé direito, passo e saltito sobre o pé esquerdo, passo e saltito sobre o pé direito, e assim por diante. Em geral, o movimento é para a frente (Fig. 7.19a e b).

 Tente considerar situações ou contextos nos quais habilidades locomotoras, que não sejam caminhada ou corrida, sejam socialmente aceitas. Não se limite a aplicações na dança e no esporte.

Características dos padrões iniciais das habilidades

As tentativas iniciais das crianças nessas habilidades são, em geral, arrítmicas e rígidas, como mostrado na Figura 7.20. Os braços raramente estão envolvidos na projeção do corpo. As crianças poderiam manter seus braços rígidos em uma posição de guarda alta ou abertos lateralmente para ajudar em seu equilíbrio. Sua passada, ou comprimento de passo, é curta, e elas aterrissam com o pé plano. É utilizada uma pequena rotação do tronco, e elas exageram no impulso vertical. Nas tentativas iniciais de galope, a perna traseira de uma criança pode aterrissar antes da perna dianteira.

Padrões de habilidade proficiente

Em contraste, as crianças proficientes no galopar, no deslizar e no *skipping* são rítmicas e relaxadas, como observado na Figura 7.21. Ser proficiente nessas habilidades significa apresentar as seguintes características:

- os braços não são mais necessários para o equilíbrio;
- no *skipping*, os braços balançam ritmicamente em oposição às pernas e fornecem *momentum*;
- a criança pode usar os braços para outro propósito ao galopar e ao deslizar, como bater palmas;

FIGURA 7.19 *(a)* Galopar é dar um passo com a perna dianteira e um pulo à frente com a perna traseira. *(b) Skipping* é dar um passo seguido de um saltito sobre um pé e um passo seguido de um saltito sobre o outro pé, continuando alternadamente.

Adaptada, com a permissão, de Clark e Whitall, 1989.

FIGURA 7.20 Uma criança em galope inicial. Os braços são rigidamente fixos, o comprimento da passada é curto, e o movimento vertical é exagerado.
Adaptada, com permissão, de Clark e Whitall, 1989.

FIGURA 7.21 Uma criança em galope avançado. Os braços se movem em oposição às pernas. Os movimentos são rítmicos, e as aterrissagens não são realizadas com os pés planos.

- predominam as aterrissagens com calcanhar-ponta do pé ou apenas com a ponta do pé;
- os joelhos "cedem" na aterrissagem, permanecendo flexionados enquanto suportam o peso do corpo, e logo se estendem na decolagem, sobretudo quando a criança está se movimentando rapidamente.

Mudanças no desenvolvimento

O galope é o primeiro desses três padrões bípedes a surgir. Ele se desenvolve entre os 2 e os 3 anos de idade, após a criança ter estabelecido firmemente o padrão de corrida (em torno dos 2 anos) e, em geral, antes do saltitar, o que ocorre aos 3 ou 4 anos. O galope é o primeiro padrão locomotor assimétrico que uma criança aprende. Conforme já observamos, a caminhada e a corrida apresentam uma fase de 50% – as pernas fazem o mesmo movimento, mas o ciclo de uma perna está meio caminho atrás do ciclo da outra. O galope, em contraste, é irregular. Os passos ficam maiores em comparação ao passo com pulo. Os galopadores, independentemente da idade, tendem a usar um ou dois padrões de sincronia: o passo fica quase duas vezes mais longo do que o passo com pulo (uma fase de 66% para 33%) ou três vezes mais longo (uma fase de 75% para 25%; Clark e Whitall, 1989b; Whitall, 1988). Em seguida, as crianças dominam o deslizar, mas tanto neste como no galopar, elas desenvolvem a capacidade de coordenar com a perna não dominante muito depois do que com a dominante.

O *skipping* é normalmente o último dos padrões locomotores a surgir, em geral, entre 4 e 7 anos. Um pouco mais da metade das crianças de 5 anos apresenta *skipping* (Branta et al., 1984). A princípio, uma criança poderia executar um passo com salto unilateral – isto é, um *skipping* com a perna dominante e um passo simples de corrida com a outra. Quando a criança começa o *skipping* com ambas as pernas, interrupções ocasionais em uma passada ou um galope interrompido são comuns (Gutteridge, 1939; Wickstrom, 1987).

Embora ainda não tenham sido validadas as etapas de desenvolvimento para o *skipping*, muitas mudanças são óbvias. Um iniciante utiliza um salto mais alto e uma elevação do joelho. O *skipping* parece desengonçado, o que talvez reflita a necessidade de muito esforço para projetar o corpo no ar para o salto. Às vezes, a criança estende parcialmente a perna no salto e usa uma menor elevação do joelho, tornando o movimento mais suave e rítmico. Talvez uma maior força de perna permita que a criança lance o corpo no ar com extensão apenas parcial da perna.

Ocorrem muitas mudanças na ação dos braços. Os iniciantes os usam inconsistentemente, balançando com frequência um ou ambos os braços para cima e para o lado. Começam, então, a usá-los bilateralmente, balançando-os, algumas vezes, para a frente e para trás em círculos, ou então para a frente e para baixo. Os que realizam o *skipping* habilidosamente podem usar seus braços em oposição a suas pernas (Wickstrom, 1987).

É fácil especular acerca do motivo pelo qual o *skipping* é a última habilidade de locomoção fundamental que as crianças desenvolvem. A coordenação entre as pernas é simétrica; entretanto, o padrão de movimento é assimétrico em cada perna. Em geral, as meninas executam essas habilidades de locomoção mais cedo do que os meninos, refletindo talvez sua ligeira vantagem na maturidade biológica em relação à idade cronológica, a imitação de outras garotas ou ainda o encorajamento da família e dos amigos.

Observando os padrões de galopar, deslizar e skipping

Ao observar o galope, faça a observação a partir de uma visão lateral e observe onde o pé consecutivo aterrissa em relação ao pé que lidera. O tamanho da elevação vertical é também claramente visível por esse ângulo. Os braços podem ser vistos de qualquer ângulo. No galope proficiente, o pé consecutivo aterrissa ao lado ou atrás do pé que lidera; o padrão da fase aérea é baixo, e os braços estão livres para se balançar ritmicamente, bater palmas ou, ainda, se engajar em outra atividade. Observe se a criança pode liderar apenas com a perna dominante ou com qualquer uma das pernas.

O deslizar é mais bem observado frontalmente. Observe os joelhos para ver se estão firmes, como no deslizar inicial, ou se relaxados de forma que os passos da criança tenham a característica flexível do deslizar proficiente. Observe se os braços estão em uma posição eficiente de guarda ou se relaxados e livres para utilização na realização de outra tarefa. Assim como ocorre na observação do galope, você deve verificar se uma criança pode deslizar apenas para o lado dominante ou para ambos os lados.

Ao observar o *skipping*, verifique se a criança o executa com uma perna e corre com a outra, ou se o faz com ambas as pernas. Se ela executa o *skipping* com ambas, observe a altura do salto e veja se o joelho se eleva lateralmente. A altura mais baixa e a elevação do joelho caracterizam um *skipping* mais proficiente e suave. Por último, observe o padrão do braço para ver se ele se encontra em uma posição bilateral ou, em uma criança que executa o *skipping* mais proficientemente, em oposição ao movimento da perna.

Controladores de velocidade para galopar, deslizar e skipping

O galope geralmente segue a corrida no desenvolvimento de habilidades motoras. Que controladores de velocidade existem para o galope? Para galopar, os indivíduos devem desacoplar suas pernas da fase de 50% do caminhar e do correr. Isso requer mudanças de ritmo ou coordenação. Ao mesmo tempo, as pernas estão executando duas tarefas diferentes (passo vs. passo com pulo), o que demanda diferentes quantidades de força; isso, por sua vez, requer mudar a coordenação da força (Clark e Whitall, 1989b). Portanto, a coordenação parece ser um limitador de velocidade para o galope. Para deslizar, os indivíduos também devem virar-se para um lado. O sistema neuromuscular pode limitar a razão que essas duas habilidades necessitam para o desenvolvimento do galopar e do deslizar.

O surgimento do *skipping* não parece ser limitado pela geração de força para o salto, porque as crianças saltitam antes de executar essa habilidade. Tampouco o equilíbrio é um provável limitador de velocidade, pois é mais difícil obter equilíbrio enquanto se saltita do que enquanto se executa o *skipping*. Conforme já mencionado, entretanto, o *skipping* é o padrão locomotor fundamental mais complexo, e pode não aparecer até que o sistema neuromuscular do indivíduo possa coordenar os dois membros na execução alternada de tarefas assimétricas.

Resumo e síntese

Transportar-se de um lugar para outro é uma parte importante da vida humana. Consideramos a locomoção como um dos primeiros sinais da independência de uma criança. As crianças podem engatinhar, rastejar ou se mover sobre mãos e pés – seus meios iniciais de locomoção. Não muito tempo depois, elas desenvolvem a capacidade de caminhar, a forma mais básica de locomoção bípede ereta. O caminhar envolve movimento alternado das pernas, com um período de apoio em um único pé, seguido de um período de apoio sobre ambos os pés. A seguir, as crianças correm. A corrida é semelhante à caminhada, com pisadas alternadas, mas tem uma fase aérea em vez de apoio duplo. Ass crianças desenvolvem, então, a capacidade de correr, galopar, saltitar, deslizar e executar *skipping*. Todos esses padrões mais complexos de locomoção têm diferentes restrições que afetam a sincronia e a sequência na qual emergem. Podemos traçar as mudanças nessas habilidades motoras durante todos os momentos da vida de um indivíduo à medida que a forma dos movimentos se altera com as mudanças de restrições da adolescência, da vida adulta e da velhice.

Do rastejar até o *skipping,* as crianças adquirem habilidades fundamentais de locomoção à medida que seus corpos e o mundo ao seu redor mudam. Muitas restrições do indivíduo agem como limitadores de velocidade para essas habilidades emergentes. Depois que adquirem essas habilidades, sua forma muda à medida que se obtém mais proficiência em exercê-las. Se você olhar para as habilidades de locomoção, pode constatar padrões de mudança semelhantes. Por exemplo, em todas elas, os indivíduos diminuem sua base de apoio para aumentar a mobilidade e a alargam (como na infância e na velhice) para aumentar a estabilidade. As mudanças de desenvolvimento descritas neste capítulo podem ser utilizadas para estimar os estados de desenvolvimento dos indivíduos. É claro, as sequências de desenvolvimento fornecem características específicas dessas mudanças.

Talvez não seja surpreendente a tendência dos pesquisadores de enfatizar a infância quando estudam habilidades de locomoção. As crianças não estão apenas adquirindo as habilidades com maior rapidez, como também as utilizam de forma regular, o que não é o caso para a maioria dos adultos. Tente se lembrar da última vez que você galopou. Se conseguir, irá se lembrar provavelmente de que galopou com algum propósito, como executar uma dança. Em geral, os adultos não utilizam a amplitude completa de padrões fundamentais de locomoção. O que restringe o surgimento desses padrões? Farley (1997) descreve a ineficiência energética do *skipping;* o fato de ser "lento, desconfortável e cansativo" o torna um candidato improvável para a locomoção adulta. Além disso, atitudes socioculturais sugerem que essas habilidades motoras não são apropriadas para adultos. A questão ainda permanece: os adultos e os idosos saltitam, galopam, saltam, deslizam e executam o *skipping* da mesma forma que as crianças?

Reforçando o que você aprendeu sobre restrições

Dê uma segunda olhada

Phil Raschker, mencionada no início do capítulo, não é a única atleta sênior com habilidades locomotoras excepcionais. Em 2005, Ginette Bedard correu uma maratona em 3:46'18'', um tempo que está a menos de 6 minutos para a qualificação para a Maratona de Boston no grupo de idade de 18 a 34 anos. Ginette tinha 72 anos naquela época. Os atletas sênior também não são incompetentes. Ed Whitlock qualificou-se para a maratona de Boston na categoria de 18 a 34 anos, em 2004, completando-a em 3:08'35'', aos 73 anos de idade. Esses atletas demonstram que as pessoas podem evitar ou retardar declínios em restrições do indivíduo, comumente associadas ao envelhecimento (tais como força e resistência) por um período de tempo substancial. Além disso, uma vez que obtenham habilidades locomotoras, os adultos podem melhorar o desempenho durante muito tempo na vida adulta.

Teste seus conhecimentos

1. Descreva as diferentes restrições que podem agir como controladores de velocidade para atividades específicas de locomoção.
2. Como pode um professor ou um terapeuta manipular restrições de tarefa para ajudar uma criança a adquirir a habilidade de galopar?
3. Quais são algumas das formas pelas quais os humanos podem mover-se de um lugar para outro (sem equipamento)? Quais delas não são normalmente observadas em adultos? Por que essas formas de locomoção são raramente utilizadas?
4. Quais características do movimento você poderia ver em um idoso que está galopando? Por quê?

Exercício de aprendizagem 7.1

Comparando as pernas preferida e não preferida no saltitar

Quais são as restrições do indivíduo que podem estar envolvidas na determinação do nível de desenvolvimento do saltitar?

1. Observe três pessoas (tente incluir pelo menos uma criança). Solicite a cada uma delas para saltitar com sua perna preferida (i.e., a que ela naturalmente escolheria). Avalie cada nível de desenvolvimento do saltitador utilizando o plano de observação fornecido no Capítulo 7.
2. Agora, solicite que cada uma delas saltite com a perna oposta, ou não preferencial. O que acontece com o nível de desenvolvimento da pessoa?
3. Normalmente existe uma diferença entre o nível de desenvolvimento da perna preferida e o da não preferida, particularmente em crianças. Faça uma lista de possíveis razões para essa diferença.

Desenvolvimento de Habilidades Balísticas

 OBJETIVOS DO CAPÍTULO

- Comparar e contrastar as características de iniciantes em diversas habilidades balísticas.
- Identificar mudanças de desenvolvimento nos movimentos de arremesso, chute, voleio e rebatida.
- Observar características semelhantes de desempenho proficiente de habilidades balísticas.

Desenvolvimento motor no mundo real

Grande dama do tênis continua vencendo aos 97 anos de idade

Dorothy "Dodo" Cheney, filha da pioneira do tênis feminino, May Sutton, e do campeão de duplas, Thomas Bundy, é uma estrela do tênis. Em 1938, ela venceu o Aberto da Austrália (Australian Open) e, desde então, não parou de ganhar. Na verdade, ela venceu mais de 300 títulos seniores – um recorde na Associação de Tênis dos Estados Unidos – desde o momento em que fez 40 anos, em 1956. Em 2004, ela entrou para o Hall da Fama do Tênis Internacional e, em 2010, recebeu o prêmio de sucesso da carreira do Hall de Campeões de San Diego. Em 2011, ela ganhou seu 381º campeonato nacional, aos 95 anos. Dodo Cheney é prova de que habilidades balísticas podem ser executadas – e bem executadas – ao longo da vida.

Habilidades balísticas são aquelas nas quais a pessoa aplica força a um objeto a fim de projetá-lo. Essas habilidades, como, por exemplo, arremessar, chutar e rebater, apresentam padrões de desenvolvimento semelhantes, porque os princípios mecânicos envolvidos na projeção de objetos são basicamente os mesmos. A habilidade balística que mais tem sido estudada pelos pesquisadores é o arremesso por sobre o ombro. Muito da discussão acerca do arremessar se aplica também ao chutar e ao rebater, que examinaremos mais adiante neste capítulo.

Arremesso por sobre o ombro

O arremesso assume muitas formas. Arremessar por baixo com as duas mãos (ou ainda com balanço dos braços entre as pernas) e por baixo com uma das mãos é comum em crianças mais novas. Existe também o arremesso lateral e aquele por sobre o ombro com as duas mãos. O tipo de arremesso que uma pessoa utiliza, especialmente entre as crianças, em geral depende das restrições da tarefa, sobretudo de regras e do tamanho da bola. Enfatizaremos, contudo, o arremesso por sobre o ombro com uma das mãos, que é o tipo mais comum em esportes e tem sido estudado mais amplamente do que os demais. Muitos dos princípios mecânicos envolvidos no arremesso por sobre o ombro também se aplicam a outros tipos de arremessos.

Em geral, os pesquisadores avaliam o produto para medir o desenvolvimento da habilidade de arremessar; isto é, eles medem o produto final, ou o resultado do movimento de arremessar, como a precisão, a distância e a velocidade da bola. No entanto, essas medidas apresentam várias desvantagens. Os pesquisadores geralmente precisam alterar sua tarefa de avaliação da precisão quando trabalham com crianças de diferentes idades. As mais novas necessitam de uma curta distância de arremesso a fim de atingir o alvo, mas uma distância curta torna a tarefa muito fácil para crianças mais velhas, que assim podem atingir escores perfeitos. Portanto, os pesquisadores devem aumentar a distância ou diminuir o tamanho do alvo para grupos mais velhos. Além disso, os escores de arremessos a distância quase sempre refletem fatores como o tamanho corporal e a força, além da habilidade de arremessar. Duas crianças podem ter habilidades de arremessar iguais, mas escores bastante diferentes de distância pelo fato de uma ser maior e mais forte. Por fim, medir a velocidade da bola no momento de sua largada requer equipamento especializado, que pode não estar disponível de imediato. Devemos argumentar que os escores de produto não são tão úteis para professores, pais e treinadores que pretendem saber como uma criança arremessa. Vamos direcionar nossa atenção para a qualidade do padrão de arremesso.

Características do arremesso por sobre o ombro inicial

É útil contrastar as tentativas iniciais da criança de realizar um arremesso avançado por sobre o ombro. O padrão de arremesso de crianças menores, especialmente o daquelas com menos de 3 anos, tende a ser restrito apenas à ação do braço (Marques-Bruna e Grimshaw, 1997). A criança mostrada na Figura 8.1 não dá o passo no arremesso nem utiliza muita ação de tronco. Ela meramente posiciona o braço, em geral com o cotovelo para cima ou para a frente, executando o arremesso apenas na extensão dessa articulação. A Figura 8.2 mostra mais movimento, mas pequeno ganho em eficiência mecânica. Obviamente, essas crianças demonstram habilidade mínima de arremesso.

PONTO-CHAVE
O arremesso em crianças muito jovens consiste apenas da ação dos braços.

Arremesso proficiente por sobre o ombro

Pelo estudo das características de um arremesso proficiente, podemos identificar as limitações nas tentativas iniciais. Um arremesso avançado e forte tem os seguintes padrões de movimento:

- O peso corporal se desloca para o pé de trás, o tronco gira para trás, e o braço faz um balanço circular para baixo e **um balanço para trás** antes do lançamento.
- A perna oposta ao braço de arremesso dá um passo à frente para aumentar a distância a partir da qual o arremessador aplica a força na bola e permitir uma completa rotação do tronco.
- O tronco gira para a frente a fim de adicionar força ao arremesso. Para produzir força máxima, a rotação de tronco é "diferenciada", o que significa que o torso inferior lidera o superior, resultando em um movimento no qual parece que o corpo "se abre".
- O tronco se flexiona lateralmente, para longe do lado do braço de arremesso.
- O braço forma um ângulo reto com o tronco e vem para a frente no exato momento em que (ou logo depois) os ombros giram para uma posição frontal em relação ao arremesso. Isso significa que, de uma posição lateral, você pode observar o antebraço dentro do perfil do tronco.
- O arremessador mantém o cotovelo em um ângulo reto durante o balanço para a frente, estendendo o braço quando os ombros atingem a posição frontal em relação ao arremesso. Estender o braço um pouco antes de largar a bola aumenta o raio do arco de arremesso.

O **balanço para trás** é o movimento para trás ou de retomada que visa colocar o braço, perna ou a raquete em uma posição capaz de mover um objeto balisticamente para a frente.

FIGURA 8.1 Um arremessador iniciante simplesmente traz a mão para trás com o cotovelo para cima, arremessando pela extensão do cotovelo sem dar um passo.
© Mary Ann Roberton.

FIGURA 8.2 Um arremessador iniciante. Observe que, em vez da rotação, há flexão do tronco no momento do arremesso.
© Mary Ann Roberton e Kate R. Barrett.

- O antebraço fica para trás do tronco e do braço durante o balanço para a frente. Enquanto a parte superior do tronco está girando para a frente, o antebraço e a mão parecem estar imóveis ou se movendo para baixo ou para trás. O antebraço atrasa até que a parte superior do tronco e os ombros realmente girem na direção do arremesso (a posição frontal de arremesso).
- O *follow-through** dissipa a força do arremesso. A maior parte da flexão de punho ocorre durante esse movimento, depois que o arremessador larga a bola.
- Dissipar a força após a largada da bola permite velocidade máxima de movimento enquanto ela está na mão.
- O arremessador executa os movimentos dos segmentos corporais sequencialmente, adicionando, de forma progressiva, as contribuições de cada parte para a força do arremesso. Via de regra, a sequência é a seguinte:
  - passo à frente e rotação pélvica;
  - rotação da parte superior da coluna e balanço do braço;
  - rotação interna do braço e extensão do cotovelo;
  - liberação do objeto;
  - seguir o objeto com o corpo (*follow-through*).

Mudanças de desenvolvimento no arremesso por sobre o ombro

Agora que discutimos as características de um arremesso avançado e potente, podemos examinar como um indivíduo progride por meio das etapas de desenvolvimento desde as tentativas iniciais de arremesso até a habilidade avançada. Várias sequências de desenvolvimento de arremesso por sobre o ombro são propostas, começando pela sequência que Wild apresentou em 1938 e incluindo aquela apresentada por Seefeldt, Reuschlein e Vogel, em 1972. Mais tarde, Roberton propôs uma sequência de desenvolvimento para o arremesso por sobre o ombro, utilizando a abordagem do componente corporal. Duas das sequências de componentes, a ação dos braços e a ação do tronco, são **sequências de desenvolvimento validadas** (Roberton, 1977 e 1978a; Roberton e DiRocco, 1981; Roberton e Langendorfer, 1980). Na verdade, Roberton e Konczak (2001) determinaram que mudanças nas sequências de desenvolvimento (i.e., uma mudança do nível 2 para o nível 3) explicam mais da metade da mudança em velocidade no arremessar entre 39 crianças estudadas por mais de 7 anos. Estudar cuidadosamente a sequência de desenvolvimento do arremesso por sobre o ombro mostrada na Tabela 8.1 irá auxiliá-lo a comparar esses passos com as diferentes características de arremessadores iniciantes, apresentadas nas Figuras 8.1 e 8.2, e com as de arremessadores mais avançados, mostradas nas Figuras 8.3 a 8.6.

FIGURA 8.3 Um arremessador com ação de braço na etapa 2. O antebraço atinge o ponto mais distante atrás antes que o ombro gire para a posição frontal, mas o úmero balança para a frente antes dos ombros, deixando o cotovelo visível, fora do perfil do corpo. Observe o ângulo reto entre o úmero e o tronco.

© Mary Ann Roberton.

Sequências de desenvolvimento validadas são sequências de avanços no desempenho de uma habilidade determinadas por estudos longitudinais, que apresentam uma mesma ordem para todos os indivíduos.

 Se fosse um professor de educação física, quais fatores você esperaria que aumentassem a probabilidade de que a criança em desenvolvimento atingisse os passos avançados em cada componente do arremesso?

---

* N. de T.: *Follow-through* consiste no movimento de, após largar o objeto no arremesso, continuar o movimento a fim de desacelerá-lo.

Desenvolvimento Motor ao Longo da Vida **159**

TABELA 8.1 Sequência de desenvolvimento para o arremesso

Ação

Ação do tronco no arremesso e no rebater com força

Etapa 1	Sem ação do tronco, não havendo movimentos nem para a frente nem para trás. Somente o braço age na produção de força. Algumas vezes, o impulso do braço para a frente puxa o tronco para uma rotação passiva para a esquerda (supondo um arremesso com o braço direito), mas nenhum giro precede essa ação. Se a ação de tronco ocorrer, ela acompanha o impulso do braço para a frente, flexionando os quadris para a frente. A extensão preparatória pode preceder, às vezes, essa flexão dos quadris.
Etapa 2	Rotação da parte superior do tronco ou rotação total do tronco em "bloco". A coluna vertebral e a pelve giram em direção à linha de voo pretendida para o objeto, e, simultaneamente, começa a rotação para a frente, agindo como unidade ou "bloco". Há ocasiões em que apenas a parte superior da coluna gira na direção oposta e, logo, na direção da força. A pelve, então, permanece fixa, de frente para a linha de voo, ou se junta ao movimento de rotação assim que começa a rotação da coluna para a frente.
Etapa 3	Rotação diferenciada. A pelve precede a parte superior da coluna no início da rotação para a frente. A criança gira para fora da linha de voo pretendida para a bola, e então começa a rotação para a frente com a pelve, enquanto a parte superior da coluna continua girando na direção contrária.

Ação do balanço para trás, do úmero e do antebraço no arremesso para força
Componente preparatório do balanço do braço para trás

Etapa 1	Sem movimento do braço para trás. A bola, na mão do arremessador, desloca-se diretamente para a frente para ser largada da mesma posição em que o braço se encontrava quando a pegou.
Etapa 2	Flexão do cotovelo e do úmero. A bola se move para fora da linha de voo pretendida para uma posição atrás ou na mesma linha da cabeça por meio da flexão do úmero para cima e da simultânea flexão do cotovelo.
Etapa 3	Balanço circular para trás e para cima. A bola se move para fora da linha de voo pretendida para uma posição atrás da cabeça por meio de um movimento circular sobre esta, com o ombro estendido, ou por um balanço oblíquo para trás, ou, ainda, por uma elevação vertical a partir do quadril.
Etapa 4	Balanço circular para trás e para baixo. A bola se move para fora da linha de voo pretendida para uma posição atrás da cabeça por meio de um movimento circular para baixo e para trás, que leva a mão abaixo do tórax.

Componente de ação do úmero (braço superior) durante o balanço para a frente

Etapa 1	Úmero oblíquo. O braço superior se move para a frente a fim de liberar a bola em um plano que cruza o tronco de forma oblíqua, acima ou abaixo da linha horizontal dos ombros. Às vezes, durante o balanço para trás, o braço superior é colocado em um ângulo reto com o tronco, sendo que o cotovelo aponta em direção ao alvo. Ele se mantém imóvel nessa posição durante o arremesso.
Etapa 2	Úmero alinhado, mas independente. O braço se move para a frente a fim de liberar a bola em um plano horizontalmente alinhado com o ombro, formando um ângulo reto entre o úmero e o tronco. Quando os ombros (parte superior da coluna) alcançam a posição frontal em relação ao arremesso, o braço e o cotovelo se movem independentemente, à frente do perfil do corpo (se visto de lado) por meio de adução horizontal no ombro.
Etapa 3	Atraso do úmero. O braço se move para a frente a fim de soltar a bola horizontalmente alinhado, mas, no momento em que os ombros (parte superior da coluna) atingem a posição frontal, ele permanece dentro do perfil do corpo (conforme visto lateralmente). Nenhuma adução horizontal do braço ocorre antes que se atinja a posição frontal.

Componente de ação do antebraço durante o balanço para a frente

Etapa 1	Sem atraso do antebraço. Ele e a bola se movem de forma estável para a frente a fim de liberá-la por meio da ação de arremesso.
Etapa 2	Atraso do antebraço. Ele e a bola parecem atrasar; isto é, ambos permanecem imóveis atrás da criança ou se movem para baixo ou para trás. O antebraço atrasado alcança seu ponto mais distante atrás, mais baixo ou menos estacionário antes de os ombros (parte superior da coluna) atingirem a posição frontal.
Etapa 3	Atraso retardado do antebraço. O antebraço atrasado retarda o alcance de seu ponto final de atraso até o momento da posição frontal.

(continua)

TABELA 8.1 Sequência de desenvolvimento para o arremesso *(continuação)*

	Ação
	Componente da ação dos pés no arremesso e no rebater vigoroso
Etapa 1	Sem passo. A criança arremessa a partir da posição inicial do pé.
Etapa 2	Passo ipsilateral. A criança dá um passo com o pé do mesmo lado do braço que arremessa.
Etapa 3	Passo curto contralateral. A criança dá um passo com o pé do lado oposto do braço que arremessa.
Etapa 4	Passo longo contralateral. A criança dá um passo com o pé oposto, percorrendo uma distância maior do que a metade de sua altura em pé.

Nota: Estudos de validação dão suporte à sequência de tronco (Roberton, 1977; Roberton, 1978a; Roberton e Langendorfer, 1980; Langendorfer, 1982; Roberton e DiRocco, 1981). Estudos de validação também dão suporte à sequência de braço para o arremesso por cima do ombro (Halverson, Roberton e Langendorfer, 1982; Roberton, 1977; Roberton, 1978a; Roberton e Langendorfer, 1980; Roberton e DiRocco, 1981), com exceção da sequência preparatória do balanço do braço para trás, que foi sugerida por Roberton (1984) a partir do trabalho de Langendorfer (1980). Langendorfer (1982) acredita que os componentes do úmero e do antebraço são apropriados para bater por sobre o ombro. A sequência de ação do pé foi problematizada por Roberton (1984) com base nos trabalhos de Leme e Shambes (1978), Seefeldt, Reuchlein e Vogel (1972), e Wild (1937).

Reimpressa, com permissão, de Roberton e Halverson, 1984.

FIGURA 8.4 Um arremessador relativamente avançado. As ações de braços, pernas e preparatória são características da etapa mais avançada, enquanto a do tronco é característica da etapa 2 ou da rotação em bloco, em vez de rotação diferenciada.
© Mary Ann Roberton.

FIGURA 8.5 De um ponto de vista posterior, você pode observar que esse arremessador avançado flexiona o tronco lateralmente para longe do ponto de soltura da bola.
© Mary Ann Roberton.

FIGURA 8.6 Este desenho de um arremessador de beisebol captura o movimento dos quadris para a frente, enquanto a parte superior do tronco está para trás. Isso é chamado de rotação diferenciada de tronco, porque os quadris e a parte superior do tronco giram em momentos diferentes.
© Mary Ann Roberton.

Exatamente como nas habilidades locomotoras, você pode avaliar as sequências de desenvolvimento do arremessar com mais facilidade se utilizar um plano de observação (ver Fig. 8.7).

Comece a comparação focalizando o componente de ação do tronco. Na primeira etapa da sequência de desenvolvimento, você não vê ação de tronco nem movimentos para a frente e para trás antes do arremessador liberar a bola (Figs. 8.1 e 8.2). Na segunda etapa, o arremessador parte para uma **rotação em bloco** do tronco. A rotação em bloco ocorre entre a terceira e a quarta posições na Figura 8.4. Em geral, arremessadores de distância flexionam o tronco lateralmente (Fig. 8.5). A ação de tronco mais avançada – **rotação de tronco diferenciada** – é observada com frequência nas fotografias de arremessadores de beisebol. Na Figura 8.6, o arremessador começou a girar a parte inferior do tronco na direção do arremesso enquanto a parte superior ainda está movendo-se para trás em preparação para o arremesso. Diferentes partes do tronco começam a rotação para a frente em diferentes momentos.

> **Rotação em bloco** do tronco é a rotação das partes superior e inferior do tronco como uma unidade.

> Na **rotação de tronco diferenciada**, a parte inferior do tronco (os quadris) gira para a frente enquanto a superior (os ombros) está girando para trás, ainda se preparando para girar adiante.

Para analisar a complexidade dos movimentos de braço no arremesso, estude primeiro o balanço preparatório para trás, os movimentos do braço (úmero) e, finalmente, os movimentos do antebraço. Um arremessador pouco habilidoso não utiliza, em geral, o balanço para trás (Fig. 8.1). Na próxima etapa da sequência de desenvolvimento, um arremessador flexiona o ombro e o cotovelo em preparação para a extensão de cotovelo, como na Figura 8.2. Uma preparação mais avançada utiliza o balanço para trás e para cima, sendo que o balanço para trás mais desejável em um arremesso a distância é circular e para baixo. O arremessador apresentado na Figura 8.4 está utilizando esse padrão.

À medida que um arremessador pouco habilidoso começa a balançar o braço adiante para arremessar, esse braço frequentemente balança em um ângulo oblíquo à linha dos ombros – isto é, o cotovelo aponta para cima ou para baixo. Um avanço desejável é alinhar o braço horizontalmente aos ombros, formando um ângulo reto com o tronco, como observado na Figura 8.3. Mesmo assim, o braço poderá mover-se à frente do perfil do tronco, o que resulta na perda do *momentum* que o arremessador ganha quando move as partes corporais sequencialmente para um arremesso potente. No padrão mais avançado, o braço fica atrasado, de modo que, quando o arremessador atinge uma posição frontal, você pode ver o cotovelo de lado, dentro do perfil do tronco, como na Figura 8.4.

> **PONTO-CHAVE**
> Deixar partes distais do corpo ficarem atrás das mais proximais permite que o *momentum* seja transferido e que seções distais aumentem a velocidade, produzindo movimentos mais sincronizados.

É também desejável que o antebraço atrase. O arremessador da Figura 8.3 mostra um ligeiro atraso de antebraço, mas o maior atraso vem antes, e não na posição frontal. O arremessador da Figura 8.4 apresenta o padrão avançado de atraso de antebraço.

A maioria dos arremessadores pouco habilidosos arremessa sem dar um passo, como a criança da Figura 8.1. Quando a criança aprende a dar o passo, muitas vezes o faz com a perna ipsilateral – a perna que está do mesmo lado do corpo que o braço de arremesso – o que reduz a extensão da rotação do tronco e a amplitude de movimento necessárias para um arremesso potente. Assim que a criança adquirir o padrão avançado do passo contralateral, ela poderá, inicialmente, dar um passo pequeno, como na Figura 8.2. Um passo mais longo (mais do que a metade da altura do arremessador em pé) é desejável.

A análise de componente corporal do arremesso sobre o ombro demonstra que os indivíduos não alcançam o mesmo nível de desenvolvimento para todos os componentes corporais ao mesmo tempo. Por exemplo, o arremessador da Figura 8.2 está na etapa 1 da ação de tronco, úmero e antebraço, mas na etapa 3 para a ação dos pés. O arremessador da Figura 8.4 está na etapa 3 da ação de úmero, antebraço e pé, mas na etapa 2 para a ação de tronco. Crianças de mesma idade podem se mover em vários níveis da sequência de componente corporal, parecendo, assim, diferentes umas das outras à medida que avançam na sequência de desenvolvimento.

Entretanto, nem todas as combinações possíveis de passos dentro dos componentes são observadas. Considerando os componentes de tronco, úmero e antebraço, Langendorfer e Roberton (2002) observaram somente 14 das 27 combinações possíveis de passos de desenvolvimento para esses três componentes. É provável que as restrições estruturais limitem os movimentos que alguns segmentos corporais podem realizar enquanto outros estiverem

162 Desenvolvimento de Habilidades Balísticas

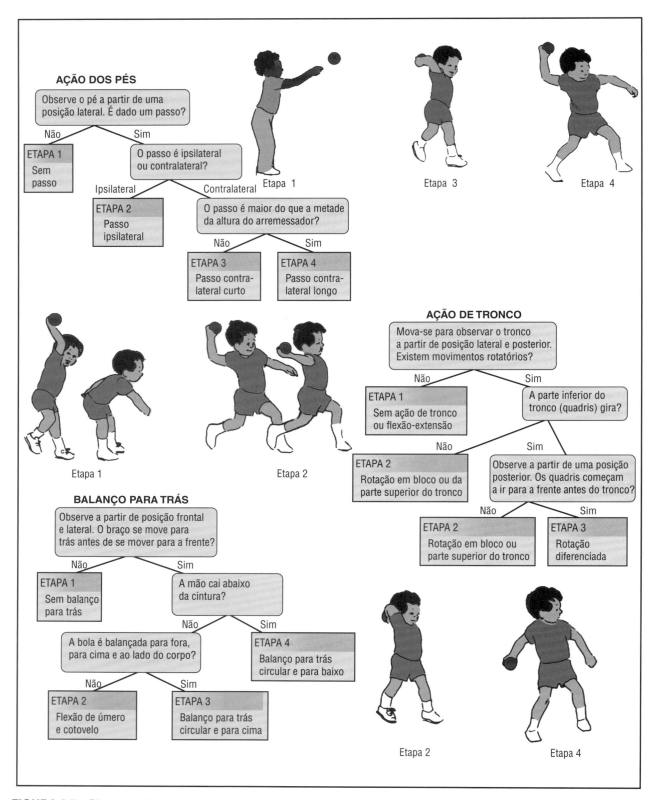

FIGURA 8.7 Plano de observação para o arremesso.

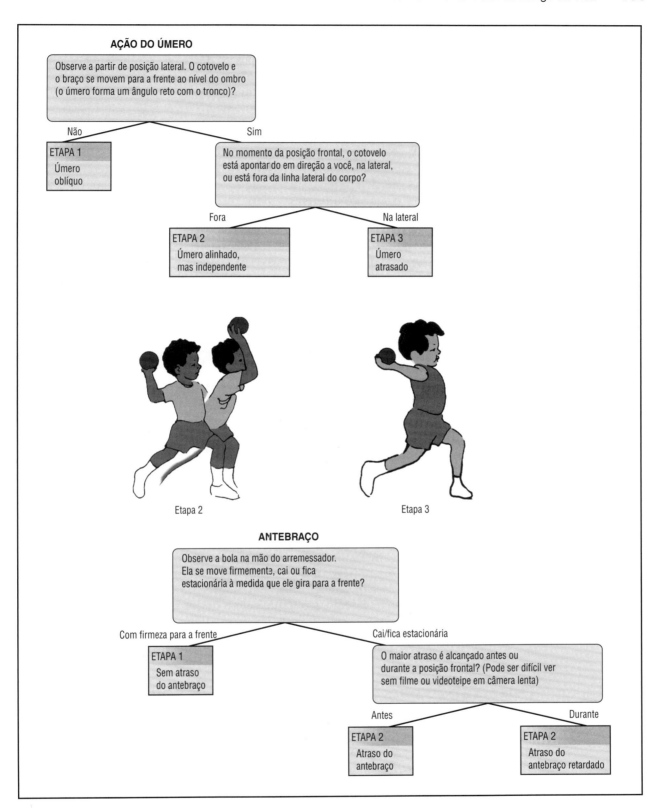

FIGURA 8.7 *(continuação)*

se movendo de determinada forma. Quando você observa o arremesso, tende a ver certas combinações comuns e provavelmente nunca verá outras. Langendorfer e Roberton (2002) também estudaram as combinações comuns de passos dentro dos componentes à medida que a criança se desenvolve. Eles descobriram que elas tendem a mudar da posição sem rotação de tronco para a de rotação de tronco antes de braço e antebraço avançarem para níveis intermediários. Essa mudança do úmero para um nível avançado ocorre depois que o antebraço e o braço avançam para o nível intermediário. As restrições mecânicas e o desenvolvimento neurológico são, provavelmente, responsáveis por essas tendências; isto é, talvez sejam controladores de velocidade no desenvolvimento do arremesso.

É desejável que todos os indivíduos passem pelas várias etapas de desenvolvimento durante a infância, a fim de atingir o padrão de arremesso avançado para diversas atividades físicas, como o *softball,* o futebol americano e o *handball.* Na realidade, vários autores observaram que as crianças podem ter um padrão de arremesso habilidoso desenvolvido aos 6 anos de idade (DeOreo e Keogh, 1980; McClenaghan e Gallahue, 1978; Zaichkowsky, Zaichkowsky e Martinek, 1980). Pelo menos dois estudos apresentaram resultados contraditórios. Halverson, Roberton e Langendorfer (1982) filmaram um grupo de 39 crianças na pré-escola e nos 1º, 2º e 7º anos do ensino fundamental, classificando-as de acordo com a sequência de desenvolvimento de Roberton. Suas análises de ação dos braços demonstram que a maioria dos meninos mais jovens já estava na etapa 2 da ação do úmero e, por volta do 7º ano, mais de 80% deles tinham alcançado o nível mais avançado (etapa 3). Entretanto, cerca de 70% das meninas ainda estavam na etapa 1 da ação de úmero quando inicialmente filmadas. Por volta do 7º ano, apenas 29% delas tinham alcançado a etapa 3.

Essa tendência foi também aparente na ação do antebraço. Quase 70% dos meninos demonstraram estar na etapa 2 da ação do antebraço quando inicialmente filmados. Alguns ainda estavam nesse nível no 7º ano, enquanto 41% haviam atingido a etapa 3. Mais de 70% das meninas começaram na etapa 1, e a maioria (71%) se encontrava somente na etapa 2 no 7º ano. As diferenças de gênero no progresso de desenvolvimento do arremesso foram ainda mais aparentes na ação do tronco. Quase todos os meninos começaram na etapa 2, e 46% alcançaram a etapa 3 no 7º ano. De forma semelhante, quase 90% das meninas estavam na etapa 2 na pré-escola, mas, no 7º ano, todas permaneciam nessa etapa; nenhuma alcançou a etapa 3.

Outro estudo (Leme e Shambes, 1978) enfatizou os padrões do arremesso em mulheres adultas. As 18 mulheres foram selecionadas porque tinham uma velocidade de arremesso muito baixa. Todas apresentaram padrões de arremesso ineficientes, incluindo rotação de tronco em bloco, falta de um passo à frente com o arremesso e falta de atraso de braço. Embora essas mulheres fossem características em função de suas baixas velocidades de arremesso, o estudo certamente demonstrou que nem todos os adultos alcançam um padrão de arremesso avançado. Talvez tenham faltado a essas mulheres oportunidades de prática ou uma boa instrução na infância. No entanto, esses dois estudos sugerem que o progresso nos níveis de desenvolvimento não é automático, podendo nunca ser completado.

Observando padrões de arremesso por sobre o ombro

O arremesso por sobre o ombro é complexo e difícil de ser observado em detalhes. O melhor procedimento é se concentrar em um pequeno número de componentes ou até mesmo em um único componente de cada vez. Algumas características que são mais bem observadas pela frente ou por trás incluem:

- ângulo do braço com o tronco;
- ângulo do cotovelo;
- flexão lateral de tronco.

Outros são mais bem observados lateralmente ao braço de arremesso:

- passo;
- rotação de tronco;
- atraso do braço e do antebraço.

Filmar é particularmente útil para auxiliá-lo a observar o arremesso por sobre o ombro. Pela imagem, pode-se voltar e rever as diferentes ações de braço separadamente e em câmera lenta.

Arremesso na idade adulta

Como já vimos, arremessar é uma habilidade complexa que requer a coordenação de muitos segmentos corporais. Para executar um arremesso máximo, o arremessador deve mover muitas articulações por meio de uma amplitude total de movimento e com sincronização precisa. Isso torna o arremesso uma habilidade interessante para se estudar em adultos mais velhos. Por exemplo, podemos nos perguntar se eles coordenam seus movimentos para arremessar exatamente como fazem os adultos jovens, ou se usam diferentes padrões de movimento. Se utilizam os mesmos padrões, podemos nos perguntar se os controlam como jovens adultos, ou se variam a amplitude ou a velocidade dos movimentos em comparação ao grupo mais novo.

Comecemos com observações de idosos que nos digam quais são os padrões de movimentos utilizados. Williams, Haywood e VanSant (1990, 1991) utilizaram as etapas de desenvolvimento da Tabela 8.1 para classificar idosos ativos de ambos os sexos entre as idades de 63 e 78 anos. Embora as etapas de desenvolvimento tenham sido identificadas para monitorar a mudança na criança e no jovem, elas também podem ser utilizadas para descrever os padrões de movimento utilizados por arremessadores em qualquer idade.

Os idosos da amostra foram ativos em um programa patrocinado pela universidade, mas não praticaram arremesso nem participaram de atividades com padrões de movimentos por sobre o ombro. Os pesquisadores descobriram que seus movimentos de arremesso eram apenas moderadamente avançados nas sequências de desenvolvimento. A maioria dos idosos arremessadores realizou um passo contralateral curto (etapa 3), sendo classificados na etapa 1 ou 2 para a ação do úmero e do antebraço. Quase todos utilizaram a rotação em bloco do tronco (etapa 2). Houve diferenças de sexo semelhantes àquelas observadas nas crianças; isto é, os homens geralmente apresentaram uma forma melhor. Todavia, o estado qualitativo do arremesso também se relacionou às experiências da infância e da vida adulta jovem. Aqueles que participaram de esportes com padrões de movimento por sobre o ombro quando mais jovens apresentaram melhor forma de arremesso.

As velocidades de bola que os idosos geraram também foram moderadas (semelhantes às velocidades geradas por crianças de 8 a 9 anos de idade). A média dos homens foi de 16,7 m/s, e a das mulheres, de 11,9 m/s. Portanto, os idosos também confirmaram as diferenças de gênero observadas em jovens quanto à velocidade.

Como as ações durante o balanço do braço para trás em habilidades balísticas em geral são relacionadas à velocidade da bola, Haywood, Williams e VanSant (1991) examinaram cuidadosamente o balanço para trás utilizado por idosos. Aqueles que utilizaram um balanço circular para trás e para baixo arremessaram mais rápido do que aqueles que utilizaram um balanço para trás e para cima (e, portanto, mais curto). Muitos idosos utilizaram padrões de movimento de balanço para trás que pareceram diferentes daqueles utilizados pelas crianças. Por exemplo, muitos começaram o balanço circular para trás e para baixo (etapa 4), mas não continuaram o círculo. Em vez disso, flexionaram o cotovelo a fim de levar a bola para trás da cabeça. Uma possível razão para isso talvez seja uma mudança nos

PONTOS-CHAVE
Ao comparar arremessadores jovens e adultos mais velhos, podemos observar os padrões de movimentos utilizados e como são controlados.

166 Desenvolvimento de Habilidades Balísticas

sistemas muscular e esquelético, como a diminuição da flexibilidade do ombro ou uma perda de fibras musculares de contração rápida. Possivelmente, os arremessadores não puderam continuar os movimentos de braço na articulação do ombro, do contrário sentiriam dor, reorganizando o movimento.

Nesses estudos, os idosos não foram observados quando adultos jovens, portanto não sabemos se algum ou todos eles atingiram o nível de desenvolvimento mais alto em todos os componentes corporais durante a juventude. Podemos somente supor que o seu estado moderado como idosos reflete pelo menos alguma mudança de seus padrões de movimento da juventude.

Uma noção comum sobre o desempenho de habilidades na terceira idade é a de declínio consistente com o avanço da idade. Para avaliar o arremesso em relação ao avanço da idade, Williams, Haywood e VanSant (1998) observaram oito idosos por mais de sete anos. Um indivíduo estava nos seus 60 anos, mas a maioria deles, no final dos 70. Contrariando o que muitos poderiam predizer, os movimentos de arremesso foram relativamente consistentes no decorrer dos anos. Os participantes foram classificados na mesma etapa sequencial em 80% das observações possíveis de componentes corporais durante todos os anos. Naqueles casos em que os indivíduos mudaram, a mudança normalmente, – mas nem sempre, – envolveu um declínio. Uma variabilidade aumentada foi associada à mudança; isto é, se um participante mudava seu nível de desenvolvimento de uma sessão anterior, frequentemente era inconsistente ao longo de cinco tentativas, mostrando uma variedade de níveis de desenvolvimento. Williams e colaboradores também observaram pequenas mudanças no decorrer dos anos, as quais não resultaram necessariamente em uma mudança na etapa de desenvolvimento. Essas pequenas mudanças incluíram diminuição da amplitude e da velocidade de movimento. Essa observação longitudinal mostra que o desempenho do arremesso na terceira idade é relativamente estável. Pequenas mudanças são mais típicas do desempenho do que de grandes declínios.

É claro que idosos coordenam seus movimentos de arremesso como os adultos jovens com moderada capacidade de arremesso. A utilização dos mesmos padrões de movimento é observada em poucos idosos em relação à maioria dos jovens adultos avançados; mas isso pode refletir o número limitado de observações do grupo mais velho, bem como as restrições impostas por sistemas controladores de velocidade. A mudança observada diacronicamente na velhice é, mais provavelmente, uma mudança no controle dos movimentos, sobretudo uma diminuição da velocidade ou da amplitude de movimento.

Apesar de precisarmos de mais pesquisas e de mais observações longitudinais de idosos, o modelo de restrições pode orientar nosso estudo do desempenho dessa população. Um ou mais sistemas corporais poderão regredir, levando à diminuição na velocidade ou limitando os movimentos e, então, atingindo um ponto crítico, no qual o padrão de movimento deve se alterar. Por exemplo, a artrite avançada na articulação do ombro pode fazer o sistema musculoesquelético atuar como um controlador de velocidade para movimentos de arremesso. Alguns padrões de movimento parecem exclusivos da velhice, porque declínios que ocorrem em vários sistemas corporais com o avanço da idade podem não ser exatamente o oposto dos avanços que ocorrem com o crescimento físico. Outros podem muito bem ser os mesmos padrões de movimento observados em crianças e jovens à medida que avançam na sequência de desenvolvimento.

Arremessar com precisão

As sequências de desenvolvimento construídas para o arremesso por sobre o ombro levam em conta especificamente um arremesso a distância sem objetivo de precisão. O modelo de restrições nos levaria a indicar que mudar as características da tarefa de *arremessar a distância* para *arremessar com precisão* resultaria em uma mudança nos padrões de movi-

---

PONTO-CHAVE
Os movimentos de arremesso em idosos são caracterizados mais por estabilidade nas etapas de desenvolvimento do que por rápido declínio. A mudança é mais frequentemente caracterizada por aumento da variabilidade entre arremessos, leve diminuição na velocidade do movimento ou amplitude de movimento mais limitada.

PONTO-CHAVE
Se as sequências de desenvolvimento para arremesso potente forem utilizadas para descrever um arremesso curto de precisão, até mesmo o mais proficiente dos arremessadores pode não utilizar os padrões de movimento mais "avançados".

mento, e Langendorfer (1990) demonstrou ser este o caso. Ele testou jovens adultos e crianças de 9 a 10 anos realizando os dois tipos de arremesso. A tarefa de precisão foi a de atingir um alvo circular de 2,40 m a uma distância de 10 m para adultos e de 6 m para crianças. Os arremessadores do sexo masculino foram classificados em etapas de desenvolvimento significativamente mais baixas quando arremessaram com mais precisão do que quando o fizeram a distância. As arremessadoras tenderam às etapas mais baixas, mas não foram muito diferentes nas duas condições da tarefa. Langendorfer sentiu que a distância para o arremesso de precisão para as mulheres resultou em uma condição da tarefa com potência, o que sugere, portanto, que sob condições verdadeiras de precisão, os indivíduos utilizam padrões de movimento diferentes daqueles utilizados para o arremesso a distância.

 Pense em como o arremesso é exigido em três ou quatro esportes ou jogos. Esses jogos enfatizam distância, precisão ou uma combinação de ambos? Em qual dessas condições seria adequado utilizar as sequências de desenvolvimento com a perspectiva de que os arremessadores mais proficientes se colocassem nas etapas mais avançadas?

Williams, Haywood e VanSant (1993, 1996) repetiram o estudo de Langendorfer com seus idosos: pediram a eles que fizessem os dois tipos de arremesso em um alvo a 10 m de distância. A velocidade de arremesso foi medida nas duas condições da tarefa, e os observadores descobriram que os indivíduos utilizaram uma velocidade mais lenta na condição de precisão. Como grupo, os idosos mudaram pouco de uma condição para outra, mas a maioria deles adaptou seus movimentos em pelo menos um componente corporal. Assim como as arremessadoras do estudo de Langendorfer, as idosas acharam que os 10 m de distância dos arremessos de precisão exigiriam relativamente mais força do que homens jovens julgaram necessária. Uma condição de precisão em uma distância mais curta pode trazer à tona mais diferenças nos movimentos utilizados.

Em esportes e jogos, os arremessos raramente dispensam alguma precisão ou precisão sem a necessidade de força. O que essa pesquisa demonstra é que os padrões diferentes de movimento surgem para diferentes restrições da tarefa, mesmo para uma mesma pessoa em um mesmo ambiente. Quando comparamos os padrões de movimento, seja utilizando as classificações de desenvolvimento, seja fazendo uso de alguma outra descrição de um padrão de movimento, devemos reconhecer que as comparações são somente válidas quando as restrições da tarefa são idênticas. Mesmo assim, a interação pessoa-tarefa influencia o movimento. Por exemplo, um indivíduo forte pode arremessar a uma determinada distância sem a necessidade de um passo do pé contralateral, enquanto um indivíduo mais fraco necessita de um passo para atingir a mesma distância. Pais, treinadores, professores e recreadores devem levar isso em consideração ao comparar os arremessadores.

Chutar

Como o arremesso, o chute projeta um objeto; mas, ao contrário do que acontece no arremesso, o indivíduo golpeia o objeto. As crianças obviamente devem ter as capacidades perceptivas e a coordenação olho-pé necessárias para realizar um **chute** e fazer contato consistente com a bola. Professores e pais podem simplificar a tarefa para uma criança mais jovem, desafiando-a a chutar uma bola parada.

Um **chute** é um golpe balístico dado com o pé.

Características do chute inicial

PONTO-CHAVE
Assim como as crianças mais novas arremessam somente com a ação dos braços, os chutadores iniciantes utilizam apenas a ação das pernas.

Como no arremesso, chutadores inábeis tendem a utilizar uma única ação em vez de uma sequência de ações. Como você pode ver na Figura 8.8, não ocorre um passo à frente com a perna contrária à de chute, sendo que esta se move meramente para a frente até a bola. O joelho da perna que chuta pode estar flexionado no contato, e um chutador inábil pode até mesmo retrair a perna imediatamente após tocar a bola. O tronco não gira, e a criança mantém os braços parados ao lado dele. O menino da Figura 8.9 demonstra habilidade de chutar mais avançada, dando um passo à frente com o pé contrário ao de chute e assim, colocando a perna de chute em uma posição flexionada.

O chutar proficiente

Compare as características do chute inicial àquelas que fundamentam o chute avançado, mostrado na Figura 8.10. O chutador avançado faz o seguinte:

- Começa com um movimento circular preparatório. O jogador alcança essa posição, com o tronco rotacionado para trás e a perna de chute flexionada, saltando ou correndo para a bola. Como consequência natural da passada da corrida, o tronco é rotacionado para trás, e o joelho da perna de chute é flexionado exatamente após o impulso da perna de trás. Portanto, o jogador é capaz de aplicar força máxima a partir de uma distância maior. Correr para a bola também contribui com *momentum* para o chute.

FIGURA 8.8 Um chutador iniciante apenas impulsiona a perna para a frente.
© Mary Ann Roberton.

- Utiliza movimentos sequenciais da perna de chute. A coxa gira para a frente, enquanto a perna se estende (o joelho se estende), um pouco antes do contato com a bola, a fim de aumentar o raio do arco pelo qual a perna de chute se desloca. A perna estendida continua para a frente após o contato a fim de dissipar a força do chute no movimento de desaceleração.
- Balança a perna de chute durante o movimento total do quadril.
- Utiliza rotação de tronco para maximizar a amplitude do movimento. Como resultado do balanço completo da perna, o chutador compensa o contato com a perna para trás.
- Utiliza os braços em oposição às pernas como reação ao movimento de tronco e perna.

FIGURA 8.9 Este chutador fez algum progresso quando comparado ao chutador inicial. Ele dá um passo à frente, colocando a perna em uma posição flexionada, mas o balanço da perna continua mínimo. O joelho é flexionado no contato, e algum *momentum* do chute é perdido.
© Mary Ann Roberton.

FIGURA 8.10 Um chutador avançado. Observe a amplitude total do movimento da perna, a rotação do tronco e a oposição do braço.
© Mary Ann Roberton.

Mudanças de desenvolvimento no chute

O estudo do desenvolvimento do chute em crianças não tem sido tão extenso como os educadores gostariam. Apesar de conhecermos as mudanças globais pelas quais as crianças devem passar para realizar um chute avançado, as mudanças qualitativas que cada parte do corpo faz não estão bem documentadas. Haubenstricker, Seefeldt e Branta (1983) descobriram que somente 10% dos indivíduos de 7,5 a 9 anos de idade por eles estudadas apresentaram uma forma avançada de chute. Assim, temos razões para especular que, como no arremesso, as crianças não alcançam automaticamente o chute proficiente.

Que outros fatores podem modificar o padrão de movimento utilizado no chute? Recentemente, Mally, Battista e Roberton (2011) investigaram o efeito da distância na forma do chute. Utilizando uma perspectiva de sistemas dinâmicos (ver Capítulo 2), eles postularam que a distância atua como um parâmetro de controle para o chute, de maneira muito semelhante à que a velocidade, quando acelerada ou reduzida, altera uma caminhada para uma corrida ou vice-versa. De acordo com essa lógica, os indivíduos irão alterar seu padrão de chute uma vez que uma distância crítica de chute seja alcançada. Mally e colaboradores testaram 19 crianças, com uma média de idade 8,1 anos. Os jovens realizaram chutes em cinco distâncias ordenadas aleatoriamente (aproximadamente 1,5, 3, 6, 9 e 12 m). Elas chutaram três vezes em cada distância enquanto eram filmadas. Os autores analisaram os chutes com base em características-chave do movimento, tais como a posição final do pé na abordagem, a posição dos braços na etapa final e a ação das pernas e braços durante a oscilação da perna para a frente. Dessas características, quatro se alteraram significativamente em função da distância (número e tipo de etapas para a frente na abordagem, posição da canela na oscilação da perna para a frente, ação da perna no balanço). A existência de diferenças significativas sugere que a distância pode atuar como um parâmetro de controle para o chute. Isso também oferece indicações para a base de alteração de desenvolvimento no chute, uma vez que o padrão das alterações se assemelha àquele observado na triagem pré-longitudinal de outras habilidades. Em outras palavras, as crianças alteraram a forma do movimento quando lhes foi pedido que chutassem distâncias maiores, do mesmo modo em que as crianças melhoraram a proficiência em relação à sua infância. Isso sugere que a capacidade de gerar força pode ser um componente-chave que orienta as alterações de desenvolvimento no chute.

Observando os padrões de chute

Para que as crianças recebam uma orientação adequada para o chute, é importante que sejam observadas individualmente. A partir de uma posição lateral, um professor ou técnico pode visualizar:

- a colocação do pé de apoio;
- a amplitude do movimento e a extensão pré-contato na perna de chute;
- a amplitude do movimento de tronco;
- a oposição do braço.

Passemos agora ao desenvolvimento do voleio – uma forma especial do chute para a qual os pesquisadores têm postulado haver uma sequência de desenvolvimento.

Voleio

> O **voleio** é uma forma de chute quando o objeto é solto das mãos do indivíduo antes do impacto com o pé.

O **voleio** é uma habilidade balística mecanicamente semelhante ao chute. Porém, aprender esse movimento tende a ser mais difícil para as crianças. Para fazê-lo, uma criança larga a bola, devendo sincronizar o balanço das pernas com a bola em queda.

Características de um voleio em um principiante

A criança principiante no voleio tende a lançar a bola para cima em vez de deixá-la cair e, em geral, larga a bola após a perna de apoio tocar o solo (isso se ela der um passo). Os braços pendem ao lado do tronco. A criança poderá estender rigidamente o joelho da perna de chute ou flexioná-lo em um ângulo reto, como na Figura 8.11. Em geral, ela mantém o pé em um ângulo reto com a perna, de forma que a bola toca os dedos em vez do peito do pé, o que resulta em um voleio errado.

FIGURA 8.11 A criança principiante no voleio dá somente um passo curto e flexiona o joelho da perna de chute em 90° no contato (etapa 1). A bola é largada da altura do peito (etapa 3), mas os braços pendem ao lado do tronco no contato (etapa 1).
© Mary Ann Roberton.

O voleio proficiente

Para executar um voleio correto, soltando a bola a partir das mãos, como mostrado na Figura 8.12, a criança deve:

- estender os braços para a frente com a bola na mão antes de deixá-la cair à medida que a passada final é realizada;
- movimentar os braços para o lado após largar a bola; mover-se em um padrão de oposição de braço;
- saltar para o pé de apoio e balançar a perna de voleio vigorosamente para cima, a fim de tocar a bola, de modo que o corpo deixe o solo com um salto da perna de apoio;
- manter o joelho da perna de chute quase estendido e os dedos do pé estendidos no momento do contato.

Mudanças de desenvolvimento no voleio

Roberton (1978b; 1984) postulou a hipótese de uma sequência de desenvolvimento para o voleio (Tab. 8.2). A ação do braço é dividida em duas sequências, uma para a fase de lar-

Desenvolvimento Motor ao Longo da Vida   **171**

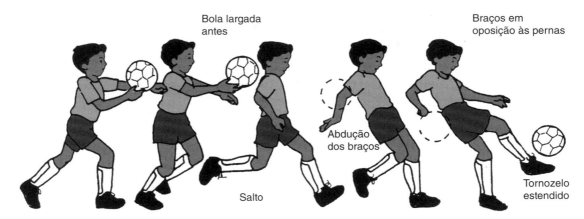

FIGURA 8.12 Um voleio avançado. O último passo é um salto; o tornozelo é estendido (flexão da região plantar) no contato com a bola, e o voleio, completado com um salto na perna de apoio (etapa 3). A bola cai mais cedo da altura do peito (etapa 4), ocorre abdução dos braços e sua movimentação em oposição ao movimento das pernas (etapa 3).
© Mary Ann Roberton.

gada da bola e outra para a de contato com a bola. A sequência da largada da bola expressa a progressão que vai do lançar a bola para cima para começar o voleio até deixá-la cair mais tarde para sincronizar sua queda de maneira adequada. A sequência de contato com a bola mostra que os braços fazem uma transição entre o desuso do movimento bilateral e o padrão de oposição dos braços que caracteristicamente acompanha a rotação vigorosa da parte inferior do tronco.

A sequência de ação das pernas reflete uma transição de desenvolvimento entre um passo curto da perna oposta à de chute e um passo longo e, por fim, uma passada com salto. No contato, o tornozelo da perna de chute muda de uma posição flexionada para uma estendida.

Observando padrões do voleio

Observar lateralmente alguém que realiza o voleio oferece uma visão da queda da bola e das posições do braço e do pé (veja o plano de observação para o voleio na Fig. 8.13). A partir dessa posição, você pode ver claramente o grau de extensão do pé no contato com a bola.

TABELA 8.2 Sequência de desenvolvimento para o voleio

	Ação
	Ação de braço: fase de largar a bola
Etapa 1	Lançar para cima. As mãos estão nos lados da bola. Esta é lançada para cima com ambas as mãos depois que o pé de apoio tiver aterrissado (se um passo tiver sido dado).
Etapa 2	Largada atrasada da altura do peito. As mãos estão nos lados da bola. Esta só cai da altura do peito depois que o pé de apoio aterrissa (se um passo tiver sido dado).
Etapa 3	Largada atrasada da altura da cintura. As mãos estão nos lados da bola. Esta é levada para cima e para a frente no nível da cintura. É largada ao mesmo tempo ou um pouco antes da aterrissagem do pé de apoio.
Etapa 4	Largada antecipada da altura do peito. Uma mão é girada para o lado sob a bola. A outra mão é rotacionada para o lado e para o topo da bola. As mãos carregam a bola em uma trajetória para a frente e para cima durante a abordagem. Ela é largada no nível do peito à medida que a passada da abordagem final começa.

(continua)

172 Desenvolvimento de Habilidades Balísticas

TABELA 8.2 Sequência de desenvolvimento para o voleio *(continuação)*

Ação	
Ação dos braços: fase de contato com a bola	
Etapa 1	Os braços pendem. Os braços pendem bilateralmente na largada da bola para uma posição ao lado dos quadris no contato com a bola.
Etapa 2	Abdução dos braços. Os braços são abduzidos lateralmente após a largada da bola. O braço do lado da perna de chute poderá ir para trás à medida que a perna balança para a frente.
Etapa 3	Oposição de braço. Após a largada da bola, os braços são abduzidos bilateralmente durante o voo. No contato, o braço oposto à perna de chute balança para a frente com aquela perna. O braço do lado oposto da perna de chute permanece abduzido para trás.
Ação das pernas: fase de contato com a bola	
Etapa 1	Passo curto ou não realização de passo; tornozelo flexionado. A perna de chute balança para a frente de uma posição paralela ou levemente atrás do pé de apoio. O joelho pode estar estendido por completo no contato ou, muitas vezes, continua flexionado em 90°, com contato acima ou abaixo da articulação do joelho. A coxa continua movendo-se para cima no contato. O tornozelo tende a ser flexionado (dorsalmente).
Etapa 2	Passo longo e extensão de tornozelo. Vários passos podem ser dados. O último passo por sobre a perna de apoio é uma passada saltada longa. A coxa da perna de chute tem o movimento para a frente reduzido ou parado ao contato. O tornozelo está estendido (flexão plantar). O joelho apresenta entre 20 e 30° de extensão possíveis ainda no contato.
Etapa 3	Pulo e salto. A criança poderá dar vários passos, mas o último é, de fato, uma passada saltada (pulo) para o pé de apoio. Após contato, o *momentum* da perna de chute puxa a criança para fora do solo em um salto.

Nota: Essa sequência foi sugerida por Roberton (1984) e ainda não foi validada.

Reimpressa, com a permissão, de Roberton e Halverson, 1984.

Rebater lateralmente

Embora muitos esportes e atividades físicas incorporem o rebater, são raros os dados de pesquisas sobre o seu desenvolvimento. O rebater abrange várias habilidades, podendo ser realizado com várias partes do corpo, como as mãos ou os pés. As pessoas também podem utilizar uma variedade de implementos em várias orientações, como balançar um bastão lateralmente, uma raquete de cima para baixo, um taco de golfe por baixo. Na nossa discussão, centraremos no **rebater lateral** com uma das mãos com um implemento e no rebater por sobre o ombro com uma das mãos com um implemento.

O **rebater lateral** é uma forma de rebater em que o braço permanece no mesmo nível ou abaixo do nível do ombro. Um exemplo é uma pessoa rebatendo no *beisebol.*

Das habilidades básicas que temos discutido até agora, o rebater envolve um julgamento perceptivo mais difícil. O sucesso em atingir um objeto em movimento é limitado no início da infância; portanto, é difícil de avaliar o rebater de um objeto em movimento em crianças jovens. Por essa razão, os professores muitas vezes adaptam as tarefas de rebater para essa população, colocando a bola em uma posição estática. Além disso, os pesquisadores frequentemente fundamentam as sequências de desenvolvimento no ato rebater uma bola parada, de modo que possam descrever as mudanças nos padrões de movimento das crianças jovens.

Podemos aplicar os princípios mecânicos e os aspectos do desenvolvimento do rebater com uma das mãos em um objeto parada para outros tipos de tarefas de rebater. Tenha isso em mente à medida que examinamos o desenvolvimento do padrão de rebater. A Tabela 8.3 mostra a sequência de desenvolvimento do rebater lateral.

Características do rebater lateral em principiantes

Em geral, as primeiras tentativas de uma criança para rebater lateralmente parecem tentativas inábeis de arremessar por sobre o ombro. A criança "corta" a bola que está vindo em sua direção, estendendo o cotovelo e utilizando pouca ação de perna e de tronco. Como

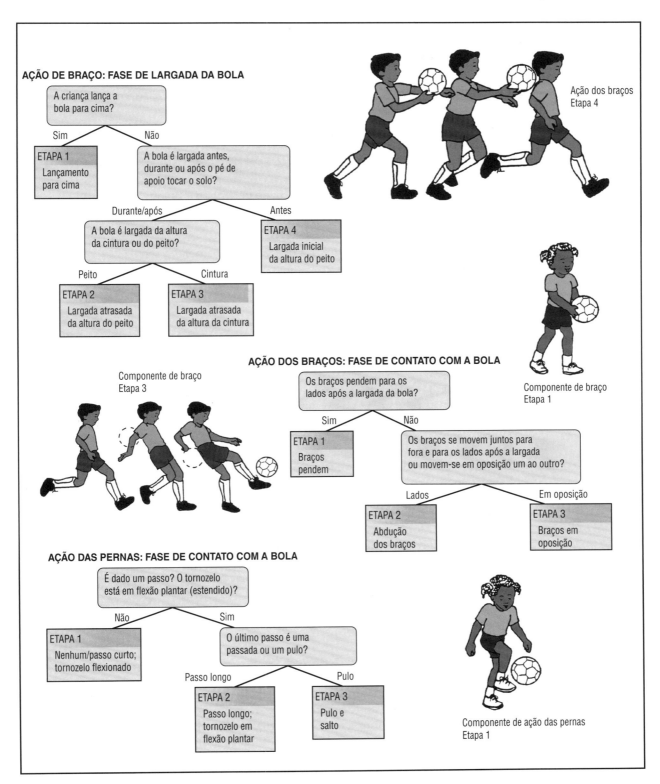

FIGURA 8.13 Plano de observação para o voleio.

TABELA 8.3 Sequência de desenvolvimento para o rebater lateral

	Ação
Componente de ação da raquete	
Etapa 1	Cortada. A raquete é balançada no plano vertical.
Etapa 2	Somente balanço de braço. A raquete balança à frente do tronco.
Etapa 3	A raquete fica para trás. A raquete se atrasa em relação à rotação do tronco mas se adianta ao tronco na posição frontal do corpo.
Etapa 4	Atraso da raquete retardado. A raquete continua atrasada em relação ao tronco na posição frontal do corpo.
Componente de ação dos pé, tronco e braços	
Ver as seções de pé, tronco e braço na Tabela 8.1.	

na Figura 8.14, a criança geralmente fica de frente para a bola que se aproxima.

Rebater lateral proficiente

Uma rebatida lateral proficiente incorpora muitas das características de um arremesso avançado por sobre o ombro. Essas características incluem o seguinte:

- Dar um passo em direção à batida, aplicando, portanto, força linear ao rebater. O passo deveria ter uma distância maior do que a metade da altura do indivíduo em pé (Roberton, 1978b; 1984). A passada preparatória deveria ser lateral para permitir esse passo e o balanço lateral.
- Utilizar a rotação de tronco diferenciada para permitir um balanço mais amplo e contribuir com mais força durante o movimento rotatório.
- Balançar com uma amplitude total de movimento para aplicar a maior força possível.
- Balançar em um plano mais ou menos horizontal e estender os braços exatamente antes do contato.
- Ligar ou encadear os movimentos para produzir a maior força possível. A sequência é a seguinte: balanço para trás e passo à frente; rotação pélvica; rotação da coluna e balanço; extensão do braço; contato; e balanço.

FIGURA 8.14 Esta jovem menina executa uma tarefa de rebater utilizando apenas a ação de braços. Ela fica de frente para a bola e balança a raquete para baixo, em vez de lateralmente.

© Mary Ann Roberton.

Mudanças de desenvolvimento no rebater lateral

Os pesquisadores não validaram uma sequência de desenvolvimento completa para o rebater lateral; mas podemos aplicar para esse movimento as sequências para a ação de pé e tronco do arremesso por sobre o ombro (ver Fig. 8.15). Além disso, conhecemos algumas das mudanças qualitativas que o indivíduo sofre na ação dos braços para o rebater lateral. Essa ação é distinta daquela do rebater lateral por cima e por baixo (como no balanço do golfe), mas todas as três formas têm muitos princípios mecânicos em comum. Discutiremos o rebater lateral primeiro, mas tenha em mente que muitas das mudanças qualitativas na ação dos braço para o rebater lateral e dos princípios mecânicos envolvidos se aplicam também para o rebater por cima.

A primeira mudança óbvia no rebater lateral em relação à técnica mostrada na Figura 8.14 ocorre quando um rebatedor se posiciona de lado para a bola que se aproxima. Pela

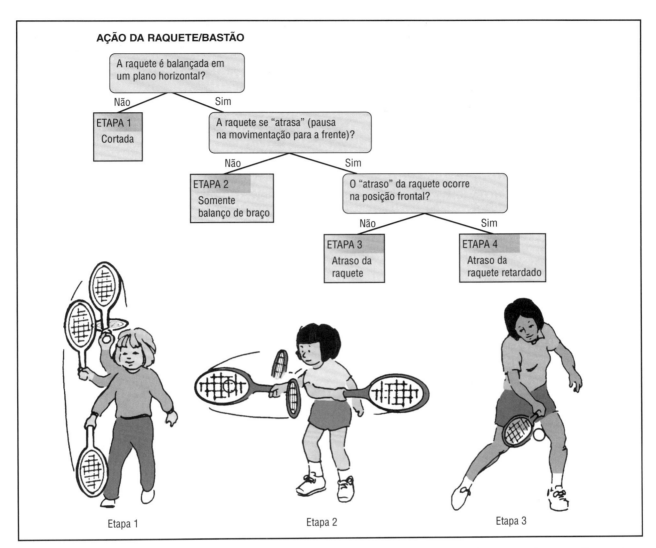

FIGURA 8.15 Plano de observação para o rebater lateral (para os componentes de pé, tronco e braço, utilize a observação de arremesso).

transferência de peso do corpo para o pé de trás, dando um passo à frente e transferindo seu peso para a frente no contato, um rebatedor é capaz de melhorar as habilidades de rebater. A criança da Figura 8.16 gira para o lado, mas ainda não aprendeu a dar um passo em direção à batida.

Uma segunda mudança benéfica é o uso da rotação de tronco. Em uma sequência de desenvolvimento semelhante à do arremessar, os indivíduos utilizam primeiro a rotação em bloco antes de avançar para a rotação diferenciada (quadril, em seguida o ombro). Um rebatedor habilidoso que utiliza a rotação diferenciada aparece na Figura 8.17.

Os rebatedores também mudam, aos poucos, o plano de seus balanços, da cortada vertical mostrada na Figura 8.14 para um plano oblíquo e, finalmente, para um plano horizontal, como na Figura 8.16. Às vezes, eles obtêm um balanço mais longo, mantendo os cotovelos afastados dos lados do tronco e estendendo seus braços momentos antes do contato. Um rebatedor principiante com frequência segura uma raquete de tênis ou de *paddle* com uma pegada de potência, em que segure-se o cabo com a palma da mão, como no taco de golfe (Fig. 8.18 a e b; Napier, 1956). Com essa pegada, o rebatedor tende a manter o cotovelo flexionado durante o balanço para colocar o antebraço na posição supina, cortando, assim, a bola por baixo.

176 Desenvolvimento de Habilidades Balísticas

FIGURA 8.16 Esta menina teve melhorias se comparada à rebatedora principiante. Ela se posiciona de lado e executa uma rebatida lateral, mas ainda não envolve a parte inferior do corpo.
© Mary Ann Roberton.

FIGURA 8.17 Um rebatedor avançado. O braço de balanço se move em uma grande amplitude. O rebatedor dá um passo para o balanço e utiliza rotação de tronco diferenciada.
© Mary Ann Roberton.

Embora as crianças tendam a utilizar a pegada de potência com qualquer implemento de rebater, elas a adotam mais frequentemente quando lhes são dados implementos muito grandes e pesados. Os educadores podem promover o uso da pegada "aperto de mão", mais adequada, dando às crianças implementos de rebater que sejam de tamanho e peso apropriados (Roberton e Halverson, 1984); isto é, devem escalonar o tamanho e o peso do implemento para o tamanho e a força da criança.

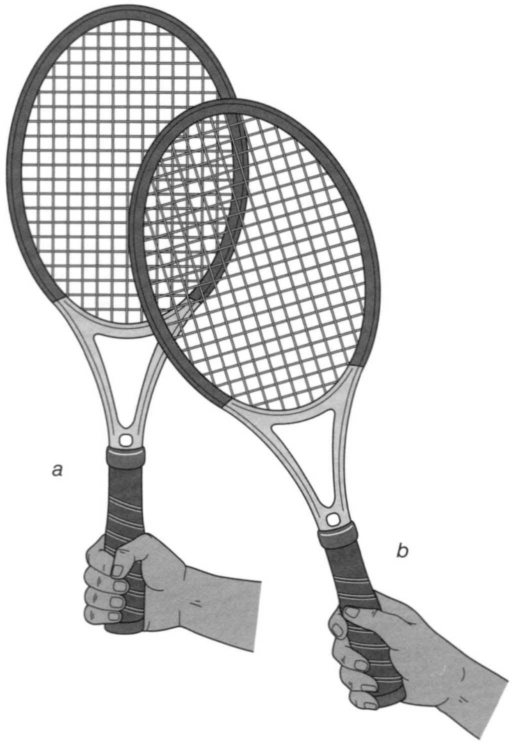

Observando os padrões do rebater lateral

Assim como muitas das habilidades que observamos até agora, estudar o balançar de uma criança a partir de mais de uma localização oferece melhores informações. A partir da posição frontal (i.e., diretamente em frente à criança, a uma distância segura e em um local onde você possa lançar a bola), é possível observar

FIGURA 8.18 (a) Os iniciantes utilizam frequentemente uma pegada de potência, levando a uma cortada por baixo na bola. (b) Uma pegada "aperto de mão" é desejável para o rebater lateral.

a direção do passo, o plano do balanço de braço e a extensão do braço. Lateralmente, você pode verificar o passo, a rotação de tronco e a extensão do balanço.

Rebater por sobre o ombro

A **batida por sobre o ombro** é uma forma de bater ou rebater na qual o braço se movimenta por sobre o nível do ombro. Um exemplo de bater por sobre o ombro é o da pessoa balançando a raquete em um saque no tênis.

Uma pessoa pode executar o **rebater por sobre o ombro** sem um implemento, como no saque do voleibol, ou com um implemento, como no saque do tênis. Enfatizaremos o rebater por sobre o ombro com um implemento.

Características do rebater por sobre o ombro iniciante

O rebatedor principiante apresenta movimento pélvico e espinal limitado, balança com o cotovelo caído e balança o braço e a raquete para a frente em uníssono, como na Figura 8.19. Se ele estiver recebendo uma bola lançada, o cotovelo caído leva a um baixo ponto de contato entre a raquete e a bola. O padrão de movimento do rebater por sobre o ombro inicial, portanto, é semelhante ao do arremesso sobre o ombro e ao do rebater lateral de um principiante.

Rebater por sobre o ombro proficiente

Uma pessoa que é habilidosa no rebater por sobre o ombro, como mostrado na Figura 8.20, faz o seguinte:

- gira a pelve e a coluna em mais de 90°;
- mantém o cotovelo em um ângulo que fica entre 90 e 119° no início do movimento para a frente;
- deixa a raquete se atrasar em relação ao braço durante o balanço para a frente.

FIGURA 8.19 Rebater iniciante por sobre o ombro. O movimento de tronco é mínimo. O cotovelo está caído, o braço e a raquete se movem juntos.

FIGURA 8.20 Rebater proficiente por sobre o ombro. A rotação de tronco é óbvia. A raquete fica atrasada em relação ao braço durante o balanço.

178 Desenvolvimento de Habilidades Balísticas

O atraso da raquete é consistente com o princípio de uma cadeia cinética aberta, em que a força é gerada por uma sequência de movimentos temporalmente correta. O atraso do úmero e do antebraço é um exemplo de uma cadeia cinética aberta: o úmero se atrasa em relação à rotação de tronco, o antebraço se atrasa em relação ao úmero, e a raquete se atrasa em relação ao antebraço, criando uma cadeia de movimentos sequenciais.

Mudanças de desenvolvimento no rebater por sobre o ombro

Langendorfer (1987) e Messick (1991) propuseram sequências de desenvolvimento para o rebater por sobre o ombro. Ambos fundamentaram essas sequências em estudos transversais, mas não as validaram com pesquisa longitudinal.

Esse tipo de rebater é semelhante ao arremessar por sobre o ombro e ao rebater lateral, mas também tem características próprias. Langendorfer identificou oito sequências de componentes em um estudo com crianças de 1 a 10 anos de idade. As sequências de tronco, úmero, antebraço e perna são semelhantes às do arremesso por sobre o ombro (Tab. 8.1). Sequências únicas para o rebater por sobre o ombro incluem a amplitude de movimento da pelve, a amplitude de movimento espinal, o ângulo do cotovelo e a ação da raquete (Tab. 8.4). Messick observou jovens de 9 a 19 anos executando o saque do tênis. Ela identificou sequências de ângulo de cotovelo e raquete semelhantes àquelas identifi-

TABELA 8.4   Sequência de desenvolvimento para o rebater por sobre o ombro

Ação
Fase preparatória: ação do tronco

Etapa 1	Nenhuma ação de tronco ou flexão/extensão de tronco
Etapa 2	Rotação de tronco mínima (<180°)
Etapa 3	Rotação de tronco total (>180°)

Fase de contato com a bola: ação do cotovelo

Etapa 1	O ângulo é de 20° ou menos, ou maior do que 120°
Etapa 2	O ângulo é de 21 a 89°
Etapa 3	O ângulo é de 90 a 119°

Fase de contato com a bola: amplitude do movimento espinal

Etapa 1	A coluna (na altura dos ombros) gira menos do que 45°
Etapa 2	A coluna gira entre 45 e 89°
Etapa 3	A coluna gira mais do que 90°

Fase de contato com a bola: amplitude de movimento da pelve

Etapa 1	A pelve (abaixo da cintura) gira menos do que 45°
Etapa 2	A pelve gira 45 e 89°
Etapa 3	A pelve gira mais do que 90°

Fase de contato com a bola: ação da raquete

Etapa 1	Nenhum atraso da raquete
Etapa 2	Atraso da raquete
Etapa 3	Atraso da raquete retardado (e extensão para cima)

A ação preparatória do tronco e a informação entre parênteses na etapa 3 da ação da raquete são reimpressas com permissão de J. A. Messick, 1991 "Prelongitudinal screening of hypothesized developmental sequences for the overhead tennis serve in experienced tennis players 9-19 years of age", Research Quarterly for Exercise and Sport 62: 249-256. Os componentes restantes são reimpressos, com permissão, de S. Langendorfer 1987, "Prelongitudinal screening of overarm striking development performed under two enviromental conditions". Em *Advances in motor development research*, Vol. 1, editado por J. E. Clark e J. H. Humphrey (New York: AMS Press), 26.

cadas por Langendorfer, exceto que a extensão do antebraço e da raquete até o contato com a bola foi característica do saque do tênis. Ela também observou uma sequência de desenvolvimento de ação preparatória de tronco no rebater do tênis por sobre o ombro. Isso aparece na Tabela 8.4.

Embora tenham observado diferenças de idade na troca do apoio do peso do corpo – executantes idosos trocaram seus pesos mais do que os jovens – nem Langendorfer nem Messick descobriram as sequências de desenvolvimento para a ação dos pés no arremessar que pudessem ser aplicadas ao rebater por sobre o ombro. Talvez o rebater por sobre o ombro requeira uma sequência diferente que ainda não foi identificada. Isso pode ser especialmente verdade no contexto do tênis, no qual as regras especificam que o sacador não deve pisar sobre a linha de base ou além dela antes de bater na bola.

Observando padrões do rebater por sobre o ombro

A observação do rebater por sobre o ombro é semelhante à do rebater lateral. Você pode preferir, contudo, observar de trás, em vez de pela frente, além de observar lateralmente.

Rebater do idoso

Assim como adultos de meia-idade e idosos ativos, como Dodo Cheney, são notícias no esporte, sabemos que as habilidades balísticas podem ser para toda a vida. A pesquisa sobre adultos ativos realizando habilidades balísticas é limitada, mas aumentará provavelmente à medida que um número maior de idosos mantiver um estilo de vida ativo em esportes que as requeiram. Não é surpreendente que tênis e golfe sejam dois dos contextos para pesquisas de idosos, uma vez que ambos os esportes têm grande número de praticantes mais velhos bem como programas para seniores.

O tempo e o ritmo de uma tacada curta têm sido comparados entre homens jovens (19 a 25 anos) e idosos (60 a 69 anos), todos jogadores de golfe experientes (Jagacinski, Greenberg e Liao, 1997). Certamente, essa tarefa enfatiza mais precisão do que distância. Como grupo, os jogadores de golfe mais velhos tiveram um tempo um pouco mais rápido, ou velocidade total da tacada mais rápida. Diferenças de ritmo também existiram. Os golfistas mais velhos alcançaram pique de força mais cedo no balanço, enquanto os mais jovens o alcançaram imediatamente antes do impacto. Além disso, os golfistas mais velhos tiveram mudanças de força maiores nas últimas fases do balanço. Isso pode indicar que os golfistas mais velhos exercem relativamente mais força para executar essa tacada do que os mais jovens. Em termos de precisão, 3 dos 12 golfistas mais velhos acertaram menos de 10% de suas tacadas; mas os demais foram tão precisos quanto os jovens. Portanto, grande variabilidade em precisão foi encontrada entre os membros do grupo mais velho, mas muitos deles não mostraram qualquer decréscimo. Devemos ter em mente que as demandas de força e flexibilidade dessa tarefa foram relativamente baixas. As perdas de força e flexibilidade com o avanço da idade não restringiram os golfistas mais velhos em relação aos mais jovens.

PONTO-CHAVE
Muitos dos golfistas mais velhos podem ser tão precisos quanto os mais jovens quando as demandas de força e de flexibilidade não são altas; mas alguns deles, provavelmente não serão tão precisos como os jovens.

 Quais poderiam ser os controladores de velocidade que fazem os idosos organizarem seus padrões de movimento para o bater? Esses controladores seriam diferentes naqueles que permanecem ativos em um esporte de "rebater" se comparados aos sedentários?

Haywood e Williams (1995) observaram tenistas idosos na execução de um saque por sobre o ombro. Esses indivíduos jogavam em média 2,7 vezes por semana. Eles foram divididos em um grupo mais jovem, de 62 a 68 anos, e outro mais velho, de 68 a 81 anos. As etapas do desenvolvimento, antes descritas para a ação preparatória de tronco, de cotovelo

PONTO-CHAVE
Padrões de movimento bem praticados podem ser mantidos ao longo da vida.

e de antebraço e raquete, foram utilizadas para classificar os saques para o padrão de movimento utilizado. A velocidade de impacto da bola também foi medida. Os indivíduos mais jovens e os mais velhos não diferiram em quaisquer dessas medidas, assim como homens e mulheres. A maioria utilizou movimentos de nível moderado do tronco, antebraço e raquete, mas o grupo mais velho foi um tanto mais avançado na ação do cotovelo. Assim, os pesquisadores encontraram poucas evidências de declínio significativo para um grupo que utiliza continuamente a habilidade de rebater.

Os pesquisadores mediram a flexibilidade estática do ombro em tenistas seniores para determinar se um declínio de flexibilidade pode agir como controlador de velocidade para os movimentos de rebater por sobre o ombro; no entanto, não houve diferença em flexibilidade entre os dois grupos etários.

Assim como nos arremessadores idosos descritos anteriormente, esses tenistas não foram observados longitudinalmente, e não sabemos se alguma vez utilizaram padrões de movimento mais avançados. Dois indivíduos, um homem e uma mulher, foram colocados na categoria de desenvolvimento mais alta de cada componente corporal observado; ambos eram ex-jogadores e professores de tênis profissional. Essa investigação sugere, então, que padrões de movimento bem praticados tendem a se manter durante a vida adulta e talvez desde os anos mais jovens.

Resumo e síntese

Um executante proficiente nas habilidades balísticas apresenta movimentos que obedecem a princípios mecânicos para maximizar força e velocidade (conforme discutido no Capítulo 3). À medida que crianças e jovens melhoram seus desempenhos de habilidades balísticas, observamos mudanças que são cada vez mais consistentes com esses princípios mecânicos. Como exemplos, podemos citar: um passo à frente, que transfere *momentum* na direção do arremesso ou da rebatida; movimentos de rotação do tronco, em geral sequenciados, como tendo a parte inferior do tronco seguida pela parte superior do tronco, para o arremesso com o braço e rebatidas; movimentos sequenciais do membro projetado, para permitir que componentes distais do corpo e implementos de rebater fiquem atrasados em relação a componentes corporais maiores e mais distais, de forma que o *momentum* seja transferido, e a velocidade, aumentada. Sabemos que a transição para os padrões de movimento mais eficientes não é automática. Alguns adultos continuam utilizando padrões de movimento que produzem resultados moderados mesmo quando se deseja o desempenho máximo. Como pouca observação de *performance* do rebater ao longo da vida está disponível, é difícil saber a quantidade de declínio no desempenho do arremesso e do rebater em idosos. Idosos ativos, entretanto, parecem manter excelentes padrões de movimento, especialmente quando bem praticados.

As condições da tarefa e a interação entre a pessoa e a tarefa são importantes na determinação de que padrões de movimento emergem no desempenho. Na avaliação da progressão dos jovens ou do declínio dos seniores, devemos não apenas levar em conta a possível influência dos controladores de velocidade sobre essas mudanças, mas também conhecer as condições da tarefa particular para o movimento observado. Um indivíduo arremessando a uma curta distância com precisão não necessariamente precisa utilizar as características de movimentos do nível mais avançado em cada um dos componentes corporais.

Reforçando o que você aprendeu sobre restrições

Dê uma segunda olhada

Dorothy "Dodo" Cheney integrou restrições em mudança a fim de permanecer com sucesso no tênis por mais de oito décadas. Ela adaptou as mudanças em seu próprio corpo, vencendo jogos em todos os grupos de idade nos quais disputou. Ela também venceu em cada tipo de superfície em que competiu (restrições ambientais) e em *singles*, duplas e duplas mistas (restrições da tarefa)!

Teste seus conhecimentos

1. O que distingue o chute do voleio?
2. Identifique quatro das principais mudanças qualitativas no desenvolvimento de cada uma das seguintes habilidades balísticas: arremesso, voleio e o rebater por sobre o ombro.
3. Que mudanças de desenvolvimento qualitativas são comuns para o arremesso e o rebater por sobre o ombro? Por que essas habilidades podem sofrer tais mudanças?

Exercício de aprendizagem 8.1

Arremesso sobre o ombro: alterações na forma relacionadas às mudanças no braço de arremesso

Quais as restrições individuais para força podem estar envolvidas na determinação do nível de desenvolvimento do arremesso por sobre o ombro?

1. Observe três pessoas (tente incluir pelo menos uma criança). Solicite a cada uma delas que arremesse com seu braço preferido (i.e., o braço que ele ou ela naturalmente escolheria). Avalie cada nível de desenvolvimento dos arremessadores utilizando o plano de observação fornecido no Capítulo 8.
2. Agora solicite que cada pessoa arremesse com o braço oposto, ou não preferido. Observe o que acontece com o nível de desenvolvimento.
3. Haverá pelo menos uma diferença no nível de desenvolvimento entre o arremesso com o braço preferido e o não preferido. Faça uma lista das possíveis razões para essa diferença.

Desenvolvimento de Habilidades Manipulativas

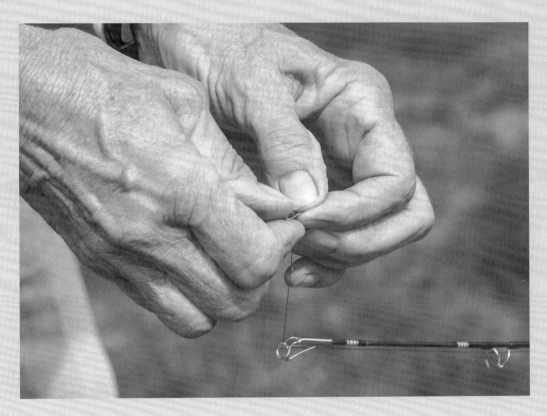

 OBJETIVOS DO CAPÍTULO

- Considerar como os receptores são capazes de interceptar objetos.
- Demonstrar como o tamanho de um objeto, em relação ao tamanho da mão, pode influenciar a pegada utilizada para segurá-lo.
- Documentar a transição na infância desde o uso de pegadas de potência, para pegar objetos, até o uso de pegadas de precisão.
- Examinar o papel da visão para alcançar os objetos.
- Identificar mudanças de desenvolvimento na recepção.

Desenvolvimento motor no mundo real

Mãos que ajudam

Em janeiro de 2013, Matthew Scott celebrou o 14º aniversário de seu transplante de mão, que foi o primeiro nos Estados Unidos e o mais bem-sucedido do mundo até hoje. Scott, um canhoto, perdeu sua mão esquerda em um acidente com fogos de artifícios, em 1985. Ele recebeu o transplante de um cadáver em uma cirurgia de 15 horas (mãos cheias de alegria, 2000). Um ano e meio após o procedimento, Scott era capaz de sentir temperatura, pressão e dor em sua nova mão, além de folhear páginas, amarrar cadarços de sapato e arremessar uma bola de beisebol. No *check-up* realizado após oito anos, ele conseguia segurar um peso de 6,5 kg com sua mão transplantada e pegar pequenos objetos.

Aqueles dentre nós que já tiveram braço ou punho imobilizados podem, provavelmente, imaginar o que seria tentar certas tarefas e esportes sem uma ou ambas as mãos. Nossas mãos nos permitem realizar uma grande quantidade de habilidades, desde pegar pequenos e delicados objetos até manobrar grandes navios. Hoje, o uso de telefones celulares para enviar mensagens de texto é comum, e a maioria dos adolescentes, provavelmente, considera digitar mensagens uma habilidade fundamental!

Como quaisquer outros movimentos, esperamos que os dos membros surjam da interação das restrições do indivíduo, da tarefa e do ambiente. Considere a tarefa de levantar uma tigela de cristal pesada da mesa, bem como o questionamento se o indivíduo deveria utilizar uma ou as duas mãos para pegá-la. O ambiente desempenha um papel porque a gravidade age sobre o objeto. O cristal é mais pesado do que o vidro comum. A tarefa é um fator que influencia de várias maneiras. Considere o formato da tigela. O formato e o peso, ou seja, a interação entre o ambiente e a tarefa, permitem levantar a tigela com uma das mãos, ou é necessário utilizar as duas? Agora considere a força do sujeito. As restrições estruturais desse indivíduo interagem com a tarefa e com o ambiente para permitir que ele levante a tigela com uma ou com as duas mãos?

Com o crescimento e o envelhecimento, muitas restrições estruturais do indivíduo mudam. O comprimento e o tamanho dos membros mudam com o crescimento, assim como sua força. No entanto, quando envelhecemos, certas condições, como a artrite, podem tornar as habilidades manipulativas difíceis ou até mesmo dolorosas. Portanto, como em outros tipos de habilidades, o desempenho de habilidades manipulativas muda com o passar do tempo.

Pegar e alcançar

Quando um adulto habilidoso quer obter um pequeno objeto, o braço se move para a frente e, então, a mão pega o objeto. O alcançar e o pegar são uma unidade suave de movimento. Para simplificar nosso estudo do desenvolvimento do alcançar e do pegar na infância, entretanto, consideremos primeiro o pegar, ou a **preensão**.

> **Preensão** é pegar um objeto com uma ou ambas as mãos.

Pegar

Em 1931, H. M. Halverson publicou uma descrição clássica do desenvolvimento do pegar, que são as 10 fases resumidas na Figura 9.1. Halverson filmou crianças entre 16 e 52 se-

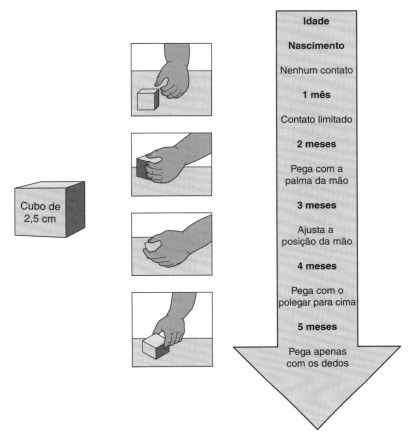

FIGURA 9.1 Uma progressão do desenvolvimento da pegada.

manas de idade pegando um cubo de 2,5 cm. No pegar inicial, a criança aperta um objeto contra a palma sem o polegar oferecer oposição. Por fim, a criança utiliza o polegar em oposição, mas mantém o objeto contra a palma da mão. Esses tipos de preensão são coletivamente chamados de pegadas de potência. Halverson observou que crianças a partir de 9 meses de idade começam a pegar objetos entre o polegar e um ou mais dedos. Essas são as chamadas pegadas de precisão. Assim, o primeiro ano é caracterizado por uma transição das pegadas de potência para as de precisão.

Hohlstein (1982), mais tarde, replicou o estudo de Halverson; porém, além do cubo de 2,5 cm utilizado no estudo original, ela utilizou objetos de diferentes tamanhos e formatos. A transição das pegadas de potência para as de precisão ainda estava evidente, mas o tamanho e a forma do objeto influenciaram o tipo específico de pegada utilizada. Na verdade, por volta dos 9 meses de idade, os bebês formatam suas mãos de maneira consistente, em antecipação ao formato de um objeto, conforme vão em sua direção para pegá-lo (Lockman, Ashmead e Bushell, 1984; Piéraut-Le Bonniec, 1985).

A partir do trabalho inicial de Halverson, os desenvolvimentistas viram a preensão como um comportamento adquirido em etapas. Já os maturacionistas da era de Halverson viram essas mudanças relacionadas à idade como se fossem marcos referenciais motores. Eles associaram cada progressão para um novo estágio à maturação neuromotora, especialmente aquela do córtex motor. Entretanto, a descoberta de que a forma e o tamanho do objeto a ser pego influenciam a pegada utilizada sugere que o indivíduo, o ambiente e a tarefa interagem nos movimentos de preensão. Halverson estudou somente um conjunto de características do ambiente e da tarefa. Uma variedade maior de movimentos de

PONTO-CHAVE
No primeiro ano, observa-se uma transição da pegada de potência para a de precisão, mas a escolha é influenciada pelo formato e tamanho do objeto.

PONTO-CHAVE
Após a primeira infância, a informação visual e o tamanho corporal parecem restringir o formato das mãos na pegada e o número de mãos utilizado para pegar um objeto particular.

Escalonar para o corpo é adaptar características de uma tarefa ou ambiente ao tamanho total do corpo ou de um componente corporal. O mesmo movimento ou ação pode ser executado por pessoas de diferentes tamanhos, porque a razão do tamanho corporal para o objeto ou dimensão é a mesma – isto é, uma razão escalonada para o corpo.

pegada é observada com características mutantes do ambiente e da tarefa nos primeiros meses de vida.

Por exemplo, Newell, Scully, McDonald e Baillargeon (1989) observaram bebês de 4 a 8 meses de idade pegando um cubo e três copos de diferentes diâmetros. Eles descobriram que os bebês utilizavam cinco tipos de pegadas em 95% do tempo. A pegada parecia depender do tamanho e da forma do objeto. Eles observaram até mesmo pegadas de precisão com os copos menores em uma faixa etária mais baixa do que Halverson havia visto. Uma vez que pudemos observar essa pegada de precisão em uma faixa etária tão baixa, fica claro que o sistema neuromotor deve estar maduro o suficiente nessa idade para controlá-las. Lee, Liu e Newell (2006) observaram a preensão longitudinalmente da 9^a à 37ª semana de vida e também descobriram que a pegada utilizada pelos bebês dependia das propriedades do objeto. Obviamente, a maturação neuromotora não é a única restrição estrutural envolvida no pegar.

Newell, Scully, Tenenbaum e Hardiman (1989) sugeriram, a partir de observações de crianças mais velhas, que a pegada utilizada para obter qualquer objeto em particular depende das relações entre o tamanho da mão e o tamanho do objeto. Isso significa que o movimento selecionado pelos indivíduos está relacionado ao tamanho de suas mãos em comparação ao do objeto, ou que movimentos refletem a **escala corporal**. Butterworth, Verweij e Hopkins (1997) decidiram testar essa ideia. Para isso, crianças entre 6 e 20 meses de idade pegaram cubos e esferas de diferentes tamanhos. Eles confirmaram a tendência geral de Halverson, da pegada de potência para a de precisão. No início do segundo ano, as pegadas de precisão predominaram. Crianças mais jovens tenderam a utilizar mais dedos para pegar os objetos do que as mais velhas. O *tamanho* do objeto influenciou muito a pegada selecionada, enquanto a *forma* teve menor influência. Notavelmente, Butterworth e seus colaboradores observaram tudo, menos as pegadas inferiores com o dedo indicador de Halverson nas crianças mais jovens, de 6 a 8 meses de idade; portanto, as crianças utilizaram maior variedade de pegadas do que poderíamos presumir a partir do trabalho de Halverson. Desse modo, o desenvolvimento neuromotor para movimentos de pegar deve ser mais avançado do que se pensava nos dias de Halverson. Restrições da tarefa e restrições do ambiente claramente desempenham um papel importante nas adaptações dos movimentos das crianças.

 Pense no momento em que você prepara e ingere seu café da manhã. Quantos objetos você pega e como a configuração da sua mão muda para pegar cada um deles? Alguma vez você quebrou seu punho e descobriu que era difícil executar tais tarefas?

Os meninos, no estudo de Butterworth e colaboradores, tinham mãos mais compridas do que as meninas. A hipótese de Newell, Scully, Tenenbaum e Hardimans presumia que esses meninos e meninas utilizariam pegadas diferentes, mas não foi o caso. Portanto, a influência do tamanho do objeto sobre a pegada utilizada sustenta a ideia de que a razão entre o tamanho da mão e o do objeto é importante, mas a inexistência de uma diferença entre meninos e meninas contrariaria essa tese. Assim, mais pesquisas são necessárias antes de sabermos se as crianças de fato utilizam a escala corporal na seleção da pegada. Contudo, esse trabalho confirma que as interações entre o indivíduo, o ambiente e a tarefa são importantes mesmo no pegar inicial, e que as mudanças nos padrões de movimento relacionadas a restrições estruturais em mudança ocorrem até mesmo na infância.

A escala corporal é utilizada em idades mais avançadas? Crianças mais velhas e adultos utilizam a razão do tamanho da mão em relação ao tamanho do objeto na seleção de uma pegada? Newell, Scully, Tenenbaum e Hardiman (1989) observaram adultos e crianças de 3 a 5 anos de idade. Eles descobriram que uma razão relativamente constante do tamanho da mão em relação ao tamanho do objeto determinava quando os indivíduos escolhiam utilizar as duas mãos para pegar um objeto, em vez de apenas uma, independentemente de suas idades. Assim, a razão foi consistente, apesar de os adultos terem mãos maiores. O mesmo foi descoberto como verdadeiro em crianças de 5, 7 e 9 anos de idade (van der Kamp, Savelsbergh e Davis, 1998). A interação entre restrições estruturais do indivíduo e as restrições ambientais e as da tarefa, portanto, dá origem à pegada com uma ou ambas as mãos.

A visão também desempenha um papel nesse tipo de tarefa. Desde uma idade muito jovem, selecionamos o tipo de pegada apropriada para o tamanho, o peso e o formato do objeto a ser pego (Fig. 9.2). Butterworth (1997) e colaboradores observaram que as crianças frequentemente batem no objeto antes de pegá-lo de fato. Em contraste, os adultos configuram ou formatam suas mãos para determinado objeto *antes* de fazer contato. Eles também decidem se devem alcançar para pegar um objeto com uma ou duas mãos *antes* de tocá-lo; isto é, a informação visual é utilizada na preparação do pegar. Durante a primeira infância, os indivíduos adquirem experiência com objetos necessária para configurar com precisão a mão. Kuhtz-Buschbeck e colaboradores (1998) observaram que crianças de 6 e 7 anos de idade, ao configurar suas mãos para a preensão, foram mais dependentes do que os adultos do *feedback* visual durante o alcançar. De maneira semelhante, Pryde, Roy e Campbell (1998) observaram crianças de 9 e 10 anos desacelerando mais do que os adultos no final de um alcançar para pegar, presumivelmente levando mais tempo para utilizar a informação visual para pegar o objeto. Adultos e crianças mais velhas, na faixa etária de 5 a 10 anos, parecem utilizar a informação visual para antecipar a pegada e otimizar a precisão (Smyth, Katamba e Peacock, 2004; Smyth, Peacock e Katamba, 2004).

Se a escala corporal determina de fato a seleção da pegada já a partir da primeira infância, o pegar se torna rapidamente uma habilidade bem praticada, com o tamanho da mão e o comprimento do braço em crescimento sendo levados em consideração na razão da escala corporal. O pegar não precisa ser novamente aprendido à medida que crescemos. Portanto, podemos esperar que esta seja uma habilidade muito estável ao longo da vida. Apenas algumas condições, como artrite ou perda de força em idades mais avançadas, influenciariam a configuração da mão. Na verdade, Carnahan, Vandervoort e Swanson (1998) descobriram que jovens adultos (em média 26 anos) e idosos (em média 70 anos) adaptaram precisamente a abertura da mão para pegar objetos de diferentes tamanhos em movimento. Certamente, a maioria das tarefas manipulativas não se resume apenas ao problema de pegar objetos, mas, em vez disso, preocupa-se com o problema de levar a mão a um objeto de

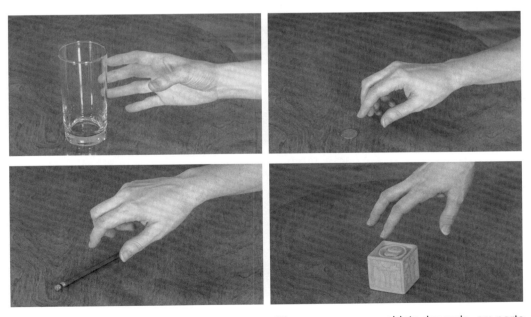

FIGURA 9.2 O tipo de preensão que a pessoa utiliza para pegar um objeto depende, em parte, de seu tamanho e formato. Um adulto configura ou formata a mão para o objeto a ser pego antes de fazer contato.

modo que este possa ser pego. A próxima seção examina o desenvolvimento do alcançar ao longo da vida.

 Pense sobre sua experiência de pegar objetos. Você já disse alguma vez "isto é mais pesado do que parece"? Ou, "Isto é mais leve do que parece"? O que isso lhe diz sobre o papel da visão no pegar?

Alcançar para pegar

As crianças fazem uma transição durante o primeiro ano de vida de movimentos aleatórios dos braços para o alcançar que lhes permite pegar objetos. As perguntas que formulamos sobre os processos de desenvolvimento que causam essa mudança no alcançar para pegar são semelhantes àquelas formuladas sobre os movimentos iniciais das pernas, vistos no Capítulo 6. No caso de alcançar para pegar, o que orienta a mudança de movimentos aleatórios e reflexivos dos braços (pré-alcançar) nos primeiros meses após o nascimento para um eventual alcançar para pegar bem-sucedido? Começando com Piaget (1952), muitos desenvolvimentistas propuseram que alcançar e pegar exigia ver tanto o objeto quanto a mão no campo visual, de maneira que a visão e a propriocepção pudessem ser combinadas. Bruner (1973; Bruner e Koslowski, 1972) sugeriu que as crianças constroem um sistema de movimentos de braço orientado pela visão a partir de movimentos iniciais, pobremente coordenados. Outros pesquisadores consideraram o desenvolvimento do alcançar para pegar como um processo de habilidades de sintonia fina que estão quase completas (Bower, Broughton e Moore, 1970; Trevarthen, 1974, 1984; von Hofsten, 1982).

Parece mesmo que não existe uma mudança contínua do pré-alcançar para o alcançar – isto é, parece que as crianças *não* estão aprendendo a combinar a visão da mão e do braço com a propriocepção do movimento (von Hofsten, 1984). Desde o início, elas são muito boas quanto a alcançar no escuro, momento em que não podem ver sua mão (Clifton, Muir, Ashmead e Clarkson, 1993; McCarty e Ashmead, 1999). Isso não quer dizer que a visão não seja importante para a tarefa. Mais tarde, as crianças se baseiam na visão para refinar a trajetória do alcançar, e, como dissemos anteriormente, configurar a mão para o objeto (Fig. 9.3). Em vez disso, pode ser que aprender a alcançar seja, antes de mais nada, um problema de aprender a controlar o braço.

Thelen e colaboradores (1993) examinaram essa questão gravando os movimentos de braço de quatro crianças longitudinalmente da terceira semana ao primeiro ano de idade. Sua decisão em conduzir um

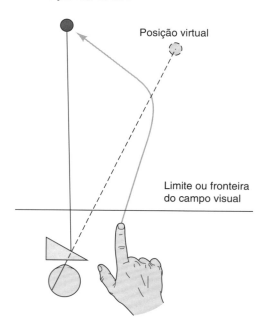

FIGURA 9.3 Tarefas de visão deslocada demonstram o papel da visão no alcançar para pegar. Prismas colocados na frente dos olhos mudam a localização aparente de um objeto em relação a sua posição real. Os indivíduos alcançam para pegar, mas não pegam nada, uma vez que alcançam para pegar diretamente para a posição que identificaram pela visão. Eles não esperam para ver suas mãos no campo visual e, então, guiá-las para a localização.

Reimpressa, com permissão, de L. Hay, 1990.

estudo longitudinal foi importante, uma vez que algumas das suas descobertas teriam sido mascaradas em um estudo transversal que tivesse utilizado a média do movimento do grupo de crianças. Thelen e colaboradores observaram que as crianças fizeram a transição do pré-alcançar para o alcançar aos 3 a 4 meses de idade. Elas começaram com alcançar – movimentos de exploração e descoberta –, mas cada uma descobriu seus próprios meios de controlar o alcançar com base nos movimentos já utilizados. Dois dos bebês preferiram movimentos rápidos e oscilatórios, tiveram de refrear quando se aproximaram de um brinquedo. Os outros dois bebês tiveram de aplicar força muscular a seus movimentos lentos preferidos para alcançar um brinquedo. Após vários meses de prática, os bebês tornaram-se muito bons no alcançar para pegar um objeto, mas cada um demonstrou um problema biomecânico diferente e gerou uma solução diferente para fazer a transição das grosseiras tentativas de alcançar iniciais para consistentes alcances bem-sucedidos. O período de aprimoramento foi caracterizado por momentos em que o alcançar melhorou, depois regrediu, antes de melhorar novamente.

Thelen e colaboradores acreditaram que seu estudo longitudinal do alcançar de crianças demonstrou que elas aprendem fazendo. Em vez de o sistema nervoso central das crianças planejar uma trajetória do movimento do braço, que levaria a mão a um brinquedo, os bebês ajustam a tensão nos braços e aplicam energia muscular para colocar a mão próxima ao objeto. Por meio da repetição do alcançar, os bebês descobriram padrões de alcançar cada vez mais eficientes e consistentes. Mesmo assim, descobriram essas soluções de movimento individualmente, adaptando suas ações com base em percepções de seus movimentos autogerados.

Movimentos de mão-boca

Outro tipo de movimento de braço leva a mão, com ou sem objeto, à boca. Entre 3 e 4 meses, as crianças se tornam mais consistentes no levar a mão à boca – diferente do que ocorre com as outras partes da face. Aos 5 meses, começam a abrir a boca em antecipação à chegada da mão (Lew e Butterworth, 1997). O papel da visão nesses movimentos não tem sido estudado, tampouco a relação, nas mesmas crianças, entre os movimentos de mão-boca e o alcançar para pegar objetos.

Alcançar bimanual e manipulação

Os tipos de alcançar que discutimos até agora são unimanuais, ou com um braço, mas os bebês também adquirem alcançar e pegar bimanual (Corbetta e Mounoud, 1990; Fagard, 1990). Executantes habilidosos sabem utilizar as duas mãos ao pegar objetos muito grandes, e podem utilizar uma delas para complementar a ação da outra. Por exemplo, eles podem utilizar uma das mãos para segurar uma caixa e abri-la com a outra.

Os movimentos aleatórios de braço dos recém-nascidos são assimétricos (Cobb, Goodwin e Saelens, 1966). Os primeiros movimentos bilaterais são os de extensão e elevação dos braços, observados aproximadamente aos 2 meses de idade (White, Castle e Held, 1964). Dentro de poucos meses, os bebês podem unir suas mãos na linha média do corpo. Por volta dos 4 meses e meio de idade, podem realizar o movimento de alcançar para pegar com ambas as mãos (Fagard, 1990), mas os movimentos de alcançar iniciados com as duas mãos normalmente resultam em alcançar e pegar primeiro o objeto em uma delas. Corbetta e Thelen (1996) estudaram o alcançar bimanual de bebês descrito anteriormente (Theklen et al., 1993). Durante o primeiro ano, o alcançar variou entre períodos de alcançar unimanual e bimanual (Fig. 9.4). Os bebês tenderam a fazer movimentos de braço de não alcançar sincronizados durante períodos de alcançar bimanual, mas não havia padrão durante períodos de alcançar unimanual. Os quatro bebês não necessariamente vivenciaram trocas de um tipo de alcançar para o outro nas mesmas idades. As atividades manuais podem ser influenciadas por controle postural, mas pode ser também o caso de não existir um único fator que influencie a predominância do alcançar unimanual ou bimanual. Em vez disso, restrições em mudança podem levar o bebê a padrões particulares de movimento.

PONTO-CHAVE
A fim de alcançar para pegar objetos, os bebês aprendem a controlar seus braços; eles aprendem fazendo.

PONTO-CHAVE
Os bebês apresentam o alcançar bimanual durante o primeiro ano; contudo, não conseguem realizar atividades complementares com as duas mãos até que completem 2 anos.

PONTO-CHAVE
Os bebês, no primeiro ano de vida, alternam períodos quando o pegar unimanual predomina e períodos em que o pegar bimanual predomina.

Após 8 meses, os bebês começam a dissociar atividades simultâneas de braço, de modo que conseguem manipular um objeto cooperativamente com ambas as mãos (Goldfield e Michael, 1986; Ruff, 1984). Mais tarde, durante o primeiro ano, eles aprendem a segurar dois objetos, um em cada mão, e, muitas vezes, os batem um contra o outro (Ramsay, 1985). Em torno dos 12 meses, podem separar coisas e inserir um objeto em outro. Logo, podem fazer movimentos a fim de alcançar dois objetos com braços diferentes e ao mesmo tempo. No final do segundo ano, eles conseguem realizar atividades complementares com as mãos, tais como segurar uma tampa aberta com uma das mãos enquanto retiram um objeto com a outra (Bruner, 1970).

PONTO-CHAVE No início do segundo ano, os bebês podem utilizar ferramentas de forma flexível.

No início do segundo ano de vida, os bebês podem utilizar objetos como ferramentas. Barrett, Davis e Needham (2007) observaram que os bebês com experiência anterior com um instrumento, como uma colher, persistiram segurando o cabo dela, mesmo quando a tarefa era mais bem realizada segurando a tigela. Entretanto, eles podiam utilizar uma nova ferramenta flexivelmente e podiam ser treinados a segurar a extremidade correta de uma ferramenta.

FIGURA 9.4 Para pegar objetos grandes, é necessário o alcançar bimanual. Em bebês, uma das mãos pode alcançar o objeto antes da outra. Bebês com mais de 7 meses alcançam com uma ou ambas as mãos, dependendo das características do objeto.

O papel da postura

O controle postural é importante no alcançar para pegar. Considere que, como adultos, frequentemente nos inclinamos para a frente ou giramos à medida que tentamos alcançar um objeto. Os bebês, em geral, sentam sozinhos em torno de 6 ou 7 meses. Antes disso, seus troncos devem estar apoiados para atingir um alcançar com sucesso. O alcançar melhora quando as crianças são capazes de manter o controle postural (Bertenthal e von Hofsten, 1998). Mesmo aos 4 meses, elas ajustam suas posturas à medida que se movimentam para alcançar, e as melhoras nesses ajustes durante o primeiro ano de vida continuam ocorrendo para facilitar o alcançar (Van der Fits e Hadders-Algra, 1998).

Uma das atividades de laboratório no final deste capítulo oferece uma oportunidade para você observar o tipo de pegada que um bebê em particular utiliza para segurar vários objetos.

Desempenho manual na vida adulta

A capacidade para alcançar e pegar permanece uma importante habilidade motora ao longo da vida. Muitas carreiras envolvem manipulação, e, em idosos, a capacidade de realizar algumas atividades cotidianas, como tomar banho, vestir-se, preparar uma refeição e fazer uma chamada telefônica, pode determinar se a pessoa é capaz de viver de forma independente. Discutimos, anteriormente, algumas das mudanças nas restrições dos indivíduos que acompanham o envelhecimento. É fácil perceber que algumas dessas mudanças podem ser um fator significativo no desempenho de atividades motoras amplas, mas cabe perguntar se elas também impactariam as habilidades manipulativas. Seriam as habilidades motoras finas mais bem mantidas ao longo da vida do que as amplas? Deixe-nos fazer algumas considerações a respeito da pesquisa sobre manipulação na vida adulta.

Kauranen e Vanharanta (1996) conduziram um estudo transversal com homens e mulheres entre 21 e 70 anos. Uma bateria de testes foi aplicada, a qual incluiu tempo de reação, velocidade de movimento, velocidade de batida repetida e coordenação de mãos e pés. Os escores decaíram em todas as medidas de mãos após os 50 anos. Os tempos de reação, de movimento e de batidas repetidas aumentaram, e os escores de coordenação decaíram.

O que dizer sobre o desempenho manual em idades mais avançadas? Hughes e colaboradores (1997) observaram idosos, com média de idade de 78 anos, durante seis anos. A cada dois anos, esses adultos completaram um teste cronometrado de desempenho manual e uma medida de força e de pegada de mão. O teste consiste em 22 avaliações manipulativas, 17 da tabela de testes de Williams para habilidade manual e 5 do teste de Jebsen para habilidades manuais. O escore de cada sujeito foi o tempo total, em segundos, necessário para completar a avaliação. Em geral, um número maior de indivíduos em idades mais avançadas ultrapassou o limiar de tempo no teste de desempenho, e a força de pegada de mão decaiu com o avanço na idade. A perda de força e a incapacidade de articulação superior resultante de doença musculoesquelética foram associadas ao desempenho manual em declínio. No alcançar para pegar objetos, os idosos diminuíram mais a velocidade do que os adultos mais jovens no final do alcançar, presumivelmente para fazer mais correções em suas trajetórias (Roy, Winchester, Weir e Black, 1993).

Contreras-Vidal, Teulings e Stelmach (1998) observaram adultos jovens (20 anos) e idosos (60 e 70 anos) em movimentos de caligrafia. Esses movimentos não demandam velocidade, e as exigências de precisão não são tão grandes. Comparados aos jovens, os idosos puderam controlar bem a força, mas não coordenaram tão bem seus movimentos de dedo e punho.

Perda de velocidade no movimento com o envelhecimento é um achado comum para movimentos amplos e finos. Além disso, os estudos aqui revisados indicam que movimentos podem não ser tão precisamente coordenados com o avanço da idade. Podemos observar, no entanto, que o desuso e a doença são tão significativos na perda de habilidades manipulativas quanto nas habilidades locomotoras ou balísticas. Perdas maiores podem ser esperadas entre aqueles que reduzem as atividades manipulativas à medida que envelhecem, contribuindo, por sua vez, para uma perda de força que pode prejudicar mais ainda o desempenho. Na realidade, as estratégias compensatórias são adotadas entre aqueles que continuam as atividades ao longo da vida. Um exemplo é o daqueles velhos datilógrafos que transcreviam textos taquigrafados. Parece que datilógrafos mais velhos e experientes aumentam seus tempos de antecipação para dar a si próprios mais tempo para responder (Salthouse, 1984).

É óbvio que a interação entre as restrições do indivíduo, da tarefa e do ambiente é tão importante em habilidades manipulativas finas quanto em habilidades motoras amplas. Ao longo da vida, as restrições do indivíduo em mudança trazem alterações na interação com as restrições ambientais e da tarefa, causando, assim, mudanças no movimento.

PONTO-CHAVE
Alguns aspectos do alcançar em idosos têm sua velocidade diminuída, colocando-os em desvantagem na execução de movimentos sequenciais; mas a precisão de manipulação é estável, especialmente em tarefas bem conhecidas.

 Pense sobre o crescente uso do *e-mail*, digitado em um teclado-padrão e em um teclado muito pequeno. Certos grupos etários preferem um ou outro. Por quê? A preferência está relacionada à experiência?

Movimentos rápidos de pontaria

Em algumas habilidades motoras complexas, os participantes fazem movimentos rápidos de pontaria. Tais movimentos de braço envolvem uma fase de iniciação e de aceleração, do começo do movimento até o ponto em que o pico de velocidade do movimento de braço é alcançado; em seguida, há uma fase de desaceleração e o término do pico de velocidade, chegando-se ao fim do movimento.

Adultos jovens tendem a fazer esse movimento simetricamente; isto é, as fases de aceleração e desaceleração são iguais. Em contraste, idosos não iniciam o movimento com tanta força ou vão tão longe na fase de aceleração. Eles tendem a ter uma fase de desaceleração mais longa, para compensar, porque precisam de mais ajustes na fase final, sobretudo quando o movimento de pontaria deve ser muito preciso (Vercruyssen, 1997).

Os movimentos rápidos de pontaria estão envolvidos em tarefas que exigem monitoramento e manipulação em painéis complexos, como em um *cockpit*. Em tarefas críticas, muitos desses movimentos podem ser exigidos em sequência, e quaisquer efeitos de redução da velocidade podem se acumular. Diferenças de idade, então, podem não ser importantes em movimentos de braços que utilizem apenas um deles, simples ou de ritmo próprio, mas podem ser fundamentais quando muitos movimentos sequenciais são necessários em um curto período de tempo. A interação entre as restrições do indivíduo e da tarefa é evidente nesse tipo de habilidade. A prática é importante para adultos mais velhos. Eles podem compensar alguma diminuição na velocidade quando conhecem muito bem a localização dos botões ou das alavancas.

Recepção (apanhar um objeto em movimento)

Várias habilidades manipulativas são básicas para o desempenho esportivo. Nessas habilidades, um executante deve ter a posse ou o controle de um objeto, alcançando para interceptá-lo em movimento ou parando-o com um implemento. A habilidade manipulativa mais comum é a de apanhar um objeto. Jogar hóquei também permite ao atleta controlar a bola ou o disco, de modo que este permaneça sob seu controle, em vez de quicar ou rolar para longe. Dessas habilidades de recepção, sabemos mais sobre o desenvolvimento da recepção de bolas.

Os aficionados pelas trivialidades do beisebol nunca se cansam de contar as grandes recepções no *outfield*. Talvez a maior recepção de bola por sobre o ombro tenha sido a de Willie Mays no World Series, de 1954. O escore estava empatado em 2 a 2, com dois corredores na base e nenhum fora. Vic Wertz rebateu um *drive* longo para o centro-direito do campo. Mays girou e correu com toda a velocidade, de costas para a sua base. Somente a uns poucos centímetros do muro (que era particularmente alto no New York's Polo Grounds), ele foi capaz de estender seus braços e pegar a bola, e então fazer um tremendo arremesso para dentro do campo de jogo. Os Cleveland Indians não foram capazes de marcar ponto naquela jogada; o New York Giants venceu o jogo e, na ocasião, o World Series.

A recepção é relativamente difícil como uma tarefa de desenvolvimento. Durante a primeira infância, observamos que as crianças arremessam e chutam, mesmo que seus padrões de movimento ainda não sejam proficientes. Porém, se uma criança pega uma bola, esse ato provavelmente irá refletir a habilidade do lançador em fazer a bola chegue aos braços estendidos. É o desfecho da interceptação na recepção que a torna mais difícil. Com isso em mente, vamos considerar como se desenvolve a recepção e, então, examinar a interceptação na recepção.

O objetivo da recepção é manter a posse do objeto que você pega. É melhor receber um objeto nas mãos do que prendê-lo contra seu corpo ou braço oposto, porque se o objeto é agarrado com uma das mãos, o indivíduo pode rapidamente manipulá-lo – em geral, arremessando-o. As tentativas iniciais de recepção de uma criança envolvem pouca absorção de força. O menino mostrado na Figura 9.5 posicionou rigidamente suas mãos e braços. Essa

FIGURA 9.5 Este menino mantém seus braços e suas mãos rígidos, em vez de deixá-los mais soltos para absorver a força da bola aos poucos. Em vez de receber a bola nas suas mãos, ele a prende contra seu peito.
© Mary Ann Roberton.

FIGURA 9.6 Recepção proficiente. A bola é agarrada com as mãos, e as mãos e os braços cedem com o impacto.

criança recebe a bola contra o peito, em vez de pegá-la com as mãos. É comum ver crianças virarem a cabeça para o lado e fechar seus olhos em antecipação à chegada da bola. A próxima seção discute características da recepção proficiente, examinando como as crianças costumam desenvolver essa recepção.

Recepção proficiente

Quando passa de iniciante para proficiente na habilidade de recepção, como mostrado na Figura 9.6, a criança deve:

- aprender a receber com as mãos e a ceder, absorvendo gradualmente a força da bola;
- dominar a capacidade de se mover para a esquerda ou para a direita, e para a frente ou para trás, a fim de interceptar a bola;
- apontar os dedos para cima quando pegar uma bola alta e para baixo quando pegar uma baixa.

Mudanças de desenvolvimento na recepção

É mais difícil identificar as sequências de desenvolvimento para as habilidades de recepção do que para a maioria das habilidades locomotoras ou balísticas, pois a sequência é específica para as condições sob as quais o indivíduo desempenha a habilidade. Muitos fatores são variáveis na recepção – por exemplo, o tamanho, o formato (p. ex., uma bola de basquetebol vs. uma de futebol americano), a velocidade, a trajetória, o local de chegada da bola. Haubenstriker, Branta e Seefeldt (1983) conduziram uma validação preliminar de uma sequência de desenvolvimento para a ação dos braços na recepção com as duas mãos. Eles utilizaram bolas progressivamente menores conforme as crianças demonstraram melhor habilidade. A sequência, originalmente delineada por Seefeldt, Reuschlein e Vogel (1972), está resumida na Tabela 9.1. Aos 8 anos, a maioria dos meninos e quase metade das meninas testadas se colocaram no nível mais adiantado para a ação dos braços. Praticamente todos as crianças haviam passado pelas etapas 1 e 2 até então. Percentuais um pouco maiores de meninos do que de meninas, em diversas faixas etárias, executaram esse movimento em níveis mais adiantados, mas, no geral, esse grupo demonstrou ação de braço bem desenvolvida aos 8 anos de idade. A Tabela 9.1 também sugere os pontos-chave de observação que podem ajudá-lo a classificar os executantes em um nível de desenvolvimento.

TABELA 9.1 Sequência de desenvolvimento para recepção com as duas mãos

	Ação
	**Ação dos braços**

Etapa 1	Pequena resposta. Os braços se estendem para a frente, mas existe pouco movimento para se adaptar ao voo da bola; esta normalmente é presa contra o peito.
Etapa 2	Abraço. Os braços são estendidos para os lados a fim de envolver a bola (abraçar); esta é presa contra o peito.
Etapa 3	Posição de concha. Os braços são novamente estendidos à frente, mas se movem sob o objeto (concha); a bola é presa contra o peito.
Etapa 4	Braços cedem. Os braços se estendem para encontrar, com as mãos, o objeto; os braços e o corpo cedem; a bola é agarrada com as mãos.

Ação das mãos

Etapa 1	Palmas para cima. Palmas das mãos voltadas para cima (as bolas rolando estimulam as palmas voltadas para baixo, a fim de prender a bola.)
Etapa 2	Palmas das mãos voltadas para dentro. Elas ficam uma de frente para outra.
Etapa 3	Palmas ajustadas. As palmas das mãos são ajustadas para o voo e o tamanho do objeto que se aproxima. Os dedos polegares e mínimos são colocados próximos, dependendo da altura e da trajetória de voo.

Ação do corpo

Etapa 1	Sem ajuste. Nenhum ajuste do corpo acontece em resposta à trajetória de voo da bola.
Etapa 2	Ajuste desajeitado. Os braços e o tronco começam a se mover em relação à trajetória de voo da bola, mas a cabeça permanece ereta, criando um movimento desajeitado em direção à bola. O receptor parece estar lutando para se equilibrar.
Etapa 3	Ajuste adequado. Os pés, o tronco e os braços se movem em adaptação à trajetória da bola que se aproxima.

O componente de ação dos braços é adaptado de Haubenstriker, Branta e Seefeldt, 1983, que é baseado em Seefeldt, Reuschlein e Vogel, 1972. Os componentes de ação das mãos e do corpo são reimpressos a partir de Strohmeyer, Williams e Schaub-George, 1991.

Reimpressa, com a permissão, de Strohmeyer, Williams e Schaub-George, 1991.

PONTO-CHAVE
A recepção é específica para as restrições ambientais e da tarefa.

Strohmeyer, Williams e Schaub-George (1991) propuseram sequências de desenvolvimento para as mãos e para o corpo na recepção de uma bola pequena (Tab. 9.1). Uma característica única desse trabalho é que está fundamentado na recepção de bolas arremessadas diretamente para o receptor, bem como na de bolas arremessadas alto ou para o lado do sujeito. Essas sequências sugerem que os indivíduos, à medida que melhoram sua recepção,

- são mais capazes de mover seus corpos em resposta à bola que se aproxima;
- ajustam suas mãos para a localização antecipada da recepção;
- recebem a bola em suas mãos.

Os investigadores testaram suas sequências em um corte transversal e com crianças entre 5 e 12 anos. Todas aquelas com mais de 8 anos fizeram algum ajuste na posição do corpo para a bola que se aproximava, e as de 11 a 12 anos ajustaram com sucesso suas posições corporais em torno de 80% das vezes. Em contraste, esse grupo mais velho pôde ajustar adequadamente suas posições de mão em relação à bola apenas em 40% das vezes em que ela lhe foi diretamente arremessada, e menos de 10% das oportunidades quando arremessada para várias posições ao seu redor.

Pense no seu próprio nível de habilidade na recepção. Quais tipos de tarefa de recepção você acha fáceis? Existe uma tarefa de recepção que você ache difícil?

Certamente, a recepção, como o rebater, envolve antecipação do local em que a bola pode ser interceptada, bem como a capacidade para completar o movimento que posiciona as mãos nesse local. Como era de se esperar, as crianças preveem melhor o voo da bola à medida que se tornam mais velhas, sobretudo nos casos em que o tempo de visão (trajetória da bola) é curto (Lefebvre e Reid, 1998). Discutiremos os aspectos antecipatórios das habilidades manipulativas em mais detalhes no decorrer deste capítulo.

PONTO-CHAVE
Para avaliar habilidades de recepção, as restrições ambientais e da tarefa, como o tamanho e a trajetória da bola, devem ser acompanhadas e replicadas.

Observando padrões de recepção

A recepção pode ser observada de uma posição frontal, permitindo que você lance a bola, ou lateralmente. É fácil avaliar o resultado da ação de recepção. Pode-se simplesmente anotar o percentual de bolas recebidas com sucesso, observando-se as restrições da tarefa, incluindo o tamanho e o tipo de bola utilizada, a distância arremessada e a trajetória da esfera.

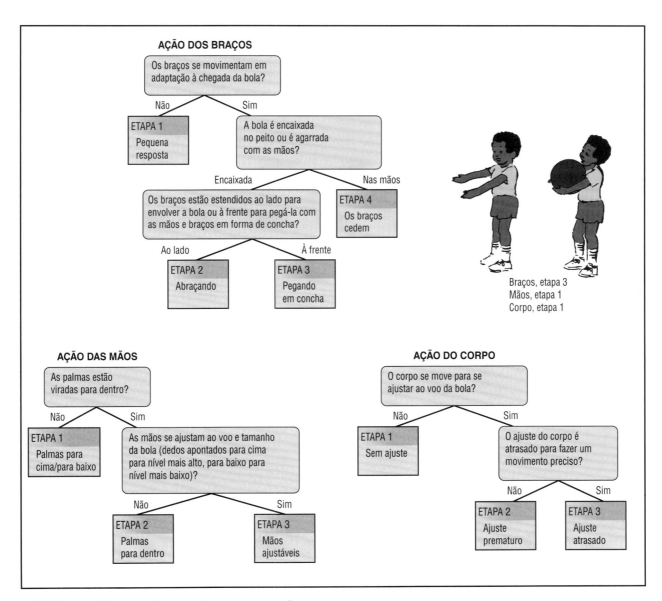

FIGURA 9.7 Plano de observação para a recepção.

196 Desenvolvimento de Habilidades Manipulativas

Pais, professores e técnicos frequentemente querem conhecer os processos de movimento utilizados na recepção. O plano de observação para a recepção na Figura 9.7 oferece uma sugestão de sequência de desenvolvimento que indica as etapas para cada componente corporal do receptor. Por exemplo, imagine uma criança que estende seus braços, com as palmas das mãos para cima, e recebe a bola formando uma "concha" com seu corpo, braços e mãos e prendendo-a contra seu peito; tudo isso sem mover os pés. Seus níveis de desenvolvimento estariam na etapa 3 para a ação dos braços, etapa 1 para a ação das mãos e etapa 1 para a ação do corpo.

Antecipação

Está claro que muitas tarefas manipulativas e habilidades de interceptação envolvem antecipação. A bola ou outro objeto em movimento pode se aproximar com velocidades e direções diferentes, com trajetórias distintas e ser de vários tamanhos e formatos. Para ter sucesso, o executante deve iniciar o movimento bem antes do tempo de interceptação, de forma que seu corpo e suas mãos (ou implementos, como um taco de hóquei) possam estar na posição adequada quando o objeto chegar. De fato, o componente manipulativo das habilidades de recepção, posicionamento e fechamento das mãos sobre a bola para pegá-la, por exemplo, é muitas vezes aperfeiçoado antes da capacidade de estar no lugar e no momento certo.

Alguns desenvolvimentistas têm pesquisado esse aspecto das habilidades de recepção por meio de tarefas de **coincidência-antecipação**. Com isso, é fácil variar as características da tarefa e observar seu efeito sobre o desempenho. Variações nas características da tarefa influenciam não somente o desempenho – uma batida ou pegada *versus* uma falha —, mas também o processo ou o padrão de movimento utilizado. Por exemplo, crianças que são capazes de pegar bolas *pequenas* com suas mãos podem escolher pegar bolas muito *grandes* com seus braços em concha, talvez como uma forma segura de retê-las (Victors, 1961). Assim, a tarefa pode ser definida como a necessidade de uma resposta mais simples ou complexa de movimento, e as características da bola podem ser alteradas para limitar ainda mais o movimento. Muitos estudos sobre coincidência-antecipação ainda são conduzidos em laboratório, com aparelhos que permitem que fatores como velocidade, trajetória e direção da bola sejam alterados. Eles não são similares às tarefas de mundo real de receber uma bola; portanto, é importante reconhecer que esses estudos podem nos informar mais sobre os limites perceptivos dos executantes para uma tarefa de interceptação específica do que uma recepção no mundo real.

Vamos considerar algumas tarefas de coincidência-antecipação. Muitos pesquisadores têm descoberto que a *performance* de coincidência-antecipação melhora no decorrer da infância e da adolescência (Bard, Fleury, Carriere e Bellec, 1981; Dorfman, 1977; Dunham, 1977; Haywood, 1977, 1980; Lefebvre e Reid, 1998; Stadulis, 1971; Thomas, Gallager e Purvis, 1981). Entretanto, o padrão exato de melhora com o avanço da idade depende das restrições da tarefa:

> Tarefas de **coincidência-antecipação** são habilidades motoras nas quais se antecipa o término de um movimento para coincidir com a chegada de um objeto em movimento.

- A precisão de crianças mais novas diminui à medida que o movimento exigido se torna mais complexo (Bard et al., 1931; Haywood, 1977). Assim, a complexidade da resposta é uma característica da tarefa que influencia como a criança desempenha as tarefas de interceptação.
- A precisão das crianças diminui se o ponto de interceptação estiver distante. Por exemplo, McConnell e Wade (1990) descobriram que o número de recepções bem-sucedidas e a eficiência dos padrões de movimento utilizados diminuem se as crianças de 6 a 11 anos têm de se mover 60 cm em vez de 30 cm para os lados a fim de pegar a bola.
- Crianças mais novas têm mais sucesso na interceptação de bolas grandes do que pequenas (Isaac, 1980; McCaskill e Wellman, 1938; Payne, 1982; Payne e Koslow, 1981).

- Uma trajetória alta também torna a interceptação mais difícil para crianças mais novas, porque a bola muda a localização para as direções horizontal e vertical (DuRandt, 1985).
- Certas cores de bola e combinações de fundo influenciam o desempenho de crianças mais novas. Morris (1976) determinou que crianças de 7 anos podiam receber melhor bolas azuis que se moviam contra um fundo branco do que bolas brancas contra um fundo branco. O efeito da cor diminui com o avanço da idade.
- A velocidade do objeto em movimento afeta a precisão de coincidência-antecipação, mas em um padrão claro. Uma velocidade mais rápida torna a interceptação mais difícil, sobretudo quando o voo do objeto é curto. Contudo, os pesquisadores observam frequentemente que as crianças são imprecisas com velocidades lentas, porque respondem muito cedo (Bard et al., 1981; Haywood, 1977; Haywood, Greenwald e Lewis, 1981; Isaacs, 1983; Wade, 1980). Talvez as crianças se preparem para velocidades de deslocamento do objeto mais rápidas e, por isso, apresentem dificuldade em retardar suas respostas quando a velocidade for lenta (Bard, Fleury e Gagnon, 1990). Além disso, as velocidades precedentes poderiam influenciar as crianças mais novas, mais do que os executantes mais velhos. Se o objeto em movimento anterior se desloca rapidamente, a criança julga que o próximo objeto estará movendo-se mais rápido do que de fato está (Haywood et al., 1981), exatamente como os rebatedores do beisebol são enganados pelos arremessadores quando eles diminuem a velocidade do arremesso. Os educadores devem estar conscientes, então, de que, quando variam muito a velocidade do objeto em uma tarefa de antecipação de uma repetição para a seguinte, as crianças podem mostrar dificuldade em ajustar suas respostas. Isso é particularmente verdadeiro se o voo do objeto for curto ou se a resposta exigida for complexa.

> **PONTO-CHAVE**
> O sucesso na interceptação é frequentemente associado ao tamanho, velocidade e trajetória da bola, bem como a outras tarefas e restrições ambientais.
>
> *Affordance* é uma ação ou um comportamento oferecido ou permitido a um executante pelos lugares, objetos e eventos do ambiente, geralmente relacionados aos tamanhos relativos do sujeito e dos objetos.
>
> **Invariância** é a estabilidade dos valores cinemáticos de um conjunto de movimentos (i.e., manter padrões constantes no ambiente).
>
> **Arranjo óptico** é a onda de luz reverberando das superfícies no ambiente; em outras palavras, o estímulo para a percepção visual. Quando há movimento de objetos ou do observador no ambiente, o arranjo óptico se expande quando o objeto em movimento "se aproxima" e se retrai quando o movimento "se afasta".

 Imagine que você seja um professor de educação física de uma escola de ensino fundamental. Pense em esportes que envolvem movimentar objetos; em seguida, identifique as muitas formas que os arremessadores e sacadores nos vários esportes mudam seus movimentos para tornar a interceptação da bola mais difícil. Em contraste, como você arremessaria uma bola para uma criança pequena a fim de aumentar as possibilidades de que ela a pegue?

O que fundamenta essas tendências associadas à idade em coincidência-antecipação? Os estudos iniciais dessas habilidades adotaram uma perspectiva do processamento de informação. Isto é, solicitava-se aos executantes que, ao receber informação visual e cinestésica, realizassem "cálculos" sobre aqueles dados, de modo análogo a um computador, a fim de projetar a localização futura do objeto em movimento e interceptá-lo.

A perspectiva da percepção-ação, em contraste, acredita que toda a informação esteja disponível no ambiente – cálculos são desnecessários. A informação significativa no ambiente especifica as possibilidades de ação ou de movimento daquele ambiente para eventos específicos. Essa relação é chamada *affordance*. Para a recepção, duas características importantes do sistema pessoa-ambiente têm relação com os padrões constantes de mudança, chamados **invariantes** e **arranjo óptico** em expansão. O arranjo óptico se refere à imagem visual formada em nossas retinas à medida que abordamos um objeto ou que um objeto em movimento se aproxima de nós. Essa imagem se expande em tamanho sobre a retina na aproximação e se, retrai no afastamento.

Com base na perspectiva da percepção-ação, é possível que utilizemos a velocidade de expansão dessa imagem sobre nossas retinas para saber quando a chegada ou a colisão ocorrerá (Lyons, Fontaine e Elliott, 1997). Os insetos que interceptam presas e os pássaros que recolhem suas asas antes de mergulhar na água demonstram sincronização perfeita nessas interceptações. É mais provável que eles percebam os aspectos do ambiente diretamente, em vez de executarem cálculos complexos para prever momentos de chegada. Van Hof, van der Kamp e Savelsberg (2008) investigaram se bebês entre 3 e 9 meses podiam agir so-

198 Desenvolvimento de Habilidades Manipulativas

PONTO-CHAVE
Para alcançar objetos, a proporção da expansão da imagem de uma bola que se aproxima diretamente da retina poderia ser utilizada para sincronizar uma interceptação.

bre uma bola em aproximação. Eles colocaram a bola em um aparelho mecânico, de modo que a bola se aproximava em diferentes velocidades, diretamente sobre o ombro direito de um bebê sentado. Bebês de 3 a 5 meses, com frequência nem mesmo se movimentaram para pegar a bola, e não eram precisos quando o faziam. Houve diferenças individuais nas idades de melhora, mas, dos 8 aos 9 meses, os bebês foram relativamente precisos. Eles também eram menos propensos a tentar pegar bolas que se deslocavam com velocidades cuja interceptação era menos provável.

Recentemente, vários grupos de pesquisadores têm adotado a perspectiva da percepção-ação para estudar as tarefas de mundo real de receber uma bola projetada em uma trajetória alta, muito semelhante à tarefa realizada por um jogador *outfielder* no beisebol. Tais pesquisadores são agora capazes de perseguir a posição tanto da bola quanto do receptor, utilizando a tecnologia de vídeo. McLeod e Dienes (1993 e 1996), por exemplo, demonstraram que receptores poderiam interceptar uma bola com trajetória alta em aproximação caso mantivessem a proporção, a partir do ângulo de olhar fixo, próxima a zero (para aqueles que têm conhecimentos matemáticos, a razão é a segunda derivada da tangente do ângulo de olhar fixo). Se a razão fosse positiva, a bola aterrissaria atrás do receptor, mas, se fosse negativa, aterrissaria na frente. Mantendo a razão próxima a zero, o receptor sabe se deve mover-se para a frente ou para trás, e a que velocidade deve fazê-lo (Fig. 9.8).

Oudejans e colaboradores (Michaels e Oudejans, 1992; Oudejans, Michaels, Baker e Dolne, 1996) demonstraram, do mesmo modo, que os receptores podem manter próxima de zero a aceleração óptica vertical da bola. Diferentemente da noção de McLeod e Dienes de que o receptor foca no ângulo do olhar fixo, nessa abordagem o receptor foca na aceleração da bola no plano vertical à medida que o receptor a vê. Ambas as abordagens informam ao receptor se ele deve se mover para a frente ou para trás.

Certamente, muitas recepções requerem movimentos laterais. Uma estratégia proposta para essa condição é manter a posição lateral da bola constante em relação ao receptor, chamada de estratégia de ângulo de posição constante (Fig. 9.9) (Lenoir, Musch, Janssens, Thierry e Uyttenhove, 1999). Por exemplo, um goleiro de futebol poderia manter esse ângulo constante movendo-se para os lados a fim de interceptar a bola. McBeath e

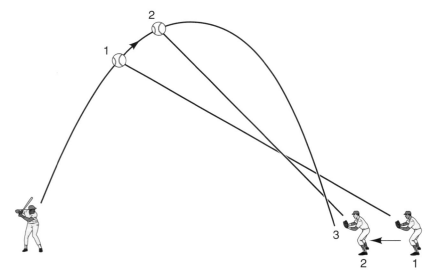

FIGURA 9.8 Para interceptar a bola que se aproxima, o receptor poderia manter uma razão próxima a zero com base no ângulo de visão. Na figura acima, quando a bola e o receptor estão na posição 1, essa razão é um número negativo. O receptor deve mover-se para a frente a fim de aproximar a razão de zero. Na posição 2, está próximo a zero, mas ainda não chegou a zero. O receptor continua a se mover até que a razão seja zero, e que ambos – o receptor e a bola – alcancem a posição 3.
Adaptada, com a permissão, de McLeod e Dienes, 1996.

colaboradores (McBeath, Shaffer e Kaiser, 1995; Shaffer, 1999; Shaffer e McBeath, 2002) identificaram uma relação que incorpora tanto o olhar fixo quanto o ângulo horizontal desse olhar, na medida em que poderiam ser importantes para pegar uma bola de trajetória alta projetada ao lado do receptor. Se a relação for mantida constante, o receptor pode chegar ao local correto para pegar a bola. As especificidades da matemática da relação não são importantes aqui, e sim que possamos perceber que

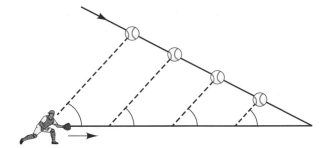

FIGURA 9.9 Um receptor se move para o lado a fim de interceptar uma bola, mantendo um ângulo de posição constante, indicado pela linha pontilhada.

Redesenhada a partir de Lenoir et al., 1999.

as relações invariantes estão disponíveis para o receptor no ambiente e que existe a possibilidade de se chegar no local correto sem que nossos cérebros calculem um ponto de aterrissagem baseado na parte inicial da trajetória. Na prática, um jogador de campo (desde que possa se mover rápido o suficiente) pode adotar a estratégia inconsciente de se mover continuamente para estar abaixo da trajetória da bola, à medida que esta é observada. Se parecer que a trajetória se assemelha a um arco para cima e passa do receptor, a bola aterrissará atrás deste. Se a trajetória for semelhante a um arco para baixo, ela aterrissará na frente. Assim, o receptor pode se ajustar para manter a aparência visual adequada e se adaptar às mudanças na trajetória devidas a rotações (*spins*) da bola e resistência do ar ou vento, a fim de chegar ao lugar correto.

> Imagine que você seja um técnico de beisebol ou *softball*. Tendo em mente a abordagem da percepção-ação, como você auxiliaria um jovem jogador que está tendo problemas para receber a bola?

Como as crianças aprendem a chegar ao lugar certo?

Do ponto de vista do processamento de informação, as crianças precisam aprender a fazer cálculos mais precisos para que se tornem receptores proficientes. Erros cometidos nas tentativas iniciais viram *feedback* informativo, que pode ser utilizado para refinar o processo de cálculo. Do ponto de vista da percepção-ação, as crianças necessitam descobrir de forma inconsciente uma invariante. Quando elas começam a executar a recepção ficando em pé, por exemplo, a razão de McLeod e Dienes é zero para bolas que aterrissam em seus braços e um pouco maior para aquelas que não o fazem. Com exposição suficiente, as crianças descobrem a relação entre a razão e a "possibilidade de recepção" de uma bola e, por fim, utilizam a relação quando começam a se mover em direção à bola.

Portanto, da perspectiva da percepção-ação, o papel de pais, professores e treinadores é auxiliar a criança a descobrir as várias fontes de informação perceptivas que restringem o movimento em tarefas de interceptação. Isso é feito manipulando-se as restrições de informação durante o processo exploratório de prática. Benett, Button, Kingsbury e Davids (1999) recentemente demonstraram que crianças de 9 e 10 anos que foram solicitadas a praticar a recepção com uma das mãos e visão restrita da bola se beneficiaram mais tarde, quando estavam aprendendo a tarefa de recepção sob novas condições. Assim, pode ser importante destacar as fontes úteis de informação, variando as restrições da tarefa durante a prática.

Algumas tentativas de melhorar habilidades esportivas antecipatórias em adultos iniciantes com treinamento não foram efetivas (Wood e Abernethy, 1997). Abernethy, Wood e Parks (1999) sugeriram que o treinamento deve ser específico para cada esporte (específico

PONTO-CHAVE
Os receptores são capazes de interceptar mantendo constante uma certa relação entre eles e a bola.

PONTO-CHAVE
As crianças aprendem a pegar bolas aéreas a partir de diferentes experiências – uma recepção quando foi observada uma relação com a bola, mas uma falha quando qualquer outra relação foi observada.

do ambiente e da tarefa) e enfatizar os fatores conhecidos para limitar o desempenho do iniciante. Eles demonstraram que adultos novatos podem se beneficiar de tais treinamentos, desempenhando uma tarefa de laboratório semelhante àquela realizada com adultos após treinamento. É importante identificar a informação perceptiva que restringe o movimento. Essa pesquisa sugere que, seja o indivíduo uma criança ou um adulto iniciante, manipular as restrições para auxiliar o executante a identificar a informação importante no ambiente facilita inconscientemente os movimentos que resultam em sucesso. É necessário que existam, entretanto, mais informações sobre os méritos relativos de práticas exploratórias e sobre as instruções simples.

 Imagine que você seja um professor e planeje uma atividade que auxilie crianças a aprender a receber uma bola aérea.

Recepção em idosos

Não há muita informação nem pesquisas disponíveis sobre a recepção em idosos. Poderíamos suspeitar que os adultos mais velhos e experientes "conhecem" os padrões invariantes que proporcionam informação sobre o interceptar de bolas. Os fatores que podem mudar, contudo, seriam a rapidez com que o movimento é iniciado, a velocidade máxima que poderia ser alcançada ao se movimentar até a bola e a amplitude de um alcançar se "a possibilidade de pegá-la" estivesse no limite da velocidade de movimento de um indivíduo. Todos esses fatores podem contribuir para que um idoso seja incapaz de pegar tantas bolas quanto um adulto jovem.

A pesquisa sobre coincidência-antecipação oferece alguma informação sobre os aspectos antecipatórios de habilidades como a recepção. Os idosos são, de certa forma, menos precisos e mais variáveis em seus desempenhos do que jovens executantes, sendo as diferenças maiores quando os objetos em movimento são mais rápidos e os idosos são sedentários (Haywood, 1980 e 1982; Wiegand e Ramella, 1983). Wiegand e Ramella (1983) observaram que idosos melhoraram com a prática na mesma proporção de adultos jovens. Por um período de sete anos, adultos ativos, com idades de 66,9 a 73,5 anos, realmente apresentaram melhorias no desempenho em uma tarefa de coincidência-antecipação (Haywood, 1989). Assim, a repetição de tais habilidades é, provavelmente, importante para sua manutenção. No entanto, as restrições da tarefa na resposta do movimento, em tarefas de coincidência-antecipação, foram mínimas. Quando as restrições da tarefa exigem movimentos mais complexos ou deslocamentos em um curto período de tempo, um maior número de idosos pode ter menos sucesso, considerando suas restrições individuais.

Dirigir e pilotar

Embora somente uma parte dos idosos participe de esportes que envolvem interceptação, um grande número deles dirige automóveis. Na realidade, a questão de um idoso dever ou não continuar dirigindo é muitas vezes tratada emocionalmente, pois representa independência e liberdade para muitos deles. Dirigir é uma habilidade perceptomotora complexa que envolve manipulação. Motoristas habilidosos dependem da visão (e, algumas vezes, da audição), do foco de atenção, da experiência, da velocidade e da coordenação, tudo, ocasionalmente, sob condições estressantes.

Os idosos têm mais dificuldade do que os adultos jovens em dividir sua atenção e desempenhar duas tarefas de uma vez quando estão dirigindo (Brouwer, Waterink, Van Wolffelaar e Rothengartter, 1991; Ponds, Brouwer e Wolffelaar, 1988). Também levam mais tempo para planejar movimentos e são mais lentos ao executá-los, sobretudo quando movimentos rápidos são necessários (Goggin e Stelmach, 1990; Olson e Sivak, 1986). Goggin e Keller (1996) investigaram se o envelhecimento afeta de forma diferente as funções sensório-cognitivas ou motoras no dirigir. Eles solicitaram a motoristas idosos que fizessem um teste escrito sobre um filme contendo 15 situações de trânsito. Os motoristas também realizaram, em um simulador de direção, respostas reais de direção para as mesmas situações gravadas em vídeo. Goggin e Keller ponderaram que, se os idosos tivessem dificuldade apenas no teste escrito, o envelhecimento afetaria igualmente as funções sensório-cognitivas; mas, se eles tivessem dificuldade nas respostas no simulador, o envelhecimento afetaria igualmente as funções motoras. Os adultos de fato apresentaram pior desempenho no teste escrito e melhor no simulador. Portanto, os fatores sensório-cognitivos, como atenção e tomada de decisão, podem ser fatores mais significativos no mau desempenho de habilidades motoras associadas ao dirigir.

 Pense sobre os idosos de sua família. Como estão suas habilidades de dirigir? Algum deles compensa a perda dessas habilidades? Como?

Os efeitos do envelhecimento sobre o desempenho em pilotar aviões também têm sido estudados (Morrow & Leirer, 1997, para uma revisão). Idades de aposentadoria compulsória para pilotos comerciais também são uma questão emocional para os envolvidos. Como o dirigir, o pilotar é mais afetado à medida que a complexidade da tarefa aumenta. Os aspectos perceptivos do pilotar, a atenção e a memória de trabalho são afetados sobretudo pelo envelhecimento. A perícia em tarefas familiares, entretanto, compensa os efeitos do envelhecimento, e as habilidades bastante praticadas são mantidas.

Aplicando o modelo das restrições, podemos ver que mais restrições da tarefa adicionam complexidade, e, quando as restrições do indivíduo mudam com o envelhecimento, a interação das restrições pode rapidamente causar dificuldade em tarefas como dirigir e pilotar, atingindo um ponto crítico. Como já mencionado em relação a tarefas de pontaria rápida, a experiência com um conjunto de restrições do ambiente e da tarefa permite aos idosos compensar a lentidão nos movimentos manipulativos. Assim, a prática contínua das tarefas, esportivas ou de condução, é importante para manter a habilidade. Por vezes, no entanto, decréscimos nos sistemas sensório-perceptivos, bem como na velocidade de movimento, levam à perda da habilidade.

Resumo e síntese

As habilidades manipulativas distinguem os seres humanos das outras espécies. Seja na execução de habilidades esportivas, seja em tarefas diárias, as pessoas precisam alcançar, pegar e manipular objetos. As crianças se tornam habilidosas no alcançar e no pegar já durante o primeiro ano de vida, ainda que a utilização complementar das duas mãos só aconteça um pouco mais tarde.

As crianças podem se tornar receptoras completas por volta dos 11 ou 12 anos; porém, em todas as tarefas de recepção e em qualquer idade, quanto mais o receptor tiver de se deslocar, mais difícil será a recepção. É provável que o envelhecimento afete a capacidade dos receptores de chegar até a bola, mais do que a habilidade de saber onde a interceptarão. As restrições estruturais variáveis influenciam a velocidade com a qual os movimentos manipulativos e locomotores podem ser iniciados e completados. Quando as tarefas demandam grande velocidade, os idosos estão em desvantagem se comparados a adultos mais jovens.

As crianças precisam de prática para aprender, mesmo que inconscientemente, a informação disponível no ambiente para o sucesso da recepção. Os adultos precisam praticar para manter suas habilidades, sobretudo em condições exigentes. Portanto, em qualquer idade, a habilidade de alguém em tarefas manipulativas desafiadoras geralmente reflete a experiência e a prática em lidar com as restrições do indivíduo, da tarefa e do ambiente.

Reforçando o que você aprendeu sobre restrições

Dê uma segunda olhada

Como o caso de Matthew Scott nos ensina, ser capaz de manipular objetos com duas mãos é importante para atividades de vida diárias exclusivamente humanas e agradáveis para nós. Quando o indivíduo é confrontado com a perda de habilidades manipulativas, é válida a realização de um esforço extraordinário para recuperá-las. O desenvolvimento das habilidades manipulativas certamente enfatiza a importância das restrições da tarefa e do ambiente para o desempenho. À medida que Matthew Scott iniciou a jornada para usar sua mão transplantada, ele foi desafiado por restrições do ambiente e da tarefa a que muitos de nós não damos importância. Com fisioterapia continuada, ele tem sido capaz de utilizar sua nova mão enquanto lida com crescentes restrições do ambiente e de tarefa.

Habilidades manipulativas estão entre as mais fundamentais. A perspectiva da percepção-ação em particular sustenta que o ambiente oferece aos indivíduos muitas das informações necessárias para interceptar objetos. Assim, as habilidades manipulativas, tais como a recepção, não melhoram somente porque as restrições do indivíduo mudam. A interação variável das restrições do indivíduo com as da tarefa e do ambiente é um aspecto importante do desenvolvimento dessas habilidades. Essa interação é igualmente significativa para a manutenção de habilidades manipulativas na terceira idade. A experiência com as diversas interações entre nossas restrições individuais e aquelas da tarefa e do ambiente nos dá a capacidade, por fim, de manipular objetos com sucesso, mesmo que não tenhamos previamente observado a trajetória e a velocidade de uma bola – ou utilizado um teclado específico.

Teste seus conhecimentos

1. Como o tamanho de um objeto afeta a preensão utilizada pela criança? Como isso poderia influenciar um jovem que se coloca na sequência de preensão de Halverson? Como o formato de um objeto afeta a preensão utilizada?
2. Os bebês aprendem a alcançar para pegar objetos combinando melhor suas mãos com a localização do objeto ou controlando melhor seus braços? Explique por que escolheu sua resposta.
3. Como as habilidades manipulativas mudam na terceira idade e como os idosos podem adaptar-se a essas mudanças?
4. Quais são as principais tendências de desenvolvimento que observamos nas crianças à medida que se tornam mais proficientes na recepção?
5. Quando as bolas não vêm diretamente para o receptor, quais situações (restrições ambientais e da tarefa) dificultam o sucesso na recepção para as crianças? E para os adultos?
6. Explique, a partir da perspectiva do processamento de informação e da perspectiva da percepção-ação, como as crianças aprendem a ir para o lugar adequado a fim de pegar uma bola que não está se dirigindo diretamente a elas.
7. Quais restrições estruturais do indivíduo, se alteradas, podem afetar a habilidade de um idoso em dirigir ou pilotar?
8. Pense sobre o termo "coincidência-antecipação". Explique por que alguém que prefere a abordagem da percepção-ação pode considerar que esse seja um nome errado para habilidades de interceptação.

Exercício de aprendizagem 9.1

Investigando a recepção dos bebês

Coloque um bebê, entre 6 e 12 meses de idade, em uma posição sentada de frente para uma mesa ou bandeja. Coloque seis objetos, um de cada vez, em frente à criança; os objetos devem variar de tamanho, peso e forma (todos devem ser pequenos o bastante para que a criança possa pegá-los com uma mão). Consulte a Figura 9.1 e observe o tipo de pegada que o bebê utiliza para cada objeto. Tome cuidado para não deixá-los colocar os pequenos objetos em sua boca, o que pode ser perigoso. Em seguida, repita o processo para verificar se ele utiliza a mesma pegada em cada objeto como da primeira vez. Finalmente, prepare um relatório com as diferentes pegadas que você observou para os vários objetos; certifique-se de diferenciar entre as pegadas de potência e de precisão. Discuta se ou como as mudanças de pegada se alteram de acordo com o peso ou forma do objeto.

PARTE IV

Desenvolvimento Perceptivo-motor

Na primeira, infância as crianças experimentam importantes alterações na percepção. Elas aprendem, por exemplo, o nome e a localização de partes do seu corpo, bem como as relações entre os objetos, como "em frente" ou "atrás". Tais alterações desempenham uma grande parte das habilidades físicas e cognitivas que as crianças podem executar. Não há dúvida de que os sistemas de percepção, como restrições estruturais dos indivíduos, interagem com a tarefa e o ambiente para dar origem ao movimento; de fato, as interações entre os sistemas de percepção e o ambiente são muito ricas.

O estudo da percepção e sua relação com o movimento, ou ação, é, no mínimo, tão controverso quanto qualquer outro aspecto do desenvolvimento motor. Certamente, os profissionais adotam várias perspectivas sobre o papel da percepção nesse desenvolvimento. Talvez o mais recente e significativo debate envolva a noção de que o movimento direciona o desenvolvimento da percepção tanto quanto o desenvolvimento da percepção permite novos movimentos. No futuro, há uma fronteira de pesquisa envolvida com o movimento e exercícios facilitando o crescimento do sistema neurológico ao longo da vida. Pensando em ambas as áreas de pesquisa, podemos ver que o modelo de limitações é útil, pois destaca a interação do indivíduo, ambiente e tarefa como origem do movimento. Começamos nossa discussão revendo as alterações associadas à idade na sensação e percepção nos sistemas de visão, cinestesia e audição no Capítulo 10. Também discutimos o desenvolvimento da integração entre os sistemas sensitivo-perceptivo. Por fim, no Capítulo 11, examinamos como a percepção e a ação estão ligadas, com ênfase especial em como o controle e equilíbrio posturais destacam essa ligação.

Leituras sugeridas

Dent-Read, C. & Zukow-Goldring, P. (Eds.) (1997). *Evolving explanations of development: Ecological approaches to organism-environment systems.* Washington DC: American Psychological Association.

Gottlieb, G. & Krasnegor, N.A. (Eds.) (1985). *Measurement of audition and vision in the first year of postnatal life: A methodological overview.* Norwwod, NJ: Ablex.

Kellman, PJ & Arterberry, ME (1998). *The cradle of knowledge: Development of perception in infancy.* Cambridge, MA: MIT Press.

Konczak, J. (1990). Toward and Ecological Theory of Motor Development: The Relevance of the Gibsonian Approach to Vision for Motor Development Research. Em J.E. Clark & J.H. Humphrey (Eds.), *Advances in motor development research* Vol. 3, pp 201-224. New York, MAS Press.

Lynch, A. & Getchell, N. (2010). Using an Ecological Approach to Understand Perception, Cognition, and Action Coupling in Individuals with Autism Spectrum Disorder. *International Public Health Journal*, 2(1), 7-16.

Ratey, J.J. (2008). *Spark: The revolutionary new science of exercise and the brain.* New York: Little Brown.

Desenvolvimento Sensitivo-perceptivo

 OBJETIVOS DO CAPÍTULO

- Descrever o desenvolvimento da percepção auditiva.
- Discutir mudanças nas sensações visual, auditiva e cinestésica que ocorrem com o envelhecimento.
- Estudar o processo pelo qual objetos e eventos ambientais percebidos em diferentes modalidades são interpretados como o mesmo objeto ou evento.
- Oferecer uma visão geral do desenvolvimento da percepção cinestésica, especialmente da percepção da localização tátil, do corpo, dos movimentos dos membros, da orientação espacial e da direção.
- Revisar mudanças de desenvolvimento nos sistemas visual, auditivo e cinestésico.
- Traçar o desenvolvimento da percepção visual – em particular, percepção de espaço, objetos e movimento.

Desenvolvimento motor no mundo real

O seu ambiente

A maioria de nós teve a oportunidade de ver um filme IMAX em uma tela grande "*surround*". Em anos recentes, surgiram vários cinemas com a tecnologia tridimensional IMAX. Com filmes de grandes orçamentos como *As aventuras de Pi*, a trilogia *O hobbit* e *Jogos vorazes*, os produtores de Hollywood adotaram essa tecnologia. Muitos desses filmes incluem a visão do que é visto da cabine de um avião. A informação visual é tão rica que frequentemente as pessoas que tendem a ficar enjoadas ou mareadas não conseguem ver os filmes sem ter tais problemas. Essas películas servem como uma indicação de que a informação sensorial e perceptiva – especialmente a informação visual – é uma parte importante de nossa experiência no ambiente e com o ambiente. Nós existimos somente em um ambiente; como operamos nele é uma função de como o sentimos e o percebemos.

De muitas formas, quase todas as ações motoras podem ser consideradas uma habilidade perceptivo-motora. O movimento humano se baseia na informação sobre o ambiente e na posição ou localização da pessoa dentro deste. Por exemplo, uma jogadora *infielder* de *softball* vê a localização do arremesso, a batedora rebatendo a bola e esta quicando no terreno; ouve a batida, talvez veja uma corredora na trajetória da base; e sente a posição de seu corpo e de seus braços. A atleta utiliza essa informação para decidir onde e quando interceptar a bola, para onde se mover e como posicionar seu corpo. Pode parecer que nem todos os movimentos são tão dependentes da sensação e percepção do ambiente. Contudo, até um saltador de plataforma experiente, com a visão bloqueada e utilizando protetores auriculares, deve sentir como a gravidade puxa seu corpo e conhecer a relação entre seu tronco e seus membros para executar o mergulho.

Como demonstra o efeito de enjoo ao assistir um filme, a informação sensitiva e a perceptiva são altamente integradas. Em geral, experimentamos eventos em sistemas sensitivos múltiplos. Sentimo-nos desconfortáveis se a informação de um sentido contradiz a de outro – nos desestabilizamos, caímos ou ficamos enjoados. Se nos é negada a informação de um sentido, podemos compensá-la prestando atenção na informação de outro; mas podemos não ser tão precisos em nossas percepções. Além disso, nossos próprios sistemas sensitivo e perceptivo e o ambiente são sistemas interativos. Não recebemos simplesmente a informação do ambiente, mas agimos para obtê-la. Por exemplo, giramos nosso ouvido em direção a um som ou levamos a mão para tocar e sentir a textura de uma superfície. Assim, devemos ter em mente a natureza altamente integradora da **sensação**, da **percepção** e do movimento, mesmo quando discutimos sistemas individuais ou tipos de discriminação perceptiva.

Indivíduos cujos receptores sensitivos funcionam normalmente podem atribuir diferentes significados ao mesmo estímulo, e esses mesmos sujeitos podem interpretar um único estímulo de diferentes maneiras. Você poderá se lembrar de ter visto em alguma aula de psicologia geral uma figura que tem esse efeito. Lembra-se de uma que pode ser vista como dois perfis de rostos ou um vaso (Fig. 10.1)? Portanto, percepção é um processo pelo qual atribuímos significado ao estímulo sensitivo. Como os indivíduos interpretam os estímulos sensitivos é um tópico fascinante do desenvolvimento perceptivo. Para as pessoas se movimentarem ou agirem em um ambiente, precisam percebê-lo. Na verdade, há quem diga que percepção e ação são tão interativas que são inseparáveis. O ambiente influencia quais movimentos são possíveis ou eficientes, e movimentar-nos no ambiente nos infor-

---

Sensação é a atividade neural disparada por um estímulo que ativa um receptor sensitivo, resultando em impulsos nervosos sensitivos que se deslocam por vias nervosas sensitivas até o cérebro.

Percepção é um processo de múltiplas etapas que ocorre no cérebro e que inclui seleção, processamento, organização e integração da informação recebida dos sentidos.

ma sobre a sua natureza e sobre nossa interação com ele. Nenhum estudo de desenvolvimento motor é completo sem o estudo das relações entre percepção e ação.

Os sistemas sensitivo e perceptivo são, certamente, restrições estruturais do indivíduo ao movimento e a outras atividades, como a leitura. Os capítulos anteriores discutiram o desenvolvimento de muitos dos sistemas estruturais, como o esquelético e o muscular. Este capítulo discute o desenvolvimento da sensação e percepção visual, auditiva e cinestésica.

Desenvolvimento visual

A visão desempenha um papel fundamental na maior parte da realização de habilidades. Para entendermos melhor esse papel, precisamos examinar as mudanças associadas à idade na sensação e na percepção visual (Fig. 10.2).

FIGURA 10.1 Este desenho pode ser visto como dois perfis faciais de frente um para o outro ou como um vaso.

Reimpressa, com permissão, de G. H. Sage, 1984, *Motor learning and control: A neuropsychological approach* (Dubuque, IA: Brown), 111.© McGraw-Hill Companies.

Sensação visual

Vários aspectos da visão determinam a nitidez com que uma pessoa pode ver objetos. Aqui, confinamos nossa discussão à acuidade visual. Durante o primeiro mês de vida, o sistema visual oferece à criança uma visão funcionalmente útil, mas não refinada, em um nível de cerca de 5% da **acuidade** final do adulto, ou 20/400 na escala de Snellen de acuidade visual (20/20 é o ideal) (Fig. 10.3). A resolução de detalhe do recém-nascido permite que ele diferencie características faciais a 50,8 cm de distância; além disso, ele provavelmente não pode ver objetos claramente (Kellman & Arterberry, 1998).

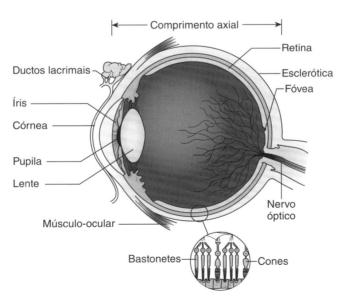

Acuidade é a nitidez de visão.

FIGURA 10.2 O olho humano. Um comprimento axial muito curto ou muito longo resulta em hipermetropia ou miopia, respectivamente. Uma curvatura imperfeita da córnea também causa visão desfocada, uma condição conhecida como astigmatismo.

210 Desenvolvimento Sensitivo-perceptivo

Por volta dos 6 meses, como os sistemas motores da criança estão prontos para começar a locomoção autoimpulsionada, o sistema visual percebe detalhes adequados que a auxiliam nessa tarefa. Do ponto de vista da perspectiva ecológica, a visão é outro sistema que deve se desenvolver a um nível adequado para facilitar a locomoção.

A sensação visual continua a melhorar durante a infância. Crianças de 5 anos têm acuidade visual de aproximadamente 20/30, e, por volta dos 10 anos, as que não têm anomalias visuais apresentam um escore no nível desejado de 20/20. É provável que a experiência visual seja necessária para o desenvolvimento da visão, uma vez que a privação visual durante o desenvolvimento induz a erros de refração em animais (Atkinson & Braddick, 1981).

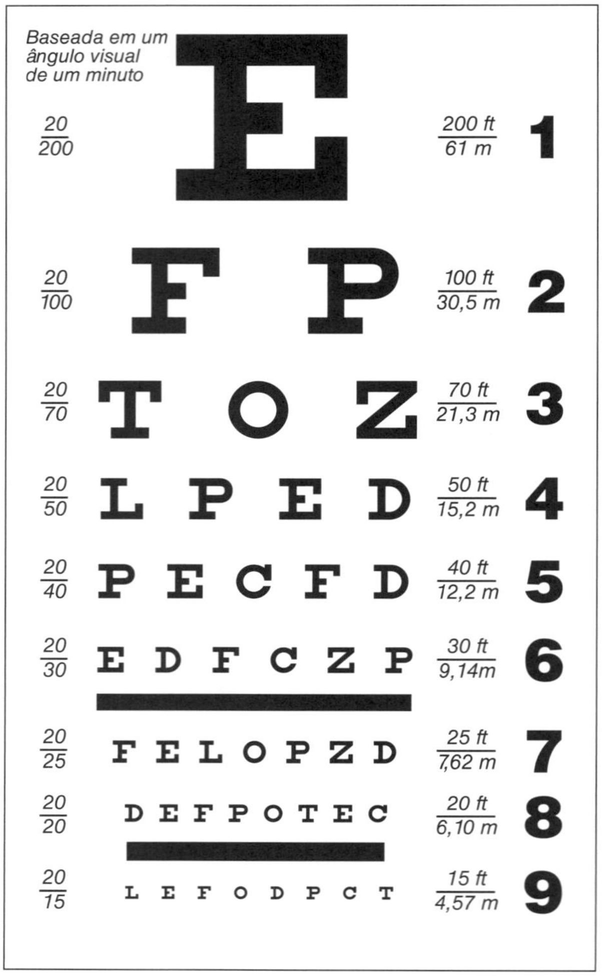

À medida que envelhecemos, mudanças no sistema visual ocorrem naturalmente, e algumas condições patológicas se tornam mais prevalentes, sobretudo em idosos. Essas mudanças podem afetar a qualidade da informação visual que alcança o sistema nervoso central e comprometer o desempenho de habilidades, bem como a execução de tarefas cotidianas.

Por exemplo, a condição denominada **presbiopia** (de *presbys* para "ancião" e *ops* para "olho") se torna clinicamente significativa em torno dos 40 anos. Isso afeta a capacidade de enxergar imagens próximas com clareza. O diâmetro de descanso da pupila também diminui com o envelhecimento, reduzindo a iluminação da retina (a quantidade de luz que chega à retina) em uma pessoa de 60 anos para um terço daquela em um adulto jovem. As lentes amarelam com a idade, reduzindo mais ainda a iluminação que chega ao olho e tornando a ofuscação um problema para os idosos.

Alguns distúrbios visuais mais prevalentes na terceira idade incluem:

- catarata;
- glaucoma;
- **maculopatia associada à idade.**

> **PONTO-CHAVE**
> A visão atinge os níveis adultos em torno dos 10 anos, mas quaisquer erros de refração resultantes de imperfeições no comprimento axial do olho podem ser corrigidos com lentes de contato ou óculos.

> **Presbiopia** é a perda gradual do poder de acomodação para focar objetos próximos. Ela acompanha o envelhecimento.

> **Maculopatia associada à idade** é a doença que afeta a área central da retina que proporciona a visão detalhada.

FIGURA 10.3 Um quadro de Snellen. A nitidez da visão é medida pelo grau com que o observador pode distinguir letras que diferem somente por uma pequena falha que é preenchida, tal como um *F* ou *P*, ou *C* e *O*. As crianças devem conhecer letras para que sejam avaliadas dessa maneira. Métodos alternativos estão disponíveis para testar crianças na primeira infância.

Pessoas que trabalham com crianças ou idosos podem procurar certos sinais indicativos de problemas visuais, dentre os quais:

- manter os olhos semicerrados para focar;
- cálculo errado da distância de objetos que o indivíduo pretende alcançar;
- movimentos de cabeça não usuais para ajustar o foco visual de determinado objeto.

Os líderes de atividades esportivas deveriam certificar-se de que esses locais estejam bem iluminados, mas sem ofuscação, e deveriam encorajar os executantes a utilizar lentes corretivas prescritas individualmente (Haywood & Trick, 1990). Como a visão oferece grande parte da informação perceptiva que as pessoas necessitam para desempenhar habilidades com sucesso, os esforços para melhorar a informação visual que o sistema nervoso central recebe também devem melhorar a percepção visual e o desempenho de habilidades. Uma maneira excelente de lembrar a nós mesmos o quanto dependemos da informação sensorial é fechar os olhos enquanto tentamos realizar uma atividade rotineira.

Percepção visual

No desempenho de habilidades, as pessoas dependem muito da informação visual. O desenvolvimento da percepção visual é, por si só, um tópico para textos; assim, somente os aspectos principais da percepção visual serão destacados aqui.

Percepção do espaço

Uma das percepções fundamentais é aquela do espaço tridimensional. Quase todos os movimentos – alcançar para pegar, locomoção e habilidades complexas, tais como dirigir um automóvel ou pilotar um avião – dependem da percepção do espaço tridimensional. As sensações visuais são recebidas por receptores sensitivos na retina em um formato aproximadamente bidimensional. Portanto, como as pessoas interpretam o mundo em três dimensões?

Para perceber o espaço em três dimensões, os indivíduos devem perceber profundidade e distância. O sistema visual tem inúmeras fontes de informação de **percepção de profundidade** e distância. Uma delas é a **disparidade entre retinas**. Como os dois olhos de um indivíduo estão em diferentes localizações, cada olho percebe o campo visual de um ângulo levemente diferente (Fig.10.4). A informação necessária para julgar profundidade resulta de uma comparação entre duas figuras levemente diferentes. A percepção da profundidade é auxiliada pela boa acuidade visual, porque é preciso que cada olho ofereça mais informação para a comparação.

As pessoas têm outras fontes de informação sobre profundidade. Movimentando a ca-

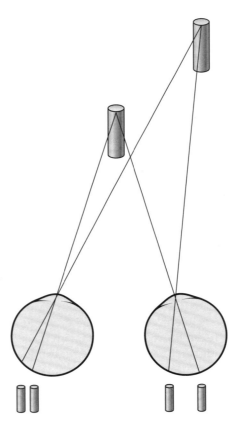

FIGURA 10.4 Disparidade entre retinas. Imagens na retina da esquerda são mais próximas do que as da direita. O observador vê dois bastões em profundidade.
Reimpressa, com permissão, de Kaufmann, Copyright 1979.

Percepção de profundidade é o julgamento que se tem da distância de si mesmo até um objeto ou lugar no espaço.

Disparidade entre retinas é a diferença nas imagens recebidas pelos dois olhos resultante das diferentes localizações deles.

Paralaxe de movimento é a mudança na localização óptica para objetos que se encontram em distâncias diferentes durante o movimento da pessoa.

Fluxo óptico é a mudança no padrão de textura óptica, uma transformação do arranjo óptico, à medida que a pessoa se movimenta para a frente ou para trás em um ambiente estável.

PONTO-CHAVE
Informações sobre profundidade e distância em nosso ambiente são geralmente derivadas dos dois olhos, que estão em diferentes localizações, ou dos movimentos da cabeça.

beça ou movimentando-se pelo espaço, elas recebem informações de profundidade por meio da **paralaxe de movimento**. Objetos no espaço mudam de localização na nossa retina à medida que a cabeça se move. Gibson (1966) sugeriu que essa transformação do arranjo óptico, que ele chamou de **fluxo óptico**, oferece muita informação sobre a natureza tridimensional do nosso ambiente. Esses meios diretos de perceber o ambiente provavelmente orientam a locomoção, controlam a postura e auxiliam a antecipar o contato com objetos e superfícies (Crowell & Banks, 1993; Johansson, von Hofsten e Jansson, 1980; Warren e Wertheim, 1990).

As pessoas com experiência no mundo também utilizam uma suposição da equivalência física para julgar profundidade. Isto é, quando esperamos que dois objetos parecidos tenham o mesmo tamanho, mas eles projetam diferentes tamanhos relativos na retina, assumimos que o objeto com o tamanho maior esteja mais próximo de nós. Da mesma forma, quando olhamos uma estrada, assumimos que ela tem a mesma largura em todo seu percurso, mesmo que os meios-fios pareçam se aproximar um do outro (os meios-fios formam linhas convergentes).

 Se você fosse um professor de educação física, ensinaria quais tipos de atividades que requerem percepção de profundidade?

As crianças têm visão funcional, isto é, apresentam a mecânica para a disparidade entre retinas e a paralaxe de movimento como fontes de percepção de profundidade. A partir de 1 mês de idade, as crianças piscam mais frequentemente quando lhes é apresentado um estímulo visual que parece estar se aproximando se comparado a um que não se move (Nanez & Yonas, 1994), demonstrando perceberem que o objeto está se aproximando em vez de meramente aumentando de tamanho. Nos bem conhecidos experimentos do penhasco visual de Walk & Gibson (1961; Gibson & Walk, 1960; Walk, 1969), os bebês entre 6 e 14 meses de idade, colocados em um dos lados de um penhasco aparente (um vidro evitou que fosse um penhasco real), pararam na borda inclusive quando suas mães acenavam para eles do outro lado. Esses estudos demonstraram que até mesmo crianças novas têm algum nível de percepção de profundidade. Ainda assim, elas podem errar no julgamento de profundidade até que níveis próximos dos adultos sejam alcançados no início da adolescência (Williams, 1968).

Os experimentos comportamentais sobre percepção de profundidade são consistentes com o trabalho sobre maturação do córtex visual do cérebro. No nascimento, as células na camada quatro do córtex recebem estímulo neural de ambos os olhos. Por volta do sexto mês de idade, esses estímulos neurais se dividem em colunas alternadas, recebendo estímulos do olho direito e do esquerdo, respectivamente (Held, 1995; 1988; Hickey & Peduzzi, 1987). A informação de disparidade depende de saber qual olho está enviando qual informação; portanto, esse aspecto da maturação neurológica pode muito bem ser crucial no aparecimento da percepção de profundidade por meio da disparidade entre retinas.

Adultos mais velhos falham mais do que adultos jovens em testes de percepção de profundidade, mas o limiar para distinguir profundidade muda pouco, se é que muda (Yekta, Pickwell & Jenkins, 1989; Wright & Wormald, 1992). Proporções mais altas de falhas provavelmente refletem um aumento do número de pessoas com problemas visuais relacionados ao avanço da idade.

Embora a percepção de espaço seja um aspecto importante da percepção visual, nosso ambiente também inclui objetos. Portanto, é igualmente importante percebê-los, bem como, seus atributos e sua relação com o indivíduo e com as outras pessoas.

Percepção de objetos

Entre os atributos importantes de objetos, estão o tamanho, a forma e o movimento. O conceito de um "objeto" é relativo. Um piloto de avião pode considerar uma pista como um objeto, enquanto uma pessoa parada na pista a considera uma superfície. Com o crescimento, o que as crianças inicialmente percebem como uma superfície pode tornar-se um objeto. Por exemplo, um colchonete é uma superfície para um bebê, enquanto para o adulto é um objeto, que pode ser dobrado e o carregado com ele. Os adultos utilizam fontes diversas de informação na percepção de objetos (Kellman & Arterberry, 1998). Por exemplo, é provável que detectemos bordas (descontinuidades no estímulo visual) e decidamos se são ou não os limites do objeto. Se observarmos uma pessoa que está em pé diante de um automóvel, assumimos que o objeto mais próximo, nesse caso a pessoa, tem um limite, enquanto o carro continua atrás dela em outro limite. Não pensamos que o veículo termine em uma borda da pessoa para depois começar novamente na outra. Informações de profundidade e de movimento auxiliam nessas percepções.

A percepção de bordas e limites nos auxilia a delimitar um objeto ou figura do ambiente de fundo (Fig. 10.5). Você talvez se lembre de ter resolvido páginas de passa-tempos de figuras embutidas. Nessas páginas, um artista embutiu objetos como uma bola ou pirulito em forma de bengala em um desenho de linhas. Esse tipo de percepção que nos permite descobrir os objetos embutidos é a **percepção figura-fundo**. A percepção de bordas e limites também nos auxilia a distinguir objetos completos de partes de um objeto, chamada de **percepção parte-todo**. Por exemplo, se você está dirigindo em uma rua e vê metade do pneu de uma bicicleta se sobressaindo de uma fileira de automóveis estacionados e a cabeça de uma criança por sobre ele, você não fica confuso. Em vez disso, logo percebe que uma criança em uma bicicleta está se movimentando em direção a sua trajetória, e então você diminui a velocidade.

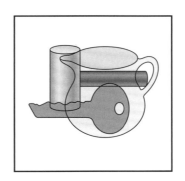

a

b

FIGURA 10.5 Um teste de gravuras do *Figure-Ground Perception Test* da *Southern California Sensory Integration Test.* Uma criança deve identificar quais dos seis objetos em *(b)* estão presentes (embutidos) na figura *(a)*.

Reimpressa, com a permissão, de Ayres, 1972.

Percepção figura-fundo é a capacidade de ver um objeto de interesse como distinto do fundo.

Percepção parte-todo é a capacidade de discriminar do todo a parte de uma figura ou de um objeto, bem como de integrar as partes no todo, percebendo-os simultaneamente.

Sabemos pouco sobre a percepção dos bebês de bordas e limites. Algumas pesquisas indicam que eles se baseiam mais em dicas de profundidade e movimento do que em bordas na percepção de objetos (Granrud et al., 1984; von Hofsten & Spelke, 1985). As crianças melhoram nas tarefas de percepção de figura-fundo entre 4 e 6 anos (Williams, 1983) e, novamente, entre 6 e 8 anos (Temple, Williams & Bateman, 1979).

Crianças mais novas também têm dificuldade em integrar objetos que formam um todo. Por exemplo, você talvez se lembre de ter visto peças de escultura que são compostas de objetos familiares, como a figura de um homem construída com porcas e parafusos. Figuras dessa natureza são utilizadas para avaliar a percepção parte-todo (Fig. 10.6). Crianças

FIGURA 10.6 Uma figura típica que pode ser utilizada para avaliar a percepção parte-todo. Crianças muito pequenas normalmente relatam a face ou as partes (p. ex., banana, morango, abóbora). Crianças mais velhas e adultos normalmente relatam ver uma face composta por frutas.

com menos de 9 anos de idade normalmente relatam ter visto apenas a pessoa, apenas as porcas e parafusos, ou ambos, mas em momentos diferentes. Após os 9 anos, a maioria delas consegue integrar as partes e o todo em uma figura total (Elkind, 1975; Elkind, Koegler & Go, 1964). Perceba, contudo, que níveis adultos de sensibilidade para informações de percepção de objetos excedem em muito o que é necessário para perceber objetos em ambientes típicos (Kellman & Arterberry, 1998). Assim, os bebês podem perceber muito bem os objetos, mesmo que não o façam em níveis adultos.

 Pense em dirigir um carro em uma cidade movimentada. Quando e com que frequência as percepções de espaço e objeto estão envolvidas em suas ações?

A percepção de distância influencia nossa percepção dos objetos no ambiente, bem como suas propriedades. É importante perceber que um objeto tem tamanho constan-

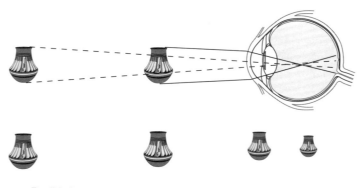

Realidade e percepção   Imagens na retina

FIGURA 10.7 Constância de tamanho. A imagem de um objeto diminui pela metade com a duplicação da distância entre ele e o olho, mas o objeto não parece encolher. Assumimos que ele é constante em tamanho, e que aquilo que está mudando é a distância em relação a nós, e não seu tamanho.

te mesmo que possa variar sua distância em relação a nós (Fig.10.7). Slater, Mattock & Brown (1990) demonstraram que recém-nascidos apresentam **constância de tamanho**. Esses pesquisadores demonstraram primeiro que os bebês olham mais para os objetos com tamanho de projeção maior na retina. Então, as crianças foram familiarizadas com cubos, de tamanhos constantes (grandes e pequenos), variando, entretanto, a distância entre eles e os bebês. Quando um objeto conhecido de tamanho constante lhes foi mostrado junto com outros de tamanho diferente (distantes o bastante para que ambos os tamanhos projetados fossem iguais), eles olharam mais para o objeto de tamanho novo, indicando que detectaram a diferença de tamanho (ver o quadro Avaliação da Percepção do Bebê).

A evidência da sensibilidade do recém-nascido para formato, isto é, da **constância de formato**, foi descoberta pelo método de **habituação**. Se um recém-nascido se torna familiarizado com uma forma e, então, esta é apresentada como uma nova, o bebê gastará mais tempo olhando para o novo formato se as diferenças de formato forem percebidas. Um tipo de percepção de forma é a *percepção de face*, e mesmo bebês de 4 dias de vida já despendem mais tempo olhando para a face de suas mães do que para a de uma mulher estranha (Bushnell, 1998; Bushnell, Sai & Mullin, 1989). Esses bebês provavelmente utilizam o contorno externo das faces para perceber manchas claras e escuras como faces. Para perceber a forma, os observadores devem prestar atenção, ou ignorar, a **orientação espacial** dos objetos, dependendo se esta informação é relevante para a tarefa a ser executada. Em alguns casos, é importante reconhecer que dois objetos são idênticos, mesmo que um esteja inclinado para um lado, de cabeça para baixo ou rotacionado. Em outras situações, a orientação diferente de um objeto ou símbolo é fundamental para o seu significado. Isso ocorre com letras como o *d* e o *b*.

 Imagine que você seja um professor de crianças na primeira infância e identifique todas as letras que podem se tornar outra se sua orientação for alterada.

As crianças parecem ser mais capazes de prestar atenção à orientação espacial de um objeto do que de ignorá-lo (Gibson, 1966; Pick, 1979). Crianças de 3 e 4 anos podem aprender extremos direcionais, tais como alto e baixo, em cima e embaixo, frente e verso, mas elas frequentemente percebem orientações intermediárias como iguais ao extremo mais próximo. Por volta dos 8 anos, a maioria das crianças aprende a diferenciar linhas oblíquas (vários ângulos) e diagonais (45°), mas podem continuar confundindo esquerda e direita (Naus & Shillman, 1976; Williams, 1973).

Percepção de movimento

A *percepção de movimento* é de interesse particular no estudo do desenvolvimento motor. Sabemos agora que há mecanismos neurológicos próprios para detectar o movimento. Especificamente, células corticais individuais disparam de acordo com a direção, localização e a velocidade de um objeto na retina, e a área temporal medial do córtex visual é dedicada a processar sinais de movimento (Kellman & Arterberry, 1998). Portanto, não é surpreendente que os bebês percebam o movimento.

No início da infância, no entanto, falta aos bebês a sensibilidade do adulto para tal percepção. A direção do movimento não é bem percebida até a 8ª semana de vida (Wattam-Bell, 1996a, 1996b). Os limiares para detectar a *velocidade* são mais altos em recém-nascidos do que em adultos; entretanto, por volta da 6ª semana de vida, apenas velocidades extremamente lentas de objetos próximos são difíceis de perceber para o bebê (Aslin & Shea, 1990; von Hofsten, Kellman & Putaansuu, 1992). Os idosos têm dificuldade em perceber o movimento nos **limiares de detecção** (Elliott, Whitaker & Thompson, 1989; Kline, Culham, Bartel & Lynk, 1994). Não está claro se isso tem algum significado prático nas condições do mundo real; por isso, pesquisas adicionais são necessárias.

Essa discussão sobre percepção visual foi necessariamente breve. Em geral, no entanto, a evidência aqui discutida indica que as percepções visuais básicas proporcionam, até para

---

Constância de tamanho é a percepção do tamanho real do objeto, independentemente do tamanho de sua imagem projetada em nossa retina.

Constância de forma é a percepção do formato real do objeto, independentemente de sua orientação para uma pessoa.

Habituação é o estado de adaptar-se a um estímulo.

Orientação espacial é a orientação ou posição de objetos como estão localizados no espaço ou como um desenho bidimensional.

PONTO-CHAVE
Bebês são sensíveis ao tamanho e à forma dos objetos.

Um **limiar de detecção** é o ponto em um contínuo no qual o nível de energia é exatamente suficiente para se registrar a presença de um estímulo.

Avaliação da percepção do bebê

Olhar preferencial é uma técnica de pesquisa na qual dois estímulos são apresentados a um indivíduo que se vira para olhar em direção ao estímulo preferido.

Como os bebês não são capazes de descrever o que percebem, os pesquisadores devem desenvolver outras formas para descobrir o que eles percebem por meio da observação de suas ações e respostas. Uma das maneiras mais inteligentes pelas quais isso é feito consiste no **olhar preferencial**. Os bebês tendem a olhar para objetos ou eventos que são novos, surpreendentes ou diferentes daqueles com que estão familiarizados. Do mesmo modo, a atenção de um recém-nascido tende a se desviar dos objetos e eventos aos quais são expostos contínua ou repetidamente. Nesse caso, dizemos que o bebê se habituou ao objeto ou evento.

Para determinar o que os bebês percebem com esse método, os pesquisadores primeiro expõem a criança a um objeto ou evento, geralmente por um certo período de tempo ou número de apresentações. Quando ela se habitua a esse estímulo e se torna tão acostumada a ele que sua atenção se desvia para outra coisa, o pesquisador apresenta outro objeto ou evento que seja diferente em alguma dimensão. Por exemplo, muda-se o tamanho do objeto caso se esteja interessado na percepção do tamanho, ou o formato se o interesse estiver na percepção de forma. O bebê atende ao novo estímulo se o percebe como diferente. Ele mostra pouco interesse se o objeto é percebido como o mesmo com os quais está familiarizado. O pesquisador poderia variar a quantidade de estímulos para avaliar o grau de diferença que o bebê percebe.

Os pesquisadores também habituam a criança a um objeto e, então, o apresentam junto com um objeto novo. Normalmente, um objeto é colocado à direita do bebê, e o outro, à esquerda. O pesquisador, posicionado diretamente em frente à criança, registra a quantidade de tempo que ela olha para cada objeto. Provavelmente, o bebê prefere o objeto que é novo, se realmente percebe uma diferença, daí o termo *olhar preferencial*. Se mais tempo for despendido olhando para o objeto novo, o pesquisador conclui que o bebê percebe o novo objeto como diferente daquele com que está familiarizado. Se não existe diferença no tempo; o pesquisador conclui que a diferença não é percebida. Para saber mais sobre esse método, veja Bornstein, 1985.

PONTO-CHAVE Os bebês percebem movimento, mas direção e velocidade são mais bem percebidas com o avanço da idade.

os bebês, uma grande quantidade de informação sobre o ambiente. À medida que a criança cresce, sua percepção nos limiares de detecção aumenta para os mesmos níveis vistos em adultos. É provável que a atenção tenha um papel no desempenho de tarefas de percepção visual, com um melhor desempenho para a atenção às partes importantes do ambiente (Madden, Whiting & Huettel, 2005). Todavia, a percepção nos limiares tem mais chances de apresentar decréscimos na terceira idade. Muito mais informação é necessária sobre que significado o desempenho nos limiares apresenta para as tarefas cotidianas no mundo real.

Desenvolvimento cinestésico

O sistema cinestésico pode ser descrito como o sistema que nos dá a "sensação corporal"e, certamente, é vital para a nossa capacidade de posicionamento e locomoção no ambiente. Para perceber que isso é verdade, precisamos somente lembrar quando caminhamos em uma casa "assombrada" em um parque de diversões, onde nosso sistema visual ou nosso sistema cinestésico estão nos dando informações conflitantes.

Sensação cinestésica

O sistema cinestésico ou proprioceptivo é importante para o desempenho de habilidades porque produz informações sobre:

- a relação das partes do corpo entre si;
- a posição do corpo no espaço;
- os movimentos corporais;
- a natureza dos objetos com os quais o corpo estabelece contato.

Diferentemente do sistema visual, que se baseia nos olhos como receptores sensitivos, a informação cinestésica vem de vários tipos de receptores espalhados pelo corpo, denominados **proprioceptores** (Tab. 10.1). Os proprioceptores localizados nos músculos, nas junções musculotendinosas, sob a pele nas cápsulas articulares e nos ligamentos são chamados de **somatossensores**, e aqueles localizados no ouvido interno são chamados de **aparelho vestibular** (Figura 10.8).

Muitos reflexos infantis são estimulados pelos receptores cinestésicos. Assim, o início de um reflexo indica que o receptor cinestésico correspondente está funcionando. O primeiro reflexo pré-natal que pode ser estimulado é o de flexão do pescoço do lado oposto pela estimulação tátil ao redor da boca apenas sete semanas e meia após a concepção.

Os pesquisadores têm utilizado estimulação tátil em outras partes do corpo para determinar se o desenvolvimento dos receptores cutâneos procede em uma sequência oral, genital-anal, palmar e plantar (sola do pé). Essa sequência de desenvolvimento segue as direções de crescimento céfalo-caudal e próximo-distal que discutimos no Capítulo 4.

No nascimento, as crianças claramente respondem ao toque. Elas podem também identificar a localização de toques, sobretudo na região da boca e da face (Kisilevsky, Stach & Muir, 1991). Sabemos, também, que o aparelho vestibular está anatomicamente completo de 9 a 12 semanas após a concepção; contudo, seu *status* funcional antes do nascimento não está claro. O reflexo de reposicionamento pelo labirinto aparece em torno do 2º mês pós-natal (Timiras, 1972), e esse fato oferece alguma evidência da função do aparelho vestibular. Portanto, o sistema para a sensação cinestésica funciona já nas primeiras fases da vida.

 Como pai ou mãe, quais são algumas das formas com que você pode utilizar o toque para se comunicar com seu bebê?

Temos informações informais, mas poucos dados de pesquisa sobre mudanças associadas à idade sobre a sensação cinestésica (Boff, Kaufman e Thomas, 1986). Há indicações de que o limiar absoluto aumenta e de que alguns idosos, pelo menos, experimentam sensibilidade diminuída (Kenshalo, 1977). Um número bem maior de pesquisas objetivas é necessário sobre o envelhecimento dos receptores cinestésicos.

Localização tátil

Embora os recém-nascidos percebam toques, um indivíduo deve saber onde o toque ocorre no corpo, bem como conhecer sua natureza; esse conhecimento é denominado de **localização tátil**. A capacidade de fazer uma discriminação refinada sobre onde ocorreu o toque,

TABELA 10.1 Os receptores cinestésicos e suas localizações

Receptor cinestésico	Localização
Fusos musculares	Músculos
Órgãos tendinosos de Golgi	Junções musculotendinosas
Receptores das articulações Terminais de Ruffini tipo ramificado Receptores tipo Golgi Corpúsculos de Pacini modificados	Cápsulas articulares e ligamentos
Canais semicirculares do aparelho vestibular	Ouvido interno
Receptores cutâneos	Pele e tecidos subjacentes

Proprioceptor é o conjunto dos vários receptores cinestésicos localizados na periferia do corpo; os dois tipos de proprioceptores são os somatossensores e o aparelho vestibular.

Somatossensores são os receptores localizados sob a pele, nos músculos, nas junções musculotendinosas, nas cápsulas articulares e nos ligamentos.

O **aparelho vestibular** abriga os receptores localizados no ouvido interno.

PONTO-CHAVE
A sensação cinestésica é proveniente de uma variedade de receptores sensitivos do corpo.

Localização tátil é a capacidade de identificar sem a visão do momento exato em que um corpo foi tocado.

218 Desenvolvimento Sensitivo-perceptivo

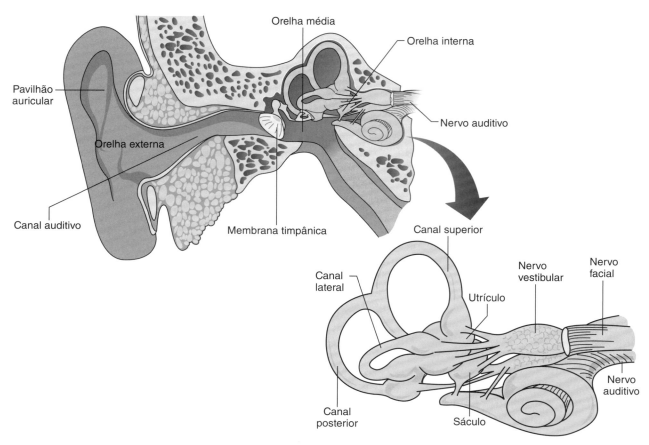

FIGURA 10.8 Estruturas da orelha interna. Os receptores sensitivos estão localizados no utrículo e no sáculo.

PONTO-CHAVE
As crianças melhoram sua capacidade de localizar toques, mas não se sabe muito sobre as discriminações de limiar para toque.

sem ver o local, e de discernir se este foi feito em um ponto ou em dois pontos muito próximos é uma habilidade que se desenvolve na infância. Crianças de 4 anos são menos precisas do que aquelas de 6 a 8 anos ao localizar toques nas mãos e nos antebraços. O desempenho nesse tipo de tarefa não melhora muito entre as idades de 6 a 8 anos (Ayres, 1972; Temple et al., 1979). A partir desses dados limitados, a percepção da localização tátil nas mãos e nos braços parece estar relativamente madura em torno dos 6 anos.

A discriminação de limiar – detectar o menor espaço entre dois pontos que tocam a pele – varia em diferentes áreas do corpo (Fig. 10.9); não sabemos se esses julgamentos também variam com a idade (Van Duyne, 1973; Williams, 1983). Ayres (1966), entretanto, relatou que apenas metade de um grupo de crianças de 5 anos conseguiu consistentemente discriminar um toque em diferentes dedos; entretanto, o desempenho médio melhorou aos 7,5 anos (a maior idade testada).

Reconhecer objetos não vistos e suas características sentindo-os com as mãos é exercer a percepção cinestésica paralela à percepção visual de objetos. Em bebês, tal manipulação frequentemente é mais acidental do que proposital. Ainda assim, por volta dos 4 anos de idade, em média, a criança pode manipular objetos de propósito e, em torno dos 5 anos, pode explorar suas principais características. A exploração manual se torna sistemática – isto é, segue um plano – aos 6 anos (Van Duyne, 1973), e, nos dois anos subsequentes, a memória háptica (cutânea) e o reconhecimento de objetos também melhoram (Northman & Black, 1976). Uma pesquisa realizada por Temple e colaboradores (1979) indica que as crianças também melhoram suas velocidades de reconhecimento tátil durante esses anos.

Percepção do corpo (consciência corporal)

Para executar atividades da vida diária, bem como desempenhar habilidades complexas, é necessário ter uma consciência do corpo, de suas várias partes e de suas dimensões. Um aspecto da **consciência corporal** é a identificação das partes do corpo. À medida que as crianças se tornam mais velhas, elas conseguem denominar corretamente as principais partes do corpo (DeOreo & Williams, 1980) e designar partes corporais com maior especificidade (Cratty, 1979). A velocidade com que uma criança aprende a denominar as partes corporais resulta, em grande parte, da quantidade do tempo que os pais ou outros adultos praticaram com ela. Provavelmente, dois terços das crianças com 6 anos conseguem identificar as principais partes corporais, sendo raros os erros naquelas com desenvolvimento normal após a idade de 9 anos.

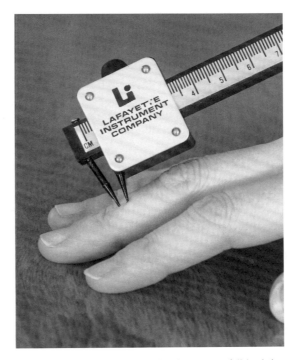

FIGURA 10.9 A percepção de ponto tátil inclui o julgamento preciso de uma variedade de toques simultâneos na pele. À medida que dois pontos se aproximam, é mais difícil discriminar entre um único toque e dois toques.

Consciência corporal é o reconhecimento, a identificação e a diferenciação da localização, do movimento e das inter-relações das partes do corpo e das articulações; também é a consciência que se tem da orientação espacial e da localização percebida do corpo no ambiente.

 Imagine que você seja o instrutor em uma de suas atividades favoritas. Quais habilidades necessárias nessa atividade se baseiam, pelo menos em parte, na consciência corporal? Quais dicas você pode utilizar para direcionar a atenção de um iniciante para a posição do corpo?

As crianças também necessitam de uma sensação das dimensões espaciais do corpo, como em cima e embaixo. Elas normalmente dominam essas duas dimensões primeiro, depois em frente e atrás e, por fim, ao lado. Um alto percentual de crianças de 2,5 a 3 anos consegue colocar um objeto em frente ou atrás de seus corpos; mas a maioria delas tem dificuldade para colocar um objeto em frente ou atrás de alguma coisa. Por volta dos 4 anos, a maioria já pode realizar esta última tarefa, bem como colocar um objeto ao lado de algo (Kuczaj e Maratsos, 1975).

Lateralidade Embora as crianças normalmente tenham consciência das dimensões em cima é embaixo, é em frente e atrás antes dos 3 anos, elas desenvolvem o entendimento de que o corpo tem dois lados distintos, ou **lateralidade,** com aproximadamente 4 ou 5 anos (Hecaen & de Ajuriaguerra, 1964). A criança aprende a se dar conta de que, apesar de suas duas mãos, duas pernas e assim por diante serem do mesmo tamanho e formato, ela pode posicioná-las diferentemente e movê-las de forma independente. Às vezes, a criança é capaz de discriminar os lados esquerdo e direito – isto é, denominar ou identificar essas dimensões.

Uma melhoria associada à idade na capacidade de discriminação esquerda-direita ocorre entre os 4 ou 5 anos e 10 anos, com a maioria das crianças respondendo quase perfeitamente por volta dos 10 anos (Ayres, 1969; Swanson & Benton, 1955; Williams, 1973). No entanto, elas podem ser ensinadas a nominar esquerda-direita em idades mais precoces,

Lateralidade é a consciência que temos de que o corpo tem dois lados distintos, que podem se mover independentemente. Trata-se de um componente da consciência corporal.

até mesmo aos 5 anos (Hecaen & de Ajuriaguerra, 1964). As crianças pequenas também têm dificuldade para executar uma tarefa quando um membro deve cruzar a linha média do corpo, como escrever em um quadro-negro da esquerda para a direita. Essa capacidade melhora entre 4 e 10 anos de idade, mas há crianças com 10 anos que ainda mostram dificuldade na realização de tais tarefas (Ayres, 1969; Williams, 1973).

 Imagine que você seja um professor de crianças pequenas. Quais atividades poderia utilizar para auxiliá-las a aprender a discriminar esquerda e direita?

> **Dominância lateral** é a preferência consistente pelo uso de um olho, ouvido, mão ou pé em detrimento do (a) outro (a), ainda que a preferência para diferentes unidades anatômicas não ocorra sempre no mesmo lado.

Dominância lateral O interesse pela **dominância lateral**, especialmente pela dominância de mão, data da época de Aristóteles. Ao longo dos séculos, alguns pesquisadores têm preferido uma visão nativista de dominância sugerindo que ela seja inata, sobretudo após os estudos de Broca terem sugerido assimetrias entre as metades direita e esquerda do cérebro. Broca foi o cirurgião francês que primeiro relatou, em 1861, que os indivíduos com perda da capacidade de linguagem tinham lesões em uma área específica de um dos lados do cérebro. A princípio, supunha-se que toda uma função, nesse caso a fala, poderia ser controlada por somente um dos lados. Hoje, sabemos que a "área de Broca" não é a única região cerebral envolvida na fala.

Outros cientistas comportamentais têm optado pela perspectiva *adquirida* (ver Capítulo 2), sustentando que a preferência para escrever e utilizar uma ferramenta pode ser mudada pelo treinamento. Recentemente, o estudo da dominância lateral tem sido ligado ao estudo do desenvolvimento da linguagem, o que tem mais atrapalhado que auxiliado nosso entendimento sobre dominância manual (ver Hopkins & Ronnqvist, 1998, para discussão).

As assimetrias no uso da mão têm sido muito observadas em bebês. Antes dos 3 meses de idade, eles já pegam objetos, ficam com a mão fechada e são mais ativos por mais tempo com uma das mãos do que com a outra (Hawn & Harris, 1983; Michel & Goodwin, 1979; Michel & Harkins, 1986.). Essas assimetrias não indicam consistentemente a dominância de mão de adultos (Michel, 1983; 1988), mas pode haver uma ligação entre a assimetria inicial e a posterior dominância de mão porque as assimetrias tendem a seguir uma orientação. Os bebês que preferem girar suas cabeças para a direita parecem preferir alcançar com a mesma mão e vice-versa. Essas experiências autogeradas podem facilitar mais a coordenação olho-mão de uma das mãos em relação à outra (Bushnel, 1985; Michel, 1988).

Quando os bebês começam a alcançar para pegar após os 3 meses, eles também demonstram uma preferência de mão (Hawn & Harris, 1983). A manipulação unimanual aparece por volta dos 5 meses e, em torno do sétimo mês, os bebês mostram uma preferência por manipular com uma das mãos em particular (Ramsay, 1980; Tab. 10.2). Cerca de um mês depois que a manipulação bimanual aparece, uma preferência de mão é evidente, mesmo quando ambas as mãos seguram um objeto (Ramsay, Campos & Fenson, 1979). Em geral, os bebês preferem a mesma mão em manipulação unimanual e bimanual, isto é, eles utilizam tanto a mão direita quanto a esquerda em ambos os tipos de manipulação (Ramsay, 1980). Embora essas preferências iniciais possam mudar, em geral a mão que aparece como preferida no início da infância, mais frequentemente em torno dos 4 anos, permanece como a dominante na juventude e na vida adulta (Sinclair, 1971). É importante lembrar que, em certas situações ambientais, as crianças podem descobrir que é conveniente utilizar seus membros não preferidos (Connolly & Elliot, 1972). Na vida adulta, os indivíduos utilizam normalmente seu membro dominante mesmo em situações em que seja mais estranho fazer isso.

 Pense sobre suas atividades da vida diária e sobre os instrumentos que você utiliza. Algum deles favorece destros e não canhotos?

Além de preferir uma das mãos à outra, preferimos um dos nossos olhos, uma das orelhas e um dos pés. Se os preferidos estão todos em um dos lados do corpo, a dominância é

Desenvolvimento Motor ao Longo da Vida **221**

TABELA 10.2 Preferências de mão do bebê

Natureza da preferência de mão	Idade aproximada
Mão fechada e preensão mais longa	Antes dos 3 meses
Alcançar unimanual	Após 3 meses
Manipulação unimanual	Aos 7 meses
Manipulação bimanual	1 mês após a emergência da manipulação unimanual
Dominância manual	Aos 4 anos

chamada de pura; de outra forma, é mista. Alguns desenvolvimentistas têm sugerido que a dominância pura é preferível, o que implica a prevalência clara de um dos lados do cérebro. Por exemplo, na década de 1960, Doman e Delacato propuseram uma teoria perceptivo--motora que se tornou popular (Delacato, 1966), a qual sustentava que a dominância pura é necessária para uma organização neurológica adequada. Aqueles que apresentam dominância mista podem vir a antecipar problemas no desempenho perceptivo-motor, na leitura, na fala e em outras habilidades cognitivas. Pesquisas nunca demostraram que esse seja de fato o caso. Estudos têm falhado em demonstrar qualquer vantagem cognitiva real para indivíduos com cérebros mais lateralizados (Kinsbourne, 1988; 1997).

PONTO-CHAVE
Apesar de alguns pesquisadores terem sugerido que a dominância pura é necessária para a organização neurológica adequada, não há evidência objetiva que indique a vantagem de ter um cérebro mais lateralizado.

Movimento dos membros

Você pode avaliar a percepção de uma criança sobre a amplitude do movimento na articulação pedindo ele para reproduzir precisamente um movimento do membro ou para relocalizar uma posição do membro sem olhar. As crianças melhoram nessa tarefa entre 5 e 8 anos de idade, com pouca melhora tendo sido observada depois disso (Ayres, 1972; Williams, 1983).

Orientação espacial

A orientação espacial cinestésica envolve a percepção da localização do corpo e a orientação no espaço independente da visão. Temple e colaboradores (1979) testaram essa percepção solicitando às crianças que caminhassem em linha reta com os olhos vendados a fim de medir seus desvios em relação a essa linha. O desempenho melhorou entre 6 e 8 anos de idade, sendo esta última a idade máxima incluída no estudo. São necessárias investigações sobre a orientação espacial com maior amplitude de idades.

Direção

A **direcionalidade** está muitas vezes ligada à lateralidade, uma consciência dos dois lados distintos do corpo. Crianças com um senso de lateralidade pobre também têm, em geral, pouca direcionalidade. Apesar de essa relação parecer intuitivamente lógica, não se sabe ainda se as deficiências em lateralidade prejudicam a direcionalidade (Kephart, 1964).

Os indivíduos obtêm a maioria das informações para julgamentos direcionais por meio da visão; assim, esses julgamentos se baseiam na integração da informação visual e da cinestésica. Long e Looft (1972) sugeriram que as crianças melhoram seus sentidos de direcionalidade entre os 6 e os 12 anos. Por volta dos 8 anos, elas podem em geral utilizar referências do corpo para indicar direção. São capazes de dizer corretamente: "A bola está à minha direita" e "A bola está à direita do bastão". Aos 9 anos, podem mudar a última sentença para "A bola está à esquerda do bastão" quando caminham em direção oposta aos objetos. Elas podem identificar esquerda e direita em uma pessoa a sua frente. Melhoras como essas nas referências direcionais continuam por volta dos 12 anos. Long e Looft observaram que algum refinamento na direcionalidade deve acontecer na adolescência, porque muitas crianças de 12 anos são incapazes de transpor esquerda e direita com base em uma nova perspectiva, como, por exemplo, olhando em um espelho.

Direcionalidade
é a capacidade de projetar as dimensões espaciais do corpo no espaço imediato e de se apoderar de conceitos espaciais sobre movimento ou localizações de objetos no ambiente.

Mudanças cinestésicas com o envelhecimento

Sabemos muito pouco sobre como o envelhecimento afeta os receptores cinestésicos, mas muitos pesquisadores têm identificado mudanças relacionadas à idade na percepção cinestésica. Alguns idosos, mas não todos, perdem a sensibilidade cutânea, vibratória, térmica e álgica (Kenshalo, 1977). Os idosos experimentam certa dificuldade em julgar a direção e a quantidade de movimento passivo dos membros inferiores (quando outra pessoa é que posiciona o membro) (Laidlaw & Hamilton, 1937). Contudo, eles permanecem bastante precisos no julgamento de tensão muscular produzida por diferentes pesos (Landahl & Birren, 1959).

Desenvolvimento auditivo

Apesar de não ser tão importante para o desempenho de habilidades como a visão e a cinestesia, a informação auditiva é também valiosa para o desempenho preciso. As pessoas frequentemente utilizam sons como informações críticas para iniciar ou sincronizar seus movimentos.

Sensação auditiva

A audição envolve a orelha externa, a orelha média e a cóclea da orelha interna. A orelha interna se desenvolve primeiro e está próxima da forma adulta em torno do 3º mês pré-natal. Na metade da vida fetal, a orelha externa e a orelha média estão formadas (Timiras, 1972). Os fetos respondem a sons altos, mas talvez essa resposta se deva, na verdade, ao estímulo tátil, isto é, às vibrações (Kidd & Kidd, 1966).

> **Limiar absoluto** é o som mínimo detectável que um ouvinte pode perceber pelo menos durante a metade do tempo em que um sinal é produzido.

A audição de um recém-nascido é parcialmente imperfeita por causa do tecido gelatinoso que preenche a orelha interna. O **limiar absoluto** é em torno de 60 decibéis mais alto para um recém-nascido do que para um adulto. Assim, um bebê pode somente detectar uma voz falando em tom médio, enquanto um adulto pode detectar um sussurro (Kellman & Arterberry, 1998). Os recém-nascidos também não discriminam mudanças na intensidade (**limiar diferencial**) nem na frequência de sons tão bem quanto os adultos.

> **Limiar diferencial** é a maior proximidade que dois sons podem ter e ainda assim permitir que o ouvinte os distinga por, no mínimo, 75% do tempo.

O material gelatinoso na orelha interna é reabsorvido durante a primeira semana pós-natal, de modo que a audição melhora rapidamente (Hecox, 1975; Timiras, 1972). Por volta do 3º mês, os bebês ouvem sons de baixa frequência (500 a 1.000 Hz) muito bem, mas não tanto os de alta frequência (4.000 Hz). Como a fala humana geralmente está abaixo de 5.000 Hz, esse nível de audição permite ao bebê ouvir a fala. Na verdade, os bebês podem estar pré-dispostos a ouvir a fala (Vouloumanos & Werker, 2007) e processar a voz da sua própria mãe mais rápido do que a de outros aos 4 meses de idade (Purhonen, Kipelainen-Lees, Valkonen-Korhonen, Karhu, & Lehtonen, 2005). O bebê pode ouvir vozes de baixo a meio tom melhor do que vozes de alto tom. Em torno dos 6 meses, no entanto, os bebês têm audição semelhante à dos adultos, incluindo audição de sons de alta frequência (Spetner & Olsho, 1990).

> **PONTO-CHAVE**
> Os bebês podem ouvir a fala humana.

Os idosos sofrem mais de **presbiacusia** do que os adultos jovens (de *presbys* para "idoso" e *okousis* para "audição"), mas a causa dessa perda varia entre os indivíduos. Certas perdas de audição podem resultar de degeneração fisiológica, mas esse défecit normalmente resulta de exposições durante a vida ao barulho ambiental (Timiras, 1972).

> **Presbiacusia** é a perda de sensibilidade auditiva.

O limiar absoluto para ouvir sons puros e falas aumenta em idosos, indicando que o som deve ser mais alto para que estes possam ouvi-lo. O limiar diferencial também aumenta para discriminação de tom e de fala (Corso, 1977). À medida que uma pessoa envelhece, a capacidade para ouvir sons de alta frequência é particularmente afetada. Um resultado disso é que os idosos não conseguem ouvir bem certos sons de consoantes; talvez relatem que podem ouvir alguém falando, mas que não conseguem entender a mensagem. Os idosos também têm uma clara desvantagem em situações de audição adversa, como tentar ouvir uma pessoa em uma sala cheia de gente falando (Stine, Wingfield & Poone, 1989).

 Pense sobre os seus parentes e conhecidos idosos. Quais atividades da vida diária podem apresentar dificuldades para os idosos com presbiacusia?

Percepção auditiva

É fácil não perceber a quantidade de informação que obtemos do som. Por exemplo, podemos determinar a localização de um evento pelo som, se algo ou alguém está se afastando ou se aproximando, quem ou o quê produziu determinado barulho e até mesmo o material do qual um objeto é feito. Apesar de pensarmos que a visão e a cinestesia são os mais importantes fatores para o desempenho de habilidades, a percepção auditiva nos fornece muitas informações sobre o ambiente no qual nos movimentamos. Os aspectos da percepção auditiva que discutiremos aqui são: localização, diferenças entre sons semelhantes, padrões e figura-fundo auditiva. Observe que vários desses aspectos são paralelos aos tipos de percepção visual e cinestésica.

Localização

Localizamos um som determinando sua direção e sua distância em relação a nós (Fig. 10.10). Os recém-nascidos se viram na direção de um som e rapidamente melhoram sua capacidade de localização do ruído durante o primeiro ano. Quando apresentados a dois sons, cada um em uma localização diferente, o ângulo mínimo para que bebês de 6 e 7 meses consigam detectar como duas localizações diferentes está na amplitude de 12 a 19 graus (Ashmead, Cliffton & Perris, 1987; Morrongiello, 1988b), em comparação a 1 a 2 graus em adultos. Os bebês determinam melhor a direção de sons próximos do que a de distantes, existindo, contudo, melhora contínua, de modo que, por volta dos 3 anos, as crianças conseguem determinar a direção até mesmo de sons distantes (Dekaban, 1970). Os bebês entre 4 e 10 meses também podem distinguir padrões temporais em sons (Lewkowicz & Marcovitch, 2006).

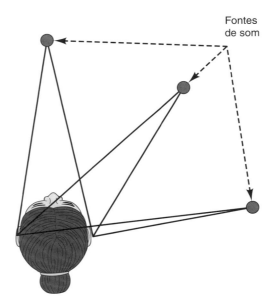

FIGURA 10.10 Localização do som. Quanto mais um som desvia de uma posição frontal da cabeça, maior a diferença de tempo na chegada do som em cada uma das orelhas.
Reimpressa, com a permissão, de Bower, 1977.

 Pense em sua rotina diária. Quais tarefas envolvem localização de sons?

É mais difícil determinar o quanto os bebês percebem a distância de um som. Clifton, Perris e Bullinger (1991) descobriram que bebês de 7 meses alcançaram para pegar um objeto que era a fonte de um som significativamente com mais frequência quando este estava dentro dele do que quando estava fora dele. É possível que escolham não alcançar para pegar porque sabem que está fora do alcance. Parece que, a partir do nascimento, os

224 Desenvolvimento Sensitivo-perceptivo

PONTO-CHAVE
A acuidade auditiva não é tão boa em bebês quanto em adultos.

indivíduos têm algum sentido de localização de sons no ambiente e vão melhorando rapidamente na determinação da direção e da distância dos sons.

Idosos com presbiacusia apresentam um notável decréscimo na capacidade de localizar sons (Nordlund, 1964). Isso não surpreende, uma vez que a localização depende das sensações auditivas precisas relacionadas ao tempo em que o som chega às duas orelhas e às diferenças de intensidade sonora. Com efeito, idosos que demonstram boa capacidade de discriminação de fala também mostram localização normal de som, enquanto aqueles com discriminação pobre de fala mostram localização pobre de som (Hausler, Colburn & Marr, 1983).

Diferenças

A percepção das diferenças entre os sons por crianças é frequentemente estudada por meio de tarefas de discriminação. Por exemplo, as crianças são solicitadas a distinguir dois sons semelhantes no tom e na altura, ou sons de fala semelhantes, como *d* e *t* ou *b* e *p*. Bebês de 1 a 4 meses já podem discriminar entre sons de fala básica, como *p, b* e *m* (Doty, 1974), mas crianças entre 3 e 5 anos experimentam crescente precisão no reconhecimento de diferenças sonoras (DiSimoni, 1975). Temple e colaboradores (1979) descobriram que a melhora na discriminação auditiva é ainda maior entre 6 e 8 anos, como fez Birch (1976), com crianças entre 7 e 10 anos, utilizando uma tarefa de combinação auditiva. Parece existir uma tendência semelhante para discriminação de tom (Kidd & Kidd, 1966). Em geral, aparentemente entre 8 e 10 anos, as crianças já melhoraram muito suas habilidades para detectar diferenças em sons semelhantes, mas continuam a refinar essas habilidades até que tenham pelo menos 13 anos.

Se pudéssemos pôr de lado mudanças relacionadas à idade na sensibilidade para ouvir tons puros, os déficits na audição de sons de fala entre idosos seriam mínimos (Helfer, 1992; Lutman, 1991; van Rooij & Plomp, 1992). Entretanto, déficits relacionados à idade na percepção da fala em muito se devem ao declínio na sensibilidade de tons puros. Curiosamente, idosos muitas vezes fazem melhor uso de indicações contextuais para auxiliá-los no reconhecimento da fala do que os adultos jovens (Craig, Kim, Rhyner & Chirillo, 1993; Holtzman, Familant, Deptula & Hoyer, 1986).

Padrões

Para a fala e a música serem mais do que meros ruídos, os indivíduos devem perceber relações entre os sons. É certo que percebemos padrões em outros sentidos. A percepção de padrão visual tem interessado os desenvolvimentistas há bastante tempo, mas a atenção à percepção de padrão auditivo é recente.

Os padrões auditivos não são sequências de sons aleatórias, e sim ordenadas cronologicamente. Três propriedades do som dão origem aos padrões auditivos:

- tempo;
- intensidade;
- frequência (Morrongiello, 1988a).

A fala e a música têm, simultaneamente, um padrão temporal, um de intensidade (ruído/suavidade) e outro de frequência (tom alto/baixo). Em geral, os desenvolvimentistas estudam uma característica de cada vez.

Bebês de 2 a 3 meses reagem a mudanças no padrão temporal de uma sequência de tom, mostrando que percebem esses padrões (Demany, McKenzie & Vurpillot, 1977). Bebês mais novos, contudo, percebem somente mudanças de padrão envolvendo o número de grupos de tons (p. ex., mudando nove tons de três grupos de três para dois grupos, um de cinco e um de quatro) (Morrongiello, 1984). Aos 12 meses, os bebês conseguem perceber mudanças em vários grupos e o número de tons em cada grupo (Fig. 10.11).

Portanto, ao final do primeiro ano de vida, conseguem perceber sons com base no padrão temporal, o que é, provavelmente, um pré-requisito para o desenvolvimento da linguagem.

Os bebês entre 5 e 11 meses conseguem discriminar mudanças de intensidade em vogais de uma sílaba (Bull, Eilers & Oller, 1984), mas sabemos pouca coisa a mais sobre a percepção de intensidade nessa população. Os bebês com menos de 6 meses conseguem discriminar relações de frequência em uma sequência simples e curta. No entanto, apenas após o fim do primeiro ano de idade, conseguem perceber relações de frequência entre os tons em uma sequência longa e complexa (Morrongiello, 1986; Trehub, Bull & Thorpe, 1984). O mesmo acontece com os padrões de fala. Crianças entre 4 e 6 anos conseguem discriminar as características de frequência das melodias de seis tons tocadas em velocidade normal (Morrongiello, Trehub, Thorpe & Capodilupo, 1985). Os bebês progridem com rapidez na percepção do padrão auditivo durante o primeiro ano. Esses avanços são, provavelmente, pré-requisitos para o desenvolvimento da linguagem. Crianças em fase pré-escolar fazem ainda mais progresso na percepção de padrões em contextos mais complexos e cada vez mais longos.

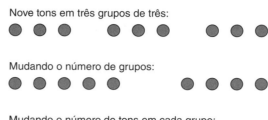

FIGURA 10.11 Padrões de estímulos auditivos apresentados a bebês. Os bebês mais novos conseguem detectar uma mudança no número de grupos que lhes são familiares, mas, até que atinjam 12 meses, não conseguem detectar mudanças entre o número de grupos e o número de tons em um grupo. O tempo entre tons em um grupo foi de 0,2 segundos, e entre grupos, de 0,6 segundos.

Baseada em Morrongiello, 1988. The development of auditory pattern perception skills. Em *Advances in infancy research*, Vol. 6, editado por C. Rovee-Collier e L.P. Lipsitt (Norwood, N.H.: Ablex).

Quais sistemas poderiam limitar o desenvolvimento da percepção do padrão auditivo? Obviamente, o sistema auditivo deve ser desenvolvido, e, como mencionado anteriormente, a sensação auditiva está bastante madura nos primeiros dias de vida pós-natal. O córtex sensorial do cérebro, entretanto, continua amadurecendo rapidamente nos primeiros anos de vida. Com o desenvolvimento contínuo, isso talvez permita a conceitualização dos padrões e da identidade de padrões transformados (Morrongiello, 1988a) – por exemplo, o mesmo padrão rítmico tocado em diferentes tempos. A cognição também deve avançar, porque, para perceber um padrão, os indivíduos devem ser capazes de relembrar e processar informações, sobretudo sequências longas e complexas.

Além disso, o ambiente no qual o bebê se desenvolve pode "sintonizar" o sistema auditivo em desenvolvimento para reconhecer certas características da linguagem e da música. Dessa forma, podemos aprender a preferir os padrões perceptivos dominantes de nossa língua materna e na música da nossa cultura (Morrongiello, 1988a; Swingley, 2005; Trehub & Hannon, 2006).

Figura-fundo auditiva

Muitas vezes, uma pessoa deve prestar atenção a certos sons enquanto ignora outros, irrelevantes ao fundo (figura-fundo). Por exemplo, tente escutar alguém falando com você ao telefone (sons de figura) enquanto seu aparelho de som está ligado e várias pessoas na sala conversam (sons de fundo). Os bebês jovens conseguem detectar sons apesar do barulho ambiente (Morrongiello & Clifton, 1984), mas algumas crianças têm mais dificuldade do que outras em distinguir do fundo as figuras auditivas. Mais pesquisas sobre o processo que embasa essas diferenças seriam benéficas.

Imagine que você está dirigindo um automóvel. Quais indicações para dirigir com segurança poderão ser perdidas se o som do rádio estiver alto ou se você estiver com fones de ouvido?

Os idosos comumente relatam dificuldade em ouvir com a presença de ruído ambiente (ver Tun & Wingfield, 1993, para uma revisão). É possível que esse problema seja o reflexo de mudanças no sistema sensorial ou em parte do sistema neurológico associado à audição. Ele também pode ser o resultado de mudanças nos mecanismos de atenção – isto é, os idosos podem ter mais dificuldade de prestar atenção a uma fonte sonora particular em meio a outros sons.

Como observado anteriormente, o desenvolvimento da percepção auditiva é bastante rápido. Um pouco depois do nascimento, os bebês já podem perceber a localização de sons e as diferenças entre eles. A capacidade do indivíduo em fazer discriminações finas melhora na infância. As percepções de eventos auditivos do ambiente na vida adulta são provavelmente perturbadas apenas quando mudanças na sensação associadas à idade, incluindo lesão e doença, afetam a detecção de sons.

Resumo do desenvolvimento perceptivo-motor, da sensação e da percepção

Está claro que alguns aspectos da percepção visual, cinestésica e auditiva existem na primeira infância. As tendências de desenvolvimento continuam até a adolescência, especialmente as discriminações mais finas. Quando as crianças têm entre 8 e 12 anos, os aspectos da percepção visual se aproximam dos níveis adultos. Parece que a percepção cinestésica costuma se desenvolver para níveis próximos aos dos adultos mais cedo, normalmente em torno dos 8 anos, apesar de essa generalização ser baseada em um número limitado de pesquisas. Crianças mais novas conseguem perceber a localização do som e, por volta dos 10 anos, desempenham muitas tarefas de discriminação auditiva em níveis próximos aos dos adultos. O refinamento das habilidades auditivas continua na adolescência. Alguns aspectos da percepção auditiva não foram estudados em crianças.

Em geral, contudo, crianças entre 8 e 12 anos de idade se aproximam dos níveis de desempenho dos adultos em muitas tarefas perceptivas, com somente pequenos refinamentos a serem feitos nas habilidades perceptivas. Avaliações do desenvolvimento perceptivo-motor têm sido delineadas, e educadores e terapeutas algumas vezes selecionam crianças jovens com déficit em desenvolvimento perceptivo-motor.

Alguns aspectos do desenvolvimento perceptivo não estão bem documentados, e mais pesquisas são necessárias. Além disso, pouco se sabe sobre a causa das mudanças nos processos perceptivos à medida que as pessoas envelhecem, mas é sabido que alterações de redução nos sistemas sensitivos reduzem a qualidade da informação sensitiva que alcança o sistema nervoso central, afetando potencialmente a percepção. Em qualquer idade, uma informação sensitiva limitada pode servir como limitador de velocidade ao desempenho, influenciando a percepção de informações necessárias.

Os sistemas perceptivos não operam isolados uns dos outros. Para completar essa discussão do desenvolvimento perceptivo, a seção a seguir explorará a questão de como a informação percebida em um sentido ou modalidade está relacionada àquela percebida em outra modalidade.

Percepção intermodal

Eventos ocorrem no ambiente e com frequência, são sentidos e, portanto, percebidos em diferentes modalidades. Se um jarro escapa enquanto estamos tentando abri-lo, sentimos o objeto escorregando, o vemos caindo, o ouvimos bater no chão e quebrar podemos até sentir o cheiro dos conteúdos liberados. Esse evento pode ser percebido por meio da visão, da cinestesia e da audição. Os desenvolvimentistas têm considerado a percepção por diferentes modalidades ou sentidos a partir de duas perspectivas muito distintas. Na primeira, a perspectiva integradora, a energia que alcança diferentes sentidos é de diferentes formas – luz, som, temperatura e assim por diante, e cada sistema sensitivo produz uma sensação única. A tarefa de um bebê em desenvolvimento seria, então, aprender como integrar os sistemas separados, isto é, aprender como essas sensações únicas estão relacionadas umas às outras.

A segunda, a perspectiva unificada, vê os sentidos unificados para trazer a informação sobre os eventos, mas por meio de diferentes modalidades. O sistema nervoso está estruturado para percepção multimodal, de forma que, desde o início, as percepções são coerentes no tempo e espaço (Damasio, 1989; Stein & Meredith, 1993). Os sistemas perceptivos extraem padrões; muitos padrões são semelhantes nas diferentes modalidades. Por exemplo, eventos ocorrem em um ponto no tempo; assim, as propriedades temporais de um evento não são únicas para nenhuma das modalidades. De certa forma, esses padrões são **invariantes amodais**. Vemos o baterista tocar e ouvimos o som da bateria, mas também percebemos o padrão rítmico por meio da visão e da audição. Nesse modelo, a tarefa central do desenvolvimento é aprender sobre eventos no mundo com a informação proveniente dos vários sistemas sensitivos (Kellman & Arterberry, 1998). A pesquisa em neurofisiologia durante as décadas de 1980 e 1990 oferece algum suporte para essa perspectiva unificada de percepção intermodal. Essa investigação tem identificado áreas do cérebro que contêm neurônios que recebem estímulos de diferentes modalidades (Stein, Meredith & Wallace, 1994), o que coloca em questão visões de separação entre os sistemas sensitivo-perceptivos.

A perspectiva unificada é mais consistente se acrescentada à perspectiva ecológica da percepção e da ação. A perspectiva da integração é mais consistente com a perspectiva de processamento de informação. Os capítulos anteriores reconheceram que boa parte da pesquisa sobre percepção tem sido feita na perspectiva do processamento de informação. Tenha isso em mente à medida que revisamos a pesquisa nessas áreas de percepção intermodal:

- auditivo-visual;
- visual-cinestésica;
- auditivo-cinestésica;
- espaço-temporal.

Invariantes amodais são padrões no espaço ou no tempo que não diferem entre si por meio de modalidades sensitivo-perceptivas.

PONTO-CHAVE
Uma visão enfatiza o desenvolvimento das capacidades dos bebês em integrar sistemas perceptivos separados. A outra enfatiza a percepção de padrões sobre um ambiente unificado por vários sistemas.

Percepção intermodal auditivo-visual

Tem sido observado que recém-nascidos movem seus olhos na direção de um som. Morrongiello, Fenwick, Hillier e Chance (1994) tocaram a gravação de um chocalho por 20 segundos para recém-nascidos. Eles colocaram um autofalante em ângulos variados da linha média em relação aos bebês. Quanto mais longe o autofalante estava da linha média, mais os recém-nascidos viraram suas cabeças. Os pesquisadores também trocaram o som de um alto-falante para outro em algumas tentativas, e os bebês, correspondentemente, ajustaram suas cabeças. Apesar de ser uma resposta rudimentar, parece que até mesmo os recém-nascidos buscam associar sua fixação visual à origem espacial de um som.

228 Desenvolvimento Sensitivo-perceptivo

PONTO-CHAVE
Os recém-nascidos associam eventos visuais e auditivos e as crianças melhoram em discriminações intermodais auditivo-visuais mais refinadas.

Percepções auditivo-visuais mais desafiadoras apresentam uma tendência de desenvolvimento na infância (Fig. 10.12). Goodnow (1971b) batucou uma sequência [* ***] e, então, solicitou que as crianças a escrevessem utilizando os pontos e os espaços para desenhar onde as batidas ocorreram. Ela também reverteu a tarefa auditivo-visual (A-V), solicitando às crianças que batucassem em uma sequência desenhada (V-A). Aquelas que tinham em torno de 5 anos não desempenharam a sequência A-V tão bem quanto as de 7 anos. Uma tendência em direção à melhora de desempenho na sequência V-A também foi descoberta em crianças de 6,9 a 8,5 anos. Os resultados desse e de estudos semelhantes indicam que a percepção intermodal visual e auditiva melhora entre os 5 e 12 anos de idade (Williams, 1983). As crianças mais novas descobrem que as tarefas A-V são mais difíceis do que as V-A, mas essa diferença diminui após os 7 anos (Rudel & Teuber, 1971).

 Imagine que você seja um técnico de jovens do seu esporte favorito. A integração da informação visual e auditiva está envolvida em alguma parte do esporte? E a informação cinestésica e visual? O que você pode fazer para auxiliar os iniciantes a utilizar essa informação a fim de que melhorem seu desempenho?

Percepção intermodal visual-cinestésica

A percepção visual-cinestésica em relação aos objetos é a coordenação entre as propriedades observadas e as sentidas. Como os bebês não alcançam nem manipulam objetos antes dos 4 ou 5 meses, o estudo da percepção visual-cinestésica (V-C) em idades mais precoces é centrado na tarefa de levar objetos à boca. Meltzoff e Borton (1979) descobriram que bebês de 1 mês olharam por mais tempo para o tipo de chupeta que haviam chupado, mas não visto, do que para um tipo que tinha um cubo com protuberâncias, ou então para outro que parecia uma esfera. Em algum nível, portanto, os bebês relacionam informação visual e oral.

A percepção visual-cinestésica envolvendo manipulação de objetos foi explorada nos últimos estágios da infância, e os resultados das pesquisas variaram. Goodnow (1971a) estudou a integração visual e cinestésica em crianças. Ela apresentou cinco formas (letras gregas e russas) por meio da visão ou do tato para três grupos de faixas etárias (5 a 5,5 anos;

FIGURA 10.12 Músicos tocam as notas em um ritmo observado em suas partituras para criar os sons correspondentes aos padrões observados.

5,6 a 6,8 anos; e 9 a 10 anos). Ela então apresentou essas cinco formas junto com cinco novas, outra vez pela visão ou pelo tato, e desafiou as crianças a identificar formatos familiares. Quatro padrões de apresentação eram possíveis:

1. Apresentação visual – reconhecimento visual (V-V)
2. Apresentação cinestésica – reconhecimento cinestésico (C-C)
3. Apresentação visual – reconhecimento cinestésico (V-C)
4. Apresentação cinestésica – reconhecimento visual (C-V)

Goodnow descobriu que as crianças, especialmente as mais jovens, tiveram mais dificuldade no padrão C-C do que no padrão V-V. Essa discrepância de desempenho diminuiu nos grupos mais velhos. A tarefa C-V provou ser mais difícil para as crianças do que a tarefa V-C. Goodnow observou que os escores dos grupos mais jovens nas condições cinestésicas eram extremamente variáveis. Esse e outros estudos utilizando tarefas semelhantes e faixas etárias diferentes levam-nos a concluir que existe uma tendência de desenvolvimento na percepção intermodal visual-cinestésica durante a infância. Quando a tarefa cinestésica envolve manipulação ativa de um objeto, crianças de 5 anos conseguem reconhecer relativamente bem as formas, mas uma leve melhora continua até os 8 anos. Se movimentos passivos estão envolvidos, o desempenho não é tão avançado, e as melhoras continuam até os 11 anos (Williams, 1983).

> **PONTO-CHAVE**
> As crianças têm mais dificuldade na percepção visual e cinestésica intermodal se sua exposição inicial ocorrer por meio do sistema cinestésico.

Percepção intermodal auditivo-cinestésica

O volume de pesquisas sobre integração auditivo-cinestésica é pequeno em comparação ao daquelas envolvendo a visão. Temple e colaboradores (1979) incluíram o Witeba Test of Auditory-Tactile Integration em uma bateria de testes aplicada a crianças de 6 e 8 anos. Nesse teste, um pesquisador diz duas vezes à criança o nome de um objeto ou uma forma. Ela então, sente uma variedade de objetos ou formas, tentando selecionar aquele que combina com o rótulo auditivo. Os pesquisadores descobriram que as crianças de 8 anos desempenharam essa tarefa muito melhor que as de 6 anos.

Esse método experimental é baseado no entendimento que as crianças têm do rótulo dado ao objeto ou forma. Possivelmente, essa diferença de desempenho associada à idade resultou do não conhecimento, da má compreensão ou do esquecimento por parte das crianças mais jovens, do rótulo auditivo, além, ou em vez de suas percepções intermodais auditivo-cinestésicas. Com essa limitação em mente, podemos concluir que a integração auditivo-cinestésica melhora na infância.

Percepção intermodal espaço-temporal

Você deve lembrar que anteriormente discutimos invariantes amodais – padrões que podem ser invariantes ao longo das modalidades – ,tais como espaço e tempo. Por exemplo, no experimento de Goodnow, quando as crianças viram o padrão de pontos, estavam tratando com um estímulo espacial o arranjo dos pontos no espaço. Quando ouviram um padrão auditivo, estavam prestando atenção a um estímulo temporal (baseado no tempo). Elas estavam percebendo, portanto, um padrão que cruzou espaço e tempo, bem como visão e audição.

Sterritt, Martin e Rudnick (1971) delinearam tarefas que variavam o número de interações perceptivas a fazer, bem como o tipo de integração, incluindo características espaço-temporais – por exemplo, uma criança deve integrar uma pausa curta entre dois tons (temporal) com um pequeno espaço entre dois pontos (espacial). Eles apresentaram as nove tarefas para crianças de 6 anos. A tarefa mais fácil para elas foi a espacial (intramoda-lidade) V-V. As crianças tiveram alguma dificuldade com as atividades que lhes exigiam integrar estímulos visuoespaciais com visuotemporais ou auditivo-temporais. Elas tiveram

> **PONTO-CHAVE**
> As crianças têm mais dificuldade em integrar padrões temporais do que espaciais.

mais dificuldade de integrar dois padrões temporais, tanto na tarefa intramodal quanto na intermodal. Enquanto progrediam na percepção intermodal, as crianças também melhoravam suas capacidades de integrar estímulos espaciais e temporais, bem como de integrar dois conjuntos de estímulos temporais.

Aspectos difíceis ou sutis de percepção intermodal poderão continuar se desenvolvendo durante a adolescência. A percepção intermodal é, mais provavelmente, estável em adultos e em idosos. É provável que esses decréscimos ocorram em função de mudanças nos sistemas sensitivo-perceptivos – mudanças que afetam a quantidade de informação disponível. Por exemplo, se a catarata impede que a pessoa perceba os detalhes de um objeto, a informação visual para realizar uma integração pode não estar disponível. No entanto, os idosos podem ser capazes de utilizar suas experiências como um mecanismo compensatório, com informação de uma modalidade sendo utilizada para compensar a informação indisponível na outra em função de mudanças associadas à idade nos sistemas sensoriais ou neurológicos. Certamente, mais pesquisas sobre esse tópico são necessárias.

Resumo do desenvolvimento intermodal

A coordenação intermodal começa no nascimento, mas parece haver na infância e na adolescência uma tendência de desenvolvimento nas tarefas que envolvem a combinação de aspectos sutis da integração. A precisão do desempenho das crianças está relacionada à ordem de apresentação, isto é, apresentar primeiro o padrão visual ou o objeto produz melhor desempenho do que começar pela apresentação auditiva. Além disso, as crianças dominam inicialmente as tarefas de integração espaço-espacial, depois as espaciais e temporais mistas e, finalmente, as tarefas de integração temporal-temporais.

Resumo e síntese

Os sistemas visual, cinestésico e auditivo já existem no nascimento e continuam a se desenvolver no decurso das primeira e segunda infâncias. O nível de função na infância parece ser adequado às tarefas de aprendizagem com que a criança se depara, e a velocidade de desenvolvimento parece consistente com aquelas que os bebês devem encarar. Ao final da infância, os sentidos funcionam em níveis semelhantes aos dos adultos. Detectar estímulos, entretanto, não é o mesmo que saber o que significam; sensação não é o mesmo que percepção. No capítulo 11, consideraremos o avanço da percepção e do comportamento perceptivo-motor.

O envelhecimento é acompanhado por mudanças nos sistemas sensitivos, apesar de sabermos mais sobre mudanças na visão do que na cinestesia ou na audição. Os decréscimos tendem a variar amplamente entre idosos. A compensação para algumas dessas perdas é possível; por exemplo, os idosos podem usar óculos ou aparelhos auditivos. As condições que acentuam diferenças também lhes são úteis. Exemplos incluem provimento de boa iluminação e redução de ruídos do ambiente. Certamente, o decréscimo da sensação pode significar dificuldades de percepção; portanto, assim como no estudo do início da vida, é importante avançar nos estudos sobre mudanças na percepção associadas à idade.

Tradicionalmente, a maior parte do estudo do desenvolvimento perceptivo e perceptivo-motor se concentrou na capacidade de mudança do sistema de cada indivíduo, independentemente do ambiente. Até mesmo o estudo de como os sistemas perceptivos reúnem as informações recebidas por cada sistema sobre o mesmo objeto ou evento presumiu que a integração é um passo que ocorreu após o processamento perceptivo. Visões mais ecológicas da percepção existem há algum tempo, mas a dificuldade de estudar um sistema perceptivo e o ambiente como um ecossistema tem limitado os dados disponíveis para informar essa perspectiva.

Reforçando o que você aprendeu sobre restrições

Dê uma segunda olhada

Quando assistimos a um filme IMAX, as sensações e percepções visuais podem ser tão reais que até o sistema cinestésico responde como se estivéssemos tendo a experiência real. As pessoas que são propensas a enjoos no avião ou no carro podem se sentir mal enquanto assistem ao filme. Mesmo na experiência um tanto quanto artificial do IMAX, as interações dos sistemas sensitivo e perceptivo são demonstradas. O modelo das restrições que estamos utilizando ao longo de nossa discussão enfatiza interações. Portanto, o ponto de vista ecológico combina melhor com nosso modelo de restrições. Se levarmos a perspectiva ecológica um passo adiante, o perceptivo e o motor ou percepção-ação tornam-se inseparáveis. Cada uma informa continuamente a outra, de modo que existe uma interação contínua entre perceber o mundo e se mover nele. Podemos ver como é importante para professores, fisioterapeutas, técnicos e treinadores entender os sistemas sensitivo e perceptivo e como estes podem mudar ao longo da vida. Como parte final dessa discussão do desenvolvimento perceptivo-motor, o Capítulo 11 explora a percepção-ação a partir desse ponto de vista.

Teste seus conhecimentos

1. Quais mudanças na sensação visual ocorrem durante a primeira infância? E durante a segunda?
2. Descreva como os seres humanos percebem profundidade no espaço que os cerca.
3. Descreva os vários aspectos da percepção visual de objetos.
4. Quais mudanças na sensação cinestésica ocorrem durante a primeira infância? E durante a segunda?
5. Quais são os vários aspectos da percepção cinestésica e em que idade cada um provavelmente atinge níveis próximos dos adultos?
6. Quais mudanças na sensação auditiva ocorrem durante a primeira infância? E durante a segunda?
7. Quais são os aspectos da percepção auditiva e quais informações sobre fontes de som cada um deles fornece?
8. Quais mudanças ocorrem nos receptores visuais, cinestésicos e auditivos na idade adulta mais madura?
9. Qual é o método típico para estudar a percepção intermodal?
10. O que são invariantes amodais?

Exercício de aprendizagem 10.1

Sensação limitada

Podemos reconhecer informações que recebemos de nossos sistemas sensitivo-perceptivos limitando artificialmente essas informações. Trabalhe com um parceiro e execute as seguintes atividades:

1. Brinque de pegar utilizando um par de óculos de sol com uma das lentes coberta.
2. Ande em um corredor com os olhos vendados (com seu parceiro o guiando por segurança).
3. Virado de costas para seu colega, estabeleça com ele um diálogo, utilizando um par de fones de ouvido enquanto seu parceiro lentamente aumenta a distância entre vocês dois.

Depois, discuta quais tarefas foram difíceis ou impossíveis e suas possíveis implicações para a vida diária – por exemplo, frequentar uma universidade, dirigir um carro ou praticar esportes em locais fechados.

Percepção e Ação no Desenvolvimento

 OBJETIVOS DO CAPÍTULO

- Estudar a interação entre a percepção e a ação na manutenção do equilíbrio após a primeira infância.
- Examinar as diferenças de percepção entre bebês com e sem experiência em locomoção autoproduzida.
- Examinar visões contemporâneas dos programas perceptivo-motores e as ligações entre os sistemas cognitivo, perceptivo e motor.
- Revisar as várias perspectivas históricas sobre o papel da ação no desenvolvimento perceptivo.

Desenvolvimento motor no mundo real

Retardar a entrada da criança no jardim de infância? (*redshirt*)

O termo *redshirt* foi tomado emprestado das práticas esportivas nas quais os jogadores do primeiro ano da universidade são mantidos fora da participação em atividades atléticas por um ano, a fim de dar-lhes mais tempo para que cresçam e que amadureçam. A prática tem sido particularmente comum em esportes como o futebol americano. De maneira semelhante, um segmento do *show* de televisão *Today* examinou o fato de que alguns pais atrasam a entrada das crianças no jardim de infância por um ano (denominado *redshirt* acadêmico), especialmente se elas estão entre as mais novas que começam em determinado ano. Os pais estão sempre preocupados com a maturidade de seus filhos para iniciar a escola. Eles querem que as crianças atinjam um nível de amadurecimento que lhes capacitará a ter sucesso na escola uma vez que a iniciem, em vez de arriscar que fiquem atrasados em relação à maioria de seus colegas de turma.

Essa preocupação dos pais tem encorajado alguns indivíduos a oferecer programas especiais, os quais alegam desenvolver as habilidades perceptivas necessárias para o sucesso na sala de aula. Certamente, esse êxito depende do nível de desenvolvimento perceptivo, e alguns dos programas de preparação promovidos para os pais têm enfatizado o desenvolvimento perceptivo-motor. Até agora, este texto tem destacado os sistemas sensitivos e perceptivos utilizados em habilidades motoras. Mas o movimento teria um papel realmente significativo no desenvolvimento dos sistemas sensitivo-perceptivos? A percepção e o movimento estariam mais fortemente interligados do que a nossa discussão tem reconhecido até agora? Há quem acredite nisso, ainda que existam várias visões sobre a natureza exata dessa relação.

Este capítulo discute a interrelação entre a percepção e as ações de movimento. Ele começa com a noção de que o movimento tem um papel e talvez seja até necessário no desenvolvimento perceptivo. Essa discussão é seguida por um exame de um aspecto da vida diária no qual a percepção e a ação estão envolvidas: a manutenção de postura e equilíbrio.

O papel da ação na percepção

Há muito tempo os desenvolvimentistas suspeitam que o movimento seja extremamente importante para o desenvolvimento da percepção, isto é, têm suspeitado que o movimento no ambiente seja vital para a união das percepções e dos movimentos voluntários. O papel exato da atividade motora no desenvolvimento da percepção é difícil de investigar. O experimento ideal para esse tópico, certamente, seria privar alguns indivíduos de movimento e compará-los a outros que se movimentam no ambiente. Como isso não é possível, nossa informação deve vir de estudos em animais e em situações de pesquisa em que variem as circunstâncias naturais das experiências de movimento. Hoje, entretanto, novas fronteiras de pesquisa estão sendo estabelecidas por meio do crescente uso de tecnologias de imagem, tais como exames de ressonância magnética (RM) e tomografia de emissão de pósitrons (PET).

Visões históricas

A natureza exata da ligação percepção-ação, especialmente nos anos iniciais, é tão evasiva que tem gerado controvérsias entre os desenvolvimentistas. Durante a década de 1960, vários indivíduos propuseram teorias perceptivo-motoras, ferramentas de avaliação e programas remediadores. Muitos desses desenvolvimentistas estavam interessados na atividade perceptivo-motora porque se deram conta de que o desenvolvimento perceptivo é tão importante para o desenvolvimento da cognição quanto para o de movimentos habilidosos. Por exemplo, os indivíduos devem perceber a diferença, na orientação espacial, entre um círculo e uma linha arranjados para formar a letra *d* e entre um círculo e uma linha dispostos para formar a letra *b*. Sem perceber essa diferença, a leitura fica difícil. Assim, os desenvolvimentistas iniciais viram a percepção como um elemento precursor para o movimento e a cognição e descobriram que crianças com dificuldades de aprendizagem apresentavam déficits de desenvolvimento perceptivo. Além disso, propuseram que os déficits podiam ser remediados por programas de atividade perceptivo-motora. Praticando para melhorar as respostas perceptivo-motoras, as crianças superariam as deficiências perceptivas, e as atividades cognitivas com base na percepção se beneficiariam tanto quanto as atividades motoras.

Dentre as teorias mais populares da metade do século XX, estavam a teoria da organização neurológica, de Delacato (1959, 1966); o programa de fisiologia óptica, de Getman (1952, 1963); os testes e programas de percepção visual, de Frostig, Lefever e Whittlesey (1966); os testes de integração sensorial, de Ayres (1972); a teoria movigênica, de Barsch (1965); e a teoria perceptivo-motora, de Kephart (1971). A princípio, parecia haver suporte para esses programas e teorias. As crianças colocadas em programas remediadores mostravam que o desempenho na sala de aula melhorava. As avaliações desses programas, contudo, eram frequentemente falhas, porque não explicavam outros fatores que poderiam contribuir para a melhoria, como o aumento de atenção que as crianças recebiam. Por fim, informação suficiente a partir de avaliações bem delineadas não conseguiu apresentar melhoras na habilidade de desembaraço, na inteligência, no desempenho em sala de aula ou na linguagem, que fossem provenientes da participação em um programa perceptivo-motor (Goodman e Hamill, 1973). Os programas perceptivo-motores auxiliaram de fato no desenvolvimento de habilidades motoras.

Piaget (1952) também reconheceu a importância do movimento. Ele propôs que a realidade é construída relacionando-se a ação à informação sensitiva em estágios de desenvolvimento bem definidos durante as primeira e segunda infâncias e a adolescência. Para Piaget, nem a percepção nem a ação são bem organizadas na infância.

Visões contemporâneas

Atualmente, educadores e terapeutas são cuidadosos em relação à alegação de que a participação em programas perceptivo-motores possa remediar a deficiência de aprendizagem. Ainda assim, reconhecem que tal participação é benéfica tanto para as crianças com desenvolvimento normal quanto para aquelas com deficiências. Os programas perceptivo-motores ao menos oferecem uma experiência valiosa no desempenho de habilidades baseadas em características perceptivas essenciais da tarefa. Como tal, podem contribuir para uma perspectiva positiva sobre a capacidade do desempenho da criança. As atividades perceptivo-motoras podem também reforçar conceitos necessários para tarefas motoras e cognitivas, tais como formas e direções. A maioria dos currículos atuais de educação física para crianças mais novas dedica tempo significativo a atividades perceptivo-motoras. Além disso, programas suplementares dessa natureza são frequentemente oferecidos a grupos especiais. Uma hipótese recente propõe que a atividade física dispara a atividade cerebral, o que facilita o aprendizado algum tempo após o período de atividade (Ratey, 2008).

Em primeiro lugar, vamos considerar a natureza dos programas perceptivo-motores, e, em seguida, abordar algumas visões contemporâneas sobre as ligações entre percepção, cognição e atividade motora (ação). Os programas perceptivo-motores podem ser inclusivos ou focados em certos aspectos da percepção. Podem também ser delineados para crianças mais novas em geral, para grupos com uma deficiência característica ou para indivíduos (com base em seus déficits particulares). Essa variabilidade entre programas perceptivo-motores é ilustrada na Tabela 11.1. Pais e educadores também devem agir como consumidores críticos na avaliação do valor de qualquer programa e de sua promessa de sucesso. Até que entendamos mais sobre as ligações entre percepção, cognição e ação, as alegações mais realistas são aquelas focadas no desenvolvimento de habilidades motoras; os melhores programas não defendem uma abordagem única com a exclusão das demais.

Técnicas de tomografia que permitem fazer imagens do cérebro e de suas áreas específicas estão levantando novos pontos de vista. Diamond (2000) revisou evidências mais recentes da função e do desenvolvimento do cérebro para sugerir que os desenvolvimentos motor e cognitivo podem estar mais inter-relacionados do que se pensava, talvez até mesmo fundamentalmente interligados. Ela apontou as seguintes descobertas:

- o desenvolvimento prolongado do córtex pré-frontal (envolvido em operações cognitivas complexas) tem sido enfatizado, mas o do cerebelo (envolvido em funções motoras), que também é prolongado, não (ver Fig. 5.11);
- do mesmo modo, apesar de muitas habilidades cognitivas serem reconhecidas como em desenvolvimento ao longo da adolescência, não é observado que muitas habilidades motoras complexas também se desenvolvam durante esse mesmo período;
- imagens funcionais do cérebro (como a RM enquanto um indivíduo executa uma tarefa) têm demonstrado que a área dorsolateral no córtex pré-frontal e o neocerebelo no hemisfério contralateral são coativados durante o desempenho de tarefas cognitivas;
- as características de tarefas semelhantes ativam essas áreas, tais como tarefas cognitivas difíceis, uma tarefa nova ou uma tarefa que requeira resposta rápida, concentração ou demandas maiores de memória;
- o córtex pré-frontal pode desempenhar um papel na atividade motora por meio de conexões com as áreas cortical e subcortical, importantes no controle motor;
- o núcleo caudado no gânglio basal (importante no controle do movimento) e a dopamina, um neurotransmissor, estão envolvidos em circuitos neurais de ambas as funções motora e cognitiva;
- aproximadamente metade das crianças com transtorno de déficit de atenção e hiperatividade (TDAH) apresentam problemas de coordenação motora, e alguns estudos relatam que elas têm cerebelos menores;
- crianças com dislexia ou distúrbio de linguagem específico frequentemente têm déficits motores;
- crianças com autismo frequentemente apresentam prejuízos motores.

Trabalhos recentes têm se concentrado em um grupo de proteínas cerebrais chamadas fatores, especialmente o fator neurotrófico derivado do cérebro (BDNF), que está envolvido na construção e manutenção da infraestrutura do sistema nervoso. Esse fator estimula o crescimento dos neurônios e protege contra perda dessas células. Além disso, o BDNF fortalece as conexões entre os neurônios. Estudos com animais têm demonstrado que o BDNF aumenta em roedores que se exercitam, e que o aumento ocorre no hipocampo, um importante centro no cérebro para os processos de aprendizagem e de memória (Cotman & Berchtold, 2002). Além disso, existe um grupo de hormônios chamados fatores de crescimento, que são liberados quando a circulação aumenta, como no exercício. Esses fatores trabalham com o BDNF, e um deles estimula o crescimento da capilaridade no cérebro (Ratey, 2008). Esses fatores de crescimento e o BDNF têm um papel na neurogênese e no fortalecimento das conexões entre neurônios, que, por sua vez, são necessários para a

Desenvolvimento Motor ao Longo da Vida **237**

TABELA 11.1   Características declaradas de vários programas perceptivo-motores contemporâneos

Fator	Características típicas
Objetivo do programa	Desenvolve a capacidade de relembrar padrões de movimento, sequências de sons e a aparência e sensação tátil de objetos por meio do treinamento do sistema nervoso Melhora o desenvolvimento do cérebro ao estimular os cinco sentidos por meio do movimento Auxilia as crianças a se tornarem eficientes no movimento e melhora a rapidez de aprendizagem Desenvolve habilidades motoras amplas e finas Melhora a autoestima por meio de sucesso no jogo Repete experiências de movimentos iniciais exigidos para melhorar as conexões cerebrais
Participantes	Crianças na pré-escola e nos primeiros anos do ensino fundamental Crianças na pré-escola com atrasos no desenvolvimento da fala e do movimento Crianças com desenvolvimento normal com 2, 3 e 4 anos de idade Estudantes com necessidades especiais Crianças com atrasos de neurodesenvolvimento (dificuldade de aprendizado, déficits de atenção, problemas de comportamento)
Instrutores	Professores Estudantes em preparação profissional Fisioterapeutas Terapeutas ocupacionais e fonoaudiólogos
Contexto	Oferta na escolar regular Programas de fim de semana pagos Programas após horário escolar pagos
Local	Pré-escola Escola de ensino fundamental Universidade Clínica
Atividades	Habilidades motoras amplas Habilidades motoras finas Habilidades de natação Habilidades rítmicas Habilidades visuoespaciais (perseguição de objetos, encaixando formatos) Atividades de controle ocular (convergindo, perseguindo, fixando) Atividades de coordenação mão-olho Atividades de coordenação pé-olho Cruzamento da linha média do corpo Atividades de consciência corporal Atividades de consciência espacial Determinação da dominância de mão Atividades de equilíbrio Atividades de orientação espacial Atividades de lateralidade Localização de toque Atividades de conceito corporal Atividades de imagem corporal Bater palmas em diferentes ritmos Reconhecimento de padrões e ritmos de sons Localização de uma fonte de som Jogos musicais Atividades de discriminação auditiva e de figura-fundo

PONTO-CHAVE
O exercício aumenta a concentração de substâncias metabólicas no cérebro que podem ajudar a formar novos neurônios, especialmente nas áreas cerebrais importantes para o aprendizado e a memória.

memória. A produção de BDNF e fatores de crescimento diminui com o envelhecimento, e, no Capítulo 14, discutiremos a ligação entre exercícios aeróbios e a função cognitiva em idosos.

Todas essas observações indicam uma maior interdependência do cérebro em tarefas cognitivas e motoras do que era enfatizado anteriormente. Tanto os padrões de pensamento como os de movimento, uma vez aprendidos, são armazenados em áreas primitivas do cérebro que eram consideradas apenas como regiões de controle do movimento. Esse processo permite que centros mais altos do cérebro continuem se adaptando às novas experiências. Ivry e Keele (Ivry, 1993; Ivry & Keele, 1989; Keele & Ivry, 1990) também propuseram que os hemisférios laterais do cerebelo estão envolvidos nas funções de organização temporal crítica que são cruciais para as tarefas sensitivas, cognitivas e motoras. É interessante observar que crianças com dislexia apresentam dificuldades em tarefas bimanuais que requeiram precisão de organização temporal (Wolff, Michel, Ovrut & Drake, 1990). Vários educadores contemporâneos relatam sucesso na promoção de aprendizagem ativa em crianças com desenvolvimento normal e excepcional. Aprendizagem ativa é a noção de que o movimento ativa o cérebro e facilita a aprendizagem, em contraste com ambientes de aprendizagem passiva, que exigem que as crianças se sentem quietas, observando e ouvindo um professor (Hannaford, 1995; Jackson, 1993, 1995, 2000). Finalmente, Sibley e Etnier (2003) conduziram uma metanálise de estudos sobre a relação entre atividade física e cognição em crianças; esses estudos incluíram uma variedade de atividades físicas e uma variedade de avaliações cognitivas. Uma relação positiva significativa foi encontrada entre atividade física e funcionamento cognitivo, com os efeitos maiores para a avaliação cognitiva tendo sido observados especialmente em testes de habilidades perceptivas.

? **Imagine que você seja um professor. À medida que aprendemos mais sobre conexões entre movimento e aprendizado, a sua abordagem de instrução seria baseada em atividades centradas no professor, as quais requerem que os estudantes simplesmente sigam orientações, ou mais centradas no estudante, como exploração do movimento? Por quê?**

PONTO-CHAVE
O desenvolvimento motor e o cognitivo podem ser fundamentalmente interligados.

É importante reconhecer que, mesmo com suas ligações comuns com o desenvolvimento perceptivo, os desenvolvimentos motor e cognitivo têm sido estudados separadamente por décadas, se não por séculos. Eles têm sido tratados como sistemas separados e distintos. Suas conceitualizações refletiram uma crença de que os centros cerebrais para pensamento e aqueles para controle do movimento eram mais separados e distintos do que, como sabemos agora, realmente o são. Nosso pensamento tem sido influenciado por essa visão. Este é o *momentum* para abordar o estudo dos sistemas cognitivo, perceptivo e motor de formas mais integradas, e esperamos que essa abordagem nos permita um dia entender melhor a natureza das conexões entre eles.

Por enquanto, a visão ecológica do desenvolvimento envolve a noção de uma ligação próxima entre percepção e ação (Kellman & Arterberry, 1998). Os desenvolvimentistas ecológicos acreditam que a tarefa de começar com muito pouca percepção e controle motor pobre para, então, combiná-los por meio de tentativa e erro é uma tarefa monumental para bebês lograrem em questão de meses. Em vez disso, a visão ecológica sustenta que o recém-nascido percebe o ambiente e muitas das suas propriedades antes do aparecimento dos movimentos voluntários. Portanto, um bebê tem uma percepção um tanto quanto limitada para orientar o movimento, o que, por sua vez, gera percepções adicionais, e o ciclo é repetido, com a criança por fim refinando suas percepções. Essa sequência é denominada um circuito de percepção-ação (Gibson, 1966, 1979). A dificuldade dessa visão é que nós não observamos, nos bebês, comportamentos que pareçam ser circuitos de percepção-ação. Os desenvolvimentistas ainda não sabem se apenas não descobrimos uma forma de medir o comportamento ou se, na verdade, esses circuitos não existem.

Repensando nossa discussão sobre a pesquisa recente em desenvolvimento perceptivo, surge uma visão levemente diferente. A percepção se desenvolve antes das habilidades de movimento. Na infância, novas habilidades motoras são adquiridas com a orientação da informação obtida pela percepção. Novas ações, por sua vez, disponibilizam novas informações, e a exploração perceptiva é ainda mais refinada (Kellman & Arterberry, 1998; von Hofsten, 1990). Com essa perspectiva atual, a sessão seguinte examinará a locomoção autoproduzida e seu papel no refinamento das habilidades perceptivas.

Locomoção autoproduzida

Se a ação facilita o desenvolvimento perceptivo, alguns tipos de percepção só seriam evidentes depois que o bebê começasse a desempenhar ações. Em geral, os pesquisadores têm observado a percepção em bebês da mesma idade, mas com experiências locomotoras variadas, de modo que as diferenças seriam relacionadas à experiência, e não à idade. Como já mencionado, os investigadores devem utilizar modelos de pesquisa nos quais a experiência varie naturalmente ou utilizar pesquisas em animais nas quais as condições possam ser controladas. Em 1963, Held e Hein estudaram atividades motoras iniciais em gatos. Esses pesquisadores restringiram os movimentos de alguns felinos recém-nascidos, enquanto permitiram que outros se movimentassem. A experiência visual foi mantida idêntica para todos os gatos, que foram colocados aos pares em um aparelho semelhante a um carrossel. Uma cobaia de cada par era presa ao aparelho, mas podia caminhar em volta (gato ativo), enquanto a outra ficava restrita a uma gôndola (gato passivo; Fig. 11.1). O gato passivo falhou posteriormente em julgar a profundidade com precisão, falhando também em demonstrar a colocação da pata ou em piscar o olho quando um objeto se aproximava. Evidentemente, o movimento autoproduzido está relacionado ao desenvolvimento do comportamento que depende da percepção visual. Existe, ainda, a evidência de maior crescimento do cérebro e de funcionamento mais eficiente do sistema nervoso em animais jovens que receberam, dos pesquisadores, estimulação perceptivo-motora adicional acima da norma (Williams, 1986).

PONTO-CHAVE
Estudos em animais tendem a apoiar a noção de que o movimento é necessário para o desenvolvimento perceptivo normal.

Os estudos de abismo visual descritos no Capítulo 10 sugerem que a percepção de profundidade está presente no início da vida. Outras pesquisas têm sugerido que o ato de evitar alturas se desenvolve de fato entre 6 meses e 1 ano, como resultado de experiência locomotora autoproduzida. Bertenthal, Campos e Barrett (1984) descobriram que bebês que ainda não andavam, quando colocados em um andador (um assento em uma estrutura sobre rodas), responderam à altura, enquanto outros, com a mesma idade, mas sem essa experiência locomotora artificial, não o fizeram. Além disso, um bebê cujas habilidades locomotoras estavam atrasadas como resultado da utilização de um aparelho de gesso pesado não respondeu a tal abismo visual até que a locomoção tivesse começado. Finalmente, um número muito maior de bebês com média de 41 dias de experiência de engatinhar evitou o abismo visual mais do que aqueles com 11 dias de experiência, mesmo que tivessem idades idênticas. Portanto, locomoção autoproduzida parece facilitar o desenvolvimento da percepção de profundidade. Como os bebês aprendem a evitar o abismo visual quando engatinham, eles continuam evitando quando aprendem a caminhar (Witherington, Campos, Anderson, Lejeune & Seah, 2005).

 Imagine que você seja um terapeuta que trabalha com um bebê que não consegue caminhar. Como você poderia facilitar o seu desenvolvimento perceptivo?

Kermoian e Campos (1988) também investigaram a associação entre a locomoção autoproduzida por bebês e suas percepções das relações espaciais estudando as estratégias das crianças na procura por objetos. Eles ofereceram aos bebês um conjunto de tarefas de busca progressivamente mais difíceis (chamadas tarefas de permanência de objeto), variando entre reaver um objeto cuja metade havia sido escondida e reavê-lo quando coberto por um

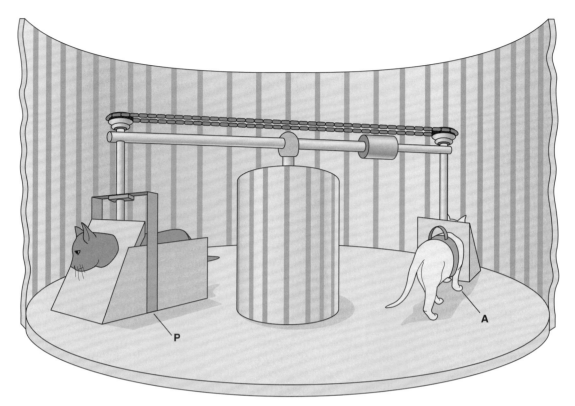

FIGURA 11.1 O aparelho que Held e Hein utilizaram a fim de equacionar o movimento e o consequente *feedback* visual para um animal se movendo ativamente (**A**) e para um animal movido passivamente (**P**).
Reimpressa, com permissão, de Held e Hein, 1963.

ou vários panos, após passar algum tempo. Três grupos de bebês com 8 meses e meio de idade desempenharam as tarefas:

- bebês pré-locomotores;
- bebês pré-locomotores com experiência no andador;
- bebês locomotores (que engatinhavam).

Quanto mais experiência locomotora os bebês apresentavam, melhores foram seus escores. Outros estudos apoiam a sugestão de que a experiência locomotora facilita o desenvolvimento da **percepção espacial**. Lockman (1984) descobriu que alguma capacidade básica para desviar de uma barreira está presente aos 12 meses de idade. Testando bebês longitudinalmente, começando aos 8 meses de vida, Lockman identificou uma sequência de melhorias na percepção espacial:

- Os bebês aprendem primeiro a recuperar um objeto escondido atrás de um pano; eles se tornam conscientes de que os objetos continuam a existir mesmo quando estão escondidos atrás de uma barreira.
- Algumas semanas após o desenvolvimento dessa capacidade, os bebês podem contornar uma barreira para atingir seu objetivo, conseguindo alcançar o objeto.
- Os bebês conseguem se mover em torno de uma barreira para obter seu objetivo. Em média, várias semanas se passam entre o sucesso em alcançar contornando uma barreira e o sucesso em se deslocar ao redor dela.
- A maioria dos bebês pode desviar de uma barreira opaca com sucesso antes que possam deslocar-se em torno de uma barreira transparente. As barreiras transparentes confundem inicialmente porque as informações visuais e cinestésicas (táteis) fornecem indicações conflitantes.

> **Percepção espacial** é a percepção que capacita alguém a tratar de maneira eficiente com propriedades espaciais, dimensões e distância de objetos, bem como as relações de objetos no ambiente.

Portanto, os bebês são capazes de lidar com relações espaciais a distâncias crescentes de seus corpos. McKenzie e Bigelow (1986) demonstraram ainda que as crianças se tornam mais eficientes em escolher o caminho mais curto no contorno de uma barreira (Fig.11.2), e que, por volta dos 14 meses de idade, podem se adaptar melhor a uma barreira reposicionada. Assim, mediante a crescente experiência com o movimento no ambiente, os bebês percebem as relações espaciais mesmo a distância.

Uma outra linha de pesquisa envolve a percepção de superfícies. Nesses estudos, os pesquisadores estavam interessados em como a experiência locomotora influencia as ações dos bebês quando lhes são apresentadas diferentes superfícies. Por exemplo, Gibson e colaboradores (1987) apresentaram uma superfície rígida (pano sobre madeira) e uma flexível (pano sobre um colchão d'água) para bebês com experiência no engatinhar e outros com experiência no caminhar. Todos eles atravessaram as superfícies, mas os que já caminhavam hesitaram em cruzar a superfície flexível. Eles primeiro paravam para explorá-la pela visão e pelo toque e, finalmente, cruzaram-na engatinhando. Quando foi apresentada a oportunidade para cruzar a superfície rígida ou a flexível, os bebês que engatinhavam não mostraram preferência, mas os que caminhavam escolheram a rígida.

Adolph, Eppler e Gibson (1993) também observaram que os bebês que caminhavam eram mais sensíveis às inclinações da superfície do que aqueles que engatinhavam. Os que engatinhavam, com menos experiências locomotoras, quase sempre tentavam engatinhar para cima e para baixo nas inclinações, mesmo quando eram muito inclinadas para eles. Os que caminhavam tentavam novamente explorar a superfície batendo com suas mãos ou pés ou dando um passo sobre a superfície inclinada e se balançando para a frente e para trás sobre as articulações dos tornozelos. Todos subiram as superfícies inclinadas de 10, 20, 30 ou 40°. Muitas vezes, eles recusavam superfícies inclinadas descendentes ou utilizaram outra forma de locomoção, como engatinhar para baixo de costas. Portanto, os bebês que caminhavam tinham experiência suficiente com superfícies inclinadas para perceber quando elas não permitiam o caminhar e escolhiam rapidamente outra forma de locomoção que fosse adequada à superfície inclinada.

PONTO-CHAVE
A experiência locomotora facilita as percepções de profundidade e de espaço.

PONTO-CHAVE
A experiência locomotora facilita a percepção de textura e de inclinação da superfície.

Percepção de *affordances*

Lembre-se de que a visão ecológica da percepção e da ação está baseada na percepção direta do ambiente, e não na indireta. Essa percepção deriva de uma avaliação das características ambientais, de cálculos cognitivos e de projeções baseadas em tais características. De acordo com a noção da percepção direta, os desenvolvimentistas com uma perspectiva ecológica (ecologistas) acreditam que percebemos diretamente o que os objetos e as superfícies do ambiente

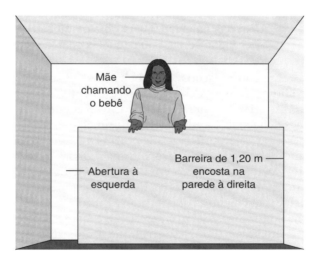

Visão do bebê

FIGURA 11.2 Esquema de uma sala para uma tarefa de desvio. Os bebês podem escolher a rota mais eficiente em torno de uma barreira para chegar às suas mães (que eles podem ver por sobre a barreira) por volta dos 14 meses de vida. Nessa idade, eles também conseguem adaptar-se quando a barreira é reposicionada contra a parede da esquerda. Os bebês mais novos normalmente escolhem rotas menos eficientes, tais como se aproximar da barreira e deslocar-se ao longo dela, algumas vezes girando para o lado errado e recuando, ou indo para onde estava a abertura antes do reposicionamento.

nos permitem, considerando nossas próprias capacidades. Isto é, percebemos ***affordances*** (ver Capítulo 2).

Subir uma escada oferece um bom exemplo de uma *affordance*. Um conjunto de degraus de 20 cm de altura não permite a uma criança de 18 meses o passo alternado como permite a um adulto. Um degrau de 60 cm não permite a um adulto médio utilizar o passo alternado. À medida que o indivíduo cresce e se desenvolve, sua percepção de *affordances* pode mudar à medida que sua capacidade de ação muda, mesmo que as propriedades físicas de um objeto permaneçam as mesmas. Iniciar uma ação, portanto, é um aspecto muito importante do desenvolvimento do sistema percepção-ação. A interação com o ambiente é valiosa para a percepção de *affordances*.

Se percebemos *affordances* em vez das características dos objetos, podemos concluir que os indivíduos devem ser sensíveis à escala de seus corpos. Em nosso exemplo de subir escada, talvez os indivíduos devam ser sensíveis ao comprimento de suas pernas para julgar a "possibilidade de subir" qualquer conjunto de degraus. Warren (1984) testou essa noção em adultos e descobriu que as pessoas percebem os degraus com uma altura de mais de 88 a 89% do comprimento de suas pernas como "impossíveis de subir" com passos alternados. Esse modelo não se aplica a idosos cujas *affordances* para subir escadas se relacionam mais com a força e a flexibilidade do que com o comprimento das pernas (Konczak, Meuwssen & Cress, 1988, citados em Konczak, 1990). O modelo não se aplica nem a bebês nem a crianças que estão começando a caminhar. Em um estudo, os bebês escolhem menores alturas do que as crianças que estão começando a caminhar, mas nenhuma medida antropométrica foi associada à escolha da altura do degrau (Ulrich, Thelen & Niles, 1990).

 Imagine que você seja um pai ou um terapeuta em um ambiente comum em casa. Além das escadas, quais objetos ou estruturas não permitem certas ações dos bebês? E dos adultos ou daqueles com incapacidades?

Em contrapartida, os trabalhos de Gibson e colaboradores (1987) e de Adolph, Eppler e Gibson (1993), descritos anteriormente, indicaram que bebês podem perceber *affordances*. As crianças parecem lembrar os resultados de suas próprias ações prévias em superfícies e inclinações. Além disso, Bushnell e Boudreau (1993) descobriram que bebês podem perceber as propriedades de objetos na seguinte ordem: tamanho e temperatura, textura e dureza e, finalmente, peso e formato. Essas descobertas são consistentes com as capacidades manuais dos bebês em explorar objetos. A percepção de tamanho e temperatura exige apenas agarrar, enquanto a de textura e dureza exige esfregar e bater, e a de peso e formato exige movimentos de dedo, mão e braço. Essa ordem é a mesma na qual essas manipulações são adquiridas. Assim, a percepção e a ação ocorrem juntas.

Lockman (2000) sugeriu que a utilização de ferramentas pelos bebês se origina nas rotinas de percepção-ação repetidamente utilizadas por eles durante o primeiro ano de vida (Fig. 11.3). Por meio de tentativa e erro, eles gradualmente exploram formas de utilização de ferramentas, associando objetos a outros objetos e superfícies. Fazendo isso, os bebês detectam *affordances*. Estas não se referem a ferramentas individuais, mas às relações entre objetos, marcando um forte contraste com a abordagem previamente adotada sobre a utilização de instrumentos pelo bebê. Nessa perspectiva, ainda prevalente, assume-se ser descontínuo o uso de ferramentas, com a utilização inicial de uma refletindo um novo nível de representação pelo bebê – um *insight*, por assim dizer. Na perspectiva da percepção-ação, no entanto, as relações potenciais entre objetos são detectadas a partir das informações diretamente percebidas no ambiente. O uso de instrumentos depende tanto das propriedades das ferramentas quanto daquelas da superfície ou de um outro objeto. Portanto, a utilização de ferramentas por tentativa e erro pode ser vista como oportunidade autogerada para a aprendizagem perceptiva (Lockman, 2000).

Affordances são as ações ou os comportamentos oferecidos ou permitidos a um indivíduo pelo local, pelos objetos e pelos eventos dentro ou fora de um ambiente.

PONTO-CHAVE
As *affordances* incorporam nossa escala corporal – nosso tamanho relativo ao ambiente.

PONTO-CHAVE
Se percebemos *affordances* em vez das características dos objetos, o tamanho do corpo da pessoa em relação aos objetos no ambiente desempenha um papel nessa percepção.

Obviamente, os indivíduos podem utilizar muitos tipos de escala corporal, e as mais importantes podem mudar durante a vida. Talvez as mudanças nos vários sistemas corporais de uma pessoa influenciem a escala utilizada. Nossa sensibilidade à escala corporal tem implicações para a instrução de habilidades. Por exemplo, se uma criança não consegue balançar, com uma das mãos, uma raquete de tênis para adultos, grande e pesada demais para ela, então não consegue utilizar a técnica do adulto. A raquete grande não permite o estilo de movimento do adulto. O implemento deve ser menor para se adaptar à criança, ou a criança precisa utilizar as duas mãos para balançá-lo. Gagen, Haywood e Spaner (2005) descobriram que a força, bem como o tamanho, podem ser considerações importantes no escalonamento dos equipamentos para tarefas balísticas.

O escalonamento corporal nos ajuda a apreciar como é importante, aos interessados no desenvolvimento motor, entender o curso do crescimento e do envelhecimento. Pesquisas continuadas são necessárias para determinar as escalas de referência que os indivíduos utilizam em tarefas particulares. Essas pesquisas auxiliariam a determinar se tais escalas são de fato *affordances* ou se são características individuais percebidas de objetos.

FIGURA 11.3 A capacidade de alcançar, pegar e controlar objetos oferece ao bebê a oportunidade de explorar relações com esses objetos e detectar suas *affordances*.

PONTO-CHAVE
Os bebês têm uma capacidade crescente de detectar *affordances*.

 Se você fosse um professor de educação física de pré-escola ou de ensino fundamental, como utilizaria seu conhecimento sobre escalas corporais para selecionar equipamentos para seus alunos?

Evidências indicam que o movimento facilita o desenvolvimento perceptivo continuado. Lembre-se da discussão inicial sobre desenvolvimento neurológico. Greenough, Black e Wallace (1987) conjecturaram que um número excessivo de sinapses neuronais se forma inicialmente. Com o desenvolvimento continuado, algumas subsistem, mas outras não. As conexões ativadas pela experiência sensorial e motora subsistem; as que não são utilizadas se perdem. A proliferação sináptica prepara um organismo para experiências – aquelas provavelmente, para aquelas comuns a todos os membros de uma espécie. Passar por experiências durante esse período sensível de desenvolvimento promove a sobrevida das conexões sinápticas e as fortalece (Ratey, 2008).

Essas teorias precisam de mais verificação experimental, mas oferecem uma explicação plausível para o papel da ação no desenvolvimento perceptivo (Bertenthal & Campos, 1987). Elas também implicam que a privação da experiência de ação coloca um indivíduo em risco de desenvolvimento perceptivo deficiente.

PONTO-CHAVE
Existe uma base neurológica para sustentar a necessidade de experiência de movimento para o desenvolvimento perceptivo.

244 Percepção e Ação no Desenvolvimento

Outra forma de encarar a inter-relação de percepção e ação é examinar o desenvolvimento do controle postural e do equilíbrio. A ação deve ser integrada à percepção, de modo que os indivíduos consigam lidar com eventos ou movimentos que lhes perturbem a postura e o equilíbrio.

Controle postural e do equilíbrio

O controle postural e do equilíbrio são exemplos perfeitos de percepção e ação como um ecossistema. A fim de controlarmos nossa postura para sentar, ficar em pé ou assumir qualquer posição desejada, devemos continuamente mudar os nossos padrões de resposta motora de acordo com a informação perceptiva que especifica o ambiente e nossa orientação corporal nele. Vários sistemas perceptivos estão envolvidos na manutenção da postura e do equilíbrio. A visão nos diz como o nosso corpo está posicionado em relação ao ambiente. Os estímulos cinestésicos dos nossos proprioceptores corporais nos informam como nossos membros e partes do corpo estão posicionados entre si. O estímulo cinestésico do sistema vestibular oferece informações sobre a posição e o movimento da cabeça. Mesmo o sistema auditivo pode contribuir com informação sobre o equilíbrio (Horak & MacPherson, 1995).

Devemos manter a postura e o equilíbrio em um número quase infinito de situações. Algumas vezes, nos equilibramos quando estamos parados (equilíbrio estático), e outras, quando nos movimentamos (equilíbrio dinâmico). Por vezes, também devemos nos equilibrar sobre uma variedade de partes corporais, não somente sobre os pés. Pense em todas as partes corporais sobre as quais os ginastas devem se equilibrar em seus vários eventos. Às vezes, precisamos nos equilibrar sobre superfícies que não sejam o chão, tais como uma escada. Podemos até mesmo ter de nos equilibrar sem toda a informação que gostaríamos – por exemplo, quando caminhamos no escuro.

PONTO-CHAVE
O momento das tendências de desenvolvimento no equilíbrio está associado ao tipo de tarefa de equilíbrio sob consideração.

Dado o número de sistemas perceptivos envolvidos no equilíbrio e o amplo espectro de restrições do ambiente e da tarefa que são possíveis para qualquer tarefa de equilíbrio, o modelo triangular das restrições oferece uma boa perspectiva sobre o desenvolvimento dessa capacidade. Uma tendência do desenvolvimento para certo conjunto de tarefas e restrições ambientais pode diferir da tendência para outro conjunto de restrições. Na realidade, os cientistas do movimento reconheceram, há algum tempo, que até os níveis de desenvolvimento nos vários tipos de tarefa de equilíbrio são específicos para a atividade em questão (Drowatzky & Zuccato, 1967). Discutimos controle postural e equilíbrio em bebês anteriormente no Capítulo 5. Agora, vamos considerar o desenvolvimento do equilíbrio da infância até a velhice.

Equilíbrio na infância

O desempenho no equilíbrio melhora dos 3 aos 19 anos em uma variedade de tarefas (Bachman, 1961; DeOreo & Wade, 1971; Espenschade, 1947; Espenschade, Dable & Schoendube, 1953; Seils, 1951; Winterhalter, 1974). A natureza exata da tendência de melhoria depende da atividade. Por exemplo, em algumas tarefas, podemos observar um platô no desempenho por vários anos. Isso poderia refletir o modo como medimos a melhoria naquela atividade particular. Talvez a criança esteja melhorando de uma maneira não detectada por nossa medida. É possível também que as crianças comecem a considerar mais a informação cinestésica e um pouco menos a informação visual para o equilíbrio. Tem sido observado que, dos 4 aos 6 anos, ocorre regressão em testes de plataforma de movimento, e que crianças de 3 a 6 anos têm apresentado tanto respostas posturais do tipo adulto quanto do tipo não adulto para uma sala móvel (Schmukler, 1997). Elas demoram mais para responder do que as crianças mais novas e variam consideravelmente no modo com que respondem (i.e., em como os vários músculos são ativados para recuperar o equilíbrio). Essa

PONTO-CHAVE
À medida que as crianças crescem, elas dependem mais da informação cinestésica e menos da informação visual para o equilíbrio.

descoberta não parece ser responsável pelas mudanças que acompanham o crescimento físico (p. ex., mudanças na proporção de membros e tronco e em massa corporal), levando à suspeita de que estejam envolvidas trocas de dependências entre diferentes sistemas perceptivos (Woollacott, Debu & Mowatt, 1987). As crianças entre 7 e 10 anos, contudo, apresentam respostas posturais do tipo adulto (Nougier, Bard, Fleury & Teasdale, 1998; Shumway-Cook e Woollacott, 1985; Woollacott, Shumway-Cook & Williams, 1989).

O equilíbrio durante a locomoção é uma tarefa desafiadora. Quando caminhamos ou corremos, por exemplo, devemos manter nossa estabilidade e, ainda assim, impulsionar o corpo para a frente a fim de nos locomovermos. Para fazer isso, é provável que utilizemos dois quadros de referência. Um é a superfície de suporte, e o outro é a gravidade. Outro desafio é controlar os graus de liberdade do movimento nas várias articulações corporais. Por um lado, os indivíduos podem estabilizar a cabeça sobre o tronco para minimizar o movimento que devem controlar. Por outro, eles podem estabilizar a posição da cabeça no espaço e utilizar a orientação da cabeça e do tronco para controlar seu equilíbrio.

Assaiante e Amblard (1995; Assaiante, 1998) propuseram um modelo para explicar o desenvolvimento do equilíbrio na locomoção ao longo da vida. O modelo descreve quatro períodos importantes. O primeiro vai do nascimento ao início do ficar em pé e é caracterizado pela direção céfalo-caudal do controle muscular. O segundo inclui a aquisição da passada em pé até, aproximadamente, 6 anos de idade. Durante esse tempo, a coordenação dos membros inferiores e superiores deve ser controlada. O terceiro período, que vai mais ou menos dos 7 anos de idade até certo momento da adolescência, é caracterizado pelo refinamento da estabilização da cabeça no controle do equilíbrio. O quarto e último período começa na adolescência e persiste por toda a vida adulta, sendo caracterizado pelo controle refinado dos graus de liberdade do movimento no pescoço. Assim, a tarefa da infância é a de aprender como os diferentes quadros de referência complementam um ao outro durante o movimento. Esse é um modelo intrigante que pode muito bem estimular uma futura pesquisa sobre o desenvolvimento do equilíbrio dinâmico.

 Pense sobre sua própria experiência de visitar um parque de diversões ou uma "casa assombrada", que utilizam estímulos visuais para confundir seu equilíbrio. Como o estímulo confunde seu equilíbrio? Quais sistemas foram colocados em conflito? Como você mantém o seu equilíbrio (se você o fizer)?

Mudanças no equilíbrio com o envelhecimento

Na vida adulta, os indivíduos colocados em pé sobre uma plataforma de força (ver Quadro "Avaliação do equilíbrio" na barra lateral) apresentam uma quantidade mínima de oscilação. Se a plataforma for movida diversas vezes para a frente e para trás, os adultos utilizam informação visual para estabilizar a cabeça e a parte superior do corpo, com a resposta muscular ao movimento ocorrendo nos tornozelos (Buchanan & Horak, 1999). Quando os adultos ficam em pé sobre tais plataformas, e elas são movidas leve ou lentamente, mas sem que isso seja esperado, eles utilizam a estratégia de tornozelo para recuperar o equilíbrio. Isto é, utilizam os músculos da perna que cruzam a articulação do tornozelo para trazê-los à posição em pé novamente. Quando o movimento é maior e mais rápido, uma estratégia de quadril é utilizada. Os músculos que cruzam as articulações do quadril e do joelho trazem o centro de gravidade de volta para cima da base de suporte (Horak, Nashner & Diener, 1990; Kuo e Zajac, 1993).

Os idosos experimentam declínio na capacidade de equilibrar-se. Aqueles acima dos 60 anos balançam mais do que adultos jovens quando em pé, especialmente se estão em uma posição inclinada (Hasselkus & Shambes, 1975; Hellebrandt & Braun, 1939; Perrin, Jeandel, Perrin & Bene, 1997; Sheldon, 1963). Mudanças no equilíbrio associadas à idade também são observadas em idosos por meio de testes com plataformas móveis. Comparados a adultos jovens, as pernas de um idoso levam um pouco mais de tempo para responder

Percepção e Ação no Desenvolvimento

a fim de manter o equilíbrio após uma perturbação, e, algumas vezes, os músculos da coxa respondem antes que aqueles da parte inferior da perna, o oposto do padrão observado em adultos jovens. A força de resposta dos músculos é mais variável entre repetições em idosos (Perrin et al., 1997; Woollacott, Shumway-Cook & Nashner, 1982, 1986).

As alterações na capacidade de equilíbrio associadas à idade poderiam ser relacionadas a várias mudanças nos sistemas corporais, sobretudo no sistema nervoso. Como mencionado anteriormente, alguns idosos apresentam alterações nos receptores cinestésicos, as quais podem ser mais extremas nos membros inferiores do que nos superiores. Alterações na visão, bem como nos receptores vestibulares e nos nervos de adultos acima de 75 anos, também podem colocar os idosos em desvantagem (Bergstrom, 1973; Johnsson & Hawkins, 1972; Rosenhall & Rubin, 1975). Uma redução nas fibras musculares de contração rápida ou perda de força podem dificultar as respostas rápidas de um idoso a mudanças na estabilidade, como artrite nas articulações.

Avaliação do equilíbrio

O equilíbrio pode ser avaliado de muitas formas, no campo ou em laboratório. Diferentes avaliações são utilizadas para o equilíbrio estático e para o dinâmico. Uma simples plataforma de força consiste em duas placas quadradas posicionadas uma sobre a outra, com quatro sensores de pressão entre elas, nos quatro cantos. O equipamento é colocado no chão, ou mesmo em um nicho que será nivelado com o piso, de modo que as pessoas possam ficar em pé, caminhar sobre ele e até mesmo saltar em cima ou para fora da plataforma.

A plataforma de força mais básica simplesmente mede a força vertical aplicada ao centro geométrico de seu topo. Plataformas mais complexas podem medir a força e a localização do centro de pressão. Pense em uma pessoa apoiada em um pé sobre a plataforma. À medida que balança e o corpo oscila a partir de uma linha vertical perfeita, o centro de pressão exercido se move. O equipamento pode detectar o local do centro de pressão, a que distância ele se movimenta e quando se movimenta. As plataformas de força podem quebrar o vetor da força exercida em três componentes espaciais. Assim, podem medir pressões que mudam sob os pés à medida que o indivíduo pisa sobre a plataforma ou se desloca sobre ela.

Quando os pesquisadores estão interessados em equilíbrio estático, podem solicitar que os indivíduos fiquem de pé sobre a plataforma de força para medir a distância em que oscilam bem como a velocidade da oscilação. As pessoas podem ficar em um ou dois pés e em qualquer tipo de posição, tal como com os pés afastados lateralmente ou um na frente do outro. Os pesquisadores também podem pedir para elas se inclinarem o máximo possível sem perder o equilíbrio, a fim de quantificar a capacidade de controle do corpo ou os limites máximos de estabilidade.

Posturógrafos dinâmicos computadorizados incorporam a plataforma de força. Esses equipamentos são utilizados para estudar as reações dos indivíduos ao serem retirados do equilíbrio pela inclinação da plataforma. Controlando o campo visual ambiental com um fechamento dos três lados em torno do participante, os pesquisadores podem apresentar condições com visão normal ou sem ela, e com um entorno que é estável ou que se move à medida que o indivíduo oscila. Eles podem também controlar se a plataforma de força se movimenta, em qual direção e se isso ocorre por rotação ou translação. Isso lhes permite estudar os sistemas visual, vestibular e somatossensorial bem como suas interações no equilíbrio, incluindo quando o equilíbrio é perturbado e a pessoa deve reagir para recuperá-lo ou mantê-lo. A eletromiografia (EMG) pode ser utilizada em conjunto com sistemas como esse para gravar como os músculos são ativados para readquirir o equilíbrio.

Perrin e colaboradores (1997) gravaram atividades eletromiográficas em idosos durante a inclinação para trás de uma plataforma móvel. Eles observaram alguns dos reflexos na perna que não estavam envolvidos no controle do equilíbrio, bem como as respostas responsáveis pela recuperação do equilíbrio. Comparando o tempo desde a perturbação do equilíbrio ao aparecimento de cada uma dessas respostas musculares em idosos e em adultos mais jovens, os investigadores determinaram que a velocidade da condição neural no sistema periférico e no sistema nervoso central foi mais lenta nos idosos. Portanto, os declínios no desempenho do equilíbrio com o envelhecimento estão associados mais provavelmente a mudanças associadas à idade em vários sistemas.

> **PONTO-CHAVE**
> As dificuldades que os idosos experimentam com o equilíbrio provavelmente refletem mudanças que ocorrem em vários sistemas.

As quedas dos idosos são uma preocupação importante. De fato, elas são as principais causas de morte acidental para pessoas acima de 75 anos. Um resultado comum das quedas, em especial entre idosos com osteoporose, é a fratura da coluna, quadril (pelve ou fêmur), ou punho. As complicações da fratura podem resultar em morte. Mesmo quando eles se recuperam, têm de suportar altos custos com o cuidado da saúde, um período de inatividade e dependência dos outros. O medo de cair novamente pode gerar mudanças em seu estilo de vida ou torná-los muito cuidadosos em atividades subsequentes.

Woollacott (1986) estudou a reação de idosos quando uma plataforma móvel se inclinou para a frente ou para trás a fim de perturbar inesperadamente o equilíbrio. Metade dos indivíduos observados perdeu o equilíbrio na primeira vez, mas aprenderam a mantê-lo após poucas tentativas. Portanto, os idosos são mais propensos a cair em uma superfície escorregadia do que adultos jovens, sendo capazes, contudo, de melhorar sua estabilidade com a prática. Campbell e colaboradores (1997) e Campbell, Robertson, Gardner, Norton e Buchner (1999) compararam o número de quedas no decorrer de um ano em mulheres que participaram de um programa que enfatizava força e equilíbrio e naquelas com mais de 80 anos que não participaram do programa de exercícios (Campbell et al., 1997). O número de quedas no grupo de exercício foi significativamente menor: 88 *versus* 152 quedas no grupo que não se exercitou. A prevenção e os programas de reabilitação são, portanto, úteis para reduzir o risco de quedas em idosos, mas eles devem ser contínuos. No Capítulo 15, discutiremos o papel do exercício aeróbio na manutenção da velocidade dos processos cognitivos.

> **PONTO-CHAVE**
> Os programas de exercícios centrados na melhoria da força e do equilíbrio podem auxiliar a reduzir o risco de quedas em idosos.

 Imagine que você tenha um avô que vá morar com você. Quais tipos de superfície ou condições de superfície em torno de sua casa poderiam ser mais arriscadas para ele do que para um adulto jovem? Que providência você tomaria para reduzir as chances de queda?

Resumo e síntese

A percepção e a ação são um ecossistema. As ações são acopladas a percepções, como demonstrado em respostas posturais e de equilíbrio. Existe alguma discordância sobre o papel exato da ação no desenvolvimento da percepção, mas pouca sobre sua importância. Tem sido demonstrado que a experiência com o movimento facilita a percepção do espaço, incluindo profundidades, superfícies e inclinações.

A integração percepção-ação para a postura e o equilíbrio é evidente em bebês mais novos. Entretanto, parece haver uma tendência de desenvolvimento determinando que os sistemas perceptivos têm prioridade. Os bebês mais novos dependem mais da informação visual quando ela entra em conflito com a cinestésica. Com o desenvolvimento, isso se reverte. Crianças mais velhas, jovens e adultos colocados em um ambiente no qual a visão e a cinestesia estão em conflito raramente caem. Eles aprenderam a levar mais em conta a informação cinestésica. Os idosos apresentam mudanças em suas respostas a perturbações do equilíbrio. Embora as alterações no sistema perceptivo possam afetar essas respostas, elas parecem ocorrer mais na organização temporal e no padrão das respostas musculares à informação perceptiva.

Thelen (1995) resumiu a relação entre percepção e ação: "Pessoas percebem para se mover e se movem para perceber. O que é o movimento senão uma forma de percepção, uma forma de conhecer o mundo e também de agir nele?".

Reforçando o que você aprendeu sobre restrições

Dê uma segunda olhada

Pense sobre o dilema apresentado no início deste capítulo. Sempre foi difícil para pais e professores saber quando "forçar" as crianças a realizar certas tarefas e quando permitir que elas protelem esses desafios. Por um lado, eles querem que as crianças tenham sucesso, mas, por outro, têm receio de que seus filhos ou seus alunos fiquem atrás dos outros em seu desenvolvimento. A pesquisa recente parece nos dizer que os sistemas cognitivo, perceptivo e motor se desenvolvem juntos. Se o desenvolvimento de um sistema se atrasa em relação ao dos outros, sabemos pelo modelo das restrições que ele pode se tornar um limitador de velocidade, retardando os demais. Esperanças de controlar artificialmente a velocidade de desenvolvimento em geral falham. O que os pais e profissionais podem fazer é manipular o ambiente e manipular os objetivos das tarefas para estabelecer os estágios de avanço no desenvolvimento quando os indivíduos estiverem prontos para fazer esses avanços.

Teste seus conhecimentos

1. Quais são algumas das razões que levam os pesquisadores contemporâneos a pensar que o desenvolvimento motor e cognitivo estão mais interligados do que anteriormente se pensava?
2. Qual parece ser o papel da experiência na locomoção autoproduzida no desenvolvimento da percepção? Quais aspectos da percepção são mais afetados?
3. Considerando sua resposta à questão anterior, quais seriam as repercussões para o desenvolvimento perceptivo e motor de um bebê que tivesse sido privado de experiências locomotoras?
4. Como as visões do desenvolvimento perceptivo-motor mudaram no século XX?
5. O que é uma *affordance*? O que a noção desse conceito tem a ver com a adaptação do equipamento ao tamanho de um executante?
6. Em que sistema perceptivo as crianças se baseiam para ter equilíbrio e como isso muda com o desenvolvimento?
7. Quais mudanças nos vários sistemas corporais poderão levar a uma frequência mais alta de quedas nos idosos? O que poderia reduzir o risco de queda?

Exercício de aprendizagem 11.1

Déficits cognitivo e motor

Escolha um dos seguintes transtornos: autismo, dislexia, transtorno de desenvolvimento da coordenação ou transtorno de déficit de atenção/hiperatividade. Pesquise as características dessas condições para determinar se os déficits cognitivo e motor estão comumente associados a elas. Descreva as características específicas de déficits em cada área (cognitiva e motora). Quais acomodações podem ser necessárias para uma criança com um desses transtornos, em uma turma de educação física regular, em uma escola do ensino fundamental?

Restrições Funcionais no Desenvolvimento Motor

PARTE V

A Parte V enfoca o efeito do ambiente sociocultural – por exemplo, aquelas restrições que existem em função das influências familiares ou sistemas de crenças culturais – sobre as restrições funcionais do indivíduo. Estas podem incluir motivação, atitude, autoconceito, percepção do papel de gênero e conhecimento sobre um tópico. Sobretudo quando se trabalha com crianças, devemos esperar que as restrições *estruturais* do indivíduo passem por mudanças no decorrer do crescimento e da maturação. Em contraste, as *funcionais* podem mudar com maior rapidez. Por exemplo, um pai ou professor pode estabelecer o objetivo de uma tarefa que interage com a motivação para causar uma mudança bastante rápida no comportamento motor. Entretanto, nem todas as restrições funcionais mudam rapidamente. O autoconceito é moldado no decorrer de muitos anos e é influenciado por interações sociais, e o conhecimento sobre o esporte é, em geral, adquirido ao longo de vários anos de experiência prática.

Existe uma rica interação entre as restrições funcionais e ambientais. Por exemplo, normas socioculturais influenciam muito os papéis percebidos dos gêneros, e um papel do gênero percebido, por sua vez, influencia o tipo de atividade física que alguém vê como apropriado. Mesmo a popularidade de certas formas de esporte ou dança, em uma dada cultura, pode influenciar o conhecimento de alguém que nela vive sobre aquele esporte ou dança.

Esta parte examina as restrições funcionais e as mudanças que elas sofrem durante a vida. O Capítulo 12 considera o papel da sociedade e da cultura, bem como sua influência na escolha das atividades físicas e ambientes de jogo. O Capítulo 13 discute como as restrições ambientais influenciam as restrições funcionais de autoestima e de motivação e como essa interação se reflete na escolha das atividades físicas. O Capítulo 14 explora como a quantidade de conhecimento que a pessoa adquire sobre uma atividade particular influencia seu jogo e sua participação nessa atividade.

Leituras sugeridas

Coakley, J. (2007). *Sport in society: Issues and controversies* (9th ed.). St. Louis: McGraw-Hill.

Giuliano, T., Popp, K., & Knight, J. (2000). Footballs *versus* Barbies: Childhood play activities as predictors of sport participation by women. *Sex Roles, 42,* 159-181.

Greendorfer, S.L. (1992). Sport socialization. In T.S. Horn (Ed.), *Advances in sport psychology* (pp. 201-218). Champaign, IL: Human Kinetics.

Heywood, L. (1998). *Pretty good for a girl.* New York: Free Press.

Lorber, J. (1994). Believing is seeing: Biology as ideology. *Gender and Society, 7,* 568-581.

Parish, L.E., & Rudisill, M.E. (2006). HAPPE: Promoting physical play among toddlers. *Young Children, 61(3),* 32.

Valentini, N.C., & Rudisill, M.E. (2004). Effectiveness of an inclusive mastery climate intervention on the motor skill development of children. *Adapted Physical Activity Quarterly, 21,* 285-294.

Restrições Sociais e Culturais no Desenvolvimento Motor

Os efeitos das restrições ambientais

 OBJETIVOS DO CAPÍTULO

- Definir o papel de agentes sociais específicos, como pais e escola, sobre o desenvolvimento do indivíduo.
- Discutir o papel das restrições socioculturais no desenvolvimento motor.
- Explicar o processo de socialização e como ele difere entre determinados grupos.

Desenvolvimento motor no mundo real

Olhando além das saias no hóquei de campo dos Estados Unidos

Se solicitados a imaginar um grupo de atletas jogando hóquei de campo, a maioria dos cidadãos norte-americanos visualizaria mulheres em saias xadrez correndo em um campo batendo em uma bola com tacos curvos. Torcedores com essa imagem em suas cabeças devem ter ficado surpresos ao ver Andrew Zayac e Jon Geerts jogando no campeonato da National Field Hockey League, em 2006, ou Cornelius Tietzi jogando na Pennsylvania High School, em 2010, no PIAA Field Hockey Championship. A grande maioria dos jogadores é mulher, mas a legislação Title IX também permite que homens participem. Zayac e Geerts jogaram no time da Universidade de Maryland em College Park, que levou para casa a Coroa do Clube, em 2006, e Tietzi jogou no Wyoming Seminary's AA Championship. Entretanto, pessoas que moram no Paquistão, na Índia ou na Holanda podem ter ficado surpresas pela escassez de homens em campo; nesses e em outros países, a maioria dos atletas que jogam hóquei de campo é formada por homens. De fato, tanto Geertz quanto Tietzi cresceram na Europa jogando essa modalidade. Claramente, mulheres e homens podem praticar esse esporte, e, quando estão crescendo em uma cultura particular, as pessoas designam um gênero "apropriado" para a modalidade (p. ex., a noção de que hóquei de campo é para meninas).

Quando escolhem um esporte para participar, as pessoas são influenciadas por associações de gênero culturalmente específicas. O hóquei de campo é um exemplo perfeito. Ninguém pensaria duas vezes se um menino jogasse hóquei de campo na Europa; nos Estados Unidos, contudo, apenas ocasionalmente garotos jogam. Quando pensamos nesse fenômeno em termos de restrições, podemos ver que nenhuma restrição do indivíduo desencoraja ou impede meninos (como um grupo) de praticar esse esporte; as restrições têm mais a ver com o ambiente social ou cultural. A sociedade como um todo influi nas escolhas de atividades que os indivíduos fazem, e meninos e meninas se beneficiam da mesma forma da adição de novos modelos nas atividades atléticas. Quando fatores sociais ou culturais influenciam os tipos de atividade física nas quais as pessoas se envolvem, eles agem como restrições socioculturais. Você pode não ter considerado essas restrições importantes para o desenvolvimento motor, mas neste capítulo você descobrirá que elas podem ter uma grande influência no comportamento motor ao longo da vida e estão sempre presentes.

A ideia de que os aspectos sociais e culturais podem influenciar o desenvolvimento motor pode ter sido uma surpresa para um maturacionista. Se você acredita que a genética determina o seu desenvolvimento, é preciso muita pressão para pensar na sociedade como um agente de desenvolvimento. No entanto, aqueles que seguem uma perspectiva ecológica acreditam que as influências sociais e/ou culturais (na forma de restrições ambientais) podem influenciar e interagir muito com as restrições do indivíduo e da tarefa. Isso significa que a cobertura da mídia de eventos como luta greco-romana de mulheres e hóquei no gelo pode encorajar a participação de meninas nesses esportes, mudando alguns dos estereótipos sociais e culturais associados às mulheres no esporte.

Influências sociais e culturais como restrições ambientais

No Capítulo 1, a ideia das influências socioculturais como restrições ambientais foi introduzida – a noção de que as atitudes socioculturais de grupos de pessoas incentivam ou desestimulam certos comportamentos motores. Esses fatores são considerados restrições ambientais porque refletem um sistema de atitudes ou crenças gerais que está presente na sociedade ou dentro de certas subculturas. Se essas atitudes são suficientemente penetrantes, podem modificar o comportamento de alguém. Elas talvez não sejam óbvias, mas, ainda assim, podem exercer uma influência poderosa sobre como o indivíduo se movimenta. Assim como a temperatura ou a luz do ambiente podem abranger uma sala, um campo ou uma comunidade, atitudes, valores, normas ou estereótipos também podem. Ainda na década de 1970, não era esperado que as meninas participassem de alguns esportes profissionais, como beisebol ou hóquei no gelo. Essa atitude em relação às mulheres nos esportes significou que a oportunidade para praticar esporte profissional ou até mesmo recreativo fosse limitada. Em essência, essa atitude desencorajou a participação de muitas meninas no esporte, sobretudo após a puberdade. Entretanto, com a aprovação da lei *Title IX* (que requeria oportunidade igual para meninos e meninas no esporte), em 1972, a imagem do esporte nos Estados Unidos mudou drasticamente, tornando mais possível e socialmente aceitável que meninas e mulheres praticassem esporte.

A sociedade e a cultura podem ter um profundo efeito sobre os comportamentos de movimento de um indivíduo, particularmente na área do esporte e da atividade física (Clark, 1995). Os elementos socioculturais, tais como gênero, raça, religião e nacionalidade, podem direcionar o comportamento de movimento futuro de uma pessoa (Lindquist, Reynolds & Goran, 1998). Até mesmo a mídia atua para incentivar ou promover diferentes tipos de atividades físicas (como aquelas que são específicos de gênero) para audiências de massa (Koivula, 2000; Messner, Duncan & Jensen, 1993; Wigmore, 1996). Um exemplo simples que ilustra como as restrições socioculturais funcionam é o seguinte: pense em quem era o atleta norte-americano de maior sucesso nos anos 1990. Muitos podem vir a sua mente, como Michael Jordan, Barry Sanders ou Pete Sampras. É provável que você imagine um indivíduo em boa forma e musculoso que pratica um esporte profissional nos Estados Unidos. Entretanto, se você fizer essa pergunta a um japonês, ele ou ela teria em mente um lutador de sumô (Fig. 12.1). A maioria dos norte-americanos não conhece os nomes dos lutadores de sumô. Mais importante, dentro do contexto do desenvolvimento motor, a maioria das crianças norte-americanas não gostaria de se tornar um lutador de sumô, e a maioria dos adultos estadunidenses não tentaria participar dessas lutas, independentemente das restrições individuais, como o tipo corporal (o que poderia de fato encorajar a participação em alguns casos). O sumô não é um esporte social ou culturalmente incentivado aos Estados Unidos. Assim, a sociedade e a cultura influenciam a escolha do esporte e da atividade física a ser praticada; isto é, elas atuam como restrições ambientais, encorajando certas atividades de movimento e desencorajando outras. As chances de um jovem norte-americano seguir carreira no sumô são mínimas. Como resultado, um grupo inteiro de movimentos (aqueles relacionados à luta de sumô) é desencorajado e pode nunca ser praticado; ao longo do tempo, essa restrição interage com restrições individuais para limitar ou mesmo prevenir o aparecimento desses movimentos.

A participação em atividades físicas contribui para o desenvolvimento motor. Os benefícios da experiência em atividades físicas são bem conhecidos, incluindo a melhora das saúdes física e emocional. Além disso, o esporte pode influenciar os padrões de comportamento dos participantes (p. ex., ensinando liderança e outras habilidades). Portanto, faz sentido oferecer oportunidades para todas as pessoas participarem de esportes e atividades

PONTOS-CHAVE
Crenças socioculturais, atitudes e estereótipos podem incentivar ou desestimular comportamentos motores. São restrições ambientais sempre presentes.

FIGURA 12.1 Embora muito popular nos países asiáticos, a luta de sumô não é acompanhada nos Estados Unidos.

físicas desde cedo e pela vida inteira. No entanto, a decisão do indivíduo de praticar algum esporte ou manter um estilo de vida fisicamente ativo pode estar relacionada tanto com o meio social quanto com suas restrições individuais. Por exemplo, as crianças norte-americanas de desenvolvimento mais típico têm restrições individuais que lhes permitem participar de uma ampla variedade de atividades; mesmo assim, muitas escolhem *videogames*, computadores e televisão, em vez de jogos ao ar livre. Por quê?

 Quais são os elementos sociais e culturais mais importantes (pessoas, lugares, etc.) que têm lhe influenciado durante a vida? Como essas influências têm se modificado desde que você era um bebê até agora?

A socialização precoce de um indivíduo no esporte e na atividade física é um fator-chave no desenvolvimento motor e na probabilidade de participação posterior. As pessoas e as situações continuam a influenciar os indivíduos em suas escolhas de atividades pela vida afora. Por exemplo, seus pares influenciam suas escolhas de atividades recreativas e estilo de vida. Essas atividades podem ser físicas (um jogo recreativo de basquete vs. jogar *videogame*), acadêmicas (biblioteca vs. estudo de grupo) e sociais (cinema vs. bar), entre outras. O **processo de socialização** associado ao esporte e à atividade física, incluindo os indivíduos que são influentes no processo, merece atenção como uma das principais restrições ambientais no desenvolvimento motor de um indivíduo.

> O processo pelo qual uma pessoa aprende um papel social dentro de um grupo com certos valores, princípios morais e regras é o **processo de socialização**.

Três elementos principais do processo de socialização levam um indivíduo a aprender um papel social, como mostrado na Figura 12.2 (Greendorfer, 1992; Kenyon & McPherson, 1973):

- pessoas significativas (pessoas influentes ou importantes, chamadas **agentes socializantes**);
- situações sociais (lugares em que a socialização acontece – escolas, lares, *playgrounds*);
- atributos pessoais (restrições do indivíduo).

Examinaremos os dois primeiros elementos para observar suas influências e sua importância no processo de socialização dentro do esporte e da atividade física. Com certeza, o terceiro – atributos pessoais – representa uma interação entre restrições ambientais (indivíduos e situações socializantes) e do indivíduo. Entre os agentes socializantes estão membros da família, pares, professores e técnicos. Esta seção examina as influências que essas pessoas oferecem – e como podem encorajar ou desencorajar certos comportamentos motores. Primeiro, contudo, examinemos um fenômeno cultural que atravessa muitos contextos: tipificação do gênero no esporte e nas atividades físicas.

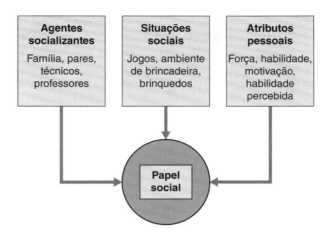

FIGURA 12.2 Os três principais elementos do processo de socialização que levam à aprendizagem de um papel social para a participação em atividades físicas.
Baseada em Kenyon e McPherson, 1973.

PONTO-CHAVE
Pessoas significativas (p. ex., pais ou amigos) e situações sociais (p. ex., escola ou times esportivos) contribuem para o processo de socialização de um indivíduo.

Restrições socioculturais em ação: comportamentos estereotipados específicos de gênero

Indivíduos significativos entram em qualquer contexto com noções prescritas social e culturalmente de como eles e os demais devem agir. O exame de uma dessas noções, conhecida como estereotipação específica de gênero, mostra como podem ser potentes as restrições socioculturais. Em geral, as pessoas nascem fisiologicamente homem ou mulher; suas características determinam o **sexo**. Em contraste, o **gênero** é uma construção sociológica culturalmente determinada que diferencia homens ("masculino") de mulheres ("feminino") (Eitzen & Sage, 2003).

Os pais e outros agentes socializadores significativos frequentemente incentivam as crianças em direção ao que eles percebem como comportamentos adequados ao gênero, considerando as características biológicas de cada criança (Fagot & Leinbach, 1996; Fagot, Leinbach & O'Boyle, 1992; Lorber, 1994). Em termos de desenvolvimento de habilidades motoras, pessoas significativas conduzem os meninos em direção às atividades físicas e esportes "masculinos" e as meninas em direção às "femininas" (Royce, Gebetl & Duff, 2003; Shakib & Dunbar, 2004). Essa prática é, muitas vezes, denominada **tipificação do gênero** ou estereotipação do papel do gênero. Na realidade, as crianças começam a aprender esses papéis de gênero bem cedo, já no primeiro ano de vida (Fagot & Leinbach, 1996).

Tradicionalmente, as sociedades ocidentais tipificam a participação de gênero no esporte e nas atividades físicas. Alguns esportes (p. ex., futebol americano, beisebol e luta greco-romana) são identificados como masculinos, e outros (p. ex., patinação artística no gelo, ginástica e hóquei de campo), como femininos. Além disso, os ocidentais consideram que o esporte é importante e adequado para meninos; contudo, essa atitude nem sempre é estendida às meninas. Portanto, os adultos frequentemente permitem e incentivam brinquedos vigorosos, expansivos e de luta para meninos, enquanto desestimulam as meninas (ou até mesmo as punem) a correr, escalar ou se afastar dos pais (Campbell & Eaton, 2000; DiPietro, 1981; Eaton & Enns, 1986; Eaton & Keats, 1982; Fagot & Leinbach, 1983; Lewis, 1972; Liss, 1983; Lloyd & Smith, 1985; McBride-Chang & Jacklin, 1993). A sociedade

O **sexo** se refere às características biológicas utilizadas para determinar se os indivíduos devem ser classificados como masculinos ou femininos.

O **gênero** se refere às características sociológicas culturalmente definidas utilizadas para diferenciar o masculino do feminino.

Tipificação de gênero, ou estereotipação do papel do gênero, ocorre quando um dos pais ou outra pessoa incentiva atividades que são consideradas "adequadas a um gênero".

reforça brincadeiras restritas e sedentárias para as meninas; assim, muitas se abstêm de brincadeiras vigorosas (Greendorfer, 1983). Isso resulta em um número relativamente pequeno de meninas como participantes ativas de brincadeiras vigorosas e habilidosas. Apesar de a quantidade de garotas que participa de esportes no ensino médio ter aumentado muito desde a aprovação da *Title IX*, ainda é menos do que a metade do total de participantes (Stevenson, 2007). Além disso, as meninas abandonam mais a participação no esporte e em atividades após o ensino médio.

Por que essa questão de tipificação de gênero é importante para meninos e meninas? Para elas, esse envolvimento e essa prática limitados podem não lhes permitir o desenvolvimento das habilidades motoras em todo seu potencial. Mesmo aquelas que realmente participam podem sentir que grandes esforços e desempenho habilidoso são inadequados ao gênero. Isso, por sua vez, pode afetar a motivação de uma menina ou mulher em participar, treinar e lutar por altos padrões de desempenho que rivalizem com os dos meninos e homens. Ao mesmo tempo, os garotos podem ser levados a contragosto a praticar esportes adequados ao gênero. Pior ainda, podem abandonar a atividade física em vez de se sujeitarem a praticar um esporte típico do gênero, porém indesejado. Assim, essa influência social penetrante sobre a participação esportiva de meninos e meninas pode ser um fator em medidas de habilidade e aptidão que comparam os sexos. É importante levar em conta essa questão dentro do contexto de um modelo integrado de interação de restrições. O que parece ser, em meninos e meninas, diferenças de aptidão ou de habilidade com base na constituição fisiológica (sexo), pode, na realidade, estar relacionado a uma vida toda de influências estereotipadas (gênero) (Campbell & Eaton, 2000).

Apesar de uma crescente consciência durante as décadas de 1970 e 1980 de que esses papéis sociais podem limitar as oportunidades de as meninas aproveitarem os muitos benefícios da prática esportiva, os pais não parecem mudar seus padrões de contato com seus filhos. Pesquisas realizadas na metade da década de 1980 confirmaram que eles continuam tendendo a interagir diferentemente com os filhos e as filhas em ambientes recreativos (Power, 1985; Power & Parke, 1983, 1986; ver Williams, Goodman e Green, 1985, sobre meninas com comportamentos ditos de meninos). Por exemplo, os pais tendem a direcionar as brincadeiras de suas meninas, mas permitem aos meninos mais oportunidades de brincadeiras independentes e exploratórias (Power, 1985). Embora muitas mudanças pareçam ter acontecido durante a década de 1990, pesquisas continuam a indicar que meninos e meninas recebem mensagens estereotipadas sobre a participação em atividades físicas (Coakly, 1998; Eitzen & Sage, 2003). Algumas pesquisas durante o século XXI sugerem que esses papéis ainda não mudaram. Em um estudo de 2003, de McCallister, Blinde e Phillips, garotas no segundo segmento do ensino fundamental foram questionadas em relação a suas crenças e atitudes sobre meninos e meninas em atividades físicas e esportes. Eles descobriram que as garotas não só percebem os garotos como mais atléticos e fisicamente capazes, como associam a imagem de atleta a homens, além de perceberem uma garota atlética como algo negativo. Em geral, os pesquisadores descobriram que as crenças tradicionais e estereotipadas se mantiveram verdadeiras nessa amostra. Existem algumas indicações de que os tempos estão mudando: Royce, Gebelt & Duff (2003) descobriram que, em uma mostra de 565 estudantes universitários, tanto mulheres quanto homens perceberam atletas mulheres como respeitáveis. Em geral, a amostra do estudo não considerou as características feminina e atleta como mutuamente exclusivas, sugerindo uma mudança no estereotipo negativo associado às mulheres no esporte.

O que acontece com as meninas que desafiam os estereótipos dos modelos? Giuliano, Popp e Knight (2000) estudaram 84 universitárias da Divisão III, tanto atletas como não atletas. Descobriram que, quando crianças, as atletas tendiam a brincar com brinquedos e jogos "masculinos", eram consideradas molecas e brincavam sobretudo com meninos ou grupos de gênero misto, ao contrário das não atletas. Isso sugere que essas experiências "masculinas" iniciais, em vez de prejudicar as meninas de alguma forma, podem tê-las

Desenvolvimento Motor ao Longo da Vida **257**

encorajado a participar de atividades atléticas e físicas durante a universidade – e talvez após. Diante da importância de um estilo de vida fisicamente ativo, isso sugere que os pais queiram evitar a adesão rígida de suas filhas aos comportamentos típicos de gênero.

Pessoas significativas: os valores das pessoas agindo como restrições

Pessoas significativas ou **agentes socializadores** são as pessoas que provavelmente mais desempenham um papel no processo de socialização de um indivíduo – membros da família, pares, professores e técnicos (Fig. 12.3). As pessoas que atuam como agentes socializadores devem ser consideradas restrições porque incentivam ou desestimulam certos comportamentos motores. Esta seção examina como cada um desses grupos pode influenciar a participação no esporte e nas atividades físicas.

> **Pessoas significativas** ou **agentes socializadores** são membros da família, colegas, professores, técnicos e outros que estão envolvidos no processo de socialização de um indivíduo.

Podem as leis mudar as restrições? O efeito da *Title IX* na participação de meninas e mulheres no esporte

Antes de ser aprovada a *Title IX*, muito mais meninos do que meninas participavam de atividades atléticas no ensino médio. Em 1971, nos Estados Unidos, pouco menos de 300 mil mulheres participaram de esportes no ensino secundário *versus* quase 4 milhões de homens (Reith, 2004). Argumentava-se que os meninos eram biologicamente predispostos para participação nos esportes, isto é, mais garotos praticavam algum esporte porque o sexo era uma restrição do indivíduo que encorajava a participação em atividades atléticas. Esse argumento proporcionava um raciocínio biológico para oferecer mais oportunidades aos meninos do que para as meninas. Mas era de fato a biologia a razão para a vasta diferença no número de participantes, ou essa diferença foi socialmente construída? A *Title IX*, aprovada em 1972, ofereceu uma chance única para examinar essa questão. A Lei afirma: "Nenhuma pessoa nos Estados Unidos poderá ser, com base no sexo, impedida de participar, ter negados os seus benefícios e ser discriminada, em qualquer programa ou atividade educacional que receba auxílio financeiro federal". Em relação ao seu impacto no esporte, a lei obrigava que os programas lutassem por mais equidade de gênero na participação (para uma descrição total da *Title IX* e de seus impactos no esporte, veja Acosta e Carpenter [2008], ou Reith [2004]).

Os tempos mudaram desde 1971. Mais de 7 milhões de estudantes do ensino médio participaram de atividades atléticas em 2005 e 2006. Destes, 3 milhões eram meninas e 4,2 milhões eram meninos (Howard & Gillis, 2007; Stevenson, 2007). Esses números mostram que a participação em esportes no ensino médio se expandiu em ambos os sexos. Que tendências têm aparecido desde 1972 no tipo de esportes selecionados por esses estudantes? Parece que mais atletas do ensino médio – meninos e meninas – selecionam esportes neutros em relação ao gênero, enquanto esportes altamente relacionados ao gênero têm tendido a um aumento mais lento em participação (sendo o futebol a principal exceção dessa tendência; Stevenson, 2007). Em 1972, os meninos jogaram futebol americano mais do que qualquer outro esporte, seguido por basquetebol e atletismo. Estes permaneceram os esportes mais populares para meninos em 2004 e 2005, apesar de o beisebol e o futebol estarem crescendo em popularidade. Meninas participaram do basquetebol, do atletismo, do *softball* e do voleibol em maiores números. O aumento geral em participação e o aumento específico entre meninas sugerem que a restrição que desencorajava a participação não era do indivíduo, mas relacionada ao ambiente sociocultural.

FIGURA 12.3 Pessoas significativas, como técnicos, têm uma forte influência no processo de socialização no início da infância.

Os papéis que pais, pares, professores ou técnicos desempenham na socialização das crianças podem variar de acordo com o sexo do jovem. Além disso, o gênero da pessoa que serve como modelo para o comportamento pode influenciar de modo diferente a internalização desse comportamento pelas crianças. O resultado de tal socialização pode restringi-las a tipos muito específicos de atividades físicas, enquanto praticamente elimina outros.

Membros da família

Os familiares exercem uma influência fundamental no processo de socialização em atividades físicas, bem como em outras ocupações, em parte porque a influência da família começa muito cedo na vida da criança (Kelly, 1974; Pargman, 1997; Snyder & Spreitzer, 1973, 1978; Weiss & Barber, 1996). Na realidade, a família pode ser a única fonte de interação social que a criança tem – portanto, a fonte primária de restrições sociais. Desde as primeiras interações, os membros da família expõem suas crianças a certas experiências e atitudes. Por meio de gestos, apreciações e recompensas, eles reforçam os comportamentos considerados adequados e, ao mesmo tempo, punem aqueles inapropriados. O processo é sistemático, mas, de vez em quando, é tão sutil que os membros da família dificilmente se dão conta daquilo que comunicam à criança e de como o fazem.

Pais Quando alguém participa de atividades físicas após a primeira infância, provavelmente reflete os interesses e o encorajamento dos pais durante os primeiros anos de vida. Os genitores podem incentivar as crianças a se engajarem em atividades físicas ou sedentárias. Isso pode estar relacionado aos hábitos de participação dos pais (DiLorenzo, Stucky-Ropp, Vander-Wal & Gothman, 1998). À medida que a criança se torna fisicamente ativa, eles podem incentivar ou desestimular brincadeiras e, por vezes, esportes ou atividades físicas específicas. O envolvimento precoce dos pais pode levar o infante a uma vida de participação em atividades físicas (Weiss & Barber, 1996). Cerca de 75% das participantes eventuais no esporte se envolveram na atividade em questão por volta dos 8 anos de idade (Greendorfer, 1976; Snyder & Spreitzer, 1976). De fato, o melhor indicador de envolvimento esportivo do adulto é a participação em alguma modalidade durante a infância e a adolescência (Greendorfer, 1979; Loy, McPherson & Kenyon, 1978; Snyder

& Spreitzer, 1976). Podemos concluir, portanto, que a tendência inicial dos pais de aproximação ou afastamento das atividades físicas pode ter consequências duradouras. Apesar de a *Title IX* estar abrindo novas portas para meninas em termos de expectativas dos pais em relação a atividades de gênero, as coisas podem não ter mudado muito para os meninos. Em um estudo de 2007, Kane verificou que os pais perceberam a inconformidade de gênero em seus filhos pré-escolares como inicialmente positiva – mas somente dentro de uma faixa limitada para seus filhos homens. Ao mesmo tempo, os pais desse estudo relataram que era importante que seus filhos homens se adaptassem às normas padrão de masculinidade.

Cada um dos pais pode desempenhar diferentes papéis na socialização das crianças nas atividades físicas. Snyder e Spreitzer (1973) levantaram a hipótese de que um dos pais, aquele do mesmo sexo da criança, seja o mais influente em seu envolvimento esportivo. Além disso, McPherson (1978) sugeriu especificamente que as mães servem de modelo de papel no esporte para suas filhas. Essa noção foi apoiada por DiLorenzo e colaboradores (1998), que descobriram que, para as meninas das 8º e 9º anos do ensino fundamental, a atividade física de suas mães, bem como o apoio fornecido, foram indicadores para a atividade física. Alguns pesquisadores acreditam que os pais reforçam mais estritamente comportamentos adequados ao gênero que podem incluir participação esportiva para meninos (Lewko & Greendorfer, 1988). Greendorfer e Lewko (1978) identificaram os pais, e não as mães, como a principal influência no envolvimento esportivo de meninos e meninas. Em contraste, Lewko e Ewing (1980) descobriram que os pais influenciaram os meninos entre as idades de 9 e 11 anos que estavam muito envolvidos com esporte e que as mães influenciaram bastante as meninas envolvidas. A fim de se envolver com esporte, as meninas pareceram precisar de um nível mais alto de incentivo de suas famílias do que os meninos e necessitaram que esse incentivo viesse de muitos membros da família. Um padrão semelhante foi descoberto em crianças japonesas (Ebihara, Ikeda & Miyashita, 1983). Embora a pesquisa não aponte definitivamente um papel diferencial para mães e pais, os pais claramente influenciam e afetam a escolha de atividades físicas por seus filhos.

Durante as décadas de 1980 e 1990, a participação de meninas e mulheres no esporte e em atividades físicas se tornou mais reconhecida e disseminada. Além disso, tornou-se muito mais socialmente aceitável que as mulheres participassem de esportes (p. ex., futebol e hóquei no gelo) anteriormente tipificados para o gênero masculino. Por exemplo, em 2006-2007, mais de 5 mil meninas estudantes do ensino médio participaram de luta greco-romana, mais de 4 mil de *flag football* (uma versão do futebol americano que, em vez de derrubar o oponente, o adversário tem que pegar um lenço preso em sua cintura) e mais de 7 mil de hóquei sobre o gelo (Howard & Gillis, 2007)! As ligas esportivas para ambos os gêneros começaram a incluir divisões para adultos de diferentes idades e níveis de habilidade, refletindo um crescente interesse pelo esporte para além do ensino médio e da universidade. Além disso, há mais oportunidades para que mulheres e homens participem de atividades físicas não esportivas, variando do *spinning* à ginástica aeróbia, do *step* ao *cardio-kickboxing*. Esse aumento nos tipos e oportunidades de atividades para os pais provavelmente terá um efeito positivo na socialização da criança em atividades físicas.

Irmãos Os irmãos formam o primeiro grupo de brincadeiras da criança e, portanto, podem agir como agentes socializadores importantes na atividade física. Por exemplo, irmãos (Weiss & Knoppers, 1982) e irmãs (Lewko & Ewing, 1980) podem influenciar na participação esportiva das meninas. Estudos recentes sugerem que meninos afro-americanos veem atletas como seus modelos de atuação, e que seus irmãos servem para formar suas ideias de um modelo de atuação (Assibey-Mensah, 1998). Entretanto, algumas crianças e adolescentes relatam que os irmãos mais velhos não foram importantes em seu envolvimento esportivo (Greendorfer & Lewko, 1978; Patriksson, 1981). É possível que, para a maioria das crianças, os irmãos apenas reforcem o padrão de socialização em atividades físicas que está estabelecido pelos pais, em vez de agir como uma força socializante principal (Lewko & Greendorfer, 1988).

Como a raça, a etnia e outros fatores afetam o papel da família na socialização da atividade física? Vários pesquisadores chegaram a diferentes conclusões sobre a influência dos membros da família na socialização em atividades físicas. Greendorfer e Lewko (1978) tentaram esclarecer essas várias conclusões, investigando crianças de um amplo espectro de realidades sociais. Eles descobriram algumas diferenças significativas nos padrões de influência. As pessoas significativas que exerceram maior influência sobre a socialização em atividades físicas variaram bastante entre os jovens, de acordo com o sexo, a realidade social, a raça e a localização geográfica. Por exemplo, os pais foram influentes na socialização de meninos norte-americanos brancos quanto ao esporte, mas não em meninos afro-americanos (Greendorfer & Ewing, 1981). Em contraste, Lindquist e colaboradores (1998) descobriram poucas diferenças étnicas na atividade física de crianças quando classe social e realidade familiar foram controladas. Isso sugere que os papéis da raça, da etnia, da realidade social e de outros fatores na socialização da família são mais complexos e difíceis de caracterizar com base em um grupo. Na realidade, essa complexidade apoia nossa noção de desenvolvimento motor: agentes social e culturalmente específicos restringem, de diferentes maneiras, os comportamentos motores dos indivíduos, levando ao surgimento de diferentes comportamentos motores. Não devemos fazer generalizações sobre os agentes sociais, e sim lembrar que podem haver padrões diversos de influência.

Colegas

Os colegas de uma criança têm o potencial para reforçar ou enfraquecer o processo de socialização esportiva iniciado na família (Bigelow, Tesson & Lewko, 1996; Brown, Frankel & Fennell, 1990; Greendorfer & Lewko, 1978; Weiss & Barber, 1996). Se um grupo de colegas tende a participar de brincadeiras ou esportes ativos, cada um de seus membros são levados a tais atividades. Se o grupo prefere atividades passivas, os membros tendem a seguir essa tendência. Atletas adultos, em geral, relatam que grupos de pares ou amigos influenciaram o grau de participação esportiva quando estavam na escola, embora a força dessa influência variasse entre os esportes. O primeiro grupo de colegas que uma criança encontra é, em geral, para brincar. As crianças costumam se envolvem em tais grupos desde muito cedo, continuando neles durante seus primeiros anos escolares.

Meninos e meninas de vários países, incluindo Estados Unidos, Japão e Canadá, relatam que os colegas influenciaram sua participação esportiva durante a infância (Ebihara et al., 1983; Greendorfer & Ewing, 1981; Greendorfer & Lewko, 1978; Yamaguchi, 1984). Durante a pré-adolescência, as crianças entram em grupos mais formalizados, como grupos restritos ou gangues. Esses colegas continuam a ser influentes durante a adolescência (Brown, 1985; Brown, Frankel & Fennell, 1990; Butcher, 1983, 1985; Higgison, 1985; Patrick et al., 1999; Patriksson, 1981; Schellenberger, 1981; Smith, 1979; Weiss & Barber, 1996; Yamaguchi, 1984). Na realidade, Greendorfer (1976) descobriu que, entre as mulheres, o grupo de colegas foi o único agente socializador que influenciou no envolvimento esportivo durante todas as fases do ciclo de vida estudadas: infância, adolescência e adultez jovem. Outros agentes socializadores foram importantes em algumas idades, mas não em outras. Por exemplo, a família, tão importante para as crianças mais novas, é talvez menos influente na adolescência.

Geralmente, os colegas exercem uma influência mais forte na participação de times esportivos do que na de esportes individuais durante a infância e a adolescência (Kenyon & McPherson, 1973). Os grupos de colegas que apoiam crianças e adolescentes são geralmente compostos por indivíduos do mesmo sexo. Para adultos, em especial mulheres após o casamento, cônjuges e amigos do sexo oposto se tornam mais influentes no incentivo ou no desestímulo ao envolvimento em certas atividades (Loy et al.,

1978). Quando os indivíduos deixam a escola e entram em um novo ambiente social – o mercado de trabalho–, eles frequentemente abandonam seus grupos de colegas. Se o grupo era orientado para o esporte, uma redução no envolvimento esportivo poderá ocorrer. Novos grupos no local de trabalho, no entanto, podem estimular o envolvimento esportivo; o indivíduo poderá se juntar a um time em uma liga esportiva recreativa ou talvez participar de programas de exercícios recreativos oferecidos pela empresa (Loy et al., 1978).

É provável que o adulto comum de meia-idade, mesmo aquele que estava envolvido no esporte quando jovem, reduza a participação esportiva. Em um estudo recente, Ebrahim e Rowland (1996) descobriram que, das 704 mulheres (entre 44 e 93 anos) estudadas, somente 25% participaram de atividade vigorosa durante a semana anterior ao estudo. Essa tendência se deve, em parte, à falta de programas direcionados especificamente à terceira e à meia-idade, embora isso venha mudando nos últimos anos. Como a ênfase na aptidão física teve início no final da década de 1970, isso proporcionou maior acesso a programas de exercício e de recreação para membros dessas faixas etárias. Além disso, a participação do adulto no esporte e em programas de exercício tornou-se aceitável e até mesmo desejável nas sociedades ocidentais. Os grupos de pares parecem ser essenciais para a adesão ao exercício; assim, eles podem estar envolvidos na razão inicial para a participação em um grupo recreativo. Uma vez envolvidos, eles se mantêm participantes para fazer parte de um grupo de colegas.

A despeito da forte influência dos grupos sobre a participação no esporte ao longo da vida, não está claro se ser membro de um grupo orientado para o esporte sempre precede a participação – isto é, se uma pessoa é atraída para uma atividade física por causa do desejo de associar-se aos colegas. É possível que os indivíduos primeiro selecionem os grupos que preencham seus interesses, inclusive esportivos (Loy et al., 1978). Apesar de não estar claro o que ocorre primeiro, o interesse pelo esporte ou o desejo de fazer parte de um grupo provavelmente faz o indivíduo continuar a participar de grupos ativos. Parece que tanto os pares quanto a família desempenham um papel importante na socialização do esporte (Lewko & Greendorfer, 1988).

Treinadores e professores

Treinadores e professores também podem influenciar o envolvimento esportivo e a atividade física de um indivíduo (Greendorfer & Lewko, 1978). Atletas do sexo masculino relatam de forma consistente que os treinadores e professores influenciaram sua participação e a escolha de esportes, sobretudo quando eram adolescentes e jovens adultos (Ebihara et al., 1983; Kenyon & McPherson, 1973). Mulheres atletas relatam que os professores e os técnicos as influenciaram durante a infância (Greendorfer & Ewing, 1981; Weiss & Knoppers, 1982) e a adolescência (Greendorfer, 1976 e 1977). Entretanto, Yamaguchi (1984) descobriu que os professores da escola e os treinadores não foram influentes. Os participantes nomeiam poucas vezes os professores e técnicos como os agentes mais influentes em seu envolvimento esportivo; talvez seu papel seja o de fortalecer o processo de socialização esportiva iniciado pela família e pelos amigos.

 Adultos que não gostam de atividades com frequência relatam que tiveram pouca experiência de movimento, particularmente nas aulas de educação física, quando crianças. Tendo isso em mente, como você poderia, como professor de educação física, tratar os diferentes tipos de restrições para tornar o ginásio um ambiente de aprendizado mais positivo?

No entanto, professores e treinadores não deveriam subestimar seus potenciais para influenciar o envolvimento esportivo de seus alunos. Eles podem introduzir as crianças e os adolescentes a novas e excitantes atividades, bem como estimular os alunos a aprender

PONTO-CHAVE
Um grupo de colegas pode incentivar ou desestimular as atividades físicas. Como agentes socializadores, os grupos de colegas podem ser tão importantes quanto a família.

262 Restrições Sociais e Culturais no Desenvolvimento Motor

PONTO-CHAVE
É essencial que treinadores e professores entendam que têm influência na promoção ou dissuasão da participação em atividades físicas de seus jogadores e estudantes.

as habilidades e as atitudes associadas ao esporte. Contudo, professores e treinadores devem também reconhecer o potencial que têm para afastar os estudantes do esporte e da atividade física. Experiências ruins na escola podem ter consequências sobre o estilo de vida de uma pessoa (Snyder & Spreitzer, 1973). Tais experiências negativas são conhecidas como *socialização aversiva*; isso pode ocorrer quando professores ou treinadores envergonham as crianças diante de seus colegas, enfatizando demais os critérios de desempenho, o que prejudica a aprendizagem e o divertimento, e planejam atividades de classe que resultam em mais falhas do que sucesso. As crianças que vivenciam uma socialização aversiva naturalmente evitam atividades físicas e falham em aprender bem as habilidades; em consequência, qualquer tentativa de participação torna-se frustrante e desencorajadora.

Situações sociais

As situações nas quais as crianças passam seus anos de formação são uma parte do processo de socialização. Os ambientes recreativos, os jogos e os brinquedos que as crianças utilizam podem influenciar suas atividades posteriores.

Avaliando os comportamentos do técnico esportivo de jovens: técnicos como agentes socializadores

A prática de esportes por jovens teve crescimento constante no decorrer das décadas passadas (Smoll & Smith, 2001). Esse crescimento tem levado a uma demanda por treinadores que entendam as necessidades de jovens participantes. Lembre-se que treinadores podem ser agentes socializadores para crianças e jovens. Muitos dos sentimentos, valores e comportamentos que as pessoas apresentam em relação às atividades físicas vêm das suas experiências no esporte quando jovens. Um bom treinador pode facilitar experiências positivas pela vida inteira, assim como um treinador ruim pode levar os jovens a se afastar do esporte e das atividades físicas.

Frank Smoll e Ron Smith (2001) sugeriram que treinadores esportivos de jovens adotem uma filosofia de quatro partes, delineada para aumentar o prazer e os benefícios da participação das crianças no esporte. Eles afirmam que o principal objetivo do esporte de jovens é o divertimento. A seguir, apresentamos os quatro pontos:

1. Vencer não é tudo nem o único objetivo.
2. Falhar não é o mesmo que perder.
3. Sucesso não é sinônimo de vencer.
4. As crianças deveriam ser ensinadas que o sucesso só é alcançado lutando pela vitória (i.e., o sucesso está relacionado ao esforço).

Como os treinadores avaliam suas habilidades de tornar as atividades físicas uma experiência prazerosa e positiva para as crianças? Os técnicos podem entender melhor seus próprios comportamentos de treino através do automonitoramento. Para ajudar nesse processo, Smoll e Smith desenvolveram o Formulário para Autorrelato do Treinador (a seguir), que deve ser preenchido logo após cada prática ou jogo. Esse formulário auxilia os treinadores a avaliar a frequência de comportamentos desejados em situações esportivas. Junto com o *feedback* de fontes de informação, como outros instrutores ou professores, esse formulário pode melhorar a capacidade de um treinador para ser um agente socializador positivo de desportistas jovens.

Desenvolvimento Motor ao Longo da Vida **263**

Ambientes recreativos e jogos

Um ambiente adequado para brincar, como o pátio ou um *playground,* pode oferecer a situação social e o ambiente que a criança necessita para começar o envolvimento no esporte e nas atividades físicas. Espaços para brincar provavelmente também influenciam na escolha da atividade. Uma criança que não tem um espaço adequado para brincar tem uma oportunidade reduzida de se envolver em atividades e habilidades práticas. Essas restrições ambientais, portanto, desestimulam a participação no esporte e nas atividades motoras amplas. As crianças que crescem em áreas urbanas com espaços limitados para brincar se envolvem, tipicamente, com esportes e atividades que requerem pouco espaço e equipamentos, como o basquetebol. Climas mais frios oferecem a oportunidade da criança aprender a patinar no gelo, e climas mais quentes estimulam a prática da natação.

Ambientes de recreação podem também representar uma restrição sociocultural, especialmente se o espaço para brincar tem alguns valores associados ao gênero. Por sua vez, isso pode influenciar meninos e meninas a participar de atividades características do gênero. Por exemplo, pular corda encaixa-se no domínio "feminino"; um menino pode ser chamado de "maricas" por pular corda e, portanto, pode ser dissuadido de participar dessa atividade. Alguém poderá dizer para uma garota que certo esporte (como o futebol ameri-

---

Formulário para autorrelato do treinador

Complete este formulário o mais cedo possível após uma prática ou jogo.

Para os itens 1, 2 e 3, não pense somente no que você fez, mas também considere as situações nas quais as ações ocorreram e os tipos de atleta que estavam envolvidos.

1. Aproximadamente que porcentagem do tempo você respondeu com reforço às boas jogadas? _____

2. Aproximadamente que porcentagem do tempo você respondeu aos erros dos jogadores com cada uma das seguintes comunicações?
   a. Apenas encorajamento _____
   b. Instruções corretivas dadas de uma maneira incentivadora_____
      (A soma de *a* e *b* não deve exceder 100%).

3. Aproximadamente quantas vezes você apoiou os atletas por demonstrar esforço, cumprir as regras do time, incentivar colegas, mostrar espírito de equipe e exibir outros bons comportamentos?

4. Como seu time jogou esta noite (circule um)?
   muito mal   não muito bem   na média   bem   muito bem

5. A experiência dessa prática/jogo foi positiva para as crianças?
   muito negativa   pouco negativa neutra   pouco positiva muito positiva

6. A experiência dessa prática/jogo foi positiva para você?
   muito negativa   pouco negativa neutra   pouco positiva muito positiva

7. Existe alguma coisa que você faria diferente se tivesse a chance de repetir essa prática/jogo? (Se sim, explique brevemente).

Reimpresso, com permissão, de Williams, 2001, *Applied sport psychology: Personal growth to peak performance,* 4th ed. (New York: McGraw-Hill Companies). Copyright McGraw-Hill Companies Inc.

cano) é inadequado para meninas e que ela pode ser rotulada de "machona" se praticá-lo. A sociedade ocidental tem tradicionalmente considerado certos tipos de jogos apropriados para os meninos, mas não para as meninas, e vice-versa. Essa rotulação é visível, sobretudo à medida que as crianças entram na adolescência.

A pressão para participar de jogos com um papel adequado ao gênero influencia as oportunidades que as crianças têm de praticar habilidades. Tradicionalmente, jogos de meninos são complexos e envolvem o uso de estratégia. Os participantes são incentivados a trabalhar duro a fim de atingir metas específicas e utilizar a negociação para disputar o estabelecimento das regras. Em geral, os jogos tradicionais de meninas, entretanto, não são competitivos e, em vez de incentivar a interdependência dos membros do grupo, envolvem esperar a sua vez para desempenhar tarefas repetitivas e simples, como pular corda ou brincar de amarelinha. Tais jogos e brincadeiras raramente dão às meninas a oportunidade de aumentar a complexidade da brincadeira ou de desenvolver habilidades cada vez mais difíceis. Na verdade, esses jogos terminam porque o interesse na participação se perde, e não porque uma meta foi alcançada (Greendorfer, 1983).

Hoje, mais e mais crianças participam de atividades que não são "adequadas ao gênero" (Giuliano et al., 2000). Além disso, alguns esportes e atividades, como futebol e ginástica aeróbia, estão perdendo suas associações específicas de gênero. Contudo, a tipificação do gênero de esportes e de atividades físicas continua a existir e a agir como uma forte restrição nas atividades de movimento. Os educadores devem ter em mente que um ambiente de recreação que canalize meninos e meninas para jogos com papel tipificado de gênero perpetua uma situação na qual apenas os garotos podem desenvolver melhores habilidades motoras complexas.

Brincar com brinquedos

Imagine-se como uma criança entrando em uma loja de brinquedos. O que você percebe? Cores brilhantes e sons altos que o atraem em direção aos brinquedos que prometem instruí-lo, engajá-lo e estimulá-lo. Como criança (ou mesmo adulto), você pode não se dar conta de que esses brinquedos são parte do processo de socialização. É isso mesmo: até os brinquedos são restrições! Eles podem incentivar as crianças a ser ativas ou inativas. Por exemplo, um disco ou uma bola *koosh* estimulam a criança a arremessar, receber e desenvolver um arremesso preciso. Entretanto, um jogo de tabuleiro ou uma boneca incentivam o brincar sedentário. Os brinquedos podem também estimular as crianças a imitar figuras esportivas. Por exemplo, há bonecas Barbie líderes de torcida do basquetebol e do futebol americano e bonequinhos da federação mundial de luta livre. Ao mesmo tempo, jogos e *videogames* podem estimular o esporte sem promover qualquer atividade física. Obviamente, cada tipo de brinquedo tem suas vantagens, mas alguns facilitam a socialização das crianças no esporte e nas atividades físicas mais do que outros.

 Considere um brinquedo popular atualmente, como o *Easy Bake Real Meal Oven* (forno de brinquedo), o *Webkinz* (bichos de pelúcia com réplicas virtuais no *website* da companhia) ou o *Nerf N-Strike Disk Shot* (um jogo de tiros que utiliza projéteis e alvos em movimento). Se você fosse mãe ou pai, como esses brinquedos poderiam encorajar certos comportamentos e desestimular outros em seu filho?

Os brinquedos também são um meio pelo qual a tipificação de gênero pode ocorrer no processo de socialização. Por exemplo, aqueles que apresentam um *marketing* voltado para meninos tendem a ser mais complexos e a incentivar atividades mais vigorosas do que aqueles com um *marketing* voltado para meninas. O brinquedo típico delas, como uma boneca ou um conjunto de cozinha, promove a brincadeira calma dentro de casa (Greendorfer, 1983; Liss, 1983). A tipificação do gênero pelos brinquedos está bem fortalecida na sociedade, e mesmo crianças com menos de 2 anos podem estar cientes da associação de brinquedos ao gênero (Levy, 2000). Em uma série de estudos publicados em 2005, Blakemore e Centers entrevistaram estudantes de graduação para determinar suas percepções da conveniência de certos brinquedos e descobrir como eles classificaram as características dos brinquedos. Os participantes associaram os brinquedos de meninas a atração física, cuidado e habilidades domésticas; já os de meninos a violência, competição, excitação e, até certo ponto, perigo (Blakemore & Centers, 2005). Os fabricantes geralmente utilizam estratégias de tipificação do gênero para anunciar seus produtos. Por exemplo, comerciais ou pacotes de programas para equipamentos de esportes, conjuntos de carros de corrida e *videogames* orientados para a ação caracterizam meninos, e aqueles para bonecas mostram a figura de uma menina (Fig. 12.4). Observe com cuidado as propagandas de televisão durante o dia – a maioria visa meninos ou meninas, mas não ambos. Esses empreendimentos de *marketing* influenciam as crianças, bem como seus pais.

Os pais também gostam de dar a seus filhos os mesmos tipos de brinquedo com que brincavam quando crianças, tendendo a perpetuar a tradicional tipificação de gênero. Por exemplo, um pai pode comprar um caminhão de madeira para seu filho, lembrando as horas que passou com um desses quando era criança – apesar de brinquedos mais complexos e modernos, e potencialmente menos estereotipados em relação ao gênero, existirem no mercado. Além disso, os pais podem incentivar a tipificação de gênero reforçando negativamente o brincar com brinquedos que eles julgam ser inapropriados ao gênero (Fagot, 1978), como dizer aos meninos para não brincar com bonecas. Raag e Rackliff (1998), em um estudo sobre tipificação de gênero, brinquedos e pré-escolares, descobriram que muitos dos meninos julgavam que seus pais perceberiam brinquedos tipificados de gênero cruzado como algo "ruim". Raag (1999) também descobriu que as crianças com um pai ou outra pessoa importante que via os brinquedos neutros em relação ao gênero como "ruins" eram bastante influenciadas por rótulos de brinquedos tipificados quanto ao gênero. Tal tipificação de gênero por meio de brinquedos é um processo de mudança lenta, e há pouca evidência de mudança no decorrer das últimas décadas (Blakemore & Centers, 2005; Campenni, 1999; Eisenberg, Welchick, Hernandez & Pasternack, 1985; Lloyd & Smith, 1985; Marcon & Freeman, 1999). Em um estudo único, Pennell (1999), disfarçado de duende do Papai Noel, questionou 359 homens e 417 mulheres de várias idades e etnias sobre suas escolhas de brinquedos. Pennell descobriu que as meninas e, até certo ponto, os meninos tiveram fortes preferências por brinquedos tipificados quanto ao gênero.

FIGURA 12.4 A propaganda de brinquedos é geralmente tipificada quanto ao gênero.

Nos últimos anos, a nossa sociedade tornou-se mais consciente das muitas formas pelas quais as crianças são tipificadas quanto ao gênero e das implicações desse processo. Mesmo assim, há poucas evidências de qualquer mudança substancial de afastamento da tipificação de gênero (Banerjee & Lintern, 2000; Blakemore & Centers, 2005; Pennell, 1999; Turner & Gervai, 1995; Turner, Gervai & Hinde, 1993; Weisner, Garnier & Loucky, 1994). Os professores devem perceber que influenciam esse aspecto da socialização (Fagot, 1984). Mais uma vez, a evidência mostra que os docentes continuam a se comportar de maneira diferente em relação ao brincar de meninos em comparação ao das meninas (Fagot, 1984; Oettingen, 1985; Smith, 1985). Eles podem reforçar a tipificação inicial de gênero continuando a rotular certas atividades como mais importantes ou mais adequadas para determinado sexo do que para o outro. Eles podem escolher diferentes atividades para meninos e meninas, ou podem fazer todas as tentativas possíveis de eliminar tais distinções e permitir que cada indivíduo explore o seu potencial total. É provável que tais decisões e expectativas do dia a dia se acumulem ao longo do tempo para reduzir diferenças no desenvolvimento motor de meninos e de meninas, canalizando suas oportunidades de prática (Brown et al., 1990; Brundage, 1983; Giulano et al., 2000; Greendorfer & Brundage, 1984).

Outras restrições socioculturais: raça, etnia e *status* socioeconômico

Neste capítulo, descrevemos algumas restrições relacionadas ao gênero como socialmente construídas, em vez de biologicamente definidas. Por exemplo, a noção de que meninas são mais frágeis que meninos está estabelecida com firmeza na cultura ocidental, apesar de existir pouca evidência biológica para sustentar isso (lembre-se de que existem poucas diferenças fisiológicas entre meninos e meninas antes da puberdade). Noções socialmente construídas também vão além das diferenças de gênero, nos domínios da raça, da etnia e do *status* socioeconômico. Com frequência, é difícil distinguir entre restrições socioculturais (p. ex., atitudes culturais prevalentes) e restrições do indivíduo (p. ex., funcionamento fisiológico), porque a pesquisa pode não apresentar delimitações completamente definidas, como raça, classe ou etnia. Por exemplo, raça e etnia são com frequência utilizadas juntas, mas não são equivalentes. Características raciais são biologicamente embasadas e se relacionam a semelhanças genéticas dentro de grupos, enquanto características étnicas são culturalmente baseadas e se relacionam a semelhanças culturais que conectam grupos. Raça e etnia podem coincidir (é provável que indivíduos biologicamente semelhantes que vivem em um local geográfico particular compartilhem a cultura), o que torna seu estudo independente muito difícil.

 Considere maneiras pelas quais um *status* socioeconômico baixo pode encorajar certos comportamentos e desencorajar outros.

Além disso, classe social e *status* socioeconômico são associados a certas características que podem ir além de raça e etnia. Como todos esses fatores se interrelacionam, é difícil identificar restrições como estritamente socioculturais ou individuais quando se considera o *status* socioeconômico. É melhor considerar as relações desse *status* com outros fatores quando se estiver buscando a influência das restrições. Por exemplo, crianças que vêm de um *status* socioeconômico mais baixo podem ter menos acesso a esportes organizados e a atividades físicas, particularmente aqueles que exigem equipamentos caros (p. ex., hóquei no gelo) ou aulas (p. ex., *figure skating* ou tênis) e comprometimento de tempo muito longo dos pais. Como resultado, essas crianças podem não obter as experiências e práticas associadas a tais atividades. Devemos considerar a pesquisa sobre raça, etnia e *status* socioeconômico de um ponto de vista levemente diferente – um que examina as diferenças entre grupos sem sugerir *a priori* que as diferenças sejam biológicas por natureza. Essa abordagem nos permite examinar a influência potencial em uma variedade de restrições sem limitar nossa interpretação ao "fato biológico" (que pode, na realidade, ser uma suposição). Malina, Bouchard e Bar-Or (2004) oferecem uma extensa revisão da pesquisa histórica e contemporânea associada a diferenças físicas baseadas em raça, etnia e *status* socioeconômico.

Resumo e síntese

Os humanos são seres sociais, isto é, os indivíduos constantemente interagem e dependem de outros como parte da vida diária. As pessoas formam grupos, que podem ser pequenos (famílias), médios (times esportivos, agremiações de uma cidade) ou grandes (cidadãos de um país). Em geral, esses grupos têm valores, morais, regras e outros fatores que criam uma atmosfera social distinta, sob a qual os membros do grupo vivem. Portanto, diferentes grupos e membros de um grupo agem como agentes socializadores, que, em conjunto com as situações sociais, encorajam o que é visto como desenvolvimento motor adequado social e culturalmente. Como você esperaria, essas restrições socioculturais interagem com restrições funcionais do indivíduo para influenciar a motivação, a autoestima e os sentimentos de competência para executar uma tarefa. Esses tipos de interação entre restrições serão explorados no Capítulo 13.

Reforçando o que você aprendeu sobre restrições

Dê uma segunda olhada

Não devemos desconsiderar os efeitos de nosso ambiente social e cultural ou a influência da tipificação de gênero sobre o desenvolvimento motor. No início da década de 1970, meninos participavam de esportes como hóquei de campo, ginástica, voleibol e *softball* em números muito maiores do que os de hoje. Após a lei *Title IX* ser aprovada nos Estados Unidos, as meninas começaram a participar desses esportes em maior número. Talvez o aumento da participação de meninas tenha levado à visão estereotipada de gênero desses esportes como "femininos" e, por sua vez, a uma queda na participação dos meninos. No entanto, com a participação de Andrew Zayac, Jon Geerts e outros modalidades em esportes como o hóquei de campo, as restrições socioculturais provavelmente mudarão, encorajando, por fim, um número maior de indivíduos a praticar mais esportes.

Teste seu conhecimento

1. Quais são os agentes socializadores que mais provavelmente influenciam a socialização das crianças no esporte e nas atividades físicas?
2. Como poderia a visão estereotipada do papel de gênero resultar em um menor número de mulheres praticando esportes e atividades físicas?
3. Explique como os brinquedos fazem parte do processo de socialização.
4. Qual é a diferença entre "sexo" e "gênero", e por que tal distinção tem importância no contexto do desenvolvimento motor?
5. Descreva os papéis de pessoas significativas no transcurso da infância e da adolescência.
6. Como as restrições socioculturais funcionam em relação ao nosso modelo de desenvolvimento motor? Cite alguns exemplos específicos.

Exercício de aprendizagem 12.1

Observando restrições socioculturais na internet

Um dos benefícios da internet é que obtemos acesso imediato a informações sobre muitas sociedades e culturas. Após uma pequena busca, torna-se claro que muitas sociedades e culturas promovem atividades variadas para seus membros – esportes, por exemplo, ou a idade em que algumas atividades são consideradas apropriadas, ou, ainda, os papeis observados como adequados para homens e mulheres, etc. Nessa atividade de aprendizado, você irá utilizar a internet para explorar vários países e identificar restrições socioculturais específicas de cada um deles.

1. Você já imaginou que o seu desenvolvimento motor poderia ser diferente se tivesse crescido em outra sociedade ou cultura? Nesse exercício você irá se imaginar como um colega da mesma idade de cada um dos seis continentes: África, Ásia, Austrália, Europa, América do Norte e América do Sul. Para começar, escolha um país de cada continente. Não selecione o país em que você vive.

2. A seguir, visite pelo menos dois endereços eletrônicos de cada país, bem como dois endereços eletrônicos sobre cada um deles (p. ex., a partir de uma enciclopédia ou de um guia de viagem). Lembre-se de registrar as URLs desses endereços eletrônicos para referências futuras. Quanto mais endereços você visitar, mais informação irá obter para o seu trabalho.

3. Para cada país, identifique as restrições socioculturais específicas para aquela sociedade ou cultura.

4. Para cada país, desenvolva como poderia ser seu perfil biográfico se você tivesse nascido e crescido nesse local. Concentre-se nas restrições socioculturais. Como você seria? Como sua vida e seu desenvolvimento motor seriam diferentes de um país para o outro? Como seria o seu desenvolvimento motor em comparação ao seu desenvolvimento verdadeiro em seu país de origem? Quais as semelhanças entre suas vidas nos vários países?

Restrições Psicossociais no Desenvolvimento Motor

Restrições indivíduo – ambiente

 OBJETIVOS DO CAPÍTULO

- Discutir o efeito da autoestima sobre a motivação para participar de esportes e atividades físicas.
- Examinar as atribuições das crianças tanto para o sucesso quanto para o fracasso na atividade física.
- Explorar as relações entre as influências sociais e os sentimentos de autoestima de um indivíduo.
- Investigar por que os indivíduos persistem ou abandonam o esporte.

Desenvolvimento motor no mundo real

Projeto ACES e a maior aula de exercício do mundo

O dia 1 de maio de 2013 marcou o vigésimo quinto aniversário do Projeto ACES (*All Children Exercises Simultaneously*) (todas as crianças se exercitando simultaneamente). Naquele dia, milhões de estudantes em todo o globo terrestre se exercitaram ao mesmo tempo (às 10h da manhã em cada localidade), em um gesto simbólico de aptidão física e unidade. Esse programa não competitivo comprovou ser educativo, motivacional e divertido. Quando Len Saunders criou o Projeto ACES, em 1989, ele não tinha ideia de que alcançaria a magnitude e o sucesso de hoje. O programa tem sido elogiado por presidentes dos Estados Unidos, incluindo Barak Obama, Bill Clinton, George Bush e Ronald Reagan, bem como de governadores, senadores e celebridades do esporte e do entretenimento, além de ter sido endossado por grupos como o Colégio Americano de Medicina Esportiva e o Conselho da Presidência sobre Boa Forma e Nutrição. O projeto ACES atingiu milhões de crianças, pais e professores em todo mundo, incluindo participantes de mais de 50 países (a página na internet do projeto pode ser encontrada em www.lensaunders.com/aces/index.html).

O objetivo do Projeto ACES é motivar crianças a participar diariamente de atividades físicas. A crença é de que experiências boas com atividades físicas na infância levarão à participação contínua no decorrer da vida, o que, por sua vez, resultará em uma existência mais saudável. Nos Estados Unidos, o foco em saúde e em atividades físicas pelo governo (p. ex., Healthy People 2010) pode ter ajudado a aumentar o número de cidadãos que escolheu se exercitar. De 2001 a 2005, mais mulheres (de 8,3 a 46,7%) e homens (de 3,5 a 49,7%) relataram que se exercitaram regularmente; esses números são coerentes com a meta Healthy People 2010 de uma taxa de atividade da população de 50% (Centers for Disease Control and Prevention, 2007). Mesmo assim, apesar dos ganhos em participação, mais da metade da população dos Estados Unidos não se exercita regularmente.

Por que alguns indivíduos participam de atividades físicas regularmente, enquanto outros as evitam? Temos passado grande parte do nosso livro descrevendo comportamentos motores apresentados pelos indivíduos com desenvolvimento típico. No entanto, ainda temos de discutir um tipo de restrição – a restrição funcional do indivíduo – que pode alterar drasticamente o tipo e a quantidade de atividade física pessoal, bem como afetar o aparecimento de movimento ao longo do tempo. Uma restrição funcional do indivíduo não é uma estrutura anatômica específica, mas uma construção psicológica, tais como motivação, autossuficiência ou emoção. Em geral, agentes socializadores, tais como pais ou colegas, desempenham forte papel no desenvolvimento das restrições funcionais de uma pessoa. Portanto, consideremos a interação entre as restrições socioculturais e funcionais do indivíduo.

Como observado no capítulo anterior, o ambiente social ou cultural pode encorajar ou desencorajar comportamentos específicos. Certamente, essas restrições ambientais têm diferentes efeitos sobre diferentes indivíduos. Uma pessoa pode não participar de uma atividade em função de influências dos pais, no sentido de desestimularem a prática do esporte; outra pode participar *em função* dessas mesmas influências, como ato de rebeldia. Este capítulo explora a interação entre fatores sociais e restrições funcionais, tais como emoções, capacidade percebida, motivação e outros atributos pessoais. Uma restrição funcional essencial relacionada à atividade física é a autoestima.

Autoestima

Todos os indivíduos se avaliam em diferentes áreas, tais como capacidade física, aparência física, capacidade acadêmica e habilidades sociais. Esses autojulgamentos são chamados por diferentes nomes, incluindo autoestima, autoconceito, autoimagem, valor próprio e autoconfiança. Este capítulo utiliza o termo **autoestima**. A autoestima é o nosso julgamento pessoal a respeito da própria capacidade, significância, sucesso e valor. Ela é transmitida aos outros por meio de palavras e ações (Coopersmith, 1967). Se suas autoavaliações forem imprecisas ou não, isso não é tão importante para a sua autoestima como a sua *crença* de que elas são precisas (Weiss, 1993). Outros podem identificar o seu nível de autoestima por aquilo que você lhes diz, bem como por seus comportamentos não verbais ao aderir a certas atividades ou evitá-las. Por exemplo, alguém com autoestima alta para uma atividade física provavelmente não a evitaria, e essa é uma das razões pelas quais a autoestima é tão importante. Ela influencia a motivação do indivíduo para se engajar e persistir em certas atividades, e, na verdade, os pesquisadores descobriram uma alta correlação entre a atividade física e a autoestima (McAuley, 1994; Sonstroem, 1997).

A autoestima não é somente uma percepção geral. Ela é específica de **domínios** – isto é, áreas ou situações. Por exemplo, um adolescente poderá se avaliar como alto nos domínios físico e social, mas baixo nos domínios acadêmicos. Dentro de cada domínio, os indivíduos podem diferenciar suas capacidades até em níveis mais específicos (Fox & Corbin, 1989). A capacidade acadêmica pode ser percebida em termos de capacidade em matemática, escrita, línguas estrangeiras e assim por diante. Este capítulo enfatiza as autoavaliações no domínio físico relacionadas às habilidades físicas.

Os profissionais interessados em motivar as pessoas a serem ativas devem entender a autoestima e os fatores que influenciam seus julgamentos a respeito de suas próprias capacidades. Aqueles que trabalham com crianças devem saber como a autoestima se desenvolve, e aqueles que trabalham com pessoas de qualquer idade devem estar cientes dos critérios que elas utilizam como base para suas avaliações, bem como se esses critérios se alteram à medida que o indivíduo envelhece.

> **Autoestima** é o julgamento pessoal que se faz a respeito da própria capacidade, significância, sucesso e valor; ela é transmitida aos outros por meio de palavras e ações (Coopersmith, 1967). É a autoavaliação geral e em áreas específicas.
>
> Um **domínio** é uma área ou uma esfera de influência independente, como a social, a física ou a acadêmica.
>
> **PONTO-CHAVE**
> A autoestima influencia na participação no esporte e em atividades físicas, além de influenciar no domínio de habilidades. Ela se torna mais precisa à medida que a pessoa envelhece. Ao longo do tempo, a autoestima de um indivíduo em um domínio se aproxima mais de suas capacidades reais.

O desenvolvimento da autoestima

A autoestima das crianças é amplamente influenciada por comunicações verbais e não verbais daqueles que lhes são significativos, incluindo pais, irmãos, amigos, professores e treinadores (Fig. 13.1). Comentários verbais, como "muito bem" ou "por que você não consegue fazer melhor?", são fontes de informação, assim como o são as expressões faciais e os gestos (Weiss, 1993). As crianças provavelmente se comparam às demais, e os resultados dessa avaliação influenciam a autoestima. Essas avaliações e comparações, entretanto,

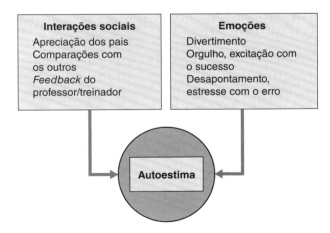

FIGURA 13.1 As interações sociais e as emoções influenciam o desenvolvimento da autoestima para o desempenho físico. Elas podem ser verbais e não verbais.
Baseada em, Horn 1997

> ### Medindo a autoestima em crianças
>
> Parece muito mais fácil para os desenvolvimentistas medir corrida, saltos, força e flexibilidade do que autoestima em crianças. Susan Harter (1985) utiliza um formato de questão ("Algumas crianças... MAS outras crianças...") para medir as autopercepções dos infantes. Por exemplo, um par de sentenças é: "Algumas crianças sentem que são melhores do que outras de sua idade nos esportes, MAS outras não sentem que podem jogar tão bem". Após cada sentença, há dois quadrados: um rotulado *realmente verdadeiro para mim* e outro rotulado *mais ou menos verdadeiro para mim*. As crianças marcam um dos quadrados, indicando quais crianças elas percebem como sendo parecidas com elas mesmas e em que grau.
>
> O Self-Perception Profile for Children (perfil de autopercepção para crianças) de Harter contém 36 diferentes sentenças para cinco domínios específicos (competência acadêmica, competência atlética, aceitação social, aparência física e conduta comportamental) e um escore global para valor próprio. Esse perfil é adequado para crianças com idades de 8 anos até o início da adolescência. Para aquelas com menos de 8 anos, Harter e Pike (1984) desenvolveram uma escala ilustrada. Em vez de duas sentenças, são apresentadas duas figuras: uma delas mostra uma criança competente ou aceita; a outra, uma criança não aceita ou uma que é incapaz de realizar a tarefa. As crianças dizem se são muito ou pouco parecidas com aquela da figura. Portanto, a escala mais concreta é feita para crianças pequenas e pode ser aplicada para aquelas que não conseguem ler ou entender as sentenças escritas. A escala ilustrada avalia quatro domínios: competência cognitiva, competência física, aceitação dos colegas e aceitação materna. As escalas disponíveis para adolescentes e adultos cobrem um número maior de domínios.

não têm a mesma influência ao longo da vida, e esta seção examina como o padrão de influência pode se alterar.

 Imagine que você seja um fisioterapeuta. A melhora da autoestima de seus pacientes será sua principal preocupação no trabalho. Por quê?

Interações sociais

Crianças de 5 anos já podem se comparar às outras (Scanlan, 1988), mas, até os 10 anos, dependem mais da apreciação dos pais e de resultados de disputas do que de comparações (Horn & Hasbrook, 1986 e 1987; Horn & Weiss, 1991). Crianças mais jovens não são tão precisas quanto os adolescentes na avaliação de suas competências físicas. O nível de motivação intrínseco e o grau com que as crianças acreditam que controlam suas vidas influenciam na precisão das percepções de suas capacidades físicas. Crianças com mais de 10 anos confiam em comparações e avaliações feitas por seus colegas. A competência percebida é importante uma vez que indivíduos com altas percepções de competência tendem a apresentar mais reações positivas no esporte e nas atividades físicas do que aqueles que se sentem menos competentes (Weiss & Ebbick, 1996).

Feedback e avaliações dos professores e treinadores contribuem para o desenvolvimento da autoestima no domínio físico (Smoll & Smith, 1989). Por exemplo, atletas masculinos de 10 a 15 anos de idade apresentam alta autoestima quando jogam com treinadores que oferecem incentivos frequentes e *feedback* corretivo (Fig. 13.2), sobretudo se os atletas começam com uma autoestima relativamente baixa (Smith, Smoll & Curtis, 1979). A apreciação do treinador e as autopercepções de melhoria também influenciam adolescentes do sexo feminino, mas o padrão da influência dos treinadores é interessante. Em um estudo de Horn (1985), a autoestima não aumentou quando as meninas receberam reforço dos treinadores após desempenhos bem-sucedidos. Em vez disso, um aumento na competência percebida foi associado à crítica. Ao que parece, os comentários positivos dos treinadores foram gerais e não se relacionaram especificamente ao desempenho das meninas, enquanto as críticas foram associadas a um erro de habilidade, sendo incluída, muitas vezes, uma sugestão para melhoria. Portanto, treinadores e professores não podem esperar que uma apreciação global aumente automaticamente a autoestima de uma criança. O *feedback* deve se relacionar ao desempenho (Horn, 1986; 1987).

Emoções

O desenvolvimento da autoestima também está associado às emoções ligadas à participação. O orgulho e a excitação associados ao sucesso, assim como a decepção e o estresse por causa de um fracasso, influenciam a autoestima e a motivação de uma pessoa em continuar participando (Weiss, 1993). Isso, certamente, não está associado apenas ao esporte, mas a todas as atividades físicas. O divertimento leva a altos níveis de autoestima e à motivação para participar. Por sua vez, as percepções de alta capacidade e domínio, as poucas cobranças dos pais e a maior satisfação dos pais/treinadores levam à satisfação na pré-adolescência e na adolescência (Brustad, 1988; Scanlan & Lewthwaite, 1986; Scanlan, Stein & Ravizza, 1988).

FIGURA 13.2 O *feedback* de um professor ou treinador pode contribuir para o desenvolvimento de uma importante restrição individual: autoestima.

A relação entre as atribuições causais e a autoestima

A autoestima pode influenciar o comportamento porque as pessoas tendem a agir de formas que evidenciam suas crenças a respeito de si próprias; isto é, as pessoas tendem a ser autoconfiantes. Se você tem baixa competência percebida e baixa autoestima envolvendo sua capacidade de desempenhar uma habilidade, sua tendência será realizar a habilidade com baixa competência. Essas crenças frequentemente são evidentes nas explicações dadas pelos indivíduos para seus sucessos ou fracassos, chamadas de **atribuições causais**. Pessoas de qualquer idade com elevada autoestima tendem a fazer atribuições que são:

- *internas,* acreditando que influenciam as respostas por meio de seus próprios comportamentos;

Atribuições causais são as explicações às quais as pessoas creditam seus sucessos e fracassos. Elas são diferentes para pessoas com alta e baixa autoestima.

Restrições Psicossociais no Desenvolvimento Motor

- *estáveis,* acreditando que os fatores que influenciam os resultados são consistentes de situação para situação;
- *controláveis,* acreditando que elas mesmas controlam os fatores que influenciam o resultado.

Por exemplo, os competidores com elevada autoestima atribuem seu sucesso ao seu talento (interna), pensam que podem vencer de novo (estável) e acreditam ser responsáveis por seus sucessos, que não dependem meramente de sorte (controlável). Eles veem suas falhas como temporárias e as encaram com esforço renovado e prática continuada para melhorar as habilidades.

No entanto, pessoas com baixa autoestima atribuem o sucesso a fatores que são:

- *externos,* acreditando que não podem mudar os resultados;
- *instáveis,* acreditando que o resultado é um produto de influências que variam, como boa e má sorte;
- *incontroláveis,* acreditando que nada que façam pode produzir um resultado diferente.

Em geral, os competidores com baixa autoestima atribuem a derrota à falta de capacidade e a vitória à sorte ou à suposta facilidade da tarefa, passível de ser vencida por qualquer um.

Examinar as atribuições causais pode nos ajudar a entender o comportamento adulto, mas poucos pesquisadores têm estudado as atribuições causais de crianças no esporte e nas atividade físicas. Essa informação é muito importante porque as crianças estão no processo de desenvolvimento da autoestima. Temos observado que elas utilizam diferentes fatores em sua autoavaliação à medida que se desenvolvem. Portanto, devemos nos preocupar com a precisão de suas autoavaliações, bem como com os papéis que os adultos desempenham para auxiliá-las na elaboração de atribuições adequadas.

Atribuições das crianças

A escassa informação disponível sobre mudanças relacionadas à idade nas atribuições dadas por crianças indica que aquelas com 7 a 9 anos atribuem os resultados ao esforço e à sorte mais do que as crianças mais velhas e adolescentes (Bird & Williams, 1980). Esses fatores são instáveis. As crianças desse estudo reagiram às narrativas que os pesquisadores ofereceram, em vez de reagir aos resultados reais que vivenciaram, e um estudo mais recente não conseguiu descobrir diferenças associadas à idade nas atribuições após participação real (Weiss, McAuley, Ebbeck & Wiese, 1990). Como as crianças mais novas podem não ser capazes de distinguir muito bem capacidade e esforço, mais informações sobre diferenças de idade são necessárias.

PONTO-CHAVE
É provável que crianças que percebem suas capacidades físicas como baixas não persistam nas atividades físicas nem se deem conta dos benefícios de saúde e psicossociais associados (Weiss, 1993).

As diferenças realmente existem nas atribuições feitas por crianças que diferem em suas competências físicas percebidas (Weiss et al., 1990). Como esperado, as crianças com autoestima física elevada atribuíram razões internas, estáveis e controláveis para o sucesso. Suas atribuições para o sucesso são mais estáveis, e suas expectativas futuras para o sucesso são mais altas do que aquelas de crianças com baixa autoestima física. Como já mencionamos, as crianças variam na precisão de suas estimativas físicas (Weiss & Horn, 1990). As meninas que subestimam (em vez de estimar precisamente ou superestimar) suas capacidades físicas em geral escolhem habilidades menos desafiadoras e atribuem os resultados a fatores externos. Os meninos que subestimam suas capacidades físicas relatam pouco entendimento dos fatores responsáveis pelo sucesso ou pelo fracasso. As crianças com baixas percepções de suas capacidades físicas e que também tendem a subestimar suas capacidades provavelmente fazem atribuições imprecisas sobre os resultados de seus esforços. Seus comportamentos são caracterizados por:

- falta de vontade em tentar tarefas desafiadoras;
- falta de esforço para realizá-las bem;
- fuga da participação.

Pais, professores e treinadores podem ajudar as crianças, especialmente aquelas com baixa autoestima, dando crédito adequado para as razões de sucesso ou fracasso. Os adultos podem ajudar as crianças com baixa autoestima a retreinar suas atribuições (Horn, 1987; Figura 13.3). Em vez de deixá-las atribuir o fracasso à falta de capacidade e o sucesso à sorte, os adultos podem enfatizar melhorias por meio do esforço e da prática contínua. Eles podem também incentivar as crianças a estabelecer objetivos e oferecer *feedbacks* precisos sobre seus progressos. As crianças que chegaram a considerar suas situações como irremediáveis (aquelas que vivenciaram impotência) necessitam de desafios que sejam precisamente ajustados às suas capacidades, e o grau de dificuldade deve aumentar mais lentamente do que o oferecido às outras. As crianças com elevada autoestima para a competência física provavelmente têm altos níveis de motivação intrínseca para participar de atividades físicas. Se quiserem que as crianças com baixa autoestima gostem de atividades físicas e, em última análise, se deem conta dos benefícios da participação, os adultos devem fazer esforços especiais para aumentar a autoestima delas (Weiss, 1993).

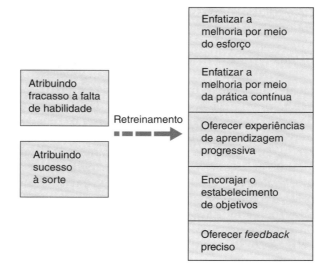

FIGURA 13.3 Os adultos devem ajudar as crianças que apresentam baixa autoestima com relação ao desempenho físico a melhorá-la. O retreinamento pode mudar as atribuições causais.

Atribuições dos adultos

A autoestima também influencia a motivação de adultos. Do mesmo modo que as crianças, os adultos tendem a se comportar de acordo com suas crenças sobre si mesmos. Lembre-se de que as crianças obtêm as informações sobre as quais baseiam amplamente sua autoavaliação a partir de seus colegas e de suas próprias comparações. Os adultos obtêm informação a partir de quatro fontes (Bandura, 1986):

- experiências reais (realizações ou fracassos anteriores);
- experiências indiretas (observando o modelo);
- persuasão verbal de outros;
- seus estados fisiológicos.

As experiências reais de um indivíduo são particularmente influentes, e as alterações do estado fisiológico são uma realidade para a maioria dos idosos. Por exemplo, pouca visão diminui a confiança do idoso para praticar esportes de raquete. Entretanto, a persuasão verbal é uma influência muito mais fraca. Os modelos disponíveis para os idosos variam de forma considerável. Alguns idosos têm oportunidade de ver outros, iguais a eles, participando de uma ampla variedade de atividades; outros não, sobretudo pessoalmente, em vez de em uma revista ou na televisão. Consideradas essas influências, é óbvio que a autoestima de uma pessoa pode aumentar ou diminuir ao longo da vida.

Poucos pesquisadores têm associado autoestima física de adultos a suas motivações para manter ou melhorar suas aptidões. Ewart, Stewart, Gillilan e Kelemen (1986) acompanharam por 10 semanas homens com doença coronariana, entre 35 e 70 anos de idade,

PONTO-CHAVE
O nível de autoestima de um adulto afeta a motivação para as atividades físicas. Assim como acontece com as crianças, os adultos se comportam de acordo com suas crenças sobre si mesmos, que são adquiridas a partir de experiências reais ou indiretas, das opiniões alheias e de seus estados fisiológicos.

em uma caminhada ou *jogging* mais um programa de treinamento com pesos em circuito ou em uma caminhada ou *jogging* mais um programa de voleibol. Eles mediram a autoestima antes e após o programa, bem como a força dos braços e das pernas e o desempenho de corrida na esteira rolante.

Os pesquisadores descobriram que aqueles com elevada autoestima anterior ao treinamento melhoraram mais na força dos seus braços do que aqueles com autoavaliação mais baixa, mesmo considerando o nível de força inicial, o tipo de treinamento e a frequência de participação. A autoestima melhorou de fato com o treinamento, mas somente quando os participantes receberam informação indicando que seus desempenhos estavam melhorando. Por exemplo, o grupo de treinamento com pesos melhorou sua autoestima para levantar pesos, mas não para *jogging,* apesar de ter melhorado em ambos os testes, segundo uma avaliação pós-programa. Eles podiam acompanhar suas melhoras no treinamento com pesos durante o programa, mas a distância corrida permaneceu constante. Assim, eles não obtiveram a indicação de que estavam melhorando. Hogan e Santomeier (1984) também observaram um aumento na autoestima para nadar em idosos após cinco semanas de aulas de natação. Portanto, a autoestima de idosos pode influenciar o quanto eles conseguem melhorar em um programa, mas a participação pode elevar a autoestima quando os participantes recebem informações sobre suas melhorias reais.

Motivação

A *motivação* para participar em atividades de certo tipo envolve muitos fatores, incluindo aqueles que levam as pessoas a iniciar ou aderir a uma atividade. Alguns fatores as encorajam a persistir em uma atividade e a exercer esforços para melhorar. Outros fatores levam as pessoas a abandonar o envolvimento. No capítulo anterior, discutimos os fatores que incentivam o envolvimento esportivo inicial de crianças ou o processo de socialização no esporte. Vamos considerar agora os fatores que mantêm a criança nas atividades físicas e no esporte ou que a levam a desistir. Também consideraremos como aqueles que motivam as pessoas a participar em atividades físicas mudam no decorrer da vida.

Persistência

Os pesquisadores têm enfatizado muito as razões pelas quais crianças e adolescentes continuam a participar de esportes (Weiss, 1993). Em geral, as razões incluem os seguintes desejos:

- ser competente, melhorando as habilidades ou atingindo objetivos;
- se filiar ou fazer novos amigos;
- ser parte de um time;
- competir e ter sucesso;
- divertir-se;
- melhorar a aptidão física.

McAuley (1994) e Sonstroem (1997) descobriram que as meninas citaram divertimento (seguido por benefícios à saúde) como razões para sua participação em atividades físicas. A maioria dos indivíduos menciona vários desses motivos em vez de um ou dois. Harter (1978; 1981) propôs uma teoria de motivação à competência para explicar isso: crianças são motivadas a demonstrar sua competência e, portanto, procuram dominar as tentativas e oportunidades para aprender e demonstrar habilidades. Aquelas que percebem que são competentes e acreditam que controlam as situações têm mais motivação intrínseca para participar do que as outras.

Ser membro de um subgrupo pode também influenciar a motivação da pessoa para persistir no esporte. Exemplos de subgrupos incluem grupos etários, os que iniciam a partida *versus* os que ficam no banco, atletas de elite *versus* aqueles que participam com fins recreativos, e assim por diante. Considere grupos etários. Brodkin e Weiss (1990) estudaram grupos etários variados de nadadores competitivos: idades de 6 a 9 anos, 10 a 14, 15 a 22, 23 a 39, 40 a 59 e 60 a 74. Eles descobriram que as crianças citaram como razões para participar o desejo de competir, gostar dos técnicos e agradar à família e aos amigos. Os nadadores de 15 a 22 anos apresentaram razões de *status* social, de algum modo semelhante às crianças mais novas, enquanto os motivos de aptidão física foram importantes para adultos jovens e de meia-idade. As crianças e os idosos não consideraram a aptidão física importante. As crianças pequenas e os idosos citaram diversão como a razão mais importante para participar.

Outra investigação sobre crianças envolvidas com natação apontou que aquelas com menos de 11 anos foram motivadas a participar por influência de fatores externos: incentivo da família e dos amigos, gostar dos treinadores, *status* social e atividades agradáveis (Gould, Fetz & Weiss, 1985). Os adolescentes nesses estudos citaram mais fatores internos: competência, aptidão e o prazer de nadar. Assim, diferentes grupos etários apresentam diversas razões para participar, mas é necessária pesquisa adicional sobre outras atividades e com participantes de níveis variados de habilidades (Weiss, 1993).

Abandono

Desistir de um programa esportivo é um aspecto muito comum do envolvimento do jovem em atividades físicas. Mudar de um tipo de atividade para outro pode ser parte do desenvolvimento e refletir a mudança de interesses da pessoa ou o desejo de tentar algo novo, mas abandonar todas as atividades físicas resulta em sérias repercussões para a saúde em qualquer fase da vida. Muitas vezes, é difícil para as pesquisas distinguir participantes que trocam de atividade daqueles que a abandonam totalmente. Além disso, os que abandonam as atividades físicas nem sempre o fazem por escolha. Lesões ou custos monetários elevados podem forçar alguém a fazê-lo. A razão que os participantes apresentam para o abandono das atividades físicas merece mais atenção.

Alguns dos desistentes mencionam experiências muito negativas como as razões para deixar o esporte, incluindo (McPherson, Marteniuk, Tihanyi & Clark, 1980; Orlick, 1973; 1974):

- não gostar do treinador;
- falta de tempo para treinar;
- muita pressão;
- muito tempo exigido;
- ênfase demasiada na vitória;
- ausência de divertimento;
- ausência de melhoria;
- ausência de progresso.

Tais reações negativas vêm de um pequeno grupo de desistentes (Feltz & Petlichkoff, 1983; Gould, Feltz, Horn & Weiss, 1982; Klint & Weiss, 1986; Sapp & Haubenstriker, 1978). A maioria dos que abandonam as atividades físicas o faz para perseguir outros interesses, tentar diferentes atividades esportivas ou participar de atividades menos intensas. Os adolescentes relatam com frequência que abandonaram o esporte a fim de assumir uma vaga profissional. Muitos planejam voltar para o esporte mais tarde. Assim, boa parte da falta de empenho esportivo do jovem reflete a troca de interesses e níveis de envolvimento, em vez de experiências negativas. Os profissionais, contudo, deveriam estar preocupados com as experiências negativas, porque elas podem ser prejudiciais ao

278 Restrições Psicossociais no Desenvolvimento Motor

PONTO-CHAVE
Nem todas as crianças e adolescentes mencionam razões negativas para deixar o esporte e as atividades físicas. Muitas vezes, os indivíduos simplesmente querem realizar outras atividades, algumas das quais podem ser físicas.

desenvolvimento psicológico da pessoa, levando-a a evitar atividades saudáveis pelo resto da vida.

Abordagens centradas no professor *versus* abordagens centradas no aluno

O que motiva uma criança a aprender habilidades motoras? Quando os professores estão ensinando habilidades motoras para crianças pequenas, frequentemente tentam promover mudanças no movimento por meio de métodos centrados no docente. Isto é, o professor planeja e apresenta atividades de desenvolvimento adequadas na aula e decide quando os alunos devem progredir para a próxima tarefa. Como uma intervenção de habilidades motoras, a abordagem centrada no professor tem se mostrado bem-sucedida em vários estudos (Goodway & Branta, 2003; Sweeting & Rink, 1999). Entretanto, até hoje, não se sabe se essas abordagens são a forma mais eficiente para melhorar as habilidades das crianças.

Como uma alternativa, um grupo de pesquisadores examinou uma abordagem diferente para ensinar habilidades motoras para crianças pequenas. Essa abordagem é denominada mastery motivational climate – ambiente de domínio motivacional (Goodway, Crowe & Ward, 2003; Parish, Rudisill & St. Onge, 2007; Valentini, Rudisill & Goodway, 1999). É fundamental para essa perspectiva a noção de que esforços e resultados são associados, isto é, quando o ambiente do aprendiz é orientado para o domínio e é altamente autônomo, as crianças dominam e aprendem (nesse caso, melhoram em habilidades motoras fundamentais; Ames, 1992). Várias pesquisas têm demonstrado que essa abordagem de ensino e aprendizagem leva a melhorias nas habilidades motoras (Valentini & Rudisill, 2004a,b,c) e nos níveis das atividades físicas (Parish, Rudisill & St. Onge, 2007).

Como um professor desenvolveria um ambiente motivacional de domínio para crianças pequenas? Pesquisadores da Universidade de Auburn ofereceram um modelo que segue os princípios apresentados por Ames (1992), o qual denominaram modelo de HAPPE (do inglês *high autonomy physical play environment* – ambiente de jogo físico de alta autonomia) e o descrevem da seguinte maneira (Parish & Rudisill, 2006):

- Crianças que estão começando a caminhar (e aquelas pequenas) se envolvem em várias tarefas autênticas e significativas que combinam com suas habilidades e capacidades. As tarefas permitem que as crianças façam escolhas de acordo com seus interesses e habilidades pessoais.
- A principal autoridade na sala de aula é o professor, que serve como um facilitador da aprendizagem. Crianças que estão começando a caminhar e aquelas pequenas são ativamente envolvidas em tomadas de decisão, autogerenciamento e automonitoramento, bem como têm a oportunidade de desenvolver papéis de liderança.
- Os professores oferecem individualmente reconhecimento às crianças em resposta aos seus esforços e ao seu envolvimento na aprendizagem. Os professores oferecem *feedback* e as encorajam a tentar aprender a habilidade.
- Grupos surgem naturalmente à medida que as crianças escolhem brincar sozinhas ou com outras e à medida que decidem quais habilidades desejam praticar. Crianças que estão começando a caminhar podem escolher brincar em pequenos grupos.
- Crianças que estão começando a caminhar são encorajadas a avaliar seus próprios desempenhos, e os professores as orientam à medida que resolvem problemas comumente encontrados durante as brincadeiras físicas.
- Crianças que estão começando a caminhar têm tempo suficiente para explorar e praticar totalmente brincadeiras físicas.

Os pesquisadores descobriram que ambientes motivacionais funcionam para auxiliar crianças a melhorar em habilidades motoras fundamentais e em atividades físicas (p. ex.,

Goodway & Branta, 2003; Goodway et al., 2003; Parish, Rudisill & St. Onge, 2007). Ainda assim, mais pesquisas precisam ser realizadas a fim de determinar se as abordagens centradas no professor e aquelas centradas nos alunos diferem substancialmente na quantidade e na velocidade com que melhoram o desenvolvimento das habilidades motoras.

Níveis de atividade do adulto

Tanto o nível de intensidade quanto o volume de atividade física diminuem à medida que o adulto envelhece, especialmente no caso das mulheres (Boothby, Tungatt & Towsend, 1981; Curtis & White, 1984; Ebrahim & Rowland, 1996; McPherson, 1983; Rudman, 1986). Em 1996, o Departamento de Saúde e Serviços Humanos dos Estados Unidos relatou que, mesmo somando todos os tipos de exercício dos quais os indivíduos participam, dois terços dos adultos com 65 anos ou mais que se exercitam não atingiram os níveis recomendados (U.S. Department of Health and Human Services, 1996). Esse abandono e essa redução da atividade física não resultam apenas de mudanças na saúde fisiológica (Spreitzer & Sneyder, 1983). Fatores psicológicos também influenciam os níveis de atividade dos adultos (McPherson, 1986). Incluindo:

- estereótipos de níveis de atividade adequados;
- acesso limitado a instalações e programas;
- experiências na infância;
- preocupações com limitações pessoais no exercício;
- falta de modelos;
- falta de conhecimento sobre programas de exercício adequados;
- crenças de que o exercício é danoso ou não é efetivo na prevenção de doenças (Duda & Tappe, 1989a).

No entanto, há indicações de que os adultos, sobretudo os idosos, estão começando a se interessar mais pela saúde e pela influência da atividade física no estado de saúde (Howze, DiGilio, Bennett & Smith, 1986; Maloney, Fallon & Wittenberg, 1984; Prohaska, Leventhal, Leventhal & Keller, 1985). De fato, o número de mulheres que participou dos Jogos Nacionais de Seniores aumentou em 110% de 1991 a 1998 (Women's Sports Foundation, 2000).

Duda e Tappe (1988; 1989a; 1989b) propuseram que a participação de adultos no esporte é o reflexo de três fatores interrelacionados (Fig. 13.4):

- Incentivos pessoais, como um desejo de demonstrar domínio, competir, estar com outros, receber reconhecimento, manter a saúde, suportar o estresse e melhorar a aptidão física.
- Autoconhecimento, particularmente em relação à autoestima para a atividade física.
- Opções percebidas ou oportunidades em determinada situação, tais como transporte para vários locais nos quais programas de adultos são oferecidos.

 Se você fosse planejar um programa de atividades físicas para idosos, o que poderia fazer para incentivar seus participantes a aderir e permanecer no programa?

Os valores de incentivo pessoal e autoestima podem mudar durante a vida. À medida que um adulto envelhece, por exemplo, o desejo de competir pode diminuir, e o de estar com os outros aumentar. Os idosos também podem vir a perceber que suas capacidades físicas declinaram com o passar do tempo. Duda e Tappe investigaram 144 adultos, em três grupos etários (25 a 39, 40 a 60 e acima de 61 anos) que estavam participando de um programa de exercícios. Os incentivos pessoais foram diferentes entre as faixas etárias e também entre homens e mulheres. Adultos de meia-idade e idosos apontaram mais valor para os benefícios do exercício para a saúde do que adultos jovens. Por exemplo, a Figura 13.5

mostra o grau com que homens e mulheres em cada grupo valorizaram os benefícios da redução do estresse por meio do exercício. Os adultos jovens do sexo masculino colocaram pouca ênfase nesse benefício, como mostrado pela baixa média no Personal Incentives for Exercise Questionnaire (questionário de incentivos pessoais para o exercício). Os homens também valorizaram as atividades competitivas mais do que as mulheres. Os professores, portanto, poderão ajudar os idosos a permanecer em seus programas de exercício enfatizando a interação social, os benefícios para a saúde e a redução do estresse (Duda & Tappe, 1989b).

Não houve diferenças de autoestima entre os adultos mais velhos por grupo etário, mas houve diferenças entre homens e mulheres. Elas tiveram uma autoestima física menor e menos sentimento de controle sobre seu estado de saúde do que eles. Essas crenças estão, em geral, associadas ao menor envolvimento, mas as mulheres sentiram ter mais apoio social para o envolvimento no referido programa do que os homens, e continuaram a participar.

Os professores que adotam estratégias direcionadas para os adultos com tendência à baixa autoestima física podem aumentar a autoestima dos participantes e seu envolvimento no exercício (Duda & Tappe, 1989b). Outro grupo de adultos pode não ter as mesmas percepções e incentivos característicos daqueles que Duda e Tappe documentaram. Mesmo assim, os professores podem incentivar idosos a persistirem em seus programas de exercício se estiverem cientes dos incentivos e das percepções de seus grupos de particulares (Fig. 13.6). Eles podem, assim, enfatizar os aspectos e os benefícios do exercício que são mais importantes para aqueles participantes.

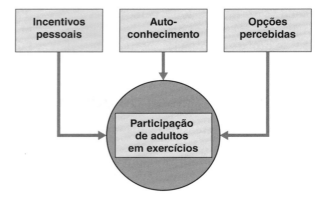

FIGURA 13.4 Três fatores inter-relacionados podem influenciar o nível de participação de adultos em exercícios.

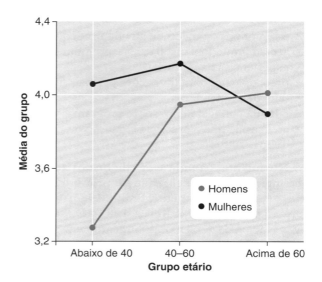

FIGURA 13.5 Os incentivos pessoais para o exercício são diferentes entre os grupos etários de adultos e entre os sexos. O gráfico indica as médias de grupos na categoria "suportar o estresse" do Personal Incentives for Exercise Questionnaire (uma escala tipo Likert de 5 pontos).

Reimpressa, com a permissão, de Duda e Tappe, 1989.

FIGURA 13.6 A fim de promover a autoestima e outras restrições funcionais individuais, os líderes de exercícios devem ter em mente os incentivos e percepções da atividade física que os idosos apresentam.

Resumo e síntese

No decorrer da vida, a forma com que os indivíduos percebem suas capacidades físicas pode mudar drasticamente. Por sua vez, essas percepções podem afetar sua autoestima. Manter níveis elevados de autoestima parece melhorar o desempenho, bem como a competência percebida – o que motiva um indivíduo a continuar participando das atividades físicas. Esse conjunto de dinâmicas oferece um exemplo de como as restrições podem interagir para incentivar o movimento. Por exemplo, os idosos podem desejar interações sociais com amigos, bem como níveis de aptidão melhorados; logo, eles aderem a um programa de exercícios para idosos. Esse programa pode envolver atividades que facilitem a socialização e a aptidão, o que auxilia os indivíduos a melhorar a autoestima. Os níveis elevados de autoestima e de competência percebida ajudam a motivar os idosos para que retomem o programa, de modo que este possa continuar estimulando sua autoestima e assim por diante.

Ao mesmo tempo, essas interações de restrições podem agir para desestimular o comportamento. Considere as crianças que começam a participar em um esporte como o futebol. Elas podem ter aderido para estar com amigos e se divertir. No entanto, o treinador quer vencer e oferece críticas e *feedback* negativo para os jogadores que cometem algum erro. Os jogadores podem começar a atribuir as derrotas a sua falta de capacidade e acreditar que não têm competência naquela atividade. Por sua vez, a autoestima começa a diminuir. Às vezes, eles podem abandonar o esporte de uma vez por todas.

Esses dois exemplos mostram a potente inter-relação entre as restrições funcionais do indivíduo e as socioculturais. Todos nós vivemos em um contexto social e estamos sujeitos a opiniões sociais, as quais ajudam a moldar e a reforçar nossas crenças sobre nós mesmos.

Por fim agimos de acordo com o que acreditamos. Manter isso em mente é essencial para aqueles que trabalham com outros em atividades físicas e no esporte, a fim de que olhem além da atividade, para os indivíduos com quem trabalham.

Reforçando o que você aprendeu sobre restrições

Dê uma segunda olhada

Pense no projeto ACES, discutido no início do capítulo e imagine que você está se exercitando e que, ao mesmo tempo, milhões de outras pessoas estão fazendo exatamente a mesma coisa. Os pensamentos de todas essas pessoas, juntas em atividade física simultânea, o motivam a se exercitar? Len Saunders delineou o Projeto ACES para incentivar as crianças a se exercitar, colocando todas juntas em um determinado momento. A motivação (uma restrição funcional do indivíduo) pode ser consideravelmente aumentada por meio de um ambiente de aprendizagem delineado para motivar, como o Projeto ACES ou o HAPPE da Universidade de Auburn. Essa interação de restrições (indivíduos motivados em um clima motivacional) deve encorajar uma mudança positiva e progressiva na habilidade motora ao longo do tempo.

Teste seu conhecimento

1. O que é autoestima? Ela é geral ou específica? Como se desenvolve?
2. As pessoas tendem a atribuir seu sucesso e seu fracasso a várias causas. Quais são as diferenças nas atribuições causais feitas por aqueles com elevada autoestima e por aqueles com baixa autoestima? A que as crianças tendem a atribuir seu desempenho?
3. Quais fatores estão associados à persistência no esporte e na atividade física? E ao abandono?
4. Como a competência percebida muda com as atribuições causais das crianças?

Exercício de aprendizagem 13.1

Explorando motivações para atividade física e exercícios

O que motiva você e outros estudantes a praticar esportes e atividades físicas? Se avaliar um grupo de estudantes, você provavelmente irá descobrir um conjunto de razões diferentes para participar ou não de um esporte.

1. Primeiro, determine suas próprias motivações:

    - Atualmente, você participa de algum esporte ou atividade física? Pense nas razões para persistir no esporte listadas na seção "Persistência" do Capítulo 13. Escreva aquelas que se aplicam a você e adicione outras não incluídas na lista.
    - Você já abandonou alguma atividade física? Veja a lista de razões para abandonar um esporte na seção "Abandono" do Capítulo 13. Alguma das razões listadas se aplica a você?
    - Você persistiu em algumas atividades e abandonou outras? Quais fatores estão relacionados a essas escolhas?

2. Compare suas observações no item anterior às de outros estudantes.

    - Quais são os fatores mais comumente associados à persistência?
    - Quais são os fatores mais comumente associados à desistência?
    - Calcule os percentuais para a interpretação fácil (p. ex., "70% do meu grupo desistiu em função da falta de tempo").
    - Pense sobre esses fatores e faça algumas generalizações sobre fatores motivacionais e os estudantes da sua turma.

Conhecimento Como Restrição Funcional no Desenvolvimento Motor

 OBJETIVOS DO CAPÍTULO

- Diferenciar o conhecimento de iniciantes daquele de indivíduos experientes, bem como reconhecer que as crianças tendem a ser iniciantes.
- Discutir os benefícios do conhecimento de uma atividade para o desempenho motor.
- Identificar tendências na velocidade de processamento cognitivo ao longo da vida.

Desenvolvimento motor no mundo real

Um pequeno conhecimento vai muito longe

A tecnologia mudou o desempenho no esporte e na dança de muitas maneiras. A técnica pode agora ser analisada e comparada a modelos habilidosos ou ao desempenho anterior do atleta. *Replays* instantâneos podem confirmar ou refutar a decisão do juiz. Mas nada tem se tornado mais lugar comum do que utilizar a tecnologia para fornecer informação sobre táticas. Técnicos e atletas reveem videoclipes e estatísticas para identificar os padrões nas jogadas de seus oponentes e gastam muitas horas desenvolvendo estratégias para responder a esses padrões. O custo do uso da tecnologia é bastante aceito como uma necessidade para se tornar mais competitivo. A tecnologia certamente se soma ao conhecimento que o atleta adquire com sua própria experiência. Em alguns níveis de competição, em que os atletas são muito parecidos em seus níveis de habilidade, as decisões que estes tomam com base em seus conhecimentos de um esporte podem fazer a diferença no resultado de uma competição.

Pessoas habilidosas trazem não somente seus talentos físicos, mas também seu conhecimento sobre uma tarefa para seu desempenho físico. O conhecimento, portanto, é uma restrição individual que interage com outras restrições para dar origem ao movimento; especificamente, é uma restrição funcional do indivíduo. Indivíduos e grupos apresentam níveis variáveis de conhecimento sobre uma tarefa de movimento. Por exemplo, crianças tiveram menos tempo para adquirir conhecimento do que adultos, enquanto os idosos podem ter a vantagem de ter tido muito mais experiência do que os adultos jovens. Este capítulo examina como o conhecimento restringe o movimento ao longo da vida.

Bases de conhecimento

Em qualquer idade, o conhecimento sobre uma atividade facilita o desempenho, e um maior conhecimento facilita a lembrança da informação sobre aquele tópico (Chi, 1981). Crianças indubitavelmente têm uma base de conhecimento menor do que adultos porque tiveram menos experiências. Ainda assim, as crianças que se tornam especialistas em um tópico particular podem superar adultos naquela área. Chi (1978) observou que crianças especialistas em xadrez relembraram significativamente mais posições do tabuleiro do que adultos iniciantes. Por que o desempenho está relacionado à dimensão da **base de conhecimento**? Existem pelo menos três razões:

- o conhecimento ampliado reduz a necessidade de relembrar uma grande quantidade de informação em um tempo curto (Chase & Simon, 1973);
- oconhecimento ampliado permite o uso mais efetivo dos processos cognitivos (Ornstein & Naus, 1984, citado em Thomas, French, Thomas & Gallagher, 1988);
- o conhecimento ampliado reduz a intensidade de atenção consciente necessária para realizar algumas tarefas (Leavitt, 1979).

Portanto, o conhecimento é uma restrição funcional que interage com outras restrições, sobretudo com as da tarefa, para fazer surgir o movimento. O desempenho é facilitado não somente pela prática de habilidades físicas, mas também pelo conhecimento crescente do esporte ou da atividade.

Uma **base de conhecimento** é o nível de informação que uma pessoa tem sobre um tópico específico; consiste em conhecimento declarativo e, possivelmente, processual e estratégico.

Tipos de conhecimento

Antes de considerar o desenvolvimento do conhecimento sobre o esporte, devemos identificar os tipos de conhecimento e as diferenças entre especialistas e iniciantes. Chi (1981) definiu três tipos de conhecimento:

- declarativo, que é conhecer a informação factual;
- processual, que é saber como fazer algo e fazê-lo de acordo com regras específicas;
- estratégico, que é conhecer regras gerais ou estratégias que se apliquem a muitos tópicos.

O conhecimento declarativo e o processual são específicos para certo tópico; já o estratégico pode ser generalizado. O "passe e corra" é um exemplo de conhecimento estratégico que pode ser generalizado. O atleta que entende como executar o passar e correr (passar para um companheiro e avançar em direção ao gol ou cesta para receber o passe) no basquetebol pode executá-lo no futebol ou no hóquei, considerando que apresente as habilidades físicas para tanto. Os especialistas apresentam mais conhecimento declarativo e processual do que os iniciantes (Chi, 1978; Chi & Koeske, 1983; Chiesi, Spilich & Voos, 1979; Spilich, Vesonder, Chiesi & Voss, 1979). Eles organizam independentemente a informação que conhecem de forma muito semelhante (Chiesi et al., 1979; Murphy & Wright, 1984), isto é, estruturam o conhecimento, ao contrário dos iniciantes. Organizando a informação em uma **estrutura metódica de conhecimento**, como uma hierarquia, os especialistas facilitam a busca na memória e, portanto, a utilização da informação.

Thomas e colaboradores (1988, adaptado de Berliner, 1986) identificaram outras formas específicas de esportes nas quais os especialistas e os iniciantes se diferenciam. Aquelas pertinentes à nossa discussão são as seguintes:

- Os especialistas fazem mais inferências sobre objetos e eventos. No esporte, isso os auxilia a prever eventos e a antecipar as ocorrências mais prováveis.
- Os especialistas analisam problemas em um nível mais avançado. Por exemplo, atletas especialistas provavelmente pensam as jogadas ofensivas como conceitos e não como uma lista de movimentos e jogadas individuais.
- Os especialistas rapidamente reconhecem os padrões. Por exemplo, reconhecem com rapidez as configurações defensivas.
- Os especialistas planejam suas respostas para situações específicas. Os jogadores de voleibol, por exemplo, fazem isso antes de o atacante bater na bola, quando identificam se devem bloquear ou recuar.
- Os especialistas tendem a organizar o conhecimento de acordo com o objetivo do jogo. Por exemplo, um jogador especialista de basquetebol pensa nas estratégias ofensivas em relação àqueles que atacam uma zona de defesa com sucesso *versus* aqueles que atacam uma defesa homem a homem, não como uma longa lista de indivíduos atacantes.
- Os especialistas gastam muito tempo aprendendo sobre seus tópicos. Ser especialista em um esporte em particular requer horas de prática e experiência, sobretudo se o jogador quiser desenvolver o conhecimento processual.

Tenha em mente que ser especialista em algo é específico. Para o esporte e a dança, isso significa que os indivíduos se tornam especialistas em esportes específicos (tênis, basquetebol, etc.) ou tipos de danças (moderna, de salão, etc.). Além disso, os especialistas em esporte e dança apresentam alto nível de habilidades físicas. A habilidade e o conhecimento sobre como utilizá-la em situações específicas são necessários para o sucesso (Thomas et al., 1988).

PONTO-CHAVE
Os especialistas têm mais conhecimento declarativo e processual; estruturam seu conhecimento de maneira diferente dos iniciantes.

Uma **estrutura de conhecimento** é o modo pelo qual uma pessoa organiza a informação sobre um tópico, expresso, em geral, de uma forma hierárquica. Os especialistas estruturam a informação de forma semelhante a outros especialistas.

Da perspectiva de um treinador, identifique três ou quatro esportes coletivos, bem como uma posição particular em cada um, que requeiram que o atleta tenha habilidade e conhecimento a fim de desempenhá-los bem.

Desenvolvimento de uma base de conhecimento

Vamos considerar como os indivíduos, em especial as crianças, desenvolvem uma base de conhecimento em um esporte particular. Eles devem adquirir conhecimento declarativo primeiro, para oferecer uma base ao conhecimento processual (Chi, 1981). Para as crianças mais novas, falta, muitas vezes, conhecimento declarativo de um esporte (Fig. 14.1). Elas são, em geral, iniciantes que devem aprender regras, objetivos e estratégias do jogo antes que possam demonstrar conhecimento processual e tomar decisões adequadas com relação à ação que devem executar. O conhecimento estratégico é o último a se desenvolver. Ele requer experiência com muitos tipos diferentes de tarefa, capacitando a criança a generalizar por meio de tópicos.

French e Thomas (1987) conduziram um dos primeiros estudos sobre o desenvolvimento do conhecimento esportivo em crianças. Propuseram que elas precisam de conhecimento declarativo de basquetebol e de habilidades desse esporte para tomar decisões adequadas durante a partida. Os técnicos classificaram os meninos de 8 a 12 anos de idade em um programa de basquete para jovens de acordo suas habilidades, seu conhecimento do jogo e sua capacidade para fazer bons julgamentos na partida. O melhor terço do grupo foi designado grupo de especialistas, e o pior, de iniciantes. Os meninos desses dois grupos foram, então, testados em suas habilidades e em seus conhecimentos de basquetebol. Em entrevistas individuais, foi-lhes solicitado que dissessem a ação apropriada para cada uma das cinco situações de jogo descritas. Os pesquisadores também observaram os jogadores durante as partidas e consideraram suas decisões como adequadas ou inadequadas. Os especialistas obtiveram escores muito melhores do que os iniciantes em ambos os testes. Mais importante, escolheram a ação adequada nas situações de jogo mais frequentemente do que os iniciantes. Durante as entrevistas, deram respostas dependentes da ação dos oponentes e ofereceram mais alternativas, demonstrando melhor conhecimento do esporte.

FIGURA 14.1 Estes jogadores novatos de futebol estão apenas começando a desenvolver um conhecimento de base sobre esse esporte.

French e Thomas observaram alguns dos meninos de 8 a 10 anos do primeiro estudo durante uma temporada, junto com um que não jogava basquetebol. No final da temporada, os especialistas e os iniciantes estavam tomando melhores decisões sobre ações e tiveram melhor desempenho em um teste de conhecimento (Fig. 14.2). O grupo-controle não fez progresso significativo. Curiosamente, nenhuma das crianças melhorou em habilidades físicas durante esse período, nem em testes de habilidade ou de jogo. Esse estudo inicial, portanto, indica que o conhecimento do basquetebol está associado aos desempenhos de habilidades das crianças e que elas podem adquirir conhecimento mais rápido do que habilidades físicas. Jogadores de tênis profissional demonstraram, por sua vez, ter mais conceitos táticos do que jogadores universitários (McPherson & Kemodle, 2007) ou de outros jogadores (Nielsen & McPherson, 2001).

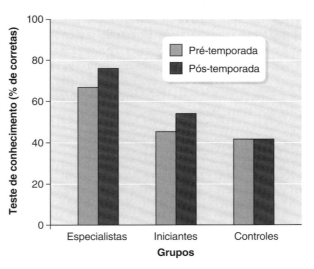

FIGURA 14.2 Meninos especialistas e iniciantes exibem melhores escores em um teste de conhecimentos de basquetebol pós-temporada do que em um teste pré-temporada. Um grupo-controle não obteve melhora.
Dados de French e Thomas, 1987.

PONTO-CHAVE
Com o avanço do conhecimento, os jogadores tendem a relatar que suas ações dependem das ações dos oponentes.

French, Nevitt e colaboradores (French et al., 1996; Nevitt & French, 1997) também estudaram a proficiência de jogadores jovens de basquetebol. No primeiro estudo, concluíram que aqueles com mais conhecimento declarativo e processual resolvem melhor situações-problema de jogo, enquanto aqueles com menos conhecimento apresentam mais erros em sua resolução. Os investigadores aplicaram cinco situações-problema do beisebol a jogadores jovens de 7 a 8 e de 9 a 10 anos. Os treinadores classificaram os jogadores por nível de habilidade. Em três das situações-problema, os jogadores que os técnicos consideraram mais habilidosos resolveram melhor o problema, independentemente da idade. Em geral, contudo, aqueles entre 7 e 10 anos continuavam desenvolvendo a base de conhecimento em relação ao beisebol. Eles tiveram dificuldade em prever com rapidez as ações dos corredores de base e falharam em monitorar algumas condições críticas do jogo.

Nevitt e French (1997) realizaram o seguinte estudo com crianças de 8, 10 e 12 anos e jogadores de beisebol do ensino médio. Eles treinaram os jogadores para utilizar um procedimento de falar alto entre os arremessos. Embora fossem solicitados a verbalizar qualquer um dos seus pensamentos, a informação sobre possíveis jogadas que poderiam ser feitas se o batedor rebatesse a bola era de particular interesse. Os jogadores de 12 anos ou menos não desenvolveram planos defensivos avançados, tampouco relembraram ou atualizaram os planos tão bem ou tão frequentemente quanto os jogadores do ensino médio. É provável que respostas frequentes e repetidas para situações de jogo por meio da experiência auxiliem no desenvolvimento das estruturas de conhecimento processual. Embora o conhecimento declarativo possa ser adquirido em idades iniciais, a experiência em situações de jogo é necessária para desenvolver uma estrutura de conhecimento benéfica ao desempenho habilidoso.

McPherson (1999) expandiu para adultos o trabalho feito com jovens acerca das bases de conhecimento esportivo. Ela aplicou seis situações-problema do jogo de tênis para seis tenistas iniciantes e seis universitárias especialistas, todas entre 18 e 22 anos. Comparadas

PONTO-CHAVE
Experiência de jogo é importante no desenvolvimento de uma estrutura de conhecimento.

às jovens especialistas da pesquisa anterior, as adultas especialistas geraram maior número, variedade e níveis de sofisticação de conceitos de condição-e-ação. Adultas iniciantes foram semelhantes a jovens iniciantes, tendo fracas representações da situação-problema de jogo e poucas soluções. As adultas iniciantes geraram menos conceitos táticos do que as tenistas jovens especialistas dos estudos anteriores. Portanto, anos de experiência – da prática, de ser treinador e de jogar – são influentes no desenvolvimento de uma base de conhecimento, e jovens com mais experiências podem ter uma base de conhecimento mais avançada do que adultos iniciantes.

Professores e técnicos se beneficiariam do estudo contínuo do desenvolvimento do conhecimento no esporte. Os educadores podem ser capazes de melhorar a aquisição de habilidades das crianças no esporte e dança utilizando instrução adequadamente dosada, com ênfase em regras, formações, estratégias e objetivos. O maior nível de conhecimento estimula a memória.

 Se você fosse um professor de educação física de uma escola de ensino médio, quais atividades utilizaria em suas aulas? Que conhecimento sobre essas atividades você poderia ensinar à medida que introduz suas respectivas habilidades físicas?

Avaliando a tomada de decisões cognitivas

Quanto mais conhecimento um atleta apresenta, mais rápida e precisamente pode decidir sobre uma ação. Portanto, na avaliação de tomadas de decisão, a velocidade e a precisão das decisões no esporte oferecem informações sobre o nível da base de conhecimento de um atleta.

Em um estudo sobre o desenvolvimento do conhecimento no esporte, French e Thomas (1987) precisaram avaliar as decisões que os jovens jogadores de basquetebol tomaram durante os jogos. O teste de conhecimento escrito e a entrevista geraram informações úteis, mas não ficou claro se os jogadores que deram boas respostas a essas perguntas fora da quadra tomariam boas decisões em uma situação de jogo rápida e exigente.

Para avaliar a tomada de decisão em jogos, French e Thomas delinearam um instrumento de observações com base em uma sequência ofensiva típica do basquetebol: quando o jogador pega a bola, deve decidir se vai ficar com ela, passá-la, driblar ou arremessá-la. Eles identificaram todas as decisões que um jogador poderia tomar e, então, classificaram-nas como adequadas ou inadequadas para determinada situação.

French e Thomas registraram, em vídeo, jogos de basquetebol de jovens. Um especialista em basquetebol treinado observou cada jogador em cada partida por um quarto de tempo e codificou cada decisão que o atleta tomou quando recebeu um passe. Um segundo especialista, independente, observou e codificou alguns dos jogadores para assegurar que um observador perito codificaria cada decisão da mesma forma em pelo menos 90% das vezes. O observador deu ao jogador o escore de 1 para uma decisão adequada e 0 para uma inadequada. Por exemplo, o jogador recebeu 1 ponto por passar para um colega que estava livre, mas 0 por passar para um colega marcado. Dessa forma, os pesquisadores podiam medir as tomadas de decisão dos jogadores em jogadas reais.

Instrumentos de observação são excelentes meios para medir o comportamento. Os executantes podem ser observados em situações reais, em vez de em condições artificiais de laboratório. Observe, no entanto, que French e Thomas tiveram de desenvolver um sistema de codificação que incluiu todas as decisões que um jogador poderia tomar. Então, tiveram de localizar especialistas e treiná-los no uso dos instrumentos de avaliação. Por fim, os observadores codificaram a partir das imagens de vídeo, de modo que podiam parar as imagens para anotar seus julgamentos, sem perder, portanto, qualquer ação. Esse é, obviamente, um procedimento tedioso, mas oferece uma medida interessante e precisa de comportamentos de tomada de decisão no esporte.

Diferenças de sexo no desempenho esportivo podem ser atribuídas, em parte, às diferenças entre o conhecimento esportivo de meninos e o de meninas. A sociedade torna mais fácil para os garotos adquirir tal conhecimento, pois direciona para eles a propaganda associada ao esporte – jogos de tabuleiros e eletrônicos, livros, cartões de coleção, e assim por diante. O uso desses itens pelas meninas é visto como menos adequado quanto ao gênero, e as empresas tendem a fazer *marketing* de itens não esportivos para as garotas, como bonecas e artes. Essa diferença pode contribuir para uma persistente diferença no desempenho entre meninos e meninas. Além disso, as crianças praticantes adquirem provavelmente mais conhecimento. Portanto, oportunidades desiguais para participar podem aumentar a diferença no desempenho entre a maioria dos meninos e, pelo menos, entre algumas meninas (Thomas et al., 1988).

A base de conhecimento em idosos não tem sido amplamente estudada. Langley e Knight (1996) conduziram o estudo de caso de um único adulto sênior jogador de tênis competitivo, um homem de 58 anos. Os pesquisadores realizaram entrevistas e observações, analisando a informação narrativa com técnicas de codificação. Eles descobriram que o jogador sênior tinha um conhecimento rico de situações de tênis, o qual estava centrado nas capacidades de desempenho e nas limitações do oponente. Ele sabia como as ações do seu oponente em uma situação particular afetavam suas próprias capacidades naquela situação. O atleta se deu conta de que seu condicionamento físico tinha diminuído bastante à medida que envelhecera, mas sentia que sua melhor habilidade em executar uma quantidade de batidas compensava o condicionamento físico. Langley e Knight utilizaram a noção de *affordance* de Gibson (1979) para sugerir que os jogadores experientes percebem o ambiente de jogo em termos das ações que o cenário permite. A experiência permitiu ao tenista perceber *affordances* que eram oportunidades para o sucesso contra um oponente.

Trabalhando apenas com adultos, Gygax, Wagner-Egger, Parris, Seiler e Hauert (2008) aplicaram um método para estudo das representações mentais a partir do campo da psicolinguística. Concentrando-se nas representações mentais de jogadores de futebol à medida que eles enfrentavam situações de jogo, os pesquisadores observaram diferenças no foco da atenção – tendendo a incluir ou não outros jogadores – que estavam associadas a proficiências diferentes. O padrão de associação, portanto, não estava simplesmente relacionado ao aumento da proficiência. Gygax e colaboradores também exploraram os elementos emocionais das representações mentais. Contudo, esses aspectos cognitivos do desempenho motor ainda necessitam de pesquisas adicionais.

Podemos especular, entretanto, que idosos com habilidade em determinado esporte apresentam uma vantagem no desempenho. O conhecimento superior pode compensar uma perda de habilidade física ou de velocidade (Fig. 14.3). Além disso, esses indivíduos, aprendendo novos esportes, podem esperar melhora à medida que adquirem conhecimento do esporte.

> **PONTO-CHAVE**
> Idosos podem ter uma base de conhecimento rica em um esporte ou dança decorrente de experiências extensas, e esse conhecimento pode compensar pequenos declínios no desempenho físico.

Memória

Conhecimento e memória são tópicos inseparáveis. Lembramos o que entendemos; ao mesmo tempo, "vir a entender" está relacionado à nossa base existente de representações mentais, que define nosso conhecimento naquele momento. Sutherland, Pipe, Schick, Murray e Gobbo (2003) descobriram que oferecer às crianças informações prévias sobre um evento melhora suas lembranças e a aquisição de conhecimento sobre o ocorrido, tanto logo após sua ocorrência quanto quatro meses mais tarde. Assim, novas experiências são integradas com a nossa base existente de significados.

A questão formulada mais frequentemente sobre desenvolvimento da memória é se a capacidade de memória se altera com o desenvolvimento. Ainda assim, muito do que lembramos, não importando a nossa idade, depende do que já sabemos sobre um tópico. O conhecimento é estruturado ou organizado dentro de domínios de conteúdos específicos (Kuhn, 2000), tais como xadrez, dinossauros ou beisebol. A memorização, portanto, é um

> **PONTO-CHAVE**
> Memórias são estruturas de conhecimento que resultam dos nossos esforços para entender e conhecer.

processo de revisão de nosso conhecimento de um assunto. Apesar de muita pesquisa ter sido conduzida sobre o tópico de capacidade de memória, a resposta sobre seu suposto aumento com o desenvolvimento tem sido evasiva. Isso provavelmente reflete as abordagens dos pesquisadores ao estudo da memória sem considerar o contexto de conhecimento da pessoa, isto é, a memória tem sido estudada isoladamente. A resposta para essa pergunta espera por novas abordagens que estudem a memória em um contexto mais amplo do sistema cognitivo em desenvolvimento.

Pessoas de todas as idades relembram mais quando têm uma razão para fazê-lo. Crianças muito novas lembram a primeira vez em que os adultos as ensinaram a repetir experiências. Com o avanço da idade, as crianças internalizam essa atividade de relembrar e a executam sozinhas. Por fim, elas relembram propositalmente, para seu benefício individual ou de seu grupo social. Novamente, pesquisas de laboratório sobre memória com frequência têm envolvido memorização de itens sem nenhuma razão particular a não ser a de completar a tarefa da pesquisa. Pesquisas futuras devem estudar memória no contexto da informação que é importante para as pessoas.

Crianças menores em geral não aplicam estratégias para relembrar, mas podem ser ensinadas a utilizar esse recurso, como repetir, rotular e agrupar. Thomas, Thomas e Gallagher (1981) demonstraram que ensinar

FIGURA 14.3 O conhecimento pode ajudar idosos a desempenhar atividades com sucesso mesmo que as suas capacidades físicas diminuam um pouco.

às crianças uma estratégia de repetir junto com uma habilidade melhorou a aquisição de habilidades. Gallagher e Thomas (1980) também descobriram que agrupar movimentos de braço em uma sequência organizada auxilia os infantes a relembrar e duplicar os gestos. A dificuldade é que as crianças, não necessariamente aplicam as estratégias aprendidas em um contexto em outro. Talvez a utilização de estratégias de memória esteja relacionada a uma questão mais ampla – o desenvolvimento de estratégias cognitivas, tais como inferência e resolução de problemas – e deva ser estudada naquele contexto. Van Duijvenvoorde, Jansen, Bredman e Huizenja (2012) descobriram que, quando as demandas de memória de trabalho e de longo prazo diminuíram, crianças, adolescentes e adultos jovens foram capazes de tomar decisões vantajosas. Oferecer explicitamente as opções de prós e contras ajudaram os jovens a tomar decisões vantajosas, mesmo em situações complexas. Como essa pesquisa utilizou uma tarefa cognitiva, pesquisas adicionais são necessárias para verificar se os mesmos resultados serão obtidos em tarefas de movimento.

Pesquisas sobre memória em adultos e idosos tendem a evidenciar uma redução no desempenho de tarefas de memória. Ainda assim, como na pesquisa envolvendo crianças, os pesquisadores têm estudado a memória isoladamente, sem considerar o conhecimento dos adultos sobre um tópico ou a sua motivação para lembrar. Além disso, um grande número de fatores ambientais pode afetar o desempenho de idosos em tarefas de memória. Algumas doenças (p. ex., hipertensão) podem atrapalhar o desempenho da memória. Foi observado que idosos com um bom preparo físico se saem melhor em tarefas de memória do que adultos fora de forma (Stones & Kozma, 1989), e o desempenho de memória tem sido ligado ao *status* de saúde autodeclarado (Perlmutter & Nyquist, 1990). Melhorias em tarefas de memória também têm sido observadas após intervenções de exercícios. Portanto, os exercícios provavelmente apresentam um pequeno, mas positivo efeito sobre o desempenho da memória (Colcombe et al., 2005; Clarkson-Smith & Hartley, 1990).

A doença de Alzheimer é uma das doenças mais devastadoras do envelhecimento para os indivíduos e suas famílias. O aparecimento tardio da doença, em sua forma mais comum, é caracterizado por confusão, perda de memória e problemas de comportamento. À medida que cresce o número de indivíduos que vivem mais, também aumentará o número de idosos que desenvolve a patologia. A causa do aparecimento tardio da doença de Alzheimer é provavelmente tanto genética quanto ambiental, mas os pesquisadores estão investigando tanto os genes que podem disparar a doença por meio da produção de uma proteína específica quanto aqueles que podem controlar o momento do aparecimento. A esperança é que fármacos capazes de bloquear a proteína ou de retardar o aparecimento da doença, talvez além do limite de vida natural, possam ser criados.

Apesar de o desempenho em testes de memória poder apresentar melhoras ao longo da infância e declínio em idosos, o mais importante é reconhecer que a memória está relacionada ao conhecimento e entendimento atual da informação dentro de um contexto específico, bem como a motivação para relembrar a informação.

Velocidade das funções cognitivas

Além das diferenças no conhecimento individual sobre esportes e danças específicos ao longo da vida, há também diferenças gerais na velocidade com que os indivíduos podem acessar e utilizar essa informação. Ou seja, uma pessoa pode apresentar um conhecimento considerável, mas não ser capaz de lembrá-lo e aplicá-lo tão rapidamente quanto outra. Essa seria uma questão mais pertinente ao se participar de atividades nas quais decisões e respostas rápidas são necessárias. Por exemplo, a função cognitiva mais lenta não seria uma questão ao se decidir como derrubar um pino no boliche, já que existe tempo suficiente entre as jogadas. Seria uma questão no meio de um jogo de tênis ao se decidir se uma bola alta é um movimento adequado à situação.

Vamos agora considerar as diferenças associadas à idade na velocidade das funções cognitivas. Seria melhor começar dizendo que a maioria das pesquisas sobre velocidade cognitiva tem sido realizada a partir de uma perspectiva do processamento de informações. Desse ponto de vista, as memórias de curto e longo prazo, bem como a recuperação de informações, desempenham um papel fundamental nas respostas de movimento. Em contrapartida, a perspectiva ecológica despreza o papel dos processos de conhecimento cognitivo nas respostas de movimento. Nessa perspectiva, são percebidas as *affordances* no ambiente. A experiência pode ou não influenciar na percepção de uma *affordance*, a qual está sempre disponível no ambiente. Com isso em mente, abordaremos a velocidade cognitiva em crianças.

Velocidade de processamento cognitivo em crianças

As crianças demoram mais tempo do que os adultos para processar a informação cognitiva a ser lembrada. À medida que crescem, elas podem, muitas vezes, processar a mesma quantidade de informação mais rapidamente ou mais informação no mesmo período de tempo. Isso é observável até mesmo na mais simples das respostas motoras: **tempo de reação simples**. A velocidade máxima dessas respostas aumenta dos 3 anos até a adolescência (Wickens, 1974). Uma melhoria com a idade também ocorre no tempo de resposta na perseguição contínua (Pew & Rupp, 1971). Nesse tipo de tarefa, as crianças devem ajus-

Tempo de reação simples é o tempo entre o aparecimento de um estímulo (uma luz, uma campainha) e o início de uma resposta de movimento (tirar o dedo do botão).

tar continuamente o movimento a um alvo. Por exemplo, um *videogame* no qual o jogador controla a imagem de um carro por um *joystick* a fim de mantê-lo em uma estrada sinuosa é uma tarefa de perseguição contínua. A velocidade de processamento mais lenta que as crianças apresentam parece estar relacionada a fatores considerados processos centrais (processos do sistema nervoso central), em vez de periféricos (Elliott, 1972). A atenção é um desses processos centrais, e a velocidade de processos de memória é outro.

> **PONTO-CHAVE**
> A velocidade para iniciar uma resposta aumenta durante a infância e a juventude; é mais rápida quando a resposta é compatível com o sinal de estímulo.

A velocidade com a qual um indivíduo pode selecionar as respostas motoras depende da idade (Wickens, 1974). Clark (1982) demonstrou isso manipulando a incompatibilidade espacial de estímulo-resposta de uma tarefa de tempo de reação quando testou crianças de 6 e 10 anos de idade e adultos. Em condições compatíveis, os participantes deveriam pressionar um botão à direita se a luz de estímulo à direita acendesse e um à esquerda se a luz de estímulo à esquerda acendesse. Na condição incompatível, os participantes deveriam pressionar um botão oposto à direção da luz. A compatibilidade espacial, portanto, afeta a seleção de resposta do participante. Clark descobriu que o tempo de processamento diminuiu (o desempenho melhorou) nos grupos mais velhos testados para a condição incompatível.

Apesar desses fatores centrais de atenção, a memória e a seleção da resposta influenciam a velocidade de processamento mais lenta das crianças; os fatores periféricos, não. Por exemplo, a velocidade da condução do impulso nervoso nos nervos periféricos não contribui substancialmente para as diferenças de velocidade entre crianças e adultos. Crianças menores são capazes de processar informações com mais rapidez, à medida que crescem, como resultado de aperfeiçoamentos nos fatores centrais – por exemplo, a seleção de respostas e a velocidade dos processos de memória.

 Quais são as implicações do processamento cognitivo mais lento nas crianças em esportes como futebol, basquetebol e tênis? Se você fosse um professor, como poderia estruturar as tarefas dessas crianças para aumentar seu sucesso, diante dessa limitação?

Velocidade de processamento cognitivo em adultos de meia-idade e idosos

> **PONTO-CHAVE**
> Os idosos respondem mais lentamente do que os adultos jovens e são mais suscetíveis à distração.

Assim como ocorre com crianças menores, os adultos de meia-idade e os idosos apresentam limitações no processamento de informações. Essas limitações também estão aparentemente associadas aos processos centrais, em vez de aos periféricos. Entretanto, os pesquisadores têm descoberto importantes diferenças entre executantes em períodos opostos da vida. Por exemplo, os idosos não apresentam desempenho inferior em todos os tipos de habilidades. Eles passam por poucas mudanças no desempenho de ações únicas e discretas que podem ser planejadas antecipadamente (Welford, 1977b) ou em ações simples, contínuas e repetitivas, como batidas alternadas em dois alvos (Welford, Norris & Shock, 1969). Porém, em ações que exigem uma série de movimentos diferentes, especialmente quando a velocidade é importante (Welford, 1977c), os idosos apresentam grande redução no desempenho. A principal limitação desses indivíduos, portanto, parece envolver as decisões baseadas em informações perceptivas e na programação das sequências de movimento (Welford, 1980). Esses são fatores centrais, e não periféricos. Vamos abordar, com mais detalhes, alguns dos componentes centrais do processamento da informação que são afetados pelo envelhecimento.

Ao que parece, os idosos aprendem novas tarefas mais lentamente do que os adultos mais jovens, sejam elas cognitivas ou motoras. Por exemplo, a aprendizagem adquirida por repetição de material cognitivo é mais lenta nos idosos porque eles precisam de mais repetições para atingir os critérios – isto é, para aprender o material em um nível pré-definido. Isso pode refletir a necessidade de mais tempo para a informação ser registrada na memória de longo prazo. Do mesmo modo, os idosos melhoram mais lentamente do que os adultos

Desenvolvimento Motor ao Longo da Vida **293**

jovens em habilidades motoras novas, ainda que mantenham bem as habilidades que aprenderam anteriormente na vida (Szafran, 1951; Welford, 1980).

Na terceira idade, os fatores de atenção também têm um papel nas limitações de desempenho. Os idosos desempenham mais rápido uma tarefa de tempo de reação quando um sinal de alerta é dado em um intervalo de tempo constante antes do estímulo, mas são mais lentos quando o intervalo do sinal varia de uma tentativa para outra. Isso sugere que um intervalo fixo minimiza a distração de associações irrelevantes (Birren, 1964). Rabbit (1965) também demonstrou que os idosos são mais prejudicados do que os adultos jovens pela presença de estímulos irrelevantes em uma tarefa de separar cartas. Nessa tarefa, os participantes são desafiados a separar um baralho com base na informação dada na face da carta, como o formato de um símbolo ou sua cor. Se a informação na face da carta não é relevante para a tarefa de separá-las, o desempenho dos idosos fica comprometido em comparação de adultos jovens.

Muitos idosos são mais facilmente distraídos e não prestam atenção aos estímulos críticos como faziam quando jovens. A causa desse declínio no desempenho pode ser uma redução da razão sinal-ruído no sistema nervoso central. Os impulsos nervosos desse sistema ocorrem contra um fundo de ruído nervoso aleatório, de modo que a eficiência de um sinal nervoso depende da razão entre a força do sinal e o ruído de fundo – a razão sinal-ruído. À medida que uma pessoa envelhece, os níveis do sinal diminuem no sistema nervoso central em função das alterações nos órgãos dos sentidos, da perda de células cerebrais e de fatores que afetam o seu funcionamento destas, enquanto o nível de ruído aumenta (Crossman & Szafran, 1956; Welford, 1977a). Os idosos podem compensar essa razão sinal-ruído se lhes for oferecido tempo adicional para completar a tarefa, mas ficam em desvantagem se devem apresentar uma série de movimentos ou tomar uma série de decisões rapidamente.

Os fatores do sistema nervoso central também influenciam a velocidade mais lenta de processamento em idosos. Os pesquisadores têm documentado de forma consistente uma redução do tempo de reação com o envelhecimento. Embora uma leve diminuição da velocidade de condução do impulso neural esteja associada ao envelhecimento, ela não é suficiente para explicar a magnitude dos tempos de reação prolongados.

O **tempo de reação de escolha** diminui nos idosos ainda mais que o tempo de reação simples. Tornar essa tarefa mais complexa, aumentando o número de sinais ou respostas designadas que são menos lógicas (p. ex., pressionar o botão esquerdo em resposta à luz de sinal da direita), aumenta desproporcionalmente o tempo de reação dos idosos quando comparado ao de adultos jovens (Cerella, Poon & Williams, 1980; Welford, 1977a; 1977b).

Além disso, o tempo de movimento de idosos mostra um aumento muito pequeno (Singleton, 1955), mas eles mantêm a velocidade de movimentos planejados e repetitivos, tais como bater alternadamente (Earles & Salthouse, 1995; Fieandt, Huhtala, Kulberg & Saarl, 1956; Jagacinski, Liao & Fayyad, 1995). Como quase todos os comportamentos mediados pelo sistema nervoso central se tornam mais lentos à medida que um adulto envelhece, os fatores centrais são considerados os grandes responsáveis pela menor velocidade de processamento de informações (Birren, 1964). Contudo, os esquemas dos idosos podem ser completos e refinados para as habilidades com as quais o adulto teve uma vida inteira de experiências. Essa experiência é útil, sobretudo, quando a precisão é mais importante do que a velocidade. Quando os idosos não são pressionados a executar as tarefas o mais rápido possível, apresentam um desempenho muito preciso em tarefas bem praticadas.

Em nossa discussão até este ponto, você deve ter notado que os idosos têm sido discutidos como se formassem um grupo homogêneo. Nenhuma distinção tem sido feita entre subgrupos, tais como adultos saudáveis e populações clínicas ou adultos ativos e inativos. Desde a década de 1970, contudo, as pesquisas têm mostrado que idosos ativos são mais próximos dos adultos jovens no desempenho do tempo de reação simples e de escolha do que os inativos (Rikli & Bush, 1986; Spirduso, 1975, 1980). Em 2003, Colcombe e Kramer publicaram uma metanálise de 18 estudos de intervenção de aptidão física aeróbia em idosos. Eles descobriram que o treinamento das aptidões físicas aumentou o desempenho

PONTOS-CHAVE
Em qualquer época da vida, os fatores do sistema nervoso central desempenham um papel muito maior na velocidade do processamento cognitivo do que os fatores periféricos.

Tempo de reação de escolha é a medida que requer a resposta mais rápida possível a múltiplos estímulos, em geral com uma resposta diferente correspondente a cada um deles.

em várias tarefas cognitivas. O maior efeito foi para tarefas executivas (aquelas envolvendo planejamento, inibição e escalonamento de processos mentais), mas tarefas de velocidade, visuoespaciais e processos controlados (p. ex., tempo de reação de escolha) também melhoraram (Fig. 14.4). Os benefícios do treinamento foram maiores quando a intervenção era um programa combinado de treinamento aeróbio e de força, em vez de somente o treinamento aeróbio; quando o programa durou mais de 6 meses; quando as sessões duraram mais de 30 minutos; e quando os que se exercitaram eram "idosos mais jovens" (55 a 65 anos) ou "meio-idosos" (66 a 70), em vez de "muito idoso" (71 a 80).

Existe um grande interesse em aprender como os exercícios exercem seus efeitos favoráveis sobre as funções cognitivas, e pesquisadores nessa área podem agora tirar mais vantagem das técnicas de imagem, mais amplamente disponíveis, tais como a imagem por ressonância magnética (RM). Colcombe e colaboradores (2003) utilizaram imagens de RM para mostrar que os níveis de aptidão física moderaram a perda de tecido do sistema nervoso com a idade, e Colcombe e colaboradores (2006) utilizaram imagens de RM para descobrir que o volume do cérebro aumentou em pessoas de 60 a 79 anos de idade que iniciaram um programa de exercícios aeróbicos. Portanto, os exercícios aeróbicos apresentam efeito favorável na estrutura cerebral de idosos. O mesmo é verdadeiro para a função cerebral? Colcombe e colaboradores (2004) utilizaram imagens de RM funcional para observar que adultos aptos fisicamente apresentaram maior atividade em áreas do cérebro envolvidas durante uma tarefa cognitiva, se comparados a adultos sedentários (ver também McAuley, Kramer & Colcombe, 2004). Essa descoberta, associada àquelas sobre treinamento de idosos para desempenhar tarefas específicas (Erickson et al., 2007), sugere que o cérebro de idosos retém mais plasticidade no funcionamento do que se imaginava anteriormente. Vários outros fatores podem estar envolvidos nos efeitos benéficos do exercício, incluindo melhor saúde vascular no cérebro e efeitos benéficos na resistência à insulina e intolerância à glicose (Weuve et al., 2004).

PONTO-CHAVE
Treinamento aeróbio suficiente pode aumentar o desempenho de idosos em várias tarefas cognitivas.

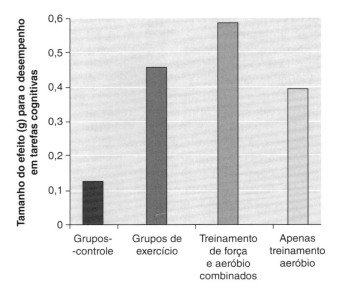

FIGURA 14.4 Stanley Colcombe e Arthur Kramer conduziram uma metanálise mostrando que o desempenho de uma tarefa cognitiva era melhor no segundo teste para os grupos-controle e de exercício. Além disso, a melhoria dos grupos de exercício foi muito maior que a do grupo-controle. Entre os que se exercitaram, aqueles grupos que combinaram treinamento de força e aeróbio melhoraram um pouco mais do que os que utilizaram somente treinamento aeróbio. Quatro tipos de tarefas cognitivas foram incluídas: velocidade, visuoespaciais, processamento controlado e controle executivo. O maior efeito foi sobre tarefas de controle executivo, mas houve melhoria em todas as tarefas cognitivas.
Dados de Colcombe e Kramer, 2003.

 Se você fosse um terapeuta em uma clínica geriátrica, a metanálise de Colcombe e Kramer levaria você a recomendar quais atividades aos pacientes residentes? Por quê?

Resumo e síntese

O conhecimento atua como uma restrição no desempenho de habilidades. Os indivíduos com mais conhecimento fornecem respostas mais adequadas em situações que exigem decisões. Eles antecipam situações e ações, bem como pensam em estratégias globais mais do que em ocorrências específicas e únicas. Para adquirir conhecimento, é necessário tempo e experiência. As crianças precisam de experiência para desenvolver uma base de conhecimento ampla, embora crianças especialistas possam apresentar mais conhecimento sobre uma situação do que um adulto iniciante. Os idosos com experiências extensas podem fazer de sua base de conhecimento um grande trunfo no desempenho de habilidades.

Entretanto, existe uma diferença na velocidade de processamento cognitivo ao longo da vida. Embora jovens e idosos especialistas possam superar adultos jovens com seu conhecimento, também podem experimentar um processamento mais lento dessa informação. No entanto, os idosos que treinam aerobicamente são capazes de moderar declínios na função cognitiva se treinarem em nível suficiente.

Reforçando o que você aprendeu sobre restrições

Dê uma segunda olhada

Você viu que o conhecimento é importante para o desempenho de habilidades motoras. Parece que vale a pena dispender o tempo e o dinheiro que os atletas e times investem nas tecnologias que aumentam seu conhecimento sobre o próprio desempenho e o de seus adversários. É útil reconhecer que o conhecimento sobre uma atividade é uma restrição do indivíduo que pode ser modificada rapidamente. Professores e técnicos que ajudam os praticantes a melhorar seus conhecimentos ajudam esses indivíduos a melhorar seu desempenho, às vezes em uma proporção maior do que a melhoria das habilidades físicas.

Teste seu conhecimento

1. Cite e defina os tipos de conhecimento e dê um exemplo de cada um deles para um de seus esportes prediletos ou para uma de suas formas de dança favoritas.
2. Descreva quatro formas específicas de esporte em que iniciantes e especialistas apresentem conhecimentos diferentes sobre um esporte.
3. O que os atletas jovens realizam melhor à medida que aumentam suas habilidades em seus esportes?
4. Quais fatores podem influenciar o desempenho em tarefas de memória?
5. Descreva uma tendência na velocidade de processamento cognitivo durante a vida, assumindo que adultos na meia-idade e idosos se tornem mais sedentários à medida que envelhecem.
6. Como o treinamento aeróbio afeta o funcionamento cognitivo em idosos? Quais são suas implicações nas atividades da vida diária e na participação em esportes?

Exercício de aprendizagem 14.1

Estratégias de ensino para idosos

Idosos podem aprender mais lentamente do que adultos jovens.

1. Identifique duas estratégias que você poderia adotar para ensinar novas habilidades a um idoso.
2. Escreva um plano de aula para ensinar essa habilidade, o qual utilize cada uma de suas duas estratégias.

Exercício de aprendizagem 14.2

Estratégias compensatórias de idosos

Idosos que participam de esportes podem, algumas vezes, compensar suas limitações de movimento (devidas, por exemplo, a alterações no sistema esquelético, força muscular ou flexibilidade) antecipando seus próximos movimentos com base em sua experiência no jogo. Entreviste um idoso que participa ativamente em um esporte, como tênis ou voleibol, e solicite-lhes que descreva a realização dessas adaptações. Por exemplo, Dodo Cheney, que venceu campeonatos de tênis aos 80 anos, relembra o aprendizado do seu posicionamento para se colocar mais próxima da rede (quando mais jovem ela se posicionava mais ao fundo da quadra) a fim de alcançar deixas de bola ou bolas curtas.

Interação Entre Exercícios e Restrições Estruturais

O tema de nosso estudo do desenvolvimento motor é que o movimento surge da interação entre restrições do indivíduo, do ambiente e da tarefa. Também observamos repetidamente que, dentro de cada tipo de restrição, múltiplos sistemas interagem. Por exemplo, o Capítulo 5 examinou sistemas estruturais do indivíduo que interagem com o crescimento e o envelhecimento, como os sistemas esquelético, muscular e neurológico. Capítulos posteriores revisam os sistemas perceptivos, suas interações e como eles restringem o movimento. Na Parte VI, exploramos a interação entre exercícios e restrições estruturais.

Ao longo do tempo, o exercício leva a melhoras na aptidão física, que podem ser medidas por alterações em diferentes restrições estruturais. A aptidão física apresenta muitos sistemas ou componentes, como flexibilidade e força. Uma pessoa com bom preparo em um componente não é necessariamente bem preparada em outro. Por exemplo, um indivíduo pode ser muito forte, mas não muito flexível. Esta parte do livro discute em detalhes os seguintes componentes estruturais da aptidão física: resistência cardiorrespiratória (Capítulo 15); força (Capítulo 16); flexibilidade (Capítulo 16) e composição corporal (Capítulo 17).

Alguns escritores consideram que a aptidão física inclui componentes adicionais, como agilidade e potência, mas os quatro aqui mencionados são os sistemas essenciais. Uma pessoa pode melhorar a aptidão física por meio de um programa sistemático de exercícios que tem como objetivo esses quatro componentes. O nível de aptidão de um indivíduo em cada um dos quatro sistemas e a interação entre esses níveis podem permitir ou restringir movimentos ao longo da vida. A aptidão física é importante em todos os momentos da vida, mas a velhice é o período em que ela pode apresentar a maior influência na qualidade de vida, por meio dos movimentos permitidos e dos efeitos positivos em todos os sistemas corporais. Começamos discutindo a resistência para atividades físicas vigorosas.

Leituras sugeridas

Bar-Or, O., & Rowland, T.W. (2004). *Pediatric exercise medicine: From physiologic principles to health care application.* Champaign, IL: Human Kinetics.

Cahill, B.R., & Pearl, A.J. (Eds.). (1993). *Intensive participation in children's sports.* Champaign, IL: Human Kinetics.

Feltz, D.L. (Ed.). (2004). The Academy papers: Obesity and physical activity. *Quest,* 56, iv-170.

Maud, P.J., & Foster, C. (Eds.) (2006). *Physiological assessment of human fitness* (2nd ed.). Champaign, IL: Human Kinetics.

Rowland, T.W. (Ed.). (1993). *Pediatric laboratory exercise testing.* Champaign, IL: Human Kinetics.

Rowland, T.W. (2005). *Children's exercise physiology* (2nd ed.). Champaign, IL: Human Kinetics.

Spirduso, W.W., Francis, K.L., & MacRae, P.G. (2005). *Physical dimensions of aging* (2nd ed.). Champaign, IL: Human Kinetics.

Taylor, A. & Johnson, M. (2008). *Phisiology of exercise and healthy aging.* Champaign, IL: Human Kinetics.

O Desenvolvimento da Resistência Cardiorrespiratória

 OBJETIVOS DO CAPÍTULO

- Estudar a resposta do corpo aos exercícios prolongados e como essa resposta muda ao longo da vida.
- Examinar a resposta do corpo aos exercícios vigorosos de curta duração e como essa resposta muda no decorrer da vida.
- Revisar os efeitos do treinamento de resistência ao longo da vida.
- Revisar os efeitos do treinamento para exercícios de curta duração ao longo da vida.

Desenvolvimento motor no mundo real

Nunca deixe sua sala de estar

Um *trailer* de um filme recente mostrou uma pessoa pilotando um avião, quando outra, um passageiro, lhe pergunta: "Onde você aprendeu a pilotar?". A resposta? "PlayStation!". Você pode reconhecer a resposta, trata-se de um video game. Parece que, a cada ano, jogos eletrônicos para televisão ou computador ficam melhores e mais parecidos com a vida real. Você pode escolher jogos baseados nos principais esportes, individuais ou coletivos, e com muitas nuances (p. ex., colocar *spin* em suas batidas) do jogo propriamente dito. Isso leva uma pessoa a se perguntar se alguém deixará sua sala de estar para realmente praticar algum esporte! Quando o tempo gasto jogando jogos eletrônicos é somado às horas gastas assistindo à televisão e utilizando computadores, é fácil perceber por que existe uma grande preocupação com o nível de aptidão física das pessoas, até mesmo crianças, em países ocidentais. Componentes da aptidão física podem atuar como restrições do indivíduo para a maioria das atividades; alguns deles são mais importantes para certos tipos de atividades físicas do que para outros. A falta de aptidão pode facilmente servir como um limitador de velocidade para o desempenho de habilidades motoras e de atividades físicas da vida diária. Na verdade, a aptidão física está relacionada à qualidade de vida da pessoa. Certamente, existe uma relação entre o crescimento e o envelhecimento do corpo e de seus sistemas (restrições estruturais) e os componentes da aptidão, bem como entre restrições funcionais e treinamento para a manutenção e melhoria da aptidão. É importante entender como essas várias restrições estruturais e funcionais do indivíduo interagem no desempenho de habilidades.

De todos os componentes da aptidão física, a resistência cardiorrespiratória apresenta as maiores implicações para a saúde ao longo da vida, mas seu desenvolvimento em crianças é cercado de muitos mitos. Por muitos anos, os especialistas pensaram que os sistemas cardiovascular e respiratório das crianças limitavam sua capacidade para a realização de trabalhos prolongados. Eles pensavam assim porque as medidas do tamanho dos vasos sanguíneos delas eram mal interpretadas. Apesar de o erro ter sido logo descoberto, o mito persistiu por décadas (Karpovich, 1937). Além disso, muitos pais e professores pensavam que as crianças automaticamente faziam exercícios suficientes para se tornar e permanecer aptas fisicamente. Essa crença serve como uma restrição social para que elas pratiquem exercícios de modo regular e sistemático. Estudos recentes documentaram uma tendência mundial em direção a uma aptidão reduzida (Tomkinson & Olds, 2007; Tomkinson, Olds, Kang & Kim, 2007), mostrando que o estilo sedentário de vida adotado por muitos adultos nos dias de hoje influenciou a vida de seus filhos. Uma alta porcentagem de crianças e adolescentes já apresenta um ou mais fatores de risco para doenças coronarianas, e muitas são obesas. Crianças em condições físicas carentes provavelmente manterão esse *status* ao longo de suas vidas adultas. Educadores e instrutores de exercícios físicos devem entender completamente o potencial e o desenvolvimento da resistência cardiorrespiratória, de modo que possam desafiar as crianças a alcançar um nível adequado de aptidão para a atividade vigorosa.

A resistência cardiorrespiratória reflete a capacidade da pessoa de manter uma atividade vigorosa. Ela é importante por duas razões amplas. Primeiro, a participação em muitas atividades físicas demanda a manutenção de esforços vigorosos. Segundo, a saúde dos sistemas cardiovascular e respiratório está relacionada ao nível de resistência física, em grande parte porque o treinamento que aumenta a resistência torna esses sistemas mais eficientes. Revisaremos as respostas fisiológicas básicas do corpo ao aumento da demanda das atividades vigorosas de curto e de longo prazos. Também discutiremos as alterações nessas respostas que ocorrem durante o crescimento e envelhecimento.

Desenvolvimento Motor ao Longo da Vida **301**

Respostas fisiológicas
aos exercícios de curta duração

As atividades físicas vigorosas podem ser uma breve explosão de exercício intenso, um longo período de trabalho submáximo ou máximo ou uma combinação de ambos. Nossos corpos atendem às diferentes demandas de atividades breves e intensas e às demandas de atividades mais longas e mais moderadas com diferentes respostas fisiológicas. Durante um curto período (10 segundos) de atividade intensa, o corpo responde esgotando reservas locais de oxigênio armazenadas nos músculos, criando, assim, um déficit de oxigênio que deve ser reabastecido em algum momento. Esses são sistemas *anaeróbios* (sem oxigênio). O desempenho do sistema anaeróbio pode ser expresso em medidas de **potência anaeróbia** e de **capacidade anaeróbia**.

À medida que a demanda de duração do exercício aumenta, os sistemas anaeróbios contribuem menos para a resposta do corpo. A respiração e a circulação aumentam para levar oxigênio aos músculos. Em 90 segundos de exercício, os sistemas de energia anaeróbio e *aeróbias* (com oxigênio) contribuem mais ou menos de forma igual. Após 3 minutos, os processos aeróbios satisfazem as demandas do exercício. Esses tipos de exercício que promovem o desempenho anaeróbio, portanto, são vigorosos, mas de curta duração, enquanto aqueles que promovem o desempenho aeróbio são mais duradouros e, consequentemente, menos vigorosos ou intensos.

> **Potência anaeróbia** é a velocidade com que o corpo de um indivíduo pode atender à demanda para atividades intensas e de curta duração.

> **Capacidade anaeróbia** é o déficit máximo de oxigênio que uma pessoa consegue tolerar.

Alterações do desenvolvimento no desempenho anaeróbio

Em qualquer idade, o desempenho anaeróbio está associado:

- ao tamanho corporal, particularmente à massa muscular livre de gordura e ao tamanho dos músculos;
- à capacidade de metabolizar fontes de combustível nos músculos;
- à mobilização rápida dos sistemas de transporte de oxigênio.

Alguns desses fatores se alteram à medida que a pessoa se desenvolve (Malina, Bouchard & Bar-Or, 2004).

Infância

As crianças apresentam quantidades absolutas menores de reservas de energia do que os adultos porque têm menos massa muscular (Eriksson, 1978; Shephard, 1982). Portanto, elas alcançam menor produção de potência anaeróbia absoluta em relação a eles. À medida que crescem, sua massa muscular aumenta, assim como suas reservas de energia. Elas podem também tolerar melhor os subprodutos do processo metabólico. Assim, o pico e a média de potência anaeróbia aumentam constantemente à medida que a criança cresce (Duche et al., 1992; Falgairette, Bedu, Fellmann, Van Praagh & Coudert, 1991; Inbar & Bar-Or, 1986). Os valores de produção de trabalho total aumentam durante todo o período da adolescência para meninos, mas somente até a puberdade para as meninas, refletindo talvez os padrões de crescimento muscular nos sexos (Fig. 15.1*a* e *b*) ou visões socioculturais de atividades adequadas para meninas.

Apresentar as razões das diferenças em massa muscular, entretanto, parece não eliminar totalmente as diferenças no desempenho anaeróbio que favorecem os meninos (Van Praagh, Fellmann, Bedu, Falgairette & Coudert, 1990). Nem todas as diferenças entre crianças e adultos são atribuídas a diferenças de tamanho corporal. Mesmo quando dividimos os valores de desempenho anaeróbio por peso corporal, os valores aumentam com a idade.

PONTO-CHAVE
A capacidade anaeróbia aumenta com o crescimento, mas em uma velocidade rápida demais para ser explicada unicamente por ele.

Sem dúvida, melhores coordenação neuromuscular e habilidade contribuem para o aumento do desempenho anaeróbio à medida que as crianças se desenvolvem e sua capacidade para a produção de energia aumenta com a idade (Rowland, 1996). Armstrong, Welsman e Kirby (1997) descobriram que o amadurecimento, independentemente da massa corporal, estava associado a médias e picos mais altos de potência anaeróbia. Pode-se esperar que crianças mais velhas apresentem melhor desempenho anaeróbio, mesmo que apresentem tamanhos corporais semelhantes aos de crianças mais jovens (Tomkinson, Hamlin & Olds, 2006).

Idade adulta

Uma vez que os indivíduos tenham alcançado o tamanho corporal do adulto, o desempenho anaeróbio permanece estável durante a idade adulta jovem (Inbar & Bar-Or, 1986). Qualquer aumento na capacidade e potência anaeróbicas é alcançado somente por meio de treinamento. Os sistemas anaeróbicos de idosos não produzem energia tão rapidamente como os dos adultos jovens; esse declínio está possivelmente associado à perda de massa muscular. Com o mesmo nível de exercício, os idosos acumulam subprodutos do metabolismo de energia mais rápido do que adultos jovens (Spirduso, Francis & MacRae, 2005). A perda de potência anaeróbia foi registrada em 50% dos indivíduos aos 75 anos (Grassi, Cerretelli, Narici & Marconi, 1991).

PONTO-CHAVE
A redução do desempenho anaeróbio em idosos reflete a perda de massa muscular.

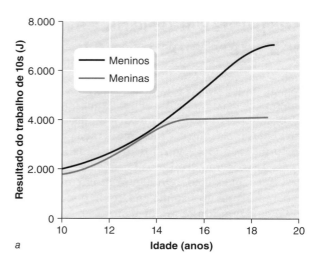

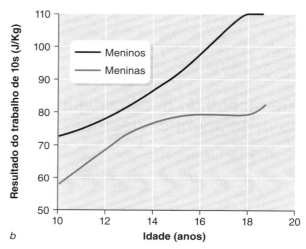

FIGURA 15.1 Desempenho anaeróbio. *(a)* Alteração na produção de trabalho total (medido em Joules) em uma bicicleta ergométrica durante 10 segundos de velocidade máxima com o avanço da idade. Bouchard e Simoneau (dados não publicados) mediram um grupo transversal de jovens francocanadenses nessa tarefa. Quando os valores do desempenho anaeróbio foram divididos pelo peso corporal, como em *(b)*, os valores continuaram a aumentar com a idade.

Reimpressa, com permissão, de Malina, Bouchard e Bar-Or, 2004.

Não está claro, contudo, se a potência e a capacidade anaeróbicas necessariamente diminuem à medida que os adultos envelhecem. Aqueles envolvidos em treinamentos intensos durante a vida não apresentaram deterioração no desempenho anaeróbio (Reaburn & Mackinnom, 1990). Esses atletas *master* provavelmente mantiveram muito de suas massas musculares. Qualquer perda de massa muscular em idosos pode afetar o desempenho anaeróbio, e a falta de treinamento em tarefas anaeróbicas para manter o condicionamento, logicamente, afeta seus desempenhos.

Treinamento anaeróbio

Apesar dos resultados dos estudos de treinamento serem um tanto inconsistentes, meninos pré-adolescentes e adolescentes apresentam aumento da potência anaeróbia com treinamento anaeróbio (Grodjinovsky, Inbar, Dotan & Bar-Or, 1980; Rotstein, Dotan, Bar-Or & Tenenbaum, 1986). Os aumentos não são grandes, e algumas comparações transversais não apresentam diferenças anaeróbicas entre meninos ativos e inativos (Folgairette, Duche, Bedu, Fellmann & Coudert, 1993; Mero, Kauhanen, Peltola, Vuorimaa, & Komi, 1990). Os aumentos com treinamento podem estar associados à metabolização mais eficiente das reservas de energia, melhorando, portanto, a capacidade anaeróbia (Eriksson, 1972). Pouco se sabe sobre as meninas, mas McManus, Armstrong & Williams (1997) registraram pequenos aumentos em meninas pré-púberes com treinamentos de ciclo e de corrida curta de velocidade.

 Imagine que você seja um professor de educação física. Quais jogos praticados pelos estudantes no ensino fundamental proporcionam treinamento anaeróbio? E no ensino médio?

Pouco se conhece sobre a resposta anaeróbia de idosos não treinados, embora os programas de treinamento que aumentam a massa muscular provavelmente levem a um incremento do desempenho anaeróbio. Reaburn e Mackinnon (1990) estudaram atletas *master*, acima de 46 anos de idade, que foram treinados para uma competição mundial de natação. Após um nado rápido, esses indivíduos produziram e removeram o ácido láctico de modo semelhante a adultos jovens. Portanto, o treinamento de longo prazo, com intensidade suficiente, pode manter o desempenho anaeróbio.

PONTO-CHAVE
O treinamento anaeróbio melhora o desempenho anaeróbio de crianças pré-adolescentes e mantém o dos atletas *master*.

Respostas fisiológicas a exercícios prolongados

Como os nossos corpos mantêm atividade física submáxima por períodos prolongados de tempo? Diferentemente do que ocorre no exercício de curta duração, a energia para o exercício prolongado é derivada de sistemas aeróbicos – a quebra oxidativa de reservas de alimentos –, além do esgotamento das reservas locais nos primeiros poucos minutos de exercício. O sucesso com que alcançamos as necessidades da atividade prolongada pode ser indicado pela medida de **potência aeróbia** e da **capacidade aeróbia**.

Capacidade aeróbia é a energia total disponível para atingir as demandas da atividade prolongada.

Potência aeróbia é a velocidade na qual a demanda de longa duração de oxigênio é alcançada durante a atividade prolongada.

Avaliando o desempenho anaeróbio

Existem testes não invasivos para a medição da aptidão anaeróbia, que é em geral estudada por meio de tarefas de curta duração. Os testes Quebec 10 s e Wingate 30 s, que consistem em utilizar a potência máxima de pedalada em uma bicicleta ergométrica, e o teste de potência muscular Margaria de corrida da velocidade em escada são comuns em laboratórios que fornecem dados sobre a produção total de trabalho, potência média e pico de potência. O rendimento de trabalho total indica quanto trabalho absoluto um indivíduo produz em um período de tempo de 10 ou 30 s. Em contrapartida, a potência indica a taxa com a qual indivíduos podem produzir energia – isto é, o trabalho que eles conseguem utilizar em uma unidade de tempo específica.

Existem testes não invasivos para a medição da aptidão anaeróbia, que é em geral estudada por meio de tarefas de curta duração. Os testes Quebec 10 s e Wingate 30 s, que consistem em utilizar a potência máxima de pedalada em uma bicicleta ergométrica, e o teste de potência muscular Margaria de corrida da velocidade em escada são comuns em laboratórios que fornecem dados sobre a produção total de trabalho, potência média e pico de potência. O rendimento de trabalho total indica quanto trabalho absoluto um indivíduo produz em um período de tempo de 10 ou 30 s. Em contrapartida, a potência indica a taxa com a qual indivíduos podem produzir energia – isto é, o trabalho que eles conseguem utilizar em uma unidade de tempo específica.

304 O Desenvolvimento da Resistência Cardiorrespiratória

A atividade constante e prolongada depende do transporte de oxigênio suficiente para o trabalho muscular por períodos de tempo mais longos. A necessidade de oxigênio é suprida por meio de aumentos nas frequências cardiorespiratória, de débito cardíaco e de consumo de oxigênio. O aumento da frequência respiratória leva mais oxigênio aos pulmões, tornando-o disponível para a difusão na corrente sanguínea. O aumento do débito cardíaco (a quantidade de sangue bombeado no sistema circulatório) permite que mais oxigênio chegue aos músculos. O corpo atinge esse crescente débito cardíaco por meio da elevação da frequência cardíaca ou do volume de ejeção. As alterações no volume de ejeção durante o exercício são relativamente pequenas, mas um dos benefícios de longo prazo do treinamento é um aumento nesse volume.

O fator limitante da atividade vigorosa e continuada é a capacidade do coração de bombear sangue suficiente para suprir as necessidades de oxigênio dos músculos que estão trabalhando. Quando os indivíduos se envolvem em uma atividade vigorosa, seus batimentos cardíacos aumentam durante a sessão até que a exaustão ocorra. Quando eles interrompem a atividade vigorosa, a frequência cardíaca cai muito rápido por 2 a 3 minutos e, depois, mais gradualmente, em um tempo associado à duração e à intensidade da atividade. Indivíduos fisicamente aptos recuperam a frequência cardíaca de repouso de forma mais rápida do que os sedentários.

Essa descrição é apenas um breve resumo das respostas fisiológicas ao exercício. Um tratamento mais detalhado está disponível em livros de fisiologia do exercício.

Alterações no desempenho aeróbio durante a infância

Como as crianças respondem fisiologicamente a atividades prolongadas? Elas tendem a apresentar circulação hipocinética (Bar-Or, Shephard & Allen, 1971); isto é, o débito cardíaco é menor do que o de um adulto (débito cardíaco é o produto do volume de ejeção e da frequência cardíaca). As crianças apresentam um volume de ejeção menor, como resultado do menor tamanho dos seus corações. Elas compensam essa situação, em parte, com frequências cardíacas mais altas que a dos adultos em um determinado nível de exercício, mas ainda assim seu débito cardíaco é um pouco menor. As crianças também apresentam concentrações de **hemoglobina** mais baixas do que os adultos. A concentração de hemoglobina está associada à capacidade do sangue transportar oxigênio.

Você pode supor que esses dois fatores, a circulação hipocinética e a baixa concentração de hemoglobina, resultam em um sistema de transporte de oxigênio que é menos eficiente em crianças do que em adultos. No entanto, a capacidade das crianças em extrair relativamente mais oxigênio circulante para os músculos ativos, em comparação à dos adultos (Malina & Bouchard, 1991; Shephard, 1982), parece compensar esses fatores. O resultado é um sistema de transporte de oxigênio comparativamente eficiente. Elas também mobilizam seus sistemas aeróbicos mais rápido do que os adultos (Bar-Or, 1983).

As crianças apresentam menor tolerância a períodos prolongados de exercício do que os adultos, talvez em função de suas menores reservas de energia nos músculos. À medida que crescem, a circulação hipocinética é gradualmente reduzida, e suas respostas tornam-se cada vez mais semelhantes às dos adultos.

Estudos longitudinais e transversais demonstram que o **consumo máximo de oxigênio** absoluto aumenta de forma linear em crianças dos 4 anos de idade até o final da adolescência em meninos e até os 12 ou 13 anos em meninas (Krahenbuhl, Skinner & Kohrt, 1985; Mirwald & Bayley, 1986; Shuleva, Hunter, Hester & Dunaway, 1990). O consumo máximo de oxigênio é a medida mais comum de aptidão para a atividade de resistência. A Figura 15.2*a* mostra essa tendência entre as idades de 6 e 18 anos, aproximadamente. Os meninos e as meninas são semelhantes em consumo máximo de oxigênio até cerca dos 12 anos, apesar de os garotos apresentarem uma média um pouco mais alta. Após essa idade, o consumo máximo de oxigênio forma um platô em meninas, mas continua a subir em meninos. Esse aumento com a idade está associado ao crescimento da musculatura, dos pulmões e do coração.

Hemoglobina é a proteína no sangue que transporta oxigênio.

PONTO-CHAVE
A resposta fisiológica das crianças às atividades físicas de resistência é muito eficiente, mas elas não podem se exercitar por um tempo tão longo quanto os adultos.

PONTO-CHAVE
O consumo máximo de oxigênio absoluto aumenta ao longo da infância e da adolescência em meninos e em meninas até os 12 anos, quando atinge um platô.

Consumo máximo de oxigênio é a maior quantidade de oxigênio que o corpo pode consumir durante o trabalho aeróbio.

PONTO-CHAVE
O consumo máximo de oxigênio por quilograma de peso corporal é estável em meninos e diminui levemente em meninas durante a infância e a adolescência.

Existe uma forte relação entre o consumo máximo de oxigênio absoluto e a massa corporal magra. Na realidade, o consumo máximo de oxigênio pode ser expresso em termos relativos em vez de absolutos, dividindo-o pelo peso corporal, pela massa corporal magra ou por outra dimensão corporal. Como mostra a Figura 15.2*b*, esse consumo em relação ao peso corporal permanece aproximadamente o mesmo durante a infância e a adolescência em meninos. Ele diminui em meninas, provavelmente por causa do aumento do tecido adiposo (gordura). Quando o consumo máximo de oxigênio está associado à massa livre de gordura, os valores apresentam um leve declínio durante e após a puberdade, e permanecem pequenas diferenças entre os sexos.

Portanto, o peso corporal parece aumentar um pouco mais rápido do que o consumo máximo de oxigênio em torno da puberdade (Malina & Bouchard, 1991). Esse consumo pode depender um pouco do grau amadurecimento, além do tamanho corporal; as comparações entre os consumos máximos de oxigênio e a idade apresentam uma relação em adolescentes que variam em idade, mas são iguais em tamanho (Sprynarova &

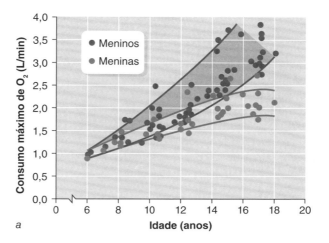

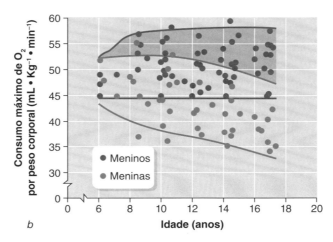

FIGURA 15.2 Relação entre consumo máximo de oxigênio e idade. *(a)* Valores absolutos. *(b)* Valores de consumo máximo de oxigênio em relação ao peso corporal em quilogramas. Os valores dos meninos estão concentrados na área sombreada, os valores das meninas na área não sombreada.

Reimpressa, com permissão, de Bar-Or, 1983.

PONTO-CHAVE
O consumo máximo de oxigênio está associado ao tamanho corporal, especialmente à massa corporal magra, bem como ao *status* de amadurecimento.

Reisenauer, 1978). Dois adolescentes de mesmo tamanho podem apresentar diferenças em seu consumo máximo de oxigênio caso um deles seja fisiologicamente mais maduro do que o outro.

Apesar de o consumo máximo de oxigênio ser a melhor medida individual de resistência, talvez não indique o desempenho para correr em crianças tão bem quanto em adultos. Nelas, o desempenho em testes de corrida está mais associado a medidas anaeróbicas do que em adultos. Precauções devem ser tomadas ao inferir os níveis de consumo máximo de oxigênio a partir do desempenho de corrida em crianças.

É importante reconhecer as relações entre o aumento do tamanho corporal em crianças e suas crescentes capacidades de manter o exercício durante o desenvolvimento. O desenvolvimento do corpo resulta em aumento nos volumes pulmonar, cardíaco e de ejeção, na quantidade de hemoglobina total e na massa corporal magra. Esses fatores favorecem uma melhora no débito cardíaco e, consequentemente, na capacidade de exercício e no consumo máximo de oxigênio absoluto. Como as crianças variam em tamanho independentemen-

PONTO-CHAVE

Imagine que você seja um treinador de esportes para jovens. Se o consumo máximo de oxigênio está associado à composição corporal e ao amadurecimento físico, quais são as implicações para os programas juvenis de esporte? Qual deveria ser o critério ao agrupar crianças em times para esportes de contato ou de combate? E para esportes sem contato?

te de suas idades cronológicas, as avaliações de capacidade de exercício nessa população devem se relacionar ao tamanho corporal, e não apenas à idade cronológica. No passado, os educadores frequentemente baseavam sua avaliação apenas na idade.

A capacidade média de exercício e o tamanho corporal médio de grupos de crianças e adolescentes geralmente aumentam com a idade, mas a capacidade de exercício também está relacionada à velocidade do amadurecimento. Como observado no Capítulo 4, a relação entre idade cronológica e *status* de amadurecimento é imperfeita. Portanto, o tamanho e o nível de maturação específicos de cada criança devem ser considerados ao se estabelecer expectativas para o desempenho de resistência (Fig. 15.3).

Em crianças, o tamanho corporal é também um melhor indicador de resistência do que o sexo. Após a puberdade, entretanto, os meninos atingem, em média, uma margem de vantagem considerável sobre as meninas quanto ao consumo máximo de oxigênio absoluto e apresentam o potencial para manter essa margem ao longo da vida. Vários fatores contribuem para essa diferença entre os sexos. Um deles é a composição corporal. O homem médio ganha mais massa corporal magra e menos tecido adiposo durante a adolescência do que a mulher média. Curiosamente, as mulheres são semelhantes aos homens em consumo máximo de oxigênio por quilograma de massa corporal sem gordura; porém quando o tecido adiposo é incluído, elas têm menor consumo máximo de oxigênio. Outro fator nas diferenças de gênero em relação a consumo de oxigênio é a tendência de as mulheres apresentarem concentrações menores de hemoglobina do que os homens (Åstrand, 1976).

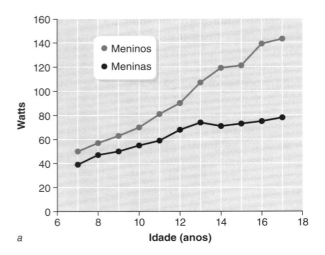

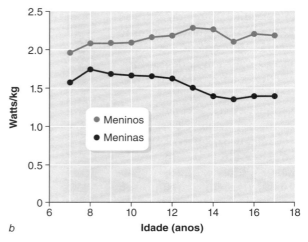

FIGURA 15.3 Capacidade de trabalho físico com o avanço da idade em crianças e adolescentes. As medidas foram realizadas em salas de aula (sem condicionamento dos indivíduos) com uma frequência cardíaca de 170 batimentos por minuto. As leituras poderiam ser provavelmente até 10% mais altas em função dos controles climáticos (20-22º C) e de alguma familiarização com os procedimentos experimentais. As medidas estão em *(a)* Watts (1 Watt = 6 kg × m^{-1} × min^{-1}) e *(b)* Watts por quilograma de peso corporal.
Dados retirados de Shephard (1982).

Quando atinge o final da adolescência, então, o homem médio tem uma margem de vantagem sobre a mulher média em consumo de oxigênio e em capacidade de trabalho (Fig. 15.3). Devemos lembrar que os fatores ambientais, especialmente o treinamento, influenciam as capacidades de resistência do indivíduo no decorrer de suas vidas. Não seria surpreendente descobrir que uma mulher ativa apresenta maior consumo máximo de oxigênio do que um homem sedentário.

Estudos laboratoriais indicam que crianças apresentam maiores necessidades metabólicas para realizar atividades como andar ou correr (Bar-Or, 1983; Rowland, 1996). Contudo, esses achados que mostram que as crianças estão em desvantagem em relação aos exercícios de resistência quando comparadas a adultos podem, na verdade, ser artefatos de estudos laboratoriais. Quando o esquema de exercícios é escalonado para a massa corporal, as diferenças entre meninos e homens são eliminadas (Eston, Robson & Winter, 1993). Isto é, os estudos laboratoriais tendem a comparar crianças e adultos com cargas de trabalho idênticas, quando eles provavelmente se exercitam em taxas metabólicas escalonadas para o tamanho corporal (Rowland, 2012). Portanto, as crianças são tão econômicas energeticamente quanto os adultos. Esses achados são muito importantes para a nossa ênfase no escalonamento corporal.

Desempenho aeróbio na idade adulta

O consumo máximo de oxigênio médio por quilograma de peso corporal tem seu pico entre os 20 e os 30 anos, caindo durante os anos subsequentes. A perda é de cerca de 1% por ano de vida. O declínio foi descoberto em pesquisas transversais e longitudinais junto a adultos atletas, ativos e sedentários (Spirduso, 1995). Os adultos atletas e os indivíduos ativos, contudo, mantêm um consumo máximo de oxigênio mais alto do que os adultos sedentários. A seção seguinte discutirá as mudanças estruturais e funcionais nos sistemas cardiovascular e respiratório que contribuem para esse declínio.

Estrutura e função cardiovasculares

A função cardiovascular está relacionada à estrutura do coração e dos vasos sanguíneos. As principais mudanças estruturais em um coração sadio pelo envelhecimento incluem progressiva perda de músculo cardíaco, perda de elasticidade nas fibras dos músculos desse órgão (Harrison, Dickson, Russell, Bidwai & Coleman, 1964), aumento na espessura da parede ventricular esquerda e alterações fibróticas nas válvulas (Pomerance, 1965). Os principais vasos sanguíneos também perdem elasticidade (Fleg, 1986). Ainda não está claro se essas mudanças são inexoráveis ao envelhecimento ou se refletem uma falta crônica de oxigênio. As consequências dessas mudanças estruturais na função cardiovascular são numerosas:

- **Frequência cardíaca máxima**. Enquanto os valores da frequência cardíaca de repouso para os idosos são comparáveis aos de adultos jovens, a frequência cardíaca máxima alcançável com exaustão física gradualmente declina com o envelhecimento (Lipsitz, 1989). A diferença fica em torno de 188 batimentos por minuto para pessoas que estão na casa dos 20 anos de idade e 168 para quinquagenários e sexagenários (Spirduso, 1995). A diminuição da frequência cardíaca máxima pode ser o principal fator na redução do consumo máximo de oxigênio provocado pelo envelhecimento (Hagburg et al., 1985).
- **Volume de ejeção**. O volume de ejeção de adultos idosos pode ou não diminuir com o envelhecimento. Pesquisas têm apresentado ambos os resultados (ver Stamford, 1988, para uma revisão). A doença cardíaca isquêmica assintomática (que afeta o suprimento de sangue para o coração) pode concorrer para resultados equivocados. Os pesquisadores, utilizando rigorosa triagem para doença cardíaca, podem não descobrir diminuição no volume de ejeção, ao contrário daqueles cujos estudos incluem participantes com doença não detectada (Safar, 1990).
- **Débito cardíaco**. O débito cardíaco é o produto da frequência cardíaca pelo volume de ejeção. Assim, os idosos saudáveis experimentam diminuição no débito cardíaco durante atividades físicas vigorosas e no consumo máximo de oxigênio, enquanto aqueles com doença cardíaca isquêmica experimentam uma diminuição ainda maior à medida que a frequência cardíaca máxima e o volume de ejeção diminuem. O débito cardíaco durante o repouso ou o trabalho submáximo não se altera com o envelhecimento e é muito maior em adultos que treinam aerobicamente do que nos sedentários.

Avaliando o desempenho aeróbio

Vários métodos podem ser utilizados para avaliar as respostas fisiológicas das pessoas à atividade constante que exige contração repetitiva de grandes grupos musculares. Pedalar em um ergômetro ou caminhar ou correr em uma esteira rolante são as atividades mais utilizadas. O esforço exigido do indivíduo pode ser submáximo ou máximo. Medidas de potência e capacidade aeróbia tendem a ser específicas para a tarefa desempenhada (pedalar, correr, etc.); portanto, deve-se tomar cuidado com a comparação dos escores de diferentes tarefas. As crianças mais novas têm dificuldade de manter uma cadência durante testes ergométricos na bicicleta, assim como são mais propensas do que os adultos a realizar movimentos desnecessários durante os testes. Além disso, correm o risco de cair da esteira rolante.

Os testes de exercícios aeróbios são, normalmente, escalonados, isto é, as cargas de trabalho são aumentadas em etapas. Não existe um protocolo-padrão para qualquer grupo etário, mas a intensidade deve sempre ser apropriada ao nível de aptidão e ao tamanho dos indivíduos avaliados.

Uma medida comum de aptidão para atividades de resistência é o consumo máximo de oxigênio (VO_2 máx) ou potência aeróbia máxima, o volume máximo de oxigênio que o corpo consome por minuto (Heyward, 1991; Zwiren, 1989). Quanto maior a eficiência do uso de oxigênio do corpo da pessoa (i.e., menos oxigênio é consumido para a mesma quantidade de trabalho realizado), mais apto é o indivíduo. O desempenho em exercícios físicos de resistência é muito complexo para ser representado por qualquer medida única, ainda que a relação entre o consumo máximo de oxigênio e o desempenho da atividade de resistência seja alta, o que torna esse consumo uma das medidas preferidas de resistência física.

Em um teste que avalia o consumo máximo de oxigênio, você pode medir ou estimar a quantidade real de oxigênio consumido durante a atividade. Esse valor também pode ser expresso como oxigênio consumido por minuto por quilo de peso corporal. O consumo máximo de oxigênio é uma medida comum de resistência em estudos com crianças e idosos porque pode ser estimado a partir de testes submáximos, evitando, assim, a necessidade de se exercitar até a exaustão. Além disso, o uso de medidas diretas de oxigênio requer equipamento mais sofisticado e caro do que aquele necessário para se estimar a partir de testes submáximos.

- **Pressão sanguínea**. Os idosos atingem o débito cardíaco de pico em uma intensidade de trabalho menor em comparação aos adultos jovens (Brandfonbrener, Landowne & Shock, 1955; Shephard, 1978a). Suas artérias mais rígidas resistem ao volume de sangue que o coração bombeia. Essa resistência pode ser ainda maior na presença de aterosclerose, o crescimento de placas nas paredes da artéria. Por sua vez, a resistência aumenta a pressão arterial de repouso (a diferença entre a pressão sanguínea sistólica e a diastólica) e a pressão sanguínea sistólica. O aumento ou a diminuição da pressão sanguínea durante o exercício também depende da saúde das fibras musculares cardíacas e da capacidade de tolerar um aumento na carga de trabalho. Um estilo de vida com atividade física regular está associado a menor pressão sanguínea sistólica (Reaven, Barret-Connor & Edelstein, 1991).
- **Fluxo sanguíneo e conteúdo de hemoglobina**. Para a atividade ser mantida, o oxigênio deve ser enviado pelo sangue para os músculos que estão trabalhando. O fluxo sanguíneo periférico é aparentemente mantido na terceira idade. A hemoglobina também é mantida (Timiras & Brownstein, 1987), mas a incidência de anemia aumenta. Essa condição está associada a valores reduzidos de hemoglobina.

Outra medida de resposta fisiológica ao exercício físico prolongado é a capacidade máxima de trabalho, que significa o maior nível de trabalho ou carga de exercício que uma pessoa pode tolerar antes de atingir a exaustão (Adams, 1973). Como esse teste requer um esforço máximo, exige pessoas motivadas para trabalhar até a exaustão, e, apesar de improvável, um indivíduo pode ter um ataque cardíaco durante esse tipo de teste. Por essa razão, tal medida não é frequentemente utilizada em crianças ou idosos.

Outras medidas de aptidão de resistência são menos comuns. Por exemplo, o débito cardíaco máximo pode ser diretamente medido, mas esse teste é difícil de realizar porque requer a intubação (inserir um tubo no corpo). Medir as mudanças eletrocardiográficas do indivíduo durante o exercício é interessante quando se estudam adultos (Heyward, 1991), mas não se aplica muito bem à maioria das crianças porque seu objetivo principal é identificar função cardíaca debilitada. Portanto, a medida de resistência física de pesquisa preferida em crianças e idosos é o consumo máximo de oxigênio para mudanças em potência aeróbia e adaptações a esforços de exercício submáximos para mudanças na capacidade aeróbia.

Vários pesquisadores tentaram identificar testes de campo para crianças que sejam capazes de estimar a resistência tão fielmente quanto as medidas em um laboratório. Esses testes permitem aos educadores medir o desempenho aeróbio sem os equipamentos de laboratório. Eles compararam os escores laboratoriais de consumo máximo de oxigênio a desempenhos em corrida de 800 m, 1.200 m e 1.600 m de 83 crianças da primeira, da segunda e da terceira séries do ensino fundamental. O desempenho na corrida de 1.600 m foi melhor indicador de consumo máximo de oxigênio para meninos e meninas do que o desempenho nos 800 m ou 1.200 m. O escore de velocidade média nos 1.600 m de corrida teve uma correlação um pouco mais alta com o consumo máximo de oxigênio do que o escore de tempo total. Podemos concluir que uma corrida de 1.600 m é um teste de campo de resistência melhor para crianças do que corridas curtas. Essa avaliação provou ter uma alta confiabilidade de teste-reteste (Krahenbuhl, Pangrazi, Petersen, Burkett & Schneider, 1978). Em corredores jovens treinados, a correlação entre consumo máximo de oxigênio e tempo de corrida é alta (Cunningham, 1990; Unnithan, 1993).

Estrutura e função respiratórias

A elasticidade do tecido pulmonar e das paredes torácicas diminui com o envelhecimento (Turner, Mean & Whol, 1968). Portanto, os idosos fazem mais esforço para respirar do que os adultos jovens. De particular interesse é o volume pulmonar, especialmente aquele denominado **capacidade vital forçada**. Uma grande capacidade vital reflete uma grande capacidade respiratória pulmonar, o que resulta em melhor ventilação alveolar. Como a maior parte da difusão de oxigênio para os capilares acontece nos alvéolos (Fig. 15.4), uma melhor ventilação alveolar contribui para aumentar a quantidade de oxigênio que circula no sangue e que alcança os músculos em atividade.

A redução da capacidade vital com o envelhecimento está bem determinada; a média de redução é de 4 a 5% por década (Norris, Shock, Landowne & Falzone, 1956; Shephard, 1987). A perda é mais acentuada em fumantes do que em não fumantes, e sabe-se que pessoas bem treinadas em torno de 40 anos mantêm a capacidade vital próxima daquela que apresentavam em seus 20 anos (Shephard, 1987).

A troca de oxigênio e de dióxido de carbono nos pulmões perde alguma eficiência com o envelhecimento, e esse declínio não é compensado pelo treinamento (Dempsey, Johnson & Saupe, 1990). Geralmente, contudo, os sistemas pulmonares de idosos funcionam bem quando em repouso e durante atividades moderadas. Mais ainda, o sistema pulmonar não é o principal fator limitante da capacidade de exercício.

Capacidade vital forçada é o volume máximo de ar que os pulmões podem expelir após a inspiração máxima.

PONTO-CHAVE
Fatores cardiovasculares são uma limitação maior para o desempenho aeróbio do que os fatores pulmonares de idosos.

310 O Desenvolvimento da Resistência Cardiorrespiratória

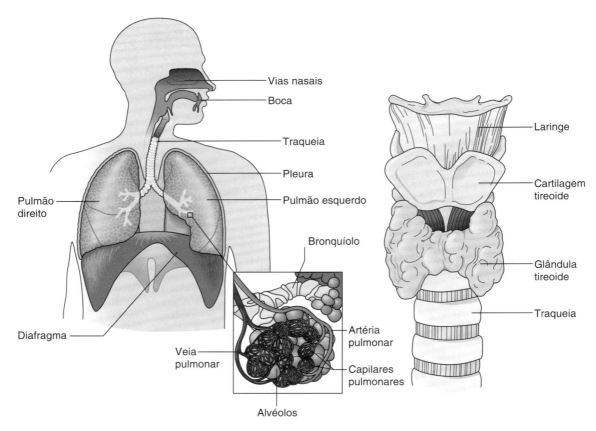

FIGURA 15.4 O sistema respiratório. A difusão de oxigênio para os capilares acontece nos alvéolos, destacados na figura.

Alterações na massa muscular

PONTO-CHAVE
O consumo máximo de oxigênio declina ao longo da idade adulta, uma tendência que está relacionada a uma diminuição da frequência cardíaca máxima e da massa muscular. Adultos e idosos ativos mantêm uma margem maior de consumo máximo de oxigênio sobre os adultos sedentários.

A redução no consumo máximo de oxigênio está provavelmente associada à perda de massa muscular e à capacidade dos músculos de utilizar oxigênio, bem como a alterações cardiovasculares e cardiorrespiratórias. O consumo máximo de oxigênio mede a quantidade de oxigênio enviada e utilizada pelos músculos. Assim, quanto maior a massa muscular, maior a probabilidade de consumo máximo de oxigênio. Na realidade, quando o consumo máximo de oxigênio é relacionado à massa muscular em quilogramas (em vez de quilogramas de peso corporal) em idosos, os declínios diminuem de 60 para 14% em homens e de 50 para 8% em mulheres (Spirduso, 1995). Portanto, um fator para minimizar a perda de desempenho de resistência é a manutenção da massa muscular. Assim, a adição de tecido adiposo com o envelhecimento trabalharia contra a manutenção do consumo máximo de oxigênio.

O resultado final das alterações cardiopulmonares e da perda de massa muscular é que a capacidade de exercício máximo e o consumo de oxigênio máximo (absoluto ou relativo ao peso corporal) declinam à medida que o adulto envelhece e o período de recuperação que se segue à atividade vigorosa aumenta. Os resultados dos estudos longitudinal e transversal estão indicados na Figura 15.5, e é evidente um declínio com o envelhecimento. Uma vida de fatores ambientais negativos, tais como fumo ou nutrição pobre, pode contribuir para acelerar as mudanças. De forma inversa, uma vida de exposição a fatores ambientais positivos, como estilo de vida saudável, pode manter melhores níveis de resistência.

 Se você fosse um *personal trainer* com alunos idosos, planejava quais tipos de atividades de treinamento a fim de auxiliá-los a melhorar suas capacidades aeróbicas? Por quê?

Mudanças com o crescimento e o envelhecimento afetam acentuadamente o desempenho de resistência ao longo da vida. Vários sistemas podem restringir o potencial para atividades vigorosas e constantes. É importante que todos tenham algum conhecimento de como os vários sistemas influenciam as atividades aeróbicas, dadas as implicações da prática regular dessas atividades. Aliás, os educadores e os terapeutas devem entender inteiramente essas influências, a fim de promover treinamentos que resultem em benefícios significativos para a saúde.

Treinamento de resistência

O resultado do treinamento aeróbio é previsível em adultos. Um adulto melhora o consumo máximo de oxigênio treinando ao menos três vezes por semana durante, no mínimo, 20 minutos, a uma intensidade de 60 a 90% da frequência cardíaca máxima. O volume de ejeção aumenta, e o débito cardíaco máximo se eleva subsequentemente.

O oxigênio é mais facilmente removido do sangue nos músculos. A ventilação máxima por minuto aumenta. Os adultos inativos que começam o treinamento normalmente aumentam o consumo máximo de oxigênio de 25 para 50% (Hartley, 1992). Portanto, o treinamento adequado resulta em benefícios. Vamos verificar se o mesmo é válido para crianças.

O efeito do treinamento em crianças

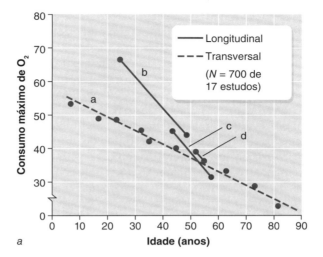

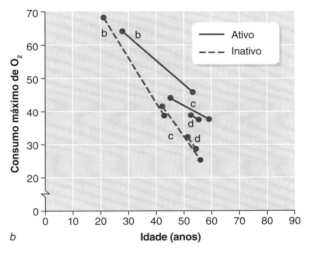

FIGURA 15.5 O consumo máximo de oxigênio diminui à medida que a pessoa envelhece. *(a)* Estudos transversais e longitudinais revelam declínios na idade adulta. *(b)* O declínio não é tão rápido em adultos ativos. As linhas tracejadas representam a mudança em adultos inativos, e as linhas contínuas, a mudança em adultos ativos. Os dados representados são de *(a)* Dehn e Bruce (1972), *(b)* Dill et al. (1967), *(c)* Hollman (1965) e *(d)* Dehn e Bruce (1972) (todos citados em Dehn & Bruce, 1972).

Reimpressa, com a permissão, de B.A. Stamford, 1986, *Exercise and the elderly*. In *Exercise and sports sciences reviews*, Vol. 16, editado por K. B. Pandolf (New York: Mcmillan), 344. © de McGraw-Hill Companies.

Crianças que ingressam em um programa de treinamento aeróbio estão em crescimento contínuo e, como observado anteriormente, o consumo máximo de oxigênio aumenta com o crescimento. Portanto, para conhecermos o efeito do treinamento em crianças, devemos ser capazes de distinguir entre o aumento no consumo máximo de oxigênio resultantes do crescimento e aquele resultante de treinamento. Em pesquisas, essa diferenciação se torna absolutamente necessário incluir um grupo-controle que cresce, mas não treina. No entanto, como observado no Capítulo 4,

312 O Desenvolvimento da Resistência Cardiorrespiratória

PONTO-CHAVE
Os efeitos do crescimento e do amadurecimento sobre o consumo máximo de oxigênio devem ser distinguidos dos efeitos do treinamento.

as crianças amadurecem em velocidades diferentes. Comparar um grupo com crianças amadurecidas precocemente a um cujos componentes amadureçam tardiamente pode ser um viés na investigação sobre os efeitos do treinamento. De fato, um grupo de pesquisa observou que, quando se buscava comparar grupos de crianças inativas e ativas, aquelas amadurecidas tardiamente se situavam com mais frequência na categoria inativa (Mirwald, Bayley, Cameron & Rasmussen, 1981). Portanto, o nível de amadurecimento também deve ser levado em conta nas pesquisas.

Os estudos iniciais sobre treinamento aeróbio em crianças pré-púberes estavam equivocados. Considere os sete estudos de amostragem retratados na Figura 15.6. Três deles descobriram um aumento significativo no consumo máximo de oxigênio pelo grupo de treinamento em comparação ao grupo-controle, e quatro estudos não descobriram diferenças significativas após o treinamento. Em poucos estudos longitudinais, o treinamento não resultou em diferenças entre os grupos ativos e inativos até as crianças alcançarem a velocidade de altura de pico (Kobayashi et al., 1978; Mirwald et al., 1981; Rutenfranz, 1986). Em outras palavras, a atividade não foi associada ao consumo de oxigênio mais alto em pré-adolescentes (além do aumento devido ao crescimento), mas foi associada em adolescentes. Isso levou Katch (1983) a propor a hipótese do "gatilho", a qual estabelece que, enquanto não são alcançados os resultados dos hormônios que iniciam a puberdade, os efeitos do treinamento aeróbio sobre o consumo máximo de oxigênio são, na melhor das hipóteses, mínimos.

Vários fatores podem explicar a ausência de efeito do treinamento:

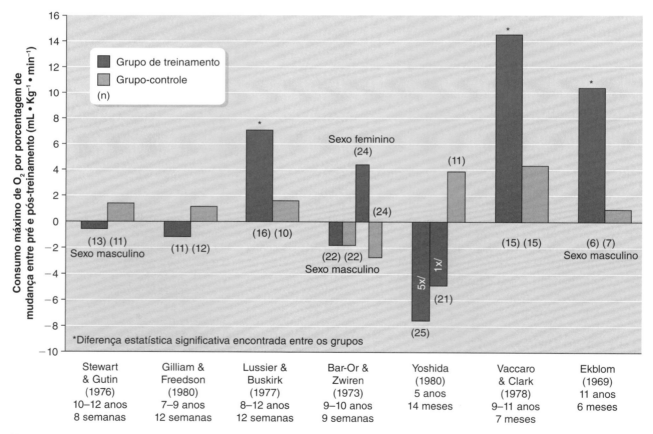

FIGURA 15.6 Mudanças no consumo máximo de oxigênio com o treinamento em crianças pré-púberes. As três barras marcadas com asterisco (*) indicam estudos que descobriram uma melhoria significativa em relação aos grupos-controle. Os outros quatro estudos não descobriram diferenças após o treinamento.

Reimpressa, com permissão, de L. D. Zwiren, 1989.

- os efeitos do treinamento podem ser dependentes de respostas hormonais;
- as altas taxas de atividade em crianças antes do treinamento podem minimizar seu efeito;
- os estudos podem ter incluído muito poucas crianças ou utilizado métodos de pesquisa falhos;
- a intensidade do treinamento pode ter sido insuficiente para as crianças (Rowland, 1989b);
- o consumo máximo de oxigênio pode não ser uma medida tão útil de aptidão aeróbia em crianças como outras medidas (p. ex., limiar anaeróbio ou o limiar ventilatório anaeróbio) (Armstrong & Welsman, 2007; Rowland, 1989a; Washington, 1989).

Cientes dessas possibilidades, mais recentemente, os pesquisadores basearam suas revisões em estudos que preenchem certos critérios de metodologia e de intensidade de treinamento. Pate e Ward (1990) selecionaram e analisaram 12 estudos, oito dos quais descobriram um aumento no consumo máximo de oxigênio com o treinamento, embora o aumento médio tenha sido de somente 10,4%, em comparação a 2,7% do grupo-controle. Análises semelhantes levaram alguns pesquisadores a concluir que o treinamento aeróbio adequado pode levar a um aumento do consumo máximo de oxigênio de aproximadamente 15% em crianças (Sadi, 1986; Shephard, 1992; Vaccaro & Mahon, 1987).

Payne e Morrow (1993) relataram, a partir de uma metanálise de 23 estudos, um aumento médio de menos de 5% em aptidão. Tofrey, Campbell e Batterham (1998) treinaram 26 crianças (meninos e meninas) pareados com 19 crianças-controle em amadurecimento fisiológico. Elas treinaram 30 minutos três vezes por semana por 12 semanas a aproximadamente 80% da frequência cardíaca máxima. O nível de atividade física normal e a porcentagem de gordura corporal foram considerados na análise dos resultados, mas o grupo de treinamento de exercício ainda assim não apresentou melhora em seu consumo máximo de oxigênio além daquela também observada no grupo-controle.

É possível que as pesquisas em geral não tenham utilizado níveis de intensidade de treinamento suficientes para causar um efeito de treinamento nas crianças. No entanto, os programas de exercício não devem ser tão exigentes a ponto de causar danos, nem deveriam envolver um nível de atividade que resultasse em desgosto das crianças pelo exercício. O princípio da sobrecarga é útil no caso das crianças. Esse princípio requer treinamento com crescente intensidade ou duração além da norma do indivíduo. Ainda assim, o aumento é gradativo, em vez de drástico. A intensidade ou a duração de cada sessão de exercício é aumentada aos poucos, ao longo de várias semanas ou meses.

PONTO-CHAVE
O treinamento aeróbio proporciona pequenas melhorias, na melhor das hipóteses, em pré-adolescentes, mas melhorias significativas após a puberdade.

Entretanto, os adolescentes, após a puberdade, respondem ao treinamento aeróbio de uma forma semelhante aos adultos. O tamanho e o volume do coração, o volume de sangue total, a hemoglobina total, o volume de ejeção e o débito cardíaco máximo aumentam em jovens que recebem treinamento (Ekblom, 1969; Eriksson & Koch, 1973; Koch & Rocker, 1977; Lengyel & Gyarfas, 1979), enquanto a frequência cardíaca submáxima para determinado nível de exercício diminui (Brown, Harrower & Deeter, 1972). Kobayashi e colaboradores (1978) descobriram um aumento de 15,8% em potência aeróbia com o treinamento entre as idades de 14 e 17 anos. Um estudo longitudinal de mais de 15 anos de duração com indivíduos de ambos os sexos e idades entre 13 e 27 anos mostrou que aqueles que relataram ser fisicamente ativos apresentaram um aumento de 2 a 5% na aptidão aeróbia em relação ao inativos (Kemper, Twisk Koppes, Van Mechelen & Post, 2001).

O treinamento é específico mesmo em adolescentes. Santos, Marinho, Costa, Izquierdo e Marques (2012) observaram que a intensidade do treinamento em meninos adolescentes, entre 12 e 14 anos de idade, não melhorou suas capacidades aeróbicas, mas os programas concomitantes de treinamento de resistência levaram ao aumento de ambos os componentes de aptidão física.

 Imagine que você seja um professor de educação física trabalhando em um comitê encarregado de revisar o currículo da disciplina. Quantas atividades caracterizadas como treinamento aeróbio você incluiria em cada série, desde o jardim de infância até o fim do

ensino médio? E em relação às atividades de treinamento anaeróbio? Você defenderia que os estudantes do ensino médio completassem suas exigências de educação física como estudantes de segundo ano?

Programas de treinamento na idade adulta

Anteriormente, revisamos as alterações estruturais e funcionais que ocorrem com o envelhecimento nos sistemas cardiovascular e respiratório. Observamos que o consumo máximo de oxigênio declina com o envelhecimento, mesmo naqueles que treinam. Entretanto, também observamos que adultos treinados e ativos apresentam consumo máximo de oxigênio mais alto, a despeito do declínio desse fator com o tempo, em comparação a adultos sedentários (Hollenberg, Yang, Haight & Tager, 2006) (Fig. 15.7). Isso indica que programas de treinamento para adultos apresentam benefícios. Vamos considerar dois grupos: adultos que mantêm um estilo de vida ativo e aqueles sedentários que iniciam o treinamento.

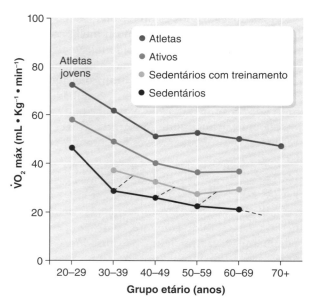

FIGURA 15.7 Esses valores médios de consumo máximo de oxigênio para os adultos mostram que a atividade está associada a valores mais altos, embora todos os grupos, ativos e inativos, tenham experimentado declínio. As linhas pontilhadas representam as melhorias em adultos sedentários advindas do treinamento.

Reimpressa, com permissão, de W.W. Spirduso, K. Francis e P. MacRae, 2005

Em primeiro lugar, existem evidências (Dehn & Bruce, 1972; Drinkwater, Horvat & Wells, 1975; Kasch et al., 1990; Shephard, 1978b; Smith & Serfass, 1981) de que os declínios não são tão acentuados em idosos que permanecem ativos como naqueles que se tornam sedentários. A Figura 15.5b mostra uma queda mais abrupta do consumo máximo de oxigênio em idosos inativos (linha tracejada) do que em ativos (linhas contínuas) com o avanço da idade. O treinamento vigoroso pode até manter o consumo máximo de oxigênio equilibrado por um tempo em idosos (Fig. 15.7; Kasch & Wallace, 1976). Por um longo período, o treinamento prolongado pode reduzir fortemente o declínio do consumo máximo de oxigênio. Kash e colaboradores (1990) observaram um declínio de somente 13% em homens de 45 a 68 anos que mantiveram o treinamento de exercícios, em comparação a uma perda média de aproximadamente 40% naqueles que não se exercitam.

Segundo, os idosos podem aumentar de forma significativa o consumo máximo de oxigênio mediante um bom programa de treinamento (Posner et al., 1986; Shephard, 1978b), mesmo que tenham se submetido a pouco treinamento mais cedo em suas vidas ou até mesmo em seus 70 e poucos anos (Hagburg et al., 1989; Stamford, 1973). As melhorias observadas variam de 10 a 25% (Blumenthal et al., 1991; Shephard, 1987). Esses ganhos não são tão altos em termos absolutos como aqueles em pessoas mais jovens que começam a treinar, mas são semelhantes àqueles dos jovens em termos relativos. Até mesmo a baixa intensidade de treinamento pode ser muito eficiente para idosos no início de seus programas de exercício. Idosos inativos que iniciam treinamento aeróbio também melhoram em outras tarefas de força e mobilidade (Kalapotharakos, Michalopoulos, Strimpakos, Diamantopoulos & Tokmakidis, 2006), bem como aumentam seus níveis de lipídeos sanguíneos (Ring-Dimitriou et al., 2007).

PONTO-CHAVE
Os adultos podem se beneficiar do treinamento aeróbio, reduzindo o declínio em desempenho que, de outra forma, acompanharia o envelhecimento.

Quais mecanismos estão envolvidos nas melhorias em idosos com o treinamento? Sem dúvida, o treinamento mantém ou melhora a massa muscular. Como mencionamos, mais massa muscular está associada a maior consumo máximo de oxigênio. Idosos aptos fisicamente também apresentam uma capacidade vital maior do que os sedentários (Shephard, 1993). A informação sobre o sistema cardiovascular está disponível em um estudo de caso de Clarence DeMar, que correu 12 milhas por dia durante sua vida e competiu em maratonas aos 65 anos de idade. A necropsia realizada após sua morte, causada por um câncer aos 70 anos, mostrou um músculo cardíaco bem desenvolvido, válvulas normais e artérias coronárias duas vezes maiores em tamanho do que normalmente observado (Brandfonbrener et al., 1955).

Apesar de os benefícios do treinamento de resistência, mesmo em baixa intensidade, serem bem estabelecidos para idosos, o trabalho vigoroso pode piorar uma cardiopatia. O idoso com doença cardiovascular deve participar de programas especiais para sua faixa etária. O princípio orientador na elaboração de programas de treinamento para idosos, bem como para crianças, é um aumento gradual na duração e na intensidade do exercício.

Efeitos do treinamento de longo prazo

Apesar da resposta favorável do corpo ao treinamento em qualquer idade, a questão que surge é se jovens ativos apresentam uma vantagem sobre os seus pares sedentários na manutenção da resistência durante a terceira idade. De maneira ideal, os pesquisadores avaliariam esses aspectos da aptidão por meio de estudos longitudinais e de longo prazo; entretanto, as dificuldades envolvidas na obtenção de dados longitudinais (os custos e o desgaste dos sujeitos) tornam tais pesquisas caras.

Na ausência desse tipo de trabalho considera-se um estudo transversal conduzido por Saltin e Grimby (1968), que mediram o consumo máximo de oxigênio de três grupos de homens com idades entre 50 e 59 anos. Os componentes do primeiro grupo não haviam sido atletas na juventude; os do segundo sim, mas agora eram sedentários; e os homens do terceiro grupo haviam sido atletas quando jovens e continuavam mantendo o estilo de vida ativo. Os pesquisadores tiveram de se basear em relatos pessoais (em vez de dados de laboratório) para determinar os níveis de atividade dos homens na juventude. Mesmo assim, as medidas de consumo máximo de oxigênio apresentaram valores médios de 30, 38 e 53 mL/min/kg de peso corporal para os não atletas, sedentários ex-atletas e adultos ativos, respectivamente.

Mais recentemente, Trudeau, Laurencelle, Tremblay, Rajic e Shephard (1998) acompanharam por 20 anos as participantes de um estudo semilongitudinal. O grupo de tratamento no estudo original teve uma hora de educação física especializada cinco vezes por semana durante 6 anos no ensino fundamental. O grupo-controle recebeu somente 40 minutos por semana durante os mesmos 6 anos. As mulheres do grupo de tratamento se exercitaram com frequência pelo menos três vezes maior por semana do que as do grupo-controle. Os homens não foram diferentes. Homens e mulheres do grupo de tratamento relataram com mais frequência que sua saúde estava de muito boa a excelente.

Telama, Yang, Laakso e Viikari (1997) também acompanharam jovens 9 e 12 anos após terem inicialmente respondido um questionário sobre suas atividades de lazer (nas idades de 9, 12, 15 e 18 anos). As correlações entre as atividades de jovens e de adultos foram baixas, mas significativas. Existe também uma linha de estudos longitudinais mostrando que a participação persistente de jovens em programas e competições profissionais capaz de prever níveis de atividade física na idade adulta jovem (Telama, Yang, Hirvensalo & Raitakari, 2006).

Apesar das limitações desses estudos, as evidências sugerem que a atividade física regular na infância proporciona benefícios positivos para o resto da vida. Promover um estilo de vida ativo para crianças e jovens os predispõe a ser adultos mais ativos (Fig. 15.8). Contudo, o fator mais importante da resistência física é o nível de atividade atual do indivíduo. Em todas as idades, a capacidade para o trabalho prolongado e vigoroso tende a ser transi-

FIGURA 15.8 A capacidade de resistência é positivamente associada ao treinamento, sobretudo após a puberdade. Além disso, a atividade regular na infância pode predispor os indivíduos a ser mais ativos na vida adulta. Talvez restrições funcionais, como uma atitude positiva em relação ao exercício, persistam por toda a vida.

tória. As pessoas mantêm (ou aumentam) a resistência se estão atualmente treinando para resistência; em contrapartida, a capacidade de resistência diminui quando os programas de treinamento são interrompidos.

 Pense em seu potencial estilo de vida daqui a 20 anos. Qual é o seu plano para ficar ativo? Quais atividades físicas você planeja incluir em sua vida?

Efeitos da doença sobre o desempenho de resistência

As doenças e as disfunções podem restringir o desempenho de resistência em qualquer fase da vida. Uma discussão detalhada sobre doenças e capacidade de trabalho está além do escopo deste livro, mas é importante observar que as doenças cardiovasculares, pulmonares, infecciosas e neuromusculares afetam o desempenho. Um indivíduo com tais doenças apresenta um conjunto único de restrições estruturais que afetam seu desempenho. Os terapeutas e educadores devem prescrever níveis iniciais de atividade de acordo com essas restrições e, então, adaptá-los constantemente conforme as doenças progridem ou a reabilitação traga alguma melhora.

Doenças infecciosas de curta duração, como a gripe, a mononucleose infecciosa e a varicela, geralmente reduzem a capacidade de trabalho de um indivíduo (Adams, 1973), mas em graus variados. É importante que um professor ou treinador tenha isso em mente quando estiver monitorando o desempenho. Os indivíduos que pretendem manter seus picos de eficiência podem até querer aderir a escalas de treinamento e a níveis de desempenho mesmo quando estão doentes, mas esse é um objetivo impraticável.

Imagine que você seja o professor de educação física de um estudante que recentemente retornou à escola após duas semanas doente. Você está programado para começar a testagem de aptidão. Que abordagem você utilizaria com o seu estudante? Por quê?

Professores, treinadores, médicos, enfermeiros, terapeutas e pais (quando as crianças estiverem envolvidas) deveriam trabalhar como uma equipe, com cada membro devendo fazer sua parte para auxiliar o participante. Claramente, cooperação e comunicação são imperativos. A atividade pode ser benéfica em muitos casos, mas nunca deve expor o indivíduo a um risco elevado. Aqueles envolvidos em um programa de exercícios físicos, portanto, devem planejar os limites da atividade com cuidado, estabelecer expectativas adequadas e monitorar os participantes de perto.

Resumo e síntese

A resistência para as atividades físicas vigorosas aumenta à medida que o corpo cresce. Além disso, um indivíduo pode aumentar a resistência após a puberdade por meio de treinamento, ainda que seus efeitos sejam transitórios. Uma pessoa deve manter o treinamento para preservar níveis mais altos de resistência e colher seus benefícios.

Após o estirão de crescimento da adolescência, as diferenças de sexo na capacidade de trabalho são evidentes. As causas dessas diferenças continuam abertas a discussão, mas o tamanho e a composição corporal, bem como os níveis de hemoglobina, são, pelo menos, parcialmente responsáveis por elas. Lembre-se da nossa discussão sobre restrição funcional dos indivíduos na Parte V. Anteriormente, neste capítulo, vimos como um mito influencia as atitudes sobre o treinamento de crianças. As restrições funcionais também podem ser responsáveis por algumas diferenças de sexo, bem como por algumas diferenças de grupo etário. As normas e as expectativas da sociedade podem restringir a atividade física e o treinamento, uma vez que alguns indivíduos são levados a acreditar que determinadas atividades são inadequadas para o seu grupo. Essas atitudes estão mudando, mas muitas pessoas ainda não fazem exercícios físicos regularmente. Resta saber se os movimentos dos anos 1980 e 1990 em favor dos exercícios físicos e da aptidão física surtirão algum efeito positivo no século XXI.

Reforçando o que você aprendeu sobre restrições

Dê uma segunda olhada

Nossa discussão sobre resistência cardiorrespiratória nos auxilia a entender a interação entre esse componente da aptidão física e o desempenho de habilidades motoras. A resistência é necessária para o desempenho de muitas habilidades e atividades físicas na vida diária. Além disso, o treinamento adequado para resistência dá suporte ao crescimento e manutenção dos sistemas corporais, a ponto de que esses praticantes se encontram em melhor saúde geral e aproveitam uma melhor qualidade de vida. Além disso, a disponibilidade de tecnologia nos países ocidentais, incluindo computadores e aqueles sistemas de jogos discutidos anteriormente, estimula o sedentarismo. Estilos de vida sedentários em qualquer idade levam a um declínio nos sistemas cardíaco, respiratório e vascular. Esse declínio resulta, por fim, em um decréscimo do desempenho e, com o avanço da idade, em maiores riscos de ameaças à boa saúde. Outros sistemas corporais, como o neurológico, também podem sofrer com um estilo de vida sedentário, o que, por sua vez, pode levar a uma qualidade de vida reduzida.

318 O Desenvolvimento da Resistência Cardiorrespiratória

Outros componentes da aptidão física incluem força muscular e flexibilidade, das quais depende o desempenho de muitos esportes e atividades da vida diária. O próximo capítulo examina esses dois componentes, os quais obviamente interagem com restrições das tarefas e do ambiente para dar origem aos movimentos.

Teste seu conhecimento

1. Como as resistências anaeróbia e aeróbia mudam com o crescimento na infância? Como elas mudam com o envelhecimento?
2. Os pré-púberes podem melhorar sua resistência anaeróbia com o treinamento? E quanto à resistência aeróbia? Explique suas respostas.
3. Quais são as diferenças de sexo nas resistências anaeróbia e aeróbia ao longo da vida? A que fatores essas diferenças podem ser atribuídas?
4. Em que fase da vida a pessoa pode melhorar sua resistência aeróbia com o treinamento? Aqueles que conseguem uma resistência mais alta na juventude obtêm um benefício para toda a vida? Quais tipos de estudo melhor analisam essa questão? Por quê?
5. Como a resistência anaeróbia é medida? E a aeróbia? Qual é a diferença entre potência e capacidade na medição da resistência aeróbia e anaeróbia?
6. Como as doenças infecciosas afetam a resistência? Quais estratégias são mais bem seguidas quando alguém começa o treinamento após uma doença?
7. Sabemos se o fato de sermos ativos enquanto crianças ou adolescentes faz diferença para os níveis de aptidão na vida adulta? No que você baseia a sua resposta?
8. Como a maturidade afeta a resistência aeróbia e a anaeróbia em jovens?
9. Se você quisesse prever o nível de resistência de um jovem, basearia a sua previsão na idade, tamanho, maturidade ou em alguma combinação destes? Por quê?
10. Quais fatores tendem a limitar a resistência aeróbia em idosos? E a resistência anaeróbia?

Exercício de aprendizagem 15.1

Testando a resistência de crianças e adolescentes

Procure cinco artigos de pesquisa sobre desempenho de resistência ou aeróbio em crianças e adolescentes. Você pode utilizar artigos referidos nesse texto, realizar uma pesquisa virtual ou procurar em um periódico, como, por exemplo, o *Pediatric Exercise Science*. A partir dos artigos localizados, leia sobre os métodos que os autores utilizaram para conduzir suas pesquisas (normalmente descritos na seção intitulada "Métodos"). Observe a idade e o sexo dos participantes e faça um resumo sobre o desempenho de resistência testado. Quais foram as semelhanças e as diferenças entre as pesquisas de resistência nos artigos? Quais adaptações foram realizadas para as idades dos participantes?

Desenvolvimento da Força e da Flexibilidade

OBJETIVOS DO CAPÍTULO
- Descrever mudanças na flexibilidade ao longo da vida.
- Explorar a relação entre massa muscular e força e como elas se alteram uma em relação à outra ao longo da vida.
- Revisar os efeitos do treinamento de flexibilidade em indivíduos de qualquer idade.
- Revisar os efeitos do treinamento de força ao longo da vida.

Desenvolvimento motor no mundo real

Superatletas

Na virada do século XXI e em seguida, o mundo foi brindado com desempenhos excepcionais por atletas de atletismo, esqui, *skate*, beisebol e muitos outros esportes. À medida que avançamos para a metade da primeira década, no entanto, reportagens trouxeram à tona que alguns desses atletas fizeram uso de suplementos banidos ou ilegais. Muitos desses suplementos, tais como esteroides anabolizantes, foram criados para auxiliar os atletas a aumentar suas massas musculares e se recuperar com rapidez de treinamentos extenuantes. Como a massa muscular está associada à força, esses indivíduos ganham uma vantagem sobre os outros competidores. A importância da força, bem como da flexibilidade, para o desempenho de tarefas e habilidades motoras é amplamente reconhecido nos dias de hoje, como observamos pelos riscos que alguns atletas estão dispostos a correr a fim de atingir níveis mais altos de força e flexibilidade.

A força e a flexibilidade são restrições óbvias ao desempenho habilidoso; algumas vezes, na verdade, as habilidades só podem ser executadas se o indivíduo apresentar força suficiente. Você deve se recordar que suspeitamos que a força nas pernas pode ser um limitador de velocidade para os bebês ficarem em pé. Pode também conhecer idosos que apresentam dificuldades para subir escadas após ter perdido a força nas pernas. A flexibilidade também é necessária para muitas atividades. Ginastas e saltadores de altura trabalham a flexibilidade para realizar habilidades. Golfistas idosos algumas vezes exibem balanços do taco que refletem uma perda de flexibilidade.

Os treinadores atuais reconheceram que força e flexibilidade estão associadas. Os atletas estão na sua melhor forma quando apresentam essas duas características. O treinamento que promove o aumento da massa muscular em prejuízo da flexibilidade coloca os atletas em perigo de lesão. Atualmente, o equilíbrio muscular deve ser o objetivo dos treinamentos. A força muscular deve ser desenvolvida em todas as direções da articulação (como flexão e extensão), e a flexibilidade, adotada por meio da amplitude de movimento adequada e total. Este capítulo considera mudanças ao longo da vida, bem como os efeitos do treinamento, primeiro em força e depois em flexibilidade.

Desenvolvimento da força

Como observado no Capítulo 4, a massa muscular segue um padrão de crescimento sigmoide, e esse crescimento é, em grande parte, o resultado de um aumento no diâmetro das fibras musculares. As diferenças de sexo são mínimas até a puberdade, quando os meninos adicionam, de forma considerável, mais massa muscular do que as meninas, sobretudo na parte superior do corpo. Do início da vida adulta até os 50 anos, existe uma pequena perda de músculo, mas depois a perda média pode ser significativa. A perda é maior para os indivíduos sedentários e mal nutridos.

O que dizer sobre **força** muscular? Ela simplesmente acompanha as mudanças na massa muscular? Os programas de treinamento de força são promovidos para indivíduos de todas as idades. Quais efeitos os treinamentos de resistência apresentam sobre a força e a massa muscular, especialmente antes do estirão de crescimento da adolescência? E na terceira idade, quando a massa muscular é, em geral, perdida?

força é a capacidade de realizar trabalho

Essas são importantes questões a se responder. Muitas habilidades requerem um certo nível de força, como aquelas da ginástica nas barras paralelas. Algumas podem ser melhor realizadas com mais força, como a batida do beisebol. Até mesmo atividades da vida diária podem se tornar difíceis se não há força suficiente. Os idosos que perderam boa parte de suas forças apresentam dificuldade em tarefas cotidianas, como sair da banheira e subir escadas, além de, muitas vezes, exibir grande risco de quedas.

A primeira etapa para responder essas importantes questões sobre força é entender a relação entre massa muscular e força. Os padrões de mudança para o indivíduo médio ou típico serão descritos primeiro e, em seguida, os efeitos do treinamento de força.

 Se fosse um fisioterapeuta, quais atividades da vida diária que poderiam ser difíceis ou mesmo arriscadas para um indivíduo que perdeu força muscular em função de doença, invalidez ou envelhecimento você incluiria em suas sessões?

Massa muscular e força

A intensidade da força que um grupo de músculos exerce depende das fibras (células musculares) que são neurologicamente ativadas e de uma alavanca (a vantagem mecânica que as fibras musculares ganham, baseada no local em que força é aplicada em relação a um eixo de rotação). Por sua vez, as fibras ativadas dependem da área transversal do músculo e do grau de coordenação na ativação das fibras – isto é, o padrão e a organização temporal do sistema nervoso na inervação das várias unidades motoras para realizar o movimento desejado. A área transversal do músculo aumenta com o crescimento, o que significa que a força aumenta à medida que o músculo cresce, porém a massa muscular obviamente não é o único fator na força. Aspectos neurológicos também estão envolvidos, e alterações neurológicas ao longo da vida influenciam a força muscular. Portanto, não podemos assumir que as mudanças de força sejam apenas mudanças de massa muscular. Tendo isso em mente, vejamos como a força muda ao longo da vida.

PONTO-CHAVE
A força muscular está relacionada ao tamanho do músculo, mas alterações em força nem sempre correspondem a mudanças no tamanho do músculo.

Mudanças de desenvolvimento na força

A força é, com certeza, uma das restrições estruturais do indivíduo que se alteram com o crescimento e o envelhecimento. Mudanças em força podem ser causadas por múltiplas influências sobre o treinamento de força e de resistência, tanto em longo como em curto prazo. Como o nível de força do indivíduo é uma restrição que interage com as restrições da tarefa e do ambiente para permitir ou limitar movimentos, os níveis de força alteram os movimentos no decorrer da vida.

Pré-adolescência

A força aumenta de modo constante à medida que as crianças crescem (Fig. 16.1) (Blimkie, 1989; Pate & Shephard, 1989). Meninos e meninas apresentam níveis de força semelhantes até aproximadamente 13 anos, embora eles sejam um pouco mais fortes do que as de mesma altura durante a infância (Asmussen, 1973; Blimkie, 1989; Davies, 1990; Parker, Round, Sacco & Jones, 1990).

Sabemos que a massa muscular também aumenta consistentemente à medida que as crianças crescem; assim, como a força se relaciona à massa muscular durante a infância? Wood, Dixon, Grant e Armstrong (2006) mediram a força do flexor do cotovelo, o tamanho do músculo e o comprimento do momento do braço (a distância perpendicular entre o centro da articulação ou eixo de rotação e o ponto de inserção do tendão no osso) de 38 meninos e meninas em torno de 9,6 anos de idade. As duas últimas medidas foram toma-

322 Desenvolvimento da Força e da Flexibilidade

Avaliando a força

Força isotônica
é a ação vigorosa de força contra uma resistência constante ao longo da amplitude de movimento de uma articulação.

Força isocinética
é a ação vigorosa de força em uma velocidade constante do membro ao longo da amplitude de movimento de uma articulação.

Força isométrica
é a ação vigorosa de força sem uma mudança no comprimento do músculo, isto é, sem movimento de um membro.

Em avaliações de força, em geral, os indivíduos exercem força máxima contra uma resistência. Eles podem realmente mover seus membros, como em um teste **isotônico** (resistência constante, como ao levantar uma barra com anilhas) ou **isocinético** (velocidade constante de movimento, como em uma máquina Cybex), ou podem exercer força contra uma resistência fixa, como em um teste **isométrico**. Para que se possa comparar os resultados entre os indivíduos, aqueles que conduzem a avaliação devem relatar vários tipos de informação:

* O grupo muscular, como os flexores do joelho ou os extensores do cotovelo;
* O movimento, como flexão de joelho ou extensão de cotovelo;
* A velocidade do movimento, normalmente em graus por segundo.

Para testes isométricos, o ângulo da articulação (em graus) à medida que a força é exercida também deve ser registrado pois, um grupo muscular pode exercer diferentes níveis de força em diferentes ângulos da articulação.

Um teste de força isotônica comum é o de um levantamento máximo de peso livre, como uma barra com anilhas de uma repetição máxima (1 RM). À medida que os membros se movem ao longo da amplitude de movimento, a produção de força é máxima um ponto e, portanto, submáxima em outros. O teste de 1 RM indica, portanto, forças que podem ser mantidas nas amplitudes de movimento das articulações mais fracas. Se uma máquina de exercício isocinético for utilizada, a velocidade de movimento é mantida constante, e o equipamento automaticamente fornece uma força contrária ajustada. A curva força-velocidade é produzida, e o pico nessa curva indica a força máxima alcançada no ângulo de articulação mais forte. Como o teste de 1 RM é difícil (e potencialmente perigoso) para iniciantes, foram desenvolvidas escalas para estimar o peso de 1 RM com base no número máximo de levantamentos com um determinado peso inferior.

Vários equipamentos foram planejados para avaliar a força isométrica. O dinamômetro de mola requer que os indivíduos comprimam uma empunhadura; sendo registrado o esforço máximo. Alternativamente, o indivíduo pode puxar, por um manípulo, um cabo de aço fixo. Um tensiômetro colocado no cabo de aço registra a força máxima. Dinamômetros e tensiômetros normalmente medem em Newtons, uma unidade de medida de força.

Nas escolas, os testes funcionais de força são, muitas vezes, utilizados com crianças. Entre essas avaliações, estão o teste de flexão de braços na barra e subida na corda. Observe que o peso corporal é utilizado como resistência nessas tarefas; assim, o peso corporal é um fator importante nos níveis de desempenho. Algumas dessas atividades também exigem habilidade, como a subida na corda, e o fator habilidade deve ser levado em conta na interpretação dos resultados do teste.

das por meio de ressonância magnética (RM). A maior contribuição para a força foi a área transversal dos músculos flexores do cotovelo. Em infantes, portanto, a força está muito associada à massa muscular. Na verdade, Barret e Harrison (2002) descobriram que crianças se comparavam aos adultos na capacidade funcional do músculo por unidade de volume muscular, sugerindo que o tamanho do músculo seja um fator relevante nas diferenças de força entre adultos e crianças.

Outros fatores também podem estar envolvidos nos níveis de força. Considere a idade na qual os indivíduos atingem picos de ganho em massa muscular e força. Como observado no Capítulo 4, o pico de ganho (o pico na curva de velocidade) indica o ponto de aumento mais rápido. Se o desenvolvimento de força acompanhasse diretamente o desenvolvimento da massa muscular, o pico de ganho em força coincidiria com o de ganho na massa muscular. Os professores e os treinadores poderiam, então, prever os níveis de força das crianças por meio da medição da massa muscular, a qual, por sua vez, poderia ser estimada a partir das medidas de peso ou subtraindo do peso corporal o peso de gordura estimado de uma criança.

Entretanto, vários estudos indicam que esses picos de ganho não coincidem entre si na maioria dos adolescentes (Carron & Bayley, 1974; Jones, 1947; Stolz & Stolz, 1951). Por exemplo, Rasmussen, Faulkner, Mirwald e Bayley (1990) conduziram um estudo longitudinal em meninos e descobriram que o pico de velocidade de massa muscular ocorreu, em média, aos 14,3 anos de idade, mas o de velocidade de força ocorreu aos 14,7 anos. Tanner (1962) sugeriu que a sequência típica de pico de velocidade de massa muscular seguida por pico de velocidade de força provavelmente reflete os níveis hormonais crescentes e seus impactos sobre a estrutura das proteínas e os sistemas enzimáticos das fibras musculares. Desse modo, o sistema endócrino desempenha um papel no aumento da força com o crescimento.

Outro método para se examinar o crescimento dos músculos e o desenvolvimento da força é associar medidas de força muscular aos vários tamanhos corporais em crian-

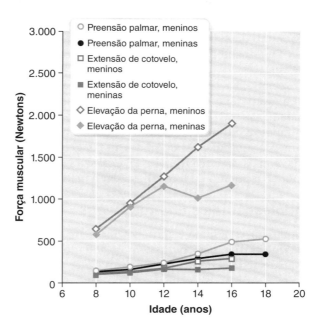

FIGURA 16.1 Desenvolvimento de força isométrica. Os meninos (símbolos abertos) continuam com um aumento consistente em força isométrica durante a adolescência, enquanto as meninas (símbolos sólidos) tendem a formar um platô. O gráfico é baseado em dados acumulados por Shephard (1978b) para preensão e em resultados não publicados de Howell, Loiselle e Lucas (1968) para outras medidas.
Baseada em R. J. Shephard, 1982.

ças e determinar se ela aumenta na mesma velocidade que o tamanho corporal. Asmussen e Heeboll-Nielsen (1955, 1956) adotaram essa abordagem para estudar crianças dinamarquesas entre 7 e 16 anos de idade. Eles assumiram que a altura poderia representar mudanças no tamanho corporal, incluindo o peso; nesse grupo etário, o peso é proporcional à altura elevada à terceira potência. Asmussen e Heeboll-Nielsen demonstraram que isso era quase verdadeiro para sua amostra. Como as medidas de altura podem representar o tamanho corporal, eles agruparam as crianças em categorias de altura com 10 cm de intervalo e mediram sua força isométrica. Os grupos de altura sucessivos apresentaram crescente força muscular, mas em uma taxa maior do que aquela do aumento em altura.

Asmussen e Heeboll-Nielsen também dividiram meninos de mesma altura em dois grupos etários, com diferença aproximada de um ano e meio. O grupo mais velho apresentou mais força nos braços e pernas, em uma taxa de cerca de 5 a 10% por ano de idade. Esse experimento também demonstrou que a força não está associada somente ao tamanho do músculo. As influências neurais também são prováveis. Essas influências podem incluir mielinização das fibras nervosas, coordenação aumentada dos músculos (o movimento requer a contração de alguns músculos e o relaxamento coordenado dos músculos do lado oposto do corpo) e uma maior extensão de ativação de unidades motoras (Blimkie, 1989; Kraemer, Fry, Frykman, Conroy & Hoffman, 1989; Sale, 1989). Apenas uma dessas influências neurais – aumento da ativação de unidades motoras – foi examinada experimentalmente. Blimkie (1989) descobriu algum apoio para a sugestão de que crianças mais velhas podem ativar uma maior proporção de unidades motoras a fim de exercer força.

Os estudos mencionados até agora em geral mediram a força isométrica diretamente com um tensiômetro de cabo ou com um dinamômetro. O benefício de medir força com esses equipamentos é que os efeitos da habilidade, da prática e da experiência são ameniza-

PONTO-CHAVE
Tarefas de força funcional apresentam um componente de força e um componente de habilidade.

dos. Entretanto, esses fatores influenciam o desempenho de habilidades esportivas, tornando muito úteis os estudos de força muscular funcional.

Duas habilidades que envolvem força muscular funcional são o salto vertical e a corrida de velocidade. A prática e a experiência, bem como a força das pernas, influenciam o desempenho das crianças em ambas as tarefas. Asmussen e Heeboll-Nielsen (1955,1956) mediram o desempenho nessas duas habilidades em grupos de altura sucessivas em crianças dinamarquesas. Eles descobriram que a força muscular funcional, assim como a isométrica, aumentou em uma taxa mais rápida do que poderia ser previsto a partir apenas do crescimento muscular. Mais ainda, a taxa de ganho de força muscular funcional foi até maior que aquela da força isométrica, enfatizando, mais uma vez, o papel de fatores neurológicos sobre o aumento da força muscular à medida que a criança cresce.

Adolescentes e adultos jovens

Como observado no Capítulo 4, os meninos ganham mais massa muscular na adolescência do que as meninas, muito como resultado de níveis de secreção mais altos de androgênios. Não é surpreendente, portanto, que eles passem por um aumento repentino de força por volta dos 13 anos. As meninas continuam a apresentar um aumento contínuo de força durante a adolescência, até alcançar um platô.

Em função do crescimento diferencial de massa muscular durante a adolescência, portanto, o homem adulto médio é mais forte do que a mulher adulta média. Esta pode produzir somente 60 a 80% da força que o homem pode exercer, apesar de a maior parte dessa diferença ser atribuída à força de braços e ombros, em vez de força de tronco ou de perna (Asmussen, 1973). Como observado no Capítulo 4, as diferenças de sexo em relação à massa muscular são mais pronunciadas nos braços e ombros do que no tronco e nas pernas.

Contudo, a diferença média no tamanho corporal ou muscular é responsável por apenas metade da diferença de força entre homens e mulheres. As normas culturais provavelmente desempenham um papel nessa questão. Essas normas certamente iniciam sua influência muito cedo durante a vida. Por exemplo, Shephard (1982) observou o efeito da repetição de medidas de força em meninos e meninas iniciantes (i.e., que nunca haviam sido testados em força). Enquanto os garotos não demonstraram tendência em melhorar ao longo das três sessões, as meninas melhoraram a cada sessão subsequente em quase todos os casos e aumentaram de modo significativo em duas das oito medidas de força (Fig. 16.2). É possível que a tarefa tenha sido mais aceita entre as garotas à medida que se tornaram mais familiarizadas com elas. Os meninos poderiam estar mais acostumados a demonstrações de força total. As meninas não são frequentemente encorajadas a exercer força total, e são, algumas vezes, até mesmo desencorajadas a fazê-lo e, portanto, têm experiência limitada. A motivação não deve ser descartada como principal fator em medidas de força. Com certeza, se Shephard tivesse anotado somente o primeiro conjunto de escores, ele teria concluído que as diferenças de força entre os gêneros eram muito maiores do que o que foi observado após a comparação do terceiro conjunto de valores.

 Se você fosse um treinador ou um *personal trainer* de meninas jovens, como trabalharia para superar qualquer estigma associado ao treinamento de peso a fim de auxiliá-las a aumentar a força?

As normas culturais também podem, por meio das atividades físicas habituais, influenciar as diferenças de força entre os sexos. Isto é, as atividades físicas tradicionais desenvolvidas para meninos em crescimento tendem a oferecer exercícios de resistência de longa duração. As atividades criadas para meninas, não. As atividades físicas diárias que promovem força têm efeito cumulativo ao longo dos anos de crescimento, resultando em diferenças significativas de gênero que não podem ser atribuídas apenas ao tamanho muscular.

Alguns estudos têm sugerido que existem diferenças na composição das fibras musculares entre os gêneros, isto é, homens e mulheres não apresentam a mesma proporção de fibras musculares tipo I (de contração lenta) e tipo II (de contração rápida). Se assim for, parte das diferenças entre os sexos quanto à força pode ser atribuída à composição de fibras musculares, pois as indicações de estudos em animais mostram que a composição muscular está associada à força isométrica (ver Komi, 1984, para uma revisão). No entanto, Davies, White e Young (1983) não conseguiram descobrir a relação entre força e composição de fibras musculares em meninos e meninas de 11 a 14 anos de idade. Mais pesquisas sobre esse tópico são necessárias.

Após o período de crescimento, os aumentos de massa muscular estão associados a treinamentos de resistência. Alguns medicamentos, utilizados em associação ao treinamento, podem aumentar a massa muscular em uma velocidade maior do que o treinamento isolado. Contudo, a maioria apresenta efeitos colaterais nocivos. As medidas eletromiográficas de ativação muscular em tarefas de força mostram que o aumento da força em adultos envolvidos em treinamentos de resistência física está associado a maior ativação neurológica e ao aumento do tamanho muscular. Na realidade, nas semanas iniciais do treinamento, a maioria dos aumentos de força está associada a fatores neurológicos, uma vez que os músculos ainda não aumentaram de tamanho (Moritani & DeVries, 1980).

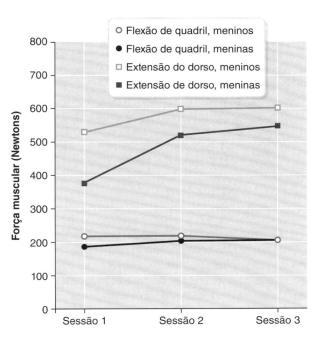

FIGURA 16.2 O efeito da repetição de teste na medida de força muscular. Quando as sessões repetidas foram medidas, as meninas melhoraram nessas medidas de força, enquanto os meninos apresentaram pouca ou nenhuma mudança.

Baseada em R. J. Shephard, 1982.

PONTO-CHAVE
A força aumenta gradualmente durante a infância; os meninos têm um aumento repentino de força na adolescência, enquanto as meninas continuam com um aumento constante.

Meia-idade e terceira idade

Em geral, os níveis de força são mantidos durante a terceira e a quarta décadas de vida. Para o adulto médio, a força declina a partir desse momento. O declínio é um pouco gradual no início. Shephard (1978b) estimou a perda aos 50 anos em 18 a 20%. Shock e Norris (1970) mediram uma perda significativa na força dos braços e ombros após os 65 anos. Murray, Gardner, Mollinger e Sepic (1980) também relataram uma perda de 45% de força após essa idade. As forças isométrica (a capacidade de exercer força contra uma resistência estática) e isotônica (a capacidade de exercer força contra uma resistência móvel) diminuíram. A perda é particularmente observável nos músculos da coxa.

 Imagine que você seja um professor de educação física. Quais atividades que não são normalmente rotuladas de "treinamento de resistência" podem aumentar a força das pernas ou da parte superior do corpo? Qualquer uma dela pode ser estereotipada em relação ao gênero?

TABELA 16.1 Resumo das mudanças de força com o envelhecimento

Melhor manutenção	Maior declínio
Músculos utilizados em atividades da vida diária	Músculos utilizados raramente em atividades especializadas
Força isométrica	Força dinâmica
Contrações excêntricas	Contrações concêntricas
Contrações de velocidade lenta	Contrações de velocidade rápida
Contrações repetidas de baixo nível	Produção de potência
Força utilizando pequenos ângulos articulares	Força utilizando grandes ângulos articulares
Força de homens	Força de mulheres

Reimpressa, com permissão, de Spirduso, 1995.

Dentro do declínio global de força no envelhecimento, existem várias tendências. Spirduso (1995) as resumiu de acordo com a Tabela 16.1. No lado esquerdo, estão os aspectos da força melhor mantidos; no direito, aqueles que apresentam maior declínio na população em geral.

Essas são as perdas de massa muscular que esperaríamos encontrar na terceira idade. Ainda assim, o declínio de força pode ser maior do que a perda de massa muscular. Young, Stokes e Crowe (1985) descobriram um déficit de 39% de força, mas queda de apenas 25% na área transversal dos músculos quadríceps de idosos em comparação a homens jovens. Aniansson, Hedberg, Henning e Gimby (1986) documentaram uma perda de força de 10 a 22% (Fig. 16.3), mas um prejuízo de massa muscular de 6% no mesmo grupo muscular durante um período de 7 anos.

Portanto, a perda de massa muscular também não acompanha o déficit de força na terceira idade. Spirduso, Francis e MacRae (2005) identificaram vários fatores, além da distrofia muscular, que podem contribuir para a perda de força com o envelhecimento (Fig. 16.4). Como ilustrado, a redução da atividade física, nutrição pobre e aumento da probabilidade de doenças contribuem para essa perda, diretamente ou por meio das alterações nos sistemas corporais. Observamos uma alteração no sistema muscular – atrofia muscular–, mas mudanças também ocorrem nas fibras musculares, possivelmente em função de essas fibras não serem tão distintamente tipo I ou tipo II com o envelhecimento (Andersen, Terzis & Kryger, 1999) e da redução de tamanho das fibras tipo II.

O sistema nervoso também pode estar envolvido porque a perda de neurônios motores na medula espinal com o envelhecimento resulta em uma perda de unidades motoras (Green, 1986; Grimby, 1988). Outras unidades reinervam algumas das fibras do neurônio motor perdido, de modo que o número de fibras por neurônio motor aumenta (Campbell, McComas & Petito,

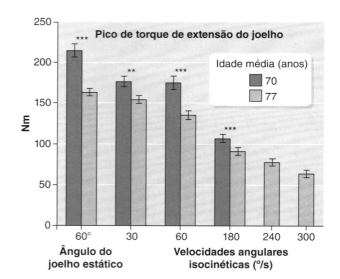

FIGURA 16.3 Mudanças na força com o envelhecimento. A força média (torque medido em Newtons-metro, Nm) exercida em uma posição estacionária do joelho e em várias velocidades de extensão dessa articulação diminuiu em 23 homens em um intervalo de 7 anos. As alterações são significativas em um nível de significância de $p < 0,01$ (**) ou $p < 0,001$ (***).

Reimpressa, com a permissão, de Aniansson, 1986.

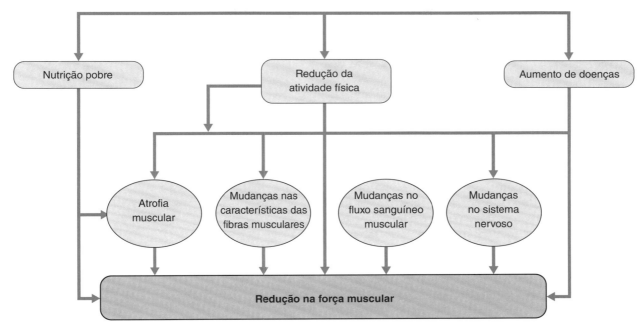

FIGURA 16.4 Fatores que contribuem para a perda de força muscular com o envelhecimento.
Reimpressa, com a permissão, de Spirduso, Francis e MacRae, 2005.

1973; Fitts, 1981). O resultado seria a perda de coordenação muscular, especialmente a coordenação motora fina. O sistema vascular também pode estar envolvido na perda de força. O número de capilares por fibra muscular parece diminuir com a idade, mas isso está mais provavelmente associado à tendência para inatividade (Cartee, 1994). Idosos que praticam exercícios aeróbicos realmente aumentam seus números de capilares e melhoram o fluxo sanguíneo nos músculos.

Assim como ocorre em muitos outros aspectos do envelhecimento, é difícil distinguir se a perda de massa muscular e de força em idosos está associada ao envelhecimento dos tecidos ou ao desuso. Sabemos que músculos frequentemente utilizados mantêm mais sua força do que aqueles pouco utilizados (Kauffman, 1985; Wilmore, 1991). Kallman, Plato e Tobin (1990) demonstraram o quanto a perda de força em idosos é variável. Eles observaram adultos jovens, de meia-idade e idosos em um período de 10 anos. Muitos dos idosos perderam *menos* força do que adultos de meia-idade e jovens durante 10 anos, e alguns *não* perderam força alguma. É mais provável que essa variabilidade reflita fatores extrínsecos, sobretudo níveis de exercício e de atividade, lembrando-nos de que a perda significativa de força no envelhecimento não é um resultado previsto ou inevitável.

Força e massa muscular dividem as mesmas cinco fases gerais de mudança ao longo da vida (aumento inicial, avanço constante, estirão da adolescência, manutenção na vida adulta, possível declínio na velhice), além disso, o momento dessas mudanças pode ser distinto, assim como o grau de mudança.

PONTO-CHAVE
A força é mantida na vida adulta, havendo, entretanto, declínios graduais após os 30 anos e declínios mais acentuados a partir dos 50; as perdas são extremamente variáveis em idosos.

Treinamento de força

É óbvio que um adulto pode aumentar sua força muscular por meio de treinamento de força, que também resulta em um aumento observável no tamanho dos músculos. O efeito é mais observável em homens pós-púberes. Como consequência, a testosterona circulante foi considerada o estímulo para tal aumento em tamanho muscular. No passado, isso provavelmente levou muitos a pensar que o treinamento de peso ou de resistência era de uso limitado a outros grupos. Tal pensamento mudou de forma radical. Numerosos artigos de jornais

PONTO-CHAVE
Na ausência de treinamento, os adultos perdem força em uma velocidade maior do que a esperada pela perda de massa muscular.

e segmentos de televisão mostram idosos realizando treinamentos com pesos. O exercício de resistência se tornou uma parte até mesmo dos currículos de educação física do ensino fundamental. Os programas de reabilitação enfatizam a recuperação de força após lesão, mesmo para quem não é um atleta profissional.

A força é frequentemente uma restrição do indivíduo no desempenho das atividades motoras. O nível de força de uma pessoa interage com a tarefa e com o ambiente para permitir ou não uma tarefa, ou para influenciar na forma como o movimento é realizado. Se o treinamento pode alterar o nível de força de um indivíduo em um tempo curto, então obviamente trata-se de um meio para auxiliar as pessoas na realização de tarefas. Os educadores e os terapeutas podem intervir para alterar o desempenho motor em questão de semanas. Portanto, deveríamos ter grande interesse em como o treinamento pode alterar a força em qualquer momento da vida. As seções seguintes abordarão como o treinamento de força afeta os vários grupos etários.

FIGURA 16.5 O aumento da massa muscular com o crescimento – uma restrição estrutural – leva a mais força, mas o treinamento de resistência também aumenta a força ao longo da vida.

 Se você fosse um terapeuta, por que consideraria tão importante recuperar a força tanto de alguém que não participa de esportes como de um atleta após uma doença ou lesão?

Pré-puberdade

As pesquisas têm documentado que meninos e meninas de 6 ou 7 anos podem aumentar sua força com uma variedade de métodos de treinamento de resistência, incluindo os com pesos, máquinas pneumáticas, máquinas hidráulicas e os exercícios isométricos (Fig. 16.6) (de Oliveira & Gallagher, 1994; Duda, 1986; Falk & Tenenbaum, 1996; Sadres, Eliakim, Constantini, Lidor & Falk, 2001; Sale, 1989; Weltman, 1989).

Por exemplo, Pfeiffer e Francis (1986) compararam a força de 14 meninos pré-púberes com um grupo-controle antes e depois de um programa de treinamento de três sessões semanais, durante nove semanas. Os meninos treinaram em uma máquina Universal e com pesos livres, completando três séries de 10 repetições em cada sessão. Os meninos mais jovens aumentaram significativamente sua força. Na realidade, eles alcançaram uma maior porcentagem de aumento do que os púberes e pós-púberes que Pfeiffer e Francis também testaram (Fig. 16.7). Outros pesquisadores têm confirmado que, apesar de os indivíduos pós-púberes ganharem mais força absoluta com o treinamento, os pré-púberes ganham mais força, o que é expressado como uma porcentagem de mudança a partir de sua força inicial (Sale, 1989). Faigenbaum, Milliken, Moulton e Westcott (2005) investigaram se era melhor um programa de treinamento de resistência com um máximo de poucas ou muitas

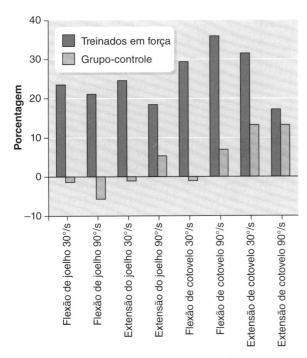

FIGURA 16.6 A força muscular aumenta com o treinamento. Meninos pré-púberes alcançaram aumentos relativamente maiores de força em quatro grupos musculares e em duas velocidades de movimento quando comparados a seus pares que não treinaram.

Reimpressa, com permissão, de Malina, Bouchard e Bar-Or, 2004.

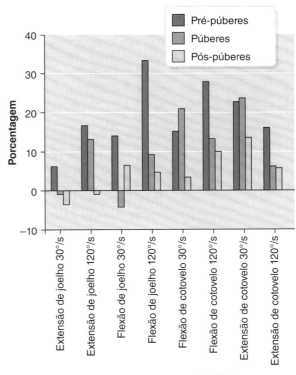

FIGURA 16.7 Aumento percentual na força com treinamento. Em geral, meninos pré-púberes alcançaram aumentos relativamente maiores de força em quatro grupos musculares e em duas velocidades de movimento, mediante nove semanas de treinamento, em comparação a meninos púberes ou pós-púberes.

Reimpressa, com permissão, de Malina, Bouchard e Bar-Or, 2004.

repetições. Enquanto meninos e meninas aumentaram suas forças com ambas as abordagens muito mais do que o grupo-controle, o grupo que realizou muitas repetições apresentou ganhos em resistência muscular e também de flexibilidade.

Vários pesquisadores descobriram que o aumento do tamanho muscular não acompanha o aumento de força em pré-púberes (Ramsay et al., 1990; Sale, 1989; Weltman et al., 1986). O que contribui para o aumento de força? Como observado anteriormente, a força está associada ao tamanho dos músculos e à capacidade do sistema nervoso central de ativá-los totalmente. É provável que os aumentos em pré-púberes resultem de sua elevada capacidade em exercer força na direção pretendida, à medida que eles são mais capazes de ativar os músculos agonistas (que se contraem) e de coordenar os músculos antagonistas (que se alongam) (Sale, 1989). É provável que esses fatores neurais contribuam para grande parte do ganho de força inicial obtido por qualquer grupo etário de homens ou mulheres que comecem a treinar.

Mesmo que indivíduos pré-púberes possam aumentar sua força com o treinamento, existem efeitos negativos do treinamento? Os ossos das crianças continuam crescendo e podem ser suscetíveis a lesões em ambas as epífises, de tração e pressão. O treinamento com pesos pode provocar uma única lesão traumática ou uma lesão crônica a partir de levantamentos repetidos. Além disso, alguns profissionais que trabalham com crianças estão preocupados que uma perda de flexibilidade ou mesmo estatura possa acompanhar o treinamento de força. Vários estudos não descobriram danos ósseos ou musculares no treinamento de pré-púberes nem relataram lesões (Rians et al., 1987; Servedio et al., 1985;

PONTO-CHAVE
Crianças pré-púberes podem aumentar a força mediante treinamento mesmo sem um aumento paralelo no tamanho dos músculos.

Sewall & Micheli, 1986). Em um estudo, 27 meninos pré-púberes de um programa de treinamento de resistência duas vezes por semana, observados por mais de dois anos, apresentaram somente uma pequena lesão, e não exibiram alturas diferentes em comparação ao grupo não treinado (Sadres et al., 2001). Os pesquisadores tampouco descobriram perda de flexibilidade (Rians et al., 1987; Servedio et al., 1985; Sewall & Micheli, 1986; Siegel, Camaione & Manfredi, 1989). No entanto, todos os pré-púberes desses estudos foram monitorados de perto, e os educadores devem supervisionar o programa de treinamento de peso para crianças jovens de modo cuidadoso, bem como insistir que os participantes sigam estritamente as orientações (Sale, 1989).

 Imagine que você seja um professor de educação física de uma escola de ensino médio que está planejando atividades de treinamento de resistência. Quais são algumas das restrições importantes a serem levadas em conta na implantação de um programa de treinamento para crianças? Pense não somente em restrições estruturais e funcionais dos indivíduos, mas também em restrições da tarefa e do ambiente.

Adolescência

Em geral, os desenvolvimentistas aceitam que o treinamento de força apresenta efeitos benéficos para os adolescentes. Pfeiffer e Francis (1986) demonstraram que meninos púberes e pós-púberes também melhoraram em força mediante treinamento. Outros métodos levam ao mesmo resultado, incluindo treinamento isométrico (Nielsen, Nielsen, Hansen & Asmussen, 1980) e pliométrico (Steben & Steben, 1981). Tibana e colaboradores (2012) observaram que meninos adolescentes apresentaram uma maior capacidade de recuperação do que homens adultos entre as sessões de treinamento de resistência.

Após a puberdade, a *hipertrofia* muscular pode acompanhar o treinamento regular de força. Como já observado, meninos adolescentes adicionam muito mais massa muscular do que meninas adolescentes durante o estirão de crescimento. Os sexos também diferem em suas respostas ao treinamento? Cureton, Collins, Hill e McElhannon (1988) colocaram homens e mulheres adultos jovens em um programa de treinamento com pesos no qual o nível de resistência foi de 70 a 90% da capacidade máxima de um indivíduo. Os homens e as mulheres ganharam força em níveis idênticos em termos de aumento de percentual, mas os homens ganharam mais em termos de aumento absoluto para dois dos quatro testes. Por exemplo, homens e mulheres podem aumentar em 5%, mas, se eles forem mais fortes no começo, seu aumento será maior em termos absolutos. Ambos os sexos sofreram hipertrofia muscular em seus braços, novamente com um percentual de aumento idêntico, embora as medidas absolutas fossem maiores nos homens. Após a puberdade, então, ambos melhoraram a coordenação no recrutamento das unidades musculares necessárias para exercer força, e a resposta de hipertrofia muscular ao treinamento de força parece ser semelhante em homens e mulheres em termos relativos. A hipertrofia muscular é mais observável em homens, nos quais um aumento percentual de uma maior massa muscular produz dimensões absolutas maiores.

PONTO-CHAVE
Os adolescentes podem aumentar a força e a massa musculares com treinamento.

Os adolescentes, como as crianças, devem ser supervisionados de perto quando utilizam treinamento de peso para aumentar a força. Seus ossos continuam crescendo e são suscetíveis a uma variedade de lesões musculoesqueléticas (Risser & Preston, 1989). A execução de levantamentos de peso em estilo olímpico, em particular, pode provocar lesões na região dorsal (Jesse, 1977). Qualquer atividade que possa limitar a capacidade de ser ativo ao longo da vida apresenta benefícios duvidosos para os indivíduos jovens. Os educadores devem adotar uma abordagem cuidadosa, iniciando os adolescentes com uma resistência leve e programando a progressão com pequenos aumentos. Uma supervisão cuidadosa deve ser garantida, pois os adolescentes são suscetíveis às pressões dos pares, podendo facilmente ser levados a disputas, a fim de tentar superar uns aos outros.

Comparações anuais de medidas de força obtidas entre 7 e 17 anos mostram que as crianças mais fortes não se tornam necessariamente os adolescentes mais fortes (Rarick & Smoll, 1967). Um infante de 7 anos de idade mais fraco pode apresentar um amadurecimento tardio que, por fim, alcança ou até ultrapassa o dos seus colegas. Os pesquisadores têm descoberto que crianças e adolescentes que praticam esportes regularmente são mais fortes do que aqueles que não praticam (Bayley, Malina & Rasmussen, 1978). Isso pode ser visto como uma prova de que o treinamento proporcionado pela prática esportiva desenvolve a força. Deve ser observado, contudo, que jovens atletas são, muitas vezes, fisiologicamente mais amadurecidos do que não atletas. Hansen, Klausen, Bangsbo e Muller (1999) observaram que jogadores de futebol de elite de 10 a 12 anos de idade selecionados para o melhor time eram mais altos, mais magros e mais maduros do que aqueles não selecionados.

Meia-idade e terceira idade

Os adultos jovens e de meia-idade podem manter ou até aumentar a força por meio do treinamento de resistência. Soldados aumentaram o desempenho de flexões e potência das pernas com um programa de treinamento de apenas 12 semanas (Kraemer et al., 2004). Até mesmo mulheres obesas que não faziam dieta aumentaram a força muscular com um programa de treinamento de 12 semanas (Sarsan, Ardic, Ozgen, Topuz & Sermez, 2006). Mulheres que haviam recentemente passado pela menopausa também melhoraram sua força muscular com um programa de treinamento de resistência (Asikainen et al., 2006).

Mas o que dizer sobre a terceira idade, quando os níveis de força diminuem? Podem os idosos prevenir ou reverter perdas de força e massa musculares por meio de treinamento? Mayer e colaboradores (2011) examinaram mais de 1.500 artigos publicados entre 2005 e 2010 que abordavam a eficácia dos treinamentos de resistência em indivíduos acima de 60 anos e concluíram que os idosos podem aumentar sua força com treinamentos. Esse aumento de força se refletiu em aumento de massa muscular e em melhora no recrutamento de unidades motoras, além do aumento na frequência de disparo das unidades motoras. No geral, esses artigos mostraram que idosos podem aumentar a massa muscular em 60 a 85% de sua força voluntária máxima com treinamentos. Eles podem melhorar a velocidade de desenvolvimento de força, assim como os adultos jovens, aumentando a intensidade do treinamento acima de 85%. Cerca de 3 a 4 sessões de treinamento por semana produzem os melhores resultados.

PONTO-CHAVE
Adultos de meia-idade e idosos podem aumentar a força e massa muscular com treinamento.

 Imagine que você seja um líder recreativo que gostaria de aumentar a participação de idosos em aulas de aptidão física em um centro de recreação, especialmente em treinos que aumentassem força. Como você tentaria promover a participação dos cidadãos do bairro? Quais atividades programaria? Como minimizaria o risco de lesão dos participantes?

Alguns profissionais relutam em recomendar exercícios de resistência para idosos, especialmente treinamentos com pesos com resistência de alta intensidade ou exercícios isométricos. Eles temem que as altas pressões no tórax durante as contrações possam dificultar o fluxo sanguíneo e levar a problemas cardiovasculares ou cerebrovasculares. Lewis e colaboradores (1983), na realidade, descobriram pouca diferença de pressão entre exercícios isométricos e dinâmicos; entretanto, idosos com risco de problemas cardíacos, com osteoporose (atrofia do esqueleto) ou com artrite devem treinar com resistência leve e sob a supervisão de um profissional competente. Já Mayer e colaboradores (2011) não encontraram evidências de que esses indivíduos necessitam treinar com cargas relativamente mais leves do que adultos jovens a fim de evitar lesões. Os aumentos na força foram dependentes dos treinamentos em uma intensidade muito elevada. No geral, os idosos se beneficiam de esquemas clássicos de tratamento de 3 a 4 sessões com cerca de 10 repetições em 80% de 1 RM, três vezes por semana durante 8 a 12 semanas.

PONTO-CHAVE
O treinamento de resistência é benéfico para aumentar a força em pré-adolescentes, adolescentes, adultos jovens e idosos.

Resumo do desenvolvimento de força

O padrão típico de mudança de força ao longo da vida apresenta cinco fases. Na infância, existe um aumento constante de força. Na adolescência, as meninas mantêm constante esse incremento, mas os meninos apresentam um aumento repentino. Aos 20 e 30 anos, os níveis de força são relativamente estáveis. Após esse período, ocorre um declínio gradual até meados da quinta década de vida, quando as perdas de força se tornam mais acentuadas.

Esse padrão típico pode ser alterado por meio de treinamento de resistência em qualquer etapa da vida. Portanto, pais, professores e fisioterapeutas podem, introduzindo treinamento de resistência para aqueles que estão sob seus cuidados, mudar o movimento produzido a partir da interação do indivíduo, da tarefa e do ambiente. Isso altera a restrição estrutural do indivíduo.

As mudanças da força tendem a acompanhar as da massa muscular. Entretanto, a massa muscular não é o único fator envolvido. Os fatores neurológicos desempenham um amplo papel. Na realidade, os incrementos na força durante a infância decorrentes do treinamento de resistência estão em grande parte associados a fatores neurológicos. É provável que normas culturais desempenhem um papel nos níveis de força e influenciem as atividades físicas habitualmente executadas pelos indivíduos.

Além da força muscular, a elasticidade e a flexibilidade também são importantes para o desempenho de habilidades. Os indivíduos devem ser capazes de se mover em todas as amplitudes de movimentos e de posicionar seus membros para realizar movimentos no esporte, na dança e nas atividades da vida diária.

Desenvolvimento da flexibilidade

> A **flexibilidade** é a capacidade de mover as articulações em total amplitude de movimento.

A **flexibilidade** geralmente beneficia o desempenho máximo. Quando limitada, é um fator nas lesões esportivas e na mobilidade restrita, isto é, a flexibilidade pode ser um limitador de velocidade. A flexibilidade limitada pode também influenciar os tipos de atividades que os idosos podem realizar. Com força e flexibilidade severamente restritas, os idosos precisam de auxílio para desempenhar atividades até mesmo da vida diária. Os atletas jovens, algumas vezes, desconsideram esse importante aspecto da aptidão física, enfatizando a resistência e a força, com prejuízos para a flexibilidade. Exceções para essa generalização ficam por conta dos bailarinos e dos ginastas, que há muito tempo se deram conta da importância da flexibilidade para suas atividades. Uma razão para a indiferença de atletas jovens em relação a essa capacidade é a suposição de que pessoas novas são naturalmente elásticas e não necessitam de treinamento adicional de flexibilidade. Além disso, muito pensam na falta de flexibilidade como um problema exclusivo dos idosos, cujas limitações de movimentos são mais aparentes. Muitas dessas generalizações são interpretações errôneas sobre a questão. O padrão de mudança na flexibilidade de um indivíduo médio será descrito primeiro, e, em seguida, descreveremos os efeitos do treinamento e como ele altera o padrão típico.

Mudanças de desenvolvimento na flexibilidade

A amplitude de movimentos possíveis em qualquer articulação depende de sua estrutura óssea e da resistência ao movimento dos tecidos moles, os quais incluem músculos, tendões, cápsulas articulares, ligamentos e pele. A crença de que a flexibilidade está associada ao comprimento dos membros da pessoa é incorreta. A utilização habitual e o exercício físico preservam a natureza elástica dos tecidos moles, enquanto o desuso está associado à perda de elasticidade. Para aumentar uma baixa flexibilidade, a pessoa deve mover as articulações de modo regular e sistemático, por meio de uma crescente amplitude de movimento, a fim de modificar os tecidos moles. Os atletas, portanto, tendem a aumentar a flexibilidade das articulações que utilizam em seu esporte, enquanto trabalhadores que gastam muito tempo em uma postura podem perder essa capacidade em algumas articulações. É provável que pessoas que nunca se exercitam percam flexibilidade porque as atividades da vida diária raramente exigem que elas se movam com toda a amplitude de movimento. Portanto, em qualquer idade, a flexibilidade reflete a amplitude normal do movimento à qual um indivíduo submete articulações específicas.

Uma característica importante da flexibilidade é a sua especificidade; isto é, certo grau de flexibilidade é específico para cada articulação. Por exemplo, um indivíduo pode ser relativamente flexível em uma articulação e inflexível em outra.

Infância

A maioria de nós se lembra de ter visto um bebê que, deitado de costas, trazia seus pés para perto da cabeça, ou de um que pode se sentar no chão com as pernas flexionadas para os lados. Portanto, a experiência nos diz que os bebês e as crianças que estão começando a caminhar são muito flexíveis. A maioria das observações de crianças mostra uma redução da flexibilidade com o avanço da idade.

Após revisar a informação disponível em 1975, Clarke concluiu que os meninos tendem a perder flexibilidade após os 10 anos, e as meninas, após os 12 anos. Por exemplo, Hupprich e Sigerseth (1950) aplicaram 12 medidas de flexibilidade em 300 meninas de 6, 9, 12, 15 e 18 anos. A maioria das medidas melhorou para os grupos de 6, 9 e 12 anos, mas diminuiu nos mais velhos (Fig. 16.8). Krahenbuhl e Martin (1977) descobriram que a flexibilidade em meninos e meninas diminuiu entre as idades de 10 e 14 anos, mas Milne, Seefeldt e Reuschlein (1976) relataram que alunos do 2º ano do ensino fundamental já apresentavam flexibilidade pior do que aqueles da pré-escola. Fatores que podem estar envolvidos nessa tendência são a adição de massa muscular e a maturação das estruturas das articulações com o crescimento, porém mais pesquisas sobre esses tópicos são necessárias (Parker & James, 1985).

Alguns pesquisadores preocupam-se com o fato de que o teste de sentar e alcançar reflete as proporções corporais, bem como a flexibilidade, porque mede flexibilidade relativa até certo ponto, mesmo com os pés. Um pequeno número de pessoas com pernas muito longas, braços curtos, ou ambos, fica em desvantagem. Um teste de sentar e alcançar modificado corrige esse viés para membros compridos, medindo a flexibilidade em relação à ponta dos dedos da pessoa quando sentada com o tronco na vertical (Hoeger et al., 1990).

O teste de sentar e alcançar tem sido utilizado como medida representativa de flexibilidade em baterias de testes de aptidão física. Normas desenvolvidas no Projeto II da National Children and Youth Fitness (Ross et al., 1987) para crianças com idades de 6 a 9 anos refletem um desempenho de sentar e alcançar geralmente estável durante a infância. Em um extenso estudo transversal com meninas de Flandres, com 6 a 18 anos de idade, os escores do sentar e alcançar daquelas nos percentis superiores foram estáveis até os 12 anos e depois aumentaram.

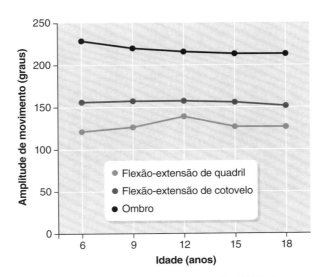

FIGURA 16.8 Estas três medidas de flexibilidade mostram que ela em geral diminui com o avanço da idade, embora algumas articulações possam aumentar em amplitude de movimento até aproximadamente os 12 anos.

Adaptada, com permissão, de Hupprich e Sigerseth, 1950.

Avaliando a flexibilidade

Como a flexibilidade é específica para cada articulação, uma ou duas medidas não podem representar precisamente a flexibilidade total de um indivíduo. Para conhecer a flexibilidade de uma articulação específica de um indivíduo particular, é necessário medi-la. A maioria das medidas é feita com um goniômetro – um transferidor com dois braços longos. O eixo do instrumento é centrado sobre a articulação medida. O membro é posicionado no ponto final da amplitude de movimento, e um braço do goniômetro é alinhado com ele. O membro é movido para o outro ponto final da amplitude, e o segundo braço da ferramenta é alinhado com ele. Os graus entre os dois braços do goniômetro são, portanto, a amplitude de movimento da articulação.

Medir a flexibilidade com precisão não é tão fácil como pode parecer (Michlovitz, Harris & Watkins, 2004). Pontos iniciais e finais são, algumas vezes, difíceis de localizar, e as medidas geralmente refletem o desconforto que os indivíduos estão dispostos a suportar ao se alongar mais.

Em geral, não é prático aplicar uma bateria de medidas de flexibilidade em várias articulações, especialmente se força, resistência e composição corporal estiverem todas sendo medidas ao mesmo tempo. Baterias de testes de aptidão, como o Physical Best (American Alliance for Health, Physical Education, Recreation and Dance, 1988), Fitnessgram (Meredith & Welk, 1999) e aquela utilizada no National Children and Youth Fitness Study II (Ross, Pate, Delpy, Gold & Svilar, 1987), realizam uma única medida de flexibilidade representativa. O teste de sentar e alcançar (Fig. 16.9) foi o escolhido porque a flexibilidade do tronco e do quadril é considerada importante na prevenção e no cuidado de dores lombares em adultos (Hoeger, Hopkins, Button & Palmer, 1990).

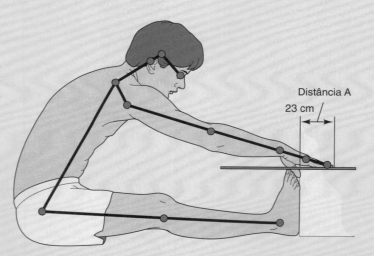

FIGURA 16.9 O teste de sentar e alcançar. O indivíduo senta com os pés contra uma caixa correspondente ao ponto de 23 cm. Após alcançar à frente o mais longe possível, o indivíduo recebe um escore de 23 cm, mais ou menos a distância alcançada com a ponta dos dedos (distância A).

Reimpressa, com permissão, de Hoeger et al., 1990.

Os escores das meninas nos percentis inferiores diminuíram dos 6 aos 12 anos, aumentaram pouco na metade da adolescência e, então, diminuíram novamente aos 17 e 18 anos (Fig. 16.10). Portanto, a amplitude dos escores foi maior em grupos de idade sucessivamente mais velhos (Simon et al., 1990). Meninos belgas medidos longitudinalmente aumentaram seu desempenho de sentar e alcançar dos 12 aos 18 anos de idade em uma taxa de mais ou menos 1 cm por ano (Beunen, Malina, Renson & Van Gerven, 1988).

Em geral, portanto, as crianças mantêm a flexibilidade de sentar e alcançar, enquanto os adolescentes são capazes de aumentar seus escores à medida que crescem. Crianças e adolescentes perdem ou ganham muito pouca flexibilidade. A força abdominal pode ser um fator no desempenho do sentar e alcançar (Beunen et al., 1988). Isto é, os indivíduos com os músculos abdominais fortes podem puxar o tronco para a frente em um maior grau de flexão. O desempenho, então, pode estar associado ao exercício e ao treinamento, ambos visando à força e à amplitude de movimento.

Como um grupo, as meninas são normalmente mais flexíveis do que os meninos (Beunen et al., 1988; DiNucci, 1976; Phillips et al., 1955; Simons et al., 1990). Essa diferença provavelmente reflete o fato de que exercícios de alongamento são mais socialmente aceitáveis para meninas do que exercícios vigorosos e que bem mais meninas do que meninos participam de ginástica e dança, atividades que enfatizam a flexibilidade. Entretanto, a participação em programas de exercício que enfatizem a flexibilidade é um indicador muito melhor de flexibilidade do que o sexo (Fig. 16.11).

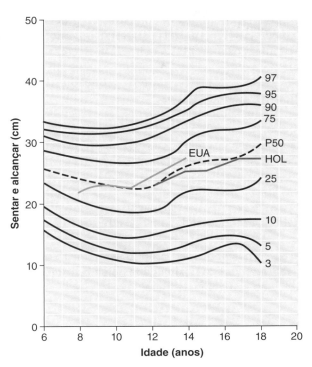

FIGURA 16.10 Modificações no teste de sentar e alcançar com a idade. As meninas de Flandres localizadas nos percentis superiores mantiveram a flexibilidade durante a infância e melhoraram na adolescência. Aquelas localizadas nos percentis inferiores diminuíram com pequenas melhoras no meio da adolescência. Os escores medianos dos meninos norte-americanos (EUA) e dos países baixos (HOL) estão sobrepostos no gráfico.

Reimpressa, com permissão, de Simons et al., 1990.

FIGURA 16.11 Não está claro como as restrições estruturais em mudança do crescimento do sistema esquelético e do crescimento do sistema muscular influenciam a flexibilidade, mas esta se torna mais variável na adolescência à medida que as pessoas se exercitam e se tornam sedentárias.

PONTO-CHAVE
Na adolescência, a flexibilidade se torna mais variável com o avanço da idade, sendo que alguns indivíduos perdem um grau significativo de flexibilidade.

Os pesquisadores documentaram o declínio e a melhora na flexibilidade durante os anos de crescimento. É possível que, como os ossos crescem em comprimento e, assim, estimulam os músculos a também crescerem, ocorra uma perda temporária de flexibilidade durante o crescimento, especialmente no início da adolescência (Micheli, 1984). Não está claro se isso resultaria em uma redução mensurável na flexibilidade, mesmo que por um curto período de tempo.

Algumas mudanças podem ser específicas para a articulação ou articulações medidas; porém, em geral, parece que crianças e adolescentes podem perder sua flexibilidade se não treinar para mantê-la ou melhorá-la. A flexibilidade se torna mais variável dentro de grupos de adolescentes porque alguns deles treinam e outros abandonam os programas de exercícios e de atividades físicas. Muitos pensam na artrite como uma doença da velhice, mas aproximadamente uma em cada 250 crianças nos Estados Unidos apresentam alguma forma de artrite e dor articular associada. É necessário um tratamento especializado, uma vez que a terapia tradicional de adultos com esteroides pode interromper o crescimento.

 Pense sobre seu próprio esquema de aptidão física. Ele inclui atividades que podem manter sua flexibilidade pelos próximos 30 ou 40 anos? Você precisa adicionar algo ao seu plano de trabalho?

Meia-idade

Infelizmente, a adolescência não marca o fim da tendência de uma pessoa em direção à redução da flexibilidade. Holland, Tanaka, Shigematsu e Nakagaichi (2002) revisaram a literatura de pesquisa sobre flexibilidade e velhice. Dos 25 anos até cerca de 30 anos, a amplitude máxima de movimento diminui; isso acontece mais rapidamente em algumas articulações do que em outras (Bell & Hoshizaki, 1981). Por exemplo, a redução em extensão da coluna e da flexão do ombro são relativamente grandes se comparadas àquelas do quadril e da flexão do joelho (Einkauf, Gohdes, Jense & Jewell, 1987; Germain & Blair, 1983; Roach & Miles, 1991). Tanto as extremidades superiores quanto as inferiores apresentaram declínio da flexibilidade (Rikli & Jones, 1999).

Osteartrite é uma doença crônica degenerativa das articulações.

PONTO-CHAVE
A flexibilidade diminui na vida adulta, especialmente em articulações pouco utilizadas.

Vários fatores contribuem para diminuir a flexibilidade, incluindo degeneração dos tecidos musculoesqueléticos e dos tecidos moles, bem como doenças, especialmente a **osteoartrite** e a osteoporose. O colágeno aumenta e a elastina degenera com o avanço da idade, e ambas as mudanças levam a um aumento da rigidez das articulações (Alnaqeeb, Al-Zaid & Goldspink, 1984; Gosline, 1976). O desuso aumenta todas essas alterações, apesar de não sabermos como a falta de uso influencia a velocidade de declínio. As pesquisas sobre amplitude de movimento em adultos têm utilizado um delineamento transversal. Estudos longitudinais seriam necessários para determinar o quanto dessa redução se deve a mudanças nos tecidos associadas à idade e quanto ao desuso. Os exercícios de aprendizagem ao final deste capítulo lhe oferecem a oportunidade de observar a flexibilidade em alguns idosos.

Treinamento de flexibilidade

Em geral, os pesquisadores concordam que o treinamento de flexibilidade e as intervenções gerais de exercício melhoram moderadamente a amplitude de movimento de idosos, incluindo aqueles mais fracos. Munns (1981) formou dois grupos de indivíduos de 65 a 88 anos. Um deles serviu como controle, e o outro participou de um programa de exercícios e de dança de uma hora, três vezes por semana, durante 12 semanas. O grupo que se exercitou melhorou muito em relação ao grupo-controle em todas as seis medidas de flexibilidade. Germain e Blair (1983) também documentaram o aumento da flexibilidade de ombro observada em adultos de 29 a 60 anos que participaram de um programa de alongamento para flexão de ombro, e Brown e Halloszy (1991) registraram uma melhora de 35% na flexão de quadril com cinco dias de alongamento lento e treinamento calistênico por semana, durante três meses. Intervenções aeróbicas de baixo impacto, Tai Chi, alongamento rítmico e aptidão geral têm produzido melhoras (Hubley-Kozey, Wall & Hogan, 1995; Lan, Lai, Chen & Wong, 1998; McMurdo & Rennie, 1993; Rikli & Edwards, 1991).

PONTO-CHAVE
A flexibilidade de um indivíduo diminui em qualquer etapa da vida caso não ocorra treinamento, mas um treinamento específico pode reverter uma perda de flexibilidade em qualquer idade.

Resumo do desenvolvimento da flexibilidade

A amplitude de movimento possível em uma articulação reflete muito mais a atividade e o treinamento da pessoa do que sua idade. A flexibilidade diminui no adulto e no adolescente médios como resultado de atividades físicas diárias limitadas e falta de exercícios. O treinamento de flexibilidade pode provocar melhoras na amplitude de movimento em qualquer idade. Para muitos indivíduos, portanto, se a flexibilidade limitar um movimento desejado, o treinamento apropriado pode mudar essa restrição estrutural.

Resumo e síntese

A força muscular e a flexibilidade foram discutidas separadamente neste capítulo, mas a sua inter-relação como uma restrição estrutural do indivíduo deve ser observada. Os indivíduos podem melhorar a força e a flexibilidade em qualquer momento da vida mediante um programa de treinamento adequado. De modo ideal, portanto, os indivíduos devem treinar para ambos, força e flexibilidade. Apresentar músculos fortes para mover certa articulação em uma direção, de modo que esta não consiga operar em sua amplitude adequada na direção oposta, pode limitar tanto os movimentos quanto a falta de força. Treinar força e flexibilidade não é exclusividade dos atletas; ao contrário, se níveis razoáveis dessas capacidades não forem mantidos, muitos movimentos necessários para a vida diária podem ser difíceis se não impossíveis de realizar. Os fisioterapeutas rotineiramente auxiliam os indivíduos a recuperar a força e a flexibilidade perdidas após acidentes, lesões e cirurgia.

A composição corporal é um componente da aptidão. Uma composição corporal alta em massa muscular magra e baixa em tecido adiposo aumenta a resistência cardiorrespiratória, está associada ao aumento da força e, desde que os músculos estejam equilibrados, permite flexibilidade. Os indivíduos que participam de atividades de resistência e de programas de treinamento de resistência podem manter melhor esse perfil de composição corporal. O próximo capítulo examinará a composição corporal com mais detalhes.

Reforçando o que você aprendeu sobre restrições

Dê uma segunda olhada

Ser forte e flexível é uma vantagem para o desempenho, enquanto ser fraco e inflexível pode limitá-lo. Em outras palavras, o sistema musculoesquelético pode ser um limitador de velocidade. Treinamento de força e flexibilidade pode ser uma atividade saudável, e uma quantidade maior de massa muscular pode ser contribuição positiva para a saúde. Por exemplo, uma maior proporção de massa muscular está associada a maior gasto calórico e manutenção de composição corporal saudável. Maior massa muscular está associada a maior resistência cardiovascular. Assim, como temos observado de modo tão frequente, o sistema musculoesquelético não funciona isoladamente. Indivíduos que procuram melhorar a força e a flexibilidade com medicamentos, como descrito na abertura deste capítulo, correm o risco de provocar danos a outros sistemas – neste caso, especialmente ao endócrino, com o uso de esteroides anabolizantes. Esse fato serve para nos lembrar que a interação entre todos os sistemas deve ser considerada quando se examina o impacto da alteração de um sistema para a realização de certos movimentos.

Teste seu conhecimento

1. Como a velocidade de aumento da força com o crescimento se compara à velocidade de aumento da massa muscular? Como as velocidades de diminuição da força e da massa muscular se comparam no envelhecimento?
2. A força e a flexibilidade podem aumentar com treinamento? Como?
3. Como a flexibilidade muda com o crescimento e com o envelhecimento?
4. Quais são as diferenças de sexo no desenvolvimento da força e da flexibilidade em crianças e adolescentes?
5. Considere os idosos em sua sociedade. Você consegue pensar em restrições (indivíduo, ambiente e tarefa) que possam levar à perda de força nessa população?
6. Como o amadurecimento está associado à força em crianças e adolescentes?
7. Quais fatores estão envolvidos na perda de força em idosos? Que efeito o treinamento de resistência apresenta sobre esses fatores?
8. Quais são os fatores importantes a considerar na avaliação de força? E de flexibilidade?
9. Como as mudanças na força muscular funcional se comparam às alterações na força muscular isométrica durante os anos de crescimento?
10. Como as normas culturais afetam de diferentes maneiras a avaliação de força e flexibilidade entre os sexos?

Exercício de aprendizagem 16.1

Flexibilidade de idosos

Observe dois ou três idosos e, em seguida, relate seus achados.

1. Quando sentado no chão, encostado em uma parede, o indivíduo consegue deixar o joelho da perna estendida em contato com o solo ao mesmo tempo em que coloca a parte inferior da outra perna sobre a coxa?
2. Ele consegue elevar seus braços sobre a cabeça e apontar seus dedos para cima na altura ou atrás das orelhas?
3. Em pé, olhando para você, ele pode deixar seus cotovelos dobrados e girar suas palmas na sua direção?
4. Em pé, ele pode juntar suas mãos nas costas e afastá-las do corpo em um nível acima da cintura?

Os indivíduos passaram ou falharam nos quatro itens? Questione-os sobre suas atividades favoritas e observe se você pode ser o responsável pela manutenção da flexibilidade, combinando as áreas corporais a essas atividades.

Desenvolvimento da Composição Corporal

 OBJETIVOS DO CAPÍTULO

- Discutir o recente aumento da obesidade nas sociedades ocidentais.
- Examinar os efeitos dos exercícios sobre a composição corporal na meia-idade e na terceira idade.
- Observar quaisquer diferenças de sexo nos efeitos dos exercícios sobre a composição corporal.
- Revisar os efeitos do exercício sobre a composição corporal de crianças e jovens por meio de pesquisas longitudinais.

Desenvolvimento motor no mundo real

Obesidade

É raro ler algum jornal ou uma revista, ou mesmo assistir a algum programa de TV, que não fale sobre a preocupação com a obesidade. Isso tem sido um tópico importante há alguns anos. O que tem se tornado mais comum recentemente são artigos ou estudos sobre o crescente número, no mundo todo, de crianças obesas. Apesar de toda a atenção da mídia, a tendência não tem se revertido. Certamente, muito dessa preocupação envolve a relação entre obesidade na infância e na vida adulta: crianças obesas muito provavelmente serão adultos obesos. Na verdade, essas crianças estão enfrentando problemas de saúde anteriormente observados apenas em adultos. Assim, elas não só estão em risco de ter problemas de saúde no momento, mas estão em um risco cada vez maior à medida que se tornam adultas. Muitos, hoje, já utilizam o termo *epidemia* para essa crescente tendência à obesidade na infância.

Existe uma preocupação em relação à forma física e à gordura. E com razão: taxas alarmantes de obesidade deram mais atenção aos papéis da dieta e dos exercícios na composição corporal e na manutenção de uma razão saudável entre peso magro e peso gordo em *todos* os momentos ao longo da vida. Ainda assim, muitas pessoas não compreendem a relação entre dieta, exercícios e composição corporal ao longo da vida. Essa é uma informação valiosa, tanto para qualquer papel profissional que envolva dieta e exercícios quanto para o bem-estar pessoal. É uma obrigação dos profissionais continuar a ensinar aspectos-chave da relação e defender oportunidades para que pessoas de todas as idades adotem práticas saudáveis.

A massa corporal pode ser dividida em dois tipos de tecido: *tecido magro,* que inclui músculos, ossos e órgãos, e gordura ou *tecido adiposo.* As porcentagens relativas desses tecidos dão uma medida da composição corporal. Muitas pessoas se importam com a composição corporal porque ela está relacionada à aparência, mas ela também pode influenciar os sentimentos dos indivíduos sobre si próprios. Muitas sociedades valorizam uma aparência corporal magra. A obesidade pode contribuir para conceito corporal e autoconceito negativos, tornando difícil para uma pessoa obesa relacionar-se com outras.

Além da aparência, a composição corporal é importante para várias questões de saúde:

- maiores proporções de massa corporal magra apresentam uma ligação positiva com a capacidade de trabalho, e maiores proporções de tecido adiposo apresentam uma ligação negativa;
- excesso de peso de gordura adiciona carga de trabalho sempre que o corpo é movido;
- gordura excessiva pode limitar a amplitude de movimento de um indivíduo;
- a obesidade coloca uma pessoa em risco de sofrer cardiopatia coronariana e arterial, acidente vascular cerebral, diabetes e hipertensão.

Muitas vezes, a composição corporal está associada ao sucesso na execução de habilidades motoras, isto é, serve como uma restrição estrutural. Para indivíduos que estão acima do peso, pode também servir como restrição funcional. Uma composição corporal elevada em massa muscular e baixa em tecido adiposo contribui para um desempenho ótimo. A massa muscular pode ser utilizada para exercer força, e pouco tecido adiposo significa que um indivíduo não apresenta peso extra para executar um movimento, o que é uma grande vantagem em muitas atividades físicas. No entanto, uma composição corporal que é rica em tecido adiposo pode tornar a movimentação do corpo difícil, especialmente por tempos mais longos, e dificultar também o alcance de determinadas posições corporais.

Assim, além das repercussões na saúde, o sobrepeso pode ser um limitador de velocidade para as habilidades motoras.

Como observado no Capítulo 5, todo mundo possui alguma quantidade de tecido adiposo, que é necessária para isolamento, proteção e reserva de energia. As mulheres precisam de alguma quantidade de gordura (cerca de 12% do peso corporal) para apoiar as funções de reprodução. Apenas seu *excesso* está negativamente relacionado à aptidão física e saúde. Tentativas de reduzir o tecido adiposo para níveis excessivamente baixos também são preocupantes para a saúde.

Composição corporal e exercício em crianças e jovens

Fatores genéticos e ambientais afetam a composição corporal. As pessoas podem manipular dois fatores ambientais principais – dieta e exercícios – para gerenciar as quantidades relativas de tecido adiposo e magro em seus corpos. Manter a composição corporal é, em parte, uma questão de equilibrar as calorias consumidas contra a taxa metabólica e a quantidade de esforços físicos. A taxa metabólica é a quantidade de energia que um indivíduo consome em determinado período de tempo para manter o corpo funcionando. As proporções variam entre os indivíduos; alguns usam mais calorias do que outros somente para manter o corpo funcionando. A taxa metabólica está sob o controle de vários hormônios e não pode ser alterada com facilidade em pouco tempo. Em contrapartida, um indivíduo pode controlar o nível de exercícios diariamente. Esta discussão enfoca a relação entre composição corporal e exercícios.

Como as crianças não são bioquimicamente idênticas aos adultos, dividir o corpo em massa gorda e magra simplifica demais as mudanças que ocorrem na composição corporal com o crescimento. Uma especificação mais extensa, no entanto, está além do escopo deste texto. O presente capítulo considera o que é conhecido sobre a influência do exercício nos tecidos adiposo e magro em crianças e jovens. A seção seguinte abordará a pesquisa de Jana Parizkova, que foi, em grande parte, publicada nos anos 1970, mas que permanece sendo uma parte significativa dos poucos trabalhos longitudinais sobre esse tópico. Estudos transversais ou de curta duração mais recentes também são abordados.

Os estudos de Parizkova

O tecido adiposo cresce rapidamente durante dois períodos: nos primeiros seis meses após o nascimento e no início da adolescência. Em meninas, esse aumento continua durante toda a adolescência, enquanto, em meninos, o ganho não só para como pode ser revertido por um tempo. O tecido muscular também cresce rapidamente em crianças, seguido de um período estável de aumento durante a infância; aumenta, de novo, com rapidez, durante o estirão de crescimento da adolescência, mais acentuadamente em meninos do que em meninas. Tanto a dieta quanto os exercícios podem alterar esse padrão típico. Comer demais resulta em peso de gordura excessivo; já a inanição pode levar a níveis de gordura tão baixos que o corpo obtém energia pela perda muscular (destruindo o tecido muscular para utilizá-lo como energia). O exercício queima calorias, alterando potencialmente a composição corporal de uma pessoa. O treinamento de resistência pode aumentar a massa muscular, sobretudo após a puberdade.

Em estudos transversais e longitudinais, os pesquisadores têm examinado a relação entre exercício e composição corporal. Os transversais, em geral, mostram que os atletas jovens têm proporções menores de gordura corporal do que as crianças mais sedentárias (Parizkova, 1973). Contudo, é impossível determinar, a partir de um estudo desse tipo,

342 Desenvolvimento da Composição Corporal

Avaliando a quantidade de gordura corporal

Existem várias maneiras de medir a quantidade de tecido adiposo no corpo. Essas medidas podem ser utilizadas diretamente para observar as mudanças que ocorrem com o crescimento e o envelhecimento ou para estimar a porcentagem de gordura no peso corporal. Também temos vários métodos para medir a massa corporal magra que permitem fazer também uma estimativa da gordura corporal:

- Medir a espessura da pele e da gordura subjacente (subcutânea) com compassos de dobra cutânea. A quantidade total de gordura corporal pode ser estimada a partir das medidas das dobras em pontos especificados. Essa é uma das formas mais comuns de estimar o peso de gordura, especialmente em crianças.
- Pesar uma pessoa embaixo d'água (peso hidrostático) e comparar esse valor com o peso corporal normal. Esse método estima a densidade corporal e, subsequentemente, a proporção de peso magro *versus* peso gordo. É difícil realizar essa medida em crianças pequenas e em adultos que têm medo de ficar embaixo d'água.
- Analisar a intensidade da reemissão de luz infravermelha por uma sonda no músculo braquial do bíceps com um equipamento de espectroscopia. Essa é uma medida fácil para ser utilizada em crianças, mas pode não ser tão precisa como outros métodos (especialmente a pesagem hidrostática) (Smith et al., 1997).
- Medir a composição de tecido mole com absortometria de raio X, que permite uma medida direta da densidade corporal, mas requer equipamento caro (Steinberger et al., 2005; Sutton & Miller, 2006).
- Medir o deslocamento de ar (em vez de o deslocamento de água) por pletismografia de deslocamento de ar. Essa medida requer um BodPod ou câmera de Body Pod, mas permite medidas de bebês e de indivíduos obesos (Dioum, Gartner, Maire, Delpeuch & Wade, 2005).

se um estilo de vida ativo resulta em magreza (pode ser que as crianças mais magras considerem a atividade mais fácil e adotem estilos de vida ativos). Os estudos longitudinais, portanto, são mais valiosos na pesquisa das relações entre níveis de atividade e composição corporal.

Parizkova conduziu uma série de estudos sobre composição corporal e níveis de atividade de meninos e meninas na Tchecoslováquia. O primeiro estudo foi transversal e um dos poucos a examinar crianças muito jovens; os estudos restantes foram longitudinais. No estudo transversal, Wolanski e Parizkova (1976; citado em Parizkova, 1977) compararam medidas de dobras cutâneas em dois grupos de crianças com idades entre 2 e 5 anos. Um grupo compareceu a aulas especiais de educação física com seus pais, enquanto o outro não participou de qualquer tipo de programa de treinamento físico. Mesmo nessa idade, as crianças no grupo de educação física apresentaram níveis menores de gordura subcutânea.

Meninos adolescentes

Em um estudo longitudinal extenso de adolescentes, Parizkova (1968a, 1977) dividiu cerca de 100 meninos em quatro grupos a partir dos seus níveis de atividade. O grupo mais ativo (Grupo I) estava envolvido com basquetebol ou atletismo por pelo menos seis horas semanais, enquanto o menos ativo (Grupo IV) participava apenas de atividades não organizadas e assistemáticas. Os meninos dos outros dois grupos apresentavam níveis intermediários de atividade.

Parizkova testou primeiro os meninos que tinham em média 10,7 anos e os acompanhou até que tivessem 14,7 anos de idade. Durante esse período, as crianças do grupo

PONTO-CHAVE
Em meninos adolescentes, aumento do peso corporal reflete aumento de massa corporal magra.

mais ativo aumentaram muito sua massa corporal, enquanto seu nível absoluto de peso de gordura permaneceu o mesmo; portanto, a proporção de gordura de seus pesos totais diminuiu. Em contraste, os meninos do grupo inativo aumentaram significativamente seu peso de gordura absoluto. Os dois grupos não diferiram na quantidade inicial de peso de gordura, mas isso aconteceu ao final de quatro anos. No grupo ativo, o aumento na massa corporal magra foi o *único* responsável pelo aumento do peso corporal com o crescimento (Fig. 17.1 *a* e *b*). A atividade física teve um efeito benéfico na composição corporal desses meninos.

> **PONTO-CHAVE**
> A atividade física apresenta um efeito favorável em meninos durante os anos de crescimento, aumentando a massa corporal magra e minimizando a adição de peso de gordura.

Parizkova (1972) acompanhou 41 desses meninos por mais três anos, e as tendências da composição corporal dos primeiros quatro anos se mantiveram. Os grupos mais ativo e menos ativo diferiram em peso total na época em que atingiram a idade de 16,7 anos. O grupo ativo tinha mais peso corporal total por causa da maior massa corporal magra. Os meninos ativos tiveram menos peso de gordura total do que os inativos, e seu peso de gordura diminuiu, de fato, em alguns anos. Parizkova determinou que os grupos não diferiam em idade esquelética média, de modo que as diferenças de composição corporal observadas não puderam ser atribuídas a diferenças de maturação. Observou também que eles mantiveram sua posição relativa dentro do grupo na distribuição e na quantidade absoluta de gordura subcutânea. Isso significa que a quantidade relativa de peso de gordura e seu padrão de distribuição no corpo foram relativamente estáveis durante os anos do estudo.

O estudo acompanhou 16 desses 41 jovens por outros seis anos. Embora esse número fosse muito pequeno para uma análise confiável por nível de atividade, Parizkova (1977) observou que o percentual de gordura corporal declinou no grupo até a idade de 21,7 anos e, então, variou amplamente entre os indivíduos, talvez refletindo mudanças no estilo de vida. Enfim, os estudos de Parizkova indicam que a atividade física apresenta uma influência favorável na composição corporal de meninos durante os anos de crescimento.

 Se você fosse um diretor de uma escola de ensino médio, quais implicações veria no estudo de Parizkova para o currículo de educação física da sua instituição?

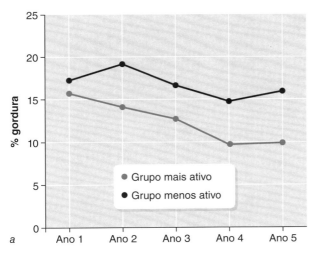
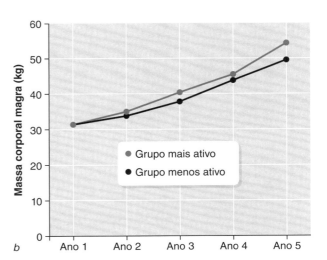

FIGURA 17.1 *(a)* O percentual de gordura corporal relativa nos grupos de meninos mais ativos e menos ativos, com idade média de 10,7 a 14,7 anos, acompanhados por Parizkova. *(b)* Massa corporal magra desses grupos no estudo de Parizkova.

Reimpressa, com a permissão, de Parizkova, 1977.

344 Desenvolvimento da Composição Corporal

Meninas adolescentes

O crescimento de tecido muscular adiposo e magro difere de modo radical entre os sexos durante a adolescência. As meninas ganham proporcionalmente mais gordura do que músculo se comparadas aos meninos. Mesmo assim, o efeito benéfico que a atividade apresenta sobre a composição corporal, descoberto em garotos, também ocorre em garotas ativas. Durante um período de cinco anos, Parizkova (1963, 1977) estudou 32 meninas que pertenciam a uma escola de ginástica e 45 que não estavam engajadas em qualquer tipo de treinamento. Elas foram avaliadas primeiramente com a idade de 12 ou 13 anos. As ginastas tiveram um ciclo anual regular de treinamento no qual compareceram a um rigoroso campo de treinamento no verão, pararam no outono e reiniciaram um programa de treinamento pesado de outubro a dezembro.

Esses ciclos são mostrados (para 11 das ginastas) na Figura 17.2 como barras escuras; quanto mais alta a barra, mais intenso é o treinamento. As medidas do peso de gordura em meninas se mostraram semelhantes às descobertas de Parizkova com meninos. As ginastas permaneceram no mesmo nível de gordura subcutânea durante os cinco anos – a espessura total de dobra cutânea não mostrou tendência alguma, mesmo que tenha aumentado ou diminuído por períodos curtos. Em contraste, o grupo-controle ganhou uma quantidade significativa de peso de gordura. As tendências de altura e peso corporal nos dois grupos foram semelhantes ao longo dos cinco anos, de modo que as diferenças estavam de fato na composição corporal.

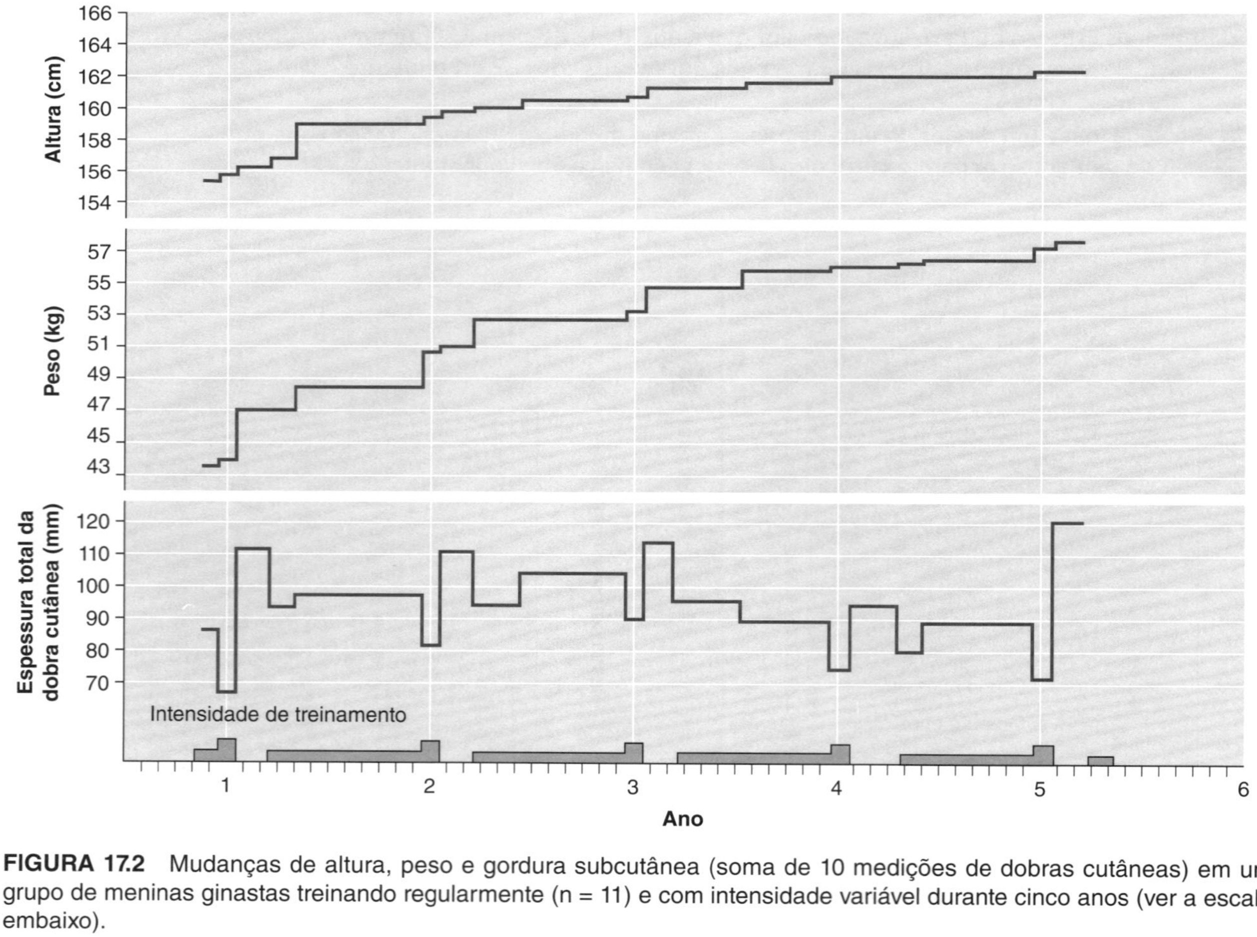

PONTO-CHAVE
Meninas adolescentes em treinamento podem aumentar a massa corporal magra e diminuir a gordura subcutânea, mesmo quando ingerem mais calorias em função do treinamento.

FIGURA 17.2 Mudanças de altura, peso e gordura subcutânea (soma de 10 medições de dobras cutâneas) em um grupo de meninas ginastas treinando regularmente (n = 11) e com intensidade variável durante cinco anos (ver a escala embaixo).

Reimpressa, com permissão, de Parizkova, 1977.

A natureza cíclica do programa de treinamento das ginastas forneceu informações sobre seu peso e espessura de dobras cutâneas à medida que progrediam durante os vários ciclos de treinamento. Durante os períodos de inatividade, as ginastas ganharam peso corporal total e espessura das dobras cutâneas (incluindo tecido adiposo subcutâneo); mas, durante o treinamento, elas aumentaram o peso corporal total, enquanto suas dobras cutâneas diminuíram. (Observe que, na Fig. 17.2, a espessura total das dobras cutâneas diminui quando a intensidade do treinamento aumenta, bem como aumenta quando o treinamento é interrompido por um tempo.) O peso e a altura total continuam aumentando com a idade. Portanto, seu peso aumenta durante os vários períodos de atividade como resultado das mudanças nas razões entre gordura e peso corporal magro. Parizkova também registrou a ingestão calórica das ginastas e descobriu que elas consumiram mais calorias durante os períodos de intenso treinamento, mas os depósitos de gordura diminuíram, e a massa corporal magra aumentou.

 Se você fosse um professor de educação física, qual resultado dos estudos de Parizkova poderia utilizar para aconselhar uma aluna adolescente quanto a dieta e exercícios?

Comparando meninos e meninas adolescentes

Os estudos longitudinais de Parizkova mostram as mesmas relações gerais entre composição corporal e atividade em meninos e meninas, mas não permitem a comparação direta entre sexos. Então, Parizkova (1973 e 1977) acompanhou simultaneamente 12 meninos e 12 meninas engajados em treinamento de natação com idades entre 12 e 16 anos. Aos 12 anos, altura, peso, massa corporal magra e peso de gordura médios dos dois grupos eram semelhantes. Os valores de massa corporal magra eram maiores para os nadadores do que os níveis médios de jovens que não estavam no treinamento, refletindo talvez o treinamento prévio dos nadadores. Aos 15 anos, os meninos eram significativamente mais altos, pesados e magros do que as meninas; mas ambos os sexos mostraram uma proporção elevada de massa corporal magra à custa do peso de gordura durante os três anos de treinamento. Embora tivessem um percentual de gordura maior do que os meninos, as meninas não ganharam tanta gordura quanto a típica adolescente sedentária. Mais pesquisas sobre esse tópico são necessárias, sobretudo para determinar a duração e a intensidade favoráveis de programas de treinamento para garotas. Tremblay, Despres e Bouchard (1988) não encontraram diminuição de gordura nem ganho de massa corporal magra em meninas após 15 semanas de treinamento intenso, embora os meninos tivessem experimentado alterações significativas nesse período.

 Como sua composição corporal mudou ao longo da sua vida? O que você acredita ter contribuído para essa mudança? Como pode utilizar sua experiência no trabalho com outros?

Estudos de curto prazo

Dollman, Olds, Norton e Stuart (1999) compararam mais de 1.400 crianças australianas que tinham entre 10 e 11 anos de idade, em 1997, a um grupo avaliado em 1985. As crianças de 1997, como grupo, eram mais pesadas e mais gordas, embora ligeiramente mais altas do que as do grupo de 1985. Elas também eram mais lentas na corrida/caminhada de 1,6 km e na corrida de velocidade de 50 m. Essas diferenças não ocorreram nas crianças mais magras e em melhor forma física, mas especialmente em um quarto das crianças que eram mais gordas e menos aptas do ponto de vista físico. Embora não esteja claro se uma diminuição causou a outra (ou se alguma outra coisa causou ambas), o fato de ser mais gordo coincidiu com o pior desempenho físico. Olds e Dollman (2004) procuraram investigar

PONTO-CHAVE
Aumento no percentual de gordura e diminuição da atividade física podem desempenhar um papel importante em uma tendência secular de pior desempenho nas avaliações de aptidão física.

se o pior desempenho refletiu o aumento de gordura ou a redução do nível de atividade estudando mais a fundo as crianças do estudo. Eles compararam o percentual de gordura nos participantes dos dois grupos. O grupo de 1997 continuava mais lento na corrida/caminhada de 1,6 km, o que sugere que a diminuição da atividade física desempenhou um papel na diminuição do desempenho da amostra.

O estudo de Muscatine é uma investigação longitudinal sobre fatores de risco de doenças cardiovasculares entre os residentes de Muscatine, Iowa. As medições dos participantes incluíram aquelas de aptidão física, composição corporal, pressão sanguínea, massa cardíaca e nível de amadurecimento dos jovens. Janz, Burns e Mahoney (1995) relataram um acompanhamento de dois anos de mais de 120 crianças com 10 anos de idade na primeira série de medidas. Eles descobriram que a pressão sanguínea sistólica elevada estava associada ao aumento da gordura corporal e à diminuição da aptidão física. Mais uma vez, os dois fatores coincidiram em um grupo com aproximadamente a mesma idade daquele observado por Dollman e colaboradores (1999).

PONTO-CHAVE
Níveis adequados de exercício na juventude estão associados a uma composição corporal mais saudável.

Em resumo, essas investigações mostram que a participação em programas de treinamento afeta a composição corporal de adolescentes de modo favorável. A informação limitada sugere que a composição corporal de crianças pré-escolares também se beneficia com a atividade. Embora as crianças e os adolescentes que se engajam em treinamento ativo apresentem a tendência geral de aumento de peso, esse aumento representa a adição relativa de mais massa corporal magra e menor de peso de gordura do que em seus pares sedentários. A maior ingestão calórica de uma pessoa durante o treinamento aumenta evidentemente a massa corporal magra em vez de aumentar os depósitos de gordura.

É possível que uma pessoa leve o treinamento a um extremo em que o corpo não consiga suprir as necessidades energéticas para o crescimento contínuo. Essa condição se assemelha à inanição e, como observado no Capítulo 3, pode levar a perda de massa corporal magra e a efeitos prejudiciais ao crescimento (Lemon, 1989).

 Se você fosse um professor ou um médico, qual seria sua estratégia para reverter a tendência de redução na prática de exercícios dos jovens de hoje?

Habilidades motoras e aptidão física

A relação entre proficiência em habilidade motora e nível de aptidão física é um tema de interesse e apresenta implicações importantes para programação física em crianças e adolescentes. Por exemplo, se um indivíduo estiver preocupado com o aumento do sobrepeso e a redução dos níveis de aptidão física em jovens, a resposta seria se concentrar em programas de educação física que abordem apenas atividades de aptidão física ou seria útil se concentrar tanto no desenvolvimento da proficiência de habilidades motoras como no de atividades de aptidão física? É melhor utilizar uma abordagem longitudinal para responder a essa questão.

Barnett, van Beuerden, Morgan, Brooks e Beard (2008) avaliaram jovens com aproximadamente 8 a 12 anos de idade sobre as habilidades motoras fundamentais e em um teste cardiorespiratório com corrida do tipo ida e volta. Então, os autores repetiram o teste cinco anos depois. Eles descobriram que algumas das habilidades motoras fundamentais – de maneira interessante, as habilidades de controle de objetos, em vez das locomotoras – previram a aptidão cardiorrespiratória em adolescentes. Isso foi verdadeiro tanto para meninos quanto para meninas. Talvez os jovens com boas habilidades de controle de objetos tivessem maior probabilidade de participar de atividades físicas. Hands (2008) adotou uma abordagem semelhante, mas incluiu crianças, que foram classificadas com baixa ou alta competência motora. Ela também repetiu suas medidas a cada ano durante cinco anos. Os dois grupos de competência eram diferentes em todas as medidas (o de alta competência era melhor), exceto para o índice de massa corporal, para o qual não foi encontrada nenhuma diferença. As diferenças permaneceram ao longo dos cinco anos, mas se ampliaram para o teste de corrida de ida e volta para aptidão aeróbia, bem como diminuíram em uma corrida de explosão e em um teste de equilíbrio. As crianças com baixa competência motora melhoraram ao longo dos cinco anos, mas nunca atingiram o nível daquelas com alta competência. A melhor atividade motora estava associada a maior resistência cardiovascular.

Um estudo por Vedul-Kjelsås, Sigmundsson,Stendsdotter e Haga (2011) destaca que a autopercepção em crianças está relacionada a competência motora e aptidão física. Os autores descobriram essa relação em todos os aspectos da percepção medida pelo Perfil de Autopercepção de Harter para Crianças, aceitação social, competência atlética, aparência física e o autovalor geral. Eles sugeriram que esses aspectos da autopercepção facilitam a participação em atividades físicas.

Além da pesquisa longitudinal, Rivilis, Hay, Cairney, Klentrou, Liu e Faught (2011) reviram recentemente 40 estudos lidando com a relação entre proficiência motora e atividade física em crianças com distúrbios do desenvolvimento da coordenação. Sua conclusão geral foi a de que uma proficiência motora ruim está associada a uma alta composição corporal, baixa aptidão cardiorrespiratória, menor força e resistência, menor potência e capacidade anaeróbicas e menor atividade física. A flexibilidade foi o único componente da aptidão não associado claramente à proficiência motora.

Em geral, essa pesquisa revela que as crianças com menor proficiência motora são menos aptas. É claro que muitos testes de aptidão física, especialmente aqueles de aptidão cardiorrespiratória, precisam de algum nível de habilidade motora. Uma melhor habilidade motora provavelmente contribui para um desempenho eficiente do teste. Além disso, isso seria verdadeiro também para o treinamento. Parece que a promoção do desenvolvimento da habilidade motora em jovens pode apresentar um efeito positivo na aptidão, e mesmo as crianças com baixa competência motora podem melhorar ao longo do tempo em suas avaliações de habilidade e aptidão.

Composição corporal e exercícios em adultos

Na meia-idade, o adulto médio perde massa corporal magra e ganha gordura, de modo que o peso corporal e a porção de gordura do peso corporal aumentam. É particularmente preocupante um acúmulo de gordura no tronco, já que pode estar associado a piora da saúde cardiovascular. Na terceira idade, a massa corporal magra e a massa de gordura diminuem. É importante lembrar que esse é o perfil típico e que as pessoas são extremamente variáveis. Além disso, os indivíduos obesos frequentemente morrem antes de atingir a terceira idade, e tal fato pode alterar as médias registradas em grupos de idosos.

Os exercícios podem influenciar favoravelmente a composição corporal de duas formas: aumentando a massa magra ou diminuindo a gordura. O aumento na massa magra poderia ser um aumento na massa muscular, um aumento na densidade óssea ou, obviamente, ambos. Alguns estudos, discutidos na seção a seguir, acompanharam essas mudanças em adultos fisicamente ativos.

Atletas de meia-idade, idosos atletas e pessoas que se exercitam regularmente tendem a manter suas massas muscular e de gordura, muitos comparando-se favoravelmente a populações adultas mais jovens (Asano, Ogawa & Furuta, 1978; Kavanagh & Shephard, 1977; Pollock, 1974; Saltin & Grimby, 1968; Shephard, 1978b). Porém, não podemos supor que essas observações representem a verdade em relação à maior parte da população ou de idosos sedentários que começam a treinar. É possível que idosos mais saudáveis tenham maior capacidade de ser ativos, de modo que se observe o *status* de boa saúde, em vez dos benefícios do exercício. Por essa razão, é importante estudar longitudinalmente esses indivíduos quanto aos efeitos do exercício. Contudo, o número de estudos longitudinais é quase inexistente, de modo que se deve confiar muitas vezes nas pesquisas de curta duração para a obtenção de informações.

Estudos recentes sobre mudanças na massa muscular por meio de exercícios têm utilizado tomografia computadorizada (TC) para documentar alterações na musculatura. Um estudo com homens de 60 a 72 anos (Frontera, Meredith, O'Reilly, Knuttgen & Evans, 1988) e outro com homens de 86 a 96 anos (Fiatarone et al., 1990) relataram aumentos da área muscular na amplitude de 4,8 a 11,4% após 12 e 8 semanas de treinamento, respectivamente. As fibras de tipo I e tipo II aumentaram. Outros estudos têm descoberto mudanças menores (Forbes, 1992). É claro que os indivíduos são extremamente variáveis. Fiatarone e colaboradores (1990) registraram indivíduos que perderam 8% de área muscular mediante treinamento e que ganharam 30% no mesmo número de semanas. Essas contradições tornam difícil prever se todo idoso teria um aumento na massa muscular caso fosse submetido a treinamento.

Os estudos de atletas jovens têm concluído que o exercício regular promove crescimento ósseo, mas as poucas pesquisas com idosos chegaram a conclusões conflitantes. Isso poderia se dever, em parte, aos fracos métodos utilizados. Going, Williams, Lohman e Hewitt (1994) apontaram que, em alguns estudos, o programa de exercícios adotado pelos adultos não especificou os locais do corpo em que a densidade óssea foi medida. Diversas pesquisas sobre mudança na densidade mineral óssea das vértebras lombares (região lombar) têm mostrado melhoras mediante musculação em mulheres na pré-menopausa (Going et al., 1991; Lohman et al., 1992) e na pós-menopausa (Dalsky et al., 1988; Pruitt, Jackson, Bartels & Lehnhard, 1992). Outro estudo, contudo, relatou uma diminuição da densidade mineral óssea (Rockwell et al., 1990). Os pesquisadores precisam fazer mais trabalhos, sobretudo em uma maior variedade de idosos, e devem determinar o tipo, a duração e a frequência de exercícios que são úteis.

Schwartz e colaboradores (1991) colocaram 15 homens de 60 a 82 anos de idade em um programa de treinamento de força por seis meses. Sua intensidade de treinamento aumentou gradualmente, de modo que, às vezes, eles estavam caminhando ou fazendo *jogging* por 45 minutos, cinco dias por semana, a 85% da reserva de frequência cardíaca. Durante os seis meses, sua gordura corporal diminuiu 2,3%, e suas circunferências de cintura diminuíram 3,4%. Embora a perda de gordura corporal total tenha sido pequena, em locais específicos do tronco ela foi acentuada, e isso é significativo em função da associação entre gordura do tronco e aumento do risco cardiovascular. Paillard, Lafont, Costes-Salon, Riviere e Dupuis (2004) descobriram que um programa de caminhadas relativamente curto de 12 semanas, para homens com idades entre 63 e 72 anos, produziu uma diminuição no percentual de gordura do peso. Não houve aumento na massa corporal magra ou na densidade mineral óssea para uma intervenção dessa extensão.

PONTO-CHAVE
Os adultos podem aumentar a massa muscular e a densidade óssea com treinamento de resistência, bem como perder peso, mas as mudanças variam de acordo com os indivíduos.

 Pense sobre sua dieta e sua rotina de exercícios. Você tem hábitos que manterão sua composição corporal quando envelhecer, ou será necessária uma mudança?

Embora sejam necessárias mais pesquisas longitudinais na área de composição corporal e de exercício, há indicações claras de que o exercício tem um efeito favorável sobre a composição corporal. As observações junto a indivíduos envolvidos em atividades vigorosas ao longo de suas vidas demonstram, no mínimo, que o declínio de massa livre de gordura e aumento da massa de gordura não são conclusões generalizáveis a todos.

Obesidade

A prevalência da **obesidade** está aumentando no mundo inteiro e em todas as faixas etárias. As taxas variam entre os países, com uma prevalência maior nos países industrializados. As crescentes taxas entre as classes mais elevadas nos países em desenvolvimento, no entanto, demonstram a forte tendência mundial para a obesidade (Kotz, Billington & Levine, 1999; Rudloff & Feldmann, 1999). Várias organizações e pesquisadores utilizam critérios ligeiramente diferentes para determinar quem é considerado obeso. A definição mais comum para adultos é um **índice de massa corporal** (IMC) acima de 30 (Kotz et al., 1999).

O IMC é a razão de peso corporal (em kg) pelo quadrado da altura (em m), sendo que o normal se situa entre 18,5 e 24,9. Essa é uma medida conveniente para se utilizar em muitas situações, porque o avaliador precisa somente ser capaz de medir altura e peso a fim de calcular o índice. Porém, o peso corporal reflete ambos os tecidos magro e adiposo. Portanto, o IMC pode ser impreciso para alguns indivíduos com peso muscular magro acima da média. Essa limitação deve ser considerada quando se estiver revisando pesquisas que utilizam medidas de IMC. É desafiador definir a obesidade para crianças em função do seu crescimento, mas uma medida de peso pela altura acima do 95° percentil ou uma dobra cutânea de tríceps acima desse mesmo percentil são critérios utilizados com frequência (Rudloff & Feldmann, 1999).

A obesidade é uma preocupação em qualquer fase da vida, mesmo assim, há uma grande probabilidade de que crianças obesas permanecerão obesas na idade adulta. Além disso, essa condição tende a se estabilizar durante o início da idade adulta, a meia-idade e a terceira idade. Portanto, é importante falar sobre obesidade em crianças, mesmo reconhecendo suas repercussões médicas e sociais em qualquer idade.

Nos Estados Unidos, cerca de um quarto das crianças e dos adolescentes é obeso, um aumento de 54% em crianças e de 39% em adolescentes em 20 anos (Rudloff & Feldmann, 1999). Muitas vezes, os pais acreditam que a obesidade de seus filhos é provocada por um distúrbio metabólico ou tireoidiano. Na verdade, esses distúrbios são responsáveis por menos de 1% da obesidade em crianças (Dietz & Robinson, 1993). Qual é, então, a causa da obesidade?

A obesidade é um bom exemplo da interação entre fatores genéticos e extrínsecos. Com certeza, fatores genéticos estão associados ao problema. O IMC está altamente correlacionado em gêmeos, mesmo se eles forem criados em separado, mas é pouco correlacionado em pais e em crianças adotadas. Entretanto, não existe um único fator genético que esteja relacionado à obesidade em todos os indivíduos. Vários fatores sob influência genética incluem a **taxa metabólica basal**, a **termogênese** dietética, o controle do apetite, a saciedade e o metabolismo e armazenamento de lipídeos (Rudloff & Feldmann, 1999).

O aumento da obesidade durante as últimas décadas demonstra forte influência de fatores extrínsecos, já que as influências genéticas não poderiam mudar a taxa de incidência tão rapidamente (Rosenbaum & Leibel, 1998). A crescente modernização diminui o gasto energético, de modo que as tarefas laboriosas são assumidas por máquinas (Fig. 17.3). Uma dieta ocidental, rica em gordura e açúcar, também é um fator importante na obesidade (Kotz et al., 1999). Como as predisposições genéticas são fixas, a manipulação do consumo e do gasto de energia é o meio mais disponível para alterar a taxa de gordura corporal ao longo da vida.

Restringir o consumo calórico nas crianças é desafiador, pois deve ser fornecida energia suficiente para sustentar o crescimento. Em geral, crianças acima do peso não comem em grandes quantidades. Em vez disso, elas apresentam um desequilíbrio calórico pequeno, porém diário (Dietz & Robinson, 1993). Um ajuste relativamente modesto de calorias, além de um bom equilíbrio nutricional, pode ser muito eficiente. Entretanto, a atividade motora reduzida é uma característica comum dessas crianças (Roberts, Savage, Coward, Chew & Lucas, 1988), e aumentar o gasto calórico por meio de exercícios físicos

---

A **obesidade** é mais comumente definida como um IMC acima de 30.

O **índice de massa corporal** (IMC) é a razão do peso corporal pelo quadrado da altura, sendo considerado normal um índice de 18,5 a 24,9.

A **taxa metabólica basal** é a quantidade de energia necessária para sustentar as funções vitais do corpo no estado de vigília.

A **termogênese** é a produção de calor no corpo.

PONTO-CHAVE
A tendência dos fatores extrínsecos que levam à obesidade é problemática por dois motivos: as pessoas estão menos ativas e as dietas consistem cada vez mais em altos níveis de gordura e açúcar.

traz múltiplos benefícios à alteração da gordura corporal. Em primeiro lugar, pode contrabalancear a diminuição da taxa metabólica basal que acompanha a restrição calórica. Em segundo, pode promover o crescimento de tecido muscular, cuja manutenção requer mais calorias do que o tecido adiposo (Bar-Or, 1993). Essa diferença é significativa porque, sem exercício, 30 a 40% da perda de peso mediante restrição calórica em adultos têm sua origem a partir da massa corporal magra (Harris, 1999), e essa também é a provável tendência das crianças.

Hesketh e Campbell (2010) revisaram 23 estudos de intervenções para prevenção da obesidade em crianças com até 5 anos de idade. A maioria dos estudos revisados foi realizada em cenários de pré-escola ou creches e em seus lares, e cerca de metade dos estudos foi realizada com participantes em desvantagem. Os pesquisadores tenderam a utilizar múltiplos modos de intervenção, tais como uma melhora na dieta, aumento da atividade física e redução do comportamento sedentário. A natureza dos programas de intervenção foi variável, e o sucesso dos programas foi misto, mas os estudos gerais demostraram que as intervenções podiam afetar positivamente a obesidade, sobretudo se os pais estivessem envolvidos.

FIGURA 17.3 É cada vez mais comum entre indivíduos de todas as idades uma quantidade considerável de tempo dedicada a telas, principalmente na forma de computadores, *tablets*, *smart phones* e televisão. Como resultado, mais pessoas se tornam sedentárias, em vez de ativas. Essas restrições ambientais e de tarefa interagem com sistemas corporais para criar uma espiral descendente de saúde: tendência à perda de massa corporal magra, aumento do tecido adiposo e desenvolvimento de grande risco de doenças cardiovasculares.

Uma síntese das revisões e metanálises (Khambalia, Dickinson, Hardy, Gill & Baur, 2012) sobre as intervenções em obesidade em crianças em idade escolar sugeriu que os programas de intervenção de longo prazo apresentavam uma chance maior de produzir uma redução de peso significativa em crianças. Além disso, os programas tendiam a ser bem-sucedidos se combinavam melhor dieta, aumento da atividade física e envolvimento da família. Embora a pesquisa desenvolvida sobre programas de intervenção tenha sido útil até agora, mais pesquisas são necessárias sobre programas que mensurem tanto os resultados ligados ao peso quanto os associados aos resultados na saúde.

Sabe-se que crianças obesas não apresentam um desempenham tão bom quanto crianças magras em uma variedade de testes de aptidão física e de habilidades motoras. Malina e colaboradores (1995) selecionaram um grupo de meninas belgas entre 7 e 17 anos. Em cada idade, as 5% mais magras apresentaram melhor desempenho do que as 5% mais gordas em tarefas de força e resistência de braço, em tarefas de força de tronco, no salto vertical, na agilidade na corrida de ida e volta e em uma tarefa de equilíbrio. Meninos adolescentes apresentaram as mesmas diferenças de desempenho (Beunen et al., 1983). No entanto, a participação em atividades físicas regulares reduz a gordura em crianças obesas. Sasaki, Shindo, Tanaka, Ando e Arakawa (1987) descobriram que um programa diário de atividades aeróbicas diminuiu significativamente a espessura das dobras cutâneas. Mesmo os programas de treinamento de curta duração, de 10 semanas a 4 meses, diminuíram as porcentagens de gordura em crianças obesas entre 7 e 11 anos (Gutin, Cucuzo, Islam, Smith & Stachura, 1996; Gutin, Owens, Slavens, Riggs & Treiber, 1997). Saavedra, Escalante e Garcia-Hermoso (2011) conduziram uma metanálise de estudos sobre o aumento da aptidão física aeróbia em crianças obesas. Eles descobriram que programas com duração maior do que 12 semanas e com 3 sessões por semana (com mais de 60 minutos por sessão) produziram os melhores resultados. Eles também determinaram que os programas com exercícios aeróbicos apresentavam um efeito na aptidão física aeróbia, ao contrário daqueles que combinavam exercícios aeróbicos a outros tipos, especialmente treinamentos de força, provavelmente em função do tempo dispendido nos exercícios de força. Korsten-Reck e colaboradores (2007) demonstraram que um programa de intervenção abrangente para crianças obesas provocou mudanças favoráveis na composição corporal, na resistência aeróbia e em tarefas de capacidade motora. Essas descobertas sugerem que os programas de atividade podem ser relativamente difíceis para crianças obesas, ainda que os benefícios da atividade regular possam ser significativos. Programas bem delineados são necessários para estabelecer a carga de exercícios adequada para crianças com sobrepeso.

 Se fosse um professor de educação física no ensino fundamental, como você interferiria na vida de seus alunos obesos para direcioná-los para uma saúde melhor?

A incidência de obesidade aumenta em homens e mulheres de 20 a 50 anos de idade (Kotz et al., 1999) (Fig. 17.4). A obesidade coloca os indivíduos em risco de hipertensão, doenças cardiovasculares, diabetes, cálculos biliares, osteoartrite e algumas formas de câncer; portanto, os sujeitos obesos correm maior risco de mortalidade. Na verdade, uma diminuição na prevalência da obesidade entre indivíduos com 70 e 80 anos poderia refletir a expectativa de vida reduzida em obesos. A associação entre obesidade e mortalidade é mais

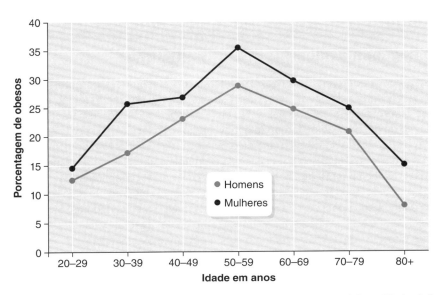

FIGURA 17.4 A prevalência da obesidade com o avanço da idade em adultos. Diminuição na prevalência durante as últimas décadas refletem o maior risco de mortalidade naqueles com sobrepeso; isto é, os declínios significam que muitos indivíduos obesos morreram mais jovens do que seus equivalentes não obesos.

Dados do National Health and Nutrition Examination Survey III.

forte naqueles cuja gordura aumentada está concentrada principalmente no abdome (Kotz et al., 1999).

Assim como em idades mais jovens, as influências genéticas e as extrínsecas desempenham um papel na obesidade adulta, embora suas contribuições relativas possam variar na vida de um indivíduo (Rosenbaum & Leibel, 1998). Sabe-se que os níveis de atividade são baixos entre adultos nos países ocidentais. Nos Estados Unidos, menos de um quarto dos adultos se exercita regularmente pelo menos 30 minutos por dia, e 24% são sedentários. Dos adultos acima do peso, 41% das mulheres e 33% dos homens são completamente sedentários (Cowburn, Hillsdon & Hankey, 1997).

Do mesmo modo que em crianças e adolescentes, combinar a restrição calórica e aumento das atividades físicas é a estratégia mais eficiente na alteração da gordura corporal entre os adultos. Há pesquisas mostrando que o progresso é maior quando se utiliza tal combinação do que quando se utiliza apenas exercícios ou restrição calórica. Mesmo uma perda modesta de 10% do peso corporal pode apresentar um benefício substancial para os níveis de colesterol (LDL), para a glicemia em jejum e para a pressão sanguínea (Harris, 1999).

Resumo e síntese

A composição corporal é um componente importante da aptidão física e está associada ao desempenho físico. Embora também esteja ligada a fatores genéticos, os fatores extrínsecos de dieta e do exercício podem afetar muito os níveis relativos de gordura e de massa corporal magra em um indivíduo. Uma pessoa de qualquer idade que deseje alterar a gordura de seu corpo pode manipular dieta e exercícios físicos. O exercício regular pode desempenhar um grande e favorável papel na alteração da composição corporal, promovendo massa muscular e aumento na taxa metabólica basal. Por sua vez, uma composição corporal maior em massa magra e menor em massa gorda torna o exercício e o desempenho físico mais fáceis.

Reforçando o que você aprendeu sobre restrições

Dê uma segunda olhada

A questão da obesidade destaca a natureza interativa das restrições corporais estruturais e do movimento. A atividade física pode alterar as restrições com o passar do tempo e, assim, permitir movimentos que requeiram aptidão física. No caso da obesidade, ser fisicamente ativo contribui para a redução do peso corporal, tornando o movimento mais fácil e mais proficiente. A falta de atividade pode alterar as restrições estruturais com o passar do tempo. Não somente o corpo é mais pesado, mas o efeito eventual sobre os sistemas corporais contribui para a restrição de atividades e movimentos, especialmente aqueles que exigem certo nível de aptidão. Os indivíduos podem alterar seus níveis de aptidão e composição corporal com o treinamento, mas existem diferenças associadas à idade no impacto do treinamento. Professores, pais, treinadores, fisioterapeutas e os próprios sujeitos que se movimentam devem levar em conta como as restrições do indivíduo relacionadas aos sistemas de aptidão interagem com o ambiente e as tarefas.

Teste seu conhecimento

1. Como a participação em atividades físicas regulares afeta a composição corporal em crianças e adolescentes?
2. Quais são as diferenças de gênero na composição corporal? O exercício afeta a composição corporal de homens e mulheres de modo semelhante ou diferente? Como?

Desenvolvimento Motor ao Longo da Vida **353**

3. Quais as melhores estratégias de gerenciamento do peso para crianças obesas?
4. Quais os efeitos favoráveis do exercício para a composição corporal de idosos?
5. Quais os efeitos negativos da obesidade sobre as crianças? E quanto à meia-idade e à velhice?
6. Como a composição corporal é avaliada? Quais são as vantagens e desvantagens das técnicas específicas em vários pontos ao longo da vida?

Exercício de aprendizagem 17.1

Crianças e obesidade

O aumento no número de crianças obesas em todo o mundo é uma grande preocupação. Há poucos anos, esse tópico recebeu muita atenção da imprensa, e muitas pessoas tentaram identificar as causas e sugerir intervenções a fim de reverter essa tendência. Faça uma pesquisa na internet e encontre três soluções que foram propostas para essa reversão. Os autores apresentam evidências que levariam você a acreditar nas soluções? Você foi convencido de que há uma solução possível ou acredita que múltiplas soluções são necessárias? Por quê?

Conclusão: Interações Entre Restrições

Aplicações ao movimento

 OBJETIVOS DO CAPÍTULO

- Encorajar você a considerar cada indivíduo como único.
- Fornecer práticas para a estruturação e delineamento de ambientes de aprendizagem adequados ao desenvolvimento.
- Fornecer um programa de trabalho para mapear as restrições a fim de melhorar o ensino adequado ao desenvolvimento, além de traçar e avaliar o progresso.
- Mostrar como você pode utilizar o modelo para manipular restrições com propósitos educacionais ou terapêuticos específicos.
- Oferecer estudos de caso para que você tenha a oportunidade de aplicar o seu conhecimento de desenvolvimento motor em situações reais.
- Permitir a você examinar, simultaneamente, as restrições do indivíduo, da tarefa e do ambiente e, bem como as interações entre esses fatores que afetam um indivíduo.

Desenvolvimento motor no mundo real

Os jogos paraolímpicos

A seguinte citação é do *site* oficial dos Jogos Paraolímpicos de Atenas de 2004: "Os Jogos Paraolímpicos são o principal evento esportivo na vida de cada atleta paraolímpico [...] Nos Jogos Paraolímpicos, os atletas se envolvem em uma competição obstinada, nobre e sustentável para alcançar a mais alta distinção nos esportes. Seus esforços são orientados e modelados por uma força e determinação únicas. Sua força e capacidade de sobrepor a privação torna-se uma chama brilhante, um polo de atração para cada um que valoriza os esportes como a mais alta expressão da humanidade".

Os Jogos Paraolímpicos têm sido realizados no mesmo ano dos Jogos Olímpicos desde 1960 e na mesma cidade desde 1988. Os Jogos de Londres, em 2012, foram os maiores, com 4.302 atletas de 164 países competindo em 21 esportes. O evento incluiu, dentre outros, quatro esportes em cadeira de rodas, voleibol sentado, natação, levantamento de peso, judô e, é claro, atletismo.

O que essa descrição das Paraolimpíadas significa para você, agora que está acabando de ler este livro sobre desenvolvimento motor ao longo da vida? Esperamos que encare os atletas paraolímpicos como pessoas que têm um conjunto único de restrições, além de muitas outras que são comuns a todos os seres humanos. As restrições funcionais e estruturais desses atletas não os impedem de participar de atividades físicas em níveis mais elevados. Suas restrições lhes permitem mover-se em atividades diárias, bem como competir em um alto nível esportivo. Essas restrições que interagem entre si incluem altos níveis de força (estruturais), motivação (funcionais), ambiente de apoio (socioculturais) e equipamento de alta tecnologia (tarefas), entre outras. Colocando esses elementos no contexto de um evento esportivo, o resultado será um atleta de elite batedor de recordes.

Há alguns anos, os atletas paraolímpicos eram considerados deficientes, com necessidades especiais, como as crianças. Esperamos que você, agora, não rotule esses indivíduos, mas os considere como pessoas únicas que têm combinações especiais de restrições funcionais e estruturais. Essas restrições individuais interagem com as de ambiente e tarefa para fornecer possibilidades e desafios no movimento.

Nem todo mundo pode ou quer ser um atleta de elite; porém, todo mundo se move constantemente, todos os dias. Todo movimento ocorre em um contexto e resulta de uma interação de restrições. Certas restrições podem influenciar o comportamento do movimento em um período particular mais do que outras; algumas podem mudar dramaticamente ao longo da vida. Contudo, todas existem e interagem, permitindo que o movimento surja. Por que temos gastado tanto tempo enfatizando esse ponto?

Ao longo deste livro, temos utilizado uma perspectiva de desenvolvimento na discussão dos diferentes tipos de restrição que afetam o desenvolvimento motor ao longo da vida. Para conceitualizarmos como as restrições funcionam, nós as separamos em restrições do indivíduo, do ambiente e da tarefa. É importante compreender, entretanto, que embora um tipo de restrição possa ser mais influente em um determinado momento, todos estão presentes e interagindo constantemente. Na verdade, algo pode apenas agir como uma restrição quando interage com um indivíduo em um contexto de movimento, o que significa que você deve entender como as restrições afetam umas às outras. À primeira vista, isso pode parecer um tanto confuso. Entretanto, avaliar as influências recíprocas das restrições é o que temos feito desde o início. Lembra-se do time de voleibol de meninas, aquele no qual as jogadoras mais jovens eram mais altas que as mais velhas? O significado dessa história está relacionado às restrições do indivíduo (altura, força, maturação), do ambiente (altura da rede, peso da bola e expectativa sociocultural de jogar voleibol) e da tarefa (regras do esporte, objetivo de uma habilidade especial), todas atuando em conjunto. Se qualquer uma dessas restrições for alterada, o desenvolvimento motor mudará. Por exemplo, o que aconteceria se essas meninas tivessem crescido em um país onde o voleibol não é um esporte tão popular?

Observar a interação das restrições é útil para a compreensão do desenvolvimento motor ao longo da vida. A mensagem mais importante deste texto é que manipular diferentes restrições pode ser útil para influenciar o movimento e o desenvolvimento motor (Fig. 18.1). A manipulação de uma restrição, em um determinado período de tempo, pode produzir uma alteração funcional no movimento. Entretanto, no desenvolvimento motor, estamos mais preocupados com alterações no movimento ao longo do tempo, especialmente aquelas que se tornam mais permanentes ou estruturais. Gostaríamos de enfatizar este ponto: se uma mudança de curto prazo em uma restrição leva a uma alteração de curto prazo na interação entre restrições, então pode levar a uma mudança de longo prazo no comportamento motor. Em outras palavras, podemos influenciar o comportamento motor manipulando as restrições para torná-las mais adequadas ao desenvolvimento. Não é esse o objetivo do ensino e da reabilitação?

FIGURA 18.1 Por meio da manipulação das restrições da tarefa – neste caso, oferecendo um membro protético –, uma pessoa com restrições específicas do indivíduo pode participar de muitas atividades físicas diferentes com a mesma capacidade de uma pessoa com restrições típicas do indivíduo.

Utilizando restrições para melhorar o aprendizado em situações de atividade física

Na vida diária, as pessoas frequentemente modificam as restrições a fim de alterar movimentos. Esses ajustes podem permitir movimentos que poderiam ser difíceis ou impossíveis. Por exemplo, os indivíduos que utilizam cadeiras de roda podem realizar atividades da vida diária mais facilmente se seus utensílios domésticos (p. ex., pias, fogões e balcões) forem adaptados para suas alturas relativas (sentados). Algumas vezes, sem nem mesmo pensar, um indivíduo altera alguma coisa nas relações entre ele, o ambiente e a tarefa do momento. Por exemplo, provavelmente escorregaríamos um livro pesado por sobre a mesa para mais perto de nós antes de pegá-lo, em vez de tentar levantá-lo a uma distância do comprimento do braço. Ou considere crianças aprendendo a tocar violino: uma vez que elas têm mãos e braços pequenos, os professores de música geralmente lhes fornecem instrumentos menores, adaptados aos tamanhos dos seus corpos, de modo que possam aprender a tocar habilmente com sucesso. Esses exemplos ilustram que modificar as restrições da tarefa ou

PONTO-CHAVE
As restrições podem frequentemente ser manipuladas para tornar o movimento adequado ao desenvolvimento.

do ambiente pode permitir uma habilidade mais funcional e adequada ao desenvolvimento. Para os educadores do movimento, é importante considerar todos os tipos de restrição e como elas interagem. Como você poderia esperar, interação é um processo dinâmico e pode resultar na mudança de uma ou de todas as restrições envolvidas. Portanto, os educadores do movimento devem tentar manipulá-las para permitir que seus estudantes ou clientes realizem habilidades mais proficientemente ou para alcançar determinado objetivo (Gagen & Getchell, 2004).

Os professores de educação física frequentemente manipulam restrições quando programam exercícios de jogos para os seus alunos. Vamos utilizar o exemplo do basquetebol. Pensando no triângulo de Newell, imagine uma criança em um movimento com restrição estrutural pequena, restrição ambiental da cesta em posição alta e restrição da tarefa sendo o objetivo de colocar a bola na cesta. A maioria das situações de ensino e reabilitação pode ser mais complicada do que esse exemplo. Vamos adaptar o modelo de Newell deixando de lado o triângulo e utilizando outra forma representar um número maior de restrições relevantes. Na Figura 18.2, um hexágono é utilizado para ilustrar duas restrições estruturais (curta e de intensidade moderada), duas ambientais (a cesta alta e a bola grande e pesada) e duas de tarefa (colocar a bola na cesta e com apenas uma das mãos). Claramente, essa combinação de restrições não resulta provavelmente em um movimento bem-sucedido de lançamento da bola na cesta a uma altura regulamentar de 3 m. Os educadores do movimento podem ajustar essa experiência alterando uma ou mais restrições.

Teoricamente, é possível manipular todas as restrições – do indivíduo, do ambiente e da tarefa. Em termos práticos, em uma base diária, no entanto, os educadores não podem alterar as restrições estruturais das crianças. Ao longo de um semestre, as restrições do indivíduo, tais como altura e peso, podem mudar muito pouco; além disso, alterar as restrições funcionais, tais como medo ou motivação, pode também exigir períodos de tempo mais longos. Portanto, os professores devem aceitar que as restrições do indivíduo não são facilmente manipuláveis em um dia no treino. No entanto, modificando as restrições ambientais ou da tarefa, os educadores do movimento manipulam as *interações* entre as restrições e,

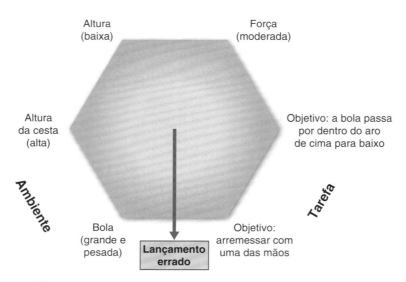

FIGURA 18.2 Utilizar um hexágono, no lugar de um triângulo, permite um modelo de restrições mais representativo das restrições do indivíduo, do ambiente e da tarefa.

consequentemente, facilitam as mudanças para encorajar movimentos mais proficientes ou desejados.

Retornando ao nosso exemplo do basquete, um professor reconhece que as restrições estruturais não podem ser alteradas no curto prazo e que as restrições de tarefa ou os objetivos podem permanecer se forem feitos ajustes nas restrições ambientais. A Figura 18.3 mostra a altura da cesta. No cenário original, o aro estava em uma altura padrão de 3 m, mas, se o professor ou técnico baixá-lo, o movimento que surge da interação das restrições representadas pode ser o desejado. O profissional também pode fornecer uma bola ligeiramente menor ou um pouco mais leve, tornando o movimento desejado ainda mais provável como resultado da interação entre essas limitações (Fig. 18.4). Além disso, as crianças serão mais bem-sucedidas, o que as manterá envolvidas e estimuladas a respeito das experiências do movimento.

É claro que as restrições estruturais mudam ao longo do tempo e com o crescimento, a maturação e as experiências dos indivíduos, pois se tornam mais altos e mais fortes (Fig. 18.5). Enquanto isso, os professores e treinadores podem ajustar progressivamente a altura da cesta, por fim até aquela estabelecida nas regras para jogadores mais velhos, e fornecer bolas de basquete cada vez maiores e mais pesadas, até que os jogadores utilizem de novo uma bola de tamanho padrão. Ajustar as restrições ambientais em relação às alterações nas restrições estruturais permite o mesmo resultado do movimento. Ao ensinar um estudante ao longo de um período de crescimento e maturação, um instrutor que mantém as restrições ambientais adequadas ao desenvolvimento permite que o movimento desejado surja da interação de todas as restrições. Se o instrutor mantiver, teimosamente, o ambiente previsto para alunos maiores ou mais fortes, o resultado do movimento será muito diferente.

Os fisioterapeutas adotam uma abordagem semelhante. Eles adaptam as restrições ambientais e de tarefa às restrições estruturais atuais dos indivíduos. À media que estes melhoram sua amplitude de movimento ou força, os profissionais ajustam as restrições em conjunto. A relação permanece aproximadamente a mesma entre as restrições, mas, com

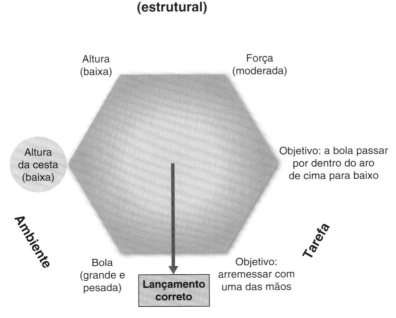

FIGURA 18.3 Alterar uma restrição ambiental, a altura da cesta de basquete, enquanto as demais permanecem iguais, muda a interação dessa restrição com todas as demais.

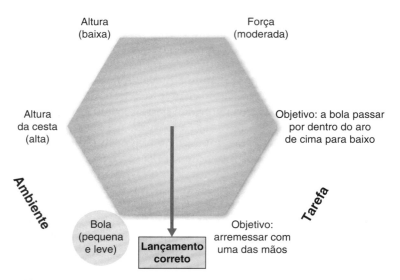

FIGURA 18.4 Alterar a outra restrição ambiental – tamanho ou peso da bola de basquete – em vez da altura da cesta, também muda as interações entre as restrições.

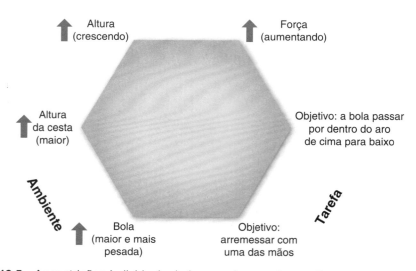

FIGURA 18.5 As restrições individuais de jovens claramente se alteram com sua experiência, crescimento e amadurecimento. Esse modelo representa um aumento na força e altura. Professores e treinadores podem alterar as restrições ambientais de acordo com as mudanças nas restrições individuais, de modo que o resultado do movimento seja o mesmo. Isto é, as restrições ambientais da altura da cesta e de tamanho e peso da bola podem ser adaptadas (p. ex., por meio do controle das dimensões) à medida que as restrições individuais se alteram. Desse modo, o movimento se combina ao objetivo da tarefa de lançar com uma das mãos, para que possa ser alcançado ao longo do período de crescimento e maturação.

Desenvolvimento Motor ao Longo da Vida **361**

pequenos ajustes nas ambientais e de tarefa, as restrições estruturais limitantes, gradualmente alcançam – ou mesmo ultrapassam – o nível anterior a uma lesão ou cirurgia.

Nos atletas paraolímpicos, as restrições ambientais e de tarefa são frequentemente alteradas com relação às limitações estruturais dos atletas, a fim de permitir os mesmos movimentos do esporte que podem ser executados pelos demais. No arco e flecha, um arco pode ser adaptado, de modo que um indivíduo sem um braço possa retesá-lo com seus dentes. Esse é um ajuste de equipamento. No voleibol sentado, os ajustes são feitos no equipamento e nas regras. A rede é colocada em uma posição mais baixa, ligeiramente acima de 1 m de altura, e as regras exigem que alguma parte do corpo de um jogador, entre as nádegas e os ombros, permaneça em contato com o assoalho quando uma bola é jogada. Em outros casos, uma prótese, como um equipamento adicional, permite o movimento desejado.

As restrições também podem ser ajustadas para ajudar a impulsionar os atletas a diferentes padrões de movimento. Lembre-se da sequência de desenvolvimento para a ação do braço no lançamento acima da cabeça. Imagine que uma professora observe muitas crianças em sua turma utilizando a etapa 1 do padrão de movimento: lançar com o cotovelo apontando para baixo, em vez de alinhado com os ombros. A professora deseja que os alunos realizem o movimento de lançamento com um braço alinhado. A professora desenvolve uma tarefa (i.e., estrutura um ambiente de aprendizado) que tende a resultar na etapa 2 do padrão de movimento (Fig. 18.6). A instrutora desenvolve um jogo chamado "casa limpa", em que os jogadores lançam pequenas bolas acima de uma rede de voleibol, até que todas as bolas em jogo estejam do lado da rede do outro time. A professora fornece pequenas bolas as quais crianças podem lançar com uma mão, e coloca a rede, em uma altura que permite o lançamento para o outro lado. É difícil lançar as bolas além da rede com o cotovelo apontando para baixo, e, assim, as restrições ambientais e de tarefa encorajam as crianças a utilizar um padrão de movimento que coloca os braços em posição aproximadamente paralela. Esse é outro modo pelo qual os instrutores de movimento podem manipular as restrições de maneira adequada ao desenvolvimento e encorajar um novo movimento. Com o tempo, o novo padrão de movimento se torna o preferido.

Estruturando o ambiente de aprendizagem

Neste livro, você leu sobre muitas alterações do desenvolvimento que ocorrem ao longo da vida. Os educadores do movimento devem ter essas mudanças em mente à medida que estruturam seus ambientes de aprendizagem. Por exemplo, é fácil considerar um ginásio como um ambiente estático. Contudo, fatores como a cor de uma parede podem influenciar a proficiência com que uma criança pega uma bola. Lembre-se que, crianças pequenas terão maior dificuldade de discriminar objetos do ambiente e se beneficiarão de dicas visuais mais destacadas. Para fornecer essas dicas, o professor de educação física pode utilizar equipamento multicolorido ou diferente da cor da parede. O que acontece se não houver a opção de um novo equipamento? Por que não colar um papel branco na parede como um plano de fundo? Em um local de reabilitação, o ambiente pode ser estruturado para ser o mais ecologicamente válido ou mais parecido com o "mundo real". O local pode ser reestruturado para lembrar um ambiente de casa ou do trabalho, o que facilitaria a movimentação dentro desse contexto.

Quando as crianças correm brincando, a superfície determina a rapidez com que correm e a eficiência com que permanecem sobre seus pés. A grama alta e cheia de imperfeições apresenta para as crianças que correm problemas diferentes daqueles de superfícies de parquinhos ou de pisos de azulejo escorregadios de ginásios. O clima é outro aspecto ambiental que pode influenciar as atividades. Correr 1.600 m em um dia quente e úmido, quando respirar é difícil para quase todo mundo, será quase impossível para alguns. Plane-

PONTO-CHAVE

Embora as restrições estruturais de crianças não possam ser modificadas em curto prazo; as de ambiente e tarefa podem ser manipuladas de maneira que o movimento resultante seja adequado ao desenvolvimento. Elas podem ser continuamente ajustadas, à medida que as restrições estruturais do indivíduo se alteram.

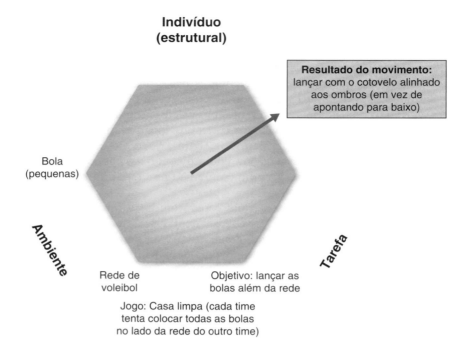

FIGURA 18.6 O modelo expandido de restrições pode ajudar professores e treinadores a identificar maneiras de criar um novo movimento. Nessa figura, as restrições são criadas para encorajar jovens alunos a alinhar o braço e o cotovelo com os ombros (etapa 2 do braço no lançamento da sequência de desenvolvimento da força).

jar atividades mais exaustivas para dias em que a temperatura é mais fria, a umidade mais baixa e o ar está livre de pólen e poluentes (como após uma chuva) permitirá que os alunos tenham mais sucesso (Gasgen & Getchell, 2004).

Não esqueçamos o ambiente sociocultural. Quando os professores selecionam atividades e jogos, podem escolher aqueles que não promovem o sucesso com base no sexo, raça, etnia ou *status* socioeconômico. Por exemplo, quando as atividades são neutras em relação ao sexo, tanto meninos quanto meninas se sentem confortáveis jogando e sendo bem-sucedidos. Alguns jogos novos promovem as mesmas habilidades de movimento que os tradicionais, mas não apresentam associações socioculturais específicas – sepak takraw* (um esporte no qual os jogadores chutam a bola por cima de uma rede de voleibol) é um exemplo. Essa abordagem abre oportunidades para as crianças que, de outro modo, não participariam de um esporte mais tradicional que tenha sido estereotipado. Diferentes tipos de restrições ambientais influenciam a estrutura do ambiente de aprendizagem. Manipular o ambiente – ou pelo menos, estar ciente da sua influência – permitirá aos educadores do movimento criar, em muitos campos, uma situação que promova a proficiência de movimento.

PONTO-CHAVE
Movimentos mais eficientes devem surgir quando as restrições do ambiente e da tarefa forem ajustadas às restrições estruturais e funcionais do indivíduo.

Planejando a tarefa de aprendizagem

Não importa a situação, os educadores de movimento *planejam* tarefas de aprendizagem e reabilitação. O modelo de restrições fornece um método para o planejamento das tarefas. Considere como a interação de restrições relevantes promove habilidades de movimento particulares, tendo em mente que fazer mudanças pode tornar as habilidades mais fáceis ou

---

* N. de T.: Sepak takraw é um esporte originário do sudeste da Ásia há mais de 500 anos que combina a destreza do futebol, os fundamentos do voleibol e a agilidade das artes marciais.

Desenvolvimento Motor ao Longo da Vida **363**

mais difíceis de realizar. Como as metas e regras das tarefas, bem como os equipamentos utilizados, interagem com as restrições específicas de um estudante dentro do ambiente de aula para permitir que as crianças executem um movimento desejado com sucesso?

Os objetivos da tarefa são os resultados comportamentais da aula. Os professores escolhem o objetivo para encorajar certos movimentos desejados. Considere a tarefa de lançar uma bola. Como uma criança lança depende do objetivo da tarefa: lançar a bola o mais longe possível, o mais alto possível, com a maior precisão ou rapidez possíveis. O movimento de lançar que resulta de cada um desses diferentes objetivos da tarefa se diferenciará substancialmente.

Se as crianças forem jovens, pequenas ou não muito fortes, alguns objetivos da tarefa serão inadequados em termos de desenvolvimento e não resultarão na prática de uma boa técnica de lançamento. Por exemplo, jogos competitivos, tais como o *pickle* (um jogo que simula um corredor de beisebol pego entre duas bases enquanto o arremessador tenta pôr o corredor "fora"), encorajam as crianças a arremessar rapidamente, mas podem inibir o uso da técnica de arremesso adequada. Quando se concentram na competição, elas podem simplesmente pegar o objeto a ser lançado e utilizar qualquer método para lançá-lo na velocidade desejada. Isso não estimula a criança a colocar os pés na posição correta e utilizar o balanço adequado do taco para trás ou a técnica para mirar; nem promove o uso correto de todas as partes do corpo que deveriam estar sequencialmente envolvidas na aplicação de forças e na direção do lançamento. Nesse exemplo, portanto, se o objetivo da tarefa for a técnica proficiente de lançamento, jogos competitivos deveriam ser evitados com crianças pequenas.

Os educadores do movimento podem cuidadosamente manipular os objetivos da tarefa, de modo que as crianças alcancem uma habilidade pretendida sem que estejam conscientes da intenção. Se o professor colocar peças grandes de papel contra o muro e pedir que os alunos "façam o maior barulho possível", os estudantes arremessarão mais forte, sem quaisquer comparações potencialmente negativas com seus colegas de aula por não arremessarem tão longe quanto outra criança. Nesse caso, arremessar mais forte sem arremessar mais longe frequentemente estimulará as crianças a empregar uma melhor técnica; os arremessadores receberão *feedback* do barulho dos alvos do papel quando a bola bate neles, mas os estudantes terão que controlar o arremesso para acertar o alvo. O jogo "casa limpa", descrito anteriormente, é um exemplo de estímulo a um movimento específico utilizando uma manipulação da tarefa de aprendizagem na forma de um jogo, e não de uma instrução direta.

Os professores também podem modificar as regras de uma tarefa para provocar o comportamento de movimento desejado. Frequentemente, eles modificam jogos (mudam as regras) para estimular diferentes movimentos ou níveis de participação. Jogar futebol três contra três em um campo pequeno é uma modificação que permite chutes e recepção da bola mais curtos e controlados, bem como maior participação de cada criança, mudando o foco do jogo da corrida e perseguição para a técnica do movimento. Jogar voleibol com regras que permitam a bola quicar uma vez proporcionará mais tempo para a criança se mover para uma posição melhor a fim de utilizar a técnica de rebater mais adequada. Exigir três passes antes de arremessar a bola na cesta promove trabalho em equipe e cooperação. Tais modificações também podem ser feitas de modo que crianças com deficiências possam participar com seus pares com desenvolvimento típico (Getchell & Gagen, 2006). Por exemplo, voleibol pode ser jogado em uma posição sentada, o que permite a inclusão de crianças que apresentam uma deficiência envolvendo os membros inferiores (p. ex., certos tipos de paralisia cerebral ou espinha bífida). O jogo pode ser aproveitado por uma turma de alunos, mesmo aqueles capazes de jogar voleibol "em pé"!

A adaptação para o corpo é uma forma relativamente fácil de manipular restrições da tarefa, modificando tanto esta como os espaços de jogo em proporção ao tamanho físico e à força dos participantes. Os educadores de movimento e especialistas em reabilitação frequentemente adaptam equipamentos e espaços de jogo para auxiliar os participantes menores ou com menos força. Bastões, raquetes, tacos de golfe e bolas projetadas para mulheres costumam ser menores e mais leves do que as de homens, e aquelas projetadas para

PONTO-CHAVE
Adaptar o equipamento para o corpo e os espaços de jogos utilizados em uma atividade é uma forma de modificar restrições da tarefa e do ambiente para permitir certos movimentos.

364 Conclusão: Interações Entre Restrições

crianças são ainda menores e mais leves. Campos de futebol e caminho de bases no beisebol para ligas de crianças são geralmente encurtados para se adequar às pernas mais curtas das crianças menores. Redes de voleibol e cestas de basquete mais baixas são utilizadas para promover habilidade com bola mais eficiente nos alunos menores (Chase, Ewing, Lirgg & George, 1994; Davis, 1991). Assim, quando estiver ensinando, treinando ou reabilitando pessoas, os educadores do movimento devem pensar no processo de escolha de equipamento para combinar o tamanho físico e a força muito cuidadosamente. Bolas pequenas que cabem em mãos pequenas são mais fáceis de pegar (Payne & Koslow, 1981). Portanto, o objetivo global da tarefa (p. ex., arremessar ou receber) deve estar sempre em mente.

Vamos considerar o exemplo da tarefa para crianças de rebater uma bola. Diversas características do rebater devem ser consideradas em relação ao infante: o peso do taco (a força da criança interagindo com a gravidade para permiti-la balançar o taco utilizando a técnica correta); o comprimento do bastão (a capacidade da criança para julgar onde a ponta do taco estará em relação à bola e em relação ao seu próprio corpo); o tamanho da empunhadura do bastão (de modo que as mãos da criança possam caber em torno da empunhadura, a fim de segurá-lo bem); e talvez a largura da parte do taco que bate na bola (essa parte mais larga oferece mais área de superfície e talvez maior chance de a criança acertar a bola). Algumas escolhas podem permitir que o infante balance o taco mais facilmente, enquanto outras podem levar a uma maior dificuldade em balançá-lo. Uma boa escolha para crianças muito pequenas pode ser o taco bem leve, com uma empunhadura pequena, e curto, mas largo na ponta. Quando os educadores trabalham com um grupo de crianças, deveriam esperar uma amplitude grande de tamanho, força e nível de amadurecimento. Oferecer bastões com um espectro amplo de características dá a cada criança a oportunidade para selecionar seu próprio implemento, aquele com o qual ela pode ter sucesso (Gagen & Getchell, 2004, 2006).

Análise ecológica da tarefa: mapeando restrições para melhorar o ensino adequado ao desenvolvimento

Imagine que você esteja treinando pela primeira vez um time de voleibol composto por crianças de 10 anos. Altura, peso e nível de habilidade variam amplamente no grupo. Como treinaria esse time? Você poderia apenas ensinar as habilidades que necessitam aprender mostrando-lhes a forma "correta" e fazendo-as praticar repetidamente. Essa abordagem pode ou não oferecer resultados em longo prazo, mas também pode mostrar-se frustrante e enfadonha para todos os envolvidos. Existe uma forma melhor de ensinar habilidades motoras?

Utilizando uma análise ecológica da tarefa (Burton & Davis, 1996; Davis & Broadhead, 2007; Davis & Burton, 1991), você pode criar planos de aula adequados ao desenvolvimento, bem como avaliar a capacidade de movimento. Em geral, a análise da tarefa é exatamente o que o nome diz – uma análise de como uma tarefa ou habilidade particular é realizada, se concentrando nos componentes críticos que influenciam o movimento. Isso normalmente é realizado pelo professor, fisioterapeuta ou técnico que está interessado em desenvolver proficiência motora em crianças que executam a tarefa ou habilidade. Com o desenvolvimento da análise da tarefa, pode-se utilizá-la como um guia para auxiliar no avanço do desempenho motor naquela tarefa em passos pequenos e sequenciais.

Quando alguém utiliza a análise tradicional da tarefa para ensinar ou treinar, compara o padrão de movimento de um indivíduo com a forma "correta"; desse modo, a análise tradicional da tarefa é um modelo errado. Cada pessoa se movimenta para algum lugar em uma escala que vai de incorreto para correto. O instrutor ensina habilidades interferindo na produção da habilidade sempre que esta se desvia do desempenho ideal e corrigindo essa parte do movimento.

O que poderia ser melhorado nessa abordagem para ensinar habilidades de movimento? Em primeiro lugar, a análise tradicional da tarefa não reconhece as diferentes restrições individuais que cada pessoa poderia ter. Em segundo, não existe consideração real das maneiras pelas quais as restrições do ambiente e da tarefa poderiam atuar em conjunto com as restrições dos indivíduos. No entanto, a análise ecológica da tarefa faz ambas as coisas. O termo "ecológico" nos direciona para a visão geral teórica a partir da qual foi desenvolvida a perspectiva ecológica (ver o Capítulo 2 deste livro). Como discutimos ao longo do texto, essa perspectiva reconhece que a ação não ocorre no vácuo; em vez disso, o movimento é influenciado pelo ambiente onde ocorre, bem como pelos objetivos e regras da tarefa. A análise ecológica reconhece a confluência das restrições e a utiliza em proveito do professor ou do treinador, de maneira que um desafio adequado ao desenvolvimento ou ao nível de habilidade pode ser oferecido aos estudantes (Newell & Jordan, 2007). Além disso, cada pessoa se move em um contínuo de desenvolvimento, o qual melhora a capacidade atual do praticante mais do que a rotula como correto ou incorreto.

Criando uma análise ecológica adequada ao desenvolvimento da tarefa

Burton e Davis (1996) descreveram quatro etapas envolvidas no desenvolvimento da análise ecológica de uma tarefa. A etapa inicial envolve o estabelecimento do objetivo da tarefa por meio da estruturação das restrições ambientais. Em seguida, o profissional do movimento deve permitir que a pessoa resolva a tarefa de movimento de diversas maneiras. Em outras palavras, ele não deve oferecer uma "solução" para a tarefa de movimento (p. ex., "Arremesse desta forma"); pelo contrário, deve deixar a pessoa escolher a partir de uma variedade de movimentos disponíveis. A próxima etapa ocorre após o indivíduo ter se movimentado: manipule a pessoa, ambiente e tarefa de modo que permita a ocorrência de um movimento mais proficiente. Finalmente, o profissional do movimento deveria oferecer instrução para auxiliar em um desempenho mais proficiente.

O que um educador do movimento faz como professor iniciante que nunca tentou fazer uma análise da tarefa baseada em restrições? Aqui temos um método prático para trabalhar utilizando a perspectiva das restrições. Essencialmente, existem três etapas para que qualquer habilidade seja ensinada. Comece considerando a restrição individual mais importante que esteja relacionada à habilidade. É claro que pode haver muitas, mas tente reduzir sua lista para duas ou três que pareçam ser mais importantes ou influentes. Considere a habilidade de chutar uma bola. Três importantes restrições do indivíduo incluem equilíbrio (deve equilibrar-se sobre um pé enquanto atinge a bola com o outro), coordenação (deve sequenciar e sincronizar a ação das pernas e entre elas) e força (deve bater na bola com potência suficiente). Agora, considere maneiras para mudar o ambiente e/ou a tarefa para tornar a habilidade mais fácil ou mais difícil em relação às restrições dos indivíduos. Essa é a base da análise da tarefa que se baseia em restrições. Se a coordenação for uma restrição do indivíduo importante para o chute, quais mudanças podem ser feitas na tarefa para torná-la mais fácil ou mais difícil? Que tal mudar o movimento da bola? Uma bola estacionária é mais fácil de chutar; uma em movimento, mais difícil. Essa mudança na restrição da tarefa também está relacionada ao equilíbrio. Para levar em conta a força, mudar a distância a ser chutada resulta em mudança da interação das restrições indivíduo-tarefa.

Para desenvolver uma análise ecológica da tarefa, adapte sistematicamente as restrições ambientais e da tarefa para acomodar as do indivíduo de uma maneira adequada ao desenvolvimento. Em resumo, o processo é o seguinte:

1. Escolha uma habilidade ou tarefa para ensinar.
2. Determine as restrições do indivíduo que são mais importantes para essa habilidade.
3. Escolha várias restrições ambientais ou da tarefa para essa habilidade que possam ser manipuladas em relação a cada restrição do indivíduo.

366 Conclusão: Interações Entre Restrições

4. Para cada restrição do ambiente ou da tarefa, determine uma gradação prática para o aluno, da mais fácil para a mais difícil. Tenha em mente, quando estiver fazendo a gradação, que pequenas mudanças em uma restrição podem levar a grandes mudanças no desempenho.

O produto final é uma análise ecológica da tarefa para uma habilidade particular (Figs. 18.7 e 18.8). Existem duas maneiras de utilizar sua análise da tarefa. Primeiro, você pode usá-la para estruturar os planos de aula ou progressões de ensino. Se um indivíduo ou um grupo apresenta dificuldade com a atividade do modo como foi inicialmente planejada, a análise da tarefa sugere mudanças nas restrições da tarefa e ambientais para adequar o desafio. À medida que o indivíduo progride em nível de habilidade dentro de um perfil particular, a análise da tarefa sugere maneiras de torná-la mais difícil, graduando para cima uma ou mais restrições. Isso mantém a tarefa interessante, recompensadora e desafiadora para os alunos. O sucesso é mais provável quando o novo desafio é um pouco mais difícil do que a pessoa poderá alcançar facilmente, portanto é melhor ser mais conservador no número de restrições dificultadas. Construir o sucesso a partir do êxito em pequenas etapas de dificuldade contribui para a confiança. Variar combinações de restrições também cria muitas atividades práticas, tornando o processo de aprendizado mais interessante e desafiador.

Como o modelo de restrições e a análise ecológica da tarefa se relacionam entre si? Imagine que a coluna do gráfico de análise de tarefas represente várias restrições e mostre como cada restrição poderia ser adaptada para um indivíduo em particular ou um grupo com uma característica comum. A Figura 18.9 ilustra essa relação. As restrições colocadas no modelo hexagonal podem entrar como cabeçalhos das colunas em um gráfico de análise de tarefas. O nível relevante mais fácil de uma restrição pode ser escrito no topo da coluna; o nível mais difícil, na sua base; e os níveis intermediários, entre ambos. O gráfico de análise das tarefas ajuda o indivíduo a identificar alterações nas restrições que influenciam as outras restrições, de modo que o movimento desejado ocorra a partir dessas interações.

A análise ecológica da tarefa também oferece uma maneira de padronizar um ambiente de teste de modo que os executantes possam facilmente ser comparados uns aos outros (ou consigo mesmos em diferentes ocasiões). Neste caso, selecione um perfil particular e estabeleça um ambiente de avaliação correspondente. Utilizando essas restrições da tarefa e do

	Tamanho do objeto a ser arremessado	Distância que o objeto deve ser arremessado	Peso do objeto a ser arremessado	Precisão necessária no arremesso	Velocidade com que se move o alvo no qual se arremessa	Características de aceleração e desaceleração do alvo em que se arremessa	Direção em que se move o alvo em que se arremessa
Simples	Pequeno	Curta	Leve	Nenhuma	Estacionária	Sem movimento	Sem movimento
			Moderadamente leve	Pouca	Lenta	Velocidade constante	Da esquerda para a direita do arremessador
							Da direita para a esquerda do arremessador
Complexo	Médio	Média					
				Moderada	Moderada	Desacelerado	Em direção ao arremessador
	Grande	Longa	Pesado	Muita	Rápida	Acelerado	Para longe do arremessador

(Fatores / Níveis)

FIGURA 18.7 Análise geral da tarefa para o comportamento de arremessar.
Reimpressa, com permissão, de Herkowitz, 1978.

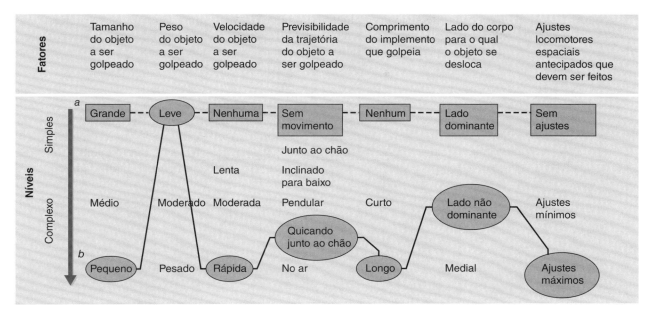

FIGURA 18.8 Análise geral da tarefa para o comportamento de golpear. *(a)* Perfil de uma análise geral da tarefa de golpear relativamente simples (linha pontilhada). *(b)* Perfil de uma análise geral da tarefa de golpear relativamente complexa (linha contínua).

Reimpressa com permissão de Herkowitz, 1978.

ambiente padronizados, avalie os níveis de desenvolvimento dos estudantes para aquela habilidade dentro daquele perfil. Essa abordagem permite mais avaliações sistemáticas entre estudantes e por um período de tempo determinado.

Em muitos programas, os instrutores ou fisioterapeutas são responsabilizados pelo progresso de alunos e pacientes. Os gráficos de análise da tarefa podem fornecer um registro escrito de como uma tarefa inicial foi progressivamente se tornando mais difícil, o qual também pode indicar a combinação de restrições que produziu um resultado bem-sucedido, talvez em relação a algum critério, como quatro ou cinco tentativas, em um determinado período de tempo. Se os instrutores ou fisioterapeutas preparam o gráfico de análise de tarefas com antecedência, podem facilmente contornar as restrições para um desempenho bem-sucedido. Os gráficos podem ser plotados para indivíduos ou grupos e sugerir um ajuste com base no desempenho, bem como e documentar o mesmo para uma combinação específica de níveis de restrições.

Interação de restrições: estudos de caso

Manipulando restrições, podemos fazer mudanças imediatas, de curto e de longo prazos no desenvolvimento motor e no comportamento. Muitas vezes, saber quais mudanças devem ser feitas é simplesmente uma questão de compreender os vários graus de influência exercidos pelas diferentes restrições. Às vezes, mesmo pequenas alterações em uma restrição permitirão que surja uma ampla variedade de comportamentos. Por exemplo, proporcionar à criança algum tipo de apoio pode permitir tanto força quanto postura, permitindo muitos e diferentes movimentos eretos. Tendo isso em mente, leia os seguintes estudos de caso e tente determinar as restrições mais importantes, bem como o que você pode alterar para permitir que certos comportamentos motores apareçam. Após identificar as restrições a serem alteradas, analise como elas interagem umas com as outras, caso o façam, e se a interação ajuda a atingir o objetivo ou atrapalha.

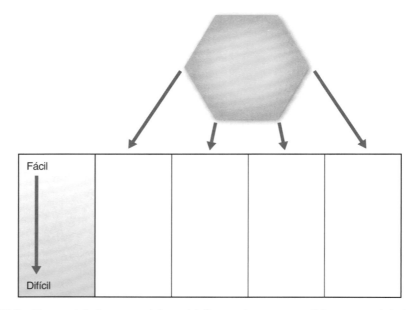

FIGURA 18.9 Um modelo hexagonal de restrições pode ser convertido em uma tabela de análise ecológica de tarefa, utilizando-se as restrições como cabeçalhos das colunas. Os níveis ao longo de um contínuo de mudanças para cada restrição são, então, colocados na tabela do mais fácil (no topo da coluna) para o mais difícil (na base).

Estudo de caso A: tipificação de sexo das atividades físicas

Você é o educador do movimento para uma turma de 25 alunos da quarta série. Durante sua primeira aula, você tenta ensinar habilidades de ginástica. Os meninos de sua aula mostram uma insatisfação evidente pelas atividades, e um exclama: "Ginástica é para meninas!". O que você pode fazer para modificar a tarefa de modo que as crianças aprendam as habilidades, mas não se afastem pela tipificação por sexo?

Estudo de caso B: idosos

Abe é um homem de 76 anos que perdeu recentemente sua esposa de 45 anos. Ele vive em um subúrbio de uma grande área metropolitana. Desde a morte de sua esposa, Abe não tem passeado diariamente, como era costume da casa. Ele está perdendo força e flexibilidade, e sua artrite está piorando. Como você pode reintroduzir atividades físicas na vida de Abe?

Estudo de caso C: ensinando habilidades motoras fundamentais

Você está treinando um time de futebol sub-10 e observa que existe uma ampla diversidade de restrições individuais (altura, peso, nível de habilidade) entre os jogadores. Como você pode tornar os treinos desafiadores para todos os diferentes atletas?

Estudo de caso D: paralisia cerebral

Você está lecionando em uma turma de educação física do 2º ano do ensino médio. Em sua turma, há um indivíduo com paralisia cerebral. Ele pode caminhar, mas tem alguma rigidez e espasticidade. Você gostaria que sua turma participasse de uma atividade ou jogo em que todos pudessem estar igualmente envolvidos e cujas regras não tivessem de ser modificadas. Que tipo de atividade vocês poderiam realizar?

Estudo de caso E: adultos de meia-idade

CW é uma mulher de 50 anos de idade e joga em duplas em um time de tênis. Mulheres de 20 a 70 anos participam desse programa. CW pesa aproximadamente 7 kg mais do que quando tinha 20 anos, mas ela caminha durante meia hora todos os dias. Seu time tem um jogo e um treino por semana durante oito meses no ano. Os melhores times, contudo, qualificam-se para uma série de *playoffs* – distrital, regional e então nacional –, com o time vencedor avançando para o próximo nível. O time de CW perdeu nas semifinais do campeonato regional no ano anterior e estabeleceu o objetivo de chegar e vencer as finais do próximo campeonato regional. CW quer ser uma das principais responsáveis pelo sucesso do time. Quais restrições seriam um desafio para seu sucesso, e como você recomendaria que ela lidasse essas restrições?

Estudo de caso F: agrupando por faixa etária

MF nasceu em julho, logo antes da data limite para que seus pais fossem capazes de adiar sua entrada na escola por um ano; assim, ela é a menina mais jovem em sua sala de aula do ensino fundamental. Um programa de esporte para jovens está disponível na escola, e as crianças participam de acordo com a sua série. Isso significa que MF é uma das jogadoras mais jovens do time, todos os anos e para todos os esportes. Ela ouve sua treinadora e trabalha duro nos treinamentos, mas não tem a coordenação exigida para estar entre os melhores jogadores de sua turma. Se você fosse um dos pais de MF, como falaria com ela sobre suas experiências em esportes para jovens? Em qual restrição basearia sua conversa?

Estudo de caso G: expectativas de série escolar

Você é um professor de educação física iniciando um novo ano escolar e recebeu documentos identificando as expectativas das seis séries escolares para as aulas de sua disciplina, para cada um dos anos em que você leciona. Essas expectativas indicam as habilidades ou os conhecimentos que um estudante deve apresentar após concluir uma determinada série. Quais ferramentas você poderia utilizar para garantir que seus alunos progridam do ponto em que se encontram no início do ano escolar para o nível esperado ao final dele? Aqui temos um exemplo para a 5ª série: "demonstrar a capacidade de seguir regras, cooperar com o companheiro de time e aplicar uma estratégia simples em uma variedade de jogos de iniciação específica a um esporte". Como você poderia utilizar as ferramentas que identificou para planejar uma sequência de atividades ao longo do ano a fim de atingir essa expectativa?

Resumo e síntese

O desafio que confronta os desenvolvimentistas motores, professores, treinadores e pais é o de adaptar objetivos e expectativas às capacidades e características do indivíduo. O desenvolvimento motor ideal está provavelmente relacionado ao grau em que as oportunidades de prática e a instrução perspicaz são compatibilizadas às restrições do indivíduo. É complexo e demorado individualizar os objetivos do desenvolvimento motor e da instrução na maioria dos ambientes, mas descobertas da pesquisa em desenvolvimento motor nos vários estágios da vida apontam para essa direção. A pesquisa continuada e a observação do desenvolvimento motor indubitavelmente produzirão melhor compreensão dos processos de desenvolvimento, mas nossa tarefa ainda é encontrar formas de utilizar nosso conhecimento para estimular o desenvolvimento motor ideal em cada indivíduo.

Reforçando o que você aprendeu sobre restrições

Dê uma segunda olhada

Os Jogos Paraolímpicos são um excelente exemplo de programa que altera as restrições da tarefa e do ambiente em conjunção com as restrições estruturais do indivíduo a fim de proporcionar um desafio adequado para aqueles que gostam de competir. Pessoas com deficiência podem ser testadas ao nível mais alto competindo com e contra indivíduos semelhantes. Aquelas com deficiências que afetam a locomoção podem jogar basquete de cadeiras de rodas ou voleibol sentado. Indivíduos que podem usar somente um braço podem segurar a corda do arco com seus dentes para competir no arco e flecha. Uma importante percepção é que, enquanto os atletas paraolímpicos podem apresentar deficiências óbvias e permanentes, todos nós apresentamos características individuais capazes de influenciar de alguma forma nossa capacidade de movimento. Essas características podem existir porque continuamos crescendo, porque estamos envelhecendo, porque estamos lesionados, porque nos falta confiança em nossa capacidade ou porque não temos muita experiência com a atividade. Independentemente do motivo, adaptar as restrições ambientais e da tarefa às restrições do indivíduo pode permitir o movimento de uma maneira agradável e saudável.

Teste seu conhecimento

1. Como um professor ou treinador pode utilizar um modelo de restrições ou uma análise ecológica da tarefa para construir uma sequência de lições ou planos práticos?
2. Como um professor ou um líder comunitário pode utilizar um modelo de restrições ou uma análise ecológica de tarefas para permitir o envolvimento de uma criança com deficiências em uma atividade de grupo?
3. Como um professor, treinador ou líder comunitário pode utilizar um modelo de restrições ou uma análise ecológica da tarefa para desenvolver planos de instrução individualizados?
4. Os professores têm o desafio de fornecer tarefas de aprendizagem para estudantes em vários estágios de crescimento físico, amadurecimento, nível de coordenação e experiência com a tarefa. Como um instrutor pode utilizar um modelo de restrições para planejar quatro estágios de níveis de dificuldade variáveis para sua turma?

Exercícios de aprendizagem

Os estudos de caso na "Interação de Restrições" funcionam como exercícios de aprendizagem para o Capítulo 18.

Apêndice

Gráficos de dobra cutânea, índice de massa corporal e de circunferência da cabeça

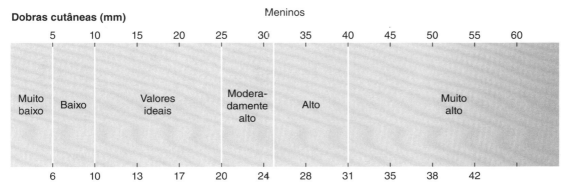

FIGURA A.1 Dobras cutâneas da panturrilha e tríceps: meninos.

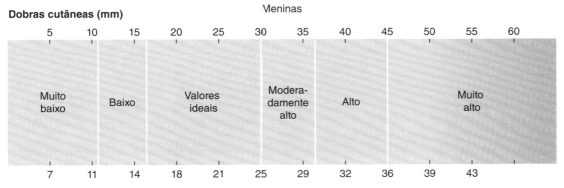

FIGURA A.2 Dobras cutâneas da panturrilha e tríceps: meninas.

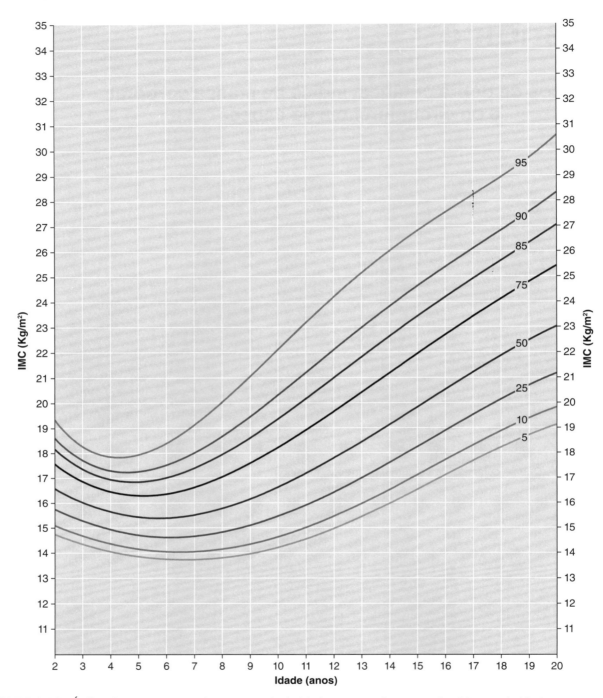

FIGURA A.3A Índice de massa corporal por percentis de idade para meninos entre 2 e 20 anos de idade.
Adaptada a partir do CDC, 2000.

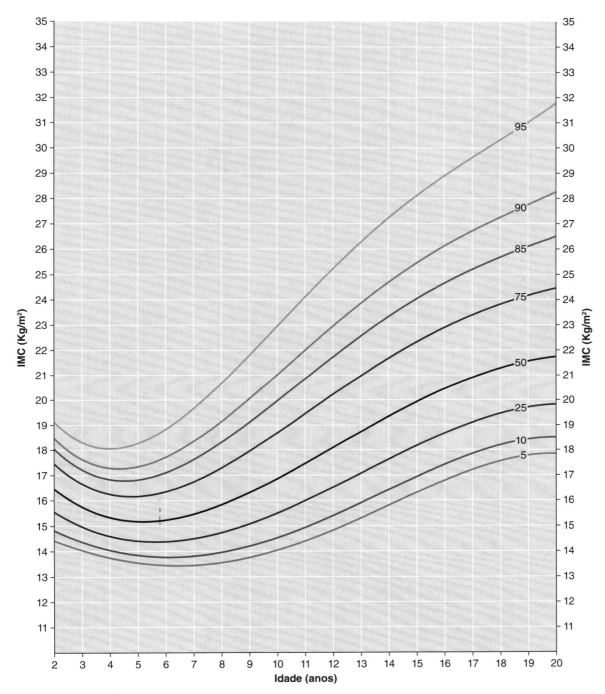

FIGURA A.3B Índice de massa corporal por percentis de idade para meninas entre 2 e 20 anos de idade.
Adaptada a partir do CDC, 2000.

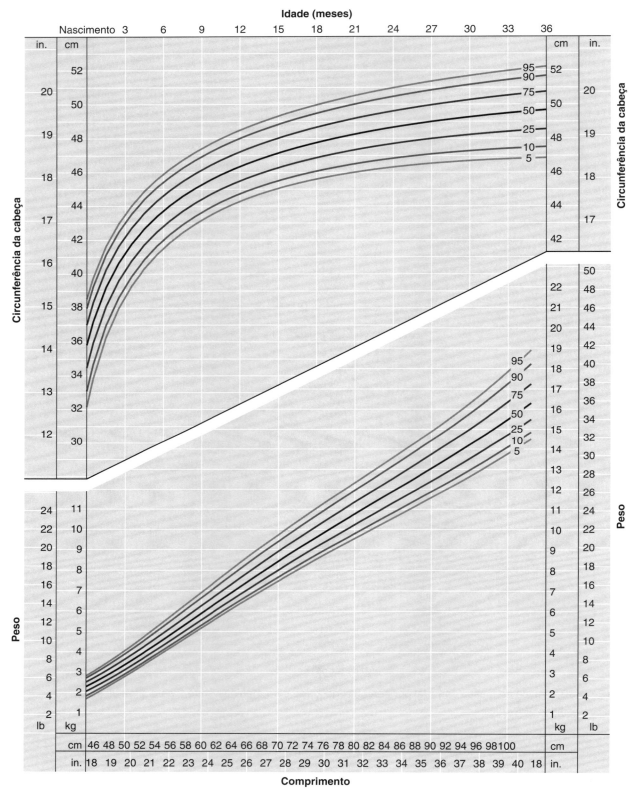

FIGURA A.4A Percentis de circunferência da cabeça por idade e peso/comprimento para meninos, do nascimento até os 36 meses.

Adaptada de CDC, 2000.

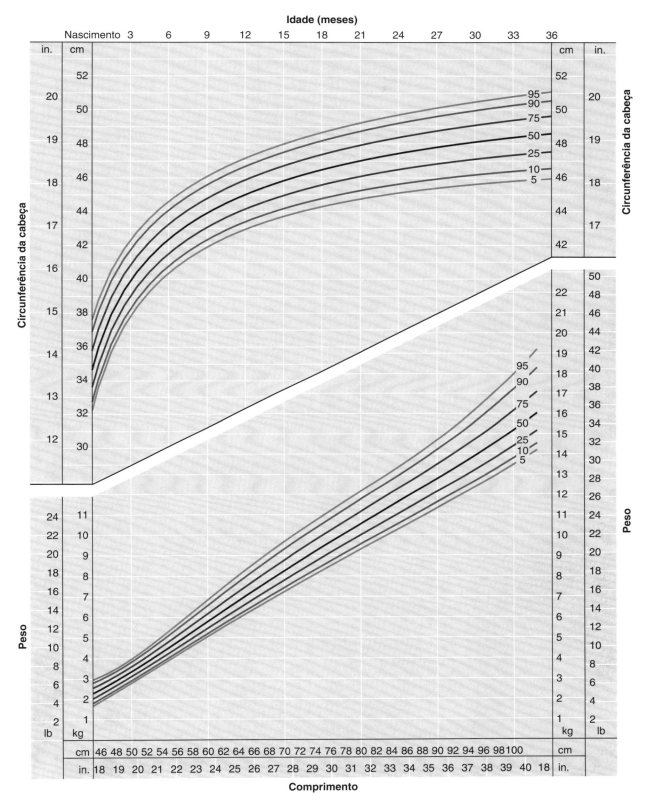

FIGURA A.4B **Figura A.4a** Percentis de circunferência da cabeça por idade e peso/comprimento para meninas, do nascimento até os 36 meses.

Adaptada de CDC, 2000.

Referências

Abernethy, B., Wood, J.M., & Parks, S. (1999). Can the anticipatory skills of experts be learned by novices? *Research Quarterly for Exercise and Sport, 70,* 313–318.

Acosta, V., & Carpenter, L.J. (2008). Women in intercollegiate sport: A longitudinal, national study. Thirty one year update (1977–2008). Available: www.acostacarpenter.org.

Adams, F.H. (1973). Factors affecting the working capacity of children and adolescents. In G.L. Rarick (Ed.), *Physical activity: Human growth and development* (pp. 80–96). New York: Academic Press.

Adolph, K. (1997). Learning in the development of infant locomotion. *Monographs of the Society for Research in Child Development, 62*(3), 1–162.

Adolph, K., Vereijken, B., & Denny, M. (1998). Learning to crawl. *Child Development, 69,* 1299–1312.

Adolph, K., Vereijken, B., & Shrout, P.E. (2003). What changes in infant walking and why. *Child Development, 74*(2), 475–497.

Adolph, K.E., & Berger, S.A. (2006). Motor development. In W. Damon & R. Lerner (Series Eds.) & D. Kuhn & R.S. Siegler (Vol. Eds.), *Handbook of child psychology: Vol. 2. Cognition, perception, and language* (6th ed.) (pp. 161–213). New York: Wiley.

Adolph, K.E., Eppler, M.A., & Gibson, E.J. (1993). Crawling versus walking in infants' perception of affordances for locomotion over sloping surfaces. *Child Development, 64,* 1158–1174.

Adolph, K.E., & Robinson, S.R. (2013). The road to walking: What learning to walk tells us about development. In P. Zelazo (Ed.), *Oxford handbook of developmental psychology* (Vol. 1, pp. 403–443). New York: Oxford University Press.

Adrian, M.J. (1982, April). *Maintaining movement capabilities in advanced years.* Paper presented at the American Alliance for Health, Physical Education, Recreation and Dance, Houston.

Allen, M., & Alexander, G. (1994). Screening for cerebral palsy in preterm infants: Delay criteria for motor milestone attainment. *Journal of Perinatology, 14,* 190–193.

Alnaqeeb, M.A., Al-Zaid, N.S., & Goldspink, G. (1984). Connective tissue changes and physical properties of developing and aging skeletal muscle. *Journal of Anatomy, 189*(4), 677–689.

American Alliance for Health, Physical Education, Recreation and Dance. (1988). *Physical best.* Reston, VA: Author.

Ames, C. (1992). Classroom: Goals, structures, and student motivation. *Journal of Educational Psychology, 84,* 409–414.

Andersen, J.L., Terzis, G., & Kryger, A. (1999). Increase in the degree of coexpression of myosin heavy chain isoforms in skeletal muscle fibers of the very old. *Muscle and Nerve, 22,* 449–454.

Aniansson, A., Hedberg, M., Henning, G.B., & Grimby, G. (1986). Muscle morphology, enzymatic activity and muscle strength in elderly men: A follow-up study. *Muscle and Nerve, 9,* 585–591.

Arabadjis, P.G., Heffner, R.R., & Pendergast, D.R. (1990). Morphologic and functional alterations in aging rat muscle. *Journal of Neuropathology and Experimental Neurology, 49,* 600–609.

Armstrong, N., & Welsman, J.R. (2007). Aerobic fitness: What are we measuring? *Medicine and Sport Science, 50,* 5–25.

Armstrong, N., Welsman, J.R., & Kirby, B.J. (1997). Performance on the Wingate Anaerobic Test and maturation. *Pediatric Exercise Science, 9,* 253–261.

Asano, K., Ogawa, S., & Furuta, Y. (1978). Aerobic work capacity in middle- and old-aged runners. In F. Landry & W.A.R. Orban (Eds.), *Proceedings of the International Congress of Physical Activity Sciences: Vol. 4. Exercise physiology.* Quebec: Symposia Specialists.

Ashmead, D.H., Clifton, R.K., & Perris, E.E. (1987). Precision of auditory localization in human infants. *Developmental Psychology, 23*(5), 641–647.

Asikainen, T.M., Suni, J.H., Pasanen, M.E., Oja, P., Rinne, M.B., Miilunpalo, S.I., et al. (2006). Effect of brisk walking in 1 or 2 daily bouts and moderate resistance training on lower-extremity muscle strength, balance, and walking performance in women who recently went through menopause: A randomized, controlled trial. *Physical Therapy, 86,* 912–923.

Aslin, R.N., & Shea, S.L. (1990). Velocity thresholds in human infants: Implications for the perception of motion. *Developmental Psychology, 26*(4), 589–598.

Asmussen, E. (1973). Growth in muscular strength and power. In G.L. Rarick (Ed.), *Physical activity: Human growth and development* (pp. 60–79). New York: Academic Press.

Asmussen, E., & Heebøll-Nielsen, K. (1955). A dimensional analysis of physical performance and growth in boys. *Journal of Applied Physiology, 7,* 593–603.

Asmussen, E., & Heebøll-Nielsen, K. (1956). Physical performance and growth in children: Influence of sex, age, and intelligence. *Journal of Applied Physiology, 8,* 371–380.

Assaiante, C. (1998). Development of locomotor balance control in healthy children. *Neuroscience and Biobehavioral Reviews, 22*(4), 527–532.

378 Referências

Assaiante, C., & Amblard, B. (1995).An ontogenetic model for the sensorimotor organization of balance control in humans. *Human Movement Science, 14,* 13–43.

Assibey-Mensah, G. (1998). Role models and youth development: Evidence and lessons from the perceptions of African-American male youth. *Western Journal of Black Studies, 21,* 242–252.

Åstrand, P. (1976).The child in sport and physical activity: Physiology. In J.G. Albinson & G.M. Andrew (Eds.), *Child in sport and physical activity* (pp. 19–33). Baltimore: University Park Press.

Åstrand, P.O., & Rodahl, K. (1986). *Textbook of work physiology.* New York: McGraw-Hill.

Atkinson, J., & Braddick, O. (1981). Acuity, contrast sensitivity, and accommodation in infancy. In R. Aslin, J. Alberts, & M. Peterson (Eds.), *Development of perception* (pp. 245–277). New York:Academic Press.

Ay, L., Hokken-Koelega, A.C.S., Mook-Kanamori, D.O., Hofman,A.,Moll, H.A., Mackenbach, J.P.,et al. (2008). Tracking and determinants of subcutaneous fat mass in early childhood: The Generation R study. *International Journal of Obesity, 32,* 1050–1059.

Ay, L., Jaddoe, V.W.V., Hofman, A., Moll, H.A., Raat, H., Steegers, E.A.P., et al. (2011). Foetal and postnatal growth and bone mass at 6 months: The Generation R study. *Clinical Endocrinology, 74,* 181–190.

Ayres, A.J. (1966). *Southern California sensory-motor integration tests.* Los Angeles:Western Psychological Services.

Ayres, A.J. (1969). *Southern California perceptual-motor tests.* Los Angeles:Western Psychological Services.

Ayres, A.J. (1972). *Southern California sensory-motor integration tests manual.* Los Angeles: Western Psychological Services.

"Babies driving their own robots." *Science Daily,* November 11, 2007. Available: www.sciencedaily.com/ releases/2007/11/071109211510.htm.

Bachman, J.C. (1961). Motor learning and performance as related to age and sex in two measures of balance coordination. *Research Quarterly, 32,* 123–137.

Bailey, D.A., Malina, R.M., & Rasmussen, R.L. (1978). The influence of exercise, physical activity, and athletic performance on the dynamics of human growth. In F. Falkner & J.M.Tanner (Eds.), *Human growth* (Vol. 2, pp. 475–505). New York: Plenum Press.

Baldwin, K.M. (1984). Muscle development: Neonatal to adult. In R.L.Terjung (Ed.), *Exercise and sport science reviews* (Vol. 12, pp. 1–19). Lexington, MA: Collamore.

Bandura, A. (1986). *Social foundations of thought and action:A social cognitive theory.* Englewood Cliffs, NJ: Prentice Hall.

Banerjee, R., & Lintern,V. (2000). Boys will be boys:The effect of social evaluation concerns on gender-typing. *Social Development, 9*(3), 397–408.

Bar-Or, O. (1983). *Pediatric sports medicine for the practitioner.* New York: Springer-Verlag.

Bar-Or, O. (1993). Physical activity and physical training in childhood obesity. *Journal of Sports Medicine and Physical Fitness, 33*(4), 323–329.

Bar-Or, O., Shephard, R.J., & Allen, C.L. (1971). Cardiac output of 10- to 13-year-old boys and girls during submaximal exercise. *Journal of Applied Physiology, 30,* 219–223.

Bard, C., Fleury, M., Carriere, L., & Bellec, J. (1981). Components of the coincidence-anticipation behavior of children aged 6 to 11 years. *Perceptual and Motor Skills, 52,* 547–556.

Bard, C., Fleury, M., & Gagnon, M. (1990). Coincidence-anticipation timing: An age-related perspective. In C. Bard, M. Fleury, & L. Hay (Eds.), *Development of eye-hand coordination across the life span* (pp. 283–305). Columbia: University of South Carolina Press.

Barela, J.A., Jeka, J.J., & Clark, J.E. (1999). The use of somatosensory information during the acquisition of independent upright stance. *Infant Behavior and Development, 22*(1), 87–102.

Barnett, L.M., van Beurden, E., Morgan, P.J., Brooks, L.O., & Beard, J.R. (2008). Does childhood motor skill proficiency predict adolescent fitness? *Medicine and Science in Sports and Exercise, 40,* 2137–2144.

Barrett, K.R. (1979). Observation for teaching and coaching. *Journal of Physical Education and Recreation, 50,* 23–25.

Barrett,T.M., Davis, E.F., & Needham, A. (2007). Learning about tools in infancy. *Developmental Psychology, 43,* 352–368.

Barrett, U., & Harrison, D. (2002). Comparing muscle function of children and adults: Effects of scaling for muscle size. *Pediatric Exercise Science, 14,* 369–376.

Barsch, R.H. (1965). *Achieving perceptual-motor efficiency.* Seattle: Special Child.

Bartlett, D. (1997). Primitive reflexes and early motor development. *Journal of Developmental and Behavioral Pediatrics, 18,* 151–157.

Bayley, N. (1936). The development of motor abilities during the first three years. *Monographs of the Society for Research in Child Development, 1*(1), 1–26.

Bayley, N. (1969). *Manual for the Bayley Scales of Infant Development.* New York:The Psychological.

Beck, M. (1966). *The path of the center of gravity during running in boys grades one to six.* Unpublished doctoral dissertation, University ofWisconsin, Madison.

Bell, R., & Hoshizaki,T. (1981). Relationships of age and sex with joint range of motion of seventeen joint actions in humans. *Canadian Journal of Applied Sport Sciences, 6,* 202–206.

Bennett, S., Button, C., Kingsbury, D., & Davids, K. (1999). Manipulating visual informational constraints during practice enhances the acquisition of catching skill in children. *Research Quarterly for Exercise and Sport, 70*(3), 220–232.

Bergenn,V.W., Dalton,T.C., & Lipsett, L.P. (1992). Myrtle B. McGraw:A growth scientist. *Developmental Psychology, 28,* 381–395.

Bergstrom, B. (1973). Morphology of the vestibular nerve: II. The number of myelinated vestibular nerve fibers in man at various ages. *Acta Oto-Laryngologica,76,*173–179.

Berliner, D.C. (1986). In pursuit of the expert pedagogue. *Educational Researcher, 15,* 5–13.

Bertenthal, B., Campos, J., & Barrett, K. (1984). Self-produced locomotion: An organizer of emotional, cognitive and social development in infancy. In R. Emde & R. Harmon (Eds.), *Continuities and discontinuities in development* (pp. 175–210). New York: Plenum Press.

Bertenthal, B., & von Hofsten, C. (1998). Eye, head, and trunk control:The foundation for manual development. *Neuroscience and Biobehavioral Reviews, 22*(4), 515–520.

Bertenthal, B.I., & Bai, D.L. (1989). Infants' sensitivity to optical flow for controlling posture. *Developmental Psychology, 25,* 936–945.

Bertenthal, B.I., & Campos, J.J. (1987). New directions in the study of early experience. *Child Development, 58,* 560–567.

Bertenthal, B.I., Rose, J.L., & Bai, D.L. (1997). Perception-action coupling in the development of visual control of posture. *Journal of Experimental Psychology: Human Perception and Performance, 23*(6), 1631–1643.

Beunen, G., & Malina, R.M. (1988). Growth and physical performance relative to the timing of the adolescent spurt. *Exercise and Sport Sciences Reviews, 16,* 503–540.

Beunen, G., Malina, R.M., Ostyn, M., Renson, R., Simons, J., & Van Gerven, D. (1983). Fatness, growth and motor fitness of Belgian boys 12 through 17 years of age. *American Journal of Physical Anthropology, 59,* 387–392.

Beunen, G., Malina, R.M., Renson, R., & Van Gerven, D. (1988). *Adolescent growth and motor performance: A longitudinal analysis of Belgian boys.* Champaign, IL: Human Kinetics.

Bigelow, B., Tesson, G., & Lewko, J. (1996). *Learning the rules: The anatomy of children's relationships.* New York: Guilford Press.

Birch, L.L. (1976). Age trends in children's timesharing performance. *Journal of Experimental Child Psychology, 22,* 331–345.

Bird, A.M., & Williams, J.M. (1980). A developmental-attributional analysis of sex-role stereotypes for sport performance. *Developmental Psychology, 16,* 319–322.

Birren, J.E. (1964).The psychology of aging in relation to development. In J.E. Birren (Ed.), *Relationships of development and aging* (pp. 99–120). Springfield, IL: Charles C Thomas.

Blakemore, J.E.O., & Centers, R.E. (2005). Characteristics of boys' and girls' toys. *Sex Roles, 53,* 619–633.

Blimkie, C.J.R. (1989). Age- and sex-associated variation in strength during childhood: Anthropometric, morphological, neurologic, biomechanical, endocrinologic, genetic, and physical activity correlates. In C.V. Gisolfi & D.R. Lamb (Eds.), *Youth,exercise,and sport* (Vol. 2, pp. 99–164). Indianapolis: Benchmark Press.

Blumenthal, J.A., Emergy, C.F., Madden, D.J., Coleman, R.E., Riddle, M.W., Schniebolk, S., et al. (1991). Effects of exercise training on cardiorespiratory function in men and women >60 years of age. *American Journal of Cardiology, 67,* 633–639.

Boff, K.R., Kaufman, L., & Thomas, J.P. (Eds.). (1986). *Handbook of perception and human performance.* New York: Wiley.

Boothby, J.,Tungatt, M., & Townsend,A. (1981). Ceasing participation in sports activity: Reported reasons and their implication. *Journal of Leisure Research, 13,* 1–14.

Bornstein, M.H. (1985). Habituation of attention as a measure of visual information processing in human infants: Summary, systematization, and synthesis. In G. Gottlieb & N.A. Krasnegor (Eds.), *Measurement of audition and vision in the first year of postnatal life: A methodological overview* (pp. 253–300). Norwood, NJ: Ablex.

Bower,T.G.R. (1977). *A primer of infant development.* San Francisco: Freeman.

Bower,T.G.R., Broughton, J.M., & Moore, M.K. (1970). The co-ordination of visual and tactual input in infants. *Perception and Psychophysics, 8,* 51–53.

Brandfonbrener, M., Landowne, M., & Shock, N.W. (1955). Changes in cardiac output with age. *Circulation, 12,* 557–566.

Branta,C.,Haubenstricker,J.,& Seefeldt,V.(1984).Age changes in motor skill during childhood and adolescence. In R.L. Terjung (Ed.), *Exercise and sport science reviews* (Vol. 12, pp. 467–520). Lexington, MA: Collamore.

Brodkin, P., & Weiss, M.R. (1990). Developmental differences in motivation for participation in competitive swimming. *Journal of Sport and Exercise Psychology, 12,* 248–263.

Brouwer, W.H., Waterink, W., Van Wolffelaar, P.C., & Rothengartter, T. (1991). Divided attention in experienced young and older drivers: Land tracking and visual analysis in a dynamic driving simulator. *Human Factors, 33,* 573–582.

Brown, B., Frankel, G., & Fennell, M. (1990). Hugs or shrugs: Parental and peer influences on continuation of involvement in sport by female adolescents. *Sex Roles, 20,* 397–412.

Brown, B.A. (1985). Factors influencing the process of withdrawal by female adolescents from the role of competitive age group swimmers. *Sociology of Sport Journal, 2,* 111–129.

Brown, C.H., Harrower, J.R., & Deeter, M.F. (1972).The effects of cross-country running on pre-adolescent girls. *Medicine and Science in Sports, 4,* 1–5.

Brown, M., & Holloszy, J.O. (1991). Effects of a low-intensity exercise program on selected physical performance characteristics of 60- to 71-year-olds. *Aging— Clinical and Experimental Research, 3*(2), 129–139.

Brundage, C.L. (1983). *Parent/child play behaviors as they relate to children's later socialization into sport.* Unpublished master's thesis, University of Illinois, Urbana–Champaign.

Bruner, J.S. (1970).The growth and structure of skill. In K.J. Connolly (Ed.), *Mechanisms of motor skill development* (pp. 63–94). London: Academic Press. Bruner, J.S. (1973). Organization of early skilled action. *Child Development, 44*, 1–11.

Bruner, J.S., & Koslowski, B. (1972).Visually pre-adapted constituents of manipulatory action. *Perception, 1*, 3–12.

Brustad, R.J. (1988). Affective outcomes in competitive youth sport: The influence of intrapersonal and socialization factors. *Journal of Sport and Exercise Psychology, 10*, 307–321.

Buchanan, J.J., & Horak, F.B. (1999). Emergence of postural patterns as a function of vision and translation frequency. *Journal of Neurophysiology, 81*(5), 2325–2339.

Bull, D., Eilers, R., & Oller, K. (1984). Infants' discrimination of intensity variation in multisyllabic stimuli. *Journal of the Acoustical Society of America, 76*, 13–17.

Burnett, C.N., & Johnson, E.W. (1971). Development of gait in childhood, part II. *Developmental Medicine and Child Neurology, 13*, 207–215.

Burton, A.W. (1999). Hrdlicka (1931) revisited: Children who run on all fours. *Research Quarterly for Exercise and Sport, 70*, 84–90.

Burton,A.W., & Davis,W.E. (1996). Ecological task analysis: Utilizing intrinsic measures in research and practice. *Human Movement Science, 15*, 285–314.

Bushnell, E.W. (1982).The ontogeny of intermodal relations:Vision and touch in infancy. In R.Walk & H. Pick (Eds.), *Intersensory perception and sensory integration* (pp. 5–36). New York: Plenum Press.

Bushnell, E.W. (1985). The decline of visually guided reaching during infancy. *Infant Behavior and Development, 8*, 139–155.

Bushnell, E.W., & Boudreau, J.P. (1993). Motor development and the mind:The potential role of motor abilities as a determinant of aspects of perceptual development. *Child Development, 64*, 1005–1021.

Bushnell, I.W.R. (1998).The origins of face perception. In F. Simion & G. Butterworth (Eds.), *The development of sensory, motor and cognitive capacities in early infancy: From perception to cognition* (pp. 69–86). Hove, UK: Psychology Press.

Bushnell, I.W.R., Sai, F., & Mullin, J.T. (1989). Neonatal recognition of the mother's face. *British Journal of Developmental Psychology, 7*, 3–15.

Butcher, J. (1983). Socialization of adolescent girls into physical activity. *Adolescence, 18*, 753–766.

Butcher, J. (1985). Longitudinal analysis of adolescent girls' participation in physical activity. *Sociology of Sport Journal, 2*, 130–143.

Butterworth, G., & Hicks, L. (1977).Visual proprioception and postural stability in infancy. *Perception, 6*, 255–262.

Butterworth, G., Verweij, E., & Hopkins, B. (1997). The development of prehension in infants: Halverson revisited. *British Journal of Developmental Psychology, 15*(2), 223–236.

Campbell,A.J., Robertson, M.C., Gardner, M.M., Norton, R.N., & Buchner, D.M. (1999). Falls prevention over 2 years: A randomized controlled trial in women 80 years and older. *Age and Ageing, 28*, 513–518.

Campbell,A.J., Robertson, M.C., Gardner, M.M., Norton, R.N., Tilyard, M.W., & Buchner, D.M. (1997). Randomised controlled trial of a general practice programme of home based exercise to prevent falls in elderly women. *British Medical Journal, 315*, 1065–1069.

Campbell, D., & Eaton, W. (2000). Sex differences in the activity level of infants.*Infant and Child Development, 8*,1–17.

Campbell, M.J., McComas,A.J., & Petito, F. (1973). Physiological changes in aging muscles. *Journal of Neurology, Neurosurgery, and Psychiatry, 36*, 174–182.

Campenni, C.E. (1999). Gender stereotyping of children's toys:A comparison of parents and nonparents. *Sex Roles, 40*, 121–138.

Carnahan, H.,Vandervoort,A.A., & Swanson, L.R. (1998). The influence of aging and target motion on the control of prehension. *Experimental Aging Research, 24*(3), 289–306.

Carr, G. (1997). *Mechanics of sport.* Champaign, IL: Human Kinetics.

Carron,A.V., & Bailey, D.A. (1974). Strength development in boys from 10 through 16 years. *Monographs of the Society for Research in Child Development, 39*, 4.

Cartee, G.D. (1994). Aging skeletal muscle: Response to exercise. *Exercise and Sport Sciences Reviews, 22*, 91–120.

Centers for Disease Control and Prevention. (2007). Healthy People 2010. Available: www.cdc.gov/nchs/ hphome. htm.

Cerella, J. (1990). Aging and information-processing rate. In J.E. Birren & K.W. Schaie (Eds.), *Handbook of the psychology of aging* (3rd ed., pp. 201–221). New York: Academic Press.

Cerella, J., Poon, L.W., & Williams, D.M. (1980).Age and the complexity hypothesis. In L.W. Poon (Ed.), *Aging in the 1980s.* Washington, DC: American Psychological Association.

Chase, M.A., Ewing, M.E., Lirgg, C.D., & George, T.R. (1994). The effects of equipment modification on children's self-efficacy and basketball shooting performance. *Research Quarterly for Exercise and Sport, 65*(2), 159–168.

Chase,W.G., & Simon, H.A. (1973). Perception in chess. *Cognitive Psychology, 4*, 55–81.

Chen, L.-C., Metcalfe, J.S., Jeka, J.J., & Clark, J.E. (2007). Two steps forward and one back: Learning to walk affects infants' sitting posture. *Infant Behavior and Development, 30*, 16–25.

Chi, M.T.H. (1978). Knowledge structures and memory development. In R.S. Siegler (Ed.), *Children's thinking: What develops?* (pp. 73–105). Hillsdale, NJ: Erlbaum.

Chi, M.T.H. (1981). Knowledge development and memory performance. In M.P. Friedman, J.P. Das, & N. O'Connor (Eds.), *Intelligence and learning* (pp. 221–229). New York: Plenum Press.

Chi, M.T.H., & Koeske, R.D. (1983). Network representation of a child's dinosaur knowledge. *Developmental Psychology, 19*, 29–39.

Chiesi, H.L., Spilich, G.J., & Voss, J.F. (1979). Acquisition of domain related information in relation to high and low domain knowledge. *Journal of Verbal Learning and Verbal Behavior, 18*, 257–273.

Chugani, H.T., & Phelps, M.E. (1986). Maturational changes in cerebral function in infants determined by 18FDG positron emission tomography. *Science, 231*, 840–843.

Clark, J.E. (1982). Developmental differences in response processing. *Journal of Motor Behavior, 14*, 247–254.

Clark, J.E. (1995). On becoming skillful: Patterns and constraints. *Research Quarterly for Exercise and Sport, 66*, 173–183.

Clark, J.E. (2005). From the beginning: A developmental perspective on movement and mobility. *Quest, 57*, 37–45.

Clark, J.E., & Phillips, S.J. (1985). A developmental sequence of the standing long jump. In J. Clark & J. Humphrey (Eds.), *Motor development: Vol. 1. Current selected research* (pp. 73–85). Princeton, NJ: Princeton Book.

Clark, J.E., & Phillips, S.J. (1993). A longitudinal study of intralimb coordination in the first year of independent walking. *Child Development, 64*, 1143–1157.

Clark, J.E., Phillips, S.J., & Petersen, R. (1989). Developmental stability in jumping. *Developmental Psychology, 25*, 929–935.

Clark, J.E., & Whitall, J. (1989a). What is motor development? *Quest, 41*, 183–202.

Clark, J.E., & Whitall, J. (1989b). Changing patterns of locomotion: From walking to skipping. In M.H. Woollacott & A. Shumway-Cook (Eds.), *Development of posture and gait across the life span* (pp. 128–151). Columbia: University of South Carolina Press.

Clark, J.E., Whitall, J., & Phillips, S.J. (1988). Human interlimb coordination: The first 6 months of independent walking. *Developmental Psychobiology, 21*, 445–456.

Clarke, H.H. (Ed.). (1975). Joint and body range of movement. *Physical Fitness Research Digest, 5*, 16–18.

Clarkson-Smith, L., & Hartley, A.A. (1990). Structural equation models of relationships between exercise and cognitive abilities. *Psychology and Aging, 5*, 437–446.

Clifton, R.K., Muir, D.W., Ashmead, D.H., & Clarkson, M.G. (1993). Is visually guided reaching in early infancy a myth? *Child Development, 64*, 1099–1110.

Clifton, R.K., Perris, E.E., & Bullinger, A. (1991). Infants' perception of auditory space. *Developmental Psychology, 27*(2), 187–197.

Clouse, F. (1959). *A kinematic analysis of the development of the running pattern of preschool boys.* Unpublished doctoral dissertation, University of Wisconsin, Madison.

Coakley, J. (1998). *Sport in society: Issues and controversies* (6th ed.). Madison, WI: McGraw-Hill.

Cobb, K., Goodwin, R., & Saelens, E. (1966). Spontaneous hand positions of newborn infants. *Journal of Genetic Psychology, 108*, 225–237.

Colcombe, S., & Kramer, A.F. (2003). Fitness effects on the cognitive function of older adults: A meta-analytic study. *Psychological Science, 14*, 125–130.

Colcombe, S.J., Erickson, K.I., Raz, N., Webb, A.G., Cohen, N.J., McAuley, E., et al. (2003). Aerobic fitness reduces brain tissue loss in aging humans. *Journal of Gerontology: Series A: Biological Sciences and Medical Science, 55*, 176–180.

Colcombe, S.J., Erickson, K.I., Scalf, P.E., Kim, J.S., Prakash, R., McAuley, E., et al. (2006). Aerobic exercise training increases brain volume in aging humans. *Journal of Gerontology: Series A: Biological Sciences and Medical Sciences, 61A*, 1166–1170.

Colcombe, S.J., Kramer, A.F., Erickson, K.I., Scalf, P., McAuley, E., & Cohen, N.J. (2004). Cardiovascular fitness, cortical plasticity, and aging. *Proceedings of the National Academy of Science, 101*, 3316–3321.

Colcombe, S., Wadwha, R., Kramer, A., McAuley, E., Scalf, P., Alvarado, M., et al. (2005). *Cardiovascular fitness training improves cortical recruitment and working memory in older adults: Evidence from a longitudinal fMRI study.* Presented at the *Annual Meeting of the Cognitive Neuroscience Society*, New York.

Colling-Saltin, A.S. (1980). Skeletal muscle development in the human fetus and during childhood. In K. Berg & B.O. Eriksson (Eds.), *International congress on pediatric work physiology: Children and exercise IX* (pp. 193–207). Baltimore: University Park Press.

Comery, T.A., Shah, R., & Greenough, W.T. (1995). Differential rearing alters spine density on medium-sized spiny neurons in the rat corpus striatum: Evidence for association of morphological plasticity with early response gene expression. *Neurobiology of Learning and Memory, 63*(3), 217–219.

Comery, T.A., Stamoudis, C.X., Irwin, S.A., & Greenough, W.T. (1996). Increased density of multiple-head dendritic spines on medium-sized spiny neurons of the striatum in rats reared in a complex environment. *Neurobiology of Learning and Memory, 66*(2), 93–96.

Connolly, K.J., & Elliott, J.M. (1972). The evolution and ontogeny of hand function. In N. Blurton-Jones (Ed.), *Ethological studies of child behavior* (pp. 329–383). Cambridge: Cambridge University Press.

382 Referências

Contreras-Vidal, J.L., Teulings, H.L., & Stelmach, G.E. (1998). Elderly subjects are impaired in spatial coordination in fine motor control. *Acta Psychologica, 100,* 25–35.

Coopersmith, S. (1967). *The antecedents of self-esteem.* San Francisco: Freeman.

Corbetta, D., & Bojczyk, K.E. (2002). Infants return to two-handed reaching when they are learning to walk. *Journal of Motor Behavior, 34*(1), 83–95.

Corbetta, D., & Mounoud, P. (1990). Early development of grasping and manipulation. In C. Bard, M. Fleury, & L. Hay (Eds.), *Development of eye-hand coordination across the life span* (pp. 188–216). Columbia: University of South Carolina Press.

Corbetta, D., & Thelen, E. (1996). The developmental origins of bimanual coordination: A dynamic perspective. *Journal of Experimental Psychology: Human Perception and Performance, 22,* 502–522.

Corso, J.F. (1977). Auditory perception and communication. In J.E. Birren & K.W. Schaie (Eds.), *Handbook of the psychology of aging* (pp. 535–553). New York: Van Nostrand Reinhold.

Cotman, C.W., & Berchtold, N.C. (2002). Exercise: A behavioral intervention to enhance brain health and plasticity. *Trends in Neurosciences, 25,* 295–301.

Cowburn, G., Hillsdon, M., & Hankey, C.R. (1997). Obesity management by lifestyle strategies. *British Medical Bulletin, 53*(2), 389–408.

Craig, C.H., Kim, B., Rhyner, P.M.P., & Chirillo, T.K.B. (1993). Effects of word predictability, child development, and aging on time-gated speech recognition performance. *Journal of Speech and Hearing Research, 36,* 832–841.

Craik, R. (1989). Changes in locomotion in the aging adult. In M.H. Woollacott & A. Shumway-Cook (Eds.), *Development of posture and gait across the life span* (pp. 176–201). Columbia: University of South Carolina Press.

Cratty, B.J. (1979). *Perception and motor development in infants and children* (2nd ed.). Englewood Cliffs, NJ: Prentice Hall.

Crossman, E.R.F.W., & Szafran, J. (1956). Changes with age in the speed of information intake and discrimination. *Experientia, 4(Suppl.),* 128–135.

Crowell, J.A., & Banks, M.S. (1993). Perceiving heading with different retinal regions and types of optic flow. *Perception and Psychophysics, 53,* 325–337.

Cumming, R.G. (1990). Calcium intake and bone mass: A quantitative review of the evidence. *Calcified Tissue International, 47,* 194–201.

Cunningham, L.N. (1990). Relationship of running economy, ventilatory threshold, and maximum oxygen consumption to running performance in high school females. *Research Quarterly for Exercise and Sport, 61,* 369–374.

Cureton, K.J., Collins, M.A., Hill, D.W., & McElhannon, F.M. (1988). Muscle hypertrophy in men and women. *Medicine and Science in Sports and Exercise, 20,* 338–344.

Curtis, J.E., & White, P.G. (1984). Age and sport participation: Decline in participation with age or increased specialization with age? In N. Theberge & P. Donnelly (Eds.), *Sport and the sociological imagination* (pp. 273–293). Fort Worth: Texas Christian University Press.

Dalsky, G.P. (1989). The role of exercise in the prevention of osteoporosis. *Comprehensive Therapy, 15,* 30–37.

Dalsky, G.P., Stocke, K.S., Eshani, A.A., Slatopolsky, E., Lee, W.C., & Birge, S.J. (1988). Weight-bearing exercise training and lumbar bone mineral content in postmenopausal women. *Annals of Internal Medicine, 108,* 824–828.

Damasio, A.R. (1989). The brain binds entities and events by multiregional activation from convergence zones. *Neural Computation, 1,* 123–132.

Davies, B.N. (1990). The relationship of lean limb volume to performance in the handgrip and standing long jump tests in boys and girls, aged 11.6–13.2 years. *European Journal of Applied Physiology, 60,* 139–143.

Davies, C.T.M., White, M.J., & Young, K. (1983). Muscle function in children. *European Journal of Applied Physiology, 52,* 111–114.

Davis, C.I. (1991). The effects of game modification on opportunities to respond in elementary volleyball classes. *Dissertation Abstracts International, 52*(2), 465.

Davis, W.E., & Broadhead, G. (Eds.) (2007). *Ecological task analysis and movement.* Champaign, IL: Human Kinetics.

Davis, W.E., & Burton, A.W. (2007). Ecological task analysis: Translating movement behavior theory into practice. *Adapted Physical Activity Quarterly, 8,* 154–177.

Dehn, M.M., & Bruce, R.A. (1972). Longitudinal variations in maximum oxygen intake with age and activity. *Journal of Applied Physiology, 33,* 805–807.

de Jonge, L.L., van Osch-Gevers, L., Willemsen, S.P., Steegers, E.A.P., Hofman, A., Helbing, W.A., et al. (2011). Growth, obesity, and cardiac structures in early childhood: The Generation R study. *Hypertension, 57,* 934–940.

Dekaban, A. (1970). *Neurology of early childhood.* Baltimore: Williams & Wilkins.

Delacato, C.H. (1959). *Treatment and prevention of reading problems.* Springfield, IL: Charles C Thomas.

Delacato, C.H. (1966). *Neurological organization and reading.* Springfield, IL: Charles C Thomas.

Demany, L., McKenzie, B., & Vurpillot, E. (1977). Rhythmic perception in early infancy. *Nature, 266,* 718–719.

Dempsey, J.A., Johnson, B.D., & Saupe, K.W. (1990). Adaptations and limitations in the pulmonary system during exercise. *Chest, 97*(3 Suppl.), 81S–87S.

de Oliveira, A.R., & Gallagher, J.D. (1994, August). *Strength training in children: A meta-analysis.* Paper presented at the meeting of the North American Society for Pediatric Exercise Medicine, Pittsburgh.

de Onis, M., Garza, C., Victora, C.G., Onyango, A.W., Frongillo, E.A., & Martines, J, (2004). The WHO Multicentre Growth Reference Study: Planning, study design, and methodology. *Food Nutrition Bulletin, 25*, S15–S26.

de Onis, M., Onyango, A.W., Borghi, E., Siyam, A., Nishida, C., & Siekmann, J. (2007). Development of a WHO growth reference for school-aged children and adolescents. *Bulletin of the World Health Organization 2007, 85*, 660–667.

DeOreo, K., & Keogh, J. (1980). Performance of fundamental motor tasks. In C.B. Corbin (Ed.), *A textbook of motor development* (2nd ed., pp. 76–91). Dubuque, IA: Brown.

DeOreo, K., & Wade, M.G. (1971). Dynamic and static balancing ability of preschool children. *Journal of Motor Behavior, 3*, 326–335.

DeOreo, K.L., & Williams, H.G. (1980). Characteristics of kinesthetic perception. In C.B. Corbin (Ed.), *A textbook of motor development* (2nd ed., pp. 174–196). Dubuque, IA: Brown.

Diamond, A. (2000). Close interrelation of motor development and cognitive development and of the cerebellum and prefrontal cortex. *Child Development, 71*, 44–56.

Dietz, W.H., & Robinson, T.N. (1993). Assessment and treatment of childhood obesity. *Pediatric Review, 14*, 337–343.

DiLorenzo, T., Stucky-Ropp, R., Vander Wal, J., & Gotham, H. (1998). Determinants of exercise among children: II. A longitudinal analysis. *Preventive Medicine, 27*, 470–477.

DiNucci, J.M. (1976). Gross motor performance: A comprehensive analysis of age and sex differences between boys and girls ages six to nine years. In J. Broekhoff (Ed.), *Physical education, sports, and the sciences.* Eugene, OR: Microform.

Dioum, A., Gartner, A., Maire, B., Delpeuch, F., & Wade, S. (2005). Body composition predicted from skinfolds in African women: A cross-validation study using air-displacement plethysmography and a black-specific equation. *British Journal of Nutrition, 93*, 973–979.

DiPietro, J.A. (1981). Rough and tumble play: A function of gender. *Developmental Psychology, 17*, 50–58.

DiSimoni, F.G. (1975). Perceptual and perceptual-motor characteristics of phonemic development. *Child Development, 46*, 243–246.

Dittmer, J. (1962). *A kinematic analysis of the development of the running pattern of grade school girls and certain factors which distinguish good from poor performance at the observed ages.* Unpublished master's thesis, University of Wisconsin, Madison.

Dollman, J., Olds, T., Norton, K., & Stuart, D. (1999). The evolution of fitness and fatness in 10- to 11-yearold Australian schoolchildren: Changes in distribution characteristics between 1985 and 1997. *Pediatric Exercise Science, 11*, 108–121.

Dorfman, P.W. (1977). Timing and anticipation: A developmental perspective. *Journal of Motor Behavior, 9*, 67–80.

Doty, D. (1974). Infant speech perception. *Human Development, 17*, 74–80.

Drillis, R. (1961). The influence of aging on the kinematics of gait. *The geriatric amputee, NAS-NRC publication 919, 134-145.*

Drinkwater, B.L., Horvath, S.M., & Wells, C.L. (1975). Aerobic power of females, age 10–68. *Journal of Gerontology, 30*, 385–394.

Drowatzky, J.N., & Zuccato, F.C. (1967). Interrelationship between static and dynamic balance. *Research Quarterly, 38*, 509–510.

Duche, P., Falgairette, G., Bedu, M., Fellmann, N., Lac, G., Robert, A., et al. (1992). Longitudinal approach of bioenergetic profile in boys before and during puberty. In J. Coudert & E. Van Praagh (Eds.), *Pediatric work physiology: Methodological, physiological and pathological aspects* (pp. 43–45). Paris: Masson.

Duda, J.L., & Tappe, M.K. (1988). Predictors of personal investment in physical activity among middle-aged and older adults. *Perception and Motor Skills, 66*, 543–549.

Duda, J.L., & Tappe, M.K. (1989a). Personal investment in exercise among middle-aged and older adults. In A.C. Ostrow (Ed.), *Aging and motor behavior* (pp. 219–238). Indianapolis: Benchmark Press.

Duda, J.L., & Tappe, M.K. (1989b). Personal investment in exercise among adults: The examination of age and gender-related differences in motivational orientation. In A.C. Ostrow (Ed.), *Aging and motor behavior* (pp. 239–256). Indianapolis: Benchmark Press.

Duda, M. (1986). Prepubescent strength training gains support. *The Physician and Sportsmedicine, 14*, 157–161.

Duijts, L., Jaddoe, V.W.V., Hofman, A., & Moll, H.A. (2010). Prolonged and exclusive breastfeeding reduces the risk of infectious diseases in infancy. *Pediatrics, 126*, e18.

Dunham, P. (1977). Age, sex, speed and practice in coincidence-anticipation performance of children. *Perceptual and Motor Skills, 45*, 187–193.

DuRandt, R. (1985). Ball catching proficiency among 4-, 6-, and 8-year-olds. In J.E. Clark & J.H. Humphrey (Eds.), *Motor development: Current selected research* (pp. 35–44). Princeton, NJ: Princeton Book.

Earles, J.L., & Salthouse, T.A. (1995). Interrelations of age, health, and speed. *Journal of Gerontology: Psychological Sciences, 50B*, P33–P41.

Eaton, W.O., & Enns, L.R. (1986). Sex differences in human motor activity level. *Psychological Bulletin, 100*, 19–28.

Eaton, W.O., & Keats, J.G. (1982). Peer presence, stress, and sex differences in the motor activity levels of preschoolers. *Developmental Psychology, 18*, 534–540.

Ebihara, O., Ikeda, M., & Miyashita, M. (1983). Birth order and children's socialization into sport. *International Review of Sport Sociology, 18*, 69–89.

Ebrahim, S., & Rowland, L. (1996). Towards a new strategy for health promotion for older women: Determinants of physical activity. *Psychology, Health and Medicine, 1*(1), 29–40.

Einkauf, D.K., Gohdes, M.L., Jensen, G.M., & Jewell, M.J. (1987). Changes in spinal mobility with increasing age in women. *Physical Therapy, 67,* 370–375.

Eisenberg, N., Welchick, S.A., Hernandez, R., & Pasternack, J.F. (1985). Parental socialization of young children's play: A short-term longitudinal study. *Child Development, 56,* 1506–1513.

Eitzen, D.S., & Sage, G.H. (2003). *Sociology of North American sport* (7th ed.). Madison, WI: WCB McGraw-Hill.

Ekblom, B. (1969). Effect of physical training on oxygen transport system in man. *Acta Physiologica Scandinavica Supplementum, 328,* 1–76.

Elkind, D. (1975). Perceptual development in children. *American Scientist, 63,* 533–541.

Elkind, D., Koegler, R., & Go, E. (1964). Studies in perceptual development: Whole-part perception. *Child Development, 35,* 81–90.

Elliott, C.B., Whitaker, D., & Thompson, P. (1989). Use of displacement threshold hyperacuity to isolate the neural component of senile vision loss. *Applied Optics, 28,* 1914–1918.

Elliott, R. (1972). Simple reaction time in children: Effects of incentive, incentive shift, and other training variables. *Journal of Experimental Child Psychology, 13,* 540–557.

Erickson, K.I., Colcombe, S.J., Wadhwa, R., Bherer, L., Peterson, M.W., Scalf, P.E., et al. (2007). Traininginduced plasticity in older adults: Effects of training on hemispheric asymmetry. *Neurobiology of Aging, 28,* 272–283.

Eriksson, B., & Koch, G. (1973). Effect of physical training on hemodynamic response during submaximal exercise in 11–13 year old boys. *Acta Physiologica Scandinavica, 87,* 27–39.

Eriksson, B.O. (1972). Physical training, oxygen supply and muscle metabolism in 11 to 15 year old boys. *Acta Physiologica Scandinavica Supplementum, 384,* 1–48.

Eriksson, B.O. (1978). Physical activity from childhood to maturity: Medical and pediatric considerations. In G. Landry & W.A.R. Orban (Eds.), *Physical activity and human well-being.* Miami, FL: Symposia Specialists.

Espenschade, A.S. (1947). Development of motor coordination in boys and girls. *Research Quarterly, 18,* 30–44.

Espenschade, A.S., Dable, R.R., & Schoendube, R. (1953). Dynamic balance in adolescent boys. *Research Quarterly, 24,* 270–274.

Eston, R.G., Robson, S., & Winter, E. (1993). A comparison of oxygen uptake during running in children and adults. *Kinanthropometry IV,* 236-241.

Ewart, C.K., Stewart, K.J., Gillilan, R.E., & Kelemen, M.H. (1986). Self-efficacy mediates strength gains during circuit weight training in men with coronary artery disease. *Medicine and Science in Sports and Exercise, 18,* 531–540.

Exton-Smith, A.N. (1985). Mineral metabolism. In C.E. Finch & E.L. Schneider (Eds.), *Handbook of the biology of aging* (2nd ed., pp. 511–539). New York: Van Nostrand Reinhold.

Fagard, J. (1990). The development of bimanual coordination. In C. Bard, M. Fleury, & L. Hay (Eds.), *Development of eye-hand coordination across the life span* (pp. 262–282). Columbia: University of South Carolina Press.

Fagot, B., & Leinbach, M. (1996). Gender knowledge in egalitarian and traditional families. *Sex Roles, 32,* 513–526.

Fagot, B., Leinbach, M., & O'Boyle, C. (1992). Gender labeling, gender stereotyping, and parenting behaviors. *Developmental Psychology, 28*(2), 225–230.

Fagot, B.I. (1978). The influence of sex of child on parental reactions to toddler children. *Child Development, 49,* 459–465.

Fagot, B.I. (1984). Teacher and peer reactions to boys' and girls' play styles. *Sex Roles, 11,* 691–702.

Fagot, B.I., & Leinbach, M.D. (1983). Play styles in early childhood: Social consequences for boys and girls. In M.B. Liss (Ed.), *Social and cognitive skills: Sex roles and children's play* (pp. 93–116). New York: Academic Press.

Faigenbaum, A.D., Milliken, L., Moulton, L., & Westcott, W.L. (2005). Early muscular fitness adaptations in children in response to two different resistance training regimens. *Pediatric Exercise Science, 17,* 237–248.

Falgairette, G., Bedu, M., Fellmann, N., Van Praagh, E., & Coudert, J. (1991). Bio-energetic profile in 144 boys aged from 6 to 15 years. *European Journal of Applied Physiology, 62,* 151–156.

Falgairette, G., Duche, P., Bedu, M., Fellmann, N., & Coudert, J. (1993). Bioenergetic characteristics in prepubertal swimmers. *International Journal of Sports Medicine, 14,* 444–448.

Falk, B. & Tenenbaum, G. (1996). The effectiveness of resistance training in children. A meta-analysis. *Sports Medicine, 22,* 176–186.

Farley, C. (1997). Just skip it. *Nature, 394,* 721–723. Feltz, D.L., & Petlichkoff, L. (1983). Perceived competence among interscholastic sport participants and dropouts. *Canadian Journal of Applied Sport Sciences, 8,* 231–235.

Fiatarone, M.A., Marks, E.C., Ryan, N.D., Meredith, C.N., Lipsitz, L.A., & Evans, W.J. (1990). High-intensity strength training in nonagenarians. *Journal of the American Medical Association, 263,* 3029–3034.

Fieandt, K.V., Huhtala, A., Kullberg, P., & Saarl, K. (1956). *Personal tempo and phenomenal time at different age levels* (Report no. 2). Helsinki: Psychological Institute, University of Helsinki.

Fitts, R.H. (1981). Aging and skeletal muscle. In E.L. Smith & R.C. Serfass (Eds.), *Exercise and aging: The scientific basis* (pp. 31–44). Hillside, NJ: Enslow.

Fleg, J.L. (1986). Alterations in cardiovascular structure and function with advancing age. *American Journal of Cardiology, 57,* 33C–44C.

Flegal, K.M., Carroll, M.D., Kuczmarski, R.J., & Johnson, C.L. (1998). Overweight and obesity in the United States: Prevalence and trends, 1960–1994. *International Journal of Obesity, 22,* 39–47.

Forbes, G.B. (1992). Exercise and lean weight: The influence of body weight. *Nutrition Reviews, 50,* 157–161.

Forssberg, H., & Nashner, L. (1982). Ontogenetic development of postural control in man: Adaptation to altered support and visual conditions during stance. *Journal of Neuroscience, 2,* 545–552.

Fox, K.R., & Corbin, C.B. (1989). The physical self-perception profile: Development and preliminary validation. *Journal of Sport and Exercise Psychology, 11,* 408–430.

Franck, H., Beuker, F., & Gurk, S. (1991). The effect of physical activity on bone turnover in young adults. *Experimental and Clinical Endocrinology, 98,* 42–46.

Frankenburg, W.K., & Dodds, J.B. (1967). The Denver Developmental Screening Test. *Journal of Pediatrics, 71,* 181–191.

French, K.E., Nevett, M.E., Spurgeon, J.H., Graham, K.C., Rink, J.E., & McPherson, S.L. (1996). Knowledge representation and problem solution in expert and novice youth baseball players. *Research Quarterly for Exercise and Sport, 67*(4), 386–395.

French, K.E., & Thomas, J.R. (1987). The relation of knowledge development to children's basketball performance. *Journal of Sport Psychology, 9,* 15–32.

Frontera, W.R., Meredith, C.N., O'Reilly, K.P., Knuttgen, H.G., & Evans, W.J. (1988). Strength conditioning in older men: Skeletal muscle hypertrophy and improved function. *Journal of Applied Physiology, 64,* 1038–1044.

Frostig, M., Lefever, W., & Whittlesey, J. (1966). *Administration and scoring manual for the Marianne Frostig Developmental Test of Visual Perception.* Palo Alto, CA: Consulting Psychologists Press.

Gabel, R.H., Johnston, R.C., & Crowninshield, R.D. (1979). A gait analyzer/trainer instrumentation system. *Journal of Biomedical Engineering, 12,* 543–549.

Gabell, A., & Nayak, U.S.L. (1984). The effect of age on variability of gait. *Journal of Gerontology, 39,* 662–666.

Gagen, L., & Getchell, N. (2004). Combining theory and practice in the gymnasium: "Constraints" within an ecological perspective. *Journal of Physical Education, Recreation and Dance, 75,* 25–30.

Gagen, L., & Getchell, N. (2006). Using "constraints" to design developmentally appropriate movement activities for early childhood education. *Early Childhood Education Journal, 34,* 227–232.

Gagen, L., & Getchell, N. (2008). Applying Newton's apple to elementary physical education: An interdisciplinary approach. *Journal of Physical Education, Recreation, and Dance, 79,* 43–51.

Gagen, L.M., Haywood, K.M., & Spaner, S.D. (2005). Predicting the scale of tennis rackets for optimal striking from body dimensions. *Pediatric Exercise Science, 17,* 190–200.

Gallagher, J.D., & Thomas, J.R. (1980, April). *Adult-child differences in movement reproduction: Effects of kinesthetic sensory storage and organization of memory.* Paper presented at the annual convention of the American Alliance for Health, Physical Education, Recreation and Dance, Detroit.

Galloway, J.C. (2004). The emergence of purposeful limb movement in early infancy: The interaction of experience, learning and biomechanics. *Journal of Human Kinetics, 12,* 51–68.

Geerdink, J.J., Hopkins, B., Beek, W.J., & Heriza, C.B. (1996). The organization of leg movements in preterm and full-term infants after term age. *Developmental Psychobiology, 29,* 335–351.

Germain, N.W., & Blair, S.N. (1983). Variability of shoulder flexion with age, activity, and sex. *American Corrective Therapy Journal, 37,* 156–160.

Gesell, A. (1928). *Infancy and human growth.* New York: Macmillan.

Gesell, A. (1954). The ontogenesis of infant behavior. In L. Carmichael (Ed.), *Manual of child psychology* (2nd ed.). New York: Wiley. Gesell, A., & Amatruda, C.S. (1949). *Gesell Developmental Schedules.* New York: Psychological.

Getchell, N., & Gagen, L. (2006). Interpreting disabilities from a "constraints" theoretical perspective: Encouraging movement for *all* children. *Palaestra, 22,* 20–53.

Getchell, N., & Roberton, M.A. (1989). Whole body stiffness as a function of developmental level in children's hopping. *Developmental Psychology, 25,* 920–928.

Getman, G.N. (1952). *How to develop your child's intelligence: A research publication.* Lucerne, MN: Author.

Getman, G.N. (1963). *The physiology of readiness experiment.* Minneapolis: P.A.S.S.

Gibson, E.J., Riccio, G., Schmuckler, M.A., Stoffregen, T.A., Rosenberg, D., & Taormina, J. (1987). Detection of the traversability of surfaces by crawling and walking infants. Special issue: The ontogenesis of perception. *Journal of Experimental Psychology: Human Perception and Performance, 13*(4), 533–544.

Gibson, E.J., & Walk, R.D. (1960). The "visual cliff." *Scientific American, 202*(4), 64–71.

Gibson, J.J. (1966). *The senses considered as perceptual systems.* Boston: Houghton Mifflin.

Gibson, J.J. (1979). *An ecological approach to visual perception.* Boston: Houghton Mifflin.

Giuliano, T., Popp, K., & Knight, J. (2000). Football versus Barbies: Childhood play activities as predictors of sport participation by women. *Sex Roles, 42,* 159–181.

Goggin, N.L., & Keller, M.J. (1996). Older drivers: A closer look. *Educational Gerontology, 22,* 245–256.

Goggin, N.L., & Stelmach, G.E. (1990). A kinematic analysis of precued movements in young and elderly participants. *Canadian Journal on Aging, 9,* 371–385.

Going, S.B., Lohman, T., Pamenter, R., Boyden, T., Houtkooper, L., Ritenbaugh, C., et al. (1991). Effects of weight training on bone mineral density in premenopausal females. *Journal of Bone and Mineral Research, 6,* S104.

Going, S.B., Williams, D.P., Lohman, T.G., & Hewitt, M.J. (1994). Aging, body composition, and physical activity: A review. *Journal of Aging and Physical Activity, 2,* 38–66.

Goldfield, E.C., & Michel, G.F. (1986). The ontogeny of infant bimanual reaching during the first year. *Infant Behavior and Development, 9,* 81–89.

Goodale, M.A. (1988). Modularity in visuomotor control: From input to output. In Z. Pylyshyn (Ed.), *Computational processes in human vision: An interdisciplinary perspective* (pp. 262–285). Norwood, NJ: Ablex.

Goodman, L., & Hamill, D. (1973). The effectiveness of the Kephart Getman activities in developing perceptual-motor and cognitive skills. *Focus on Exceptional Children, 4,* 1–9.

Goodnow, J.J. (1971a). Eye and hand: Differential memory and its effect on matching. *Neuropsychologica, 9,* 89–95.

Goodnow, J.J. (1971b). Matching auditory and visual series: Modality problem or translation problem? *Child Development, 42,* 1187–1201.

Goodway, J.D., & Branta, C.F. (2003). Influence of motor skill intervention on fundamental motor skill development of disadvantaged pre-school children. *Research Quarterly for Exercise and Sport, 74,* 36–46.

Goodway, J.D., Crowe, H., & Ward, P. (2003). Effects of motor skill instruction on fundamental motor skill development. *Adapted Physical Activity Quarterly, 30,* 298–314.

Gosline, J.M. (1976). The physical properties of elastic tissue. In D.A. Hull & D.S. Jackson (Eds.), *International review of connective tissue research* (Vol. 7, pp. 184–210). New York: Academic Press.

Gould, D., Feltz, D., Horn, T., & Weiss, M.R. (1982). Reasons for attrition in competitive youth swimming. *Journal of Sport Behavior, 5,* 155–165.

Gould, D., Feltz, D., & Weiss, M.R. (1985). Motives for participating in competitive youth swimming. *International Journal of Sport Psychology, 6,* 126–140.

Granrud, C.E., Yonas, A., Smith, I.M., Arterberry, M.E., Glicksman, M.L., & Sorknes, A.C. (1984). Infants' sensitivity to accretion and deletion of texture as information for depth at an edge. *Child Development, 55,* 1630–1636.

Grassi, B., Cerretelli, P., Narici, M.V., & Marconi, C. (1991). Peak anaerobic power in master athletes. *European Journal of Physiology, 62,* 394–399.

Green, H.J. (1986). Characteristics of aging human skeletal muscles. In J.R. Sutton & R.M. Brock (Eds.), *Sports medicine for the mature athlete* (pp. 17–26). Indianapolis: Benchmark Press.

Greendorfer, S.L. (1976, September). *A social learning approach to female sport involvement.* Paper presented at the annual convention of the American Psychological Association, Washington, DC.

Greendorfer, S.L. (1977). Role of socializing agents in female sport involvement. *Research Quarterly, 48,* 304–310.

Greendorfer, S.L. (1979). Childhood sport socialization influences of male and female track athletes. *Arena Review, 3,* 39–53.

Greendorfer, S.L. (1983). Shaping the female athlete: The impact of the family. In M.A. Boutilier & L. Sangiovanni (Eds.), *The sport woman* (pp. 135–155). Champaign, IL: Human Kinetics.

Greendorfer, S.L. (1992). Sport socialization. In T.S. Horn (Ed.), *Advances in sport psychology* (pp. 201–218). Champaign, IL: Human Kinetics.

Greendorfer, S.L., & Brundage, C.L. (1984, July). *Sex differences in children's motor skills: Toward a crossdisciplinary perspective.* Paper presented at the 1984 Olympic Scientific Congress, Eugene, OR.

Greendorfer, S.L., & Ewing, M.E. (1981). Race and gender differences in children's socialization into sport. *Research Quarterly for Exercise and Sport, 52,* 301–310.

Greendorfer, S.L., & Lewko, J.H. (1978). Role of family members in sport socialization of children. *Research Quarterly, 49,* 146–152.

Greenough, W.T., Black, J.E., & Wallace, C.S. (1987). Experience and brain development. *Child Development, 58,* 539–559.

Greenough, W.T., Wallace, C.S., Alcantara, A.A., Anderson, B.J., Hawrylak, N., Sirevaag, A.M., et al. (1993). Development of the brain: Experience affects the structure of neurons, glia, and blood vessels. In N.J. Anatasiow & S. Harel (Eds.), *At-risk infants: Interventions, families, and research* (pp. 173–185). Baltimore: Brookes.

Grimby, G. (1988). Physical activity and effects of muscle training in the elderly. *Annals of Clinical Research, 20,* 62–66.

Grodjinovsky, A., Inbar, O., Dotan, R., & Bar-Or, O. (1980). Training effect on the anaerobic performance of children as measured by the Wingate Anaerobic Test. In K. Berg & B.O. Eriksson (Eds.), *Children and exercise IX* (pp. 139–145). Baltimore: University Park Press.

Gutin, B., Cucuzzo, N., Islam, S., Smith, C., & Stachura, M.E. (1996). Physical training, lifestyle education, and coronary risk factors in obese girls. *Medicine and Science in Sports and Exercise, 28,* 19–23.

Gutin, B., Owens, S., Slavens, G., Riggs, S., & Treiber, F. (1997). Effects of physical training on heart period variability in obese children. *Journal of Pediatrics, 130,* 938–943.

Gutteridge, M. (1939). A study of motor achievements of young children. *Archives of Psychology, 244,* 1–178.

Gygax, P.M., Wagner-Egger, P., Parris, B., Seiler, R., & Hauert, C.-A. (2008). A psycholinguistic investigation of football players' mental representations of game situations: Does expertise count? *Swiss Journal of Psychology, 67,* 85–95.

Hagburg, J.M., Allen, W.K., Seals, D.R., Hurley, B.F., Ehsani, A.A., & Holloszy, J.O. (1985). A hemodynamic comparison of young and older endurance athletes during exercise. *Journal of Applied Physiology, 58,* 2041–2046.

Hagburg, J.M., Graves, J.E., Limacher, M., Woods, D.R., Leggett, S.H., Cononie, C., et al. (1989). Cardiovascular responses of 70- to 79-year-old men and women to exercise training. *Journal of Applied Physiology, 66,* 2589–2594.

Hall, S.J. (2006). *Basic biomechanics* (5th ed.). Dubuque, IA: McGraw-Hill.

Halverson, H.M. (1931). An experimental study of prehension in infants by means of systematic cinema records. *Genetic Psychology Monographs, 10,* 107–286.

Halverson, L.E. (1983). *Observing children's motor development in action.* Paper presented at annual convention of the American Alliance for Health, Physical Education, Recreation and Dance, Eugene, OR.

Halverson, L.E., Roberton, M.A., & Langendorfer, S. (1982). Development of the overarm throw: Movement and ball velocity changes by seventh grade. *Research Quarterly for Exercise and Sport, 53,* 198–205.

Halverson, L.E., & Williams, K. (1985). Developmental sequences for hopping over distance: A prelongitudinal screening. *Research Quarterly for Exercise and Sport, 56,* 37–44.

Hands, B. (2008). Changes in motor skill and fitness measures among children with high and low motor competence: A five-year longitudinal study. *Journal of Science and Medicine in Sport, 11,* 155–162.

Hand Transplant. (2014). Available: www.handtransplant. com /ThePatients/MatthewScott.

Hannaford, C. (1995). *Smart moves: Why learning is not all in your head.* Arlington, VA: Great Ocean.

Hansen, L., Klausen, K., Bangsbo, J., & Muller, J. (1999). Short longitudinal study of boys playing soccer: Parental height, birth weight and length, anthropometry, and pubertal maturation in elite and non-elite players. *Pediatric Exercise Science, 11,* 199–207.

Hansman, C.F. (1962). Appearance and fusion of ossification centers in the human skeleton. *American Journal of Roentgenology, 88,* 476–482.

Harris, J.E. (1999). The role of physical activity in the management of obesity. *Journal of the American Osteopathic Association, 99*(4), S15–S19.

Harrison, T.R., Dixon, K., Russell, R.A., Bidwai, P.S., & Coleman, H.N. (1964). The relation of age to the duration of contraction, ejection, and relaxation of the normal human heart. *American Heart Journal, 67,* 189–199.

Harter, S. (1978). Effectance motivation reconsidered: Towards a developmental model. *Human Development, 21,* 34–64.

Harter, S. (1981). A model of intrinsic mastery motivation in children: Individual differences and developmental change. In W.A. Collins (Ed.), *Minnesota Symposium on Child Psychology* (Vol. 14, pp. 215–225). Hillsdale, NJ: Erlbaum.

Harter, S. (1985). *Manual for the self-perception profile for children.* Denver: University of Denver.

Harter, S., & Pike, R. (1984). The pictorial scale of perceived competence and social acceptance for young children. *Child Development, 55,* 1969–1982.

Hartley, A.A. (1992). Attention. In F.I.M. Craig & T.A. Salthouse (Eds.), *The handbook of aging and cognition* (pp. 3–49). Hillsdale, NJ: Erlbaum.

Hasselkus, B.R., & Shambes, G.M. (1975). Aging and postural sway in women. *Journal of Gerontology, 30,* 661–667.

Haubenstricker, J.L., Branta, C.F., & Seefeldt, V.D. (1983). *Standards of performance for throwing and catching.* Paper presented at the annual conference of the North American Society for Psychology of Sport and Physical Activity, Asilomar, CA.

Haubenstricker, J.L., Seefeldt, V.D., & Branta, C.F. (1983, April). *Preliminary validation of a developmental sequence for the standing long jump.* Paper presented at the American Alliance for Health, Physical Education, Recreation and Dance, Houston.

Hausler, R., Colburn, S., & Marr, E. (1983). Sound localization in subjects with impaired hearing: Spatial discrimination and discrimination tests. *Acta Oto-Laryngologica (Suppl.), 40C,* 6–62.

Hawn, P.R., & Harris, L.J. (1983). Hand differences in grasp duration and reaching in two- and five-month old infants. In G. Young, S. Segalowitz, C.M. Carter, & S.E. Trehub (Eds.), *Manual specialization and the developing brain* (pp. 331–348). New York: Academic Press.

Haywood, K., & Trick, L. (1990). Changes in visual functioning and perception with advancing age. *Missouri Journal of Health, Physical Education, Recreation and Dance,* 51–73.

Haywood, K.M. (1977). Eye movements during coincidence anticipation performance. *Journal of Motor Behavior, 9,* 313–318.

Haywood, K.M. (1980). Coincidence-anticipation accuracy across the life span. *Experimental Aging Research, 6*(3), 451–462.

Haywood, K.M. (1982). Eye movement pattern and accuracy during perceptual-motor performance in young and old adults. *Experimental Aging Research, 8,* 153–157.

Haywood, K.M. (1989). A longitudinal analysis of anticipatory judgment in older adult motor performance. In A.C. Ostrow (Ed.), *Aging and motor behavior* (pp. 325–335). Indianapolis: Benchmark Press.

Haywood, K.M., Greenwald, G., & Lewis, C. (1981). Contextual factors and age group differences in coincidence-anticipation performance. *Research Quarterly for Exercise and Sport, 52,* 458–464.

Haywood, K.M., & Williams, K. (1995). Age, gender, and flexibility differences in tennis serving among experienced older adults. *Journal of Aging and Physical Activity, 3,* 54–66.

Haywood, K.M., Williams, K., & VanSant, A. (1991). Qualitative assessment of the backswing in older adult throwing. *Research Quarterly for Exercise and Sport, 62,* 340–343.

Heaney, R.P. (1986). Calcium, bone health, and osteoporosis. *Journal of Bone and Mineral Research, 4,* 255–301.

Hecaen, H., & de Ajuriaguerra, J. (1964). *Left-handedness: Manual superiority and cerebral dominance.* New York: Grune & Stratton.

Hecox, K. (1975). Electro-physiological correlates of human auditory development. In L.B. Cohen & P. Salapatek (Eds.), *Infant perception: Vol. 2. From sensation to cognition* (pp. 151–191). New York: Academic Press.

Held, R. (1985). Binocular vision: Behavioral and neuronal development. In J. Mehler & R. Fox (Eds.), *Neonate cognition: Beyond the blooming buzzing confusion* (pp. 37–44). Hillsdale, NJ: Erlbaum.

Held, R. (1988). Normal visual development and its deviations. In G. Lennerstrand, G. Von Noorden, & E. Campos (Eds.), *Strabismus and amblyopia* (pp. 247–257). London: Macmillan.

Held, R., & Hein, A. (1963). Movement-produced stimulation in the development of visually guided behavior. *Journal of Comparative and Physiological Psychology, 56,* 872–876.

Helfer, K.S. (1992). Aging and the binaural advantage in reverberation and noise. *Journal of Speech and Hearing Research, 35,* 1394–1401.

Hellebrandt, F.A., & Braun, G.L. (1939). The influence of sex and age on the postural sway of man. *American Journal of Physical Anthropology, 24*(Series 1), 347–360.

Hellmich, N. (1999, November 15). Aging Americans settle up in size. *USA Today,* p. 6D.

Heriza, C.B. (1986). *A kinematic analysis of leg movements in premature and fullterm infants.* Unpublished doctoral dissertation, University of Southern Illinois, Edwardsville.

Herkowitz, J. (1978). Developmental task analysis: The design of movement experiences and evaluation of motor development status. In M.V. Ridenour (Ed.), *Motor development* (pp. 139–164). Princeton, NJ: Princeton Book.

Hesketh, K.D., & Campbell, K.J. (2010). Interventions to prevent obesity in 0-5 year olds: An updated systematic review of the literature. *Obesity, 18,* S27–S35.

Heyward, V.H. (1991). *Advanced fitness assessment and exercise prescription* (2nd ed.). Champaign, IL: Human Kinetics.

Hickey, T.L., & Peduzzi, J.D. (1987). Structure and development of the visual system. In P. Salapatek & L.B. Cohen (Eds.), *Handbook of infant perception: From sensation to perception* (pp. 1–42). New York: Academic Press.

Higginson, D.C. (1985). The influence of socializing agents in the female sport-participation process. *Adolescence, 20,* 73–82.

Hoeger, W.W.K., Hopkins, D.R., Button, S., & Palmer, T.A. (1990). Comparing the sit and reach with the modified sit and reach in measuring flexibility in adolescents. *Pediatric Exercise Science, 2,* 155–162.

Hogan, P.I., & Santomeir, J.P. (1984). Effect of mastering swim skills on older adults' self-efficacy. *Research Quarterly for Exercise and Sport, 55,* 294–296.

Hohlstein, R.E. (1982). The development of prehension in normal infants. *American Journal of Occupational Therapy, 36,* 170–176.

Holland, G.J., Tanaka, K., Shigematsu, R., & Nakagaichi, M. (2002). Flexibility and physical functions of older adults: A review. *Journal of Aging and Physical Activity, 10,* 169–206.

Hollenberg, M., Yang, J., Haight, T.J., & Tager, I.B. (2006). Longitudinal changes in aerobic capacity: Implications for concepts of aging. *Journal of Gerontology Series A: Biological Sciences and Medical Sciences, 61,* 851–858.

Holtzman, R.E., Familant, M.E., Deptula, P., & Hoyer, W.J. (1986). Aging and the use of sentential structure to facilitate word recognition. *Experimental Aging Research, 12,* 85–88.

Hopkins, B., & Ronnqvist, L. (1998). Human handedness: Developmental and evolutionary perspectives. In F. Simion & G. Butterworth (Eds.), *The development of sensory, motor and cognitive capacities in early infancy: From perception to cognition* (pp. 191–236). Hove, UK: Psychology Press.

Horak, F.B., & MacPherson, J.M. (1995). Postural orientation and equilibrium. In J. Shepard & L. Rowell (Eds.), *Handbook of physiology* (pp. 252–292). New York: Oxford University Press.

Horak, F.B., Nashner, L.M., & Diener, H.C. (1990). Postural strategies associated with somatosensory and vestibular loss. *Experimental Brain Research, 82,* 167–177.

Horn, T.S. (1985). Coaches' feedback and changes in children's perceptions of their physical competence. *Journal of Educational Psychology, 77,* 174–186.

Horn, T.S. (1986). The self-fulfilling prophecy theory: When coaches' expectations become reality. In J.M. Williams (Ed.), *Applied sport psychology: Personal growth to peak performance* (pp. 59–73). Mountain View, CA: Mayfield.

Horn, T.S. (1987). The influence of teacher–coach behavior on the psychological development of children. In D. Gould & M.R. Weiss (Eds.), *Advances in pediatric sport science: Vol. 2. Behavioral issues* (pp. 121–142). Champaign, IL: Human Kinetics.

Horn, T.S., & Hasbrook, C.A. (1986). Information components influencing children's perceptions of their physical competence. In M.R. Weiss & D. Gould (Eds.), *Sport for children and youths* (pp. 81–88). Champaign, IL: Human Kinetics.

Horn,T.S., & Hasbrook, C.A. (1987). Psychological characteristics and the criteria children use for self-evaluation. *Journal of Sport Psychology, 9*, 208–221.

Horn,T.S., & Weiss, M.R. (1991).A developmental analysis of children's self-ability judgments in the physical domain. *Pediatric Exercise Science, 3*, 310–326.

Howard, B., & Gillis, J. (2007). *Participation in high school sports increases again.* Indianapolis: National Federation of State High School Associations.

Howell, M.L., Loiselle, D.S., & Lucas,W.G. (1966). *Strength of Edmonton schoolchildren.* Unpublished manuscript, University of Alberta Fitness Research Unit, Edmonton, Alberta.

Howell, M.L., & MacNab, R. (1966). *The physical work capacity of Canadian children.* Ottawa: Canadian Association for Health, Physical Education and Recreation.

Howze, E.H., DiGilio, D.A., Bennett, J.P., & Smith, M.L. (1986). Health education and physical fitness for older adults. In B. McPherson (Ed.), *Sport and aging* (pp. 153–156). Champaign, IL: Human Kinetics.

Hrdlicka, A. (1931). *Children who run on all fours: And other animal-like behaviors in the human child.* New York: Whittlesey House.

Hubley-Kozey, C.L., Wall, J.C., & Hogan, D.B. (1995). Effects of a general exercise program on passive hip, knee, and ankle range of motion of older women. *Topics in Geriatric Rehabilitation, 10*, 33–44.

Hughes, S., Gibbs, J., Dunlop, D., Edelman, P., Singer, R., & Chang, R.W. (1997). Predictors of decline in manual performance in older adults. *Journal of the American Geriatrics Society, 45*, 905–910.

Hupprich, F.L., & Sigerseth, P.O. (1950).The specificity of flexibility in girls. *Research Quarterly, 21*, 25–33.

Inbar, O., & Bar-Or, O. (1986). Anaerobic characteristics in male children and adolescents. *Medicine and Science in Sports and Exercise, 18*, 264–269.

Isaacs, L.D. (1980). Effects of ball size, ball color, and preferred color on catching by young children. *Perceptual and Motor Skills, 51*, 583–586.

Isaacs, L.D. (1983). Coincidence-anticipation in simple catching. *Journal of Human Movement Studies, 9*, 195– 201.

Ivry, R.B. (1993). Cerebellar involvement in the explicit representation of temporal information. In P.Tallal,A.M. Galaburda, R.R. Llinas, & C. von Euler (Eds.), *Temporal information processing in the nervous system: Special reference to dyslexia and dysphasia* (pp. 214–230). New York: New York Academy of Sciences.

Ivry, R.B., & Keele, S.W. (1989).Timing functions of the cerebellum. *Journal of Cognitive Neuroscience, 1*,136–152.

Jackson, T. (1993). *Activities that teach.* Cedar City, UT: Red Rock.

Jackson, T. (1995). *More activities that teach.* Cedar City, UT: Red Rock. Jackson,T. (2000). *Still more activities that teach.* Cedar City, UT: Red Rock.

Jagacinski, R.J., Greenberg, N., & Liao, M. (1997).Tempo, rhythm, and aging in golf. *Journal of Motor Behavior, 29*(2), 159–173.

Jagacinski, R.J., Liao, M.J., & Fayyad, E.A. (1995). Generalized slowing in sinusoidal tracking in older adults. *Psychology and Aging, 10*, 8–19.

Janz, K.F., Burns,T.L., & Mahoney, L.T. (1995). Predictors of left ventricular mass and resting blood pressure in children: The Muscatine study. *Medicine and Science in Sports and Exercise, 27*(6), 818–825.

Jensen, J. (2005).The puzzles of motor development: How the study of developmental biomechanics contributes to the puzzle solutions. *Infant and Child Development, 14*(5), 501–511.

Jensen, J.L., Thelen, E., Ulrich, B.B., Schneider, K., & Zernicke, R.F. (1995). Adaptive dynamics of the leg movement patterns of human infants: III. Age-related differences in limb control. *Journal of Motor Behavior, 27*, 366–374.

Jesse, J.P. (1977). Olympic lifting movements endanger adolescents. *The Physician and Sportsmedicine, 5*, 60–67.

Johansson, G., von Hofsten, C., & Jansson, G. (1980). Event perception. *Annual Review of Psychology, 31*,27–63.

Johnsson, L.G., & Hawkins, J.E., Jr. (1972). Sensory and neural degeneration with aging, as seen in microdissections of the inner ear. *Annals of Otology, Rhinology, and Laryngology, 81*, 179–193.

Jones, H.E. (1947). Sex differences in physical abilities. *Human Biology, 19*, 12–25.

Jouen, F. (1990). Early visual-vestibular interactions and postural development. In H. Bloch & B.I. Bertenthal (Eds.), *Sensory-motor organization and development in infancy and early childhood* (pp. 199–215). Dordrecht, the Netherlands: Kluwer.

Jouen, F., Lepecq, J.C., Gapenne, O., & Bertenthal, B.I. (2000). Optical flow sensitivity in neonates. *Infant Behavior and Development, 23*(3–4), 271–284.

Kalapotharakos, V.I., Michalopoulos, M., Strimpakos, N., Diamantopoulos, K., & Tokmakidis, S.P. (2006). Functional and neuromotor performance in older adults: Effect of 12 wks of aerobic exercise. *American Journal of Physical Medicine and Rehabilitation, 85*, 61–67.

Kallman, D.A., Plato, C.C., & Tobin, J.D. (1990).The role of muscle loss in the age-related decline of grip strength: Cross-sectional and longitudinal perspectives. *Journal of Gerontology: Medical Sciences, 45*, M82–M88.

Kane, E.W. (2007). "No way my boys are going to be like that!": Parents' responses to children's gender. *Gender Society, 20*, 149–176.

Karpovich, P.V. (1937). Textbook fallacies regarding the development of the child's heart. *Research Quarterly, 8*, 33–37. (Reprinted in 1991 in *Pediatric Exercise Science, 3*, 278–282.)

Kasch, F.W., Boyer, J.L., Van Camp, S.P., Verity, L.S., & Wallace, J.P. (1990).The effects of physical activity and inactivity on aerobic power in older men (a longitudinal study). *The Physician and Sportsmedicine, 18*, 73–83.

Kasch, F.W., & Wallace, J.P. (1976). Physiological variables during 10 years of endurance exercise. *Medicine and Science in Sports, 8*, 5–8.

Katch, V.L. (1983). Physical conditioning of children. *Journal of Adolescent Health Care, 3*, 241–246.

Kauffman, T.L. (1985). Strength-training effect in young and aged women. *Archives of Physical Medicine and Rehabilitation, 65*, 223–226.

Kauranen, K., & Vanharanta, H. (1996). Influences of aging, gender, and handedness on motor performance of upper and lower extremities. *Perceptual and Motor Skills, 82*, 515–525.

Kavanagh, T., & Shephard, R.J. (1977). The effect of continued training on the aging process. *Annals of the New York Academy of Sciences, 301*, 656–670.

Kawai, K., Savelsbergh, G.J.P., & Wimmers, R.H. (1999). Newborns and spontaneous arm movements are influenced by the environment. *Early Human Development, 54*(1), 15–27.

Keele, S.W., & Ivry, R. (1990). Does the cerebellum provide a common computation for diverse tasks? A timing hypothesis. *Annals of the New York Academy of Sciences, 608*, 179–211.

Kellman, P.J., & Arterberry, M.E. (1998). *The cradle of knowledge: Development of perception in infancy.* Cambridge, MA: MIT Press.

Kelly, J.R. (1974). Socialization toward leisure: A developmental approach. *Journal of Leisure Research, 6*, 181–193.

Kemper, H.C.G., Twisk, J.W.R., Koppes, L.L.J., van Mechelen, W., & Post, G.B. (2001). A 15-year physical activity pattern is positively related to aerobic fitness in young males and females (13–27 years). *European Journal of Applied Physiology, 84*, 395–402.

Kenshalo, D.R. (1977). Age changes in touch, vibration, temperature, kinesthesis, and pain sensitivity. In J.E. Birren & K.W. Schaie (Eds.), *Handbook of the psychology of aging* (pp. 562–579). New York: Van Nostrand Reinhold.

Kenyon, G.S., & McPherson, B.D. (1973). Becoming involved in physical activity and sport: A process of socialization. In G.L. Rarick (Ed.), *Physical activity: Human growth and development* (pp. 301–332). New York: Academic Press.

Kephart, N.C. (1964). Perceptual-motor aspects of learning disabilities. *Exceptional Children, 31*, 201–206.

Kephart, N.C. (1971). *The slow learner in the classroom* (2nd ed.). Columbus, OH: Merrill.

Kermoian, R., & Campos, J.J. (1988). Locomotor experience: A facilitator of spatial cognitive development. *Child Development, 59*, 908–917.

Khambalia, A.Z., Dickinson, S., Hardy, L.L., Gill, T., & Baur, L.A. (2012). A synthesis of existing systematic reviews and meta-analyses of school-based behavioural in-

terventions for controlling and preventing obesity. *Obesity Reviews, 13*, 214–233.

Kidd, A.H., & Kidd, R.M. (1966). The development of auditory perception in children. In A.H. Kidd & J.L. Rivoire (Eds.), *Perceptual development in children* (pp. 113–142). New York: International Universities Press.

Kinsbourne, M. (1988). Sinistrality, brain organization and cognitive deficits. In D.L. Molfese & S.J. Segalowitz (Eds.), *Brain lateralization in children: Brain implications* (pp. 259–280). New York: Guilford.

Kinsbourne, M. (1997). The development of lateralization. In H.W. Reese & M.D. Franzen (Eds.), *Biological and neuropsychological mechanisms: Life span developmental psychology* (pp. 181 – 197). Hillsdale, NJ: Erlbaum.

Kinsella, K., & Velkoff, V.A. (2001). *An aging world: 2001* (U.S. Census Bureau, Series P95/01-1). Washington, DC: U.S. Government Printing Office.

Kisilevsky, B.S., Stach, D.M., & Muir, D.W. (1991). Fetal and infant response to tactile stimulation. In M.J.S. Weiss & P.R. Zelazo (Eds.), *Newborn attention: Biological constraints and the influence of experience* (pp. 63–98). Norwood, NJ: Ablex.

Klausner, S.C., & Schwartz, A.B. (1985). The aging heart. *Clinical Geriatric Medicine, 1*, 119–141.

Kline, D.W., Culham, J., Bartel, P., & Lynk, L. (1994). Aging and hyperacuity thresholds as a function of contrast and oscillation rate. *Canadian Psychology, 35*, 14.

Klint, K.A., & Weiss, M.R. (1986). Dropping in and dropping out: Participation motives of current and former youth gymnasts. *Canadian Journal of Applied Sport Sciences, 11*, 106–114.

Knudson, D. (2007). *Fundamentals of biomechanics.* New York: Springer-Verlag.

Kobayashi, K., Kitamura, K., Miura, M., Sodeyama, H., Murase, Y., Miyashita, M., et al. (1978). Aerobic power as related to body growth and training in Japanese boys: A longitudinal study. *Journal of Applied Physiology, 44*, 666–672.

Koch, G., & Rocker, L. (1977). Plasma volume and intravascular protein masses in trained boys and fit young men. *Journal of Applied Physiology, 43*, 1085–1088.

Koivula, N. (2000). Gender stereotyping in televised media sport coverage. *Sex Roles, 41*, 589–604.

Komi, P.V. (1984). Physiological and biomechanical correlates of muscle function: Effects of muscle structure and stretch-shortening cycle on force and speed. In R.L. Terjung (Ed.), *Exercise and sport science reviews* (Vol. 12, pp. 81–121). Lexington, MA: Collamore.

Konczak, J. (1990). Toward an ecological theory of motor development: The relevance of the Gibsonian approach to vision for motor development research. In J.E. Clark & J.H. Humphrey (Eds.), *Advances in motor development research* (Vol. 3, pp. 201–224). New York: AMS Press.

Korsten-Reck, U., Kaspar, T., Korsten, K., Kromeyer-Hauschild, K., Box, K., Berg, A., et al. (2007). Motor abilities and aerobic fitness of obese children. *International Journal of Sports Medicine, 28,* 762–767.

Kotz, C.M., Billington, C.J., & Levine, A.S. (1999). Obesity and aging. *Clinics in Geriatric Medicine, 15*(2), 391–412. Kraemer, W.J., Fry, A.C., Frykman, P.N., Conroy, B., & Hoffman, J. (1989). Resistance training and youth. *Pediatric Exercise Science, 1,* 336–350.

Kraemer, W.J., Vescovi, J.D., Volek, J.S., Nindl, B.C., Newto, R.U., Patton, J.F., et al. (2004). Effects of concurrent resistance and aerobic training on load-bearing performance and the Army Physical Fitness Test. *Military Medicine, 169,* 994–999.

Krahenbuhl, G.S., & Martin, S.L. (1977). Adolescent body size and flexibility. *Research Quarterly, 48,* 797–799.

Krahenbuhl, G.S., Pangrazi, R.P., Petersen, G.W., Burkett, L.N., & Schneider, M.J. (1978). Field testing of cardiorespiratory fitness in primary school children. *Medicine and Science in Sports, 10,* 208–213.

Krahenbuhl, G.S., Skinner, J.S., & Kohrt, W.M. (1985). Developmental aspects of maximal aerobic power in children. *Medicine and Science in Sports and Exercise, 13,* 503–538.

Kuczaj, S.A., II, & Maratsos, M.P. (1975). On the acquisition of front, back, and side. *Child Development, 46,* 202–210.

Kuffler, S.W., Nicholls, J.G., & Martin, A.R. (1984). *From neuron to brain* (2nd ed.). Sunderland, MA: Sinauer.

Kugler, P.N., Kelso, J.A.S., & Turvey, M.T. (1980). On the concept of coordinative structures as dissipative structures: I. Theoretical lines of convergence. In G.E. Stelmach & J. Requin (Eds.), *Tutorials in motor behavior* (pp. 3–47). New York: North-Holland.

Kugler, P.N., Kelso, J.A.S., & Turvey, M.T. (1982). On the control and coordination of naturally developing systems. In J.A.S. Kelso & J.E. Clark (Eds.), *The development of movement control and coordination* (pp. 5–78). New York: Wiley.

Kuhn, D. (2000). Does memory development belong on an endangered topic list? *Child Development, 71,* 21–25.

Kuhtz-Buschbeck, J.P., Stolze, H., Boczek-Funcke, A., Joehnk, K., Heinrichs, H., & Illert, M. (1998). Kinematic analysis of prehension movements in children. *Behavioural Brain Research, 93,* 131–141.

Kuo, A.D., & Zajac, F.E. (1993). Human standing posture: Multi-joint movement strategies based on biomechanical constraints. *Progress in Brain Research, 97,* 349–358.

Laidlaw, R.W., & Hamilton, M.A. (1937). A study of thresholds in appreciation of passive movement among normal control subjects. *Bulletin of the Neurological Institute, 6,* 268–273.

Lan, C., Lai, J.S., Chen, S.U., & Wong, M.K. (1998). 12-month tai chi training in the elderly: Its effects on health fitness. *Medicine and Science in Sports and Exercise, 30*(3), 345–351.

Landahl, H.D., & Birren, J.E. (1959). Effects of age on the discrimination of lifted weights. *Journal of Gerontology, 14,* 48–55.

Langendorfer, S. (1980). *Longitudinal evidence for developmental changes in the preparatory phase of the overarm throw for force.* Paper presented at the annual convention of the American Alliance for Health, Physical Education, Recreation and Dance, Detroit.

Langendorfer, S. (1982). *Developmental relationships between throwing and striking: A prelongitudinal test of motor stage theory.* Unpublished doctoral dissertation, University of Wisconsin, Madison.

Langendorfer, S. (1987). Prelongitudinal screening of overarm striking development performed under two environmental conditions. In J.E. Clark & J.H. Humphrey (Eds.), *Advances in motor development research* (Vol. 1, pp. 17–47). New York: AMS Press.

Langendorfer, S. (1990). Motor-task goal as a constraint on developmental status. In J.E. Clark & J.H. Humphrey (Eds.), *Advances in motor development research* (Vol. 3, pp. 16–28). New York: AMS Press.

Langendorfer, S., & Roberton, M.A. (2002). Individual pathways in the development of forceful throwing. *Research Quarterly for Exercise and Sport, 73,* 245–256.

Langley, D.J., & Knight, S.M. (1996). Exploring practical knowledge: A case study of an experienced senior tennis performer. *Research Quarterly for Exercise and Sport, 67*(4), 433–447.

Larsson, L. (1982). Physical training effects on muscle morphology in sedentary males at different ages. *Medicine and Science in Sports and Exercise, 14,* 203–206.

Leavitt, J. (1979). Cognitive demands of skating and stickhandling in ice hockey. *Canadian Journal of Applied Sport Science, 4,* 46–55.

Lee, D.N., & Aronson, E. (1974). Visual proprioceptive control of standing in human infants. *Perception and Psychophysics, 15,* 529–532.

Lee, M., Liu, Y., & Newell, K.M. (2006). Longitudinal expressions of infant's prehension as a function of object properties. *Infant Behavior and Development, 29,* 481–493.

Lefebvre, C., & Reid, G. (1998). Prediction in ball catching by children with and without a developmental coordination disorder. *Adapted Physical Activity Quarterly, 15*(4), 299–315.

Leme, S., & Shambes, G. (1978). Immature throwing patterns in normal adult women. *Journal of Human Movement Studies, 4,* 85–93.

Lemon, P.W.R. (1989). Nutrition for muscular development of young athletes. In C.V. Gisolfi & D.R. Lamb (Eds.), *Perspectives in exercise science and sports medicine: Vol. 2. Youth, exercise, and sport* (pp. 369–400). Indianapolis: Benchmark Press.

Lengyel, M., & Gyarfas, I. (1979). The importance of echocardiography in the assessment of left ventricular hypertrophy in trained and untrained school children. *Acta Cardiologica, 34,* 63–69.

Lenoir, M., Musch, E., Janssens, M., Thiery, E., & Uyttenhove, J. (1999). Intercepting moving objects during self-motion. *Journal of Motor Behavior, 31*(1), 55–67.

Levy, G.D. (2000). Gender-typed and non-gender-typed category awareness in toddlers. *Sex Roles, 41,* 851–873.

Lew, A.R., & Butterworth, G. (1997). The development of hand–mouth coordination in 2- to 5-month-old infants: Similarities with reaching and grasping. *Infant Behavior and Development, 20*(1), 59–69.

Lewis, M. (1972). Culture and gender roles: There is no unisex in the nursery. *Psychology Today, 5,* 54–57.

Lewis, S.F., Taylor, W.F., Bastian, B.C., Graham, R.M., Pettinger, W.A., & Blomqvist, C.G. (1983). Haemodynamic responses to static and dynamic handgrip before and after autonomic blockage. *Clinical Science, 64,* 593–599.

Lewko, J.H., & Ewing, M.E. (1980). Sex differences and parental influences in sport involvement of children. *Journal of Sport Psychology, 2,* 62–68.

Lewko, J.H., & Greendorfer, S.L. (1988). Family influences in sport socialization of children and adolescents. In F.L. Smoll, R.A. Magill, & M.J. Ash (Eds.), *Children in sport* (3rd ed., pp. 287–300). Champaign, IL: Human Kinetics.

Lewkowicz, D.J., & Marcovitch, S. (2006). Perception of audiovisual rhythm and its invariance in 4- to 10-month-old infants. *Developmental Psychobiology, 48,* 288–300.

Lexell, J. (1995). Human aging, muscle mass, and fiber type composition. *Journal of Gerontology Series A: Biological and Medical Sciences, 50,* 11–16.

Lexell, J., Henriksson-Larsen, K., Wimblad, B., & Sjostrom, M. (1983). Distribution of different fiber types in human skeletal muscles: Effects of aging studies in whole muscle cross-sections. *Muscle and Nerve, 6,* 588–595.

Lexell, J., Taylor, C., & Sjostrom, M. (1988). What is the cause of ageing atrophy? Total number, size, and proportion of different fiber types studied in whole vastus lateralis muscle from 15- to 83-year-old men. *Journal of Neurological Sciences, 84,* 275–294.

Lindquist, C., Reynolds, K., & Goran, M. (1998). Sociocultural determinants of physical activity among children. *Preventive Medicine, 29,* 305–312.

Lipsitz, L.A. (1989). Altered blood pressure homeostasis in advanced age: Clinical and research implications. *Journal of Gerontology: Medical Sciences, 44,* M179–M183.

Liss, M.B. (1983). Learning gender-related skills through play. In M.B. Liss (Ed.), *Social and cognitive skills: Sex roles and children's play* (pp. 147–166). New York: Academic Press.

Lloyd, B., & Smith, C. (1985). The social representation of gender and young children's play. *British Journal of Developmental Psychology, 3,* 65–73.

Lockman, J.J. (1984). The development of detour ability during infancy. *Child Development, 55,* 482–491.

Lockman, J.J. (2000). A perception-action perspective on tool use development. *Child Development, 71,* 137–144.

Lockman, J.J., Ashmead, D.H., & Bushnell, E.W. (1984). The development of anticipatory hand orientation during infancy. *Journal of Experimental Child Psychology, 37,* 176–186.

Lohman, T.G., Going, S.B., Pamenter, R.W., Boyden, T., Houtkooper, L.B., Ritenbaugh, C., et al. (1992). Effects of weight training on lumbar spine and femur bone mineral density in premenopausal females. *Medicine and Science in Sports and Exercise, 24,* S188.

Lohman, T.G., Roche, A.F., & Martorell, R. (Eds.). (1988). *Anthropometric standardization reference manual.* Champaign, IL: Human Kinetics.

Long, A.B., & Looft, W.R. (1972). Development of directionality in children: Ages six through twelve. *Developmental Psychology, 6,* 375–380.

Lorber, J. (1994). Believing is seeing: Biology as ideology. *Gender and Society, 7,* 568–581.

Lowrey, G.H. (1986). *Growth and development of children* (8th ed.). Chicago: Year Book Medical.

Loy, J.W., McPherson, B.D., & Kenyon, G. (1978). *Sport and social systems.* Reading, MA: Addison-Wesley.

Lutman, M.E. (1991). Degradations in frequency and temporal resolution with age and their impact on speech identification. *Acta Oto-Laryngologica (Suppl.), 476,* 120–126.

Lynch, A., & Getchell, N. (2010). Using an ecological approach to understand perception, cognition, and action coupling in individuals with Autism Spectrum Disorder. *International Public Health Journal, 2*(1), 7–16.

Lyons, J., Fontaine, R., & Elliott, D. (1997). I lost it in the lights: The effects of predictable and variable intermittent vision on unimanual catching. *Journal of Motor Behavior, 29*(2), 113–118.

Madden, D.J., Whiting, W.L., & Huettel, S.A. (2005). Age-related changes in neural activity during visual perception and attention. In R. Cabeza, L. Nyberg, & D. Park (Eds.), *Cognitive neuroscience of aging: Linking cognitive and cerebral aging* (pp. 157–185). New York: Oxford University Press.

Maehr, M.L. (1984). Meaning and motivation. In R. Ames and C. Ames (Eds.), *Research on motivation in education* (Vol. 1, pp. 115–144). New York: Academic Press.

Mally, K.K., Battista, R.A., & Roberton, M.A. (2011). Distance as a control parameter for place kicking. *Journal of Human Sport and Exercise, 6*(1), 122–134.

Malina, R.M. (1978). Growth of muscle tissue and muscle mass. In F. Falkner & J.M. Tanner (Eds.), *Human growth: Vol. 2. Postnatal growth* (pp. 273–294). New York: Plenum Press.

Malina, R.M., Beunen, G.P., Claessens, A.L., Lefevre, J., Vanden Eynde, B., Renson, R., et al. (1995). Fatness and fitness of girls 7 to 17 years. *Obesity Research, 3,* 221–231.

Malina, R.M., & Bouchard, C. (1991). *Growth, maturation, and physical activity*. Champaign, IL: Human Kinetics. Malina, R.M., Bouchard, C., & Bar-Or, O. (2004). *Growth, maturation, and physical activity* (2nd ed.). Champaign, IL: Human Kinetics.

Maloney, S.K., Fallon, B., & Wittenberg, C.K. (1984). *Aging and health promotion: Market research for public education, executive summary* (Contract no. 282-83-0105). Washington, DC: Public Health Service, Office of Disease Prevention and Health Promotion.

Marcon, R., & Freeman, G. (1999). Linking gender-related toy preferences to social structure: Changes in children's letters to Santa since 1978. *Journal of Psychological Practice, 2*, 1–10.

Marques-Bruna, P., & Grimshaw, P.N. (1997). 3-dimensional kinematics of overarm throwing action of children age 15 to 30 months. *Perceptual and Motor Skills, 84*, 1267–1283.

Marshall, W.A., & Tanner, J.M. (1969). Variations in pattern of pubertal changes in girls. *Archives of Disease in Childhood, 44*, 291–303.

Marshall, W.A., & Tanner, J.M. (1970). Variations in the pattern of pubertal changes in boys. *Archives of Disease in Childhood, 45*, 13–23.

Martorell, R., Malina, R.M., Castillo, R.O., Mendoza, F.S., & Pawson, I.G. (1988). Body proportions in three ethnic groups: Children and youth 2–17 years in NHANES II and HHANES. *Human Biology, 60*, 205–222.

McAuley, E. (1994). Physical activity and psychosocial outcomes. In C. Bouchard & R. Shephard (Eds.), *Physical activity, fitness, and health: International proceedings and consensus statement* (pp. 551–568). Champaign, IL: Human Kinetics.

McAuley, E., Kramer, A.F., & Colcombe, S.J. (2004). Cardiovascular fitness and neurocognitive function in older adults: A brief review. *Brain, Behavior, and Immunity, 18*, 214–220.

McBeath, M.K., Shaffer, D.M., & Kaiser, M.K. (1995). How baseball outfielders determine where to run to catch fly balls. *Science, 268*, 569–573.

McBride-Chang, C., & Jacklin, C. (1993). Early play arousal, sex-typed play and activity level as precursors to later rough-and-tumble play. *Early Education and Development, 4*, 99–108.

McCallister, S., Blinde, E., & Phillips, J. (2003). Prospects for change in a new millennium: Gender beliefs of young girls in sport and physical activity. *Women in Sports and Physical Activity Journal, 12*, 83–109.

McCarty, M.E., & Ashmead, D.H. (1999). Visual control of reaching and grasping in infants. *Developmental Psychology, 35*, 620–631.

McCaskill, C.L., & Wellman, B.L. (1938). A study of common motor achievements at the preschool ages. *Child Development, 9*, 141–150.

McClenaghan, B.A., & Gallahue, D.L. (1978). *Fundamental movement: A developmental and remedial approach*. Philadelphia: Saunders.

McComas, A.J. (1996). *Skeletal muscle: Form and function*. Champaign, IL: Human Kinetics.

McConnell, A., & Wade, G. (1990). Effects of lateral ball location, grade, and sex on catching. *Perceptual and Motor Skills, 70*, 59–66.

McDonnell, P.M. (1979). Patterns of eye-hand coordination in the first year of life. *Canadian Journal of Psychology, 33*, 253–267.

McGinnis, P. (2005). *Biomechanics of sport and exercise* (4th ed.). Champaign, IL: Human Kinetics.

McGraw, M. (1935). *Growth: A Study of Johnny and Jimmy*. New York: Appleton-Century-Crofts.

McGraw, M.B. (1943). *The neuromuscular maturation of the human infant*. New York: Columbia University Press.

McKenzie, B.E., & Bigelow, E. (1986). Detour behavior in young human infants. *British Journal of Developmental Psychology, 4*, 139–148.

McLeod, P., & Dienes, Z. (1993). Running to catch the ball. *Nature, 362*, 23.

McLeod, P., & Dienes, Z. (1996). Do fielders know where to go to catch the ball or only how to get there? *Journal of Experimental Psychology: Human Perception and Performance, 22*(3), 531–543.

McManus, A.M., Armstrong, N., & Williams, C.A. (1997). Effect of training on the aerobic power and anaerobic performance of prepubertal girls. *Acta Paediatrica, 86*, 456–459.

McMurdo, M.E., & Rennie, L. (1993). A controlled trial of exercise by residents of old people's homes. *Age and Ageing, 22*, 11–15.

McPherson, B.D. (1978). The child in competitive sport: Influence of the social milieu. In R.A. Magill, M.J. Ash, & F.L. Smoll (Eds.), *Children in sport: A contemporary anthology* (pp. 219–249). Champaign, IL: Human Kinetics.

Mayer, F., Scharhag-Rosenberger, F., Carlsohn, A., Cassel, M., Müller, S., & Scharhag, J. (2011). The intensity and effects of strength training in the elderly. *Deutsches Ärzteblatt International, 108*, 359-364.

McPherson, B.D. (1983). *Aging as a social process: An introduction to individual and population aging*. Toronto: Butterworths.

McPherson, B.D. (1986). Sport, health, well-being and aging: Some conceptual and methodological issues and questions for sport scientists. In B. McPherson (Ed.), *Sport and aging* (pp. 3–23). Champaign, IL: Human Kinetics.

McPherson, B.D., Marteniuk, R., Tihanyi, J., & Clark, W. (1980). The social system of age group swimmers: The perceptions of swimmers, parents, and coaches. *Canadian Journal of Applied Sciences, 5*, 143–145.

McPherson, S.L. (1999). Tactical differences in problem representations and solutions in collegiate varsity and beginner female tennis players. *Research Quarterly for Exercise and Sport, 70*(4), 369–384.

McPherson, S.L., & Kemodle, M. (2007). Mapping two new points on the tennis expertise continuum: Tactical skills of adult advanced beginners and entry-level professionals during competition. *Journal of Sports Science, 25*, 945–959.

Meltzoff, A.N., & Borton, R.W. (1979). Intermodal matching by human neonates. *Nature, 282*, 403–404.

Meredith, M.D., & Welk, G.J. (1999). *Fitnessgram test administration manual* (2nd ed.). Champaign, IL: Human Kinetics.

Mero, A., Kauhanen, H., Peltola, E., Vuorimaa, T., & Komi, P.V. (1990). Physiological performance capacity in different prepubescent athletic groups. *Journal of Sports Medicine and Physical Fitness, 30*, 57–66.

Messick, J.A. (1991). Prelongitudinal screening of hypothesized developmental sequences for the overhead tennis serve in experienced tennis players 9–19 years of age. *Research Quarterly for Exercise and Sport, 62*, 249–256.

Messner, M., Duncan, M., & Jensen, K. (1993). Separating the men from the girls: The gendered language of televised sports. *Gender and Society, 7*, 121–137.

Metcalfe, J.S., McDowell, K., Chang, T.Y., Chen, L.-C., Jeka, J.J., & Clark, J.E. (2005). Development of somatosensorymotor integration: An event-related analysis of infant posture in the first year of independent walking. *Developmental Psychobiology, 46*, 19–35.

Michaels, C.F., & Oudejans, R.R.D. (1992). The optics and actions of catching fly balls: Zeroing out optical acceleration. *Ecological Psychology, 4*, 199–222.

Michel, G.F. (1983). Development of hand-use preference during infancy. In G. Young, S. Segalowitz, C.M. Carter, & S.E. Trehub (Eds.), *Manual specialization and the developing brain* (pp. 33–70). New York: Academic Press.

Michel, G.F. (1988). A neuropsychological perspective on infant sensorimotor development. In C. Rovee-Collier & L.P. Lipsitt (Eds.), *Advances in infancy research* (Vol. 5, pp. 1–37). Norwood, NJ: Ablex.

Michel, G.F., & Goodwin, R.A. (1979). Intrauterine birth position predicts newborn supine head position preferences. *Infant Behavior and Development, 2*, 29–38.

Michel, G.F., & Harkins, D.A. (1986). Postural and lateral asymmetries in the ontogeny of handedness during infancy. *Developmental Psychobiology, 19*, 247–258.

Micheli, L.J. (1984). Sport injuries in the young athlete: Questions and controversies. In L.J. Micheli (Ed.), *Pediatric and adolescent sports medicine* (pp. 1–9). Boston: Little, Brown.

Michlovitz, S.L., Harris, B.A., & Watkins, M.P. (2004). Therapy interventions for improving joint range of motion: A systematic review. *Journal of Hand Therapy, 17*, 118–131.

Milani-Comparetti, A. (1981). The neurophysiologic and clinical implications of studies on fetal motor behavior. *Seminars in Perinatology, 5*, 183–189.

Milani-Comparetti, A., & Gidoni, E.A. (1967). Routine developmental examination in normal and retarded children. *Developmental Medicine and Child Neurology, 9*, 631–638.

Milne, C., Seefeldt, V., & Reuschlein, P. (1976). Relationship between grade, sex, race, and motor performance in young children. *Research Quarterly, 47*, 726–730.

Milner, A.D., & Goodale, M.A. (1995). *The visual brain in action.* New York: Oxford University Press.

Mirwald, R.L., & Bailey, D.A. (1986). *Maximal aerobic power: A longitudinal analysis.* London, Ontario: Sport Dynamics.

Mirwald, R.L., Bailey, D.A., Cameron, N., & Rasmussen, R.L. (1981). Longitudinal comparison of aerobic power in active and inactive boys aged 7.0 to 17.0 years. *Annals of Human Biology, 8*, 405–414.

Molen, H.H. (1973). *Problems on the evaluation of gait.* Unpublished doctoral dissertation, Free University, Amsterdam.

Mook-Kanamori, D.O., Durmus, B., Sovio, U., Hofman, A., Raat, H., Steegers, E.A.P., et al. (2011). Fetal and infant growth and the risk of obesity during early childhood: The Generation R study. *European Journal of Endocrinology, 165*, 623–630.

Moritani, T., & DeVries, H.A. (1980). Potential for gross muscle hypertrophy in older men. *Journal of Gerontology, 35*, 672–682.

Morris, G.S.D. (1976). Effects ball and background color have upon the catching performance of elementary school children. *Research Quarterly, 47*, 409–416.

Morrongiello, B.A. (1984). Auditory temporal pattern perception in 6- and 12-month-old infants. *Developmental Psychology, 20*, 441–448.

Morrongiello, B.A. (1986). Infants' perception of multiple-group auditory patterns. *Infant Behavior and Development, 9*, 307–320.

Morrongiello, B.A. (1988a). The development of auditory pattern perception skills. In C. Rovee-Collier & L.P. Lipsitt (Eds.), *Advances in infancy research* (Vol. 6, pp. 135–172). Norwood, NJ: Ablex.

Morrongiello, B.A. (1988b). Infants' localization of sounds along the horizontal axis: Estimates of minimum audible angle. *Developmental Psychology, 24*(1), 8–13.

Morrongiello, B.A., & Clifton, R.K. (1984). Effects of sound frequency on behavioral and cardiac orienting in newborn and five-month-old infants. *Journal of Experimental Child Psychology, 38*, 429–446.

Morrongiello, B.A., Fenwick, K.D., Hillier, L., & Chance, G. (1994). Sound localization in newborn human infants. *Developmental Psychology, 27*(8), 519–538.

Morrongiello, B.A., Trehub, S.E., Thorpe, L.A., & Capodilupo, S. (1985). Children's perceptions of melodies:

The role of contour, frequency, and rate of presentation. *Journal of Experimental Child Psychology, 40,* 279–292.

Morrow, D., & Leirer, V. (1997). Aging, pilot performance, and expertise. In A.D. Fisk & W.A. Rogers (Eds.), *Handbook of human factors and the older adult* (pp. 199–230). San Diego: Academic Press.

Munns, K. (1981). Effects of exercise on the range of joint motion in elderly subjects. In E.L. Smith & R.C. Serfass (Eds.), *Exercise and aging: The scientific basis* (pp. 149–166). Hillside, NJ: Enslow.

Murphy, G.L., & Wright, J.C. (1984). Changes in conceptual structure with expertise: Differences between real-world experts and novices. *Journal of Experimental Psychology: Learning, Memory, and Cognition, 10,* 144–155.

Murray, M.P., Drought, A.B., & Kory, R.C. (1964). Walking patterns of normal men. *Journal of Bone and Joint Surgery, 46A,* 335–360.

Murray, M.P., Gardner, G.M., Mollinger, L.A., & Sepic, S.B. (1980). Strength of isometric and isokinetic contractions. *Physical Therapy, 60,* 412–419.

Murray, M.P., Kory, R.C., Clarkson, B.H., & Sepic, S.B. (1966). Comparison of free and fast speed walking patterns of normal men. *American Journal of Physical Medicine, 45,* 8–24.

Murray, M.P., Kory, R.C., & Sepic, S.B. (1970). Walking patterns of normal women. *Archives of Physical Medicine and Rehabilitation, 51,* 637–650.

Nanez, J., & Yonas, A. (1994). Effects of luminance and texture motion on infant defensive reactions to optical collision. *Infant Behavior and Development, 17,* 165–174.

Napier, J. (1956). The prehensile movements of the human hand. *Journal of Bone and Joint Surgery, 38B,* 902–913.

Naus, M., & Shillman, R. (1976). Why a Y is not a V: A new look at the distinctive features of letters. *Journal of Experimental Psychology: Human Perception and Performance, 2,* 394–400.

Nelson, C.J. (1981). *Locomotor patterns of women over 57.* Unpublished master's thesis, Washington State University, Pullman.

Nevett, M.E., & French, K.E. (1997). The development of sport-specific planning, rehearsal, and updating of plans during defensive youth baseball game performance. *Research Quarterly for Exercise and Sport, 68*(3), 203–214.

Newell, K.M. (1986). Constraints on the development of coordination. In M.G. Wade & H.T.A. Whiting (Eds.), *Motor development in children: Aspects of coordination and control* (pp. 341–361). Amsterdam: Nijhoff.

Newell, K., & Jordan, K.M. (2007). Task constraints and movement organization: A common language. In W. Davis & B.D. Broadhead (Eds.), Ecological task analysis and movement (pp. 5-23). Champaign, IL: Human Kinetics.

Newell, K.M., Scully, D.M., McDonald, P.V., & Baillargeon, R. (1989). Task constraints and infant grip configurations. *Developmental Psychobiology, 22,* 817–832.

Newell, K.M., Scully, D.M., Tenenbaum, F., & Hardiman, S. (1989). Body scale and the development of prehension. *Developmental Psychobiology, 22,* 11–13.

Nielsen, B., Nielsen, K., Hansen, M.B., & Asmussen, E. (1980). Training of "functional muscle strength" in girls 7–19 years old. In K. Berg & B.O. Eriksson (Eds.), *Children and exercise IX* (pp. 69–78). Baltimore: University Park Press.

Nielsen, J.M., & McPherson, S.L. (2001). Response selection and execution skills of professionals and novices during singles tennis competition. *Perceptual and Motor Skills, 93,* 541–555.

Nilsson, L. (1990). *A child is born.* New York: Delacorte Press. Nordlund, B. (1964). Directional audiometry. *Acta Oto-Laryngologica, 57,* 1–18.

Norris, A.H., Shock, N.W., Landowne, M., & Falzone, J.A. (1956). Pulmonary function studies: Age differences in lung volume and bellows function. *Journal of Gerontology, 11,* 379–387.

Northman, J.E., & Black, K.N. (1976). An examination of errors in children's visual and haptic-tactual memory for random forms. *Journal of Genetic Psychology, 129,* 161–165.

Nougier, V., Bard, C., Fleury, M., & Teasdale, N. (1998). Contribution of central and peripheral vision to the regulation of stance: Developmental aspects. *Journal of Experimental Child Psychology, 68,* 202–215.

Nyhan, N.L. (1990). Structural abnormalities. *Clinical Symposia, 42*(2), 1–32.

Oettingen, G. (1985). The influence of the kindergarten teacher on sex differences in behavior. *International Journal of Behavioral Development, 8,* 3–13.

Olds, T., & Dollman, J. (2004). Are changes in distance-run performance of Australian children between 1985 and 1997 explained by changes in fatness? *Pediatric Exercise Science, 16,* 201–209.

Olson, P.L., & Sivak, M. (1986). Perception-response time to unexpected roadway hazards. *Human Factors, 28,* 91–96.

Orlick, T.D. (1973, January/February). Children's sport: A revolution is coming. *Canadian Association for Health, Physical Education, and Recreation Journal,* 12–14.

Orlick, T.D. (1974, November/December). The athletic drop-out: A high price for inefficiency. *Canadian Association for Health, Physical Education, and Recreation Journal,* 21–27.

Oudejans, R.R.D., Michaels, C.F., Bakker, F.C., & Dolne, M.A. (1996). The relevance of action in perceiving affordances: Perception of catchableness of fly balls. *Journal of Experimental Psychology, 22*(4), 879–891.

Paillard, T., Lafont, C., Costes-Salon, M.C., Riviere, D., & Dupui, P. (2004). Effects of brisk walking on static and dynamic balance, locomotion, body composition, and aerobic capacity in ageing healthy active men. *International Journal of Sports Medicine, 25,* 539–546.

Pargman, D. (1997). *Understanding sport behavior*. Englewood Cliffs, NJ: Prentice Hall.

Parish, L.E., & Rudisill, M.E. (2006). HAPPE: Promoting physical play among toddlers. *Young Children, 61*(3), 32.

Parish, L.E., Rudisill, M.E., & St. Onge, P.M. (2007). Mastery motivational climate: Influence on physical play heart rate and intensity in African American toddlers. *Research Quarterly for Exercise and Sport, 78*, 171–178.

Parizkova, J. (1963). Impact of age, diet, and exercise on man's body composition. *Annals of the New York Academy of Sciences, 110*, 661–674.

Parizkova, J. (1968a). Longitudinal study of the development of body composition and body build in boys of various physical activity. *Human Biology, 40*, 212–225.

Parizkova, J. (1968b). Body composition and physical fitness. *Current Anthropology, 9*, 273–287.

Parizkova, J. (1972). Somatic development and body composition changes in adolescent boys differing in physical activity and fitness: A longitudinal study. *Anthropologie, 10*, 3–36.

Parizkova, J. (1973). Body composition and exercise during growth and development. In G.L. Rarick (Ed.), *Physical activity: Human growth and development* (pp. 97–124). New York: Academic Press.

Parizkova, J. (1977). *Body fat and physical fitness*. The Hague, the Netherlands: Nijhoff.

Parker, A.W., & James, B. (1985). Age changes in the flexibility of Down syndrome children. *Journal of Mental Deficiency Research, 29*, 207–218.

Parker, D.F., Round, J.M., Sacco, P., & Jones, D.A. (1990). A cross-sectional survey of upper and lower limb strength in boys and girls during childhood and adolescence. *Annals of Human Biology, 17*, 199–211.

Pate, R.R., & Shephard, R.J. (1989). Characteristics of physical fitness in youth. In C.V. Gisolfi & D.R. Lamb (Eds.), *Youth, exercise, and sport* (Vol. 2, pp. 1–46). Indianapolis: Benchmark Press.

Pate, R.R., & Ward, D.S. (1990). Endurance exercise trainability in children and youth. In W.A. Grana, J.A. Lombardo, B.J. Sharkey, & J.A. Stone (Eds.), *Advances in sports medicine and fitness* (Vol. 3, pp. 37–55). Chicago: Year Book Medical.

Patrick, H., Ryan, A.M., Alfeld-Liro, C., Fredricks, J., Hruda, L., & Eccles, J. (1999). Adolescents' commitment to developing talent: The role of peers in continuing motivation for sports and the arts. *Journal of Youth and Adolescence, 28*, 741–763.

Patriksson, G. (1981). Socialization to sports involvement. *Scandinavian Journal of Sports Sciences, 3*, 27–32.

Payne, V.G. (1982). Simultaneous investigation of effects of distance of projection and object size on object reception by children in grade 1. *Perceptual and Motor Skills, 54*, 1183–1187.

Payne, V.G., & Koslow, R. (1981). Effects of varying ball diameters on catching ability of young children. *Perceptual and Motor Skills, 53*, 739–744.

Payne, V.G., & Morrow, J.R. (1993). Exercise and VO$_2$max in children: A meta-analysis. *Research Quarterly for Exercise and Sport, 64*, 305–313.

Peiper, A. (1963). *Cerebral function in infancy and childhood*. New York: Consultants Bureau.

Pennell, G. (1999). Doing gender with Santa: Gender-typing in children's toy preferences. *Dissertation Abstracts International, 59-8*(B), 4541.

Perlmutter, M., & Nyquist, L. (1990). Relationships between self-reported physical and mental health and intelligence performance across adulthood. *Journal of Gerontology: Psychological Sciences, 45*, P145–P155.

Perrin, P.P., Jeandel, C., Perrin, C.A., & Bene, M.C. (1997). Influence of visual control, conduction, and central integration on static and dynamic balance in healthy older adults. *Gerontology, 43*, 223–231.

Pew, R.W., & Rupp, G. (1971). Two quantitative measures of skill development. *Journal of Experimental Psychology, 90*, 1–7.

Pfeiffer, R., & Francis, R.S. (1986). Effects of strength training on muscle development in prepubescent, pubescent, and postpubescent males. *The Physician and Sportsmedicine, 14*, 134–143.

Phillips, M., Bookwalter, C., Denman, C., McAuley, J., Sherwin, H., Summers, D., et al. (1955). Analysis of results from the Kraus-Weber test of minimum muscular fitness in children. *Research Quarterly, 26*, 314–323.

Piaget, J. (1952). *The origins of intelligence in children*. New York: International Universities Press.

Pick, A.D. (Ed.). (1979). *Perception and its development: A tribute to Eleanor J. Gibson*. Hillsdale, NJ: Erlbaum.

Pick, H.L. (1989). Motor development: The control of action. *Developmental Psychology, 25*, 867–870.

Piek, J.P., & Gasson, N. (1999). Spontaneous kicking in full term and preterm infants: Are there leg asymmetries? *Human Movement Science, 18*, 377–395.

Piek, J.P., Gasson, N., Barrett, N., & Case, I. (2002). Limb and gender differences in the development of coordination in early infancy. *Human Movement Science, 21*, 621–639.

Piéraut-Le Bonniec, G. (1985). Hand-eye coordination and infants' construction of convexity and concavity. *British Journal of Developmental Psychology, 3*, 273–280.

Pollock, M.L. (1974). Physiological characteristics of older champion track athletes. *Research Quarterly, 45*, 363–373.

Pomerance, A. (1965). Pathology of the heart with and without failure in the aged. *British Heart Journal, 27*, 697–710.

Ponds, R.W., Brouwer, W.H., & Van Wolffelaar, P.C. (1988). Age differences in divided attention in a simulated driving task. *Journal of Gerontology: Psychological Sciences, 43*, P151–P156.

Pope, M.J. (1984). *Visual proprioception in infant postural development.* Unpublished doctoral dissertation, University of Southampton, Highfield, Southampton, UK. Posner, J.D., Gorman, K.M., Klein, H.S., & Woldow, A. (1986). Exercise capacity in the elderly. *American Journal of Cardiology, 57,* 52C–58C.

Power, T.G. (1985). Mother- and father-infant play: A developmental analysis. *Child Development, 56,* 1514– 1524.

Power, T.G., & Parke, R.D. (1983). Patterns of mother and father play with their 8-month-old infant:A multiple analyses approach. *Infant Behavior and Development, 6,* 453–459.

Power, T.G., & Parke, R.D. (1986). Patterns of early socialization: Mother- and father-infant interactions in the home. *International Journal of Behavioral Development, 9,* 331–341.

Prader, A., Tanner, J.M., & von Harnack, G.A. (1963). Catch-up growth following illness or starvation: An example of developmental canalization in man. *Journal of Pediatrics, 62,* 646–659.

Prohaska, T.R., Leventhal, E.A., Leventhal, H., & Keller, M.L. (1985). Health practices and illness cognition in young, middle aged, and elderly adults. *Journal of Gerontology, 40,* 569–578.

Pruitt, L.A., Jackson, R.D., Bartels, R.L., & Lehnhard, H.J. (1992). Weight-training effects on bone mineral density in early postmenopausal women. *Journal of Bone and Mineral Research, 7,* 179–185.

Pryde, K.M., Roy, E.A., & Campbell, K. (1998). Prehension in children and adults: The effects of size. *Human Movement Science, 17(6),* 743–752.

Purhonen, J., Kilpelainen-Lees, R., Valkonen-Korhonen, M., Karhu, J., & Lehtonen, J. (2005). Fourth-month-old infants process own mother's voice faster than unfamiliar voices: Electrical signs of sensitization in infant brain. *Cognitive Brain Research, 24,* 627–633.

Raag, T. (1999). Influences of social expectations of gender, gender stereotypes, and situational constraints on children's toy choices. *Sex Roles, 41*(11/12), 809–831.

Raag, T., & Rackliff, C.L. (1998). Preschoolers' awareness of social expectations of gender: Relationships to toy choices. *Sex Roles, 38*(9/10), 685–700.

Rabbitt, P. (1965). An age decrement in the ability to ignore irrelevant information. *Journal of Gerontology, 20,* 233–238.

Ramsay, D.S. (1980). Onset of unimanual handedness in infants. *Infant Behavior and Development, 3,* 377–386.

Ramsay, D.S. (1985). Infants' block banging at midline: Evidence for Gesell's principal of "reciprocal interweaving" in development. *British Journal of Developmental Psychology, 3,* 335–343.

Ramsay, D.S., Campos, J.J., & Fenson, L. (1979). Onset of bimanual handedness in infants. *Infant Behavior and Development, 2,* 69–76.

Ramsay, J.A., Blimkie, C.J.R., Smith, K., Garner, S., MacDougall, J.D., & Sale, D.G. (1990). Strength training effects in prepubescent boys. *Medicine and Science in Sports and Exercise, 22,* 605–614.

Rarick, G.L., & Smoll, F.L. (1967). Stability of growth in strength and motor performance from childhood to adolescence. *Human Biology, 39,* 295–306.

Rasmussen, R.L., Faulkner, R.A., Mirwald, R.L., & Bailey, (1990). A longitudinal analysis of structure/function related variables in 10–16 year old boys. In G. Beunen,

Ghesquiere, T. Reybrouck, & A.L. Claessens (Eds.), *Children and exercise* (pp. 27–33). Stuttgart: Verlag.

Ratey, J.J. (2001). *A user's guide to the brain: Perception, attention, and the four theaters of the brain.* New York: Vintage Books.

Ratey, J.J. (2008). *Spark.* New York: Little, Brown. Reaburn, P.R.J., & Mackinnon, L.T. (1990). Blood lactate response in older swimmers during active and passive recovery following maximal sprint swimming. *European Journal of Applied Physiology, 61,* 246–250.

Reaven, P.D., Barrett-Connor, E., & Edelstein, S. (1991). Relation between leisure-time physical activity and blood pressure in older women. *Circulation, 83,* 559–565.

Reith, K.M. (2004). *Playing fair: A Women's Sports Foundation guide to Title IX in high school and college sports.* East Meadow, NY: Women's Sports Foundation.

Rians, C.B., Weltman, A., Cahill, B.R., Janney, C.A., Tippett, S.R., & Katch, F.I. (1987). Strength training for prepubescent males: Is it safe? *American Journal of Sports Medicine, 15,* 483–489.

Rikli, R.E., & Busch, S. (1986). Motor performance of women as a function of age and physical activity level. *Journal of Gerontology, 41,* 645–649.

Rikli, R.E., & Edwards, D.J. (1991). Effects of a 3 year exercise program on motor function and cognitive speed in older women. *Research Quarterly for Exercise and Sport, 62*(1), 61–67.

Rikli, R.E., & Jones, C.J. (1999). Functional fitness normative scores for community-residing older adults, ages 60–94. *Journal of Aging and Physical Activity, 7,* 162–181.

Ring-Dimitriou, S., von Duvillard, S.P., Paulweber, B., Stadlmann, M., Lemura, L.M., Peak, K., et al. (2007). Nine months aerobic fitness induced changes on blood lipids and lipoproteins in untrained subjects versus controls. *European Journal of Applied Physiology, 99,* 291–299.

Risser, W.L., & Preston, D. (1989). Incidence and causes of musculoskeletal injuries in adolescents training with weights [Abstract]. *Pediatric Exercise Science, 1,* 84.

Rivilis, I., Hay, J., Cairney, J., Klentrou, P., Liu, J., & Faught, B.E. (2011). Physical activity and fitness in children with developmental coordination disorder: A systematic review. *Research in Developmental Disabilities, 32,* 894–910.

Roach, K.E., & Miles, T.P. (1991). Normal hip and knee active range of motion: The relationship to age. *Physical Therapy, 70,* 656–665.

Roberton, M.A. (1977). Stability of stage categorizations across trials: Implications for the "stage theory" of overarm throw development. *Journal of Human Movement Studies, 3,* 49–59.

Roberton, M.A. (1978a). Longitudinal evidence for developmental stages in the forceful overarm throw. *Journal of Human Movement Studies, 4,* 167–175.

Roberton, M.A. (1978b). Stages in motor development. In M.V. Ridenour (Ed.), *Motor development: Issues and applications* (pp. 63–81). Princeton, NJ: Princeton Book.

Roberton, M.A. (1984). Changing motor patterns during childhood. In J.R.Thomas (Ed.), *Motor development during childhood and adolescence* (pp. 48–90). Minneapolis: Burgess.

Roberton, M.A. (1988). The weaver's loom: A developmental metaphor. In J.E. Clark & J.H. Humphrey (Eds.), *Advances in motor development research* (Vol. 2, pp. 129–141). New York:AMS Press.

Roberton, M.A. (1989). Motor development: Recognizing our roots, charting our future. *Quest, 41,* 213–223.

Roberton, M.A., & DiRocco, P. (1981).Validating a motor skill sequence for mentally retarded children. *American Corrective Therapy Journal, 35,* 148–154.

Roberton, M.A., & Halverson, L.E. (1984). *Developing children:Their changing movement.* Philadelphia: Lea & Febiger.

Roberton, M.A., & Halverson, L.E. (1988).The development of locomotor coordination: Longitudinal change and invariance. *Journal of Motor Behavior, 20,* 197–241.

Roberton, M.A., & Konczak, J. (2001). Predicting children's overarm throw ball velocities from their developmental levels in throwing. *Research Quarterly for Exercise and Sport, 72,* 91–103.

Roberton, M.A., & Langendorfer, S. (1980).Testing motor development sequences across 9–14 years. In D. Nadeau, W. Halliwell, K. Newell, & G. Roberts (Eds.), *Psychology of motor behavior and sport—1979* (pp. 269–279). Champaign, IL: Human Kinetics.

Roberts, S.B., Savage, J., Coward,W.A., Chew, B., & Lucas, A. (1988). Energy expenditure and intake in infants born to lean and overweight mothers. *New England Journal of Medicine, 318,* 461–466.

Rockwell, J.C., Sorensen, A.M., Baker, S., Leahey, D., Stock, J.L., Michaels, J., et al. (1990). Weight training decreases vertebral bone density in premenopausal women: A prospective study. *Journal of Clinical Endocrinology and Metabolism, 71,* 988–992.

Rosenbaum, M., & Leibel, R.L. (1998). The physiology of body weight regulation: Relevance to the etiology of obesity in children. *Pediatrics, 101*(3S), 525–539.

Rosenhall,V., & Rubin,W. (1975). Degenerative changes in the human sensory epithelia. *Acta Oto-Laryngologica, 79,*67–81. Ross, J.G., Pate, R.R., Delpy, L.A., Gold, R.S., & Svilar, M. (1987). New health-related fitness norms. *Journal of Physical Education, Recreation and Dance, 58,* 66–70.

Rotstein, A., Dotan, R., Bar-Or, O., & Tenenbaum, G. (1986). Effect of training on anaerobic threshold, maximal power, and anaerobic performance of preadolescent boys. *International Journal of Sports Medicine, 7,*281–286.

Rowland, T.W. (1989a). Oxygen uptake and endurance fitness in children:A developmental perspective. *Pediatric Exercise Science, 1,* 313–328.

Rowland,T.W. (1989b). On trainability and heart rates. *Pediatric Exercise Science, 1,* 187–188.

Rowland, T.W. (1996). *Developmental exercise physiology.* Champaign, IL: Human Kinetics.

Rowland,T.W. (2012). Inferior exercise economy in children: Perpetuating a myth? *Pediatric Exercise Science, 24,* 501-506.

Roy, E.A.,Winchester,T.,Weir, P., & Black, S. (1993).Age differences in the control of visually aimed movements. *Journal of Human Movement Studies, 24,* 71–81.

Royce,W.S., Gebelt, J.L., & Duff, R.W. (2003). Female athletes: Being both athletic and feminine. *Athletic Insight, 5,* 1–15.

Rudel, R., & Teuber, H. (1971). Pattern recognition within and across sensory modalities in normal and brain injured children. *Neuropsychologia, 9,* 389–400.

Rudloff, L.M., & Feldmann, E. (1999). Childhood obesity: Addressing the issue. *Journal of the American Osteopathic Association, 99*(4), S1–S6.

Rudman,W. (1986). Life course socioeconomic transitions and sport involvement:A theory of restricted opportunity. In B. McPherson (Ed.), *Sport and aging* (pp. 25–35). Champaign, IL: Human Kinetics.

Ruff, H.A. (1984). Infants' manipulative exploration of objects: Effects of age and objects' characteristics. *Developmental Psychology, 29,* 9–20.

Rutenfranz, J. (1986). Longitudinal approach to assessing maximal aerobic power during growth:The European experience. *Medicine and Science in Sports and Exercise, 15,* 486–490.

Saavedra, J.M., Escalante, Y., & Garcia-Hermoso, A. (2011). Improvement of aerobic fitness in obese children: A metal-analysis. *International Journal of Pediatric Obesity, 6,* 169–177.

Sadres, E., Eliakim,A., Constantini, N., Lidor, R., & Falk, B. (2001). The effect of long-term resistance training on anthropometric measures, muscle strength, and self-concept in pre-pubertal boys. *Pediatric Exercise Science, 13,* 357–372.

Sady, S.P. (1986). Cardiorespiratory exercise in children. In F. Katch & P.F. Freedson (Eds.), *Clinics in sports medicine* (pp. 493–513). Philadelphia: Saunders. Safar, M. (1990). Aging and its effects on the cardiovascular system. *Drugs, 39*(Suppl. 1), 1–18.

Sale, D.G. (1989). Strength training in children. In G.V. Gisolfi & D.R. Lamb (Eds.), *Perspectives in exercise science and sports medicine:Vol. 2.Youth, exercise and sport* (pp. 165–222). Indianapolis: Benchmark Press.

Salkind, N.J. (1981). *Theories of human development*. New York: Van Nostrand.

Salthouse, T.A. (1984). Effects of age and skill in typing. *Journal of Experimental Psychology, 113*, 343–371.

Saltin, B., & Grimby, G. (1968). Physiological analysis of middle-aged and old former athletes: Comparison with still active athletes of the same ages. *Circulation, 38*, 1104–1115.

Santos, A.D., Marinho, D.A., Costa, A.M., Izquierdo, M.,& Marques, M.C.(2012).The effects of concurrent resistance and endurance training following a detraining period in elementary school students. *Journal of Strength & Conditioning Research, 26*, 1708-1716.

Sapp, M., & Haubenstricker, J. (1978,April). *Motivation for joining and reasons for not continuing in youth sport programs in Michigan*. Paper presented at the annual convention of the American Alliance for Health, Physical Education, Recreation and Dance, Kansas City, MO.

Sarsan,A.,Ardic, F., Ozgen, M.,Topuz, O., & Sermez,Y. (2006).The effects of aerobic and resistance exercises in obese women. *Clinical Rehabilitation, 20*, 773–782.

Sasaki, J., Shindo, M.,Tanaka, H.,Ando, M., & Arakawa, K. (1987). A long-term aerobic exercise program decreases the obesity index and increases the high density lipoprotein cholesterol concentration in obese children. *International Journal of Obesity, 11*, 339–345.

Scanlan,T.K. (1988). Social evaluation and the competition process:A developmental perspective. In F.L. Smoll, R.A. Magill, & M.J.Ash (Eds.), *Children in sport* (3rd ed., pp. 135–148). Champaign, IL: Human Kinetics.

Scanlan, T.K., & Lewthwaite, R. (1986). Social psychological aspects of competition for male youth sport participants: IV. Predictors of enjoyment. *Journal of Sport Psychology, 8*, 25–35.

Scanlan,T.K., Stein, G.L., & Ravizza, K. (1988).An in--depth study of former elite figure skaters: II. Sources of enjoyment. *Journal of Sport and Exercise Psychology, 11*, 65–83.

Schellenberger, B. (1981). The significance of social relations in sport activity. *International Review of Sport Sociology, 16*, 69–77.

Schmidt, R., & Lee,T. (2014). *Motor control and learning: A behavioral emphasis* (5th ed.). Champaign, IL: Human Kinetics.

Schmidt, R., & Wrisberg, C. (2014). *Motor learning and performance (5th ed.)*. Champaign, IL: Human Kinetics.

Schmuckler, M.A. (1997). Children's postural sway in response to low- and high-frequency visual information for oscillation. *Journal of Experimental Psychology: Human Perception and Performance, 23*(2), 528–545.

Schultz, S.J., Houglum, P.A., & Perrin, D.H. (2000). *Assessment of athletic injuries (p. 347)*. Champaign, IL: Human Kinetics.

Schwanda, N.A. (1978). *A biomechanical study of the walking gait of active and inactive middle-age and elderly men.*

Unpublished doctoral dissertation, Springfield College, Springfield, MA.

Schwartz, R.S., Shuman, W.P., Larson, V., Cain, K.C., Fellingham, G.W., Beard, J.C., et al. (1991).The effect of intensive endurance exercise training on body fat distribution in young and older men. *Metabolism, 40*,545–551.

Seefeldt,V., Reuschlein, S., & Vogel, P. (1972). *Sequencing motor skills within the physical education curriculum*. Paper presented at the annual convention of the American Association for Health, Physical Education, and Recreation, Houston.

Seils, L.G. (1951).The relationship between measures of physical growth and gross motor performance of primary grade school children. *Research Quarterly, 22*, 244–260.

Servedio, F.J., Barels, R.L., Hamlin, R.L., Teske, D., Shaffer,T., & Servedio,A. (1985).The effects of weight training using Olympic style lifts on various physiological variables in prepubescent boys [Abstract]. *Medicine and Science in Sports and Exercise, 17*, 288.

Sewall, L., & Micheli, L.J. (1986). Strength training for children. *Journal of Pediatric Orthopedics, 6*, 143–146.

Shaffer, D.M. (1999). Navigating in baseball: A spatial optical tracking strategy and associated naïve physical beliefs. *Dissertation Abstracts International: Section B. The Sciences and Engineering, 59*, 4504.

Shaffer, D.M., & McBeath, M.K. (2002). Baseball outfielders maintain a linear optical trajectory when tracking uncatchable fly balls. *Journal of Experimental Psychology: Human Perception and Performance, 28*, 335–348.

Shakib, S., & Dunbar, M.D. (2004). How high school athletes talk about maternal and paternal sporting experiences. *International Review for the Sociology of Sport, 39*(3), 275–299.

Sheldon, J.H. (1963). The effect of age on the control of sway. *Gerontologia Clinica, 5*, 129–138.

Shephard, R.J. (1978a). *IBP Human Adaptability Project synthesis:Vol. 4. Human physiological work capacity*. New York: Cambridge University Press.

Shephard, R.J. (1978b). *Physical activity and aging*. Chi--cago:Year Book Medical.

Shephard, R.J. (1981). Cardiovascular limitations in the aged. In E.L. Smith & R.C. Serfass (Eds.), *Exercise and aging:The scientific basis* (pp. 19–29). Hillsdale, NJ: Enslow.

Shephard, R.J. (1982). *Physical activity and growth*. Chi--cago:Year Book Medical.

Shephard, R.J. (1987). *Physical activity and aging* (2nd ed.). London: Croom Helm.

Shephard, R.J. (1992). Effectiveness of training programs for prepubescent children. *Sports Medicine, 13*,194–213.

Shephard, R.J. (1993). Aging, respiratory function, and exercise. *Journal of Aging and Physical Activity, 1*, 59–83.

Shirley, M.M. (1931). *The first two years:A study of twenty five babies*. Minneapolis: University of Minnesota Press.

Shirley, M.M. (1963). The motor sequence. In D. Wayne (Ed.), *Readings in child psychology*. Englewood Cliffs, NJ: Prentice Hall.

Shock, N.W., & Norris, A.H. (1970). Neuromuscular coordination as a factor in age changes in muscular exercise. In D. Brunner & E. Jokl (Eds.), *Physical activity and aging (pp. 92–99)*. Baltimore: University Park Press.

Shuleva, K.M., Hunter, G.R., Hester, D.J., & Dunaway, D.L. (1990). Exercise oxygen uptake in 3- through 6-year-old children. *Pediatric Exercise Science, 2*, 130–139.

Shumway-Cook, A., & Woollacott, M. (1985). The growth of stability: Postural control from a developmental perspective. *Journal of Motor Behavior, 17*, 131–147.

Sibley, B.A., & Etnier, J.L. (2003). The relationship between physical activity and cognition in children: A meta-analysis. *Pediatric Exercise Science, 15*, 243–256.

Siegel, J.A., Camaione, D.N., & Manfredi, T.G. (1989). The effects of upper body resistance training on pre-pubescent children. *Pediatric Exercise Science, 1*, 145–154.

Siegler, R.S., & Jenkins, E.A. (1989). *How children discover new strategies*. Hillsdale, NJ: Erlbaum.

Simoneau, J.A., & Bouchard, C. (1989). Human variation in skeletal muscle proportion and enzyme activities. *American Journal of Physiology, Endocrinology, and Metabolism, 257*, E567–E572.

Simons, J., Beunen, G.P., Renson, R., Claessens, A.L.M., Vanreusel, B., & Lefevre, J.A.V. (1990). *Growth and fitness of Flemish girls: The Leuven growth study*. Champaign, IL: Human Kinetics.

Sinclair, C. (1971). Dominance pattern of young children: A follow-up study. *Perceptual and Motor Skills, 32*, 142.

Sinclair, C.B. (1973). *Movement of the young child: Ages two to six*. Columbus, OH: Merrill.

Singleton, W.T. (1955). *Age and performance timing on simple skills: Old age and the modern world* (Report of the Third Congress of the International Association of Gerontology). London: Livingstone.

Skinner, B.F. (1938). *The behavior of organisms. An experimental analysis*. New York: Appleton-Century.

Skrobak-Kaczynski, J., & Andersen, K.L. (1975). The effect of a high level of habitual physical activity in the regulation of fatness during aging. *International Archives of Occupational and Environmental Health, 36*, 41–46.

Slater, A., Mattock, A., & Brown, E. (1990). Size constancy at birth: Newborn infants' responses to retinal and real size. *Journal of Experimental Child Psychology, 49*(2), 314–322.

Smith, A.B. (1985). Teacher modeling and sex-types play preferences. *New Zealand Journal of Educational Studies, 20*, 39–47.

Smith, D.B., Johnson, G.O., Stout, J.R., Housh, T.J., Housh, D.J., & Evetovich, T.K. (1997). Validity of near-infrared interactance for estimating relative body fat in female high school gymnasts. *International Journal of Sports Medicine, 18*, 531–537.

Smith, E.L. (1982). Exercise for the prevention of osteoporosis: A review. *The Physician and Sportsmedicine, 3*, 72–80.

Smith, E.L., Sempos, C.T., & Purvis, R.W. (1981). Bone mass and strength decline with age. In E.L. Smith & R.C. Serfass (Eds.), *Exercise and aging: The scientific basis* (pp. 59–87). Hillside, NJ: Enslow.

Smith, E.L., & Serfass, R.C. (Eds.). (1981). *Exercise and aging: The scientific basis*. Hillside, NJ: Enslow.

Smith, M.D. (1979). Getting involved in sport: Sex differences. *International Review of Sport Sociology, 14*, 93–99.

Smith, R.E., Smoll, F.L., & Curtis, B. (1979). Coach effectiveness training: A cognitive-behavioral approach to enhancing relationship skills in youth sport coaches. *Journal of Sport Psychology, 1*, 59–75.

Smoll, F.L., & Smith, R.E. (1989). Leadership behaviors in sport: A theoretical model and research paradigm. *Journal of Applied Social Psychology, 19*, 1522–1551.

Smoll, F.L., & Smith, R.E. (2001). Conducting sport psychology training programs for coaches: Cognitive-behavioral principles and techniques. In J.M. Williams (Ed.), *Applied sport psychology: Personal growth to peak performance* (4th ed., pp. 378–400). Mountain View, CA: Mayfield.

Smyth, M.M., Katamba, J., & Peacock, K.A. (2004). Development of prehension between 5 and 10 years of age: Distance scaling, grip aperture, and sight of the hand. *Journal of Motor Behavior, 36*, 91–103.

Smyth, M.M., Peacock, K.A., & Katamba, J. (2004). Changes in the role of sight of the hand in the development of prehension in childhood. *The Quarterly Journal of Experimental Psychology A: Human Experimental Psychology, 57A*, 269–296.

Snyder, E.E., & Spreitzer, E. (1973). Family influences and involvement in sports. *Research Quarterly, 44*, 249–255.

Snyder, E.E., & Spreitzer, E. (1976). Correlates of sport participation among adolescent girls. *Research Quarterly, 47*, 804–809.

Snyder, E.E., & Spreitzer, E. (1978). Socialization comparisons of adolescent female athletes and musicians. *Research Quarterly, 79*, 342–350.

Sonstroem, R. (1997). Physical activity and self-esteem. In W. Morgan (Ed.), *Physical activity and mental health* (Series in health psychology and behavioral medicine, pp. 127–143). Washington, DC: Taylor & Francis.

Spetner, N.B., & Olsho, L.W. (1990). Auditory frequency resolution in human infancy. *Child Development, 61*, 632–652.

Spilich, G.J., Vesonder, G.T., Chiesi, H.L., & Voss, J.F. (1979). Text processing of individuals with high and low domain knowledge. *Journal of Verbal Learning and Verbal Behavior, 18*, 275–290.

Spirduso, W.W. (1975). Reaction and movement time as a function of age and physical activity level. *Journal of Gerontology, 30*, 435–440.

Spirduso, W.W. (1980). Physical fitness and psychomotor speed: A review. *Journal of Gerontology, 35,* 850–865.

Spirduso, W.W. (1995). *Physical dimensions of aging.* Champaign, IL: Human Kinetics.

Spirduso, W.W., Francis, K.W., & MacRae, P.G. (2005). *Physical dimensions of aging* (2nd ed.). Champaign, IL: Human Kinetics.

Spreitzer, E., & Snyder, E. (1983). Correlates of participation in adult recreational sports. *Journal of Leisure Research, 15,* 28–38.

Sprynarova, S., & Reisenauer, R. (1978). Body dimensions and physiological indications of physical fitness during adolescence. In R.J. Shephard & H. Lavallee (Eds.), *Physical fitness assessment* (pp. 32–37). Springfield, IL: Charles C Thomas.

Stadulis, R.I. (1971). *Coincidence-anticipation behavior of children.* Unpublished doctoral dissertation, Columbia University, New York.

Stamford, B.A. (1973). Effects of chronic institutionalization on the physical working capacity and trainability of geriatric men. *Journal of Gerontology, 28,* 441–446.

Stamford, B.A. (1988). Exercise and the elderly. In K.B. Pandolf (Ed.), *Exercise and sport sciences reviews* (Vol. 16, pp. 341–379). New York: Macmillan.

Steben, R.E., & Steben, A.H. (1981). The validity of the strength shortening cycle in selected jumping events. *Journal of Sports Medicine and Physical Fitness, 21,* 1–7.

Stein, B.E., & Meredith, M.A. (1993). *The merging of the senses.* Cambridge, MA: MIT Press.

Stein, B.E., Meredith, M.A., & Wallace, M.T. (1994). Development and neural basis of multisensory integration. In D.J. Lewkowicz & R. Lickliter (Eds.), *The development of intersensory perception: Comparative perspectives* (pp. 81–105). Hillsdale, NJ: Erlbaum.

Steinberger, J., Jacobs, D.R., Jr., Raatz, S., Moran, A., Hong, C.-P., & Sinaiko, A.R. (2005). Comparison of body fatness measurements by BMI and skinfolds vs. dual energy X-ray absorptiometry and their relation to cardiovascular risk factors in adolescents. *International Journal of Obesity, 29,* 1346–1352.

Sterritt, G., Martin, V., & Rudnick, M. (1971). Auditory-visual and temporal-spatial integration as determinants of test difficulty. *Psychonomic Science, 23,* 289–291.

Stevenson, B. (2007). Title IX and the evolution of high school sports. *Contemporary Economic Policy, 25,* 486–505.

Stine, E.L., Wingfield, A., & Poon, L.W. (1989). Speech comprehension and memory through adulthood: The roles of time and strategy. In L.W. Poon, D.S. Rubin, & B.A. Wilson (Eds.), *Everyday cognition in adulthood and later years* (pp. 195–221). Cambridge, UK: Cambridge University Press.

Stodden, D.F., Fleisig, G.S., Langendorfer, S.J., & Andrews, J.R. (2006). Kinematic constraints associated with the acquisition of overarm throwing. Part I: Step and trunk actions. *Research Quarterly for Exercise and Sport, 77,* 417–427.

Stolz, H.R., & Stolz, L.M. (1951). *Somatic development of adolescent boys.* New York: Macmillan.

Stones, M.J., & Kozma, A. (1989). Age, exercise, and coding performance. *Psychology and Aging, 4,* 190–194.

Strohmeyer, H.S., Williams, K., & Schaub-George, D. (1991). Developmental sequences for catching a small ball: A prelongitudinal screening. *Research Quarterly for Exercise and Sport, 62,* 257–266.

Sutherland, D. (1997). The development of mature gait. *Gait and Posture, 6*(2), 162–170.

Sutherland, D.H., Olshen, R., Cooper, L., & Woo, S. (1980). The development of mature gait. *Journal of Bone and Joint Surgery, 62A,* 336–353.

Sutherland, R., Pipe, M., Schick, K., Murray, J., & Gobbo, C. (2003). Knowing in advance: The impact of prior event information on memory and event knowledge. *Journal of Experimental Child Psychology, 84,* 244–263.

Sutton, R.A., & Miller, C. (2006). Comparison of some secondary body composition algorithms. *College Student Journal, 40,* 791–801.

Swanson, R., & Benton, A.L. (1955). Some aspects of the genetic development of right-left discrimination. *Child Development, 26,* 123–133.

Sweeting, T., & Rink, J.E. (1999). Effects of direct instruction and environmentally designed instruction on the process and product characteristics of a fundamental skill. *Journal of Teaching in Physical Education, 18,* 216–233.

Swingley, D. (2005). 11-month-olds' knowledge of how familiar words sound. *Developmental Science, 8,* 432–443.

Szafran, J. (1951). Changes with age and with exclusion of vision in performance at an aiming task. *Quarterly Journal of Experimental Psychology, 3,* 111–118.

Tanner, J.M. (1962). *Growth at adolescence* (2nd ed.). Oxford, UK: Blackwell Scientific.

Tanner, J.M. (1975). Growth and endocrinology of the adolescent. In L.I. Gardner (Ed.), *Endocrine and genetic disease of childhood and adolescence* (2nd ed., pp. 14–63). Philadelphia: Saunders.

Teeple, J.B. (1978). Physical growth and maturation. In M.F. Ridenour (Ed.), *Motor development: Issues and applications* (pp. 3–27). Princeton, NJ: Princeton Book.

Telama, R., Yang, X., Hirvensalo, J., & Raitakari, O. (2006). Participation in organized youth sport as a predictor of adult physical activity: A 21-year longitudinal study. *Pediatric Exercise Science, 17,* 76–88.

Telama, R., Yang, X., Laakso, L., & Viikari, J. (1997). Physical activity in childhood and adolescence as predictor of physical activity in young adulthood. *American Journal of Preventive Medicine, 13,* 317–323.

Temple, I.G., Williams, H.G., & Bateman, N.J. (1979). A test battery to assess intrasensory and intersensory development of young children. *Perceptual and Motor Skills, 48*, 643–659.

Thelen, E. (1979). Rhythmical stereotypies in normal human infants. *Animal Behaviour, 27*, 699–715.

Thelen, E. (1981). Kicking, rocking, and waving: Contextual analysis of rhythmical stereotypies in normal human infants. *Animal Behaviour, 29*, 3–11.

Thelen, E. (1983). Learning to walk is still an "old" problem: A reply to Zelazo. *Journal of Motor Behavior, 15*, 139–161.

Thelen, E. (1985). Developmental origins of motor coordination: Leg movements in human infants. *Developmental Psychobiology, 18*, 1–22.

Thelen, E. (1995). Motor development: A new synthesis. *American Psychologist, 50*, 79–95.

Thelen, E. (1998). Bernstein's legacy for motor development: How infants learn to reach. In M. Latash (Ed.), *Progress in motor control* (pp. 267–288). Champaign, IL: Human Kinetics.

Thelen, E., Corbetta, D., Kamm, K., Spencer, J.P., Schneider, K., & Zernicke, R.F. (1993). The transition to reaching: Mapping intention and intrinsic dynamics. *Child Development, 64*, 1058–1098.

Thelen, E., & Fisher, D.M. (1983). The organization of spontaneous leg movements in newborn infants. *Journal of Motor Behavior, 15*, 353–377.

Thelen, E., Kelso, J.A.S., & Fogel, A. (1987). Self-organizing systems and infant motor development. *Developmental Review, 7*, 37–65.

Thelen, E., Ridley-Johnson, R., & Fisher, D.M. (1983). Shifting patterns of bilateral coordination and lateral dominance in the leg movements of young infants. *Developmental Psychobiology, 16*, 29–46.

Thelen, E., & Ulrich, B.D. (1991). Hidden skills: A dynamic systems analysis of treadmill stepping during the first year. *Monographs of the Society for Research in Child Development, 56*(1, Serial no. 233).

Thelen, E., Ulrich, B.D., & Jensen, J.L. (1989). The developmental origins of locomotion. In M.H. Woollacott &

A. Shumway-Cook (Eds.), *Development of posture and gait across the life span* (pp. 25–47). Columbia: University of South Carolina Press.

Thomas, J.R. (1984). *Motor development during childhood and adolescence*. Minneapolis: Burgess. Thomas, J.R., French, K.E., Thomas, K.T., & Gallagher,

J.D. (1988). Children's knowledge development and sport performance. In F.L. Smoll, R.A. Magill, & M.J. Ash (Eds.), *Children in sport* (3rd ed., pp. 179–202). Champaign, IL: Human Kinetics.

Thomas, J.R., Gallagher, J.D., & Purvis, G.J. (1981). Reaction time and anticipation time: Effects of development. *Research Quarterly for Exercise and Sport, 52*, 359–367.

Thomas, J.R., Thomas, K.T., & Gallagher, J.D. (1981). Children's processing of information in physical activity

and sport. *Motor Skills: Theory Into Practice Monograph, 3*, 1–8.

Tibana, R.A., Prestes, J., Nascimento, D.D.A., Martins, O.V., DeSantana, F.S., & Balsamo, S. (2012). Higher muscle performance in adolescents compared with adults after a resistance training session with different rest intervals. *Journal of Strength & Conditioning Research, 26*, 1027-1032.

Timiras, M.L., & Brownstein, H. (1987). Prevalence of anemia and correlation of hemoglobin with age in a geriatric screening clinic population. *Journal of the American Geriatrics Society, 35*, 639–643.

Timiras, P.S. (1972). *Developmental physiology and aging*. New York: Macmillan.

Tolfrey, K., Campbell, I.G., & Batterham, A.M. (1998). Aerobic trainability of prepubertal boys and girls. *Pediatric Exercise Science, 10*, 248–263.

Tomkinson, G.R., Hamlin, M.J., & Olds, T.S. (2006). Secular changes in anaerobic test performance in Australasian children and adolescents. *Pediatric Exercise Science, 18*, 314–328.

Tomkinson, G.R., & Olds, T.S. (2007). Secular changes in pediatric aerobic fitness test performance: The global picture. *Medicine and Sport Science, 50*, 46–66.

Tomkinson, G.R., Olds, T.S., Kang, S.J., & Kim, D.Y. (2007). Secular trends in the aerobic fitness test performance and body mass index of Korean children and adolescents (1968–2000). *International Journal of Sports Medicine, 28*, 314–320.

Trehub, S.E., Bull, D., & Thorpe, L.A. (1984). Infants' perception of melodies: The role of melodic contour. *Child Development, 55*, 821–830.

Trehub, S.E., & Hannon, E.E. (2006). Infant music perception: Domain-general or domain-specific mechanisms? *Cognition, 100*, 73–99.

Tremblay, A., Despres, J.P., & Bouchard, C. (1988). Alteration in body fat and fat distribution with exercise. In C. Bouchard & F.E. Johnston (Eds.), *Fat distribution during growth and later health outcomes* (pp. 297–312). New York: Liss.

Trevarthen, C. (1974). The psychobiology of speed development. In E.H. Lenneberg (Ed.), *Language and brain: Developmental aspects. Neurosciences Research Program Bulletin* (Vol, 12, pp. 570–585). Boston: Neurosciences Research Program.

Trevarthen, C. (1984). How control of movement develops. In H.T.A. Whiting (Ed.), *Human motor actions: Bernstein reassessed* (pp. 223–261). Amsterdam: North-Holland.

Troe, E.J.W.M., Raat, H., Jaddoe, V.W.V., Hofman, A., Looman, C.W.N., Moll, H.A., et al. (2007). Explaining differences in birthweight between ethnic populations. The Generation R study. *BJOG, 114*, 1557–1565.

Trudeau, F., Laurencelle, L., Tremblay, J., Rajic, M., & Shephard, R.J. (1998). A long-term follow-up of participants in the Trois-Rivieres semi-longitudinal study of growth and development. *Pediatric Exercise Science, 10*(4), 366–377.

Tun, P.A., & Wingfield, A. (1993). Is speech special? Perception and recall of spoken language in complex environments. In J. Cerella, J. Rybash, W. Hover, & M.L. Commons (Eds.), *Adult information processing: Limits on loss* (pp. 425–457). San Diego: Academic Press.

Turner, J.M., Mead, J., & Wohl, M.E. (1968). Elasticity of human lungs in relation to age. *Journal of Applied Physiology, 35,* 664–671.

Turner, P., & Gervai, J. (1995). A multidimensional study of gender typing in preschool children and their parents: Personality, attitudes, preferences, behavior, and cultural differences. *Developmental Psychology, 31*(5), 759–779.

Turner, P., Gervai, J., & Hinde, R.A. (1993). Gender-typing in young children: Preferences, behaviour and cultural differences. *British Journal of Developmental Psychology, 11*(4), 323–342.

U.S. Department of Health and Human Services, Centers for Disease Control and Prevention, National Center for Chronic Disease Prevention and Health Promotion. (1996). *Physical activity and health: A report of the Surgeon General.* Atlanta: Author.

Ulrich, B.D., Thelen, E., & Niles, D. (1990). Perceptual determinants of action: Stair-climbing choices of infants and toddlers. In J.E. Clark & J.H. Humphrey (Eds.), *Advances in motor development research* (Vol. 3, pp. 1–15). New York: AMS Press.

Unnithan, V.B. (1993). *Factors affecting submaximal running economy in children.* Unpublished doctoral dissertation, University of Glasgow, Glasgow, Scotland.

Vaccaro, P., & Mahon, A. (1987). Cardiorespiratory responses to endurance training in children. *Sports Medicine, 4,* 352–363.

Valentini, N.C., & Rudisill, M.E. (2004a). An inclusive mastery climate intervention and the motor development of children with and without disabilities. *Adapted Physical Activity Quarterly, 21,* 330–347.

Valentini, N.C., & Rudisill, M.E. (2004b). Effectiveness of an inclusive mastery climate intervention on the motor skill development of children. *Adapted Physical Activity Quarterly, 21,* 285–294.

Valentini, N.C., & Rudisill, M.E. (2004c). Motivational climate, motor-skill development and perceived competence: Two studies of developmentally delayed kindergarten children. *Journal of Teaching in Physical Education, 23,* 216–234.

Valentini, N.C., Rudisill, M.E., & Goodway, J.D. (1999). Incorporating a mastery climate into elementary physical education: It's developmentally appropriate. *Journal of Physical Education, Recreation and Dance, 70,* 28–32.

Van der Fits, I.B.M., & Hadders-Algra, M. (1998). The development of postural response patterns during reaching in healthy infants. *Neuroscience and Biobehavioral Reviews, 22*(4), 521–525.

van der Kamp, J., Savelsbergh, G.J.P., & Davis, W.E. (1998). Body-scaled ratio as a control parameter for prehension in 5- to 9-year-old children. *Developmental Psychology, 33*(4), 351–361.

Van Duyne, H.J. (1973). Foundations of tactical perception in three to seven year olds. *Journal of the Association for the Study of Perception, 8,* 1–9.

Van Hof, P., van der Kamp, J., & Savelsbergh, G.J.P. (2008). The relation between infants' perception of catchableness and the control of catching. *Developmental Psychology, 44,* 182–194.

Van Praagh, E., Fellmann, N., Bedu, M., Falgairette, G., & Coudert, J. (1990). Gender difference in the relationship of anaerobic power output to body composition in children. *Pediatric Exercise Science, 2,* 336–348.

van Rooij, J.C.G.M., & Plomp, R. (1992). Auditive and cognitive factors in speech perception by elderly listeners. III: Additional data and final discussion. *Journal of the Acoustical Society of America, 91,* 1028–1033.

Vedul-Kjelsås, V.I., Sigmundsson, H., Stendsdotter, A.-K., & Haga, M. (2011). The relationship between motor competence, physical fitness and self-perception in children. *Child: Care, Health, and Development, 38,* 394–402.

Vercruyssen, M. (1997). Movement control and speed of behavior. In A.D. Fisk & W.A. Rogers (Eds.), *Handbook of human factors and the older adult* (pp. 55–86). San Diego: Academic Press.

Vereijken, B., & Thelen, E. (1997). Training infant treadmill stepping: The role of individual pattern stability. *Developmental Psychobiology, 30,* 89–102.

Verret, L., Trouche, S., Zerwas, M., & Rampon, C. (2007). Hippocampal neurogenesis during normal and pathological aging. *Psychoneuroendocrinology, 32*(Suppl. 1), S26–S30.

Victors, E. (1961). *A cinematographical analysis of catching behavior of a selected group of seven and nine year old boys.* Unpublished doctoral dissertation, University of Wisconsin, Madison.

von Hofsten, C. (1982). Eye–hand coordination in the newborn. *Developmental Psychology, 18,* 450–461.

von Hofsten, C. (1984). Developmental changes in the organization of pre-reaching movements. *Developmental Psychology, 3,* 378–388.

von Hofsten, C. (1990). Early development of grasping an object in space-time. In M.A. Goodale (Ed.), *Vision and action: The control of grasping* (pp. 65–79). Norwood, NJ: Ablex.

von Hofsten, C., Kellman, P., & Putaansuu, J. (1992). Young infants' sensitivity to motion parallax. *Infant Behavior and Development, 15*(2), 245–264.

von Hofsten, C., & Spelke, E.S. (1985). Object perception and object-directed reaching in infancy. *Journal of Experimental Psychology: General, 114*(2), 198–212.

Vouloumanos, A., & Werker, J.F. (2007). Listening to language at birth: Evidence for a bias for speech in neonates. *Developmental Science, 10,* 159–164.

Wade, M.G. (1980). Coincidence-anticipation of young normal and handicapped children. *Journal of Motor Behavior, 12,* 103–112.

Walk, R.D. (1969). Two types of depth discrimination by the human infant. *Psychonomic Science, 14,* 253–254.

Walk, R.D., & Gibson, E.J. (1961). A comparative and analytical study of visual depth perception. *Psychological Monographs: General and Applied, 75*(15), 1.

Wallace,C.S., Kilman,V.L.,Withers, G.S.,& Greenough, W.T. (1992). Increases in dendritic length in occipital cortex after 4 days of differential housing in weanling rats. *Behavioral and Neural Biology, 58*(1), 64–68.

Warren, R., &Wertheim,A.H. (1990). *Perception and control of self-motion.* Hillsdale, NJ: Erlbaum.

Warren,W.H. (1984). Perceiving affordances:Visual guidance of stair-climbing. *Journal of Experimental Psychology: Human Perception and Performance, 10,* 683–703.

Washington, R.L. (1989).Anaerobic threshold in children. *Pediatric Exercise Science, 1,* 244–256.

Wattam-Bell, J. (1996a).Visual motion processing in one-month-old infants: Preferential looking experiments. *Vision Research, 36*(11), 1671–1677.

Wattam-Bell, J. (1996b). Visual motion processing in one--month-old infants: Habituation experiments. *Vision Research, 36*(11), 1679–1685.

Weisner, T., Garnier, H., & Loucky, J. (1994). Domestic tasks, gender egalitarian values and children's gender typing in conventional and nonconventional families. *Sex Roles, 30*(1/2), 23–54.

Weiss, M.R. (1993). Psychological effects of intensive sport participation on children and youth: Self-esteem and motivation. In B.R. Cahill & A.J. Pearl (Eds.), *Intensive participation in children's sports* (pp. 39–69). Champaign, IL: Human Kinetics.

Weiss, M.R., & Barber, H. (1996). Socialization influences of collegiate male athletes: A tale of two decades. *Sex Role, 33,* 129–140.

Weiss, M.R., & Ebbick,V. (1996). Self-esteem and perceptions of competence in youth sports:Theory, research and enhancement strategies. In O. Bar-Or (Ed.), *Encyclopedia of sports medicine:Vol. 6. The child and adolescent athlete* (pp. 3364–3382). Oxford, UK: Blackwell Scientific.

Weiss, M.R., & Horn,T.S. (1990). The relation between children's accuracy estimates of their physical competence and achievement-related characteristics. *Research Quarterly for Exercise and Sport, 61,* 250–258.

Weiss, M.R., & Knoppers, A. (1982). The influence of socializing agents on female collegiate volleyball players. *Journal of Sport Psychology, 4,* 267–279.

Weiss, M.R., McAuley, E., Ebbeck, V., & Wiese, D.M. (1990). Self-esteem and causal attributions for children's physical and social competence in sport. *Journal of Sport and Exercise Psychology, 12,* 21–36.

Welford, A.T. (1977a). Causes of slowing of performance with age. *Interdisciplinary Topics in Gerontology, 11,*23–51.

Welford,A.T. (1977b). Motor performance. In J.E. Birren & K.W. Schaie (Eds.), *Handbook of the psychology of aging* (pp. 450–496). New York:Van Nostrand Reinhold.

Welford, A.T. (1977c). Serial reaction times, continuity of task, single-channel effects, and age. In S. Dornic (Ed.), *Attention and performance VI* (pp. 79–97). Hillside, NJ: Erlbaum.

Welford, A.T. (1980). Motor skill and aging. In C.H. Nadeau,W.R. Halliwell, K.M. Newell, & G.C. Roberts (Eds.), *Psychology of motor behavior and sport—1979* (pp. 253–268). Champaign, IL: Human Kinetics.

Welford,A.T., Norris,A.H., & Shock, N.W. (1969). Speed and accuracy of movement and their changes with age. *Acta Psychologica, 30,* 3–15.

Weltman, A. (1989). Weight training in prepubertal children: Physiological benefit and potential damage. In O. Bar-Or (Ed.), *Biological issues* (Vol. 3, pp. 101–130). Champaign, IL: Human Kinetics.

Weltman,A., Janney, C., Rians, C.B., Strand, K., Berg, B., Tippitt, S., et al. (1986). The effects of hydraulic resistance strength training in prepubertal males. *Medicine and Science in Sports and Exercise, 18,* 629–638.

Weuve, J., Kang, J.E., Manson, J.E., Breteler, M.M.B., Ware, J.H., & Grodstein, F. (2004). Physical activity, including walking, and cognitive function in older women. *Journal of the American Medical Association, 292,* 1454–1461.

Whitall, J. (1988). *A developmental study of interlimb coordination in running and galloping.* Unpublished doctoral dissertation, University of Maryland, College Park.

Whitall, J., & Getchell, N. (1995). From walking to running: Using a dynamical systems approach to the development of locomotor skills. *Child Development, 66,* 1541–1553.

White, B.L., Castle, P., & Held, R. (1964). Observations on the development of visually directed reaching. *Child Development, 35,* 349–364.

WHO Multicentre Growth Reference Study Group. (2006). Reliability of motor development data in the WHO Multicentre Growth Reference Study. *Acta Paediatrica* (Suppl. 450), 47–55.

Wickens, C.D. (1974). Temporal limits of human information processing: A developmental study. *Psychological Bulletin, 81,* 739–755.

Wickstrom, R.L. (1983). *Fundamental motor patterns* (3rd ed.). Philadelphia: Lea & Febiger.

Wickstrom, R.L. (1987). Observations on motor pattern development in skipping. In J.E. Clark & J.H. Humphrey (Eds.), *Advances in motor development research* (Vol. 1, pp. 49–60). New York:AMS Press.

Wiegand, R.L., & Ramella, R. (1983).The effect of practice and temporal location of knowledge of results on the motor performance of older adults. *Journal of Gerontology, 38,* 701–706.

Wigmore, S. (1996). Gender and sport: The last 5 years. *Sport Science Reviews, 5*(2), 53–71.

Wijnhoven, T.M.A., de Onis, M., Onyango, A.W., Wang, T., Bjoerneboe, G.E.A., Bhandari, N., et al. (2006). Assessment of gross motor development in the WHO Multicentre Growth Reference Study. *Food and Nutrition Bulletin, 25,* 37–45.

Wild, M. (1937). *The behavior pattern of throwing and some observations concerning its course of development in children.* Unpublished doctoral dissertation, University of Wisconsin, Madison.

Wild, M. (1938). The behavior pattern of throwing and some observations concerning its course of development in children. *Research Quarterly, 9,* 20–24.

Williams, H. (1968). *Effects of systematic variation of speed and direction of object flight and of age and skill classification on visuo-perceptual judgments of moving objects.* Unpublished doctoral dissertation, University of Wisconsin, Madison.

Williams, H. (1973). Perceptual-motor development in children. In C. Corbin (Ed.), *A textbook of motor development* (pp. 111–148). Dubuque, IA: Brown.

Williams, H. (1983). *Perceptual and motor development.* Englewood Cliffs, NJ: Prentice Hall.

Williams, H. (1986). The development of sensory-motor function in young children. In V. Seefeldt (Ed.), *Physical activity and well-being* (pp. 104–122). Reston, VA: American Alliance for Health, Physical Education, Recreation and Dance.

Williams, K., Goodman, M., & Green, R. (1985). Parent–child factors in gender role socialization in girls. *Journal of the American Academy of Child Psychiatry, 24,* 720–731.

Williams, K., Haywood, K., & VanSant, A. (1990). Movement characteristics of older adult throwers. In J.E. Clark & J.H. Humphrey (Eds.), *Advances in motor development research* (Vol. 3, pp. 29–44). New York: AMS Press.

Williams, K., Haywood, K., & VanSant, A. (1991). Throwing patterns of older adults: A follow-up investigation. *International Journal of Aging and Human Development, 33,* 279–294.

Williams, K., Haywood, K., & VanSant, A. (1993). Force and accuracy throws by older adult performers. *Journal of Aging and Physical Activity, 1,* 2–12.

Williams, K., Haywood, K., & VanSant, A. (1996). Force and accuracy throws by older adults: II. *Journal of Aging and Physical Activity, 4*(2), 194–202.

Williams, K., Haywood, K., & VanSant, A. (1998). Changes in throwing by older adults: A longitudinal investigation. *Research Quarterly for Exercise and Sport, 69*(1), 1–10.

Willoughby, D.S., & Pelsue, S.C. (1998). Muscle strength and qualitative myosin heavy chain isoform mRNA expression in the elderly after moderate- and highintensity weight training. *Journal of Aging and Physical Activity, 6,* 327–339.

Wilmore, J.H. (1991). The aging of bones and muscle. In R.K. Kerlan (Ed.), *Sports medicine in the older adult* (pp. 231–244). Philadelphia: Saunders.

Wilmore, J.H., & Costill, D.L. (1999). *Physiology of sport and exercise (2nd ed.).* Champaign, IL: Human Kinetics.

Winter, D.A. (1983). Biomechanical motor patterns in normal walking. *Journal of Motor Behavior, 15,* 302–330.

Winterhalter, C. (1974). *Age and sex trends in the development of selected balancing skills.* Unpublished master's thesis, University of Toledo, Toledo, OH.

Witelson, S.F. (1987). Neurobiological aspects of language in children. *Child Development, 58,* 653–688.

Witherington, D.S., Campos, J.J., Anderson, D.I., Lejeune, L., & Seah, E. (2005). Avoidance of heights on the visual cliff in newly walking infants. *Infancy, 7,* 285–298.

Wolff, P.H., Michel, G.F., Ovrut, M., & Drake, C. (1990). Rate and timing precision of motor coordination in developmental dyslexia. *Developmental Psychology, 26,* 349–359.

Women's Sports Foundation. (2000). *Women's sport and fitness facts & statistics.* Available: www.womenssports foundation.org/binary-data/WSF_article/Pdf_file/106.pdf.

Wood, J.M., & Abernethy, B. (1997). An assessment of the efficacy of sports vision training programs. *Optometry and Vision Science, 74,* 646–659.

Wood, L.E., Dixon, S., Grant, C., & Armstrong, N. (2006). Elbow flexor strength, muscle size, and moment arms in prepubertal boys and girls. *Pediatric Exercise Science, 18,* 457–469.

Woollacott, M., Debu, B., & Mowatt, M. (1987). Neuromuscular control of posture in the infant and child. *Journal of Motor Behavior, 19,* 167–186.

Woollacott, M., Shumway-Cook, A.T., & Nashner, L.M. (1982). Postural reflexes and aging. In J.A. Mortimer (Ed.), *The aging motor system* (pp. 98–119). New York: Praeger.

Woollacott, M., Shumway-Cook, A.T., & Nashner, L.M. (1986). Aging and posture control: Changes in sensory organization and muscular coordination. *International Journal of Aging and Human Development, 23,* 97–114.

Woollacott, M.H. (1986). Gait and postural control in the aging adult. In W. Bles & T. Brandt (Eds.), *Disorders of posture and gait* (pp. 326–336). New York: Elsevier.

Woollacott, M.H., Shumway-Cook, A., & Williams, H. (1989). The development of posture and balance control in children. In M.H. Woollacott & A. Shumway-Cook (Eds.), *Development of posture and gait across the life span* (pp. 77–96). Columbia: University of South Carolina Press.

Woollacott, M.H., & Sveistrup, H. (1994). The development of sensorimotor integration underlying posture control in infants during the transition to independent stance. In S.P. Swinnen, J. Massion, & H. Heuer (Eds.), *Interlimb coordination: Neural, dynamical and cognitive constraints* (pp. 371–389). San Diego: Academic Press.

World Health Organization. (1998). *Obesity: Preventing and managing the global epidemic. Report of a WHO consultation on obesity.* Geneva: Author.

World Health Organization Expert Subcommittee on the Use and Interpretation of Anthropometry in the Elderly. (1998). Uses and interpretation of anthropometry in the elderly for the assessment of physical status report to the Nutrition Unit of the World Health Organization. *The Journal of Nutrition, Health, and Aging, 2,* 15–17.

Wright, C.E., & Wormald, R.P. (1992). Stereopsis and aging. *Eye, 6,* 473–476.

Yamaguchi, Y. (1984). A comparative study of adolescent socialization into sport: The case of Japan and Canada. *International Review for Sociology of Sport, 19*(1), 63–82.

Yekta, A.A., Pickwell, L.D., & Jenkins, T.C.A. (1989). Binocular vision, age and symptoms. *Ophthalmic and Physiological Optics, 9,* 115–120.

Young, A., Stokes, M., & Crowe, M. (1985). The size and strength of the quadriceps muscles of old and young men. *Clinical Physiology, 5,* 145–154.

Zaichkowsky, L.D., Zaichkowsky, L.B., & Martinek, T.J. (1980). *Growth and development: The child and physical activity.* St. Louis: Mosby.

Zelazo, P.R. (1983). The development of walking: New findings and old assumptions. *Journal of Motor Behavior, 15,* 99–137.

Zelazo, P.R., Zelazo, N.A., & Kolb, S. (1972a). "Walking" in the newborn. *Science, 176,* 314–315.

Zelazo, P.R., Zelazo, N.A., & Kolb, S. (1972b). Newborn walking. *Science, 177,* 1058–1059.

Zimmerman, H.M. (1956). Characteristic likenesses and differences between skilled and non-skilled performance of the standing broad jump. *Research Quarterly, 27,* 352.

Zwiren, L.D. (1989). Anaerobic and aerobic capacities of children. *Pediatric Exercise Science, 1,* 31–44.

Índice

Nota: as letras f e t em itálico após os números das páginas se referem a figuras e tabelas, respectivamente.

1 repetição máxima (1 RM) 322

A

Abernethy, B. 200
abordagem de sistemas dinâmicos 23-25, 24f
abordagem percepção-ação de Gibson 25-27, 197-200
absorção da força 40
absortometria de raio X de energia dupla (AXDE) 342
ação e reação 36-38
aceleração, nas leis de movimento de Newton 35-36
acoplamento sensório-motor 117
actina 8f
acuidade, visual 209
adolescência
  alterações na corrida em 133
  alterações no caminhar em 128
  alterações no salto em 139-141, 140f, 141f
  aumento da força em 324-325, 325f, 329f, 330-331
  característica sexuais secundárias 65, 68f, 70-71
  composição corporal em 343-347, 343f, 344f
  consumo máximo de oxigênio em 305, 305f, 306, 306f
  desempenho anaeróbio em 302-303, 306
  efeito do treinamento de resistência e 312-313
  lei Title IX e 253, 256, 257
  motivação em 277
  movimentos rápidos de pontaria 192
  percepção intermodal em 230
  pré-adolescência e força 321-324, 323f
  salto de crescimento no 50, 61-65, 63f, 67, 82, 85
  socialização da atividade física 260-261
  velocidade de processamento cognitivo 291-292
Adolph, K.E. 123, 128, 241-242
adultos mais velhos. *Ver também* envelhecimento
  acuidade auditiva em 222-224, 226
  alterações cinestésicas em 222
  arremessar por sobre o ombro por 159t-160t, 165-166
  atenção em 201
  como atletas 122, 133-134, 156
  composição corporal e exercícios em 347-348
  conhecimentos básicos em 289
  controladores do ritmo na caminhada 129-130
  corrida por 133-134
  desempenho anaeróbio em 302-303
  desempenho manual por 190-192
  dirigir por 200-201

distúrbios visuais em 210-212, 215-216
efeito de treinamento de resistência em 314-315, 315f
equilíbrio em 129, 245-247
flexibilidade em 336
memória em 290-291
motivação da atividade física 279-281, 280f, 281f
movimentos rápidos de pontaria 192
níveis de força em 325-327, 326f, 326t, 327f
osteoporose em 69-70, 72f, 78-80, 129-130, 336
padrões de caminhada em 128-129, 128f
percepção de movimento em 215-216
percepção intermodal 230
queda por 129-130, 247
rebater lateralmente por 179-180
rebater por sobre o ombro por 179-180
recepção por 200
sensação cinestésica por 217
sistema adiposo em 85-86
sistema endócrino em 87-88
sistema esquelético em 79-80, 80f
sistema muscular em 82-84
sistema nervoso em 93
tomada de decisão por 201
treinamento de força por 331
velocidade de processamento cognitivo em 291-295, 294f
affordances 25, 197, 241-244, 243f, 289
Afro-americanos, agentes socializadores 259-260
agentes socializadores 257-263
  aversivo 263
  brinquedos como 262-266, 264-265f
  colegas como 260-261
  irmãos como 259-260
  jogos e ambientes de jogo 262-264
  pais como 258-260, 264-266
  raça e etnia 260, 265-267
  treinadores e professores como 261-263
Agrawal, Sunil 100, 114
alcançando 188-190
  alcance e manipulação bimanual 189-190, 190f
  controle postural e 190
  desenvolvimento motor na primeira infância 103, 113-114
  movimentos mão–boca 189
  na fase adulta 190-192
  visão na 188, 188f
Alexander, G. 114
Allen, M. 114
Almond, Paul 4
altura
  comprimento ósseo e 78
  idade de maturação e 87
  medida 66
  no envelhecimento 69-71, 71f, 72f
  osteoporose e 69-70, 72f

padrão de crescimento sigmoide e 56, 57f, 58f, 61-62, 63f, 68f
velocidade de pico em 62-63, 63f, 68f
alvéolos 309-310, 310f
ambientes baseados em professores 278-279
ambientes centrados nos estudantes 278-279
ambientes de jogo, socialização em 260, 262-264
americanos caucasianos, socialização da atividade física 260
Ames, C. 278
análise da tarefa, ecológica 364-368, 366f-368f
análise da tarefa 366-368
análises ecológicas de tarefas 364-368, 366f-368f
anatomia do olho 209, 209f
androgênios 87-88, 324
androgênios adrenais 87
ângulo de olhar fixo 198-199, 198f
Aniansson, A. 326
antecipação 196-201, 198f, 199f
antropometria 65-67
aparelho vestibular 217, 218f
aperto "de mãos" 176, 176f
aprendizado motor 5, 11-14, 13-14f
Apted, Michael 4
área de Broca 220
arranjo óptico 197, 212
arremessador 224
arremessar por sobre o ombro
  alterações do desenvolvimento no 158-164, 158f, 159t-160t, 160f
  características do movimento inicial 157, 157f
  fazendo barulho em 362-363
  jogo "casa vazia" 361, 362f, 362-363
  medidas de produto em 156-157
  na fase adulta 165-167
  para precisão 166-167
  plano de observação para 162f-163f, 164-165
  proficiente 157-158
arremesso. *Ver também* arremesso por sobre o ombro
  análise ecológica de tarefas 366f
  jogo "casa vazia" 361, 362f, 362-363
  ossos do ombro e 34, 34f
  plano de observação para 162f-163f, 164-165
  primeira lei de movimento de Newton 36
  tipos de 156
artrite
  em crianças 336
  equilíbrio e 247
  osteoartrite 336
  pegar e 187
Asmussen, E. 321, 323, 324, 330
Assaiante, C. 245
associação ação-percepção 234-244

408 Índice

abordagem percepção-ação de Gibson 25-27, 197-200
controle postural e equilíbrio 244-247
desenvolvimento motor e cognitivo 236, 238-239
locomoção autoproduzida 239-241, 240f, 241f
percepção de *affordances* 241-244, 243f
programas perceptivo-motores 235-236, 237t
visões contemporâneas sobre 235-239, 237t
visões históricas sobre 235
associação movimento-percepção. *Ver* associação ação-percepção
teoria movigênica 235
astigmatismo 209f
aterosclerose 308-309
atividade física. *Ver também* esportes
autopercepção e 347
classificação de gêneros em 255-257, 262-264
composição corporal em adultos e 347-348
composição corporal em crianças e 342-346, 343f, 344f
densidade óssea e 79
estatística para 270
função cognitiva e 294
massa muscular e 82, 327
memória e 290-291
obesidade e 350-351
sistema nervoso e 93
atividades diárias
flexibilidade e 332
força e 321
limitações e 356, 357
desempenho manual em 190-192
marcos de retardo e 114
sistema nervoso e 332
atletas
adultos mais velhos e 122, 133-134, 156, 303
suplementos utilizados por 320
atletas master
Cheney, Dorothy "Dodo" 156
DeMar, Clarence 315
desempenho anaeróbio em 303
Raschker, Philippa "Phil" 122
Senior Games 133-134
atraso da raquete 174t, 175f, 177f, 178
atraso do antebraço 158, 159f, 161, 163f, 165
atribuições 273-276, 275f
atribuições causais 273-276, 275f
diferenciação celular 51
plasticidade 53, 90-91, 93
atrofia muscular 326
audição. *Ver também* desenvolvimento auditivo
da
diferenças entre sons 224
estrutura da orelha 217, 218f, 222
localização do som 223-224, 223f
percepção do padrão de sons 224-225, 225f
autismo 90, 236
autoestima 271-276
atribuições e 273-276, 275f
definição de 271
desenvolvimento de 271-272, 271f
em adultos 275-276, 279-280
emoções e 273

interações sociais e 272-273
medindo 272
sem crianças 272, 274-275, 275f
auto-organização espontânea de sistemas corporais 23
autopercepção, competência motora e 347
axônios 89-90, 89f
Ay, L. 69, 78
Ayres, A.J. 213f, 218-221, 235

B

balanço para trás 157, 159t, 160f, 161, 166
Barela, J.A. 117
Barnett, L.M. 346
Barrett, K.R. 126
Barrett, T.M. 190
Barrett, U. 322
Barsch, R.H. 235
baseball. *Ver também* recepção; arremesso por sobre o ombro
abordagem percepção-ação 8
antecipação em 197-199, 198f
conhecimento básico em 287
força e 321
forças em 38
memória e 290
basquete. *Ver também* recepção
conhecimento básico em 285-287
limitações de tarefa em 9
limitações modificadores para crianças 358-359, 358f, 359f, 362-363
salto vertical em 137-139, 140f, 141
tomada de decisão cognitiva em 288
bateria de testes Physical Best 334
Bayley, N. 110-113, 112t
Bennett, S. 199-200
Bernstein, Nikolai 23
Bertenthal, B. 116-117, 116f, 239
Birch, L.L. 224
blastocisto 52f
Blimkie, C.J.R. 323
bloqueio duplo do joelho 127
bordas, percepção visual de 213
Bouchard, C. 302-303f
brinquedos, como agentes socializantes 262-266, 264-265f
Brodkin, P. 277
Bruner, J.S. 188
Burton, A.W. 123
Bushnell, E.W. 241-242
Butterworth, G. 186, 187

C

cadeia cinética aberta 39-40
cálcio, densidade óssea e 79
câmera de BodPod 342
caminhar 124
alcançar e 113-114
alterações no desenvolvimento na primeira infância 127-128
chutar em supinação na primeira infância e 101-103, 102f
controladores de velocidade em adultos mais velhos 129-130
desenvolvimento perceptivo e 240-241
na síndrome de Down 125
padrões proficientes em 126-127
por crianças que começam a andar 124-125, 125f
reflexo de pisar 105t, 106f, 109

Campbell, A.J. 247
Canadá
desempenho anaeróbio 302-303f, 306f
socialização da atividade física 260
capacidade aeróbia 303, 309-310, 313
capacidade anaeróbia 301-303
capacidade de exercício, em crianças 305-306
capacidade vital 308-310, 314
capacidade vital forçada 308-310
características sexuais secundárias 65, 68f, 70-71
Carnahan, H. 187-188
Carr, G. 42-43
catarata 210, 230
células da glia 90
centro de gravidade 41-42
como limitação no movimento 33-34, 33f
reflexos de gravidade 106-107
centros de ossificação primária 77, 77f, 78f
centros de ossificação secundários 77-78, 77f, 78f
cérebro
área de Broca 220
desenvolvimento de 65, 89-91, 91f
desenvolvimento motor e cognitivo e 236, 238-239
estruturas 91-93, 91f, 92f
Cheney, Dorothy "Dodo" 156 179
Chi, M.T.H. 284-286
Children Who Run on All Fours (Hrdlicka) 123-124
chute 167-170, 167-169f
análise ecológica de tarefa de 365-366, 366-367f
desenvolvimento cinestésico 216-222
consciência do corpo 219-221, 221t
desenvolvimento auditivo 222-223
direcionalidade 221-222
dominância lateral 220-221, 221t
em adultos mais velhos 222
localização tátil 218-219, 219f
movimentos dos membros 221
orientação espacial 221
percepção intermodal auditivo-cinestésico 229
percepção visual-cinestésica intermodal 228-229
proprioceptores 216-217, 217t, 218f
cifose 72f
circuito percepção-ação 238-239
circunferência da cabeça 67, 374f, 375f
Clark, J.E. 140, 141, 291-292
Clarke, H.H. 333
Clifton, R.K. 223-224
co-contração, em crianças na primeira infância 103
Colcombe, Stanley 290-291, 294, 294f
colegas, como agentes de socialização 260-261
compatibilidade espacial, no processamento cognitivo 291-292
comportamento motor 5. *Ver também* associação ação-percepção; desenvolvimento motor; aprendizado motor
composição corporal 340-352. *Ver também* avaliação da obesidade 342
ao longo da vida 84-86
boa forma e 337, 340-341, 346-347
consumo máximo de oxigênio e 306
distribuição de gordura 85, 85f
estudos de curto prazo sobre 345-346
estudos de Parizkova 341-345, 343f, 344f

exercício em adultos 82-84, 347-348
exercício em crianças e jovens e 341-347, 343f, 344f
obesidade e 349-352, 351f
tipos de tecidos em 340-341
comprimento axial 209f
conhecimento 283-295
avaliação da tomada de decisões cognitivas 288
conhecimento básico 284-289, 287f
memória 289-291, 290f
tipos de 285-286
velocidade das funções cognitivas 290-295, 294f
conhecimento declarativo 285
conhecimento estratégico 285
conhecimento procedimental 285
consciência do corpo 219-221, 221t
constância da forma 215
constância de tamanho 214-215, 214f
consumo calórico, obesidade e 349-350
consumo de álcool, desenvolvimento pré-natal e 55, 90
consumo de oxigênio. *Ver* consumo máximo de oxigênio
consumo máximo de oxigênio em adultos 308-310
em crianças 304-307, 305f
perda de massa muscular com o envelhecimento e 310, 311f
treinamento de resistência e 311-316, 312f, 314f
Contreras-Vidal, J.L. 191-192
controladores 23-24, 24f
controle do tato, em crianças na primeira infância 117
controle motor 5, 22-23
controle muscular céfalo-caudal 245
controle postural
em crianças 244-245
em crianças na primeira infância 116-117, 116f, 190
percepção e ação em 244-247
coordenação 131-132, 151
coordenação olho-mão 220
coorte 13-14
cor da parede 361-362
coração
desenvolvimento de 82, 83f
doença cardíaca isquêmica 307
em crianças obesas 82
estrutura e função cardiovascular 307-309
insuficiência cardíaca congestiva 88
no exercício prolongado 304
Corbetta, D. 113, 189
corrida 130
consumo máximo de oxigênio em crianças e 305
em crianças 130-133, 131f, 131t
envelhecimento e 133-134
otimizando energia em 39, 39f
plano de observação para 134, 135f
proficiente 132, 132f
teste Margaria 303
corridas de distância curta, força e 324
córtex cerebral 90, 91
crescimento. *Ver* crescimento físico
crescimento céfalo-caudal 51, 53f, 64, 64f
crescimento físico 5
anormal 55-56
avaliando extensão e taxa de 62-63
crescimento compensatório 69, 70f, 78

crescimento geral 56-64, 57f, 58f, 60f, 63f
idade no estirão 61
influências extrínsecas sobre 67, 69
maturação fisiológica 65-66, 70-71
medidas antropométricas de 66-67
pré-natal 51-56, 52f, 52t, 53f
velocidade de 61-62, 63f
crescimento ósseo aposicional 78
crescimento próximodistal 51, 53, 53f, 64, 64f
crescimento relativo 64-65, 64f
crianças. *Ver também* crianças na primeira infância
antecipação na 199-200
arremesso por sobre o ombro 156-167, 157f, 159t-160t, 160f, 162f-163f, 361, 362f
atribuições na 274-275, 275f
chute em 167-170, 167f-169f
coincidência-antecipação em 196-197
composição corporal em 341-342, 345-347
consciência corporal em 219-221, 221t
corrida em 130-133, 131f, 132f
desempenho aeróbio em 304-307, 305f, 306f, 308-310
desempenho anaeróbio em 301-303, 302-303f
desenvolvimento da autoestima em 271-272, 271f
desenvolvimento de conhecimento nos esportes 285-287, 286f, 287f
desenvolvimento do sistema adiposo em 84-85, 85f
desenvolvimento motor e cognitivo em 238-239, 291-292
diferenças sonoras em 224
direcionalidade em 221-222
efeito de treinamento de resistência em 311-313, 312f
equilíbrio em 244-245
escala corporal para 358-359, 358f, 359f, 362-364
estar em forma em 300
flexibilidade em 333-336, 333f, 335f
força em 321-324, 323f, 328-330, 329f
galopar, escorregar e *skipping* em 148-152, 149f, 150f
golpear lateralmente em 172-176, 174f, 174t, 175f, 176f
interações sociais de 272-273
lateralidade e dominância lateral em 219-221, 221t
localização tátil em 218-219, 219f
memória em 290-291
modificando os objetivos da tarefa para 362-364
motivação em 276-277
obesidade em 340, 349-351
padrões de locomoção em 126-128
pegar em 186-187
percepção do padrão auditivo em 225, 225f, 226
percepção intermodal em 228-229
percepção visual 209-216, 213f, 214f
rebater por sobre o ombro 176-180, 177f, 178t
recepção na 192-195, 193f, 194t
saltar em 134-143, 135f, 136t, 137t, 138f, 138t, 139f-142f
satitar em 134, 141-149, 141-143f, 144t, 145f-149f
sistema endócrino em 86-87, 87f
sistema esquelético em 77-78, 77f, 78f, 79

sistema muscular em 81-82, 81f-83f
sistema nervoso em 90-91, 91f
socialização em 257-264
voleio em 169-171, 169-171f, 170-172t, 173f
crianças na primeira infância
affordances 241-242
antecipação em 198
aparência preferencial 216
atingindo 188-190, 188f, 190f
baixo peso ao nascer 54
chutar em supinação e caminhar 101-103, 102f
circuitos de percepção-ação em 238-239
controle postural e equilíbrio 116-117, 116f
deficiências graves de mobilidade 100
desenvolvimento atípico 114-115, 125
desenvolvimento motor 100-119
dominância lateral 220
Escalas de Bayley de Desenvolvimento na Primeira Infância 115
escalas referenciadas por normas vs. escalas referenciadas por critérios 115
estruturas cerebrais 91-92
gordura corporal 84
intervenções para 100, 109, 110f
limitações individuais em 110, 113-114
locomoção 123-124, 123f, 125
locomoção e percepção autoproduzidas 239-241, 240f, 241f
marcos motores 109-114, 111f, 112t, 113f
movimentos espontâneos 101-103, 102f
movimentos mão–boca 189
movimentos voluntários 108-109
pegar 184-186, 185f
percepção auditiva 223-226, 225f
percepção de movimento 215-216
percepção espacial 240-241
percepção intermodal 227-230
receptores cinestésicos 217, 217t, 218f
reflexoss 103-109, 104t-105t
sensação auditiva 222
sensação visual 13-14, 209-210, 212-216
sistema nervoso 90-91
Tabelas de Desenvolvimento de Gesell 115
Teste de Triagem de Desenvolvimento de Denver 115
tipos de fibras musculares 82
uso de equipamentos 190, 241-243
crianças que começam a andar. *Ver também* crianças; crianças da primeira infância
andando 124-125, 125f
correndo 130-132, 131f, 131t
crondroclastos 78f
Cumming, R.G. 79
Cureton, K.J. 330
curvas de distância 57f-60f, 62-63
curvas de velocidade 62-63, 63f
curvas sigmoides 56-61, 57f-60f

D

débito cardíaco 307, 311
defeitos congênitos 54-56, 90
deficiências. *Ver* limitações
Delacato, C.H. 221, 235
DeMar, Clarence 315
dendritos 89, 89f
desempenho aeróbio
avaliação 308-310
doença e 316-317

em adultos 307-311, 310f, 311f
em crianças e adolescentes 304-307, 305f, 306f
desempenho anaeróbio em crianças 301-303, 302-303f
desenvolvimento
definições de 4-5
força 321-327, 323f, 325f, 326f, 326t, 327f
no deslizamento 150
percepção visual 212-214
perspectiva maturacional sobre 18-21, 19f, 21f
pós-natal 56-69, 57f-60f, 63f, 64f, 68f
pré-natal 51-56, 52f, 52t, 53f
sistema adiposo 84-86, 85f
sistema endócrino 86-88, 87f
sistema esquelético 76-80, 77f, 78f, 80f
sistema muscular 80-84, 81f-83f
sistema nervoso 88-93, 89f, 91f, 92f
desenvolvimento atípico. *Ver também*
limitações de interação
marcos motores e 114
modelo de restrições and 10
na primeira infância 114-115, 125
desenvolvimento auditivo
diferenças sonoras 224
dominância lateral em 220-221
localização do som 223-224, 223f
percepção auditiva 223-226, 223f, 225f
percepção auditivo cinestésica intermodal 229
percepção auditivo-visual intermodal 227-228, 228f
percepção de objeto e fundo 225-226
percepção do padrão auditivo 224-225, 225f
percepção temporal 224-225, 227, 229-230
sensação auditiva 222-223
desenvolvimento cognitivo
associação entre percepção-ação 236, 238-239
boa forma e 294, 294f
cérebro e 236, 238-239
desenvolvimento da percepção e 235
envelhecimento e 290-295, 294f
memória e 290-293
mobilidade e 100, 114
na adolescência 291-292
desenvolvimento da medula espinhal 92-93, 92f
desenvolvimento da mielina 89f, 90, 92-93
desenvolvimento do sistema esquelético 76-80, 77f, 78f, 80f
Desenvolvimento do ventrículo esquerdo 82, 83f
desenvolvimento embrionário 51, 52f, 52t
desenvolvimento fetal 51-56, 52t, 53f
desenvolvimento motor. *Ver também* crianças na primeira infância
avaliação 115
definição de 5
desenvolvimento cognitivo e 100, 114
em crianças na primeira infância 100-119
em gatinhos 239, 240f
limitações do 6-10, 7f
percepção de movimento e 215-216
perspectiva ecológica sobre 6-10, 22-23f, 26
perspectiva maturacional sobre 18-21, 19f, 21f, 22-23
plano de observação para 126-127

desenvolvimento perceptivo-motor 22, 235.
Ver também programa perceptivo-motor de associação ação-percepção 235-236, 237t
desenvolvimento pós-natal 56-69
crescimento geral 56-64, 57f-60f, 63f
crescimento relativo 64-65, 64f
estirão de crescimento 50, 61-65, 63f, 67, 82,85
influências extrínsecas sobre 67, 69
maturação fisiológica 65-66, 70-71
medindo 66-67
desenvolvimento sensitivo-perceptivo 207-231
cinestésico 216-222, 217t, 218f, 219f, 221t
desenvolvimento visual 209-211, 209f, 210f
percepção visual 211-216, 211f, 213f, 214f
deslizar 148-152, 149f, 150f
diabetes tipo 2 88
Diamond, A. 236
Dienes, Z. 198, 198f, 199
dieta. *Ver* nutrição
diferenças de sons 224. *Ver também* desenvolvimento auditivo
diferenças entre gêneros. *Ver* classificação de gêneros a partir das diferenças sexuais, na socialização da atividade física 255-257, 262-266, 367-368
diferenças sexuais
em características sexuais secundárias 65
na altura com o envelhecimento 71, 71f
na composição corporal 343-345, 343f, 344f
na distribuição de gordura 84-85, 85f
na flexibilidade 335
na hipertrofia muscular 330
na massa muscular 81-82, 87
na ossificação 77-78, 80f
na velocidade de pico da altura 62-64, 63f, 68f
no consumo máximo de oxigênio 304-306, 305f, 306f
no crescimento físico 61, 68f
no desempenho anaeróbio 301, 302-303f, 304-306, 305f, 306f
no desempenho nos esportes 289
no desenvolvimento da força 321, 323f, 324-325, 325f, 330
no tecido adiposo 341
nos padrões de crescimento 56, 57f-60f, 61-62, 63f
diferenciação de células 51
dinamômetros 322, 324
dinamômetros de mola 322
direcionalidade 221-222
dirigir 200-201
discriminação de limiares, na localização tátil 218, 219f
dislexia 90, 238
disparidade entre retinas 211, 211f, 212
distância angular e força 36
distâncias, percepção visual de 214-215, 214f
distúrbios da tireoide 88
doença 290-291, 316-317. *Ver também* doenças específicas
doença cardíaca isquêmica 307
doença de Alzheimer 290-291
doença de Osgood-Schlatter 78
Dollman, J. 345-346
dominância de mão 113-114, 220-221, 221t

dominância lateral 220-221, 221t
domínios 271-272, 290
dor, padrões de caminhada e 130
Duda, J.L. 279-281
Duijts, L. 67

E

Ebrahim, S. 261
efeitos do treinamento de resistência. *Ver também* desempenho aeróbio
de longo prazo 315-316
em adultos 314-315, 314f
em crianças 311-313, 312f
eletromiografia (EMG) 246, 325
emoções, autoestima e 273
engatinhar 123-124, 123f
enjoo 208
ensaio, na memória 290
ensino adequado ao desenvolvimento 364-368, 366f-368f
envelhecimento. *Ver também* adultos mais velhos
abordagem dos sistemas dinâmicos e 24-25
alterações cinestésicas no 222
alterações de força com 325-327, 326f, 326t, 327f
capacidade vital e 309-310
composição óssea e 79
corrida e 133-134
desenvolvimento físico em 69-71, 71f, 72f
desenvolvimento motor e 5-6
equilíbrio e 129, 245-247
estrutura e função cardiovascular 307-309
estrutura e função respiratória 308-310, 310f
fibras musculares e 326-327, 327f
gordura corporal e 85-86
máximo consumo de oxigênio 310, 311f
perspectiva maturacional e 25
teorias de desequilíbrio gradual 88
velocidade das funções cognitivas 290-295, 294f
visão e 210
epífise de pressão 77-78, 77f, 78f
epífises de tração 78
epilepsia 90
equilíbrio
avaliação 246
em adultos mais velhos 129, 245-247
em crianças 244-245
em crianças na primeira infância 116-117, 116f, 123, 123f
estabilidade e 40-41, 41f
marcos motores em 116-117, 116f
no caminhar 125-127, 129
no engatinhar 123, 123f
percepção e ação e 244-247
equipamento, como uma limitação de tarefa 9. *Ver também* escalonamento corporal 308-309
Equipamento de espectroscopia na faixa próxima do infravermelho 342
erupção dentária, maturação e 70
escala corporal
nas affordances 25-26, 241-243
no aprendizado 358-359, 358f, 359f, 362-364
no ato de pegar 186-187
escala de acuidade visual de Snellen 209, 210f

escalas baseadas em critérios 115
Escalas de Bayley de desenvolvimento do bebê (*Bayley Scales of Infant Development*) 115
escalas de referências por normas 115
esclerose múltipla 10, 92
escolha do tempo de reação 293-294
especialistas, novatos vs. 285-286, 288
Espenschade, Anna 20, 244
espinha bífida 100, 364
esportes. *Ver também* motivação
   abandono de 277-278
   adultos em 259, 261, 288
   classificação de gêneros em 255-257, 262-264
   colegas e socialização em 260-261
   conhecimentos básicos em 285-289, 286f, 287f
   lei Title IX e 253, 256, 257, 259
   limitações socioculturais em 253-255, 254f, 255f
   tomada de decisão em 288
estabilidade
   centro de gravidade e 41-42
   detectando e corrigindo erros 42-43
   equilíbrio de 40-41, 41f
Estados Unidos, socialização da atividade física nos 260
estereótipos, específicos de gênero 255-257, 262-266
estereótipos 101-103, 102f
esteroides anabólicos 320
estratégia de ângulo de posição constante 199, 199f
Estratégia de controle cogêmeo 19, 19f
estrogênio 79, 87
estrutura da orelha 217, 218f, 222
estrutura do conhecimento 285
estrutura e função cardiovascular 307-309
Estudo de Muscatine 346
Estudo de pesquisa longitudinal 11-14, 13-14f
   salto longo 137-138, 137t, 138f, 138t
Estudo *National Children and Youth Fitness* II 333-334
estudos de caso 367-370
estudos de Parizkova 341-345, 343f, 344f
estudos de pesquisa longitudinal-misto 13-14, 13-14f
estudos de pesquisa sequenciais 13-14, 13-14f
estudos de pesquisa transversais 11-14, 13-14f
estudos em geração R 69, 78
etnia, socialização e 260, 265-267
Ewart, C.K. 275-276
exercício. *Ver* atividade física
experimentos do penhasco visual 212, 239

F

Faigenbaum, A. D. 329
fator neurotrófico derivado do cérebro (BDNF) 236, 238
fatores de crescimento 238
fatores extrínsecos
   no crescimento pós-natal 67, 69
   no desenvolvimento do sistema nervoso 90, 93
   no desenvolvimento pré-natal anormal 54-56
Fiatarone, M.A. 348

fibras musculares
   cardíacas 307-309
   de contração lenta 82, 82f, 83, 325
   desenvolvimento inicial de 81, 81f
   diferenças sexuais nas 325
   envelhecimento e 326-327, 327f
   força e 320, 321, 325
   na idade adulta 82-84, 247
fibras musculares de contração rápida
   diferenças sexuais em 325
   em adultos idosos 166, 247
   no sistema muscular 82, 82f, 83
fibras musculares tipo I 82, 82f, 83
fibras musculares tipo II 82, 82f, 83
filmes IMAX 208
Fitnessgram 334
flexão do pescoço do lado oposto 104t, 217
flexibilidade 332-337
   avaliação 333, 333f, 334, 334f
   comprimento dos membros e 332
   em adultos 180, 336
   em crianças 333-336, 333f, 335f
   treinamento de flexibilidade 336-337
   treinamento de força e 330
fluxo óptico 212
fluxo sanguíneo 93, 308-309, 327f, 331
FNDC (fator neurotrófico derivado do cérebro) 236, 238
força, nas leis de movimento de Newton 35-37
força 320-332. *Ver também* treinamento de força
   avaliação 322-323
   massa muscular e 321, 323, 326, 332
   na adolescência 324-325, 325f
   na fase adulta média e avançada 325-327, 326f, 326t, 327f
   na pré-adolescência 321-324, 323f
   tipos de 322
força de preensão 191-192
força isocinética 322, 326f
força isométrica 322, 325
força isotônica 322
força média 303
forças de preensão 176, 176f, 185
French, K.E. 286-288
frequência cardíaca máxima 307
Frostig, M. 235
fumo, na gravidez 90
funções executoras 23, 26
futebol
   antecipação no 199
   conhecimentos básicos em 286f, 289
   escalonamento corporal no 362-364
   força no 37f
futebol três contra três 362-363

G

Gabell, A. 129
Gagen, L. 26, 35-38, 40, 243, 358, 362, 364
Galloway, Cole 100
galope 148-152, 149f, 150f
gatinhos, desenvolvimento motor em 239, 240f
Geerts, Jon 252
gênero, definição de 255
genética
   composição corporal e 341
   desenvolvimento cerebral e 91
   em distúrbios dominantes vs. recessivos 54

na obesidade 349
no desenvolvimento pré-natal anormal 54-55
genoma humano 91
Gesell, Arnold 19, 19f
Gesell Developmental Schedules 115
Getchell, N. 26, 35-38, 40, 130, 145, 358, 362, 364
Getman, G.N. 235
GH (hormônio de crescimento) 86, 87f
Gibson, E.J. 241-242
Gibson, J.J. 25-26, 212, 215, 238, 290-291
Giuliano, T. 256
glândula pituitária 86, 87f
glândula tireoide 86, 87f
Glassow, Ruth 20
glaucoma 210
Goggin, N.L. 201
Going, S.B. 348
golfe 174, 179, 320
goniômetro 334
Goodnow, J.J. 228-229
gráficos
   altura na fase adulta 71f
   capacidade de trabalho e idade 306f
   comprimento e idade 323f, 326f, 329f
   consumo máximo de oxigênio e idade 305f, 311f
   consumo máximo de oxigênio e treinamento 312f, 314f
   da velocidade de crescimento 63f
   estatura (meninas) 58f, 68f
   estatura (meninos) 57f
   flexibilidade e idade 333f, 335f
   força muscular e idade 325f
   gordura corporal por idade 85f, 343f, 344f
   níveis de desenvolvimento no saltitar em um único pé 146f
   obesidade e idade 351f
   para medir alterações 11, 11f
   peso na fase adulta 72f
   peso por idade (meninas) 60f
   peso por idade (meninos) 59f
Greendorfer, S.L. 260, 261
Greenough, W.T. 90, 243
Greenwald, G. 197
Growth: A Study of Johnny and Jimmy (McGraw) 19-20
Gygax, P.M. 289

H

habilidades balísticas 156-180. *Ver também* arremesso por sobre o ombro
   arremesso por sobre o ombro 156-167, 157f, 159t-160t, 160f, 162f-163f
   chute 167-170, 167f-169f
   rebater lateralmente 172-176, 174f, 174t, 175f, 176f
   rebater por cima do braço 176-180, 177f, 178t
   voleio 169-171, 169f-171f, 170-172t, 173f
habilidades de manipulação 184-202
   alcançar 188-190, 188f, 190f
   alcance bimanual 189-190, 190f
   antecipação em 196-201, 198f, 199f
   dirigir 200-201
   em adultos mais velhos 190-192, 200
   em transplantes de mão 184
   movimentos mão–boca 189
   movimentos rápidos de pontaria 191-192

412 Índice

pegar 184-188, 185f, 187f
pilotar 200-201
recepção 192-196, 193f, 194t, 195f
utilização de ferramentas 190, 241-243
habilidades de observação
para arremessar por sobre o ombro 162f-163f, 164-165
para caminhar 126-127
para chutar 169-170
para correr 134, 135f
para galopar, deslizar e *skipping* 151
para habilidades motoras 126-127
para rebater lateralmente 176
para rebater por sobre o ombro 179
para recepção 195-196, 195f
para saltar 141, 142f
para saltitar em um pé 147, 147f-149f
habilidades motoras 346-347, 350-351
habituação, visual 215
Halverson, H.M. 184-185
Halverson, Lolas 20-21, 21f, 144, 164
Hands, B. 346-347
HAPPE (*high autonomy physical play environment*) 278-279
Harter, Susan 272, 276
Haubenstricker, J.L. 168-169, 193
Haywood, K.M. 165-167, 179-180, 196, 197, 200, 211, 243
Held, R. 239
hemimelia fibular 32
hemoglobina 304-306, 308-309
Hesketh, K.D. 350
hipermetropia 209f
hiperplasia 51, 81
hipertrofia
nas fibras musculares 81, 330
no desenvolvimento fetal 51
hipotálamo 86, 87f
hipótese de gatilho 312
hipotonia 114
Hogan, P.I. 276
Hohlstein, R.E. 185
Holland, G.J. 336
homens. *Ver* meninos e homens; diferenças entre os sexos
hóquei na grama 252
hormônio de crescimento (GH) 86, 87f
hormônio estimulador da tireoide 86
hormônios. *Ver também* hormônios específicos
desenvolvimento inicial de 86-87, 87f
desenvolvimento pré-natal anormal e 55
hipótese do disparo 312
na fase adulta 87-88
perda óssea e 79
proteínas cerebrais e 238
tireoide 86-87, 87f
hormônios da tireoide 86-87, 87f
hormônios gonadais 87
Horn, T.S. 272-273
Hughes, S. 191-192
Huntsman World Senior Games 133-134
Hupprich, F.L. 333

I

idade
esquelética 80, 80f
identificando alterações associadas a 4-5, 10-14, 11f, 13-14f
no estirão 61
tecnologia e 13

imagem do vaso perfil/facial 208, 209f
IMC (índice de massa corporal) 67, 349, 372-373
implante 52f
índice de massa corporal (IMC) 67, 349, 372-373
inércia 39
informação somatossensorial em crianças
na primeira infância 116-117, 116f
somatossensoriais 217, 218f
insuficiência cardíaca congestiva 88
insulina 87-88, 295
interações sociais, autoestima em 272-273
invariantes 197
invariantes amodais 227
irmãos, como agentes de socialização 259-260
Ivry, R.B. 238

J

Janz, K.F. 346
Japão, socialização da atividade física no 259, 260
jogar hóquei 192
jogo "casa vazia" 361, 362f, 362-363
jogo "pickle" 362-363
jogos, socialização em 262-264
jogos eletrônicos 300
Jogos Paraolímpicos 32, 356, 361

K

Kane, E.W. 259
Katch, V.L. 312
Kauranen, K. 191-192
Kelso, Scott 23
Kephart, N.C. 221, 235
Kermoian, R. 239-240
Kobayashi, K. 312, 313
Korsten-Reck, U. 351
Krahenbuhl, G.S. 333
Kramer, Arthur 294, 294f
Kugler, Peter 23
Kuhtz-Buschbeck, J.P. 187

L

Langendorfer, S. 160t, 161, 164, 166-167,179
Langley, D.J. 289
lateralidade 219-220
Lee, M. 186
lei Title IX 253, 256, 257
leis do movimento 33-37
leis do movimento de Newton 35-37
Lenoir, M. 199
lesões por uso excessivo, na doença de Osgood-Schlatter 78
Levantando peso debaixo d'água 342
Lewis, C. 197
limiar absoluto 222
limiar de detecção 215-216
Limiar diferencial 222
limitações. *Ver também* limitações ambientais; limitações de interação; limitações psicossociais; limitações sócio-culturais; limitações individuais
análises ecológicas de tarefas 364-368, 366f-368f
crescimento físico como 50
definição 7
desenvolvimento atípico e 10

estrutural 8, 8f, 359-360, 359f, 360f
funcional 8, 122, 129
Jogos Paraolímpicos e 32, 356, 361
marcos motores e 113-114
modelo de Newell de 6-9, 7f, 8f, 358, 366-367, 367-368f
mudanças de visão no papel do 9-10
na abordagem de sistemas dinâmicos 23-24, 24f
tarefa 9, 358-359, 358f, 359f
tipos of 7-9, 8f
variabilidade no comportamento e 13-15
limitações ambientais. *Ver também* limitações sócio-culturais
centrada no professor vs. centrada no aluno 278-279
em pegar 185-186
física 9
modificando 357-361, 358f-360f
na locomoção na primeira infância 123
no modelo de Newell 6-7, 7f
limitações culturais 113, 324-325, 325f. *Ver também* limitações socioculturais, Cultura como agente socializante 265-267
limitações de interação 355-370
análises ecológicas de tarefas 364-368, 366f-368f
estruturando o ambiente de aprendizado 361-362
estudos de caso 367-370
Jogos Paraolímpicos e 356, 370
modificações em cenários de atividade física 357-361, 358f-360f
modificações no basquete para crianças 358-359, 358f, 359f
planejando tarefas de aprendizado 362-364
limitações de tarefa 7f, 9, 358-359, 358f, 359f
limitações do ambiente físico 9
limitações estruturais 7f, 8, 8f, 359-360, 359f, 360f
Limitações funcionais 7f, 8, 122, 129. *Ver também* motivação
limitações individuais
definição e papel de 7-8, 7f, 8f
envelhecimento em 201
escalas corporais e 25-26, 241-243
Jogos Paraolímpicos e 32, 356, 361
na caminhada de adultos mais velhos 128-129, 128f
na caminhada inicial 124-125
no desenvolvimento motor na primeira infância 110, 113-114, 113f
no modelo de Newell 7, 7f
no saltitar em um único pé inicial 146
limitações psicossociais
autoestima como 271-276, 271f, 275f
memória como 289-291
motivação como 276-281, 280f
Projeto ACES e 270
limitações socioculturais 251-267
como limitações ambientais 9, 253-255, 255f
comportamentos estereotipados específicos de gênero 255-257, 262-264
desenvolvimento de força e 324-325, 325f
modificando 362-363
outros fatores significativos 257-263
raça, etnia e status socioeconômico 260, 265-267
situações sociais 262-266
limitadores de velocidade

conceito de 23-24, 24f
na corrida inicial 131-132, 131f
na corrida tardia 133-134
no arremesso por sobre o ombro 164
no galopar, deslizar e *skipping* 151-152
no saltitar em pé só 148-149
no salto 141-143
limites, percepção visual dos 213
limites de detecção 215-216
Lindquist, C. 260
linguagem, percepção de padrão auditivo e 225, 225f
localização do som 223-224, 223f
Localização tátil 218-219, 219f
Lockman, J.J. 240-243
locomoção. *Ver também* corrida; caminhada
autoproduzida 239-241, 240f, 241f
definição de 122
engatinhando e rastejando 123-124, 123f
equilibrando durante 245
galopar, deslizar e *skipping* 148-152, 149f, 150f
medo de cair na 122
saltar 134-143, 136t-138t, 139f-142f
saltitar em um pé 134, 141-149, 141-143f, 144t, 145f-149f
síndrome de Down e 125
visão e 210
Long, A.B. 221-222
Looft, W.R. 221
luta de sumô 253, 254f

M

maculopatia associada à idade 210
Malina, R.M. 266-267, 350
Mally, K.K. 168-169
marcos motores
desenvolvimento atípico e 114
desenvolvimento de 109-113, 111f, 112t
limitações e 113-114, 113f
no ato de pegar 185-186
no controle postural e no equilíbrio 116-117, 116f
no salto 135-136, 136t
marketing, classificação de gênero em 264-265
massa corporal magra
atividade física e 343-345, 343f, 344f
consumo máximo de oxigênio e 304-305, 305f
massa muscular. *Ver também* força
alterações no desenvolvimento em 81-82, 87
consumo máximo de oxigênio e 309-311
em adultos mais velhos 348
força e 321, 323, 326, 332
suplementos e 319
maturação
avaliação fisiológica 70-71
capacidade de exercício e 305-306, 306f
definição de 5
em crianças 311
esquelética 71, 80, 80f
estágios de 70
fisiológica 65-66, 70-71
maturidade. *Ver também* envelhecimento;
arremesso por sobre o ombro 165-167
atribuições causais 275-276
bases do conhecimento esportivo em 288
composição corporal e exercício em 82-84, 347-348

desempenho aeróbio em 307-311, 310f, 311f
desempenho anaeróbio em 302-303
desempenho manual em 190-192
desenvolvimento físico em 69-71, 71f, 72f
efeito de treinamento de resistência em 314-315, 314f
flexibilidade em 336
habilidades esportivas antecipatórias em 200
memória em 290-291
motivação para a atividade física em 279-281, 280f, 281f
níveis de força em 325-327, 326f, 326t, 327f, 331
obesidade em 351-352, 351f
participação em esportes em 261
pegar em 186
percepção intermodal em 230
sistema adiposo de adultos mais velhos em 85-86
sistema endócrino em 87-88
sistema esquelético em 79-81, 80f
sistema muscular em 82-84
sistema nervoso em 93
velocidade de processamento cognitivo em 291-295, 294f
Mays, Willie 192
McAuley, E. 276
McBeath, M.K. 199
McCallister, S. 256
McConnell, A. 196
McGraw, Myrtle 19-20, 19f, 108
McKenzie, B.E. 241
McLeod, P. 198, 199
McManus, A.M. 303
McPherson, B.D. 288
medidas da dobra cutânea 342, 371f
medidas de circunferência 67, 374f, 375f
medidas de produtos 156-157
Meltzoff, A.N. 228
membros da família, como agentes sociais 258-260
memória 289
envelhecimento e 201, 290-293
conhecimento e 285, 289-291
fatores ambientais na 290-291
fatores de crescimento, BDNF e 238
velocidade das funções cognitivas e 290-293
memória háptica 219
menarca 65, 68f
meninas e mulheres. *Ver também* diferenças sexuais
agentes socializadores para atividade física 259, 262-264
autoestima em 280, 280f
classificação de gênero 255-257, 262-266
composição corporal 344-345, 344f
curvas de crescimento em altura 63f
estatura por idade para 58f
lei Title IX e participação em esportes 253, 256, 257, 259
menarca 65, 68f
ossificação em 77-78
padrões de lançamento em 164
percentis de peso-comprimento 375f
perda óssea em 79
peso por faixa etária para 60f
tabela de circunferência da cabeça para 375f

tabela de índice de massa corporal para 373f
tabelas de medidas de dobras cutâneas 371f
meninos e homens. *Ver também* diferenças sexuais
altura por idade para 57f
autoestima em 280, 280f
composição corporal de 343-344, 343f
padrões de crescimento geral de 56, 57f, 59f, 61-62, 63f
percentis para peso para comprimento 374f
perda óssea em 79
peso por idade para 59f
tabela de circunferência da cabeça para 374f
tabela de índice de massa corporal para 372f
tabelas de medida de dobras cutâneas 371f
tipagem por gênero de 255-256
Messick, J.A. 179
metabolismo, basal 349
MGRS (Multicentre Growth Reference Study) 110-111
Michel, G.F. 220
miofibrilas 81, 81f
miopia 209f
miosina 8f
modelo de rede neural 93
modelo de restrições de Newell 6-9, 7f, 8f, 358, 366-367, 367-368f
Morris, G.S.D. 197
Morrongiello, B.A. 223, 224, 225, 227-228
motivação 276-281
abandono 277-278
abordagens baseadas no professor vs. baseadas no aluno 278-279
níveis de atividade de adultos 279-281, 280f, 281f
persistência 276-277
Questionário de Incentivos Pessoais para o Exercício 280
movimento. *Ver também* locomoção
absorção da força em 40
cadeia cinética aberta 39-40
detectando e corrigindo erros em 42-43
estabilidade e equilíbrio em 40-42, 41f
leis de Newton 35-37
percepção da 215-216
rotação de membros e objetos projetados 38-39, 38f
movimento de oposição de braço e perna 37
movimento rotacional 38-39, 38f
Movimentos dos membros, reproduzindo 221
movimentos espontâneos, em crianças na primeira infância 101-103, 102f
movimentos mão–boca 189
movimentos rápidos de pontaria 191-192
mudança de desenvolvimento 10-15
desenho de pesquisa em 11-12
movimento de recalibração em 34-35
mudanças a partir do aprendizado vs. 11-14, 13-14f
na corrida inicial e tardia 133
na recepção 184-186, 185f, 193-195, 194t
no arremesso por sobre o ombro 158-164, 158f, 159t-160t, 160f
no caminhar 126-129
no chute 168-170
no galope 150
no golpe lateral 174-176, 174t, 175f, 176f

414 Índice

no rebater por sobre o ombro 178-179, 178t
no saltitar em um único pé 144-145, 146f
no salto 140-141
no *skipping* 150-151
no voleio 170-171, 170-172t
observando 126-127
representando graficamente 11, 11f
universalidade vs. variabilidade em 13-15
mulheres. *Ver* meninas e mulheres; diferenças sexuais
Mullins, Aimee 32
Multicentre Growth Reference Study (MGRS) 110-111, 113
Munns, K. 336
Murray, M.P. 129, 325
música 224-225, 225f
mutações 54-55

N

National Senior Games 279
Nelson, C.J. 133
neurogênese 93, 238
neurônios 88-89, 89f, 90
Nevett, M.E. 287
Newell, K.M. 6, 186
nutrição
 crescimento pós-natal e 67, 69
 densidade óssea e 79
 desenvolvimento do sistema nervoso e 90
 marcos motores e 110-111, 113
 massa muscular e 82
 obesidade e 349-350
 pré-natal 53-54

O

obesidade 349-352
 causas de 349-350
 crescimento do coração em crianças com 82
 desenvolvimento do tecido adiposo e 84-85
 efeitos na saúde de 351-352
 em adultos 85-86, 351-352, 351f
 em crianças 340, 349-351
 índice de massa corporal e 67, 349, 372-373
 intervenções em 350
 medindo 67, 349
objetos inseridos, percepção visual de 213, 213f
Olds, T. 345-346
olhar preferencial 216
ombros, limitações dos ossos nos 34, 34f
Organização Mundial da Saúde (OMS) 110-111, 113
orientação espacial 215, 221, 235
ossificação 77-78, 77f, 78f
Ossos
 baixo peso ao nascer 78
 composição ao longo da vida 79
 em adultos mais velhos com exercício 348
 ombro 34, 34f
 ossificação de 77-78, 77f, 78f
 osteoporose de 69-70, 72f, 78-80, 88, 129-130, 336
 remodelagem dos 79
osteoartrite 129-130, 336, 351
osteoblastos 78f, 79
osteoporose
 altura e 69-70, 72f
 caminhada e 129-130

em adultos mais velhos 79-80, 336
 terapias de reposição hormonal e 88
Oudejans, R.R.D. 198
outros fatores significativos 257-263

P

Paillard, T. 348
pais
 como agentes de socialização 258-260, 264-266
 oportunidades esportivas para 259, 261
paralaxe de movimento 212
paralisia cerebral
 intervenções para a primeira infância com 100
 marcos principais e 114, 118
 modelo de limitações e 10
 regras modificadas para 364
Payne, V.G. 197, 313
pegar 184-188, 185f, 187f
Pennell, G. 265-266
percentis de peso-comprimento 374f, 375f
percepção figura-fundo
 auditiva 225-226
 visual 213, 213f
percepção. *Ver também* associação ação-percepção
 auditivo 223-226, 223f, 225f
 de affordances 241-244, 243f
 definição de 208
 imagem do vaso/perfil/facial 208, 209f
 intermodal 227-230, 228f
 papel da ação em 234-244, 237t, 240f, 241f
 visual 211-216, 211f, 213f, 214f
percepção cinestésica 218-219, 228-229
percepção da superfície 241
percepção de inclinação 241-242
percepção de profundidade 211-212, 239
percepção de rostos 215
percepção do padrão do som 224-225, 225f
percepção do todo e de parte 213-214, 214f
percepção espacial 240-241
percepção intermodal 227-230
 auditiva-cinestésica 229
 auditiva-visual 227-228, 228f
 espacial-temporal 229-230
 visual-cinestésica 228-229
percepção intermodal espaço-temporal 229-230
percepção temporal 224-225, 227, 229-230
percepção visual 211-216
 de espaço 211-212, 211f, 240-241, 240f
 de faces 215
 de movimento 215-216
 de objectos 212-215, 213f, 214f
 observação preferencial 216
perfil de Autopercepção de Harter para Crianças 272, 347
Perfil de Autopercepção para Crianças 272, 347
período bioquímico descritivo 20-21
período normativo-descritivo 20
permanência de objetos 240
Perrin, P.P. 247
perspectiva de processamento da informação 21-23, 26, 199
perspectiva ecológica 6, 22-27, 365-368, 366f-368f
perspectiva maturacional 18-21, 19f, 21f
perspectivas teóricas

abordagem dinâmica de sistemas 23-25, 24f
 abordagem percepção–ação 25-27,197-200
 maturacional 18-21, 19f, 21f
 movimento de descrição normal 20
 período biomecânico descritivo 20-21
 perspectiva de processamento de informação 21-23, 26, 199
 perspectiva ecológica 6, 22-27, 365-368, 366f-368f
peso. *Ver também* obesidade
 medindo 66-67
 velocidade de pico na 64
 na idade adulta e no envelhecimento 71, 72f
 na primeira infância 54
 padrões de crescimento em 56, 59f, 60f, 62
 pré-natal 53-54
Pesquisa
 escalas baseadas em normas 115
 escalas de referência por critérios 115
 universalidade vs. variabilidade e 13-15
Pessoas Saudáveis 1990 270
Pfeiffer, R. 328, 330
Piaget, J. 188, 235
pico de velocidade (crescimento) 62-64, 63f, 68f
pilotar 200-201
placa epifiseal 77-78, 77f, 78f
plasticidade de células 53, 90-91, 93
plataforma de força 245-246
pletismografia por deslocamento de ar 342
posicionamento, na observação 126
pós-urografia dinâmica computadorizada 246
potência aeróbia 303, 308-310, 313
potência anaeróbia 301
pré-adolescência, força em 321-324, 323f, 328-330, 329f
pré-alcance 188
preensão 184-188
 anormal 54-56
 cuidados de saúde durante 76
 do sistema adiposo 84
 do sistema esquelético 77
 do sistema nervoso 88-90, 89f
 embrionário 51, 52f, 52t
 fetal 51-53, 52t
 nutrição 53-54, 53f
preensões de precisão 185-186
presbiacusia 222, 224
presbiopia 210
pressão sanguínea 307-309
Primeira lei do movimento, Newton 35
princípio de sobrecarga, em crianças 313
processo de socialização 254-255, 255f
professores, como agentes de socialização 261-262
programa de fisiologia óptica 235
Projeto ACES 270
proporção ombro-cintura 67
proporções corporais, crescimento relativo e 64-65, 64f
proprioceptores 217, 217t, 218f
próteses 32
Pryde, K.M. 187
puberdade 65, 68f

Q

queda, em adultos idosos 122, 129-130, 247
Questionário de Incentivos Pessoais para o Exercício 280, 280f

R

Raag, T. 265-266
Rabbitt, P. 293
Raça e etnia, socialização e 260, 265-267
Racing Against the Clock 122
Rarick, G. Lawrence 20
Raschker, Philippa "Phil" 122
rastejar 123-124, 123f
Reaburn, P.R.J. 302-303
rebater. *Ver* rebater por sobre o ombro; rebater lateralmente
rebater lateralmente 172-176
  alterações de desenvolvimento no 174-176,174t, 175f, 176f
  características do rebater lateralmente inicial 173, 174, 174f
  escala corporal no 364
  padrões de observação do 179
  por adultos mais velhos 179-180
  proficiente 174
rebater por cima do ombro 176-180, 177f, 178t
recém-nascidos. *Ver* lactentes
recepção 192-196
  alterações de desenvolvimento e 192-195, 193f, 194t
  antecipação em 196-199, 198f, 199f
  centro de gravidade e 42
  nos esportes 192
  plano de observação para 195-196, 195f
  por adultos mais velhos 200
  proficiente 193, 193f
  treinamento em 199-200
reconhecimento de objetos 219
redshirt 234
redshirt acadêmico 234
reflexo de nadar 107
reflexo de pisar 105t, 106f, 109
reflexo labiríntico de retificação 105t, 106f, 217
reflexo palmar de pegada 104t, 106f
Reflexo tônico assimétrico do pescoço 104t, 106f
reflexos
  aparecimento e desaparecimento de 107-108
  locomotores 105, 107
  movimento voluntário e 108-109
  na primeira infância 103-108, 104t-105t
  papel dos 108
  posturais 106-107
  primitivos 104-105, 106f
  receptores cinestésicos e 217, 217t, 218f
reflexos infantis 103-108, 104t-105t
resistência cardiorrespiratória 299-317
  alterações de massa muscular e 309-311
  avaliação do desempenho aeróbio 308-310
  avaliação do desempenho anaeróbio 303
  desempenho aeróbio na fase adulta 307-311, 310f, 311f
  desempenho aeróbio na infância 304-307, 305f, 306f
  desenvolvimento do desempenho anaeróbio 301-303, 302-303f
  efeito de treinamento de resistência 311-317, 312f, 314f
  estrutura e função cardiovascular e 307-309
  estrutura e função respiratória e 308-310, 310f

proficiência de habilidade motora e 346-347
Rivilis, I. 347
Roberton, Mary Ann 11-12, 158, 159t-160t, 164, 169-170, 176
rotação diferenciada do tronco 157, 159f, 160f, 161, 175, 176f
rotação do tronco
  bloqueio 159t, 160f, 161, 175
  diferenças entre os sexos 164
  diferenciada 157, 159t, 160f, 161, 175, 176f
  no chute 167-169
  no golpear lateral 175, 176f
rotação em bloco 159t, 160f, 161, 175
Royce, W.S. 256

S

Saavedra, J.M. 351
Saltin, B. 315
saltitar em um único pé 141-149. *Ver também* características do saltitar
  abordagem integrada para 146
  controladores de frequência em 148-149
  definição de 134
  em um único pé inicial 141-143, 141-143f
  plano de observação para 147, 147f-149f
  proficiente 141-143, 145f
  sequência de desenvolvimento para 144-145, 144t, 146f
salto 134. *Ver também* aprender a saltar
  análises ecológicas de tarefas 364-368, 366f-368f
  aprendizado motor 5, 11-14, 13-14f
  características do salto inicial 134-139, 136t, 137t, 138f, 138t, 139f
  definição de 134
  escalas corporais em 358-359, 358f, 359f, 362-364
  estruturas cerebrais e 90-91
  limitadores de frequência no 141-143
  plano de observação para 141, 142f
  proficiente 139-140
  sequência de desenvolvimento do salto horizontal 137-139, 137t, 138f, 138t, 139f
  tipos de 136t
salto em distância 137-139, 137t, 138f, 138t, 141, 141f
salto vertical
  avançado 140f
  força e 324
  iniciando 137-139, 138f, 139f
  obesidade e 350
  salto em distância vs. 141
sarcômeros 81, 81f
Saunders, Len 270
Schwartz, R.S. 348
Scott, Matthew 184
Seefeldt, V. 193
segunda lei do movimento, de Newton 35-36
Senior Games 133-134
sensação, definição de 208
sensibilidade corporal. *Ver* desenvolvimento cinestésico
sequências de desenvolvimento validadas 158
séries *Up* 4
Serviço de Informação de Técnicos da Sociedade Internacional de Biomecânica em Esporte 43
sexo, definição de 255

Shephard, R.J. 324, 325
Shirley, M.M. 110-113, 112t
Shock, N.W. 325
Sibley, B.A. 238
Simoneau, J.A. 302-303f
sinapses 90, 93
síndrome alcoólica fetal 55, 90
síndrome de Down
  desenvolvimento do caminhar em 125
  genética de 54
  hipotonia em 114
  reflexo de caminhar e 109, 110f
"síndrome do primeiro filho" 113
sistema endócrino 86-88, 87f, 323
sistema muscular
  desenvolvimento do 80-84, 81f-83f
  estrutura de 81-82, 81f, 82f
  hipertrofia muscular 81
sistema nervoso
  abordagem percepção–ação de Gibson 25-27, 197-200
  desenvolvimento de 88-93, 89f, 91f, 92f
  desenvolvimento pré-natal de 88-90, 89f
  estruturas cerebrais em 91-93, 91f, 92f
  força e 326-327, 329
  hormônio de crescimento e 86, 87f
  influência da maturação de 20
  locomoção autoproduzida 239-241, 240f, 241f
  marcos motores e 114
  relação sinal-ruído em adultos mais velhos 293
  tempo de reação simples 291-292
  teste de Babinski 104t, 107
sistema nervoso central. *Ver* sistema nervoso
sistema proprioceptivo. *Ver* desenvolvimento cinestésico
skipping 148-152, 149f, 150f
Slater, A. 214-215
Smith, R.E. 262
Smoll, F.L. 262
Snyder, E.E. 259
socialização aversiva 263
Spirduso, W.W. 88, 294, 302-303, 307, 310, 326, 326f
status socioeconômico
  nutrição fetal e 53-54
  socialização da atividade física e 260, 265-267
Strohmeyer, H.S. 193, 194t
subir escadas 241-242
Sutherland, R. 290

T

Tanner, J.M. 70
Tappe, M.K. 279-281
tarefas de coincidência-antecipação 196-201, 198f, 199f. *Ver também* antecipação
taxa metabólica basal 349, 350
TDAH (transtorno de déficit de atenção/hiperatividade) 236
tecido adiposo
  consumo máximo de oxigênio e 310
  desenvolvimento do sistema adiposo 84-86, 85f
  em adultos mais velhos 347-348
  implicações para a saúde do 340-341
  medição 342
tecido magro 340

416 Índice

técnica do quarto em movimento 116-117, 116f
técnicos
    autoestima em crianças e 272-273, 273f
    como agentes socializantes 255, 258, 261-263
    formulário de autorelato 263
    observação por 42-43, 126, 169-170, 195-196, 195f
tecnologia
    conhecimento sobre tática e 284
    experiências de coortes e 13
Telama, R. 315
Temple, I.G. 219, 224, 229
tempo de reação 291-293
tempo de reação simples 291-292
tênis
    conhecimentos básicos sobre 288, 289
    escalas corporais e 243
    por adultos mais velhos 179-180, 289
    rebater lateralmente 172-176, 174f, 174t, 175f, 176f
    rebater por sobre o ombro 176-180, 177f, 178t
    servindo 38-39, 38f, 179-180
tensiômetro 322, 324
teoria de motivação de competências 276-277
teoria de organização neurológica 235
teorias de desequilíbrio gradual do envelhecimento 88
terapias de reposição hormonal 88
teratógenos 55, 90
terceira lei do movimento, de Newton 36-37
termogênese 349
Teste Cronometrado de Desempenho Manual 191-192
teste de Babinski 104t, 107
teste de corrida de Margaria 303
Teste de Integração Auditivo-Táctil de Witeba 229
teste de sentar e alcançar 333, 334, 334f, 335f
Teste de Triagem de Desenvolvimento de Denver 115
teste ergométrico de Quebec 10 segundos 303
teste ergométrico de Wingate com 30 segundos em bicicleta 303
testes de esteira 308-309
testes ergométricos
testes padronizados 20
testosterona 87, 327

Thelen, E. 13-14, 24, 26, 101, 103, 109, 125,189, 241-242, 248
Thomas, J.R. 285-288, 290
Tietze, Cornelius 252
trabalho 303
transplante de mão 184
Transporte de oxigênio, em crianças 304
transtorno de déficit de atenção e hiperatividade (TDAH) 236
trato extrapiramidal 92
trato piramidal 92
tratos neurais 92
treinamento
    aeróbio de boa forma e 313, 315
    autoestima e 275
    avaliação 303, 304, 308-310, 334
    como motivação para participação 276-277
    composição corporal e 341, 346
    consumo máximo de oxigênio em crianças 304, 312-313, 312f
    em adultos idosos 133, 294
    flexibilidade e 332, 333
    limitações socioculturais e 256
    obesidade e 350-351
    processamento cognitivo e 294, 294f
    proficiência em habilidades motoras e 346-347
    qualidade de vida e 300
treinamento aeróbio. *Ver também* treinamento de resistência
    efeitos de longo prazo do 315-316
    em adultos 314-315, 314f
    em crianças 311-313, 312f
treinamento anaeróbio 302-303
treinamento de força 327-331
    lesões na 329-331
    na adolescência 325, 329f, 330-331
    na fase adulta média e avançada 331
    na pré-pubescência 328-330, 329f
treinamento de resistência. *Ver* treinamento de força e esestrutura e função respiratória 308-310, 310f
triciclo 11-13
Trick, L. 211
trissomia 19 54. *Ver também* síndrome de Down
tronco cerebral 89, 91f
Trudeau, F. 315
Turvey, Michael 23

U

universalidade do desenvolvimento 13-15
uso de ferramentas 190, 241-243

V

Van Duijvenvoorde, A. 290-291
Van Hof, P. 198
VanSant 165-167
variabilidade do desenvolvimento 13-15
Vedul-Kjelsås, V.I. 347
velocidade rotacional 38-39, 38f
vias sensitivas 93
vírus da rubéola 55
visão
    desenvolvimento visual 209-211, 209f, 210f
    direcionalidade e 221
    dominância lateral em 220-221
    experimentos do penhasco visual 212
    no alcançar 188, 188f
    no pegar 187, 187f
    observação preferencial 216
    percepção auditivo-visual intermodal 227-228, 228f
    percepção de figura e fundo 213, 213f
    percepção visual 211-216, 211f, 213f, 214f
    privação de 210
VO_2max. *Ver* consumo máximo de oxigênio
vôlei 362-365
voleio 169-171, 169-171f, 170-172t, 173f
volume sistólico 307, 311

W

Walk, R.D. 212
Warren, W.H. 241-242
Wickstrom, R.L. 135
Wiegand, R.L. 200 Wild, M. 158, 160t
Williams, K. 165-167, 179-180
Wood, J.M. 200
Woollacott, M. 247

Y

Young, A. 326

Z

Zayac, Andrew 252
Zelazo, P.R. 109
Zimmerman, H.M. 141